Dominikanische Republik

Nord-
küste
(S. 139)

Halbinsel
Samaná
(S. 116)

Cordillera
Central
(S. 183)

Punta Cana &
der Südosten
(S. 82)

Santo
Domingo
(S. 46)

Südwesten &
Halbinsel
Pedernales
(S. 207)

Michael Grosberg
Kevin Raub

REISEPLANUNG

Willkommen in der Dominikanischen Republik 4
Übersichtskarte 6
Top 18 8
Gut zu wissen 18
Dominikanische Republik für Einsteiger 20
Wie wär's mit 22
Monat für Monat 25
Reiserouten 28
Essen & trinken wie die Einheimischen 34
Outdoor-Aktivitäten 37
Im Überblick 43

REISEZIELE IN DER DOMINIKANISCHEN REPUBLIK

SANTO DOMINGO . . . 46

PUNTA CANA & DER SÜDOSTEN 82
Östlich von Santo Domingo 83
Juan Dolio 83
Von La Romana nach Higüey 88
La Romana 88
Bayahibe & Dominicus Americanus . . . 93
Higüey 100
Von Punta Cana nach Sabana de la Mar 102
Bávaro & Punta Cana . . . 102
Playa Limón 111
Miches 112
Sabana de la Mar 113

HALBINSEL SAMANÁ 116
Ostteil der Halbinsel Samaná 118
Samaná 118
Las Galeras 124
Westteil der Halbinsel Samaná 129
Las Terrenas 129
Playa Bonita 136

M TIMOTHY O'KEEFE / GETTY IMAGES ©
STRAND, PUNTA CANA S. 102

BRIGITTE MERLE / GETTY IMAGES ©
HAITIANISCHER MARKT, PEDERNALES S. 224

DOMINICAN REPUBLIC MINISTRY OF TOURISM, WWW.GODOMINICANREPUBLIC.COM ©

Inhalt

DIE NORDKÜSTE .. 139

Puerto Plata 141
Playa Dorada & Costa Dorada....... 149
Costambar........... 150
Playa Cofresí.......... 151
Sosúa 152
Cabarete 159
Río San Juan.......... 172
Cabrera 174
Westlich von Puerto Plata 175
Luperón 175
Parque Nacional La Isabela 176
Punta Rusia............ 177
Monte Cristi 178
Dajabón 180

DIE CORDILLERA CENTRAL......... 183

Santiago............. 184
San José de las Matas............ 192
La Vega.............. 192
Jarabacoa 194
Nationalparks Bermúdez & Ramírez.. 200
Constanza 203
Östlich von Santiago.. 205
San Francisco de Macorís............ 205
Rund um Moca 206

DER SÜDWESTEN & DIE HALBINSEL PEDERNALES 207

Westlich von Santo Domingo....... 209
Baní.................. 209
Ázua de Compostela.... 210
Binnenland 212
San Juan de la Maguana. 213
Comendador del Rey (Elías Piña)..... 215
Halbinsel Pedernales........... 216
Barahona.............. 216
Südlich von Barahona... 219
Larimar-Mine 222
Parque Nacional Jaragua 223
Isla Beata & Alto Velo ... 223
Pedernales............. 224
Parque Nacional Sierra de Bahoruco..... 224
Nördlich Pedernales........... 225
Lago Enriquillo & Isla Cabritos 225
Jimaní................. 227

KITESURFEN, CABARETE S. 159

VERSTEHEN

Die Dominikanische Republik aktuell...... 230
Geschichte........... 232
Musik & Tanz......... 246
Baseball – die große Leidenschaft......... 250
Kunst & Architektur... 253
Natur & Landschaft... 257

PRAKTISCHE INFORMATIONEN

Allgemeine Informationen........ 264
Verkehrsmittel & -wege 272
Sprache 279
Register 287
Kartenlegende 295

SPECIALS

Karte: Abseits der üblichen Pfade....... 32
Essen & trinken wie die Einheimischen ... 34
Outdoor-Aktivitäten.......... 37
Musik & Tanz....... 246

Willkommen in der Dominikanischen Republik

Die Dominikanische Republik zählt zu den abwechslungsreichsten Ländern der Karibik. Hier findet man Gebirge, Wüsten mit karger Vegetation, stimmungsvolle Kolonialarchitektur und unzählige Strände.

Küstenlandschaft

Der Küstensaum der Dominikanischen Republik erstreckt sich über Hunderte von Kilometern; manche Abschnitte bestehen aus schneeweißen Sandstränden im Schatten von Palmen, andere beeindrucken durch steile Klippen, windgepeitschte Dünen oder kristallklare Lagunen. Ob man nun die Fischerdörfer wählt oder die Touristen-Oasen mit aquamarinblauem Wasser – das Meer spielt überall die maßgebliche Rolle. Einige Buchten, in denen einst Piraten ankerten, dienen heute Tausenden von Buckelwalen als sicheres Quartier.

Gipfel & Täler

Jenseits der Hauptstadt ist ein großer Teil der Dominikanischen Republik noch ländlich: Wer durch das weite Landesinnere fährt, begegnet Pferden und Kühen, und man sieht Lastwagen und Esel, die mit landwirtschaftlichen Erzeugnissen beladen sind. Manche Landstriche erinnern an die europäischen Alpen, an anderen Orten bahnen sich Flüsse ihren Weg durch dichten Urwald und stürzen Wasserfälle in die Tiefe hinab. Vier der höchsten Gipfel der Karibik überragen die fruchtbaren Tiefebenen um Santiago, während einsame Wüsten den Südwesten durchziehen: Eine solche Vielfalt findet man auf Inseln nur selten.

Einst & jetzt

Viele Städte des Landes tragen bis heute die Zeichen einer bewegten Vergangenheit. Romantisch wirkt zum Beispiel die Zona Colonial von Santo Domingo mit ihren restaurierten Klöstern und den Kopfsteinpflastergassen, durch die einst die Konquistadoren marschierten. Der verblasste Glanz der Fassaden von Puerto Plata und Santiago erinnert eher an bessere Zeiten. Ganz junge Städte findet man dagegen nur wenige Kilometer von jenem Ort entfernt, an dem Christoph Kolumbus einst an Land ging und an dem Ritzzeichnungen an das verschwundene Volk der Taíno erinnern.

Menschen & Kultur

Den sozialen Kitt des Landes liefert die Merengue-Musik, die des nachts überall erklingt – in Städten wie Santo Domingo ebenso wie im ärmeren San Pedro de Macoris oder in Puerto Plata, wo die Brandung gegen den Malecón donnert. Die Dominikaner schätzen ihre Freizeit sehr, und sie verstehen sich aufs Feiern – beim landesweiten Karneval, aber auch bei den speziellen Fiestas, die sich keine noch so kleine Stadt entgehen lässt. Solche Feste bieten großartige Einblicke in die Kultur des Landes – man sollte also unbedingt hingehen und mitfeiern.

Warum ich die Dominikanische Republik liebe

von Michael Grosberg

Wenn man über Nebenstraßen fährt, vorbei an Kokosnussverkäufern und Dominospielern, gibt das Strauchwerk immer wieder den Blick auf den Ozean frei – für diese Ausblicke ist das Land berühmt. Ich selbst aber liebe besonders den Alltag in den Dörfern und die Gastfreundschaft der Dominikaner. Ich kehre immer wieder gern zurück – wegen der Nachmittage am Strand und der Meeresfrüchte in den Strandlokalen, wegen der *colmados* (einer Mischung aus Läden und Bars) an den Berghängen ... und weil die Uhren dort langsamer ticken und die Herzlichkeit der Menschen sogar die Schönheit der Natur vergessen lässt.

Mehr Informationen über die Autoren gibt es auf Seite 296.

Oben: Ein Strand in Punta Cana (S. 102)

Dominikanische Republik

0 100 km

Las Terrenas
Strand mit internationalem Flair (S. 129)

Playa Rincón
Weißer Sandstrand wie aus dem Bilderbuch (S. 124)

Las Galeras
Raues Meer und einsame Klippen (S. 124)

Punta Cana
Top-Adresse unter den Strand-Resorts (S. 102)

Santo Domingo
Lebendige Geschichte in der Zona Colonial (S. 46)

Bayahibe
Ein Paradies für Taucher und Schnorchler (S. 93)

20°N
19°N
18°N
70°W
69°W

ATLANTISCHER OZEAN
KARIBISCHES MEER
Río San Juan
Cabrera
Bahía Escocesa
Nagua
San Francisco de Macorís
Las Terrenas
Playa Rincón
Las Galeras
Península de Samaná
Samaná
Bahía de Samaná
Sabana de la Mar
Reserva Científica Lagunas Redonda y Limón
Miches
Playa Limón
La Costa del Coco
Cotuí
Presa de Hatillo
Parque Nacional Los Haitises
Sierra de Yamasá
Cordillera Oriental
Monte Plata
El Puerto
Hato Mayor
El Seibo
Higüey
Bávaro
Punta Cana
Reserva Antropológica El Pomier
San Cristóbal
SANTO DOMINGO
Boca Chica
Juan Dolio
San Pedro de Macorís
La Romana
Bayahibe
Boca de Yuma
Parque Nacional Submarino La Caleta
Isla Catalina
Parque Nacional del Este
Isla Saona
5
132
7
17
13
1
23
3
4
104
107

HÖHEN
2500 m
1500 m
750 m
300 m
100 m
0

Top 18 der Dominikanischen Republik

1

Santo Domingos Zona Colonial

1 Sehr zu empfehlen ist ein Gang durch die Geschichte in der ältesten Stadt der Neuen Welt. Auf dem Kopfsteinpflaster der Gassen und angesichts schön restaurierter Häuser, Kirchen und Festungen, von denen viele heute als Museen dienen, kann man sich hier (S. 48) mühelos in die Zeit der Spanier im 16. Jh. zurückversetzen. Geschichte und Gegenwart existieren hier wunderbar nebeneinander: Man folgt den Spuren der Piraten und Konquistadoren und tritt gleich darauf in einen Laden, der die CDs des aktuellen Merengue-Stars anbietet.

Links unten: Museo Alcázar de Colón (S. 49)

Sonne, Sand & Meer an der Playa Rincón

2 Insider rechnen sie zu den Top-Stränden der Karibik: Die Playa Rincón (S. 124) muss sich in puncto Schönheit in der Dominikanischen Republik allenfalls der Bahía de Las Águilas geschlagen geben. Der bei den Liebhabern von Hitzschlag und Sonnenbrand begehrte Strand ist so groß, dass auch Tagesgäste mühelos ihren eigenen Bezirk abstecken können, ohne mit lärmenden Nachbarn auf Tuchfühlung gehen zu müssen. Ein dichter Palmenhain dient als Kulisse, und auf Wunsch werden sogar frische Meeresfrüchte aufgetischt.

2

Entspanntes Las Galeras

3 Das verschlafene Fischerdorf am östlichen Ende der Halbinsel Samaná bietet „Urlaub im Urlaub" – also einen Rückzugsort, falls einem das gewählte Urlaubsdomizil tatsächlich einmal zu unruhig werden sollte. Nicht allzu viele Besucher finden den Weg hierher, die Erschließung hält sich zwangsläufig in Grenzen, und die Gegend um Las Galeras (S. 124) ist deshalb landschaftlich von ganz besonderem Reiz. An den Stränden, die aussehen wie ein Film-Set, schwanken Palmen im Wind, und die Brandung donnert an unzugängliche Klippen.

Bahía de Las Águilas

4 Er liegt weitab von allem und wie verloren, aber das macht die Reise zu einem der eindrucksvollsten und schönsten Strände nur umso reizvoller: Die Bahía de Las Águilas (S. 220) bietet auf 10 km eine wahre Postkartenszenerie, und das fast an der Grenze zu Haiti im äußersten Winkel der Halbinsel Pedernales. Besonders imponierend ist die Anreise mit dem Boot, das zwischen rauen Klippen und Pelikanen hindurchmanövriert – und die Tatsache, dass man dort kaum auf andere Touristen stößt, macht diesen Strand ganz besonders zauberhaft.

Walbeobachtung

5 Nordamerikaner und Europäer sind keineswegs die Einzigen, denen die Karibik im Winter besonders zusagt. Alljährlich versammeln sich vor der Küste der Halbinsel Samaná (S. 116) Tausende von Buckelwalen, um sich zu paaren und ihre Jungen zur Welt zu bringen – aus respektvollem Abstand bestaunt von ganzen Schiffsladungen ihrer zweibeinigen Verehrer. Einen noch engeren Kontakt zu den sanften Riesen der Meere – inklusive Schnorcheltour – bieten einwöchige Schiffsausflüge zur Silver Bank (S. 144) nördlich von Puerto Plata.

Tanz & Nachtleben in Santo Domingo

6 Man kleidet sich elegant, legt als Frau noch etwas Make-up auf und macht sich bereit fürs Tanzen: In den Nachtclubs (S. 71) der Resort-Hotels findet man die besten Merengue- und Salsa-Bands außerhalb von Havanna. In Downtown tanzen modebewusste Gäste in trendigen Clubs; die Zona Colonial ist randvoll mit Etablissements, von kleinen Läden bis zu erstklassigen Restaurants und exklusiven Lokalen, die von Türstehern abgeschirmt werden. Oben: Plaza España (S. 55)

Relaxen in Punta Cana

7 Im touristischen Zentrum der Dominikanischen Republik, dem Südosten des Landes, teilen sich zahlreiche All-inclusive-Resorts die schönsten Strandabschnitte. Die Resorts in Punta Cana (S. 102) mit ihren All-you-can-eat-Büfetts und den Club-Med-artigen Gruppenaktivitäten bürgen für sorglose, stressfreie und entspannte Urlaubstage. Die Anzahl der Familien dürfte sich in etwa die Waage halten mit der Zahl jener Urlauber, die ihre Tage mit den köstlichen und hochprozentigen Rum-Cocktails verbringen, für die dieses Land so berühmt ist.

Kaffeekultur in Las Terrenas

8 Im kosmopolitischen Badeort am Meer sind Französisch und Italienisch ebenso verbreitet wie das Spanisch der Dominikaner. Hier ist das Flair international; jeder Tag beginnt und endet mit Espresso und Baguette in den Open-Air-Cafés am Strand und in den Restaurants mit Blick auf den Ozean. Die entspannte Stimmung von Las Terrenas (S. 124) entspringt einer Mischung aus Wassersport und der eher geruhsamen Lebensweise anderer Urlauber, die den Aktivitäten aus sicherer Entfernung zuschauen und vor allem die europäische Atmosphäre des einstigen Fischerdorfs schätzen.

Kitesurfen in Cabarete

9 Einfach mal eine umweltfreundliche Fortbewegung wählen – das Kitesurfen mittels Windkraft! Ganzjährige kräftige Küstenwinde haben dafür gesorgt, dass Cabarete (S. 159) an der Nordküste des Landes zu einer der unbestrittenen Hauptstädte dieser boomenden Sportart avancieren konnte.
Mit Hilfe des Windes über die raue Oberfläche des Atlantiks zu gleiten ist aber gar nicht so einfach: Man braucht Kraft, Erfahrung und viel Selbstbewusstsein, will man es den Profis gleichtun, die aus aller Welt hierherströmen, um sich einmal so richtig auszutoben.

10

NICK HANNA / ALAMY ©

11

Per Mountainbike durch die dominikanischen Alpen

10 Durchtrainierte Radsportler schwärmen von wilden Geländefahrten durch die Cordillera Central (S. 183), wo man sich noch ganz wie ein Pionier fühlen kann. Felsübersäte Hänge, Bergwiesen und Furten durch reißende Flüsse – das ist der Traum eines jeden Abenteurers. Weniger anspruchsvolle Touren führen über Schotterpisten durch Bauerndörfer und Zuckerrohrplantagen, und vielleicht wird man unterwegs sogar auf ein Bier eingeladen.

Wandern am Pico Duarte

11 Hispaniola besitzt durchaus Gebirgslandschaften, vor allem in der Cordillera Central, darunter auch den Pico Duarte (S. 201), den höchsten Berg der Karibik (3087 m). Dort braucht man feste Wanderschuhe, eine gute Ausrüstung, Kondition und ein paar Tage Zeit – aber wenn man den Gipfel bei wolkenlosem Himmel erreicht, ist der Blick auf Atlantik und Karibisches Meer die Mühen allemal wert. Ein großartiges Erlebnis sind natürlich auch die Nächte am Lagerfeuer unter dem klaren Sternenhimmel. Rechts oben: Parque Nacional Armando Bermúdez (S. 200)

27 Wasserfälle von Damajagua

12 Nicht weit von Puerto Plata entfernt führt eine schöne Wanderung durch üppige Wälder zu einer spektakulären Abfolge von Wasserfällen (S. 148). Man schwimmt hier durch Pools mit glasklarem Wasser und durch schmale Canyons mit senkrechten Felswänden, man klettert mit Hilfe von Treppen und gesichert an Seilen auf Felsbrocken und sogar durch einige der Wasserfälle selbst. Für den absoluten Adrenalin-Kick sorgen einige natürliche „Wasserrutschen" und bis zu 10 m tiefe Sprünge ins türkisblaue Wasser.

Wildwasser-Rafting

13 Der einzige zum Raften geeignete Fluss der Karibik, der Río Yaque del Norte (S. 195) in der Cordillera Central der Dominikanischen Republik, ist wie geschaffen für Leute, die nach Genuss von allzu viel Sand und Sonne einmal etwas ganz anderes erleben möchten. Eine kurze, aber intensive Abfolge von Stromschnellen lässt den Adrenalinspiegel ebenso steigen wie das kalte Spritzwasser des Flusses. Zum Glück gibt es aber auch ruhige Abschnitte, auf denen man ganz entspannt die Bergkulisse betrachten kann.

DOMINICAN REPUBLIC MINISTRY OF TOURISM, WWW.GODOMINICANREPUBLIC.COM ©

Bergpanorama in Constanza

14 Oft stehen Besucher verblüfft vor dem Bild, das sich ihnen in der Cordillera Central bietet. Wolkenverhangene Gipfel und Berghänge, die mit kleinen landwirtschaftlichen Parzellen übersät sind, dazu aufgeforstete Wälder, die aus den Tälern in die Höhe streben – so etwas erwartet man in der Karibik einfach nicht. In Constanza (S. 203) ist man tatsächlich Welten entfernt vom Trubel der Küste – und wird durch prachtvolle Sonnenuntergänge belohnt. Abends wird es hier allerdings schon empfindlich kühl.

Lago Enriquillo

15 Unweit der Grenze zu Haiti erstreckt sich der Lago Enriquillo (S. 225). Der 40 m unter dem Meeresspiegel gelegene See ist der Überrest eines Meeresarms, der einst zwischen Barahona und Port-au-Prince verlief und die Insel teilte. Im See lauern Hunderte Krokodile; ringsum liegen Felsen aus versteinerten Korallen. Die Isla Cabritos ist als Nationalpark ausgewiesen; hier leben Nashorn- und Hispaniolaleguane zwischen wilden Kakteen. Im Juni sorgen ganze Schmetterlingsschwärme für ein buntes Bild. Unten: Nashornleguan

REINHARD DIRSCHERL / GETTY IMAGES ©

ROBERTO GUZMAN / XINHUA PRESS / CORBIS ©

Karneval in La Vega

16 Der Karneval ist überall in der Dominikanischen Republik ein Großereignis, ganz besonders aber in La Vega (S. 192); dort nimmt die ganze Stadt am Umzug teil, und an jeder Straßenecke und in jedem Park finden improvisierte Tanzpartys statt. Wer mit kostümierten Teufeln tanzen möchte, sollte auf die Peitschen achten! Die Trupps, die hier durch die Gegend ziehen, tragen grellbunte und sehr aufwendig gestaltete Kostüme: farbenfrohe Kappen, Dämonenmasken mit hervorquellenden Augen und spitzen Zähnen und vieles mehr.

Taucherparadies Bayahibe

17 Gute Sichtverhältnisse und sehr konstante Bedingungen unter Wasser machen diesen Küstenort mit seinen Gewässern (S. 93) in der Nähe von La Romana im Südosten zur besten Tauchdestination der Dominikanischen Republik. Boote fahren regelmäßig zu den Inseln Saona und Catalina hinüber, und das für Taucher schönste Wrack, die *St. George*, liegt ebenfalls hier auf Grund. Auch Schnorchler kommen voll auf ihre Kosten, und man kann sogar in traditionellen Fischerbooten an der Küste entlangschippern.

Baseball

18 Dominikaner gehen sonntags gern zur Messe in die Kirche – aber sie kennen daneben noch eine zweite Religion: Baseball (S. 250). Die Fans feuern ihre Mannschaften nicht weniger leidenschaftlich an als die baseballbegeisterten Nordamerikaner. In der dominikanischen Profiliga treffen sechs Mannschaften an mehreren Abenden pro Woche aufeinander; die beiden Hauptrivalen messen sich im Estadio Quisqueya in Santo Domingo. Zwischen den beiden besten Teams entscheidet sich Ende Januar die Meisterschaft. Oben: Baseball im Estadio Quisqueya (S. 73)

Gut zu wissen

Weitere Hinweise im Kapitel „Praktische Informationen" (S. 263)

Währung
Dominikanischer Peso (RD$)

Sprache
Spanisch

Visum
Im Allgemeinen ist für den Aufenthalt von bis zu 30 Tagen kein Visum erforderlich. Gegen eine Gebühr kann die Zeit auf bis zu 90 Tage verlängert werden.

Geld
Geldautomaten sind weit verbreitet. Kreditkarten werden in einigen Hotels und Restaurants akzeptiert.

Mobiltelefone
Man kann SIM-Karten benutzen, die man vor Ort kauft, oder die Roaming-Funktion des Handys aktivieren.

Zeit
Mitteleuropäische Zeit (MEZ) – 5 Stunden (Europäische Sommerzeit: – 6 Stunden).

Reisezeit

Hauptsaison
(Mitte Dez.–Feb.)

➡ Die Monate Juli und August sowie die Woche vor Ostern zählen zur Hauptsaison.

➡ Die Hotelpreise liegen in dieser Zeit erheblich höher, die Strände sind voll.

➡ In der Karwoche sind im ganzen Land die meisten Wassersportarten verboten.

Zwischensaison (März–Juli)

➡ In Santo Domingo kann es täglich kurze, aber heftige Schauer geben (bis Oktober).

➡ Im April ist das Wetter meist sehr angenehm.

➡ Die normale Wettervorhersage für Mai und Juni: „Teils wolkig, teils sonnig, mit Schauerneigung am Nachmittag".

Nachsaison
(Aug.–Anfang Dez.)

➡ Hurrikanzeit (eigentlich schon ab Juni). Ansonsten die beste Reisezeit.

➡ Die Temperaturen schwanken kaum (nur in den Bergen).

➡ Unterkunftspreise sinken stark; einige Häuser in Touristengegenden wie etwa Cabarete schließen im Oktober ganz.

Websites

DR1 (www.dr1.com) Lebendiges Onlineforum mit engagierten Mitgliedern, die Reisetipps und andere wichtige Informationen für das Leben in der Dominkanischen Republik, aber auch Meinungen posten.

Go Dominican Republic (www.godominicanrepublic.com) Die offizielle Seite für Touristen.

Debbie's Dominican Travel (www.debbiesdominicantravel.com) Besprechungen und Empfehlungen zu Sehenswürdigkeiten und Unterkünften.

Dominican Treasures (www.dominicantreasures.com) Seite der USAID, die den nachhaltigen Tourismus des Landes fördert.

Lonely Planet (www.lonelyplanet.com/dominican-republic) Aktuelle Reiseberichte.

Telefonnummern

Man muss bei allen Anrufen innerhalb der Dominikanischen Republik, ja sogar bei Ortsgesprächen ☎ 1 + 809 oder 829 vorwählen. Ortsvorwahlnummern gibt es nicht.

Landesvorwahl	☎ +1 809
Notfall	☎ 1 911
Auskunft	☎ 1 1411

Wechselkurse

Eurozone	1 €	56,27 RD$
Schweiz	1 sFr.	46,61 RD$
USA	1 US$	42,83 RD$

Aktuelle Wechselkurse siehe unter www.xe.com

Tagesbudget

Preiswert: Weniger als 60 US$

- Preiswertes Zimmer: 1500 RD$ (35 US$)
- Essen in einem *comedor*: 200 RD$ (4,75 US$)
- Zum Trinken: kleine Wasserflasche 10 RD$ und Six-Pack mit 0,3-l-Flaschen Bier 62 RD$
- Als Verkehrsmittel *motoconchos* (Motorradtaxis) und *guaguas* (Kleinbusse) nehmen

Mittelteuer: 60–200 US$

- Internetbuchungen von Pauschal-Unterkünften: 2800 RD$ (65 US$)
- Bustickets erster Klasse zwischen größeren Städten: 420 RD$ (10 US$)
- Gruppenausflüge für Aktivitäten wie Schnorcheln etc.

Teuer: Über 200 US$

- Hotel am Strand: 8500 RD$ (200 US$)
- Hauptgericht in einem teuren Restaurant: 900 RD$ (21 US$)
- Mietwagen für die gesamte Reise oder wenigstens für einzelne Ausflüge

Öffnungszeiten

Die Öffnungszeiten wechseln, sie sind in der Zwischen- und Nachsaison kürzer. Hier die Zeiten in der Hauptsaison:

Banken Mo–Fr 9–16.30 Uhr, Sa bis 13 Uhr

Bars 8 Uhr bis spätabends, in Santo Domingo bis 2 Uhr nachts

Behörden Mo–Fr offiziell 7.30–16 Uhr; tatsächlich eher 9–14.30 Uhr

Restaurants Mo–Sa 8–22 Uhr (manche schließen zwischen Mittag- und Abendessen); in größeren Städten und Touristengegenden bis 23 Uhr oder länger

Supermärkte Mo–Sa 8–22 Uhr

Ankunft in der Dominikanischen Republik

Internationaler Flughafen Las Américas (Santo Domingo; S. 272) Eine Taxifahrt zur Innenstadt kostet 40 US$. *Motoconchos* bringen die Reisenden zur nächstgelegenen Bushaltestelle für die Kleinbusse *(guaguas)* – meist an einem Highway. Dann beginnt die Fahrt ins 26 km entfernte Zentrum.

Internationaler Flughafen Punta Cana (Punta Cana; S. 110) Hotelbusse transportieren die Touristen in die Resorts und Hotels; es gibt auch Taxis (30 bis 80 US$).

Internationaler Flughafen Gregorío Luperón (Puerto Plata; S. 147) Viele Resorts und Hotels arrangieren die Abholung mit Kleinbussen. Taxis kosten zwischen 25 und 40 US$, je nach Zielort. Entfernung: 18 km.

Unterwegs vor Ort

Da das Land klein ist, sind auch entlegene Orte nicht weiter als eine halbe Tagesreise entfernt.

Auto Die bequemste Art der Fortbewegung, wenn man das ganze Land erkunden möchte.

Bus Die beiden Busgesellschaften Caribe Tours und Metro verbinden die größeren Städte.

Guaguas Kleinbusse oder Minivans sind preiswert, doch wenig komfortabel – aber oftmals die einzigen verfügbaren Nahverkehrsmittel.

Flugzeug Die teuerste Variante und manchmal auch nicht besonders verlässlich.

Mehr zum Thema **Unterwegs vor Ort** auf S. 275

Dominikanische Republik für Einsteiger

Weitere Hinweise im Kapitel „Praktische Informationen“ (S. 263)

Checkliste

- Der Pass sollte wenigstens noch sechs Monate nach Ankunft im Land gültig sein.
- Die Kreditkartengesellschaft und die Hausbank über die Reise informieren.
- Reiseversicherung abschließen.
- Vorab die empfohlenen Impfungen durchführen.

Unbedingt

- Sonnenschutzmittel mit hohem Lichtschutzfaktor, Hut und Sonnenbrille.
- Insektenspray, vor allem gegen Moskitos.
- Mindestens ein schickes Outfit (in Santo Domingo für tagsüber und für abends zum Ausgehen).
- Pullover oder Sweatshirt für kühle Abende und noch kühlere Busse; für Wanderungen in großen Höhen braucht man eine volle Montur.
- Badesachen und Flipflops; feste Schuhe und Wasserschuhe zum Wandern.
- Ohrstöpsel, um auch in Städten die nötige Nachtruhe zu finden.
- Ein gutes Fernglas fürs Birdwatching.

Top-Tipps für unterwegs

- Wer sehen will, wie die Mehrheit der Bevölkerung lebt, sollte hinaus aufs Land fahren. Als Autofahrer besorgt man sich am besten eine Karte und nimmt sich genügend Zeit für die abgelegenen Straßen. Alternativ kann man auch in eine *guagua* (Kleinbus) steigen.
- Pauschalurlauber sollten die heimische Gastronomieszene erkunden, etwa ein etwas schickeres Restaurant oder das Tagesgericht *(plato del día)* in einem *comedor* (Esslokal). Am besten, man stärkt sich am späten Abend noch mit der landestypischen Spezialität, dem *sancocho*, im Grunde ein suppenähnlicher Eintopf.
- Nur wenige Dinge sind typischer, als ein großes Bier (Presidente) an einem Plastiktisch am Strand oder auf der Terrasse eines Restaurants am Straßenrand oder in einem *colmodo* zu trinken.

Kleidungsfragen

Die Einheimischen in Santiago und anderen großen Städten kleiden sich gut (niemals kurze Hosen oder ärmellose T-Shirts) und sind auch stolz auf ihr Äußeres, sogar beim heißesten Wetter. High Heels und gestärkte Hemden sind fürs abendliche Ausgehen Standard. Wer nicht als *turista* auffallen will oder sich nicht gerade am Strand oder Pool aufhält, sollte lange Hosen und bequeme, nicht zu legere, aber auch nicht zu förmliche Oberteile tragen.

Schlafen

Am preiswertesten wird eine Unterkunft, wenn man sie online bucht. Wer zur Hauptsaison in touristische Hochburgen reist, sollte früh reservieren. Weitere Infos siehe S. 269.

- **Hotels** Von Boutiquehotels mit Stil und gemütlichem Flair bis zu riesigen Business-Hotels in der Hauptstadt.
- **B&Bs** Pensionen bieten nur wenige Zimmer, und die Eigentümer leben meist mit im Haus; inklusive Frühstück.
- **Resorts für Pauschalreisende**: Aus Touristensicht typisch fürs Land. Die Standards sind allerdings extrem unterschiedlich.
- **Apart-Hotels & Condos** Ideal für längere Aufenthalte in Urlaubsgegenden; komplett möblierte Apartments sind oft am besten.

Geld

Überall im Lande findet man Geldautomaten. Bei den meisten kostet die Geldentnahme eine Gebühr (rund 115 RD$), und die maximale Abhebesumme ist relativ niedrig. Kredit- und Bankkarten werden in Städten und touristenorientierten Läden häufig akzeptiert – Visa und MasterCard sind geläufiger als Amex. Viele touristische Einrichtungen geben ihre Preise in US-Dollar an, nehmen aber auch Pesos.

Weitere Informationen siehe S. 265.

Handeln

Beim Kauf von Souvenirs ist Handeln durchaus üblich. Selbst wo Preise angegeben sind, lohnt sich ein Versuch. Allerdings ist das Handeln eher eine lockere Angelegenheit.

Trinkgeld

Für viele Erstbesucher ist es ein Schock, dass die meisten Restaurants 28 % (18 % MwSt. und 10 % Bedienungsgeld) auf jede Rechnung aufschlagen. Auf der Karte ist nicht immer ersichtlich, was bereits im Preis enthalten ist.

➡ **Restaurants** Ein Trinkgeld wird meist nicht erwartet, weil 10 % ja sowieso auf die Summe aufgeschlagen werden. Wer besonders zufrieden war, darf trotzdem noch etwas geben.

➡ **Taxis** Man rundet einfach auf oder gibt etwas extra.

➡ **Hotels** Oft sind 10 % Bedienungsgeld automatisch inbegriffen, allerdings sollte man pro Nacht 1 bis 2 US$ als Dankeschön für das Reinigungspersonal hinterlassen.

Sprache

Leute, die in der Tourismusbranche tätig sind, können meist etwas Englisch. In kleineren Städten und ländlichen Regionen sieht es in dieser Beziehung schon düsterer aus. Italienisch, Französisch und Deutsch kann in Gegenden mit hohem Anteil ausländischer Zuwanderer hilfreich sein. Bedenken sollte man, dass das Spanisch der Einheimischen sehr schnell gesprochen wird und voller Slangwörter steckt. Endsilben werden häufig verschluckt, besonders das „s" am Ende. Dadurch klingt ein *tres* wie „tre" und *buenos días* wie „bueno dia".

Etikette

Dominikaner sind normalerweise sehr höflich, man sollte also ebenso höflich sein und Regeln beachten. Generell ist hier alles sehr locker und entspannt, sodass sich Europäer oft etwas in Geduld üben müssen, wenn die Dinge ein wenig langsamer ablaufen, als sie es gewohnt sind.

➡ In Restaurants ist beschwingte Hintergrundmusik völlig normal, sodass laute Unterhaltungen nicht ungewöhnlich sind.

➡ Möchte man die Aufmerksamkeit einer Person erlangen, wird hier nicht laut gerufen, sondern eher gezischt.

Essen

Nur in sehr exklusiven Restaurants und in den Spezialitätenrestaurants der Resorts für Pauschalurlauber muss man reservieren. Weitere Informationen siehe S. 34.

➡ **Restaurants** Hier herrscht die dominikanische Küche, die *comida criolla,* vor, aber man bekommt auch internationale Gerichte, darunter besonders italienische. Einheimische Lokale servieren normalerweise zum Mittag ein *plato del día* (Tagesgericht). Touristen-Restaurants sind oft überteuert und mittelmäßig.

➡ **Cafés** Kaffee und Gebäck plus eine Auswahl von einfachen Sandwiches. Hier darf man so lange sitzen bleiben, wie man möchte.

➡ **Resorts** Büfetts mit schwindelerregender Auswahl gibt es in jeder Preisklasse, allerdings stellen die besonders preiswerten oft eine Herausforderung für den Magen dar. Eigenständige Restaurants bieten manchmal nichtssagende Küche, manchmal typische Landeskost oder richtig gehobene Qualität.

➡ **Cafeterías** Eine Auswahl von Fisch, Hühnchen und Rindfleisch mit Reis und Bohnen, meist hinter Glas sichtbar ausgestellt.

➡ **Comedores** In der Regel legere Esslokale, oft winzig klein.

➡ **Pica Pollo** Eine Imbisskette, die sich auf Grillhähnchen spezialisiert hat.

➡ **Colmados** Mischung aus Tante-Emma-Laden, Lebensmittelgeschäft und Bar; hier kann man sich meist ein eigenes Gericht zusammenstellen.

➡ **Car Washes** Eine Kombination aus Autowaschanlage und Bar – und damit ein eher merkwürdiger Ansatz; hier bekommt man Bier und andere Getränke sowie einfache Mahlzeiten.

Wie wär's mit ...

Weiße Sandstrände

Die Küste der Dominikanischen Republik bietet viele atemberaubende Strände, darunter sowohl Oasen der Ruhe als auch Partyhochburgen. Das Land ist ganzjährig mit warmen Luft- und Wassertemperaturen gesegnet.

Playa Rincón 3 km langes typisches Tropenparadies mit nahe gelegenem Frischwasserzufluss, an dem man das Salzwasser abwaschen kann. (S. 124)

Bahía de Las Águilas Dieser schlecht zugängliche Strand mit kakteenbewachsenen Klippen ist unbedingt eine Reise wert. (S. 220)

Playa del Macao Nicht weit nördlich von Bávaro liegt diese palmenbesäumte Schönheit; abgesehen von einem Surf-Camp und einfachen Strandhütten ist das Gelände weitgehend unerschlossen. (S. 103)

Playa Bávaro Langer Sandstrand und das berühmteste Resort für Pauschalreisende. (S. 103)

Playa Grande Halbmondförmige Bucht mit türkisfarbenem Wasser, guten Surf-Wellen und Meeresfrüchten als Mittagsimbiss. (S. 173)

Playa Limón Ein 3 km langer Streifen mit Kokospalmen; nicht weit von hier gibt es einige Feuchtgebiete. (S. 111)

Playa Blanca Etliche Kilometer weißer Sand an der Nordküste der Isla Beata, Teil des Parque Nacional Jaragua. (S. 223)

Outdoor-Abenteuer

Die Dominikanische Republik ist gesegnet mit einer abwechslungsreichen Landschaft, sowohl im Inland als auch an der Küste, und damit ein wahres Mekka für Extremsportler. Einfach das Auto stehen lassen und auf geht's mit den alternativen Fortbewegungsmitteln!

Kajakfahren Dazu gehören auch Abseilen, Springen, Klettern und das Schwimmen in Flüssen. Man fühlt sich deshalb ein wenig wie das Mitglied einer Spezialeinheit der Marine bei einer Aufklärungsmission. (S. 40)

Wildwasser-Rafting Der Rio Yaque bei Jarabacoa ist der einzige Fluss der Karibik, der für diesen Adrenalin-Kick sorgen kann. (S. 39)

Kitesurfen Man rast mit höchster Geschwindigkeit über die Wellen, angetrieben von den ganzjährig starken Winden in Cabarete. (S. 37)

Wandern Auf zum Pico Duarte, dem höchsten Gipfel in der Karibik. Besonders beeindruckt hier der in die Ferne schweifende Panoramablick. (S. 41)

Mountainbike fahren Das Netz wenig befahrener Trails durch fantastische Landschaften und selten besuchte Dörfer lädt zur Erkundung ein. (S. 41)

Entspannung im Resort

Viele der schönsten Strände des Landes sind mit Resorts für Pauschalreisende übersät – einer Urlaubsform, die die meisten für ihren Aufenthalt in der Karibik wählen. Es gibt Resorts in allen Formen und Größen, aber die ausgedehnten „Stadtstaaten" sind der Regelfall.

Punta Cana Die dichteste Ansammlung unterschiedlichster Unterkünfte; und es werden immer noch mehr von diesen Anlagen gebaut. (S. 102)

Playa Dorada Gute Angebote im geografischen Zentrum der Nordküste mit guten Fahrmöglichkeiten zu anderen regionalen Zentren des Landes. (S. 149)

Las Terrenas Natürlich gibt es in dieser bezaubernden Stadt mit europäischem Flair Strände, aber auch Wassersport und sogar Wasserfälle. (S. 129)

Juan Dolio Sehr praktisch wegen der Nähe zu Santo Domingo und seichtem Wasser. (S. 83)

Oben: Kitesurfer, Cabarete (S. 159)
Unten: Strandhütten, Bávaro (S. 102)

Playa Dominicus Eine Touristenenklave an einem vollen, aber hübschen Strand in der Nähe der Stadt Bayahibe. (S. 96)

Tierwelt

Nationalparks und eine wachsende Anzahl von Reservaten, bestehend aus Halbwüsten, aber auch grünen Tälern schützen die biologische Vielfalt des Landes und eine erstaunliche Anzahl endemischer Arten.

Walebeobachtung Diese riesigen Säugetiere verbringen ihre Winterpause in Bahía de Samaná. (S. 119)

Parque Nacional Los Haitises Vom Boot aus, das durch die Mangrovenwälder gleitet, kann man Vögel beobachten (sowie Seekühe, Riesenschlangen und Wasserschildkröten). (S. 113)

Lago Enriquillo & Isla Cabritos Krokodile und Leguane (sowie von Dezember bis April Flamingos und Fischreiher) in einem abgelegenen Salzwassersee und auf einer Wüsteninsel. (S. 225)

Laguna Oviedo Flamingos, Ibisse, Störche, Löffler und Schildkröten und Leguane. (S. 223)

Estero Hondo Von einem Aussichtsturm oder vom Boot aus kann man in den Mangroven bei Punta Rusia die ein oder andere Seekuh erspähen. (S. 177)

Nachtleben & Tanzen

Ob eine spontan improvisierte Nachbarschaftsparty in einem *colmado* (Tante-Emma-Laden mit Bar), eine Party in einem eleganten Hotel-Nachtclub oder eine einheimischen Fiesta – die Bewohner lieben das Trinken und Feiern.

Santo Domingo Die *capitaleños* wissen, wie man in Bars und Nachtclubs feiert. (S. 71)

Santiago In den Bars und Clubs in der Nähe von *el Monumento* trifft man sich. (S. 184)

Cabarete Ist mehr als nur ein Ziel für Wassersportler; viele Restaurants und Bars. (S. 159)

Sosúa Hier gibt es ein ausgesprochen anzügliches Nachtleben, aber es ist lebendig und vielfältig. (S. 152)

Parque Central Wo immer man sich auch im Land befindet, in jeder Stadt ist der zentrale Platz der Ort fürs Nachtleben.

Romantische Kleinode

Paare, die entweder auf Silberhochzeitsreise sind oder deren Beziehung erst einige Stunden alt ist, finden in der Dominikanischen Republik viele Orte, die ihr Herz zum Klopfen bringen.

Casa Bonita Entlegenes Haus südlich von Barahona. (S. 221)

Peninsula House Dieses exklusive französische Herrenhaus bildet den Stoff, aus dem Märchen sind. Es thront hoch oben auf einer Klippe über der Playa Cosón. (S. 137)

Plaza España Für ein Dinner fährt man nach Santo Domingo und lässt sich auf dem Balkon eines der Restaurants an dieser Plaza nieder. (S. 55)

Camp David Die Aussicht von einem der Balkone auf halber Höhe des Berges vor den Toren Santiagos – entweder eines Restaurants oder eines Hotelzimmers– garantiert eine gute Stimmung. (S. 187)

Aroma de la Montana Guter Wein, gutes Essen, glitzernde Lichter aus dem Tal und der einzige sich drehende Speiseraum des Landes – das alles bietet das Restaurant in der Nähe von Jarabacoa. (S. 199)

Zu Pferd dem Sonnenuntergang entgegen Hier schlagen die Wellen an die Hufe der Pferde. (S. 42)

Architektur

Zusätzlich zum wirtschaftlichen und sozialen Erbe hinterließen die spanischen Kolonialherren auch ein sichtbares Erbe in Form von Kirchen und anderen Gebäuden aus dem frühen 16. Jh. Wohnhäuser, die von den Nutznießern des industriellen Aufschwungs erbaut wurden, haben einen bleibenden Einfluss auf das Bild vieler Städte.

Zona Colonial Santo Domingos Viertel mit geschichtsträchtigen Straßen und Gebäuden aus der Kolonialzeit. (S. 48)

Puerto Plata Elegante, pastellfarbene Häuser aus viktorianischer Zeit in der Umgebung des Parque Central. (S. 141)

San Pedro de Macoris Schöne Häuser als Zeitzeugen des Zuckerbooms des späten 19. und frühen 20. Jhs. (S. 89)

Kirchen Katholische Kathedralen im Stil kolonialer Gotik oder auch der modernen postindustriellen Zeit sind oft die auffälligsten Gebäude einer Stadt. (S. 256)

Tauchen & Schnorcheln

Bei einer Küstenlinie von Hunderten von Kilometern ist es kein Wunder, dass viele Besucher in die Dominikanische Republik reisen, um das Abenteuer unter Wasser zu suchen.

Bayahibe Erfahrene Taucher halten dies für die beste Stelle im ganzen Land. (S. 96)

Playa Frontón Mit dem Boot zu den Riffen hinaus; einige der schönsten liegen vor der Halbinsel Samaná. (S. 124)

Sosúa Ausgangspunkte für Unterwasserabenteuer an der Nordküste sind Luperón und Monte Cristi. (S. 152)

Boca Chica Zwei kleine Schiffswracks und flache Riffe. (S. 88)

Laguna Dudu Ein Erdloch mit natürlichem Quellwasser unweit der Stadt Cabrera führt in einige Unterwasserhöhlen. (S. 175)

Ruinen

Die Spuren der Geschichte der Spanier sind in die Landschaft der Insel eingeschrieben. Hier blühten die Kulturen der Kariben und Taíno und Kolumbus, Cortés, Ponce de Leon und Sir Francis Drake durchquerten die Insel.

La Vega Vieja Überreste einer Festung, die Kolumbus erbauen ließ und die 1562 von einem Erdbeben zerstört wurde. (S. 193)

Parque Nacional la Isabela Reste der zweitältesten Siedlung der Neuen Welt. (S. 176)

Cueva de las Maravillas Leicht zugängliche, riesige Höhle mit Felszeichnungen. (S. 92)

Casa Ponce de Leon Wohnhaus des spanischen Eroberers. (S. 95)

Cueva del Puente Höhle mit Felszeichnungen in der Nähe der Überreste einer großen Taíno-Stadt im Parque Nacional del Este. (S. 101)

Reserva Antropólogica Cuevas del Pomier Stätte mit der umfangreichsten prähistorischen Höhlenkunst in der Karibik. (S. 212)

Monat für Monat

TOP-EVENTS

Walbeobachtung Mitte Januar–Mitte März

Carnaval Februar

Festival del Merengue Ende Juli

Fiesta de los Toros August

Winter-Baseball Ende Oktober–Ende Januar

Januar

Der nordamerikanische Winter fällt mit der Whale-Watching-Saison in der Bahía de Samaná zusammen. Deshalb ist diese Jahreszeit bei Besuchern besonders beliebt. Die Winde an der Nordküste in der Umgebung von Cabarete sind zu dieser Zeit im Allgemeinen am stärksten.

Walbeobachtung

Dieses Spektakel, bei dem Tausende Buckelwale eine tolle Gymnastikvorstellung geben, findet jahreszeitlich bedingt in der Gegend der Bahía de Samaná und an der Silver Bank statt.

Día de Altagracia

Einer der bedeutendsten religiösen Tage des Jahres fällt auf den 21. Januar, wenn Tausende Pilger zur Basilika in Higüey strömen, um den Namenspatron des Landes zu ehren. (S. 101)

Día de Duarte

Am 26. Januar werden in allen größeren Städten öffentliche Feierlichkeiten zum Geburtstag des Landesvaters abgehalten; in Santo Domingo ertönen zudem Salutschüsse.

Februar

Ein Partymonat in der gesamten Dominikanischen Republik; die Hotelpreise schnellen in die Höhe, und beliebte Touren können zuverlässig gebucht werden. Februar und März sind in der Regel in Samaná die trockensten Monate.

Carnaval

An jedem Sonntag des Monats wird im Land Straßenkarneval gefeiert, der seinen Höhepunkt in rauschenden Festen am letzten Wochenende des Februar oder am ersten im März erreicht. Die größten und traditionsreichsten Karnevalsumzüge außerhalb von Santo Domingo finden in Santiago, La Vega, Cabral und Monte Cristi statt.

Master of the Ocean

Dieser Wettkampf (www.masteroftheocean.com) in der letzten Februarwoche wird auch „Triathlon der Wellen“ genannt. Hier messen sich die besten Surfer, Wind- und Kitesurfer an der Playa Encuentro bei Cabarete.

Día de la Indepencia

Der 27. Februar 1844 ist der Tag, an dem die Dominikanische Republik ihre Unabhängigkeit von Haiti erlangte; der Feiertag wird mit Straßenfesten und Militärparaden zelebriert.

März

In der Semana Santa (Karwoche) nehmen sich alle Bewohner des Landes frei; die Geschäfte sind geschlossen, die Menschen strömen an die Strände. Reservierungen sind nun unerlässlich. Wassersportliche Aktivitäten sind meist verboten. Nordamerikanische College-Studenten kommen in ihren Frühlingsferien gern hierher.

Bootsregatta

Am Karsamstag wandelt sich das Küstendorf Bayahibe in den Austragungsort einer Regatta von traditionellen Fischerbooten.

April

Die Einheimischen machen für gewöhnlich Ende April um Karfreitag herum innerhalb ihres Landes Urlaub. Dies ist die beste Zeit, um die Laguna Oviedo und den Südwesten zu bereisen; von März bis Juni blühen die Kakteen in der Wüste.

Schildkrötenbeobachtung bei Nacht

Auf zu den Stränden des Parque Nacional Jaragua im Südwesten, wo Echte Karett- und Lederschildkröten ihre Eier im Sand vergraben. (S. 223)

Mai

Espiritu Santo

Am 3. Mai wird das Viertel Villa Mella in Santo Domingo lebendig: Die Bewohner feiern zu Trommelrhythmen ihr afrikanisches Erbe zu Ehren des höchsten Gottes Kalunga aus der (ehemaligen) Region Kongo.

Juni

Von Mai bis November kann Santo Domingo täglich kurze, heftige Regenfälle erleben; an der Nordküste ist es von Juni bis September meist sonnig.

Kulturfestival, Puerto Plata

Bei diesem Festival werden auf dem Fuerte San Felipe

Oben: Karnevalist, Santiago (S. 184)
Unten: Garde des Präsidenten am Unabhängigkeitstag, Santo Domingo (S. 46)

am Ende der Malecón von Puerto Plata Merengue-, Blues-, Jazz- und Folk-Konzerte gegeben. (S. 145)

San Pedro Apóstal

Ein rauschendes Fest am 29. Juni in San Pedro, bei dem die *cocolo*-Kultur der nicht hispanischen Afrikaner gefeiert wird. Tänzergruppen, die *guloyas*, führen traditionelle Tänze auf.

Isla Cabritos, Flora & Fauna

Blühende Kakteen, Schmetterlinge, Leguane und Krokodile sind auf dieser Wüsteninsel inmitten des Lago Enriquillo versammelt.

Juli

Der Beginn der Urlaubssaison der Dominikaner und Europäer. Die höchsten Temperaturen werden im Südwesten am Lago Enriquillo gemessen.

Festival del Merengue, Santo Domingo

Santo Domingo richtet das größte Merengue-Festival des Landes aus. Zwei Wochen lang, von Ende Juli bis Anfang August, spielen in der ganzen Stadt die weltbesten Merengue-Bands für die besten Merengue-Tänzer der Welt auf. (S. 63)

August

Die beginnende Hurrikansaison, die bis Dezember anhalten kann, erfordert ein wachsames Auge für aufziehende Stürme. Dennoch setzen sich die sonnigen Tage durch, und man findet gute Angebote auf dem Unterkunftsmarkt.

La Fiesta de los Toros

Bei der *fiesta patronal* in Higüey (Fest zu Ehren des Stadtpatrons) sieht man Cowboys auf Pferden und Viehherden, die durch die Straßen ziehen.

Día de la Restauracíon

Der 16. August ist der Tag, an dem die Dominikanische Republik ihre Unabhängigkeit von Spanien erklärt hat. Typisch sind eine allgemeine Feierlaune sowie traditioneller Volkstanz und Straßenparaden. Besonders festlich geht es dabei in Santo Domingo und Santiago zu.

Oktober

Im ganzen Land gibt es nun immer wieder an einigen Tagen der Woche Regenschauer, besonders im Inland bei Santiago. Auch Tropenstürme drohen ständig, die Temperaturen sind mild, die Besucherzahlen niedrig, einige Hotels schließen, die Preise bewegen sich nach unten.

Merengue-Festival, Puerto Plata

Während der ersten Oktoberwoche ist der Malecón von Puerto Plata für den Verkehr gesperrt, Essensstände werden aufgestellt, und berühmte Merengue-Sänger treten auf verschiedenen Bühnen auf. Dazu gehören auch Erntedankfeste und eine interessante Kunst- und Handwerksmesse. (S. 145)

Festival Presidente de Música Latina

Dieses Drei-Tage-Event findet im Olympiastadion von Santo Domingo statt und zieht die großen Namen der lateinamerikanischen Musik aus dem Bereich Jazz, Salsa und Merengue an. Auch Bachata-Spiele sind dabei.

November

Winter-Baseball

Die besten sechs Mannschaften der Saison aus fünf Städten (Santo Domingo hat zwei) treten mehrmals pro Woche gegeneinander an.

Jazzfestival

Vom 31. Oktober bis zum 2. November spielen einheimische und internationale Top-Musiker in Sosúa, Puerto Plata und am Strand von Cabarete. (S. 164)

Dezember

Die Hotel- und Flugpreise klettern nach oben, weil Amerikaner und Kanadier ihre Reise in die Karibik antreten. Surfer wenden sich der Nordküste zu, wo die Wellen von Dezember bis März am besten sind.

Weihnachten

Schon im Oktober sieht man überall die Weihnachtsdekoration, und Familien treffen sich zum Weihnachtsfest. Zu den Spezialitäten eines Festtagsmenüs gehört *puerco en puya* (Spanferkel), und den ganzen Tag spielt das Radio Weihnachtslieder.

Reiserouten

Dominikanische Rundreise

Zwei Tage verbringt man in **Santo Domingo** in der Zona Colonial, mit Baseball und den Merengue-Tänzen. Am dritten Tag geht es nach **Jarabacoa.** Nachmittags warten die Wasserfälle und am folgenden Tag stehen Wildwasser-Rafting oder Kanufahren auf dem Programm. Dann fährt man nordwärts weiter nach **Cabarete** – ideal fürs Mountainbiken und Wassersport. In **Sosúa** und **Río San Juan** locken tolle Tauchreviere und Strände – genug, um Reisende für einige Tage glücklich zu machen. Danach bricht man zur **Halbinsel Samaná** auf. Wenn es gerade zwischen Mitte Januar und Mitte März ist, bietet sich die Walbeobachtung an. Ansonsten kann man per Boot in den **Parque Nacional Los Haitises** reisen, um Mangroven und Höhlenmalereien zu bewundern oder den Wasserfall bei **El Limón** zu erleben. An den nächsten beiden Tagen sollte man wandern oder die Strände bei **Las Galeras** per Boot aufsuchen. Wer das Nachtleben liebt, sollte in **Las Terrenas** Quartier nehmen. Aber immer auch an die Verschnaufpausen am Strand denken! Der Südosten ist perfekt – hier locken die verlassene **Playa Limón** oder die ganzjährig beliebten Orte **Bávaro** und **Punta Cana**. Dann macht man sich auf den Rückweg nach Santo Domingo. Richtung Südwesten gibt es eine spektakuläre Strecke nach **Barahona** und zu den Krokodilen im **Lago Enriquillo**. Hier sollte man ein oder zwei Nächte bleiben, bevor es dann endgültig nach Santo Domingo zurückgeht.

Die Ostküste

Ob man nun direkt nach Santo Domingo fliegt oder zum Flughafen bei Punta Cana, ist eigentlich egal. Hauptsache, dass man einen ganzen Tag für das alte koloniale Zentrum von **Santo Domingo** einplant.

Die Unterkunft sollte man im Südosten an den beliebten Stränden von **Bávaro** oder **Punta Cana** wählen. Pauschalunterkünfte sind ideal für Familien, die einfach nur im Wasser planschen wollen. Viele Häuser sind ganz besonders kinderfreundlich – u. a. dank Aktivitäten wie Go-Kart-Fahrten, Bowling, Segeltörns und Parasailing. Die Resorts organisieren Ausflüge zu den Sehenswürdigkeiten; wer unabhängig sein will, mietet sich ein Auto.

Singles, Paare und Leute, die ein ausgeprägtes Nachtleben suchen, kommen hier durchaus auf ihre Kosten.

Nicht weit Richtung Süden liegt **Bayahibe**, eine winzige Stadt am Rande des Nationalparks. Hier liegen die besten Tauchgründe des Landes. Zudem werden Katamaranfahrten zu einem Inselstrand und Schnorchelausflüge angeboten. Ruhiger geht es an der verlassenen **Playa Limón** weiter oben an der Küste zu.

Halbinsel Samaná

Wer die Möglichkeit hat, sollte direkt zum Aeropuerto Internacional El Catey fliegen. Alternativ geht es mit einem Kleinflugzeug hierher, oder man reist per Bus oder Auto von Santo Domingo an – der neue Highway sorgt für eine stressfreie Reise.

Falls möglich, sollte man zwischen Mitte Januar und Mitte März kommen, wenn die Buckelwale zur Bahía de Samaná wandern und deshalb **Whale-Watching-Touren** Hochkonjunktur haben.

Alternativ kann man sich in Las Terrenas oder Las Galeras einquartieren. **Las Terrenas** besitzt ein kosmopolitisches Flair mit europäischem Einschlag. Kitesurfen und andere Wassersportarten sind hier sehr populär. Zudem werden Tagesausflüge angeboten, etwa per Pferd zum Wasserfall bei **El Limón** oder Bootsfahrten zum **Parque Nacional Los Haitises** mit seinen Mangroven und Höhlenmalereien.

Las Galeras ist eine kleine abgeschiedene Stadt im äußersten Osten der Halbinsel. Die Strände können mit allen anderen im Lande gut mithalten, und es gibt hier wirklich so etwas wie das beinahe sprichwörtliche Ende einer Straße.

Die Nordküste

Man fliegt zum Aeropuerto Internacional Gregorio Luperón. Dann sucht man sich für eine Woche eine Unterkunft, aber man sollte wenigstens einen Nachmittag für **Puerto Plata** selbst einplanen. An den Straßen der Innenstadt liegen die etwas heruntergekommenen Häuser aus dem 19. Jh. Die Museen des Ortes bieten Möglichkeiten, sich zu bilden, und die Restaurants am Meer laden zu einem Drink ein.

Sportliche Besucher ziehen das Mekka der Wassersportler, **Cabarete** östlich von Puerto Plata, vor. Dort gibt es ebenfalls eine lebendige Bar- und Restaurantszene. Man könnte auch einige Stunden oder Tage abzweigen, um die Grundlagen des Surfens, Kite- oder Windsurfens zu erlernen. Natürlich kann man sich am Strand auch einfach nur erholen.

Sporttaucher und Leute, die auf ein etwas wilderes Nachtleben aus sind, sollten vielleicht in **Sosúa** übernachten. Weiter östlich in der Nähe des ruhigen Städtchens **Río San Juan** liegen einige umwerfend schöne Strände mit Schnorchel- und Tauchmöglichkeiten. Wer mit einer größeren Gruppe unterwegs ist, kann auch eine Villa in oder bei **Cabrera** mieten.

Die Cordillera Central

Am besten landet man auf dem Flughafen außerhalb von **Santiago** und erkundet einen Tag lang die Innenstadt. Ein Bummel durch die Bars am Monument, dem Zentrum des Nachtlebens, darf auf keinen Fall fehlen. Gleiches gilt für ein Baseballspiel im Stadion direkt nördlich der Innenstadt, wenn man zufällig im Winter vor Ort ist.

Am nächsten Tag geht es nach **Jarabacoa**, dem Tor zu den **Nationalparks Armando Bermúdez** und **José del Carmen Ramírez**. Diese beiden Parks enthalten bereits einen Großteil der Gebirge des Landes. Auch der höchste Gipfel der Karibik, der **Pico Duarte** (3087 m), liegt hier. Am Nachmittag kann man die Wasserfälle besichtigen und sich an den nächsten ein bis zwei Tagen mit Wildwasser-Rafting, Kanu- oder Mountainbikefahren vergnügen. Alternativ ist ein dreitägiger Aufstieg zum Pico Duarte möglich – oder man besucht das schöne **Valle del Tétero**.

Am Ende der Tour steht das Bergstädtchen **Constanza**. Hier warten kühlere Temperaturen und atemberaubende Ausblicke. Mit einem Geländewagen geht es über Gebirgspässe in entlegene Täler und zu rauschenden Wasserfällen.

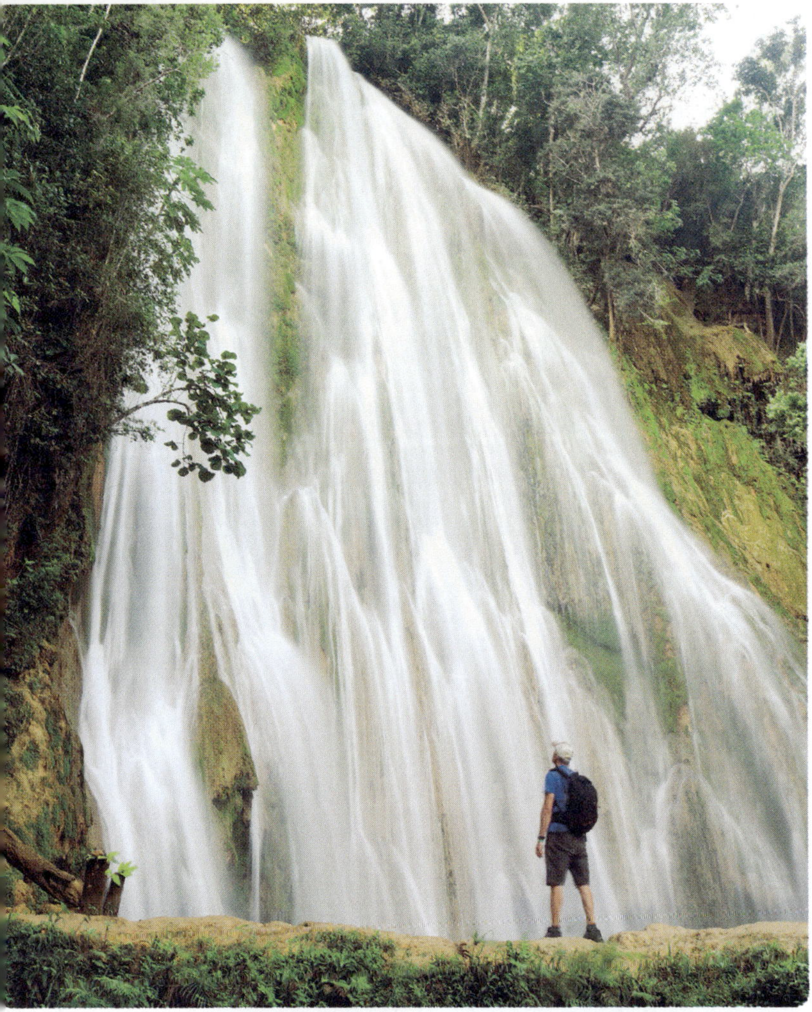

Oben: Wasserfall El Limón (S. 132)

Rechts: Playa Sosúa (S. 153)

ALFREDO MAIQUEZ / GETTY IMAGES ©

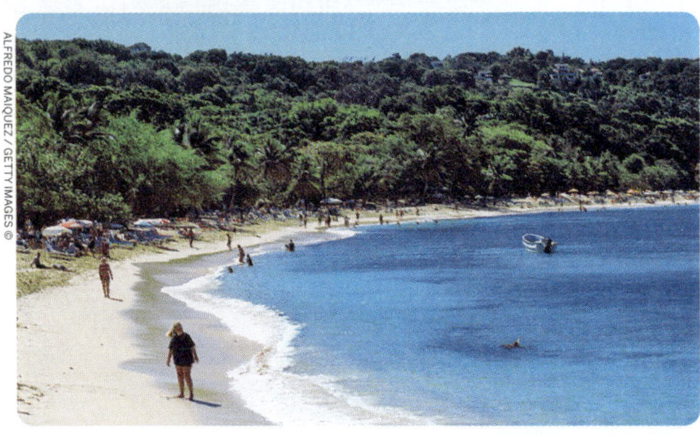

Abseits der üblichen Pfade: Dominikanische Republik

PUNTA RUSIA

Alle Wege scheinen in diesem kleinen Ort an der Nordküste zu enden. Eine Insel und Mangroven befinden sich in Reichweite. Die schlichten Lokale in der Bucht servieren Fisch. (S. 177)

ROUTE 16

Die Straße windet sich von San José de las Matas bis zur Grenze bei Dajabón durch grünes Hügelland. Südlich, bei Loma Nalga de Maco, entdeckt man Gebirgsbäche und tropische Wälder. (S. 192)

RESERVO CIENTIFICA VALLE NUEVO

Für den Park mit den niedrigsten Temperaturen des Landes benötigt man einen Geländewagen. Die Hochebene garantiert frische Bergluft und schöne Ausblicke. (S. 204)

CACHOTE

Die einsamen Hütten liegen in einem Nebelwald, wie man ihn in den Tropen selten antrifft. Der sehr einfache, 25 km lange Weg durchquert etliche Male den gleichen Fluss. (S. 218)

BAHÍA DE LAS ÁGUILAS

Mindestens ebenso spektakulär wie der schönste Strand des Landes ist die Reise dorthin: über einen einspurigen Highway, eine holprige Nebenstraße und zum Schluss sogar per Boot. (S. 220)

LOS PATOS

Wer in Barahona mit dem Auto in Richtung Süden nach Paraíso aufbricht, sollte genügend Benzin und Bargeld mitnehmen. Im *balneario* (natürlicher Pool) ist man häufig der einzige Besucher. (S. 219)

CORDILLERA SEPTENTRIONAL

In dieser eindrucksvollen Bergwelt winden sich die Routen 25 und 233 an Flüssen und Felsen entlang, durch Urwälder und einsame Siedlungen. Dort lernt man die Gastfreundschaft der Dominikaner kennen. (S. 193)

CABRERA

Das Dorf ist ein Ausgangspunkt, um herrliche Strände und eine Süßwasserlagune zu entdecken. Zu finden sind sie abseits der Straße zwischen den Touristenorten der Nordküste und der Halbinsel Samaná. (S. 174)

EL CABITO

Das rustikale Restaurant hängt fast buchstäblich am nordöstlichen Rand des Landes. Atemberaubende Ausblicke sind der gerechte Lohn für eine halsbrecherische Fahrt auf unbefestigten Wegen. (S. 128)

PLAYA LIMÓN

Der einsame Strand nördlich von Punta Cana ist ein Gegenentwurf zu allen Resorts. Vorbei an farbenfrohen *colonias* (Siedlungen) und Zuckerrohrplantagen gelangt man zur palmengesäumten Idylle. (S. 111)

Reiseplanung

Essen & trinken wie die Einheimischen

Obwohl das Land nicht gerade als kulinarisches Paradies bekannt ist, führen Essen und Trinken die Menschen zusammen, fungieren als sozialer Kitt. Die Küche basiert auf spanischen, afrikanischen und indigenen Traditionen. Zu den Lebensmitteln gehören Reis, Kartoffeln, Bananen, die Wurzelknollen der Yucca und Maniok. Die Portionen sind groß, sodass man Vorsätze zum Abnehmen über Bord werfen sollte.

Vegetarisch essen

In der Dominikanischen Republik isst man selten vegetarisch; viele Einheimische finden vegetarisches Essen sogar eher seltsam. Aber dennoch gibt es in der dominikanischen Küche genügend fleischlose Beilagen wie Reis, Salat, Kochbananen, Auberginen, Yucca, Okra und mehr, sodass Vegetarier und sogar Veganer nicht hungrig vom Tisch gehen müssen. Bohnen sind ebenfalls ein verbreitetes Nahrungsmittel, werden aber oft zur Bereitung von Bohnenschmalz verwendet.

Pizza- und Pastarestaurants gibt es ebenfalls überall im Lande, dort findet man immer wenigstens ein vegetarisches Gericht auf der Speisekarte (und wenn nicht, kann man einfach danach fragen).

Für Vegetarier, die Fisch und Meeresfrüchte akzeptieren, gibt es ohnehin keine Probleme. Es gibt mindestens ein ausgewiesenes vegetarisches Restaurant im Land – das Ananda (S. 70) in Santo Domingo –, aber im Grunde bieten alle Restaurants, die in diesem Buch aufgeführt sind, einige fleischlose Gerichte als Alternative.

Kulinarische Highlights

Unvergessliche Restaurants

- **Passion von Martin Berasategui** (S. 109) Der mit dem Michelinstern ausgezeichnete Inhaber aus dem Baskenland bereitet ein märchenhaftes Sieben-Gänge-Menü zu.
- **Mares Restaurant & Pool Lounge** (S. 146) Der berühmte Chefkoch verbindet dominikanische Geschmacksrichtungen mit kulinarischen Inspirationen aus Europa.
- **Castle Club** (S. 168) Ausgefeilte Gerichte mit Zutaten aus der Region.
- **Pat'e Palo** (S. 69) Kreativ erdachte Gerichte mit Blick auf die Plaza España in Santo Domingo.
- **El Cabito** (S. 128) Frische Meeresfrüchte in einem der schönsten Restaurants des Landes.
- **Mi Corazón** (S. 134) Innovative Gerichte, serviert in einem romantischen Innenhof.
- **La Terrasse** (S. 134) Gutes französisches Bistro am Strand von Las Terrenas.
- **Rincón Rubi** (S. 128) Perfekt gegrillter Fisch an einem atemberaubendem Strand.
- **Casa Bonita** (S. 221) Biologische Kost aus der Region in einem Boutiquehotel.
- **Aroma de la Montaña** (S. 199) Drehrestaurant mit Panoramablick über die Landschaft von Jarabacoa.

CASABE

Von den alten Feuerstellen der Taínos bis hin zu eleganten Staatsbanketten zieht sich ein Grundnahrungsmittel wie ein roter Faden durch, und das ist ein stärkehaltiges Brot, das sich *casabe* nennt. Das *casabe* enthält einen hohen Anteil an Kohlehydraten und nur wenig Fett. Es wird aus den gemahlenen Wurzeln der Kassave (Maniok) bereitet. Der Maniok war eine der Hauptnutzpflanzen der Taínos. Der Strauch ist leicht zu pflanzen – man setzt nur ein Stückchen Wurzel oder einen Stängel in die Erde. Europäer brachten die robuste Pflanze aus der Karibik in ihre Kolonien nach Afrika und Asien. *Casabe* ist noch heute sehr beliebt, besonders zu traditionellen Gerichten wie Suppe und Eintopf. Für sich genommen schmeckt *casabe* fast nach nichts, deshalb sollte man Butter, Salz, Tomate oder Avocado darauf geben. Eine moderne Variante ist das *catibía,* mit Fleisch gefüllte Teigtaschen aus Maniok-Mehl.

Grundnahrungsmittel & Spezialitäten

Essen

➡ **La Bandera** Das typischeGericht besteht aus weißem Reis, *habichuela* (Roten Bohnen), gedünstetem Fleisch, Salat und frittierten grünen Kochbananen. Statt Roter Bohnen gibt es manchmal auch die kleineren *moros* (Schwarze Bohnen), *gandules* (kleine Grüne Bohnen) oder *lentejas* (Frühlingszwiebeln).

➡ **Guineos** (Bananen) Ein Grundnahrungsmittel, das auf verschiedene Weisen zubereitet wird, entweder gekocht, gedünstet und kandiert, aber meistens wie Kartoffelbrei gekocht und gestampft. Auf die gleiche Art zubereitet, aber mit Kochbananen, wird das Gericht *mangú* genannt; wird eine Schweineschwarte hineingemischt, nennt man es *mofongo*.

➡ **Meeresfrüchte** Meist ein Fischfilet aus *mero* (Zackenbarsch) oder *chillo* (Roter Schnapper), das auf viererlei Weise serviert werden kann: *al ajillo* (mit Knoblauch), *al coco* (in Kokossoße), *al criolla* (mit einer milden Tomatensoße) oder *a la diabla* (mit einer scharfen Tomatensoße). Andere Meeresfrüchte wie *cangrejo* (Krabbe), *calamar* (Tintenfisch), *camarones* (Shrimps), *pulp* (Oktopus) und *langosta* (Hummer) werden ähnlich zubereitet oder alternativ *al vinagre* (in einer Essigsoße), eine Variante des Ceviche.

➡ **Chivo** Ziegenfleisch ist recht beliebt und wird auf vielfältige Art zubereitet. Zwei der besten Varianten sind *pierna de chivo asada con ron y cilantro* (gebratene Ziegenkeule mit Rum und Koriander) und *chivo guisado en salsa de tomate* (gedünstetes Ziegenfleisch in Tomatensoße).

➡ **Locrio** Die dominikanische Variante einer Paella – der Reis wird mit Achiote-Gewürz gefärbt – in vielen Variationen, und dominikanische süße Bohnensuppe – *habichuela con dulce* –, eine dicke Suppe mit Wurzelgemüsesorten.

Trinken

➡ **Ron** (Rum) Der dominikanische Rum ist mild und dennoch kräftig im Geschmack und weniger süß als das Getränk aus Jamaika. Es gibt Dutzende regionale Sorten; die großen Marken sind Brugal, Barceló und Bermudez. Auch bei diesen Marken gibt es viele Varianten, darunter *blanco* (weiß), *dorado* (golden) und *añejo* (gereift). Bermudez wurde 1852 gegründet und ist die älteste Rumbrennerei. Empfehlenswert sind *santo libre* (Rum mit Sprite) und *cuba libre* (Rum mit Cola). *Ron ponche* (Rumpunch) – eine Mischung aus Rum und süßem tropischen Saft – wird eher von Fremden häufiger bestellt.

➡ **Bier** Zu den heimischen Biersorten gehören Presidente, Quisqueya, Bohemia und Soberante. Die beliebteste Art, ein Bier zu genießen, besteht darin, sich ein *grande* (großes) mit ein bis zwei Freunden zu teilen. Ein großes 1,1-l-Bier wird in einer Art Schlauch serviert; dazu gibt es Gläser.

➡ **Whiskey** Ist in den meisten Bars erhältlich und sehr beliebt. Es gibt einige bekannte, aber auch einheimische Sorten – eingefleischte Kenner wollen meist einen *trago de etiqueta roja* (Johnny Walker Red Label) oder *trago de etiqueta blanca* (Dewar's White Label).

➡ **Mamajuana** Eine Mischung aus Kräutern, getrockneter Baumrinde, Rum, Wein und Honig, die dann etwa einen Monat ziehen muss und als eine Art selbst gemachtes Viagra gilt. Nach dem Glauben der Einheimischen kann es Krankheiten heilen und es gilt als Vitaminersatz.

➡ **Kaffee** Ist ein Grundnahrungsmittel, wird zu jeder Mahlzeit gereicht und wird in sechs verschiedenen Regionen von mehr als 60 000

PREISE

Die angegebenen Preise gelten für ein Hauptgericht inklusive Steuern.

**$** Unter 214 RD$ (5 US$)

**$$** 214–640 RD$ (5–15 US$)

**$$$** Über 640 RD$ (15 US$)

Erzeugern angebaut. Kaffee wird schwarz mit Zucker in kleinen Espressotassen serviert.

- **Batidas** (Smoothies) Werden aus gepressten Früchten, Wasser, Eis und Zucker hergestellt. *A batida con leche* enthält Milch. Zu den Geschmacksrichtungen zählen *piña* (Ananas), *lechoza* (Papaya), *guineo* (Banane) und *zapote* (Sapote) und *morir soñando*, eine Mischung aus Orangensaft, Milch, Zucker und Eis.
- **Jugos** (Säfte) *Jugos* werden frisch zubereitet und manchmal als *refrescos* angeboten. Geschmacksrichtungen sind *chinola* (Passionsfrucht) und *piña* (Ananasschale). Orangensäfte werden meist als *jugo de china* bezeichnet, oder als *jugo de naranja* bestellt.
- **Coco** Überall gibt es Kokosnusssaft von einem *cocotero* (ein Straßenverkäufer, der mit einer Machete eine Öffnung in die Nuss schlägt).
- **Jugo de caña** (Zuckerrohrsaft) Wird meist von Händlern auf Dreirädern verkauft.
- **Mabí** Leckeres Getränk aus der Rinde der tropischen Liane.

Preiswerte Gerichte

- **Pastelito** Normalerweise Rind- oder Hühnchenfleisch, das mit Zwiebeln, Oliven, Tomaten und Gewürzen gedünstet, dann zerkleinert und mit Erbsen, Nüssen und Rosinen vermischt wird – zuletzt wird alles in eine Teigtasche gefüllt und in Öl gebraten.,
- **Empanada** Ähnlich wie *pastelito*, aber typischerweise mit Schinken oder Käse gefüllt.
- **Chimi** Sandwich mit gewürztem Hackfleisch, Kohl, Möhren, roten Zwiebeln und Tomaten.
- **Quipe** Nachmittagssnack, gefüllt mit gebratenem Hackfleisch und frischer Minze.
- **Frituras de batata** Frittierte Süßkartoffeln.
- **Fritos maduros** Frittierte reife Kochbananen.
- **Tostones** Frittierte Kochbananenscheiben.
- **Yaniqueques** Fladenbrot aus Maismehl.
- **Frío-frío** Geschabtes Eis mit Sirup.
- **Agua de coco** Obst gemischt mit Kokosnussscheiben und Zuckerrohrsaft.

Rund ums Essen

Die Zeiten

Das Abendessen (*cena*) ist die umfangreichste Mahlzeit; weder Frühstück *(desayuno)* noch Mittagessen *(almuerzo)* bieten leichte Kost. Alle drei Mahlzeiten bestehen im Allgemeinen aus einer Hauptspeise – Eier zum Frühstück, Fleisch zum Mittag- und Abendessen – und Beilagen. Das Abendessen gibt es, zumindest in Restaurants, nicht vor 20 oder 21 Uhr.

Was steht auf der Karte?

- **a la parrilla** (a la pa-ri-ja) gegrillt
- **al carbón** (al car-bon) vom Holzkohlegrill
- **al horno** (al or-no) im Ofen gebacken
- **al vino** (al vi-no) in Wein gekocht
- **frito** (fri-to) gebraten, frittiert
- **guisada** (gui-sa-da) jede Art von Eintopf
- **parillada** (pa-ri-jada) Grillplatte
- **sopa** (so-pa) Suppe

BESONDERE FESTE

Es gibt eine Reihe von Anlässen, bei denen besondere Gerichte serviert werden: *puerco asado* (Schweinebraten), *asopao de mariscos* (Meeresfrüchte) und das bescheidenere *locrio de pica-pica* (scharfe Sardinen mit Reis). Gerichte wie *sancocho de siete carnes* (Suppe mit sieben Fleischsorten) aus Würstchen, Hähnchen, Rind-, Ziegenfleisch und Teilen vom Schwein, mit grünen Kochbananen und Avocados zu einem herzhaften Eintopf vermischt, finden sich manchmal auf der Speisekarte. Zu Weihnachten sind folgende Spezialitäten typisch: *jengibre*, ein Getränk mit Zimt, frischer Ingwerwurzel, Wasser und Zucker; *pastelitos*, *moro de guandules* (Reis mit Straucherbsen und Koskosmilch) und *ensalada rusa* (ähnlich dem Kartoffelsalat).

Reiseplanung

Outdoor-Aktivitäten

Zweifelsohne fahren die meisten Leute in die Dominikanische Republik, um am Pool oder am Strand zu faulenzen. Das ist sicherlich eine attraktive Möglichkeit, aber wer stattdessen lieber ein wenig in Schweiß geraten möchte, findet hier ein großes Angebot an Sportarten, die einem so ziemlich alles abverlangen.

Wassersport

Wer etwas unternehmen will, bei dem er auf einem Board stehen muss, findet in der Dominikanischen Republik erstklassige Wellen zum Surfen, Kitesurfen, Windsurfen und Wakeboarden. Zentren für Wassersport sind Cabarete an der Nordküste und Las Terrenas auf der Halbinsel Samaná.

Kitesurfen

Beim Kitesurfen werden die Füße auf ein Board geschnallt und ein kräftiger Segeldrachen wird am Oberkörper befestigt, der einen dann durch die Wellen treibt. Bis Anfänger mit dem Sport klarkommen, dauert es allerdings; dazu gehört auch der Fachjargon für Tricks wie „Kitelooping“ und „Back-Side-Handle-Pass“. Im Durchschnitt ist man nach einer Unterrichtswoche so weit, das man alleine fahren kann. Der Sport ist übrigens recht teuer – Unterricht und Ausrüstung können einige Tausend Dollar verschlingen.

Vor diesem Hintergrund ist die Dominikanische Republik für diejenigen, die Zeit und Geld haben und eine Herausforderung suchen, das Kitesurfparadies schlechthin – die International Kiteboarding Organization (S. 161) hat ihren Hauptsitz

Top-Outdoor-Aktivitäten

Mountainbikestrecken

Von Jamao bei Moca zur einsamen Playa Magante bei Rio San Juan, Landstraßen in den zentralen Highlands, das Gebiet nördlich von Cabarete.

Die beste Reisezeit

Februar: mit Zugvögeln im Südwesten, Whale-Watching in Samaná und Windsportarten in Cabarete.

Abenteuer für Einsteiger

Kitesurfen, Kanufahren, Gleitschirmfliegen, Wildwasser-Rafting und Wakeboarden.

Ausgangspunkte für Aktivurlauber

Jarabacoa in der Cordillera Central, Cabarete an der Nordküste, Las Terrenas auf der Halbinsel Samaná und Bayahibe im Südosten.

Nationalparks fürs Naturerlebnis

Parque Nacional Los Haitises, Parque Nacional Jaragua, San José de las Matas, Parque Nacional del Este oder Parque Nacional Sierra de Bahoruco.

in Cabarete. Kitesurfschulen bieten ihre Dienste in Cabarete oder Las Terrenas auf der Samaná (der Wind ist hier weniger stark und das Wasser seichter) an; Puerto Plata ist ein weiterer Ort, um diesen Sport zu erlernen. Die meisten Leute brauchen wenigstens vier Unterrichtstage zu etwa 350 bis 450 US$. Die Schulen und Lehrer sind nicht alle gleich gut, sodass es ratsam ist, sich erst ein wenig umzuschauen.

Surfen

Viele sind der Meinung, dass der erste Mensch, der jemals in der Dominikanischen Republik gesurft ist, ein Oberst der amerikanischen Armee war, der 1965 zu den US-amerikanischen Besatzungstruppen in Santo Domingo gehörte. Bevor er das Land verließ, verkaufte er sein Board an die Einheimischen, und von da an entwickelte sich der Sport weiter. Bis Ende der 1970er-Jahre, genau genommen bis zum 31. Oktober 1979, als Hurrikan Daniel die Südküste traf, gehörten die Wellen an der Playa Guibia am Malecón von Santo Domingo zu den besten des Landes. Eine genaue Erklärung zum Einfluss dieses Sturms gibt es nicht. Bekannt ist aber, dass Sosua seinen ersten Touristenboom erlebte, als die Surfer bald danach zu den nahe gelegenen Beach Breaks strömten.

Die Nordküste und dort vor allem die Playa Encuentro in Cabarete ist zum wichtigsten Surfzentrum des Landes geworden. Mit fast 1300 km Küstenlinie gibt es kaum eine Region, in der abenteuerlustige Surfer nicht krasse Sets finden. Zusätzlich zu den hier erwähnten speziellen Breaks können aktive Urlauber die Wellen in Rio San Juan, an der Playa Grande, Playa La Preciosa, in Cabrera und Nagua an der Nordküste, an der Playa Coson und Playa Bonita bei Las Terrenas auf der Halbinsel Samaná und in Punta Cana und Macao im Osten ausprobieren. Die beste Saison läuft von Dezember bis März, wenn die Wellen bis zu 4 m Höhe erreichen.

Es gibt zahlreiche Surf-Shops in Cabarete, an der Playa Encuentro und in Las Terrenas, wo man Boards leihen und Unterrichtsstunden buchen kann. Das Ausleihen kostet 25 bis 30 US$ für einen halben Tag; der Unterricht reicht von dreistündigen Einführungskursen (45–50 US$) bis zu einem fünftägigen Surfercamp (200 bis 225 US$ pro Pers.). Surfbretter können auch an einigen anderen Strände, darunter die Playa Grande, ausgeliehen werden.

➡ **La Borja** Beim Flughafen Las Américas von Santo Domingo und beim großen Schiffshafen von Boca Chica. Ein lang anhaltender Righthander Reef Break; nichts für Anfänger.

➡ **Pato** Westlich von Santo Domingo bei Nizao. Ein langer Lefthander Break unweit einer Flussmündung und für Anfänger gut geeignet.

➡ **Tankline & La Puntillo** Breaks der Klasse A, Ersterer ein Righthander und Letzterer ein Lefthander, beide vor der Festung von Puerto Plata am Malecón entlang. Die ideale Zeit ist November bis März.

➡ **Playa Encuentro** Das Zentrum der dominikanischen Surfkultur liegt nur 4 km westlich von Cabarete mit fünf separaten Breaks.

Tauchen & Schnorcheln

Verglichen mit anderen karibischen Inseln ist die Dominikanische Republik überhaupt nicht als Urlaubsziel für Taucher bekannt. Dennoch finden sich hier tolle Tauchreviere – die Gewässer vor Bayahibe an der Südostküste gelten im Allgemeinen als die besten. Das warme Wasser in dieser Gegend birgt schöne Korallenfelder und

ACHTUNG, MEERESUNGEHEUER!

Von Mitte Januar bis Mitte März wandern mehr als 80 % der fortpflanzungswilligen Buckelwale des Nordatlantiks – insgesamt etwa 10 000 bis 12 000 – in die Gewässer vor der Halbinsel Samaná, um sich zu paaren. Die Bahía de Samaná ist ein beliebter Zufluchtsort für die Wale und daher einer der besten Orte der Welt, um diese massigen Wesen zu beobachten. Die meisten Touren starten von der Stadt Samaná aus, und man sieht fast garantiert einige Wale, die zum Luftschnappen auftauchen, ihre Flossen aus dem Wasser strecken und sogar eindrucksvolle Sprünge vorführen. Die Whale-Watching-Saison fällt mit den wichtigen Urlaubstagen der Einheimischen, dem heimischen Karneval (an jedem Wochenende im Februar) und dem Unabhängigkeitstag (27. Februar), zusammen – daher sollte man frühzeitig reservieren.

VERANTWORTUNGSVOLL TAUCHEN

Beim Tauchen sollte man auf folgende Hinweise achten und einen eigenen Beitrag dazu leisten, die Schönheit und ökologische Stabilität der Riffe zu bewahren:

- Keine Meereslebewesen berühren und keine Ausrüstung über Riffe schleppen. Polypen können selbst bei der kleinsten Berührung beschädigt werden. Wenn man sich unbedingt am Riff festhalten muss, sollte man nur freiliegende Felsen oder tote Korallen berühren.
- Vorsicht beim Umgang mit den eigenen Flossen! Selbst wenn man nichts berührt, können die Bewegungen des Wassers in der Nähe von Riffen Lebewesen verletzen. Aus dem gleichen Grund sollte man auch keinen Sand aufwirbeln.
- Vorsicht in Unterwasserhöhlen! Möglichst wenig Zeit in diesen Höhlen verweilen, da die Luftblasen sich an der Decke sammeln und Meereslebewesen töten können. Ins Innere einer kleinen Höhle immer nur abwechselnd eintauchen.
- Keine Korallen oder Muscheln aufsammeln oder kaufen und keine archäologischen Stätten unter Wasser plündern (z. B. in Schiffswracks).
- Keine Fische füttern!

Scharen tropischer Fische. Zwei Nationalparks östlich von Santo Domingo – der Parque Nacional Submarino La Caleta und Parque Nacional del Este – sind jeweils mit Hilfe der Tauchschulen in Boca Chica und Bayahibe erreichbar.

La Caleta ist ein Unterwasserschutzgebiet mit 10 km², es ist aber dennoch eins der beliebtesten Tauchreviere. Die Hauptattraktion ist die *Hickory,* ein 39 m langes Bergungsschiff mit einer interessanten Vergangenheit: Es wurde 1994 vorsätzlich versenkt. Im Parque Nacional del Este gibt es ebenfalls interessante Tauchreviere, darunter ein weiteres Wrack – ein 89 m langes Frachtschiff – und eine Stelle, die als Shark Point bekannt ist.

An der Nordküste warten andere Taucherlebnisse. Weil sie am Atlantik liegt, ist das Wasser kälter und klarer, und die Unterwasserwelt ist abwechslungsreicher; Tauchgänge sind erlebnisreicher, aber anspruchsvoller. Hier ist Sosúa das Zentrum des Tauchsports, und zu allen Zielen vor der Küste können Tauchgänge organisiert werden. Taucher, die in den Gewässern der Halbinsel Samaná unterwegs sind, können manchmal den Gesang der Buckelwale hören. In Las Terrenas und Las Galeras gibt es nur ein paar kleine Tauchstationen.

Abseits der Touristenmassen warten zwei Frischwasserhöhlen auf Tauchbegeisterte – die Dudu-Höhle bei Río San Juan und Padre Nuestro bei Bayahibe. Dudu hat zwei Öffnungen, drei verschiedene Tunnel und eine Kammer voller Stalaktiten und bietet eines der unvergesslichsten Höhlentaucherlebnisse der gesamten Karibik (Voraussetzung ist ein Zertifikat für fortgeschrittene Taucher oder ein Nachweis über 20 eigene Tauchgänge). Padre Nuestro liegt im Parque Nacional del Este und ist ein anspruchsvoller Tunnel von 290 m, der nur von geübten Höhlentauchern ausprobiert werden sollte. Mit Ausnahme dieser Höhlen sind die meisten der Tauchreviere auch gut fürs Schnorcheln geeignet.

Die Preise variieren, durchschnittlich muss man mit 30 bis 40 US$ für eine Sauerstoffflasche rechnen, plus 5 bis 10 US$ Leihgebühr für die restliche Ausrüstung. Viele Leute kaufen Pakete für mehrere Tauchgänge, weil sich damit der Preis für einen Tauchgang auf rund 25 US$ reduziert. Man braucht ein Open-Water-Zertifikat; wer in dieser Sportart noch nicht zu Hause ist, kann in den Tauchbasen Schnupperkurse *(Discover Scuba Diving)* buchen und ein Zertifikat fürs *Open Water Diving* erwerben. Organisierte Schnorchelausflüge kosten 25 bis 40 US$ pro Person.

Wildwasser-Rafting

In der Dominikanischen Republik befindet sich der einzige befahrbare Wildwasserfluss der Karibik, der Río Yaque del Norte. Er ist überwiegend ein Fluss der Klassen II und III mit einigen wirklich schwierigen Stromschnellen. Der Rest besteht aus kleinen Holes und Walzen, die viel Spaß bereiten. Der Fluss schlängelt sich durch eine hügelige, ländliche Landschaft und bietet Abenteuer für einen halben Tag.

NÜTZLICHE WEBSITES FÜR OUTDOOR-AKTIVITÄTEN

www.drpure.com Überblick über Outdoor-Aktivitäten und Abenteuer.

www.activecabarete.com Liefert Programmübersichten, Informationen und Empfehlungen zu Sportaktivitäten in und um Cabarete.

www.windalert.com Brandaktuelle Zustandsberichte und Vorhersagen zum Wind.

www.godominicanrepublic.com Informationen zu Outdoor-Aktivitäten, Golfen und Aktivitäten am Strand.

www.ambiente.gob.do (auf Spanisch) Die Homepage des Umweltministeriums enthält Informationen zu den Nationalparks.

Vorsicht, denn das Wasser kann kalt sein – man sollte unter der Rettungsweste einen Neoprenanzug tragen und den Kopf mit einem Helm schützen. Von der Nordküste oder von Santo Domingo aus ist das Ganze innerhalb einer Tagesreise machbar, aber inklusive einer langen Busfahrt. Schöner ist es, wenn man einige Nächte in Jarabacoa verbringt. Die Ausflüge kosten 50 US$ pro Person.

Angeln

Für Angelbegeisterte ist das Land ideal zum Sportfischen. Beim Blauen Marlin herrscht in den Sommermonaten Hochsaison, den Weißen Marlin fängt man im Frühling und im Winter Mahi-Mahi, Wahoo und Speerfisch.

Die besten Orte fürs Tiefseefischen sind die Nordküste und Punta Cana. Man muss mit rund 70 bis 100 US$ pro Person (60 bis 70 US$ für Zuschauer) für eine halbtägige Gruppenexkursion rechnen. Die meisten Kapitäne lassen ihre Boote auch von Einzelpersonen chartern; das kostet dann entsprechend mehr, und zwar bis zu 700/900 US$ für einen halben/ganzen Tag.

Windsurfen

Die Bucht von Cabarete scheint ideal für Windsurfer zu sein; daher ist diese Sportart hier extrem beliebt; kleinere Windsurfschulen findet man auch in Las Terrenas. Die beste Saison ist der Winter, wenn die Winde am stärksten sind.

Am Strand von Cabarete gibt es einige engagierte Ausstatter, die Ausrüstung verleihen und Kurse für Anfänger anbieten. Brett und Segel kosten rund 35/65/300 US$ pro Stunde/Tag/Woche. Der Unterricht kann nur eine Stunde (50 US$) oder auch einen vierstündigen Kurs (200 US$) umfassen.

In der Regel ist Windsurfen viel leichter zu erlernen als Kitesurfen. Unterricht und Ausrüstung sind zudem preiswerter.

Kajakfahren

Die Dominikanische Republik bietet Möglichkeiten fürs Kajakfahren auf Flüssen und auf dem Meer. Vereinzelt vermieten Shops und Hotels Kajaks. Mutige Flusskajakfahrer sollten nach Jarabacoa kommen, um dort auf dem nahe gelegenen Río Yaque del Norte einige verrückte Stromschnellen der Klassen III, IV und V zu bezwingen. Alternativ kann man sich an Kayak River Adventures (S. 164) in Cabarete wenden, die ihre Touren nach den Wünschen der Kunden auslegen.

Sportarten an Land

Cascading & Canyoning

Cascading bedeutet, dass man zunächst einige hintereinanderliegende Wasserfälle erklimmt und anschließend in die darunter gelegenen Wasserpools hinunterspringt und rutscht. So etwas ist besonders bei den 27 Wasserfällen von Damajagua an der Nordküste beliebt. Für viele Reisende ist dies das interessanteste Erlebnis im Land. Man wird mit einer Rettungsweste und einem Helm ausgestattet, und ein Guide führt (oder zieht) die Leute durch den Wasserstrom. Manche Sprünge sind sogar bis zu 8 m tief. Man kann auch allein zu den Wasserfällen fahren – Ausländer zahlen 600 RD$ pro Person. Vor Ort ist ein Führer dann Pflicht, aber es gibt, was die Mindestgröße einer Gruppe angeht, keine Beschränkung. Alternativ kann man sich auch einer Gruppenreise anschließen, allerdings gehen die pauschal gebuchten

Jeep-Safaris nur bis zum siebten Wasserfall hinauf. Nur wenige Veranstalter bieten den Aufstieg bis zum obersten Wasserfall.

Canyoning ist, was die Technik angeht, der ältere Bruder des Cascading. Hierbei geht es ums Springen, Abseilen und Gleiten durch eine Klamm oder Bergspalte über dem rauschenden Wasser eines Bergflusses. Man bekommt einen Helm und einen kurzbeinigen Neoprenanzug. Es gibt nur drei verlässliche und erfahrene Anbieter im Land: Iguana Mama (S. 164) und Kayak River Adventures (S. 164) in Cabarete an der Nordküste und Rancho Baiguate (S. 202) in Jarabacoa in den Bergen.

Wandern

Pico Duarte

Die beliebteste Wanderung ist der Aufstieg auf den Pico Duarte (3087 m), den höchsten Gipfel der Karibik . Er wurde erstmals 1944 anlässlich des 100. Jahrestages der Unabhängigkeit des Landes von Haiti erklommen. Der Anstieg ist hart und dauert mehrere Tage, erfordert aber kein Klettern. Maulesel tragen die Vorräte und die Ausrüstung (die beste Wanderzeit ist von Dezember bis März). Es gibt zwei Hauptrouten zum Gipfel mit mehreren Abstechern, etwa zu zwei schönen alpinen Tälern oder einen Aufstieg auf den zweithöchsten Berg der Karibik, La Pelona, der nur 100 m niedriger als der Pico Duarte ist.

Während das Ziel der Wanderung – der Gipfel mit seiner Aussicht – begeistert, sind Wanderer oft vom Aufstieg enttäuscht. Der Weg führt in den niedrigen Höhenlagen durch Farnkraut und moosbewachsenen Regenwald und dann ab 2200 m durch ausgebrannte, von kahlen Flächen unterbrochene Wälder der Karibischen Kiefer. Mehr als ein paar Krähen sieht man nicht.

Kürzere Wanderungen

Die Dominikanische Republik ist eigentlich kein klassisches Wandererland, aber es gibt zahlreiche Wasserfälle und einige anspruchsvolle Wanderwege rund um Jarabacoa. Auf der Halbinsel Samaná warten bei Las Galeras einige schöne Wanderwege mit einsamen Stränden. Im Südwesten sind vor den Toren von Paraíso einige gute Halbtages- und Tageswanderungen möglich, allerdings sollte man sie am besten als Teil einer Rundreise unternehmen.

In der Cordillera Septentrional südlich von Sosúa werden weniger bekannte Wege nach und nach für organisierte Wanderungen erschlossen. Für maßgeschneiderte Touren sollte man mit Tubagua Plantation Eco-Village (S. 193) Kontakt aufnehmen. Zudem ragt Loma Quita Espuela aus den flachen Ebenen bei San Francisco de Macorís; ringsum findet man ökologische Kakaoplantagen und natürliche Pools.

Golf

Die Dominikanische Republik ist eines der wichtigsten Karibik-Ziele für Golfer und hat mehr als zwei Dutzend Golfplätze. Vorzeigeplätze von Designern wie Tom Fazio, Robert Trent Jones Sen., Pete Dye, Jack Nicklaus, Nick Faldo und Arnold Palmer werden ständig neu angelegt bzw. ausgebaut. Die meisten sind mit den Top-Resorts verbunden oder liegen in der Nähe (die Mehrzahl an der Südostküste zwischen La Romana und der Gegend nördlich von Punta Cana; keins davon liegt westlich einer gedachten Linie, die von Santo Domingo nach Jarabacoa, Santiago und Puerto Plata verläuft). Die Golfplätze sind auch für Nichthotelgäste geöffnet. Fast alle machen sich die karibische Lage zunutzen (viele wurden in ehemaligen Mangrovenwäldern angelegt) und bieten Fairways und Greens mit Meeresblick. Hier einige der schönsten:

- **Corales** Anlage von Tom Fazio, 2010 bei Punta Cana eröffnet.
- **La Cana Golf Course** Der beste Platz in dieser Gegend; die Planung der Anlage wurde von Pete Dyes Sohn Paul Burke vollendet (S. 105).
- **Playa Grande** Die letzte Anlage, die von Robert Trent Jones Sen. (S. 172) entworfen wurde; renovierungsbedürftig.
- **Punta Espada** Einer der drei Vorzeigeplätze von Jack Nicklaus am Cap Cana Resort (S. 105).
- **Teeth of the Dog** Einer der vier hochgeschätzten Golfplätze, die von Pete Dye am Casa de Campo entworfen wurden (S. 90).

Mountainbiken

Die Regionen um Jarabacoa und Constanza sind die besten und beliebtesten Gegenden zum Mountainbiken. Die frische Luft und die kühlen Temperaturen sind ideal zum Radfahren, und unbefestigte Straßen und einspurige Wege bieten oft anspruchsvolle Steigungen und aufregende Abfahrten durch dichte Wälder. Zudem sind zahlreiche Wasserfälle in erreichbarer Nähe. Bei Cabarete gibt es ebenfalls einige

TIPPS VON MAXIMO

Maximo Martinez arbeitet in Cabarete und hat die letzten 20 Jahre Mountainbike-Trails im ganzen Land erkundet.

- Ein unbedingtes Muss für Freunde leichter Strecken sind die Zuckerrohrfelder rund um La Romana im Südosten.
- Am besten ist es, wenn man tief in den Bergen ist und Dorfbewohner einem Zugang zu ihren Wegen geben.
- Die Rundfahrt durch das Cibao-Tal beginnt in Cabarete, ist wunderschön, dauert sechs bis sieben Stunden und führt über die Straße nach Sabaneta de Yásica, 40 km durch die Berge hinunter nach Moca, dann in die Gegend westlich von Santiago, nördlich nach Puerto Plata und schließlich zurück nach Cabarete.
- In der Cordillera Septemtrigonal braucht man eine gute Fahrtechnik, besonders bei Cabarete. Die Abfahrten sind felsige, schattige Pfade, die am besten im Sommer zu bewältigen sind. Sie sind gut zum Fahrtraining geeignet.
- Eine anspruchsvolle Strecke ist die Tour del Sufrimiento („Leidenstour") von Jarabacoa über Constanza und San José de Ocoa nach Santo Domingo.

gute Strecken, und hier befindet sich der beste Veranstalter von Radtouren, Iguana Mama (S. 164), mit einem der engagiertesten Guides, Maximo Martinez. Er hat Mountainbiketouren von halbtägigen Bergabfahrten bis zu 12-tägigen Cross-Country-Exkursionen im Programm. Er passt die Ausflüge auch an die Interessen der Kunden an. Die Preisspanne variiert je nach Länge der Fahrt; man sollte wenigstens 45 US$ pro Person rechnen.

Vogelbeobachtungen

Das Land ist bei Vogelkundlern beliebt, die hier nach den endemischen Vogelarten suchen – insgesamt 32. Der beste Ort ist der Südwesten, besonders der Nordhang der Sierra de Bahoruco, wo man fast alle endemischen Arten antrifft, darunter auch die in großen Höhen lebende, aber in ihrem Lebensraum bedrohte Haitidrossel, den Western Chat-Tanager, Bindenbuschsänger, Bartklarino und Rosentrogon. Der Lago Enriquillo und die Laguna Oviedo sind für ihre Watvögel bekannt.

Der Jardín Botánico Nacional (S. 62) in Santo Domingo ist ebenfalls ein idealer Ort, um Vögel zu beobachten, besonders den Palmenschwätzer, die Schwarzscheitel-Palmtangare, den Haitispecht, den Zwergkolibri und die Dominikanermangokolibris. In der Gegend von Punta Cana sollte man sich den Parque Ecológico Ojos Indígenas ansehen und bei Bayahibe den Parque Nacional del Este, wo 112 Arten gezählt wurden. Der Parque Nacional Los Haitises ist der einzige Ort, an dem man mit gewisser Wahrscheinlichkeit den höchst bedrohten Haitibussard sehen kann.

Obwohl viele Vogelkundlergruppen aus dem Ausland hierher kommen, gibt es nur eine einzige Agentur im Land, die Birdwatching-Exkursionen anbietet.

Gleitschirmfliegen

Auf geht's nach Jarabacoa, um in der Thermik immer höher zu steigen und die Berglandschaft rund um diese Stadt aus der Vogelperspektive zu genießen.

Reiten

Pferdeliebhaber können gut am Strand und in den Bergen reiten. Die Pferde sind jedoch irgendwie enttäuschend, denn die Einheimischen selbst nutzen meist nur Maulesel, und die wenigen Pferde sind überwiegend für Touristen und die Reichen des Landes reserviert. Es gibt aber eine Handvoll gut geführter, selbstständiger Reitställe, besonders in der Gegend von Sosúa und Cabarete, die für Reitsportler zu empfehlen sind.

Einige Ställe bieten ihre Dienste durch Agenturen und Resorts an. Mit etwa 50 bis 70 US$ muss man pro Person für einen halbtägigen Ausritt rechnen. Man kann aber auch auf einem Maulesel auf den Gipfel des Pico Duarte reiten.

Der beliebteste Ausritt führt zu den Wasserfällen bei Limón auf der Halbinsel Samaná.

Die Dominikanische Republik im Überblick

Santo Domingo

Geschichte
Nachtleben
Essen

Zona Colonial

Das Herz des spanischen Imperiums in der Neuen Welt ist voll mit Museen, Sehenswürdigkeiten und Plazas, die umgeben sind von restaurierten Gebäuden aus dem 16. Jh. Inmitten dieser Kulisse spielt sich aber auch das Alltagsleben ab.

Nachtleben

Ob man nun einen bescheidenen *colmado* (Tante-Emma-Laden) bevorzugt oder einen eleganten Nachtclub, Santo Domingo als die größte Stadt der Karibik ist der ideale Ort zum Partymachen. Merengue, Bachata und Salsa gibt es überall.

Essen

Dies ist die kulinarische Hauptstadt des Landes mit einer weltoffenen Restaurantszene. Es gibt nur wenige Gründe, sich für den *plato del día* zu entscheiden, wenn man sich an Meeresfrüchten mit einem Hauch der *haute cuisine* ergötzen kann.

S. 46

Punta Cana & der Südosten

Strände
Resorts
Wassersport

Strände

Touristen begeben sich schnurstracks zu den Sandstränden von Baváro und Punta Cana. Für die Abenteuerlustigen gibt es weniger erschlossene Landstriche im Norden.

Resorts

Der Ruf des Landes als Urlaubsland für Genusssüchtige ist an diese Region geknüpft. Alle Stereotype treffen hier zu; es hat schon etwas Berauschendes, sämtliche Annehmlichkeiten wie gutes Essen, Getränke, Pools und Strände direkt vor der Nase zu haben.

Wasserabenteuer

Bayahibe, ein Fischerdorf in der Nähe von La Romana, ist eines der besten Zentren fürs Sporttauchen. Auch Schnorchler finden hier eine große Auswahl an vorgelagerten Riffen.

S. 82

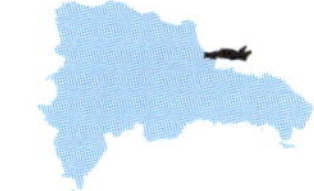

Halbinsel Samaná

Landschaften
Wassersport
Geselligkeit

Landschaften

Geschwungene Berge mit Wasserfällen, ein Meer aus kleinen Hügeln, die sich bis zu einer Küste voller geschützter Strände und malerischer Buchten drängen, dazu noch Klippen und Lagunen, die einst Piraten als Zufluchtsorte dienten.

Wassersport

Egal ob Surfen, Kitesurfen, Schnorcheln oder Sporttauchen, der Aktivurlauber findet hier alles – und dazu noch viele erfahrene Profis, die einem zeigen können, wie es geht.

Geselligkeit

Europäer und Nordamerikaner haben ein weltoffenes Flair auf die Halbinsel gebracht: Las Terrenas ist das Zentrum der Cafékultur und des Nachtlebens. Die Eleganz von Las Galeras bleibt fast unbemerkt.

S. 116

Die Nordküste

Strände
Wassersport
Nachtleben

Strände

Was die Schönheit der Küste angeht, kann der Norden es durchaus mit dem Südosten aufnehmen. Der lange Küstenstreifen zwischen Monte Cristi und Cabrera bietet Abgeschiedenheit, aber auch Trubel.

Wassersport

Die Nordküste gilt im Allgemeinen als Mekka für Wassersportler. Ob nun Kitesurfen angesagt ist, Wakeboarden oder Canyoning, die Bedingungen sind nahezu ideal.

Nachtleben

Man kann sich in *la dolce vita* ergehen und am Strand von Cabarete tropische Cocktails schlürfen oder bei einem Dämmerschoppen am Malecón von Puerto Plata sitzen. Das Nachtleben von Sosúa oder die Diskos in den Resort-Hotels runden das Angebot ab.

S. 139

Die Cordillera Central

Abenteuer
Landschaften
Ruhe

Outdoor-Aktivitäten

Die Cordillera Central ist mit einem tosenden Fluss und vier der fünf höchsten Gipfel der Karibik ein beliebtes Ziel für Abenteuersportler.

Bergblick

Das Panorama bewaldeter Hänge erinnert eher an die europäischen Alpen als an die Karibik. Zudem locken Fahrten über kurvige Bergstraßen durch den wolkenverhangenen Dschungel und sonnendurchflutete Hochplateaus.

Ruhe

Weil diese Region nicht so leicht zugänglich ist, findet man hier auch weniger Touristen. Man kann hier also auch eher entschleunigen und seinen Tagesrhythmus am Lauf der Sonne ausrichten.

S. 183

Der Südwesten & die Halbinsel Pedernales

Landschaften
Natur
Erholung

Landschaften

Tektonische Bewegungen haben der Halbinsel ihr Aussehen gegeben: unberührte Paradiese mit schönem Strand an der Bahía de las Águilas und kakteenbewachsene Wüsten.

Natur

Ein aufstrebendes Urlaubsziel des Öko-Tourismus und ein idealer Ort zur Vogelbeobachtung: Hier sind fast alle endemischen Arten der Insel zu finden. Obendrein entdeckt man auch noch Krokodile, Eidechsen, Schildkröten und Meerestiere.

Ruhe

Einfach nur weg von den Touristenmassen an der Küste! Und trotz der dünnen Besiedlung in dieser entlegenen Region gibt es dennoch ein paar Luxushotels.

S. 207

Reiseziele

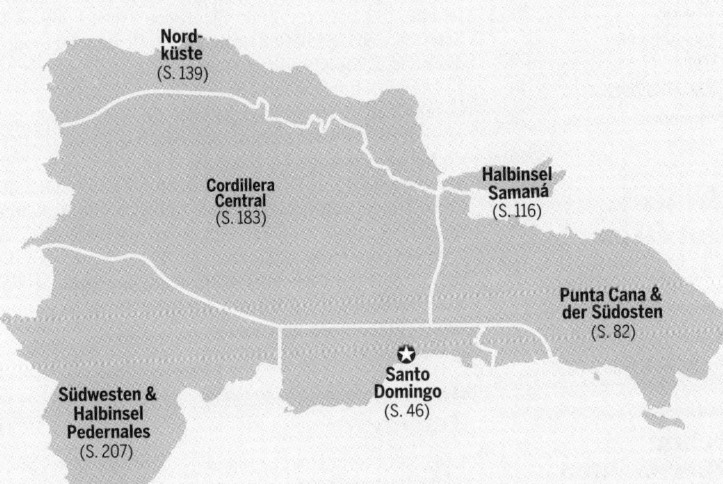

Nord-
küste
(S. 139)
Cordillera
Central
(S. 183)
Halbinsel
Samaná
(S. 116)
Punta Cana &
der Südosten
(S. 82)
Santo
Domingo
(S. 46)
Südwesten &
Halbinsel
Pedernales
(S. 207)

Santo Domingo

2,4 MIO. EW.

➡ Inhalt

Sehenswertes 48
Kurse 62
Geführte Touren 63
Feste & Events 63
Schlafen 63
Essen 67
Ausgehen & Nachtleben 71
Unterhaltung 73
Shoppen 74

Gut essen

- Pat'e Palo (S. 69)
- Il Cappuccino (S. 70)
- Antica Pizzeria (S. 68)
- Adrian Tropical (S. 69)

Schön übernachten

- Hostal Nicolás de Ovando (S. 66)
- El Beaterío Guest House (S. 64)
- Hotel Villa Colonial (S. 64)
- Hotel Atarazana (S. 65)

Auf nach Santo Domingo!

Santo Domingo oder „La Capital" (die Hauptstadt), wie die Stadt kurz und bündig genannt wird, präsentiert sich als bunte Collage aus Kulturen und Vierteln. Hier hört man den Klang des Lebens am intensivsten – Dominosteine, die auf den Tisch geworfen werden, röhrende Auspuffe und das Gehupe der Autos im chaotischen Verkehr, aber auch Merengue und Bachata (dominikanische Musik), die an jeder Ecke aus den Geschäften dröhnen. Im Herzen der Stadt liegt die Zona Colonial mit den ältesten Kirchen und einem der ältesten erhaltenen Forts in der Neuen Welt – eine Hinterlassenschaft der Europäer. In den Kopfsteinpflastergassen vergisst so mancher schnell, dass Santo Domingo in der Karibik liegt. Doch die Stadt mit ihrer enormen Urbanität beherbergt nicht nur Kolonialarchitektur, sondern auch heiße Clubs, hippe Kulturinstitutionen und elegante Restaurants. Irgendwie schafft es Santo Domingo, die Widersprüche zu vereinen, die einen Aufenthalt in dieser Stadt charakterisieren: Es ist ein lebendiges Museum, eine gute Mischung aus Metropole und Ferienort am Meer sowie das Zentrum von Politik, Handel und Medien – und das alles in einer entspannten, lockeren Atmosphäre.

Reisezeit

- Die Stadt veranstaltet im Juli ein großartiges Merengue-Festival und im Oktober einen dreitägigen Event mit lateinamerikanischer Musik. Baseball wird an nahezu fünf Abenden pro Woche im Estadio Quisqueya gespielt, und zwar von Ende Oktober bis Ende Januar. Der Karneval Ende Februar/Anfang März wird in der Hauptstadt groß gefeiert.
- Hurrikanzeit ist von August bis einschließlich Dezember. Das bedeutet, dass starker Regen fällt und die Stürme gefährlich werden können; in der Regel scheint aber die Sonne. Im Durchschnitt fallen im September die meisten Niederschläge, im Februar die wenigsten.

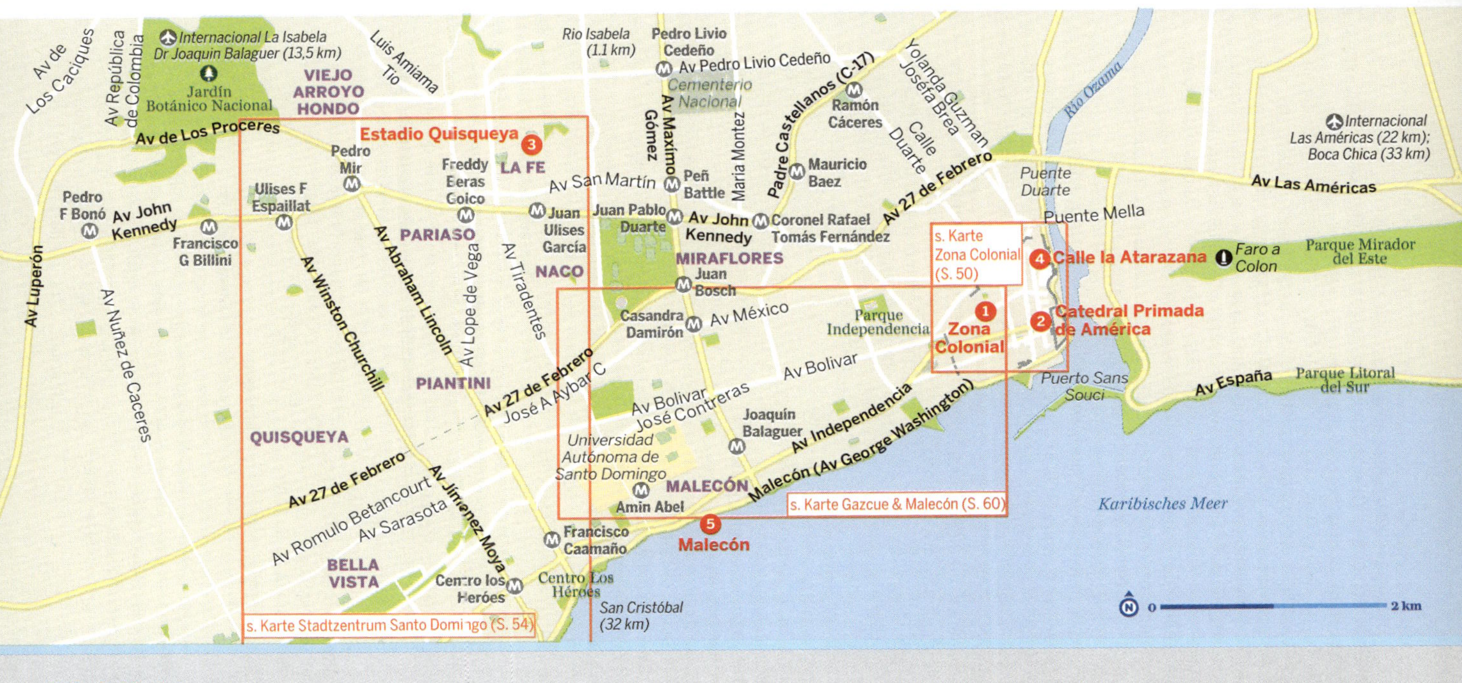

Highlights

1 Ein Spaziergang durch die 500 Jahre alten Gassen in der **Zona Colonial** (S. 48)

2 Ein Besuch der **Catedral Primada de América** (S. 51), der ersten Kirche in der Neuen Welt

3 Der Baseball-Lokalmannschaft im **Estadio Quisqueya** (S. 73) die Daumen drücken, das Stadion ist eine der tollsten Baseball-Spielstätten des Landes

4 Nach einem späten Abendessen in der romantischen **Calle la Atarazana** (S. 67) in eine lange Nacht starten

5 Zu **Merengue-, Bachata- und Salsamusik** (S. 73) abtanzen oder in einem der pulsierenden Nachtclubs am Malecón wie gewohnt die Tanzfläche unsicher machen

In gewisser Weise war die Gründung von Santo Domingo ein Akt der Verzweiflung. Die erste Siedlung von Kolumbus, Villa La Navidad im heutigen Haiti, fiel bis auf die Grundmauern in Schutt und Asche, alle Anwohner kamen innerhalb eines Jahres ums Leben. Die zweite Siedlung, La Isabela, lag ein Stück westlich vom heutigen Puerto Plata, existierte gerade einmal fünf Jahre und stand aufgrund von Krankheiten und Katastrophen von Anfang an unter einem schlechten Stern. Kolumbus' Bruder Bartolomé, der das Zepter in La Isabela übernehmen wollte, sah sich einem Aufstand der erzürnten Bürger gegenüber, brach seine Zelte ab und zog auf die andere Seite der Insel. Dann wurde am Ostufer des Río Ozama die Siedlung Nueva Isabela gegründet. Bei diesem dritten Anlauf war das Glück Kolumbus schließlich hold: Die Stadt – die dann zwar aufs Westufer verlegt und in Santo Domingo umgetauft wurde – ist bis zum heutigen Tag die Hauptstadt des Landes.

Was allerdings nicht heißen soll, dass Santo Domingo nicht von jeder Menge Probleme geplagt gewesen wäre. 1586 nahm der englische Seeräuber Sir Francis Drake die Stadt ein und unterstellte sie erst wieder der Herrschaft Spaniens, nachdem er eine große Summe Lösegeld kassiert hatte. 1655 versuchte eine englische Flotte unter dem Befehl von William Penn, Santo Domingo einzunehmen, zog sich jedoch zurück, als die Bevölkerung zu starken Widerstand leistete.

Eineinhalb Jahrhunderte später marschierte ein unverfrorener ehemaliger Sklave und haitianischer Führer namens François Dominique Toussaint Louverture in Santo Domingo ein. Toussaint und seine Truppen brachten die Stadt ohne jegliche Gegenwehr unter ihre Kontrolle; die Einwohner wussten, dass sie gegen die Armee aus ehemaligen Sklaven keine Chance hatten und somit gut daran taten, es auf eine Konfrontation gar nicht erst ankommen zu lassen. Während der Belagerung flohen viele Anwohner nach Venezuela und auf die Nachbarinseln. Am 27. Februar 1844 erklärte Juan Pablo Duarte, der Vater der Dominikanischen Republik, die Unabhängigkeit von Haiti – ein Tag, der bis heute gefeiert wird.

Sehenswertes

Die meisten Sehenswürdigkeiten liegen in der Zona Colonial in Laufweite voneinander, was natürlich praktisch ist. Für eine Stadt, die sich 15 km entlang des Karibischen Meers zieht, ist es allerdings erstaunlich, dass Santo Domingo sich eher landeinwärts orientiert und der Malecón, die Uferpromenade, planlos bebaut und sogar vernachlässigt wurde.

Ein kleinerer Abschnitt, der für die Öffentlichkeit hergerichtet wurde, ist die **Playa Guibia** (Av George Washington/Maximo Gomez), ein am Wochenende brechend voller Strand mit Volleyballfeld im Sand, einem Kinderspielplatz, Fitnessgeräten und kostenlosem WLAN.

Zona Colonial

Wer sich für die Ursprünge der sogenannten „Neuen Welt" interessiert – die dramatische Geschichte der ersten Begegnung der indigenen einheimischen Bevölkerung Nord- und Südamerikas mit den Spaniern – findet in der von der Unesco zum Weltkulturerbe erklärten Zona Colonial ein spannendes Areal, das zu erkunden sich lohnt. Es umfasst elf Blocks mit einer Mischung aus Kopfsteinpflaster und Asphalt am Westufer des Río Ozama, wo der tiefe Fluss ins Karibische Meer mündet. (Die Stadt saniert hier Block um Block, sperrt Straßen und reißt sie auf, um die Kanalisation zu verbessern und unterirdische Stromkabel zu verlegen.) Die **Calle El Conde,** die Hauptgeschäftsstraße, ist von *casas de cambio* (Wechselstuben), Cafés, Restaurants, Schuh-, Bekleidungs- und Schmuckgeschäften gesäumt, Straßenhändler bieten billige Souvenirs feil.

Wie zu erwarten, haben viele Gebäude in der Zona Colonial, die noch aus den alten Gemäuern aus dem 16. Jh. bestehen, in letzter Zeit ihre Fassade verändert, auch wurden neue Böden und Dächer ergänzt. So macht es Spaß, die Ecken und Winkel, aber auch die Straßenszenen auf sich wirken zu lassen: kleine Gassen, in denen sich ausschließlich Fußgänger tummeln oder Männer, die an einem Aluklapptisch auf der Straße Domino spielen. Solche Szenen, aber auch die historischen Stätten und Gebäude, machen den Besuch in der Zona Colonial so einzigartig.

Museen

Museo de las Casas Reales MUSEUM

(Museum der königlichen Häuser; Karte S. 50; ☎809-682-4202; Las Damas; Erw./Kind unter 12 Jahren 100 RD$/frei; ⏲Di–Sa 9–17, So 9–16 Uhr) Das im 16. Jh. im Stil der Renaissance errichtete Gebäude diente lange als Sitz der spanischen Kolonialherrscher für den gesamten Karibikraum. Zur Anlage gehören unter anderem der Amtssitz des Gouverneurs und die einflussreiche Audiencia Real (Königshof). Das Museum präsentiert Objekte aus der Kolonialzeit, darunter viele Schätze, die von spanischen Galeonen geborgen wurden, die in den umliegenden Gewässern gesunken waren. Jeder Raum wurde originalgetreu restauriert und zeigt ein breites Spektrum an Exponaten – von Taíno-Artefakten bis hin zu mundgeblasenen Weinflaschen und Möbeln dieser Epoche.

An etlichen Wänden hängen hervorragende Landkarten der verschiedenen Seereisen der europäischen Forscher und Konquistadoren. Ausgestellt ist auch eine beeindruckende Sammlung antiker Waffen, die der Diktator und Präsident Trujillo von einem mexikanischen General erwarb (und zwar ausgerechnet während einer Veranstaltung zum Weltfrieden im Jahr 1955, ein Treppenwitz der Geschichte). Zu bestaunen sind Samurai-Schwerter, mittelalterliche Rüstungen, Armbrüste mit Elfenbeinintarsien und sogar eine Pistolenschwertwaffe. Im Eintrittspreis enthalten ist ein Audioguide, der in mehreren Sprachen zur Verfügung steht, so auch in Englisch.

Museo Alcázar de Colón MUSEUM

(Museum Zitadelle von Kolumbus; Karte S. 50; ☎ 809-682-4750; Plaza España; Erw./Kind 100/20 RD$; ⏲ Di–Sa 9–17, So 9–16 Uhr) Das Gebäude im gotischen Mudéjar-Übergangsstil war Anfang des 16. Jhs. die Residenz von Kolumbus' Sohn Diego und dessen Frau Doña María de Toledo. Das herrliche Gebäude ist so, wie es sich heute präsentiert, das Ergebnis von drei historisch authentischen Restaurierungsmaßnahmen: eine im Jahr 1957, eine weitere 1971 und die letzte 1992. Das Bauwerk selbst, aber auch die ausgestellten Haushaltsgegenstände – sie sollen der Familie Kolumbus gehört haben – lohnen unbedingt einen Besuch.

Als Diego und Doña Maria 1523 nach Spanien zurückbeordert wurden, überließen sie ihr Zuhause Verwandten, die das attraktive Gebäude dann weitere 100 Jahre bewohnten. Es verfiel nach und nach, wurde als Gefängnis und Lagerhalle genutzt, bis es schließlich gänzlich aufgegeben wurde. 1775 war von dem mutwillig zerstörten Gebäude nur noch die ramponierte Außenfassade vorhanden, und es musste sogar als inoffizielle Müllhalde herhalten. Nicht einmal 200 Jahre später standen gerade noch zwei Mauern im rechten Winkel.

Eintrittskarten werden in einem frei stehenden Gebäude auf der Plaza España verkauft, es liegt nur ein paar Schritte vom Eingang des Museums entfernt.

Museo Mundo del Ambar MUSEUM

(Museum Welt des Bernsteins, Karte S. 50; ☎ 809-682-3309; www.amberworldmuseum.com; Ecke Calle Arzibispo Merino & Restauración; Erw./Kind 50/20 RD$; ⏲ Mo–Sa 9–18, So 9–13 Uhr) Das Museum präsentiert eine beeindruckende Sammlung von Bernsteinobjekten aus der ganzen Welt. Auf Spanisch und Englisch werden der prähistorische Ursprung der Exponate, die Verwendung von Bernstein im Lauf der Jahrhunderte, der Bernsteinbergbau in der Dominikanischen Republik sowie der Wert des Steins für Wissenschaft und Kunst erklärt. Im Laden im ersten Stock ist Schmuck aus Bernstein, blauem Larimar sowie günstigen Halbedelsteinen erhältlich.

Larimar Museum MUSEUM

(Karte S. 50; ☎ 809-689-6605; www.larimarmuseum.com; 2. Stock, Isabel la Católica 54; ⏲ Mo–Sa 8–18, So 8–14 Uhr) GRATIS Die umfangreichen Exponate drehen sich von A bis Z um Larimar und sind mit spanischen und englischen Erklärungstafeln versehen. Der Halbedelstein ist ein Kalzium-Kupfer-Magnesium-Silikat (Härte 6). Nur wenige Kilometer von der Grenze zu Haiti entfernt wird in der Provinz Barahona Larimar gefunden, es ist der einzige Fundort dieses Steins auf der Welt. Natürlich soll das Museum zum Kauf im strategisch günstig gelegenen Schmuckladen gleich im ersten Stock anregen.

Museo de la Familia Dominicana MUSEUM

(Museum der dominikanischen Familie; Karte S. 50; ☎ 809-689-5000; Ecke Padre Billini & Arzobispo Meriño; Erw./unter 12 Jahren 100 RD$/frei; ⏲ Di–Sa 9–17, So 9–16 Uhr) Das Museum befindet sich in der im 16. Jh. erbauten Casa de Tostado, dem wunderschön restaurierten Domizil des Schriftstellers Francisco Tostado. Das Museum ist wegen seiner architektonischen Strukturen interessant: So sieht man beispielsweise ein gotisches Doppelfenster über der Eingangstür – das einzige seiner Art in ganz Nord- und Südamerika.

Spannend sind aber auch die ausgestellten Exponate. Zu sehen sind schön restauriertes Mobiliar und Haushaltsgegenstände aus dem 19. Jh. Manchmal besteht die Möglichkeit, die Mahagoni-Wendeltreppe hinaufzugehen, um vom Dach den herrlichen Blick über die Zona Colonial zu genießen.

Zona Colonial

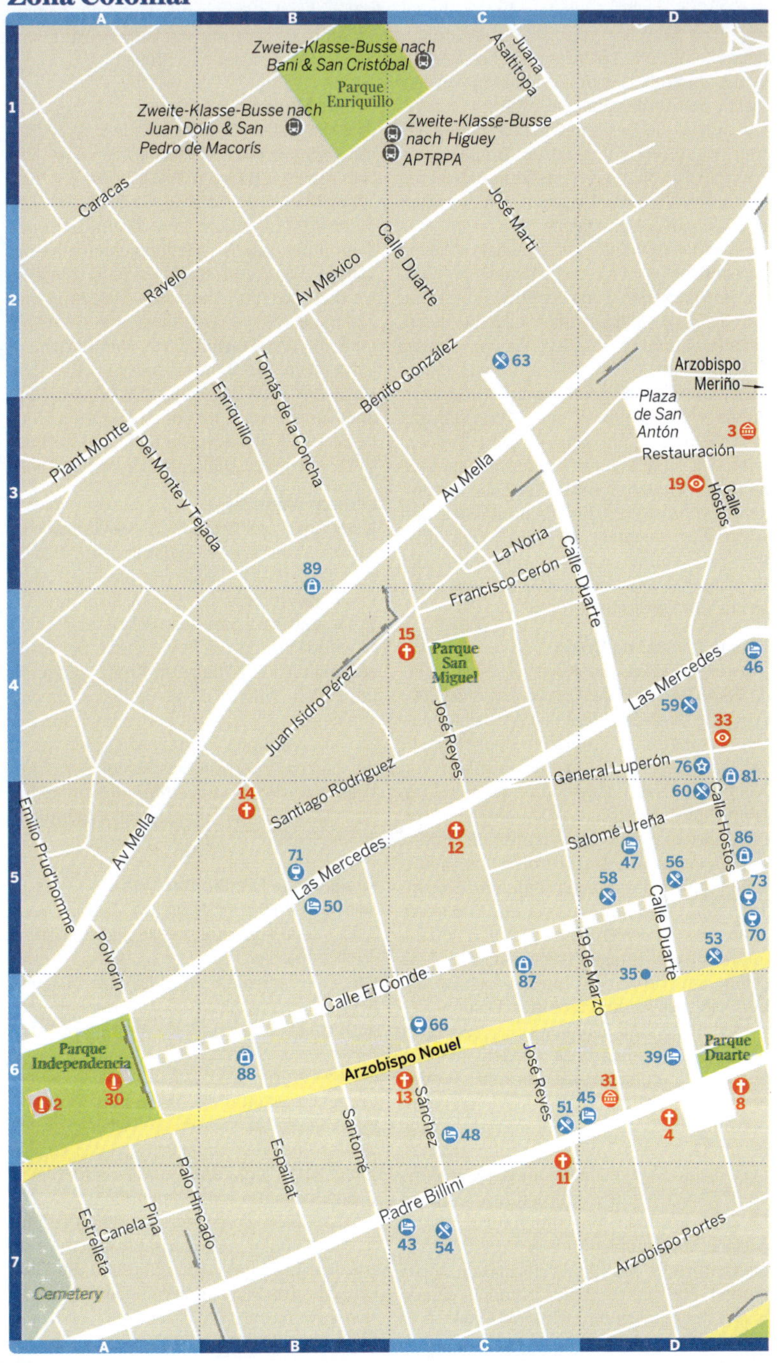

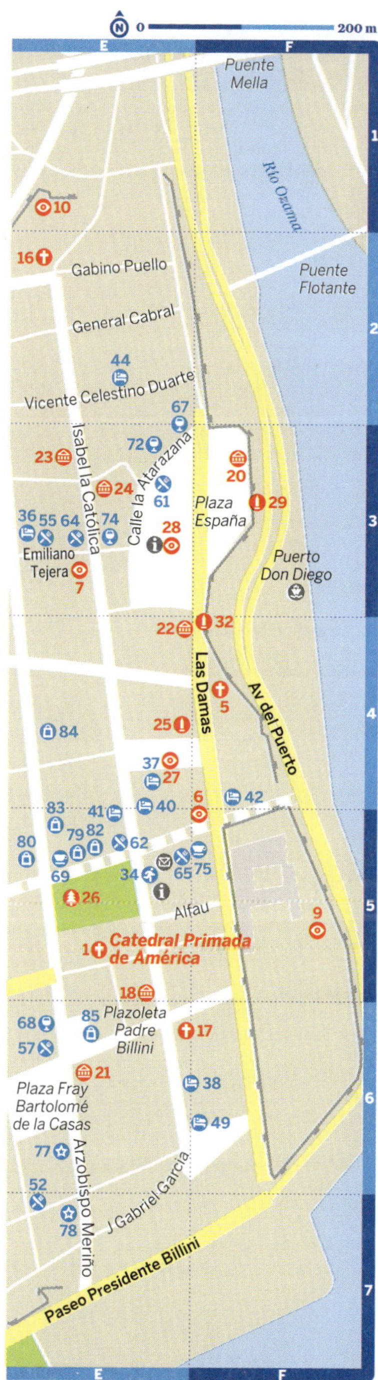

Einfach mal fragen! Im Eintrittspreis ist ein Audioguide enthalten.

Museo del Ron y la Caña MUSEUM
(Museum des Rums und Zuckerrohrs; Karte S. 50; Isabel la Católica 261; Mo–Sa 9–17 Uhr) GRATIS In diesem restaurierten Gebäude aus dem 16. Jh. dreht sich alles um die Themen Rum und Zuckerrohr, zwei der wichtigsten Exportartikel des Landes. Ausstellungen und Fotos erklären die Geschichte der Produktion und die Bedeutung für die Wirtschaft des Landes. Natürlich besteht die Möglichkeit, in der kleinen Bar den Rum auch zu probieren und zu kaufen.

Museo del Duarte MUSEUM
(Karte S. 50; Isabel la Católica 308; Di–Fr 9–17, Sa 9–12 Uhr) GRATIS Das Geburtshaus von Juan Pablo Duarte wurde zu einem bescheidenen Museum umgestaltet. In drei Räumen sind Dokumente, Artefakte und Fotos aus seinem Leben ausgestellt. Auch über La Trinitaria wird informiert, eine von Duarte gegründete Untergrundorganisation, die für die Freiheit kämpfte.

Quinta Dominica MUSEUM
(Karte S. 50; Ecke Padre Billini & 19 de Marzo; Mo–Sa 9–18, So 9–14 Uhr) GRATIS Die kleine Kunstgalerie in einem restaurierten Gebäude aus dem 16. Jh. präsentiert immer wieder andere Ausstellungen mit Kunst aus der Kolonialzeit und zeitgenössischen Werken. Im schattigen Hof hinter dem Haus stehen Tische und Stühle, die zu einer Ruhepause einladen, wer will, kann sich etwas zu essen und trinken mitbringen.

Kirchen

★Catedral Primada de América KIRCHE
(Nuestra Señora de la Anunciacion/Mariä-Himmelfahrtskirche; Karte S. 50; 809-685-2302; Parque Colón; Erw./Kind 60 RD$/frei; Mo–Sa 8–17 Uhr) Die erste aus Stein erbaute Kathedrale der westlichen Halbkugel, die noch für Gottesdienste genutzt wird, wurde 1514 von Diego Kolumbus, dem Sohn des großen Forschungsreisenden, errichtet. (Die Asche von Vater und Sohn sollen einst in der Krypta der Kapelle aufbewahrt worden sein.) Die eigentlichen Bauarbeiten begannen allerdings erst nach Ankunft des ersten Bischofs Alejandro Geraldini im Jahr 1521. Von da an arbeiteten zahlreiche Architekten an der Kirche und den angrenzenden Gebäuden. Aus diesem Grund weist die Kathedrale nun ein gotisches Gewölbe, romanische Bögen und barocken Zierrat auf. Wie der geplante

Zona Colonial

Highlights
1 Catedral Primada de América E5

Sehenswertes
2 Altar de la Patria A6
3 Amber World Museum D3
4 Capilla de la Tercera Orden Dominica D6
5 Capilla de Nuestra Señora de los Remedios F4
6 Casa de Francia F5
7 Casa del Cordón E3
8 Convento de la Orden de los Predicadores D6
9 Fortaleza Ozama F5
10 Fuerte de Santa Bárbara E1
Hostal Nicolás de Ovando .... (siehe 42)
11 Iglesia de la Regina Angelorum C6
12 Iglesia de Nuestra Señora de las Mercedes C5
13 Iglesia de Nuestra Señora del Carmen C6
14 Iglesia de San Lázaro B5
15 Iglesia de San Miguel C4
16 Iglesia de Santa Bárbara E2
17 Iglesia de Santa Clara E6
18 Larimar Museum E5
19 Monasterio de San Francisco D3
20 Museo Alcázar de Colón F3
21 Museo de la Familia Dominicana E6
22 Museo de las Casas Reales E4
23 Museo del Duarte E3
24 Museo del Ron y la Caña E3
25 Panteón Nacional E4
26 Parque Colón E5
27 Plaza de María de Toledo E4
28 Plaza España E3
29 Puerta de San Diego F3
30 Puerta del Conde A6
31 Quinta Dominica D6
32 Reloj del Sol F4
33 Ruinas del Hospital San Nicolás de Barí D4

Aktivitäten, Kurse & Touren
34 Chu Chu Colonial E5
35 Hispaniola Academy D6
Horse-drawn Carriages .... (siehe 6)
Trikke .... (siehe 62)

Schlafen
36 Antiguo Hotel Europa E3
37 Bettye's Exclusive Guest House E4
38 Casa Naemie F6
39 El Beaterío Guest House D6
40 Hodelpa Caribe Colonial E4
41 Hostal La Colonia E5
42 Hostal Nicolás de Ovando F4
43 Hostal Suite Colonial C7
44 Hotel Atarazana E2
45 Hotel Doña Elvira D6
46 Hotel Francés Santo Domingo D4
47 Hotel Palacio D5
48 Hotel Villa Colonial C6
49 Portes 9 .... F6
50 Residencial La Fonte B5

Essen
51 Antica Pizzeria C6
52 Casa Olivier E7
53 Dajao & Mimosa Restaurant & Bar D5
54 El Rey del Falafel C7
55 El Taquito Don Silvio E3
56 Jumbo Express D5
57 La Bricola E6
58 La Cafetera Colonial D5
59 La Taberna Vasca D4
60 Mesón D'Bari D5
61 Pat'e Palo E3
62 Pizzarelli E5
63 Restaurante Asadero Chino C2
64 Tapati E3
65 Zorro E5

Ausgehen & Nachtleben
66 Cacibajagua C6
67 Canario Patio Lounge E2
68 Double's Bar E6
69 El Conde Restaurant E5
70 El Sarten D5
71 Esedeku B5
72 Faces E3
73 Onno's Bar D5
74 Parada 77 .... E3
75 Segazona Cafe F5

Unterhaltung
76 Casa de Italia D4
77 Casa de Teatro E6
78 Centro Cultural Español E7

Shoppen
Bettye's Galería .... (siehe 37)
79 Boutique del Fumador E5
80 Choco Museo E5
81 De Soto Galería D4
82 Felipe & Co E5
83 Galería de Arte María del Carmen E5
84 Hombres de las Americas E4
85 La Enoteca E6
86 La Leyenda del Cigarro D5
87 Librería Pichardo C5
88 Mapas Gaar B6
89 Mercado Modelo B3
Pulga de Antigüedades .... (siehe 37)

Glockenturm ausgesehen hätte, bleibt der Fantasie jedes Einzelnen überlassen: Fehlende Finanzmittel führten jedenfalls dazu, dass der Bau gestrichen werden musste. Aus heutiger Sicht ist das natürlich sehr bedauerlich, denn der Blick von oben wäre sicher sehr beeindruckend gewesen!

Der heutige Innenraum der Kathedrale hat mit der Originalausstattung rein gar nichts gemeinsam – dank Drake und seinen Piraten, die die Basilika 1586 als Hauptquartier für ihren Überfall auf die Stadt nutzten. Sie raubten alles, was nicht niet- und nagelfest war, und zerstörten die Kirche vor ihrem Abzug komplett. Zu den beeindruckenderen architektonischen Details der Kathedrale gehören die fantastische Gewölbedecke und die 14 Kapellen. Die Besichtigung der Kirche in Shorts und ärmellosen Tops ist streng verboten.

Die Einwohner von Santo Domingo sagen gern, ihre Kathedrale sei die erste in der westlichen Hemisphäre. Von 1524 bis 1532 wurde jedoch in Mexico-City ebenfalls eine Kathedrale errichtet; sie stand allerdings gerade einmal 40 Jahre und wurde 1573 abgerissen, um der imposanten Catedral Metropolitano Platz zu machen.

Eintrittskarten sind am Eingang in der Südostecke erhältlich; im Preis inbegriffen ist ein Audioguide in mehreren Sprachen (40 RD$ ohne Audioguide). Die Messe findet Montag bis Samstag täglich um 17 Uhr statt, sonntags um 12 Uhr und 17 Uhr.

Convento de la Orden de los Predicadores KIRCHE

(Kloster des Predigerordens; Karte S. 50; Ecke Calle Duarte & Padre Billini; ⌚ unterschiedlich) Das 1510 von Karl V. erbaute Dominikanerkloster ist das erste, das in Nord- und Südamerika gegründet wurde. Hier verfasste auch Pater Bartolomé de las Casas einen Großteil seiner Schriften. (Der berühmte Chronist zeichnete die spanischen Gräueltaten an der indigenen Bevölkerung auf.) Das Gewölbe der Kapelle, das für seine steinernen Tierkreiszeichen mit mythologischen und astrologischen Darstellungen berühmt ist, sollte man sich unbedingt ansehen. An den Wänden hängen verschiedene Gemälde, die religiöse Würdenträger darstellen, beispielsweise Papst Pius V.

Capilla de Nuestra Señora de los Remedios KIRCHE

(Kapelle der hl. Jungfrau der immerwährenden Hilfe; Karte S. 50; Ecke Las Damas & Las Mercedes; ⌚ unterschiedlich) Die Kapelle im gotischen Stil wurde im 16. Jh. vom Ratsherrn Francisco de Avila errichtet. Sie war ursprünglich als Privatkapelle und Familienmausoleum errichtet worden. Auch sollen in dem Tonnengewölbe die ersten Einwohner der Stadt an der heiligen Messe teilgenommen haben. Die Kapelle wurde 1884 restauriert.

Iglesia de Nuestra Señora de las Mercedes KIRCHE

(Kirche der hl. Jungfrau der Barmherzigkeit; Karte S. 50; Ecke Las Mercedes & José Reyes; ⌚ unterschiedlich) Die Kirche wurde in der ersten Hälfte des 16. Jhs. errichtet, von Drake und seinen Mannen geplündert und nach diversen Erdbeben und Wirbelstürmen immer wieder neu aufgebaut. Sie ist für ihre Kanzel berühmt, die von einer dämonischen Schlange getragen wird. Der kunstvolle Barockaltar ist aus tropischem Hartholz geschnitzt. Von den Gebäuden, die alle die Jungfrau Maria ehren, ist nur der Kreuzgang neben der Kirche noch original erhalten.

Iglesia de Santa Clara KIRCHE

(Karte S. 50; Ecke Padre Billini & Isabel la Católica; ⌚ So morgens) Die Kirche aus dem Jahr 1552 beherbergt das erste Nonnenkloster der Neuen Welt. Jahre, nachdem die Kirche von Drake und seinen Leuten geplündert worden war – alles Katholische war ihnen offensichtlich zutiefst verhasst –, wurde das Gotteshaus mit Geldern der Spanischen Krone wieder aufgebaut. Die einfache, schlichte Kirche weist ein wuchtiges Renaissance-Portal mit einem Giebel auf, in dem die Büste der hl. Klara zu bestaunen ist.

Iglesia de Santa Bárbara KIRCHE

(Karte S. 50; Ecke Gabino Puello & Isabel la Católica; ⌚ unterschiedlich) Die Barockkirche wurde 1574 zu Ehren der Schutzpatronin der Artillerie errichtet. Nach der Verwüstung durch Drake wurde das Gotteshaus mit drei Bögen wieder aufgebaut – zwei davon weisen keinerlei Fenster auf, im dritten befindet sich eine erstaunlich wuchtige Tür.

Iglesia de la Regina Angelorum KIRCHE

(Karte S. 50; Ecke Padre Billini & José Reyes; ⌚ unterschiedlich) Die gegen Ende des 16. Jhs. errichtete Kirche wurde von einer Frau finanziert, die ihr ganzes Vermögen in den Bau dieses Klosters für Dominikanerinnen steckte. Neben der beeindruckenden Fassade ist das Gotteshaus auch für seinen kunstvollen Barockaltar aus dem 18. Jh. berühmt, er wird vom königlichen Wappen gekrönt.

Stadtzentrum Santo Domingo

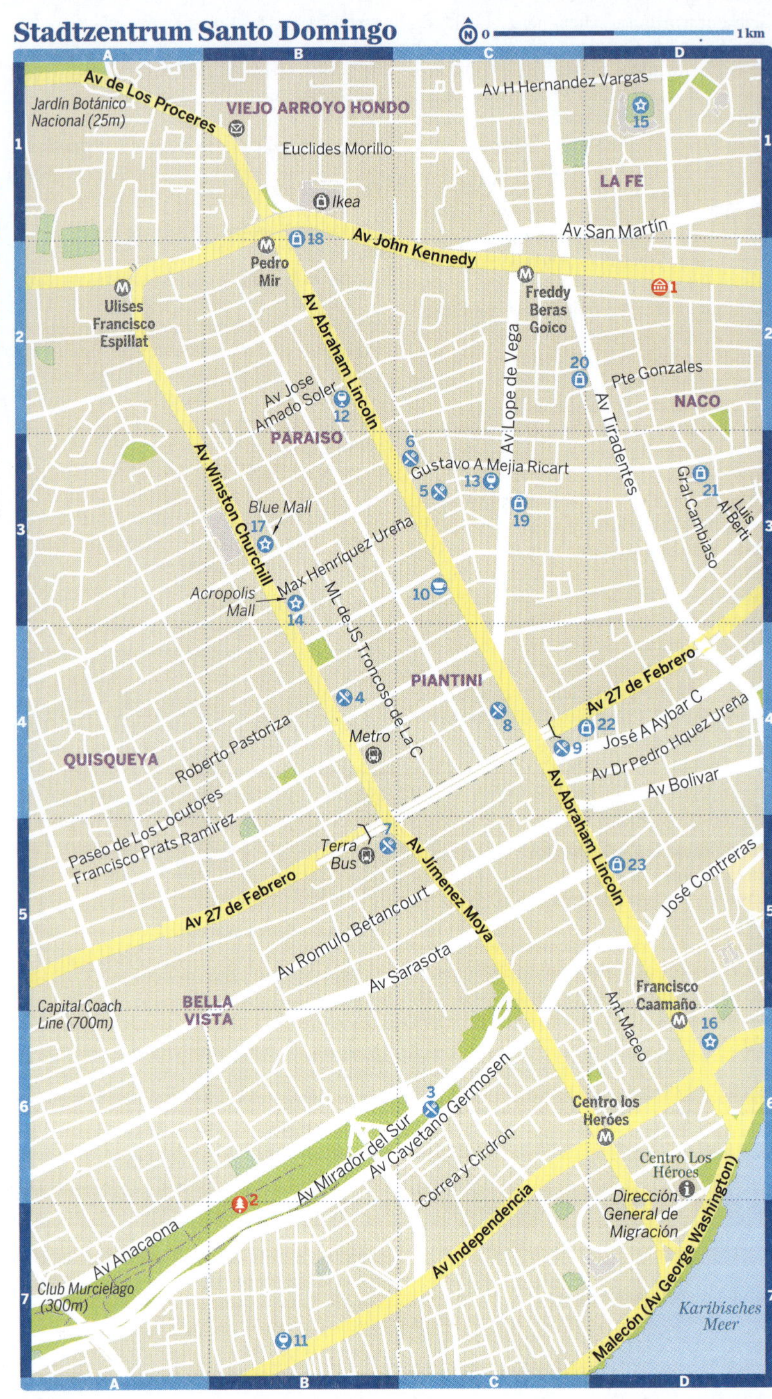

Stadtzentrum Santo Domingo

Sehenswertes
1 Museo Bellapart D2
2 Parque Mirador del Sur B7

Essen
3 El Mesón de la Cava C6
4 Inpanata B4
5 Mijas Restaurante C3
6 Mitre Restaurant & Wine Bar C3
7 Plaza Lama La Supertienda B5
8 Samurai C4
9 Supermercado Nacional C4

Ausgehen& Nachtleben
10 Haagen-Dazs C3
11 Jet Set B7
12 Monte Cristo B2
13 Praia C3

Unterhaltung
14 Caribbean Cinemas B3
15 Estadio Quisqueya D1
16 Hispaniola Hotel D6
17 Palacio del Cine B3

Shoppen
18 Agora B1
19 El Catador C3
20 Galería de Arte El Greco C2
21 Galería de Arte El Pincel D3
22 Librería Cuesta C4
23 Thesaurus Musica Libros Cafe D5

Iglesia de San Lázaro KIRCHEN
(Karte S. 50; Ecke Santomé & Juan Isidro Pérez; ⌚unterschiedlich) Die 1650 vollendete, jedoch mehrmals umgestaltete Kirche wurde neben einem Krankenhaus errichtet, in dem Einwohner der Stadt mit ansteckenden Krankheiten behandelt wurden. Das Gotteshaus sollte ihnen Hoffnung und Kraft geben, die Patienten mit Tuberkulose, Lepra und anderen zur Kolonialzeit weit verbreiteten Krankheiten sicher dringend brauchten.

Iglesia de Nuestra Señora del Carmen KIRCHE
(Karte S. 50; Ecke Sánchez & Arzobispo Nouel; ⌚unterschiedlich) Die Kirche diente seit 1596 als Krankenhaus, Gefängnis und Gasthof, ist heute jedoch für ihre aus Mahagoni geschnitzte Jesusfigur bekannt, die in der Karwoche immer am hl. Mittwoch verehrt wird. Die kleine Steinkirche wurde von Drake 1586 in Brand gesteckt und anschließend in Ziegelbauweise wieder aufgebaut. In der Kolonialzeit wurden auf dem kleinen Platz Komödien aufgeführt.

Iglesia de San Miguel KIRCHE
(Kirche des Erzengels Michael; Karte S. 50; Ecke José Reyes & Juan Isidro Pérez; ⌚unterschiedlich) 1784 ordnete Spanien an, die Kirche in ein Krankenhaus für Sklaven umzufunktionieren, was aber nie umgesetzt wurde. Einen interessanten architektonischen Gegensatz bilden der rechteckige Steineingang und die geschwungene Fassade der Kirche.

Capilla de la Tercera Orden Dominica KIRCHE
(Kapelle des dritten Dominikanerordens; Karte S. 50; Ecke Calle Duarte & Padre Billini) Die 1729 erbaute Kapelle ist das einzige Gebäude aus der Kolonialzeit in Santo Domingo, das noch vollständig intakt ist. Heute wird es vom Amt des Erzbischofs von Santo Domingo genutzt. Es ist nicht öffentlich zugänglich, die hübsche Barockfassade aber auf jeden Fall einen Blick wert.

Historische Stätten

Parque Colón PARK
(Karte S. 50; Ecke Calle El Conde & Isabel la Católica) Der historische Park neben der Catedral Primada de América ist mit Bäumen bestanden, die Schatten spenden, außerdem beeindruckt eine große Statue von Kolumbus. im Park treffen sich die Anwohner, aber auch Touristen, Straßenhändler, Guides, Taxifahrer, Schuhputzer, die Touristenpolizei und Tausende Tauben.

Das El Conde Restaurant (S. 72) an der Ecke Calle El Conde/Arzobispo Meriño bietet Tische drinnen und im Freien und gilt als beste Adresse, um in der Zona Colonial Leute zu beobachten.

Plaza España PLAZA
(Karte S. 50) Die weitläufige Freifläche vor dem Alcázar de Colón ist schon unzählige Male umgestaltet worden, zuletzt Anfang der 1990er-Jahre anlässlich des 500. Jahrestags der „Entdeckung" der Neuen Welt durch Christoph Kolumbus.

An der Nordwestseite des Platzes verläuft die **Calle la Atarazana**, an der ein halbes Dutzend Restaurants in Gebäuden untergebracht ist, die im 16. und 17. Jh. als Lagerhallen dienten. Eine schöne Adresse, um an einem der Tische im Freien bei Sonnenuntergang zu Abend zu essen oder einfach nur etwas zu trinken.

Fortaleza Ozama HISTORISCHE STÄTTE

(Karte S. 50; ☎809-686-0222; Las Damas; Eintritt 70 RD$; ⏲Mo–Sa 9–18.30, So 9–16 Uhr) Das Fort ist das älteste Militärbauwerk aus der Kolonialzeit in der Neuen Welt. Die Stelle, an der es errichtet wurde – an der Mündung des Río Ozama ins Karibische Meer –, suchte Fray Nicolás de Ovando aus. Der Bau der Festungsanlage begann 1502 unter der Aufsicht des obersten Baumeisters Gómez García Varela; die verschiedenen Bauphasen nahmen 200 Jahre in Anspruch. Im Lauf der Geschichte wehten auf dem Fort die Flaggen Spaniens, Englands, Frankreichs, Haitis, Großkolumbiens, der USA und der Dominikanischen Republik. Bis in die 1970er-Jahre, als das Fort der Öffentlichkeit zugänglich gemacht wurde, diente es als Kaserne und Gefängnis. In der Nähe der Eingangstür warten Führer, die viele Sprachen sprechen – Spanisch, Englisch, Französisch und manchmal auch Deutsch. Bevor man ihre Dienste in Anspruch nimmt, sollte man den Preis verhandeln. Etwa 3,50 US$ pro Person für eine rund zwanzigminütige Führung sind angemessen.

Gleich beim Betreten des Geländes steht man vor dem ältesten Gebäude, dem beeindruckenden **Torre del Homenaje** (Turm der Ehrung). Die 2 m dicken Mauern sind mit Dutzenden Schießscharten versehen; von ganz oben bietet sich ein sagenhafter 360-Grad-Panoramablick über die Stadt. Rechts vom Turm steht der wuchtige, fensterlose **El Polvorín** (Schießpulverhaus), der um 1750 zugefügt wurde. Über der Tür befindet sich die Statue der hl. Barbara, der Schutzpatronin der Artillerie.

An der Festungsmauer, die sich am Fluss entlangzieht, befinden sich zwei Reihen Kanonen: Die erste datiert aus dem Jahr 1570, die zweite wurde Mitte des 17. Jhs. ergänzt. Beide hatten den Zweck, den Hafen zu verteidigen. Die inzwischen fast völlig zerstörten Wohnquartiere wurden Ende des 18. Jhs. an der Mauer stadtseitig ergänzt. An der Esplanade steht die Bronzestatue von Gonzalo Fernández de Oviedo, dem wohl bekanntesten Militärchronisten der Neuen Welt.

Las Damas STRASSE

(Calle de las Damas) Vor der Fortaleza Ozama verläuft die erste gepflasterte Straße Nord- und Südamerikas in Süd-Nord-Richtung. Sie wurde 1502 konzipiert und ist nach der Frau von Diego Kolumbus und ihren Freundinnen benannt. Sie hatten es sich zur Gewohnheit gemacht, hier bei schönem Wetter nachmittags zu flanieren.

Panteón Nacional MONUMENT

(Nationales Pantheon; Karte S. 50; Las Damas; ⏲Di–So 9–17 Uhr) Das ursprünglich 1747 als Jesuitenkirche errichtete Gebäude diente als Tabaklager und Theater, bis es dann 1958 von Diktator Trujillo restauriert wurde, um als Mausoleum zu fungieren. Heute werden hier viele der berühmtesten Persönlichkeiten des Landes geehrt; ihre sterblichen Überreste ruhen hinter zwei Marmorwänden. Das gesamte Gebäude, auch die neoklassizistische Fassade, ist aus großen Kalksteinblöcken errichtet. Wie bei Monumenten dieser Art üblich, hält ein bewaffneter Soldat am Eingang zum Mausoleum rund um die Uhr Wache – unter einem Ventilator, denn es wird heiß. In Shorts und ärmellosen Oberteilen sollte man nicht aufkreuzen.

Plaza de María de Toledo PLAZA

(Karte S. 50) Der Platz, benannt nach der Frau von Diego Kolumbus, verbindet die beiden Straßen Las Damas und Isabel la Católica. Er beeindruckt mit seinen zwei Bögen, die im 17. Jh. Teil eines Jesuitendomizils waren. Einen Blick wert sind die massiven Stützpfeiler, die den Panteón Nacional tragen: Es handelt sich um Originale, die noch aus der Zeit stammen, als die Jesuitenkirche 1747 erbaut wurde. Ihnen ist es wohl auch zu verdanken, dass das Gebäude die vielen Erdbeben und Wirbelstürme überdauert hat.

Reloj del Sol MONUMENT

(Karte S. 50; Las Damas) Die Sonnenuhr gegenüber vom Museo de las Casas Reales wurde von Gouverneur Francisco Rubio y Peñaranda 1753 erbaut und so positioniert, dass die Beamten in den Königlichen Häusern auf die Uhr schauen konnten, wenn sie einen Blick durch die Ostfenster warfen.

Monasterio de San Francisco HISTORISCHE STÄTTE

(Karte S. 50; Calle Hostos) Das erste Kloster der Neuen Welt gehörte dem ersten Franziskanerorden, der auf die Insel kam, um die Bevölkerung zu christianisieren. Das Kloster von 1508 bestand ursprünglich aus drei miteinander verbundenen Kapellen. Heute präsentiert es sich als eindrucksvolle Ruine, in der gelegentlich Konzerte und andere kulturelle Veranstaltungen stattfinden.

Das Kloster wurde 1586 von Drake in Brand gesteckt, wieder aufgebaut, 1673 durch ein Erdbeben zerstört, erneut aufgebaut, 1751 von einem Erdbeben zerstört und wieder aufgebaut. Von 1881 bis in die 1930er-Jahre wurde es als psychiatrische Anstalt ge-

Spaziergang **Zona Colonial**

START CATEDRAL PRIMADA DE AMÉRICA
ZIEL PLAZA ESPAÑA
LÄNGE 2,4 KM; 2½ STD.

Man beginnt an der 1 **Catedral Primada de América** (S. 51). Sie ist die älteste Kirche der Neuen Welt, die noch in Betrieb ist. Dann geht es auf der Isabel la Católica gen Süden, wo das 2 **Larimar Museum** (S. 49) und die 3 **Iglesia de Santa Clara** (S. 53) warten. Über die Padre Billini bummelt man weiter gen Westen zum 4 **Museo de la Familia Dominicana** (S. 49). Nun biegt man nach Süden in die Arzobispo Meriño ein und passiert die 5 **Casa de Teatro** (S. 74). Weiter in Richtung Süden erreicht man das 6 **Centro Cultural** (S. 74) mit seinem prallvollen Veranstaltungskalender. Man spaziert gen Westen und biegt rechts in die Calle Duarte ab, die in eine Plaza mit zwei sehenswerten Kirchen mündet: dem imposanten 7 **Convento de la Orden de los Predicadores** (S. 53) und der barocken 8 **Capilla de la Tercera Orden Dominica** (S. 55).

Auf der Padre Billini flaniert man nach Westen zur 9 **Iglesia de la Regina Angelorum** (S. 53). Weiter geht es, bis man in die Palo Hincado nördlich der 10 **Puerta del Conde** einbiegt, einem Symbol des Patriotismus. Dahinter liegt der Parque Independencia mit dem 11 **Altar de la Patria** (S. 58), ein Mausoleum, in dem drei Nationalhelden ruhen. Nun bummelt man die 12 **Calle El Conde** hinunter zum schattigen 13 **Parque Colón** (S. 55). Dort biegt man in die Alfau ein, die zum Eingang der 14 **Fortaleza Ozama** (S. 56) führt, dem ältesten Militärgebäude der Neuen Welt. Von hier schlendert man über die Las Damas gen Norden und bestaunt die Fassaden des 15 **Hostal Nicolás de Ovando** (S. 59) und der 16 **Casa de Francia**. Ein Stück weiter oben in der Las Damas kommt man am 17 **Panteón Nacional** (S. 56) und an der 18 **Capilla de Nuestra Señora de los Remedios** (S. 53) vorbei. Anschließend beeindruckt das 19 **Museo de las Casas Reales** (S. 48), bis dann das 20 **Museo Alcázar de Colón** (S. 49) an der 21 **Plaza España** (S. 55) erreicht ist.

nutzt, bis es einem Hurrikan zum Opfer fiel. Die Ketten, mit denen die Insassen ruhiggestellt wurden, sind noch zu sehen.

Ruinas del Hospital San Nicolás de Barí HISTORISCHE STÄTTE

(Karte S. 50; Calle Hostos) Neben der leuchtend weißen Iglesia de la Altagracia befinden sich die Ruinen des ersten Krankenhauses der Neuen Welt. Sie setzen dem Gouverneur Nicolás de Ovando ein Denkmal, der den Bau des Krankenhauses 1503 veranlasste. Das Gebäude war so massiv errichtet, dass es die Invasion von Drake und Jahrhunderte mit diversen Erdbeben und Hurrikanen überstand. Es blieb intakt, bis ihm schließlich ein Wirbelsturm 1911 den Garaus machte. Ein Großteil der Ruinen wurde dann auf Anweisung der Behörden abgerissen, um eine Gefährdung der Fußgänger zu vermeiden.

Heute können Besucher noch ein paar der hohen Mauern und maurischen Bögen bestaunen. Interessant ist, dass der Grundriss des Krankenhauses einem lateinischen Kreuz entspricht.

Puerta del Conde MONUMENT

(Tor des Grafen; Karte S. 50; Calle El Conde) Das Tor ist nach dem Conde de Peñalba benannt – Bernardo de Meneses y Bracamonte. Er hatte Santo Domingo 1655 erfolgreich verteidigt, als es durch eine Invasion von 13 000 britischen Soldaten bedroht war. Es gilt als bedeutendstes Symbol des dominikanischen Patriotismus, denn direkt daneben verübte eine Handvoll mutiger Dominikaner im Februar 1844 einen unblutigen Putsch gegen die haitianischen Streitkräfte, die das Land besetzt hielten. Dieser Putsch machte schließlich erst das Entstehen einer unabhängigen Dominikanischen Republik möglich.

Oben auf dem Tor wurde auch zum ersten Mal die dominikanische Flagge gehisst. Gleich westlich des Tors lohnt im Parque Independencia ein Blick auf den **Altar de la Patria** (Karte S. 50), ein Mausoleum, in dem sich die sterblichen Überreste gleich dreier Nationalhelden befinden: Juan Pablo Duarte, Francisco del Rosario Sánchez und Ramón Matías Mella. Der Park bietet zwar ein paar Bänke, aber nur wenig Schatten.

Puerta de San Diego MONUMENT

(Karte S. 50; Av del Puerto) Eine Weile fungierte das imposante, 1571 erbaute Tor unterhalb vom Alcázar de Colón als Hauptzugang zur Stadt. Daneben kann man bis heute ein Stück der historischen Originalmauer besichtigen, die errichtet wurde, um Santo Domingo vor Angriffen von der Flussseite aus zu schützen.

Puerta de la Misericordia MONUMENT

(Tor der Gnade, Karte S. 60; Arzobispo Portes) Das Tor wurde im 16. Jh. errichtet und diente jahrzehntelang als wichtigster westlicher Zugang zur Stadt. Seinen Namen verdankt es einem schrecklichen Erdbeben 1842: Damals wurde direkt daneben ein riesiges Zelt aufgestellt, um den Obdachlosen vorübergehend einen Zufluchtsort zu bieten.

Casa del Cordón SEHENSWERTES GEBÄUDE

(Haus des Seils; Karte S. 50; Ecke Isabel la Católica & Emiliano Tejera; ⏲8.15–16 Uhr) Das Gebäude soll nicht nur eines der ersten europäischen Wohnhäuser in Nord- und Südamerika sein, sondern auch eines der ersten Wohngebäude der westlichen Halbkugel mit einem Obergeschoss. Kurzzeitig wurde es von Diego Kolumbus und seiner Frau bewohnt, bis diese dann in ihr herrschaftliches Anwesen ein Stück weiter die Straße hinunter zogen. Heute befindet sich in dem Gebäude der Banco Popular; aus diesem Grund kann auch nur das Hauptfoyer besichtigt werden.

Das Gebäude ist nach seiner eindrucksvollen Steinfassade benannt, in die zur Dekoration ein geschlungenes, geknotetes Seil gemeißelt ist – ein Symbol des Franziskanerordens. Hier sollen auch die Frauen von Santo Domingo Schlange gestanden haben, um während der monatelangen Belagerung der Stadt Drake ihren persönlichen Schmuck zu übergeben.

Casa de Francia SEHENSWERTES GEBÄUDE

(Französisches Haus; Karte S. 50; Las Damas 42) Das Haus war ursprünglich das Domizil von Hernán Cortés, dem Eroberer der Azteken im heutigen Zentralmexiko. In diesem Gebäude soll Cortés seine triumphale – und brutale – Expedition geplant haben.

Die Casa de Francia diente fast 300 Jahre lang als Wohngebäude, wurde seit Anfang des 19. Jhs. aber ganz unterschiedlich genutzt: als Amtsräume der Regierung, als Sitz des Banco Nacional de Santo Domingo, als Zivilgericht und als Zentrale des dominikanischen Finanzamts. Heute wird es von der Französischen Botschaft genutzt. Besucher dürfen innen nur das Foyer besichtigen, aber es lohnt sich, diesem Juwel der Steinmetzkunst einen Besuch abzustatten und die herrliche Fassade auf sich wirken zu lassen.

An dem im frühen 16. Jh. errichteten Gebäude entdeckt man viele Stilelemente, die auch am Museo de las Casas Reales zu sehen sind. Experten vermuten daher, dass beide Gebäude von ein und demselben Baumeister stammen. Beide weisen eine plane Fassade auf, ein doppeltes Erkerfenster im Ober- und Untergeschoss, sich wiederholende Muster an Türen und Fenstern in beiden Geschossen sowie Bruchsteinmauerwerk um die Fenster, Türen und Eckverbauten.

Hostal Nicolás de Ovando SEHENSWERTES GEBÄUDE

(Karte S. 50; Las Damas) Das attraktive Gebäude mit gotischer Fassade wurde 1509 errichtet und diente ursprünglich als Residenz des Gouverneurs Nicolás de Ovando. Er ist dafür bekannt, den Neuaufbau Santo Domingos am Westufer des Río Ozama angeordnet zu haben, nachdem ein Hurrikan fast die gesamte Kolonie dem Erdboden gleich gemacht hatte. Heute befindet sich hier das noble Hostal Nicolás de Ovando (S. 66). Wer das weitläufige Gebäude gebührend bestaunen will, sollte ein paar Stufen der Gasse hinuntergehen, die von der Calle El Conde Richtung Puerto Don Diego hinunterführt.

Fuerte de Santa Bárbara HISTORISCHE STÄTTE

(Karte S. 50; Ecke Juan Parra & Av Mella) Das in den 1570er-Jahren errichtete Fort war eine der wichtigsten Wehranlagen der Stadt. Für Drake stellte es allerdings kein Problem dar, als er mit seiner Flotte von 23 mit Piraten besetzten Schiffen 1586 die Anlage einnahm. Heute sind bloß noch Ruinen übrig, die am Ende einer einsamen Straße stehen. Viel gibt es hier jedenfalls nicht mehr zu sehen, überwiegend Dächer und gelegentlich mal ein Schiff in der Ferne.

Gazcue

Plaza de la Cultura PLAZA

(Karte S. 60; Av Maxímo Gómez) Der große, zentral gelegene Park ist eigentlich eher eine recht ungepflegte Plaza, die in der Sonne brütet. Hier befinden sich gleich drei Museen, von denen zwei sehenswert sind, sowie das Nationaltheater (S. 74), die Staatsbibliothek sowie das Restaurant Il Cappuccino (S. 70). Das Areal gehörte einst Diktator Trujillo und wurde nach seiner Ermordung 1961 der Öffentlichkeit „gestiftet".

Museo de Arte Moderno MUSEUM

(Karte S. 60; Plaza de la Cultura; Eintritt 50 RD$; ⏲ Di–Sa 9–17 Uhr) Die Dauerausstellung des Museums präsentiert Gemälde sowie einige Skulpturen der bekanntesten zeitgenössischen Künstler des Landes, darunter Luís Desangles, Adriana Billini, Celeste Woss y Gil, José Vela Zanetti, Dario Suro und Martín Santos. Die Wechselausstellungen sind meist einfallsreicher und interessanter – es gibt dann meist eine größere Zahl Installationen und Multimedia-Objekte zu sehen. Ein Hinweis: Der Eingang befindet sich im ersten Stock – unbedingt auch die Exponate im Erdgeschoss besuchen.

Museo del Hombre Dominicano MUSEUM

(Museum des dominikanischen Menschen; Karte S. 60; ☎ 809-687-3622; Plaza de la Cultura; Eintritt 100 RD$; ⏲ Di–Sa 9–17, So 9–16 Uhr) Zu den Attraktionen des Museums zählen die beeindruckende Sammlung von Taíno-Artefakten (u. a. Steinäxte, faszinierende Urnen und Schnitzereien) sowie eine interessante Abteilung zum Thema Karneval. Weitere Exponate beschäftigen sich mit der Sklaverei und der Kolonialzeit, afrikanischen Einflüssen in der Dominikanischen Republik (darunter einiges über Voodoo) und dem heutigen Leben auf dem Land.

Die Erklärungen sind alle spanisch gehalten, die Darstellungsweise altbacken. Englischsprachige Führer können angefragt werden. Ihre Dienste sind gratis, ein kleines Trinkgeld ist aber natürlich willkommen.

Museo Nacional de Historia y Geografía MUSEUM

(Karte S. 60; ☎ 809-686-6668; www.mnhn.gov.do; Plaza de la Cultura; Erw./Kind 50/20 RD$; ⏲ Di–So 10–17 Uhr) Das Museum zeigt Exponate zu den Schlachten zwischen den Haitianern und Dominikanern, zu General Ulises Heureaux, dem bedeutendsten Diktator des Landes im 19. Jh., und zu Trujillo, dem bekanntesten Diktator des 20. Jhs. Unter den Ausstellungsstücken finden sich so persönliche Gegenstände wie Kämme, ein Rasierapparat und eine Brieftasche.

Palacio Nacional SEHENSWERTES GEBÄUDE

(Nationalpalast; Karte S. 60; ☎ 809-695-8000; Calle Uruguay, zwischen Av Pedro Henríquez Ureña & Calle Moisés Garcia) Der Sitz der dominikanischen Regierung nimmt fast einen ganzen Block in der Stadt ein. Der Palast wurde vom italienischen Architekten Guido D'Alessandro entworfen und 1947 eingeweiht. Der im neoklassizistischen Stil aus rosa Marmor errichtete Palast ist mit Mahagonimöbeln, Gemälden von bekannten dominikanischen Künstlern, herrlichen

Gazcue & Malecón

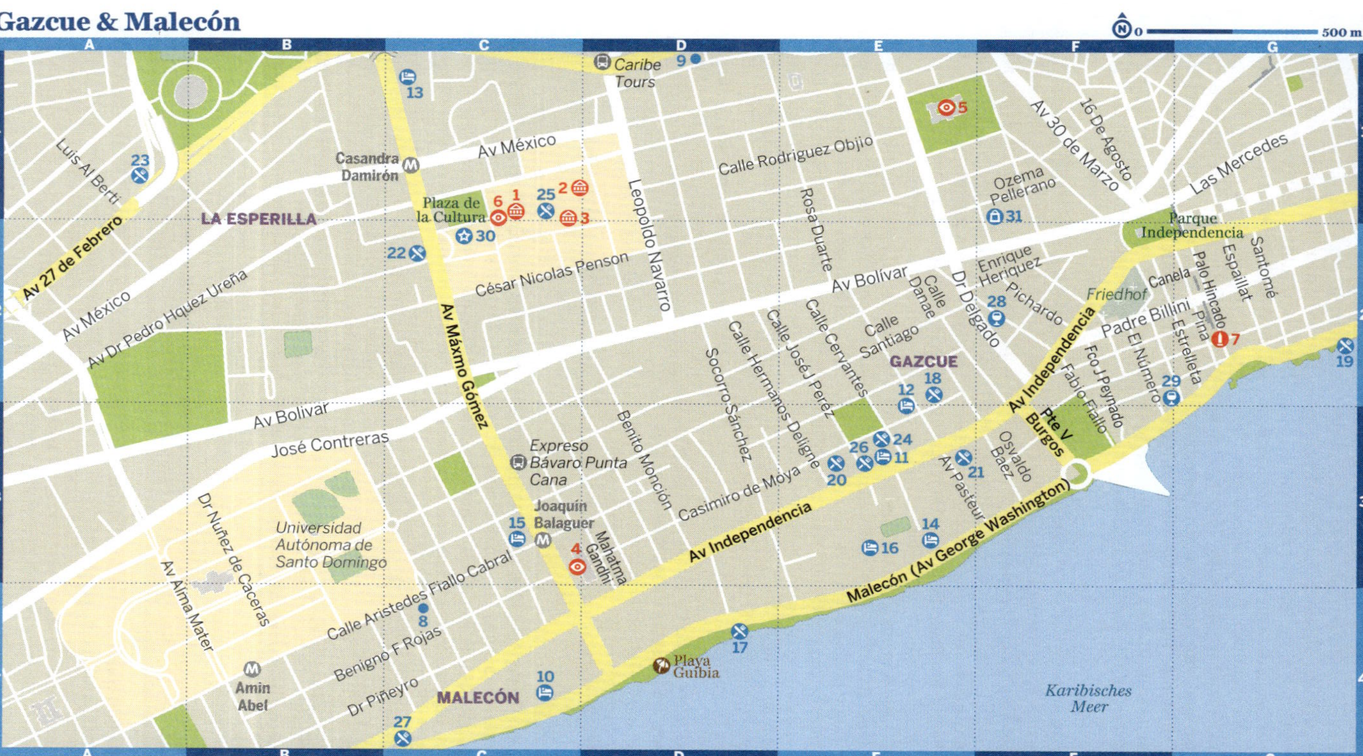

Gazcue & Malecón

Sehenswertes
1 Museo de Arte Moderno C1
2 Museo del Hombre Dominicano C1
3 Museo Nacional de Historia Natural C1
4 Palacio de Bellas Artes........................C3
5 Palacio Nacional.....................................E1
6 Plaza de la Cultura C1
7 Puerta de la Misericordia G2

Aktivitäten, Kurse & Touren
8 Instituto Intercultural del Caribe C4
9 Prieto Tours D1

Schlafen
10 Hilton Hotel... C4
11 Hostal Riazor E3
12 Hostal San Francisco De Asis E3
13 Hotel Barcelo Santo Domingo C1
14 Hotel Magna 365...................................E3
15 Hotel San Marco C3
16 Renaissance Jaragua Hotel E3

Essen
17 Adrian Tropical.................................... D4
18 Ananda E2
19 D'Luis Parrillada G2
20 El Conuco..E3
21 Hermanos Villar E3
22 Il Cappucino..C2
23 Kogi Grill A1
24 La Cadena E3
25 Maniqui Restaurant & Lounge C1
26 Manolo...E3
27 Vesuvio Malecón.................................. C4

Ausgehen & Nachtleben
28 Discoteca Amazonia............................. F2
Jubilee .... (siehe 16)
29 Mint... F2

Unterhaltung
30 El Teatro Nacional Eduardo Brito C2

Shoppen
31 Galeria de Arte Candido Bido F1

Spiegeln mit Goldintarsien und viel importiertem Kristall prachtvoll ausgestattet.

Das Gebäude wurde überwiegend als Bürogebäude für die Exekutive und Verwaltung genutzt, nie als Residenz des dominikanischen Präsidenten, der traditionell in einem Privathaus wohnt.

Interessant ist der **Saal der Karyatiden,** den französische Spiegel an den Wänden und Baccarat-Lüster zieren. Hier stehen 44 Frauenskulpturen mit wallenden Gewändern. Der Saal kann nicht immer besichtigt werden. Mit etwas Glück lässt sich jedoch montags, mittwochs und freitags eine Gratisführung vereinbaren. Auch hier wird eine respektvolle Bekleidung erwartet: Besuchern in Shorts, T-Shirts und Flipflops wird der Eintritt verwehrt.

Palacio de Bellas Artes SEHENSWERTES GEBÄUDE
(Palast der Schönen Künste; Karte S. 60; ☎809-687-9131; Av Máximo Gómez) Das riesige, vor Kurzem restaurierte, neoklassizistische Gebäude wird immer mal wieder für Ausstellungen und Vorführungen genutzt. Was genau auf dem Programm steht, verrät die Wochenendausgabe der Lokalzeitungen.

Weiter entfernte Viertel

Einige der nachfolgend genannten Sehenswürdigkeiten lohnen alleine schon deshalb den Besuch, weil die Hin- und Rückfahrt mit dem Taxi ein Erlebnis ist. Denn während der Fahrt hat man die Möglichkeit, einen Blick auf das Santo Domingo der ganz normalen Leute werfen, die in diesen Vororten leben und arbeiten. Die Vororte, die einen Großteil der Stadt umgeben, werden als Zona Apache bezeichnet – eine Anspielung auf das verbotene Territorium im Alten Westen der USA.

Faro a Colón MONUMENT
(☎Nebenst. 251 809-592-1492; Parque Mirador del Este; Eintritt 65 RD$; ⏲Di–So 9–17.15 Uhr) Das eindrucksvolle Gebäude wirkt wie die Kreuzung eines Wohnblocks aus der Sowjetzeit mit einer alten Maya-Ruine im Las-Vegas-Stil und lohnt den Besuch schon alleine wegen seiner umstrittenen und komplizierten Geschichte.

Der zehnstöckige Betonleuchtturm in der Form eines Kreuzes ragt am Ostufer des Río Ozama auf. An der Schnittstelle von Schaft und Seitenflügeln befindet sich ein Grabmal, das von Soldaten in weißer Uniform streng bewacht wird: Hier sollen sich die sterblichen Überreste von Kolumbus befinden. Spanien und Italien zweifeln diese Aussage allerdings an und behaupten ihrerseits, dass sich die Gebeine des Admirals im jeweils eigenen Land befinden.

Im Leuchtturm werden in den vielen langen Ausstellungssälen Dokumente (meist Reproduktionen) gezeigt, die mit den Reisen von Kolumbus und der Erforschung und Eroberung Nord- und Südamerikas zu tun haben. Am interessantesten sind – ironischerweise – ausgerechnet die Exponate, die von anderen lateinamerikanischen Ländern zur Verfügung gestellt wurden, darunter Fotos und Artefakte der jeweiligen indigenen Bevölkerung.

Mit leistungsstarken Schweinwerfern auf dem Dach kann ein blendend weißes Kreuz in den Himmel projiziert werden, was allerdings nur selten demonstriert wird: Dann kommt es nämlich in sämtlichen angrenzenden Vierteln zu Stromausfällen.

Jardín Botánico Nacional GARTEN

(Nationaler Botanischer Garten; ☎809-385-2611; Av República de Colombia; Erw./Kind 50/40 RD$; ⏲9–18 Uhr, Kartenschalter 9–17 Uhr, offener Zug alle 30 Min. bis 16.30 Uhr; 👪) Der Botanische Garten mit seiner üppigen Vegetation nimmt ein 2 km² großes Gelände ein. Hier finden sich weitläufige Areale mit Wasserpflanzen, Orchideen, Bromelien, Farnen, endemischen Pflanzen und Palmen, ein japanischer Garten und vieles mehr. Der Garten ist tadellos gepflegt, die Pflanzen werden vorbildlich gehegt und versorgt. Schnell vergisst man hier, dass man sich mitten in einer Stadt befindet, in deren Einzugsgebiet über zwei Millionen Menschen leben. Im dazugehörigen **Ökologischen Museum** (⏲9–16 Uhr, Kartenschalter 9–17 Uhr) werden die wichtigsten Ökosysteme des Landes (z. B. Mangroven und Regenwald) erklärt, außerdem gibt es eine Sonderausstellung über den Parque Nacional Los Haitises.

Besucher können in einer offenen Eisenbahn eine nette halbstündige Fahrt durch den Park unternehmen – was besonders Kindern viel Spaß macht. Im Botanischen Garten finden auch verschiedenste Sonderausstellungen statt, darunter eine Orchideenschau im März und eine Bonsai-Ausstellung im April.

Ein Taxi von der Zona Colonial zum Botanischen Garten kostet etwa 300 RD$.

Los Tres Ojos HÖHLEN

(Die drei Augen; Parque Mirador del Este; Eintritt 50 RD$; ⏲8–17 Uhr) Diese eher mäßig interessante, aber von Tourgruppen viel besuchte Sehenswürdigkeit besteht aus drei feuchten, untereinander verbundenen Höhlen mit düsteren Seen und von den Decken hängenden Stalaktiten. Dabei handelt es sich um unterirdische Kalksteinhöhlen, die durch tektonische Bewegungen eingestürzt sind, und in denen sich später Wasser sammelte. Leider wird der eigentlich beschauliche Ort durch die Anwesenheit von unzähligen, völlig überflüssigen Führern und Händlern gestört, die ihre Dienste und Waren am Eingang lautstark und aggressiv anbieten.

In das Höhlensystem gelangt man über eine lange Treppe, die in einem schmalen Steintunnel hinabführt. Unten wurden Betonwege durch die Höhlen gelegt. Es besteht aber auch die Möglichkeit, die Höhlen bequem per Boot zu erkunden – der Spaß kostet 20 RD$ Aufpreis.

Parque Mirador del Sur PARK

(Karte S. 54; Av Mirador del Sur) Der lange, mit Bäumen bestandene Park erstreckt sich oberhalb eines gewaltigen Kalksteingrats. Er ist mit vielen Höhen durchsetzt, von denen es einige auf die stattliche Größe eines Flugzeug-Hangars bringen. Eine dieser Höhlen wurde zu einem Restaurant umfunktioniert, eine andere in einen Tanzclub. Die scheinbar endlosen Pfade durch den Park sind ein beliebter Treff von rund 30 Profijoggern, von denen viele in den Mittel- und Oberschichtvierteln nördlich des Parks wohnen.

Museo Bellapart MUSEUM

(Karte S. 54; ☎809-541-7721; www.museobellapart.com; Av JF Kennedy & Dr Peguero; ⏲Mo–Fr 9–18, Sa 9–12.30 Uhr) GRATIS Das eher unpassend im fünften Stock des Honda-Gebäudes gelegene Museum sieht wie ein Parkhaus aus, beherbergt jedoch die bedeutende Privatsammlung des Unternehmers Juan José Bellapart mit Gemälden und Skulpturen von dominikanischen Künstlern. Die ältesten Werke stammen aus dem späten 19. Jh., die jüngsten aus den 1960er-Jahren.

Kurse

Instituto Intercultural del Caribe SPRACHKURSE

(Karte S. 60; ☎809-571-3185; www.edase.com; Aristides Fiallo Cabral 456, Zona Universitaria) Das Institut bietet über ein Dutzend verschiedener Sprachkurse an, deren Preis sich nach der Länge und Intensität des Unterrichts sowie der gewünschten Unterkunft richtet. Hier hat man auch die Möglichkeit, Merengue-Tanzunterricht zu nehmen (acht Privatstunden kosten 75 US$). Das Institut unterhält eine Zweigstelle in Sosúa an der Nordküste.

Hispaniola Academy SPACHKURSE

(Karte S. 50; ☎809-688-9192; www.hispaniola.org; Arzobispo Nouel 103) Die einzige Sprachschule in der Zona Colonial bietet Sprachkurse in sechs Leistungsstufen an. Ein einwöchiger Kurs besteht aus 20 Stunden (vier Unterrichtsstunden zu je 50 Min. am Tag). Die Preise beginnen bei 140 US$. Auch Unterkünfte werden angeboten – von Aufenthalten in Gastfamilien bis hin zu Hotels. Tanzunterricht und Kochen (privat, 48 US$) stehen ebenfalls auf dem Programm.

Geführte Touren

Mehrere offizielle Führer bieten täglich interessante und informative Stadtführungen durch die Zona Colonial an – einfach nach Männern in Khakihose und hellblauem Hemd Ausschau halten. Die Lizenz für offizielle Touristenführer sollte man sich allerdings unbedingt zeigen lassen. Die Spaziergänge dauern in der Regel 2½ Stunden und kosten 20 bis 30 US$, je nach Sprache, in der die Tour stattfindet (Spanisch und Englisch sind am preiswertesten). Wer sich einen Führer nehmen möchte, geht in den Parque Colón – dort sitzen immer genügend von ihnen im Schatten unter den Bäumen. Bevor man allerdings loszieht, sollte man den Preis aushandeln.

Einen Motorscooter (eine Mischung aus Segway und Skateboard) kann man bei **Trikke** (Karte S. 50; ☎809-221-8077; www.trikke.do; Calle el Conde; 1 Std./35 US$; ⊙9–18 Uhr) mieten, einem neuen Geschäft am Parque Colón. Audioguides sind im Preis inbegriffen. Ein beschaulicheres Vergnügen ist natürlich die **Fahrt mit der Pferdekutsche** (Karte S. 50; mit/ohne Führer 50/30 US$). Die Kutscher warten an der Ecke der Calle Las Damas/El Conde auf Kundschaft.

Man kann sich aber auch für eine Mischung aus beidem entscheiden und sich in ein **Chu Chu Colonial** (Karte S. 50; ☎809-686-2303; www.chuchucolonial.com; Kind/Erw. 7/12 US$; ⊙ 9–17 Uhr) setzen. Der kleine Touristenzug mit Waggons fährt an der Ecke El Conde/Isabel la Católica im 45-Minutentakt ab und vermittelt einen allgemeinen Überblick über die Stadt. Ehrlicherweise muss man aber sagen, dass die Führer und ihre Übersetzungskünste von eher zweifelhafter Qualität sind und ein Spaziergang somit oft die bessere Alternative ist.

Wer an einer Bustour teilnehmen möchte, die neben der Zona Colonial auch noch die Außenbezirke mit einschließt, sollte bei einem der Tourenveranstalter vor Ort anfragen. Sie bieten regelmäßig Stadtrundfahrten für Gäste der All-inclusive-Resorts an. Beliebte Anbieter sind beispielsweise **Prieto Tours** (Karte S. 60; ☎809-685-0102; Av Francia 125), **Ecodotours** (☎809-526-2937; www.ecodotours.com) und **Turinter** (☎809-686-4020; www.turinter.com). Für Leute mit wenig Zeit ist so eine Fahrt mit dem Sightseeing-Bus auf alle Fälle eine gute Lösung.

Feste & Events

Karneval KARNEVAL

Jeden Sonntag im Februar wird im ganzen Land der *Carnaval* groß gefeiert und kulminiert in Santo Domingo in einem Riesenfest am letzten Februar- bzw. ersten Märzwochenende. Die Avenida George Washington (der Malecón) verwandelt sich dann Tag und Nacht in eine ausgelassene Partymeile. Zu den Feierlichkeiten gehören Wettbewerbe um den schönsten Umzugswagen, die schönsten Kostüme und Masken, die traditionelle Faschingscharaktere darstellen.

Merengue Festival MUSIK

(⊙Ende Juli–Anf. Aug.) Das größte Festival des Landes würdigt alljährlich zwei Wochen lang die beliebteste Musik der Dominikanischen Republik. Die meisten Aktivitäten spielen sich am Malecón ab, aber es finden in der ganzen Stadt viele weitere Veranstaltungen statt, die mit dem Festival in Verbindung stehen.

Festival Presidente MUSIK

(⊙3.–5. Okt.) Der dreitägige Mega-Event im Estadio Olímpico (Olympiastadion) lockt Top-Namen der lateinamerikanischen Musikszene an. Dann stehen Jazz, Salsa, Merengue und Bachata (Musik mit Akustikgitarren und Bolero-Rhythmus) auf dem Programm. Zu den Prominenten, die hier schon aufgetreten sind, zählen Jennifer Lopez und Marc Anthony.

Schlafen

Die Zona Colonial ist der typischste Stadtteil von Santo Domingo, und so ist es kein Wunder, dass die meisten Reisenden hier auch gern übernachten wollen. Sehenswürdigkeiten und Restaurants lassen sich bequem zu Fuß erreichen, außerdem gibt es eine Fülle hervorragender Hotels im mittleren und oberen Preissegment. Hotels im Boutiquestil in Gebäuden aus der Kolonialzeit befinden sich häufig unter europäischer Leitung. Alle, die aufs Geld schauen müssen, finden leider keine vergleichbar große Auswahl an Unterkünften. Gazcue, ein ruhiges Wohnviertel südwestlich des Parque Independencia, bietet mehrere Mittelklassehotels, dafür weniger Esslokale. Daher sind die Gäste öfters auf Taxis angewiesen, vor allem abends. Die Hochhaushotels am Malecón sind etwas für Leute, die Annehmlichkeiten im Stil eines

Resorthotels zu schätzen wissen; hier findet man Pools, Tennisplätze, Nachtclubs und Kasinos gleich im Haus.

Zona Colonial

Portes 9 B&B $
(Karte S. 50; ☎849-943-2039; info@portes9.com; Calle Arzobispo Portes 9; Zi. inkl. Frühstück ab 55 US$; ❄📶) Das B&B in spanischer Hand bietet vier geschmackvolle Zimmer mit hohen Decken und Holzböden. Alle sind komplett mit weißen Möbeln ausgestattet. Die Unterkunft liegt an einer ruhigen Plaza in der Südostecke des Viertels. Die Atmosphäre ist sehr persönlich, die Gäste kommen beim Frühstück schnell ins Gespräch. Vier weitere Zimmer sollen im Haus gleich nebenan hinzukommen.

Casa Naemie HOTEL $
(Karte S. 50; ☎809-689-2215; www.casanaemie.com; Isabel la Católica 11; EZ/DZ inkl. Frühstück 2000/3000 RD$; ❄📶) Die reizende Oase liegt nur ein paar Blocks von der ältesten Kathedrale Nord- und Südamerikas entfernt und verströmt das Flair einer europäischen Pension. Die gemütlichen, sauberen Zimmer mit großen, modernen Bädern liegen über drei Etagen verteilt um einen schmalen Innenhof. Die elegante Lobby mit Gewölbeeingang und Klinkerboden dient morgens auch als Frühstücksraum, in dem ein hervorragendes Frühstück serviert wird.

Bettye's Exclusive Guest House PENSION $
(Karte S. 50; ☎809-688-7649; marshallbettye@hotmail.com; Plaza de María de Toledo, Isabel la Católica 163; B pro Pers. 22 US$, Zi. 45 US$; ❄📶) Wer das Gästehaus sucht, sollte nach einer unscheinbaren schmiedeeisernen Tür an der Plaza de María de Toledo Ausschau halten und sich nicht von der ungepflegten Kunstgalerie abschrecken lassen. Es bietet mehrere helle Schlafsäle (einer ist mit Ventilator ausgestattet) mit jeweils fünf bis sechs Betten. Allen Gästen steht eine Gemeinschaftsküche und ein Gemeinschaftsbad zur Verfügung.

Wer mehr Privatsphäre schätzt, nimmt das Gästezimmer, das zur Isabel la Católica hinausgeht – das Bad fällt hier allerdings extrem klein aus, und ruhiger ist es leider auch nicht wirklich. Wenn im Gästehaus niemand öffnet, können die Taxifahrer, die meist an der Plaza herumhängen, weiterhelfen; Betty lässt ihnen gern den Schlüssel da.

Residencial La Fonte APARTMENTS $
(Karte S. 50; ☎809-686-3265; www.residenciallafonte.net; Calle Las Mercedes 364; Zi. mit Ventilator/Klimaanlage 30/40 US$; ❄📶) Die Apartments (alle mit Küche) in einem mehrstöckigen rosafarbenen Gebäude sind etwas für Reisende, die autark sein wollen oder einen Langzeitaufenthalt planen (Ermäßigung bei Aufenthalten ab einer Woche oder einem Monat). Das Residencial liegt einen Block von der Calle El Conde entfernt, eine Rezeption gibt es hier nicht. Die funktionalen Möbel sind ein bisschen abgewohnt, teilweise blättert auch die Farbe von den Wänden ab.

★ **El Beaterío Guest House** PENSION $$
(Karte S. 50; ☎809-687-8657; www.elbeaterio.com; Calle Duarte 8; EZ/DZ inkl. Frühstück 75/100 US$; ❄📶) Die Zimmer beeindrucken mit schlichter Eleganz. Jeder der elf großen Räume ist minimalistisch möbliert, doch die Decken mit Holzbalken und die Steinböden sorgen für das gewisse Extra. Die Bäder mit gefliestem Boden sind modern und gepflegt.

Es ist kein Kunststück, sich vorzustellen, welche Funktion dieses Gebäudes aus dem 16. Jh. früher einmal hatte. Die wuchtige Steinfassade, der dunkle Raum mit Gewölbedecke – heute das wunderschöne Lesezimmer mit Essbereich, in dem dezent klassische Musik aus den Lautsprechern erklingt – und der herrlich bepflanzte, sonnige Innenhof: Sie alle verströmen die Ruhe und Beschaulichkeit eines Wohnhauses.

★ **Hotel Villa Colonial** HOTEL $$
(Karte S. 50; ☎809-221-1049; www.villacolonial.net; Calle Sánchez 157; EZ/DZ inkl. Frühstück 75/85 US$; 📶🏊) Der französische Besitzer hat hier eine ganz besondere Idylle geschaffen – eine außergewöhnlich gut gelungene Mischung aus europäischer Eleganz, kolonialzeitlicher Fassade und Art-déco-Design im Inneren. Die Zimmer liegen an einem schmalen Garten mit Pool und haben alle hohe Decken. In den Räumen finden sich Himmelbetten, außerdem Flachbildfernseher und Badezimmerböden mit Keramikfliesen. Schaukelstühle und Liegen im balinesischen Stil mit viel Flair und Komfort laden zum geselligen Beisammensein ein.

Ein paar Studios hinter dem Frühstücksbereich im Freien sind einfacher gehalten, bieten dafür aber kleine Kochzeilen. Rabatte gibt es bei wochenweiser oder mehrwöchiger Miete der Studios.

Hotel Atarazana BOUTIQUEHOTEL $$

(Karte S. 50; ☎ 809-688-3693; www.hotel-atarazana.com; Calle Vicente Celestino Duarte 19; EZ/DZ inkl. Frühstück 80/100 US$; ❄ 📶) Das Boutiquehotel für designbewusste Gäste liegt nur ein paar Meter von der Plaza España entfernt in einem wunderschön restaurierten Gebäude aus den 1860er-Jahren. Alle sechs Zimmer sind mit maßgefertigten Möbeln aus einheimischen Materialien ausgestattet und überzeugen mit hochwertigen Einbauten und Textilien. Jedes der weiß getünchten, hellen und luftigen Zimmer hat einen Balkon. Das Frühstück wird in einem verschwiegenen, gartenartigen Patio im Schatten von wild wuchernden Pflanzen serviert.

Sogar ein kleiner Whirlpool lädt zum Abtauchen und Entspannen ein. Doch chillen können die Gäste auch auf der Dachterrasse: Sie ist mit Clubsesseln ausgestattet und bietet einen sagenhaften Blick über die Zona Colonial und den Fluss. In allen öffentlichen Bereichen liegt ein attraktiver Boden aus Marmorimitat.

Hotel Doña Elvira HOTEL $$

(Karte S. 50; ☎ 809-221-7415; www.dona-elvira.com; Padre Billini 209; EZ/DZ inkl. Frühstück ab 64/89 US$; P ❄ @ 📶 🏊) Das Hotel in einem renovierten Kolonialgebäude ist eine tolle Adresse für Reisende. Sie können im Innenhof herumhängen, sich im Pool erfrischen (zum Schwimmen ist er zu klein), sich auf der Sonnenterrasse auf dem Dach entspannen oder in der Lobby mit Essbereich lesen. Dass die 13 Zimmer des wirklich schönen Gebäudes mit einer derart langweiligen Mischung aus überwiegend schlichten Möbeln ausgestattet sind, ist echt schade!

Hotel Palacio HOTEL $$

(Karte S. 50; ☎ 809-682-4730; www.hotel-palacio.com; Calle Duarte 106; EZ/DZ inkl. Frühstück ab 70/90 US$; P ❄ 📶 🏊) Man nehme den Kolonialstil und gebe einen Schuss Mittelalter hinzu – und fertig ist das Palacio. Das labyrinthartige Hotel in einem Anwesen aus dem 17. Jh. liegt nur einen Block nördlich der Calle El Conde. Der Service ist außergewöhnlich gut, und den benötigen die Gäste auch wirklich, um sich in den reizenden Ecken und Winkeln zurechtzufinden. So gibt es Lesebereiche, einen Fitnessraum, einen üppigen Innenhof und überdachte Wege mit Steinmauern.

Die Zimmer unten geben sich deutsch-minimalistisch, die in der ersten Etage sind moderner und individueller gestaltet. Auch wenn es an Schatten fehlt, ist der kleine Pool auf dem Dach ein großes Plus – was auch für den Fitnessraum gilt.

Hodelpa Caribe Colonial HOTEL $$

(Karte S. 50; ☎ 809-688-7799; www.hodelpa.com; Isabel la Católica 159; Zi. inkl. Frühstück 85 US$; P ❄ @ 📶) Nur einen Block vom Parque Colón entfernt ist das Hotel eine gute Wahl für Gäste, die modernen Komfort ohne Kolonialzauber schätzen. Das Hotel weist allerdings einige seltsame Ungereimtheiten im Hinblick auf das Design auf, dafür sind aber die Betten bequem und der Service sehr aufmerksam. Auf der Sonnenterrasse auf dem Dach stehen mehrere Clubsessel, von denen aus man die hübsche Aussicht genießen kann.

Hostal Suite Colonial HOTEL $$

(Karte S. 50; ☎ 809-685-1082; www.suitecolonial.net; Calle Padre Billini 362; EZ/DZ inkl. Frühstück 53/64 US$; ❄ 📶) Das Hotel ist eine solide, sehr einladende Wahl im mittleren Preisbereich. Äußerlich fügt sich das Gebäude hervorragend in die Fassaden der benachbarten Häuser aus der Kolonialzeit ein. Hinter dem schönen Lounge-Bereich mit hohen Decken verblasst der Charme dann allerdings: Gänge mit Linoleumboden führen an wuchtigen Sofas vorbei zu Zimmern mit recht einfacher Möblierung, die bisweilen willkürlich zusammengestellt wirkt. Das Frühstück wird im kleinen Patio hinter dem Haus serviert.

Antiguo Hotel Europa HOTEL $$

(Karte S. 50; ☎ 809-285-0005; www.antiguohoteleuropa.com; Ecke Arzobispo Meriño & Emiliano Tejera; Zi. inkl. Frühstück 65 US$; P ❄ @) In Anbetracht der imposanten Fassade, der geräumigen Lobby und der Pagen in Uniform sind die Zimmer schlicht und ergreifend eine Pleite. Wer sich dennoch für das Hotel nur zwei Blocks westlich der Plaza España entscheidet, sollte in jedem Fall um eines der Zimmer mit Balkon bitten, damit wenigstens ausreichend Licht vorhanden ist. Das Kontinentalfrühstück wird in einem tollen Dachrestaurant mit sagenhafter Aussicht über die Zona Colonial serviert.

Hostal La Colonia HOTEL $$

(Karte S. 50; ☎ 809-221-0084; hostallacolonia@yahoo.com; Isabel la Católica 110A; EZ/DZ 50/60 US$; ❄) Das Hotel liegt ideal gleich um die Ecke vom Parque Colón und ist für Gäste das Richtige, die auf Flair wenig Wert legen. Neben den blitzblank gewienerten Böden und großen Zimmern punktet das Hotel mit seinen geräumigen Sitzecken in jeder Etage (mit Balkon zur Straße hinaus). Die meisten Zimmer sind mit Lärmschutzfenstern ausgestattet, was angesichts des Verkehrs vor der Haustür auch notwendig ist.

★Hostal Nicolás de Ovando HISTORISCHES HOTEL **$$$**
(Karte S. 50; ☎809-685-9955; www.mgallery.com; Las Damas; EZ 220–336 US$, DZ 238–354 US$, Restaurant Hauptgerichte 17–35 US$; P ❄ 📶 🏊) Sogar Staatsoberhäupter werden es vermutlich spannend finden, wenn sie erfahren, dass sie im ehemaligen Domizil des ersten Gouverneurs von Nord- und Südamerika logieren. Das Hotel mit viel Flair, dem Charme der Alten Welt und seinem historischen Stammbaum unterscheidet sich um Welten von klassischen Hotelkettenhäusern. Es ist zweifellos eines der schönsten Hotels der Stadt, seine 97 Zimmer bieten alle Annehmlichkeiten des 21. Jhs.

Der Gast hat die Wahl unter verschiedenen Zimmerkategorien. Einige Räume sind mit Himmelbetten ausgestattet, haben eine Holzdecke und 500 Jahre alte Wände sowie einen schönen Blick auf den Hafen und den Fluss. Die modernen Zimmer (Split-Level) sind einfacher gehalten. Durch die im Schatten üppiger Vegetation liegenden Patios schlängeln sich Wege mit Kopfsteinpflaster, vom Pool bietet sich ein herrlicher Blick auf den Río Ozama. Im Preis ist das hervorragende Frühstücksbüfett enthalten. La Residence, das exquisite, elegante Hotelrestaurant des Hauses, verfügt über einen separaten Eingang zur Straße hin und hat mittags und abends geöffnet.

Hotel Francés Santo Domingo HOTEL **$$$**
(Karte S. 50; ☎809-685-9331; www.mgallery.com; Ecke Las Mercedes & Arzobispo Meriño; EZ/DZ inkl. Frühstück 150/170 US$; P ❄ 📶) Der Aufenthalt in diesem Hotel gleicht einer charmanten Zeitreise in die Vergangenheit. Das Francés Santo Domingo befindet sich in einem großen Kolonialanwesen in der Nähe der Plaza España. Die Zimmer haben hohe Decken, Stuckverzierungen an den Wänden, eine geschmackvolle Einrichtung und eine schöne Lage rund um einen hübschen Steinpatio. Das Restaurant serviert französische Gerichte und zählt zu den romantischsten Locations der Stadt. Einige Zimmer fallen etwas größer aus als der Rest, von daher lohnt es sich, sich mehrere anzuschauen. Die Gäste dürfen den Pool des Schwesterhotels Nicolás de Ovando in der Calle Las Damas mit benutzen.

Gazcue

Gleich westlich der Zona Colonial erstreckt sich dieses ruhige Wohnviertel mit von Bäumen gesäumten Straßen. Hier finden sich diverse Hotels, Restaurants und Dienstleistungsunternehmen; bis zum Malecón ist es nur ein kurzer Spaziergang.

Hostal San Francisco De Asis HOTEL **$$**
(Karte S. 60; ☎809-685-0101; www.hostalsanfranciscodeasis.com; Av Luis Pasteur 102; EZ/DZ 40/60 US$; P ❄ 📶) Die blitzblanken Zimmer des mehrstöckigen, modernen Hotels sind trotz der Billigbettwäsche und des geringen Lichts empfehlenswert. In jedem Zimmer steht ein Flachbildfernseher. Eine Minisnackbar ist der Lobby angeschlossen; das Frühstück kostet hier 6 US$.

Hotel Barcelo Santo Domingo HOTEL **$$**
(Karte S. 60; ☎809-563-5000; www.barcelo.com; Ecke Maximo Gomez & 27 de Febrero; Zi. ab 75 US$; P ❄ @ 📶 🏊) Dieser Außenposten der spanischen Hotelkette heißt bei den Einheimischen noch immer Barcelo Lina. Das Hotel liegt in Laufweite zur Plaza de la Cultura (und bloß ein paar Schritte von der Hauptverkehrsstraße entfernt, die von Osten nach Westen verläuft). Die geräumigen Zimmer haben alle eine zeitgenössische Note und weisen die typische Einrichtung eines Geschäftshotels auf. Positiv fallen die hübschen Bäder auf.

Der Pool im Innenhof und der Lounge-Bereich können mit jedem Hotel am Malecón mithalten, Ausnahme ist der etwas in die Jahre gekommene Fitnessraum. Das Kasino, die Bäckerei, die Zigarren-Lounge, die Pianobar und zwei Restaurants – eines japanisch, das andere mit einem empfehlenswerten Büfett (24 Std. geöffnet) – sind so gut, dass manche Gäste das Hotelgelände überhaupt nicht verlassen. Der größte Minuspunkt ist das teure WLAN.

Hotel San Marco HOTEL **$$**
(Karte S. 60; ☎809-686-2876; hotelsanmarco@codetel.net.do; Calle Santiago 752; EZ/DZ inkl. Frühstück 72/81 US$; P ❄ 📶 🏊) Den dicksten Pluspunkt bekommt das Hotel in einem alten Kolonialgebäude für seinen schattigen Innenhof mit Pool. Hier können sich die Gäste in Hängematten und Clubsesseln angenehm entspannen. Die Zimmer sind einfach, aber geschmackvoll eingerichtet, wie man es vom Besitzer des empfehlenswerten Restaurants Il Cappuccino (S. 70) auch erwarten würde.

Das San Marco befindet sich gleich um die Ecke eines U-Bahnhofs und der Haltestelle der Expreso-Bávaro-Busse. Der Malecón lässt sich zu Fuß erreichen, der Campus der Universidad Autónoma de Santo Domingo liegt nur ein paar Blocks weiter westlich.

Hostal Riazor HOTEL **$$**
(Karte S. 60; ☎809-685-5566; hostal_riazor@hotmail.com; Av Independencia 457; EZ/DZ inkl. Frühstück 65/75 US$; P ❄ 📶) Das Riazor wirbt mit seinem Rezeptionspersonal, das bestens Englisch spricht, und mit seinen außergewöhnlich gepflegten Zimmern. Sie zählen zu den schönsten in dieser Preisklasse und bieten Laminatböden und Flachbildfernseher. Der Aufzug ist praktisch, da die Gäste ihr Gepäck nicht mühsam nach oben in die Zimmer schleppen müssen. Das Frühstück wird im Manolo serviert, einem empfehlenswerten Restaurant gleich nebenan.

Malecón

Der Malecón von Santo Domingo ist längst nicht so berauschend, wie die Lage dieser Uferpromenade direkt am Karibischen Meer erwarten ließe. Es handelt sich vielmehr um einen langen Betonstreifen mit Backofentemperaturen, an dem mehrere Hotelhochhäuser stehen. Der Pluspunkt ist, dass viele Zimmer eine schöne Aussicht haben, der Minuspunkt, dass man so ziemlich überallhin mit dem Taxi fahren muss – man kommt schon ins Schwitzen, wenn man bloß von der Straße zum Hoteleingang geht.

Ein Crowne Plaza eröffnete an der Stelle des einstigen Hotel V Centenario Intercontinental und liegt damit am nächsten zur Zona Colonial. Während der Recherchen zu diesem Reiseführer wurde das einstige Hotel Magna 365 als **Sheraton Santo Domingo Hotel** (Karte S. 60; ☎809-221-6666; www.starwoodhotels.com; 365 George Washington Ave; P ❄ @ 📶 🏊) neu eröffnet.

Hilton Hotel HOTEL **$$$**
(Karte S. 60; ☎809-685-0000; www.hiltoncaribbean.com/santodomingo; Av George Washington 500; Zi. ab 130 US$; P ❄ @ 📶 🏊) Das Hilton ist das schönste der Luxushotels am Malecón; es gehört zu einem riesigen, überwiegend aufgelassenen Komplex, von dem lediglich ein Kasino und ein Kino verblieben sind. Der höchste Wolkenkratzer hat einen Lift, mit dem man vom Atrium bis zum höchsten Stockwerk ziemlich lange unterwegs ist. Die Zimmer sind schöner und neuer als die der Konkurrenz in der Nähe, außerdem locken hier eine Bar und ein Restaurant mit herrlichem Blick aufs Meer.

Renaissance Jaragua Hotel RESORT **$$$**
(Karte S. 60; ☎809-221-2222; www.marriott.com; Av George Washington 367; Zi. ab 90 US$; P ❄ @ 📶 🏊) Die zur Marriott-Gruppe gehörende Anlage bietet geräumige Zimmer in einem zehnstöckigen Turm und in einem niedrigeren Anbau. Diese wurden zwar verschönert, das Mobiliar aber nicht komplett ausgetauscht. In Anbetracht der Angebote (beliebter Nachtclub, Sportbar und großes Kasino) ist das Preis-Leistungs-Verhältnis dennoch gut.

Essen

Dass Santo Domingo die kulinarische Hauptstadt des Landes ist, dürfte wohl kaum jemanden wirklich überraschen. Hier findet man die ganze Palette an dominikanischen Gerichten – von *pastelitos* (Gebäck, gefüllt mit Fleisch, Gemüse oder Meeresfrüchten), die von Straßenhändlern verkauft werden, bis hin zu extravagant zubereiteten Mahlzeiten in malerischen Kolonialgebäuden. In der Zona Colonial finden sich einige der besten Restaurants der Stadt, sie sind für die Mehrzahl der Reisenden auch am praktischsten gelegen. Auch Gazcue, das nur einen kurzen Spaziergang vom Malecón entfernt liegt, bietet gute Speiselokale. Eine weitere gute Adresse, um edel zu speisen, ist die Innenstadt nördlich und westlich von Gazcue, im Bereich zwischen der Avenida Tiradentes und der Avenida Winston Churchill; die Auswahl an Restaurants ist hier sehr groß.

Zona Colonial

In der kleinen Chinatown unmittelbar nördlich der Avenida Mella und der Calle Duarte serviert eine Handvoll China-Restaurants preiswerte Gerichte nach Kanton-Art. Ein typisches Lokal ist das **Restaurante Asadero Chino** (Karte S. 50; Calle Duarte; Hauptgerichte 160 RD$; ⌚Mo–Fr 10–16, Sa & So 10–23 Uhr) mit leckerem frittiertem Reis und Lo Mein (Glasnudeln); die Frühlingsrollen schmecken allerdings aufgebacken. Empfehlenswert sind auch die Restaurants Pura Tasca, Harry's, Pat'e Palo, Angelo und das Mamajuana Café in der Calle la Atarazana an der Plaza Espana.

Und natürlich bietet die Calle El Conde viele Cafés, besonders zu empfehlen ist das Café Paco Cabana. In vielen Lokalen wird allerdings überwiegend Fastfood angeboten.

Jumbo Express (Karte S. 50; Ecke Calle El Conde & Duarte; Mo–Sa 8–20, So 8–15 Uhr) ist der größte Gemischtwarenladen in der Zona Colonial, hier bekommt man billiges Wasser, Soda, Alkohol und Saft.

La Cafetera Colonial IMBISS $
(Karte S. 50; 809-682-7122; Calle El Conde; 85 RD$; Mo–Sa 7–21, So 7–19 Uhr) Das schmale, etwas fettig wirkende Lokal war früher ein bekannter Treff von Künstlern, Intellektuellen und Journalisten und sorgt sich bis heute rührend um das Wohl seiner Stammkunden. Am besten schnappt man sich einen Hocker am Tresen und bestellt ein Sandwich mit Ei, einen Burger oder eine Tasse starken Espresso (65 RD$).

El Taquito Don Silvio FASTFOOD $
(Karte S. 50; 809-687-1958; Emiliano Tejera 105; Hauptgerichte 50 RD$; Mo–Do 9–1, Fr & Sa 9–3, So 17–1 Uhr) Nichts wie rein in ein Lokal, das so groß wie eine Briefmarke ist, um dann Tacos, einen Burger oder ein Sandwich zu bestellen. Eine gute Adresse für einen Snack zu später Stunde!

★ Antica Pizzeria ITALIENISCH $$
(Karte S. 50; 809-689-4040; Ecke Billini & José Reyes; Hauptgerichte 350 RD$; Mo, Mi & Do 17–23, Fr–So 12–24 Uhr) Im extravaganten schicken Antica zieren riesige Poster (Reproduktionen europäischer Renaissancegemälde) die Wände des dreifach hohen Raums - es könnte ohne weiteres in einem römischen Szeneviertel stehen. Der italienische Besitzer hat ein wachsames Auge auf die Küche und den Holzofen, in dem die Pizza gebacken wird. Die Alternative sind eine Handvoll leckerer Pastagerichte.

Mesón D'Bari DOMINIKANISCH $$
(Karte S. 50; 809-687-4091; Ecke Calle Hostos & Salomé Ureña; Hauptgerichte 350 RD$; Mittag- & Abendessen) Das Restaurant, eine Institution in der Zona Colonial, steht bei Touristen ebenso hoch im Kurs wie bei den schicken *capitaleños,* die es vorwiegend am Wochenende besuchen. Das Mesón D'Bari findet man in einem reizvollen, verfallenen Kolonialgebäude, die Räume sind mit großen, farbenfrohen Gemälden einheimischer Künstler dekoriert. Auf der Speisekarte finden sich dominikanische und internationale Standardgerichte sowie verschiedene Fleisch- und Fischgerichte vom Grill. Die lange, attraktive Bar ist ebenfalls ansprechend. An manchen Wochenenden wird Livemusik gespielt.

Tapati INTERNATIONAL $$
(Karte S. 50; 809-689-1118; Calle Emiliano Tejera 101; Hauptgerichte 460 RD$; 11–24 Uhr) Das Tapati ist nichts für Gäste, die allein zum Essen ausgehen, und auch nichts für Leute, die lässig gekleidet sind. Es ist das Restaurant der jungen, betuchten Dominikaner, die hierher kommen, um dem guten (und hippen) Leben zu frönen. Sicher, der Türsteher ist arrogant, aber wer die Musterung übersteht und Einlass findet, wird mit einer Speisekarte belohnt, auf der so interessante Kreationen wie Mini-Foie-Gras-Burger und Risotto mit zweierlei Fleischstücken von der Ente stehen. Es empfiehlt sich, einen Tisch zu reservieren.

El Rey del Falafel ARABISCH $$
(Karte S. 50; Ecke Sánchez & Padre Billini; Hauptgerichte 320 RD$; 16.40–24 Uhr) Der beeindruckende Speisebereich des Restaurants befindet sich im Patio einer Ruine, die von flackernden Kerzen erhellt wird - und lädt zu einem Drink oder zu einer Mahlzeit ein. Die Küche hat sich enorm weiterentwickelt, sodass die Falafeln und saftigen Shwarma-Teller nun dem Ambiente alle Ehre machen.

Zorro MEXIKANISCH $$
(Karte S. 50; 809-685-9569; Calle El Conde 54; Hauptgerichte 325 RD$; 8.30–1 Uhr) Das legere mexikanische Lokal ist in kühnen Primärfarben gestrichen und wirkt wie ein Gemälde von Mondrian. Tische stehen innen und im Freien, was der kleinen Gasse östlich vom Parque Colón ein gewisses Flair verleiht. Hochwertige Tacos, Enchiladas und Quesadillas sowie Churros mit Schokolade oder ein Dessert zum Nachtisch, Tequilas und Margaritas runden das Angebot ab.

D'Luis Parrillada DOMINIKANISCH $$
(Karte S. 60; Paseo Presidente Billini; 350 RD$; 11 Uhr bis spätabends) Das legere Open-Air-Restaurant befindet sich nur ein paar Blocks von der Zona Colonial entfernt oberhalb vom Meer. Es zählt zu den wenigen Lokalen, die ihre Lage am Malecón zu nutzen wissen. Auf der langen Speisekarte stehen Fajitas, Fleisch und Fleischspieße vom Grill, Sandwiches, Meeresfrüchte-*cazuela* (400 RD$) und der selten angebotene *pulpofongo* (*mofongo* mit Tintenfisch kreolische Art; 330 RD$). Das Lokal ist auch eine tolle Adresse, wenn man einfach nur etwas trinken will.

Casa Olivier DOMINIKANISCH, INTERNATIONAL **$$**
(Karte S. 50; ☎809-682-0836; Calle Arzobispo Portes 151; Hauptgerichte 250–500 RD$) Das Restaurant ist so unglaublich gemütlich, dass man sich wie in einem dominikanischen Wohn- und Esszimmer der gehobenen Mittelschicht des 20. Jhs. vorkommt. Das Restaurant ist traditionell und persönlich möbliert, es hat eine winzige Bühne und ein Klavier, auf dem manchmal jemand musiziert. Auf der kleinen Speisekarte finden sich liebevoll zubereitete Fleisch- und Pastagerichte. Der Service verlangt von seinen Gästen allerdings viel Geduld.

Dajao & Mimosa Restaurant & Bar DOMINIKANISCH **$$**
(Karte S. 50; ☎809-686-0712; Arzobispo Nouel 51; Hauptgerichte 300 RD$; ⊙Mo–Sa 11–16 Uhr) Das Dajao, ein schickes, modernes Café nach europäischer Art, und das Mimosa, ein einfacher *comedor* (Imbiss) mit Ventilator, haben eine gemeinsame Küche. Egal, wo der Gast Platz nimmt: Er kann von beiden Speisekarten etwas bestellen. Im Dajao kommen Hauptgerichte wie Ribeye-Steak (675 RD$) und Fisch in Kokossuppe (375 RD$) auf den Tisch, das Mimosa lockt mit einem Tagesgericht (*plato del dia;* 275 RD$), das wirklich satt macht.

Pizzarelli ITALIENISCH **$$**
(Karte S. 50; Ecke Calle el Conde & Isabel Catolica; Hauptgerichte 285 RD$; ⊙Mo–Do 11–23, Fr & Sa 11–24 Uhr) Das Restaurant ist eine Art Miniaturausgabe des Pizza Hut, liegt qualitativ jedoch höher. Es liegt strategisch günstig an einer Kreuzung in der Zona Colonial. Die Pizza wird wahlweise in Schnitten (125 RD$) verkauft oder als Ganzes (265 RD$) angeboten. Nicht ganz so perfekt zubereitet sind Calzones und Pastagerichte. Zum Nachtisch kann man in der angeschlossenen Eisdiele ein Eis bestellen.

★ **Pat'e Palo** SPANISCH, MEDITERRAN **$$$**
(Karte S. 50; ☎809-687-8089; Calle la Atarazana 25; Hauptgerichte 650–1200 RD$; ⊙12–24 Uhr) Das angesagteste und älteste Lokal der Fressmeile an der Plaza España ist etwas für Leute, die Alternativen zur immer gleichen faden Pasta mit Hühnchen suchen. Auf der großformatigen Speisekarte mit ebenso großer Auswahl stehen kreative Gerichte wie Foie Gras mit Dunkelbiermarmelade, Risotto in Tintenfischtinte und Garnelen-*brunoise* mit Hummerschwanz und gebratenem Rucola. Die Hummer-Ravioli (630 RD$) – sie zählen zu den weniger teuren Gerichten auf der Speisekarte – sind hervorragend. Die Crème brûlée ist die Spezialität des Hauses. Und die umfangreiche Wein- und Zigarrenkarte begeistert Gäste, die hier gern noch ein oder zwei Stunden länger bei Kerzenlicht verbringen möchten.

Das Lokal ist sehr beliebt, der Service der professionellen Kellner vielleicht etwas zu sehr aus der Retorte. Etwas gewöhnungsbedürftig sind auch die Piratenkopftücher. Die Speisekarte ist auf Englisch und Französisch erhältlich.

La Bricola ITALIENISCH **$$$**
(Karte S. 50; ☎809-688-5055; Arzobispo Meriño 152; Hauptgerichte 850 RD$; ⊙Mo–Sa 12–15 & 18–24 Uhr) Vom Patio im Kerzenschein bis hin zu den sanften Klängen des Klaviers verströmt das La Bricola viel Romantik – genau das richtige Ambiente also, um während des Essens der Freundin einen Heiratsantrag zu machen ... Das Restaurant befindet sich in einem restaurierten Palast aus der Kolonialzeit, das Ambiente ist wunderschön. Serviert werden internationale und italienisch inspirierte Gerichte, darunter einige frische Fischspezialitäten. Trotz des vornehmen, märchenhaften Ambientes hat der Service etwas Herzliches und ist absolut nicht förmlich.

La Taberna Vasca MEDITERRAN **$$$**
(Karte S. 50; ☎809-221-0079; Ecke Calle Hostos & Las Mercedes; Hauptgerichte 650 RD$; ⊙Di–Sa 12–3 & 19–24, Mo bis 19 Uhr) Das Restaurant befindet sich in einem wunderschön restaurierten, 500 Jahre alten Gebäude. Der persönliche Speisesaal des Bistros und der üppige Patio verströmen viel romantisches Flair. Aus der Küche kommen lecker zubereitete Meeresfrüchte- und Fleischgerichte, die sich von der französischen und baskischen Küche beeinflusst zeigen. Besonders empfehlenswert sind das Enten-Confit und die Paella.

Gazcue & Malecón

Der Gemischtwarenladen **La Cadena** (Karte S. 60; Ecke Calle Cervantes & Casimiro de Moya; ⊙7Mo–Sa 7.30–22, So 9–14.30 Uhr) führt Obst und Gemüse, Fleisch und alles, was man sonst noch so braucht.

★ **Adrian Tropical** DOMINIKANISCH **$**
(Karte S. 60; Av George Washington; Hauptgerichte 200 RD$; ⊙Mo–Fr 8–23, Sa & So 24 Std.; 👪) Die beliebte, familienfreundliche Restaurant-

kette liegt spektakulär direkt am Karibischen Meer. Die Kellner, die über zwei Etagen und einen Essbereich im Freien flitzen, servieren den Gästen dominikanische Spezialitäten wie Yucca oder Kochbananen-*mofongo,* aber auch alle gängigen Fleischgerichte. Eine Alternative ist das preiswerte Büfett (200 RD$). Ein Hit sind die Fruchtdrinks! In der Stadt gibt's noch drei weitere Filialen.

Ananda VEGETARISCH **$**

(Karte S. 60; ☎809-682-7153; Casimiro de Moya 7; Hauptgerichte 70 RD$; ⏱Mo–Fr 11–21, Sa & So bis 16 Uhr; ✎) Vegetarier werden das nette Restaurant im Stil einer Cafeteria mit angeschlossenem Yogazentrum (Hatha-Yoga-Unterricht Mo, Mi & Do 18–19 Uhr) sicher gern ausprobieren wollen. Es wird von der „International Society of Divine Realization" betrieben. Serviert werden allerdings mehr dominikanische Gerichte (wie brauner Reis mit dicken Bohnen) als indische Speisen.

Hermanos Villar DOMINIKANISCH **$**

(Karte S. 60; ☎809-682-1433; Ecke Av Independencia & Pasteur; Hauptgerichte 175 RD$; ⏱7–23 Uhr) Das Hermanos Villar nimmt fast einen ganzen Block in der Stadt ein und besteht aus einem lebhaften Imbiss im dominikanischen Stil, in dem Cafeteria-Essen und heiße Gourmetsandwiches vom Grill serviert werden, und einem großen Gartenrestaurant mit etwas gehobenerer Speisekarte. Mittags, wenn Hochbetrieb herrscht, ist es oft gar nicht so einfach, drinnen einen freien Tisch zu finden, aber man kann sich ja auch notfalls einfach etwas mitnehmen.

★Il Cappuccino ITALIENISCH **$$**

(Karte S. 60; ☎809-682-8006; Máximo Gómez 60; Hauptgerichte 400 RD$; ⏱8–23.30 Uhr; 📶) Diese Oase an Schick und Komfort (in einer eher ruppigen Gegend) verlässt so mancher mit Neidgefühlen gegenüber den Stammgästen, die hier wie Familienmitglieder begrüßt werden. Das Il Cappuccino ist eines von diesen Lokalen, in denen der italienische Besitzer herumwirbelt, den Gästen auf die Schulter klopft und immer einen Scherz auf den Lippen hat. Zur Auswahl stehen drei Dutzend verschiedene Pizzas und Pastagerichte vom Feinsten, dazu einige Fisch- und Fleischgerichte. Im hellen, einladenden Café locken lecker aussehendes Gebäck, Kuchen, Eis und Wein. Der größere Speiseraum ist eine Traumlandschaft mit fantasievollen Pappmaché-Bäumen, Kerzen und Lüstern.

El Conuco DOMINIKANISCH **$$**

(Karte S. 60; ☎809-686-0129; Casimiro de Moya 152; Hauptgerichte 350 RD$; ⏱11.30–24 Uhr) Das Restaurant gibt sich unverhohlen touristisch und ist so klischeehaft dominikanisch, wie das Hard Rock Café echt amerikanisch ist. Dennoch kommen Dominikaner wie auch Touristengruppen gern dorthin, um sich in einem Speisesaal mit viel traditioneller Dekoration die ebenso traditionell zubereiteten Gerichte schmecken zu lassen. Dazu werden traditionelle Volkstänze aufgeführt – ein echtes Highlight übrigens.

Manolo DOMINIKANISCH **$$**

(Karte S. 60; Av Independencia; Hauptgerichte 200–600 RD$; ⏱24 Std.) Das Restaurant – es gehört zum Hotel Riazor nebenan – hat Tische in einem Speiseraum und auf einer erhöht liegenden Terrasse aufgestellt. Hier können die Gäste gemütlich essen oder auch einfach nur einen Drink zu sich nehmen. Die Speisekarte bietet das ganze Spektrum an kulinarischen Genüssen – von einfachen Sandwiches bis hin zu kunstvoll zubereitetem Hummer und Steaks.

Vesuvio Malecón ITALIENISCH **$$$**

(Karte S. 60; ☎809-221-1954; Av George Washington 521; Hauptgerichte 700 RD$; ⏱So–Do 10–24, Fr & Sa 11–1 Uhr) Das Restaurant ist eine Institution am Malecón und liegt nur ein paar Blocks vom Hilton entfernt. Es existiert schon seit 1954 und zählt mit seiner eleganten, aber dennoch nicht hochgestochenen Art zu den besseren Restaurants der Stadt. Die Gäste bekommen hier neben Fleischgerichten exquisite Meeresfrüchte im neapolitanischen Stil serviert. Hummer und Schalentiere finden sich beispielsweise auf dem schon optisch fantastischen Vorspeisenteller.

Maniqui Restaurant & Lounge INTERNATIONAL **$$$**

(Karte S. 60; ☎809-689-3030; Av Pedro Henríquez Ureña, Plaza de la Cultura; Hauptgerichte 700 RD$; ⏱Mo–Do & So 12–24, Fr & Sa 12–2 Uhr; 🅿) Das Restaurant liegt mitten auf der Plaza de la Cultura. Im Stil eines Boudoirs in einem Burlesque-Club (mit üppiger und etwas befremdlicher Deko) eingerichtet, lässt es sich ganz offensichtlich gern von der Modelszene inspirieren. Pizza und Pastagerichte werden auf der Speisekarte unter „Alptraum eines Models" aufgeführt. Es gibt jedoch auch andere Gerichte wie Carpaccio vom Rind, Crêpes und Kroketten. Am Freitagabend wird Livemusik gespielt, an anderen Abenden finden Karaoke und Impro-Comedys statt.

Stadtzentrum

Westlich von Gazcue erstreckt sich zwischen der Avenida Tiradentes und der Avenida Winston Churchill ein recht nobles Viertel mit Geschäften, Restaurants, Wohngebäuden und Shoppingmalls, in denen sich wiederum weitere Restaurants und Foodcourts befinden.

Die **Plaza Lama La Supertienda** (Karte S. 54; Ecke Av Jímenez Moya & 27 de Febrero) und der **Supermercado Nacional** (Karte S. 54; Ecke Av Abraham Lincoln & 27 de Febrero; ⏲ Mo–Sa 9–21, So 10–20 Uhr) machen ihrem Namen alle Ehre, wobei der Supermercado ein Mega-Laden ist, der gleich mehrere Blocks einnimmt. Er liegt an einer der geschäftigsten Kreuzungen der ganzen Stadt und unterhält eine Zweigstelle in Gazcue.

Inpanata SÜDAMERIKANISCH **$**
(Karte S. 54; Calle Roberto Pastoriza; Hauptgerichte 100 RD$; ⏲ Mo–Fr 11–23, Sa ab 8 Uhr; WLAN) Das Minilokal hat eine ansprechende Speisekarte, auf der Empanadas und ihre Pendants aus der ganzen Welt stehen: Frühlingsrollen sind unter China gelistet, Würstchen unter Deutschland. Die kolumbianischen *arepas* sind besonders lecker. Das Lokal liegt in einer kleinen Shoppingplaza nur ein paar Blocks vom Metro-Busbahnhof entfernt.

Kogi Grill KOREANISCH **$$**
(Karte S. 60; ☎ 809-227-5577; Av 27 de Febrero 195; Hauptgerichte 385 RD$; ⏲ Mo–Do 12–16 & 18–22, Fr & Sa bis 23 Uhr) Das moderne Design mit bunten Spiegelkacheln und die lockere Atmosphäre passen gut zur witzigen Speisekarte. Gruppen können am Tisch miteinander grillen, aber ganz egal, wie viele Gäste zur Tischrunde gehören: Es werden zu jeder Mahlzeit ein halbes Dutzend köstliche *banchan* (koreanische Beilagen) gebracht. Das Restaurant an einer viel befahrenen Straße (Ecke Ortega y Gasset) lässt sich zu Fuß nicht so einfach erreichen.

Mitre Restaurant & Weinbar FUSIONSKÜCHE **$$$**
(Karte S. 54; ☎ 809-472-1787; Ecke Gustavo A Mejía Ricart 1001 & Av Abraham Lincoln 1005; Hauptgerichte 850 RD$; ⏲ 12–1 Uhr) Das schicke Restaurant in einem unauffälligen Gebäude in einem noblen Geschäfts- und Wohnviertel serviert kreative Fusionsgerichte aus der asiatischen, italienischen und dominikanischen Küche. Das Ergebnis erfreut gleichermaßen Auge und Magen. im Patio und in der Wein- und Zigarrenbar im ersten Stock geht es legerer zu als im Speiseraum mit seinen weiß eingedeckten Tischen.

El Mesón de la Cava DOMINIKANISCH **$$$**
(Karte S. 54; ☎ 809-533-2818; www.elmesondelacava.com; Av Mirador del Sur; Hauptgerichte 850 RD$; ⏲ 12–1 Uhr) Hier würde sich Batman mit seiner Freundin verabreden – die zerklüftete Kalksteinhöhle mit Stalaktiten beherbergt ein romantisches Restaurant, das seinesgleichen sucht. Formell gekleidete Ober und leise Merengue- und Salsamusik im Hintergrund tragen das ihre zum pefekten Ambiente bei. Etwas enttäuschend ist das Essen – überwiegend Fleisch und Fisch vom Grill –, das vergleichsweise durchschnittlich daherkommt. An einigen Abenden wird auf der begrünten Terrasse Livemusik gespielt.

Samurai JAPANISCH **$$$**
(Karte S. 54; ☎ 809-565-1621; Calle Seminario 57; Hauptgerichte 850 RD$; ⏲ Di–Do 12–16 & 18.30–24, Fr–So 12–24 Uhr) Das Samurai zählt zu den besten japanischen Restaurants der Stadt. An den Tischen im *yakinuku-Stil* können die Gäste ihr Fleisch und die Meeresfrüchte selbst grillen. Außerdem gibt es eine große Sushi-Bar und einen großen Speisesaal.

Mijas Restaurante SPANISCH **$$$**
(Karte S. 54; ☎ 809-567-5040; Max Henríquez Ureña 47; Hauptgerichte 900 RD$; ⏲ 12–2 Uhr) Das edle, trendige Restaurant serviert mit die besten Tapas der ganzen Stadt. Am Samstagabend wird Livemusik gespielt.

Ausgehen & Nachtleben

Das Nachtleben von Santo Domingo zählt zu den aufregendsten im ganzen Land – die Bandbreite reicht von noblen Hotel-Nachtclubs und Kasinos bis hin zu kleinen Bars und Tanzlokalen, von denen die meisten praktischerweise in der Zona Colonial liegen. Die Restaurants und Cafés an der Plaza España und am östlichen Ende der Calle El Conde sind nachts ebenfalls sehr angesagt. Viele der Restaurants bieten sich ebenfalls an, um bei ein paar Drinks einen gemütlichen Abend zu verbringen. Ansonsten finden sich viele der schöneren Bars in Ladenzeilen in der ganzen Stadt, und natürlich kann man in einem *colmado*, einer Mischung aus Eckladen und Kneipe, auch immer ein paar Presidente-Cocktails schlürfen. Der große, helle *colmado* an der Ecke Sanchez/Arzobispo Nouel in der Zona Colonial lohnt auf jeden Fall einen Besuch.

Irgendwie witzig ist das ja schon: Die Nachtclubs der Hotels, und zwar vor allem die der Hotels am Malecón, stehen bei den jungen, reichen, umtriebigen Domingos ganz hoch im Kurs. Merengue und Bachata sind allgegenwärtig, aber auch House, Techno, Reggaeton und Rock aus den USA und Lateinamerika sind beliebt. Einige Clubs sind auf Schwule und Lesben ausgerichtet oder zumindest offen für ein gemischtes Publikum. Auf der Website www.monaga.net sind die brandaktuellen Locations zusammengestellt. Auch Zeitungen sind eine gute Quelle, um sich über Konzerte und Shows zu informieren. Radiosender machen Werbung für die großen Events – man muss allerdings ganz gut Spanisch können.

Nur rund zehn Minuten mit dem Auto von der Zona Colonial entfernt verläuft am Ostufer des Río Ozama die Avenida Venezuela. Hier ballen sich über ein halbes Dutzend Bars und Clubs auf einer Länge von gerade einmal drei Blocks. Es empfiehlt sich, dorthin ein Taxi zu nehmen. Einige Events locken die Superreichen und Superhippen der Stadt an, aber egal, wohin man ausgeht, eines steht jedenfalls fest: Das Publikum ist stets sehr schick gekleidet und aufgebrezelt. Und das bedeutet: Im T-Shirt, mit Turnschuhen oder Sandalen braucht man da nicht aufzukreuzen. Der Eintritt liegt bei 250 RD$, wenn ein DJ auflegt (was meist der Fall ist). Spielt eine Band, werden sogar 350 RD$ verlangt.

Zona Colonial

★ El Conde Restaurant — CAFÉ

(Karte S. 50; Hotel Conde de Peñalba, Ecke Calle El Conde & Arzobispo Meriño; ⏲8–24 Uhr) Das Café ist ganz klar die beste Location, um sich am Nachmittag einen Drink zu genehmigen. Das El Conde ist gleichermaßen Restaurant und Café. Der eigentliche Reiz des Lokals besteht aber in der tollen Lage in einer der umtriebigsten Ecken der Zona Colonial. Die Speisekarte ist zwar abwechslungsreich, das Essen jedoch überteuert (Pasta 350 RD$). Eine gute Erfrischung ist der *Morir soñando* (108 RD$), ein Cocktail aus Orangensaft, Milch und zerstoßenem Eis.

Segazona Cafe — CAFÉ, BAR

(Karte S. 50; ☎809-685-9569; Calle El Conde 54; ⏲Mo–Do 9–1, Fr & Sa 9–3 Uhr) Das Segazona zu beiden Seiten einer Kopfsteinpflastergasse ist tagsüber ein Café nach italienischem Vorbild und mutiert am Wochenende abends zu einem Club wie auf Ibiza. Zur Musik der DJs schwingt das Publikum dann eifrig das Tanzbein, um sich anschließend auf den Sonnenliegen im Patio hinter dem Haus (in der Größe eines Flugzeughangars) von der Anstrengung zu erholen. Crêpes, Panini und andere Leckerbissen werden sowohl drinnen als auch draußen serviert.

Double's Bar — BAR

(Karte S. 50; Arzobispo Meriño; ⏲18 Uhr bis spät abends) Gut aussehende Zwanzigjährige tanzen hier am Wochenende abends zu lauter Popmusik und Latino-Rhythmen ab. Weniger Tanzwütige können auch einfach nur auf den Sofas herumhängen oder sich an die klassische, lange Bar aus Holz setzen.

Canario Patio Lounge — BAR, NACHTCLUB

(Karte S. 50; Calle la Atarazana 1; ⏲Di–So 19–3 Uhr) Das Lokal in Besitz eines dominikanischen Salsa-Stars beeindruckt mit Wänden, die über und über mit Graffiti bedeckt sind – und ist eher etwas für ein älteres Publikum. Wenn die Salsa- und Merenguemusik zu laut wird, kann man sich auf den wunderschönen Patio verziehen. Unter der Woche geht es hier abends sehr ruhig zu.

El Sarten — NACHTCLUB, BAR

(Karte S. 50; Calle Hostos 153; ⏲19 Uhr bis spätnachts) Ein Nachtclub der alten Schule! Eine interessante Mischung von *capitaleños* feiert hier bei *son* (afro-kubanischer Trommel- und Gitarrenmusik), Bachata und Merengue.

Onno's Bar — BAR

(Karte S. 50; Hostos zw. Calle El Conde & Arzobispo Nouel; ⏲So–Do 17–1, Fr & Sa 17–3 Uhr) In dem hippen Hotspot gleich bei der Calle El Conde geht immer die Post ab: Hier gibt es gleich mehrere Flachbildfernseher, Laser, eine beleuchtete Bar, DJs und eine Nebelmaschine …

Parada 77 — BAR

(Karte S. 50; Isabel la Católica 255; ⏲So–Do 20–1, Fr & Sa bis 3 Uhr) Dresscode gibt es zum Glück keinen in dieser legeren, irgendwie angegammelten Bar mit Wänden voller Graffiti und Live-Merengue am Wochenende.

Faces — NACHTCLUB, BAR

(Karte S. 50; Calle la Atarazana 9; ⏲Mi–So 20 Uhr bis spätabends) Die Bar mit Tanzclub erstreckt sich über zwei Etagen und liegt gleich bei der Plaza España. Hier ist vor 22 Uhr gar nichts los. Die grimmig dreinblickenden Türsteher sind kritisch, das Outfit, vor allem das Schuhwerk, sollten beeindrucken, sonst wird man womöglich abgewiesen.

Cacibajagua BAR
(Karte S. 50; Sánchez 201; ⏲So–Do 20–1, Fr & Sa bis 3 Uhr) Die Bar ist auch unter dem Namen „La Cueva" (die Höhle) bekannt. Das kleine, schummrige Lokal hat ein Faible für gute alte Rockmusik von Pink Floyd und Led Zeppelin.

Esedeku SCHWULENBAR
(Karte S. 50; ☎809-869-6322; Las Mercedes 341; ⏲Mi–So 21 Uhr bis spätabends) Das Esedeku, nur einen Block von der Calle El Conde entfernt, ist eine intime Bar mit einer gigantischen Auswahl an Cocktails.

Gazcue & Malecón

Jubilee NACHTCLUB
(Karte S. 60; ☎809-221-2222; Renaissance Jaragua Hotel, Av George Washington 367; ⏲Di–Sa 21–4 Uhr) Der Nachtclub im Jaragua Hotel gilt schon seit ewigen Zeiten als Hotspot und lockt bis heute die gut aussehenden, betuchten und schick gekleideten Massen an, die sich hier bei live gespielter Merenguemusik amüsieren. Meist geht erst ab Mitternacht so richtig die Post ab. Achtung: Die Drinks sind ziemlich teuer!

Mint NACHTCLUB
(Karte S. 60; ☎809-687-1131; www.napolitanohotel.com; Av George Washington 51; Eintritt RD$150; ⏲22 Uhr bis frühmorgens, Mo geschlossen) Dieser Nachtclub ist die kleinere und weniger glamouröse Version des Jubilee; er befindet sich in einem recht verkommenen Hotel. Da er aber so nah an der Zona Colonial liegt und die Preise für die Drinks sich zudem im Rahmen halten, wird es hier am Wochenende immer brechend voll.

Discoteca Amazonia LESBENBAR
(Karte S. 60; ☎809-412-7629; Dr Delgado 71; ⏲Do–So 20 Uhr bis spätabends) In der ältesten Bar der Stadt treffen sich überwiegend Lesben; sie liegt im Viertel Gazcue.

Stadtzentrum

Jet Set NACHTCLUB
(Karte S. 54; ☎809-535-4145; Av Independencia 2253; Eintritt 7 US$; ⏲21 Uhr bis spätabends) Ein hippes, gut aussehendes Völkchen strömt allabendlich in diese Disko im siebten Stock. Neben der tollen Aussicht auf die Stadt wird hier an fast allen Abenden der Woche Livemusik – Salsa und Merengue – gespielt, die Montage sind der Bachata vorbehalten. Happyhour ist von 17 bis 21 Uhr.

Praia NACHTCLUB
(Karte S. 54; ☎809-732-0230; Gustavo A Mejia Ricart 74, Naco; ⏲22–2 Uhr) Zu der hypermodernen Bar mit Club gehören ein VIP-Bereich oben und ein transparenter Weinkeller – es ist also so eine Mischung aus Soho mit einem Schuss Miami Beach. Die Drinks sind teuer, was die betuchten Dominikaner nicht weiter stört. Musikalisch wird die ganze Palette von Electronica bis Reggaeton gespielt.

Monte Cristo NACHTCLUB, BAR
(Karte S. 54; ☎809-542-5000; Av Jose Amado Soler; ⏲18–5 Uhr) Der schicke Club ist gleichzeitig eine Zigarren-Lounge, wobei es auch guten Wein und Cocktails gibt. Auf der Tanzfläche wird mittwochs zu Live-Salsa- und Merenguemusik getanzt. Am Wochenende dudelt eine bunte Mischung aus Salsa, Merengue, Reggaeton und lateinamerikanischer Rockmusik aus den Lautsprechern.

Club Murcielago NACHTCLUB
(☎809-533-1051; www.guacarataina.net; Av Mirador del Sur 655; Eintritt 300 RD$; ⏲Di–So 21 Uhr bis frühmorgens) Früher hieß das Lokal Guácara Taína und war ein fast schon legendärer Nachtclub. Heute wird es gleichermaßen von ausländischen Touristen wie auch Dominikanern besucht und ist nach wie vor eine interessante Partylocation. Der Club mit dem passenden Namen „Fledermaus" befindet sich in einer riesigen unterirdischen Höhle im Parque Mirador del Sur. Hier wird die ganze Palette an Livemusik gespielt – von Rave über Merengue bis zu Hip-Hop.

Haagen-Dazs CAFÉ
(Karte S. 54; ☎809-566-4950; Av Abraham Lincoln; ⏲11–23 Uhr; 📶👪) Das moderne, schicke und klimatisierte Café ist eine Oase für Familien und Leute, die wahnwitzig genug sind, auf dem brütend heißen Asphalt hinzuspazieren. Hier bekommt man Shakes (175 RD$), Eis-Sodas (135 RD$), Eiskaffees (100 RD$) und natürlich ganz traditionelles Eis.

☆ Unterhaltung

Baseball

★ Estadio Quisqueya SPORT
(Karte S. 54; ☎809-540-5772; www.estadioquisqueya.com.do; Ecke Av Tiradentes & San Cristóbal; Eintrittskarten 250–1000 RD$; ⏲Spiele So 17, Di,

Mi, Fr & Sa 20 Uhr) Eine der besten Möglichkeiten, ein Baseballspiel in der Dominikanischen Republik zu erleben, bietet das Heimatstadion der zwei Profi-Mannschaften **Licey** (www.licey.com) und **Escogido** (www.escogido). Für die meisten Spiele gibt es auch kurz vor dem ersten Inning noch Eintrittskarten; die Spiele zwischen den beiden Rivalen Licey und Aguilas (aus Santiago) sind immer am schnellsten ausverkauft. Es empfiehlt sich, am Kartenschalter um die besten Plätze zu bitten, sie kosten um die 1000 RD$: Man sitzt dann nur ein paar Meter von den Spielern und den Tänzerinnen entfernt, die zwischen den Innings auftreten. Insgesamt gibt es übrigens sechs Profi-Mannschaften im Land.

Auf der Straße zum Stadion und am Eingang versammeln sich immer Schwarzhändler. Ein Taxi vom Stadion zurück in die Zona Colonial kostet etwa 170 RD$. Das Stadion wird auch für kulturelle Events, darunter auch Topkonzerte, genutzt.

Kinos

In der Zona Colonial gibt es keine Kinos. Das Centro Cultural Español zeigt gelegentlich alternative Filme, die meisten von Regisseuren aus Spanien und der Dominikanischen Republik. Der Saal ist eigentlich eine Galerie mit einer großen weißen Wand, auf die dann die DVDs projiziert werden. Das aktuelle Programm kann man sich mitnehmen.

Der **Palacio del Cine** (Karte S. 54; Blue Mall, Av Winston Churchill) und die **Caribbean Cinemas** (Karte S. 54; Acropolis Mall, Av Winston Churchill) zeigen Hollywoodfilme sowie dominikanische und andere Streifen. Sämtliche Malls, die unter dem Stichwort „Shoppen" aufgeführt sind, sowie eine Handvoll weiterer Einkaufszentren haben ein Kinocenter mit mehreren Sälen. Die Karten kosten durchschnittlich 175/250 RD$ pro Kind/Erw. Was aktuell auf dem Programm steht, lässt sich auf der Website www.cine.com.do nachlesen.

Kulturzentren

Casa de Italia KULTURZENTRUM
(Karte S. 50; ☎809-688-1497; Ecke Calle Hostos & General Luperón; ⏱Mo–Do 9.30–21, Sa 9.30–18 Uhr) GRATIS In der Galerie im ersten Stock finden Kunstausstellungen statt; gleichzeitig ist die Casa auch ein Sprachinstitut, das Italienischunterricht anbietet.

Casa de Teatro KULTURZENTRUM
(Karte S. 50; ☎809-689-3430; www.casadeteatro.com; Arzobispo Meriño 110; Eintritt unterschiedl.; ⏱Mo–Sa 9–18 & 20–3 Uhr) Dieser sagenhafte Kunstkomplex in einem restaurierten Kolonialgebäude beherbergt u. a. eine Galerie, die Wechselausstellungen mit Werken von Künstlern aus dem Land zeigt. Weiterhin gibt es eine Bar im Freien, einen Vorführraum und eine Bühne, auf der regelmäßig Tanz- und Theaterproduktionen gezeigt werden.

Centro Cultural Español KULTURZENTRUM
(Karte S. 50; ☎809-686-8212; www.ccesd.org; Ecke Arzobispo Meriño & Arzobispo Portes; ⏱Di–So 10–21 Uhr) Das Kulturzentrum unter der Regie der spanischen Botschaft veranstaltet regelmäßig Ausstellungen, Filmfestivals und Konzerte – alle Veranstaltungen mit spanischem Touch. Dazu kommt eine Leihbücherei mit rund 15 000 Titeln.

Theater

El Teatro Nacional Eduardo Brito THEATER
(Nationaltheater; Karte S. 60; ☎809-687-3191; Plaza de la Cultura; Karten 150–500 RD$) Das Haus zeigt Opern- und Ballettaufführungen sowie Konzerte – von Klassik bis zu Popstars aus ganz Lateinamerika. Die Eintrittskarten für die Vorstellungen im prachtvoll ausgeschmückten Theater (1700 Plätze) können im Voraus am Kartenschalter gekauft werden (tgl. 9.30–12.30 & 15.30–18.30 Uhr). Eine genaue Programmübersicht mit Anfangszeiten kann man telefonisch erfragen oder in der Wochenendausgabe der örtlichen Zeitungen nachlesen.

Kasinos

Nach Baseball, Hahnenkämpfen und Lotterie ist das Glücksspiel eine der beliebtesten Freizeitbeschäftigungen der Dominikaner. Die Kasinos öffnen in der Regel um 16 Uhr und schließen um 4 Uhr früh. Sein Geld kann man wahlweise in Dominikanischen Pesos oder Dollars verwetten. Die Regeln entsprechen etwa denen in Las Vegas, einige Besonderheiten gibt es aber dann doch.

Alle großen Hotels am Malecón haben ein Kasino, ebenso das Barcelo Santo Domingo (S. 66), das Hotel Santo Domingo und das **Hispaniola Hotel** (Karte S. 54; ☎809-221-7111; Ecke Av Independencia & Abraham Lincoln). Die Croupiers sprechen alle Englisch.

Shoppen

In keinem anderen Ort des Landes gestaltet sich das Shoppen so vielseitig wie in Santo Domingo. Hier findet man alles – von Touristenkitsch bis hin zu erlesenen Sammlerstücken. Das einfachste – und beste – Ein-

KUNSTGALERIEN

Wer in Santo Domingo einen Spaziergang unternimmt, sieht am Straßenrand oft Ausstellungen einfacher, farbenfroher Ölgemälde, die Landschaften oder das ländliche Leben zeigen. Diese sogenannte haitianische oder „primitive Kunst" ist allgegenwärtig. Die meisten der auf der Straße verkauften Bilder stammen aus Massenproduktion; es sind minderwertige Werke von Amateuren.

Wirklich einzigartige, interessante Gemälde aus der Dominikanischen Republik lassen sich jedoch in mehreren offiziellen Galerien in Santo Domingo finden, so zum Beispiel in der **Galería de Arte María del Carmen** (Karte S. 50; ☎809-682-7609; Arzobispo Meriño 207; ⏰Mo–Sa 9–19, So 10–13 Uhr), die schon so lange Kunst verkauft, dass sie eine breite Palette an talentierten dominikanischen Künstlern anlockt. Die **Galeria de Arte Candido Bido** (Karte S. 60; Calle Dr Baez 5, Gazcue; ⏰Mo–Fr 9.30–12.30 & 15–18.30, Sa bis 12.30 Uhr) präsentiert die unglaublich farbenfrohen Werke von Candido Bido (1936–2011). Sie spiegeln das Faible des renommierten Künstlers für die Landbevölkerung und seine Heimatregion Cibao wieder. Jeder Quadratzentimeter der kleinen **De Soto Galería** (Karte S. 50; ☎809-689-6109; Calle Hostos 215; ⏰Mo–Fr 9–17 Uhr) ist vollgestopft mit einer Fülle von Antiquitäten und Gemälden von Künstlern aus der Dominikanischen Republik und aus Haiti.

Außerhalb der Zona Colonial finden sich noch Dutzende weitere Galerien, die Kunst aus der Dominikanischen Republik und Haiti präsentieren. Die **Galería de Arte El Greco** (Karte S. 54; ☎809-562-5921; Av Tiradentes 16, Naco; ⏰Mo–Fr 8–12 & 14–18 Uhr) und die **Galería de Arte El Pincel** (Karte S. 54; ☎809-544-4295; Gustavo Mejía Ricart 24, Naco; ⏰Mo–Fr 8–12 & 14–18 Uhr) gelten als besonders gute Adressen.

kaufsviertel ist die Zona Colonial. Dort folgt ein Geschäft mit regionalen Produkten auf das andere, zu akzeptablen Preisen.

Große Einkaufszentren wie in den USA liegen über die ganze Stadt verteilt, und zwar vor allem in den an die Innenstadt angrenzenden Vierteln Paraíso, Piantini, Naco und Miraflores. Zu diesen Malls zählen Novocentro, Blue Mall, Acrópolis, Plaza Naco, Diamond Mall sowie Agora und Sambil (die beiden neuesten und wohl auch schönsten).

Wer plant, ein Stück Bernstein oder Larimar zu erstehen, sollte sich ein bisschen umschauen, denn die Steine werden in Santo Domingo überall angeboten. Sie werden gern zu Schmuck verarbeitet, sind aber gelegentlich auch als Figurinen, Rosenkränze oder andere Kleinobjekte erhältlich. Qualität und Preis schwanken stark, Kopien sind an der Tagesordnung. In der Zona Colonial sind die empfehlenswertesten Geschäfte das Museo Mundo del Amber (S. 49) und das Larimar Museum (S. 49).

Zigarren aus der Dominikanischen Republik werden von *aficionados* überall auf der Welt geschätzt, und zwar so sehr, dass das Land mittlerweile zu einem der führenden Zigarrenexporteure avanciert ist. Wer sich gern einmal eine anstecken möchte, sollte in einem der zahlreichen Zigarrenläden in Santo Domingo vorbeischauen – einfach die Calle El Conde hinunterbummeln, da wird man schnell fündig. Der Preis pro Zigarre liegt bei 2 bis 6 US$, eine Kiste kann bis zu 110 US$ kosten.

Felipe & Co KUNSTHANDWERK

(Karte S. 50; ☎809-689-5812; Calle El Conde 105; ⏰Mo–Sa 9–20, So 10–18 Uhr) Das Geschäft am Parque Colón zählt zu den besten in der Zona Colonial. Hier findet man qualitativ hochwertiges, schönes Kunsthandwerk wie Keramik, Schmuck und Handtaschen. Auch die Auswahl an Gemälden kann sich sehen lassen.

Hombres de las Americas KLEIDUNG

(Karte S. 50; ☎809-686-2479; hombresdelasamericas@gmail.com; Arzobispo Meriño 255; ⏰Mo–Sa 10–18 Uhr) Die Nobelboutique verkauft Panama-Hüte und Guayabera (auch *chacabana* genannt): Die traditionellen weißen Hemden werden zu offiziellen Anlässen getragen. Der Preis der Hüte beginnt bei 2300 RD$.

Choco Museo SCHOKOLADE

(Karte S. 50; ☎809-221-8222; www.chocomuseo.com; Calle Arzobispo Meriño 254; ⏰10–19 Uhr) Das Choco Museo ist eher ein Laden als ein Museum, verfügt aber über Schilder auf Spanisch und Englisch, die die Geschichte der Schokolade und ihren Herstellungsprozess in der Dominikanischen Republik erklären.

Angeschlossen sind ein kleines Café und ein Geschäft, außerdem ein Atelier, in dem die Besucher ihre eigene Tafel Schokolade kreieren können (pro Tafel Bio- und Fair-Trade-Schokolade 6 US$).

La Leyenda del Cigarro ZIGARREN
(Karte S. 50; ☎809-682-9932; Calle El Conde 161; ⊙Mo–Sa 9–19 & So 10–18 Uhr) Hier erhält man eine gute Auswahl an Premiumzigarren. Das hilfsbereite Personal beantwortet selbst die naivsten Fragen der Zigarren-Unkundigen mit einem Lächeln. Eine Filiale befindet sich an der Ecke der Calle Hostos/Mercedes.

El Catador WEIN
(Karte S. 54; ☎809-540-1644; www.elcatador.com; Ecke Av Lope de Vega & Enrique Urena; ⊙Mo–Fr 10–23, Sa 10–19 Uhr) Wer sich im Viertel Piantini aufhält, sollte sich hier mit hochwertigem Wein aus aller Welt eindecken. Neben Wein findet man hier auch Whiskey, Gin, Champagner und vieles mehr. Das elegante Geschäft mit Ziegelwänden hat ein Hinterzimmer mit gemütlichen Sofas, in dem regelmäßig Verkostungen stattfinden.

Mercado Modelo MARKT
(Karte S. 50; Av Mella; ⊙Mo–Sa 9–17, So 9–12 Uhr) Auf diesem überfüllten Markt muss man feilschen, was das Zeug hält. Hier gibt es alles – vom Liebestrank bis zu Holzschnitzereien, Schmuck und die üblichen Gemälde im „haitianischen" Stil. Je mehr jemand wie ein Tourist aussieht, desto höher klettern die Preise. Der Markt befindet sich in einem schon älteren zweistöckigen Gebäude gleich nördlich der Zona Colonial, in einem Viertel mit recht vergammelten Geschäften und Souvenirläden.

Librería Cuesta BUCHLADEN
(Karte S. 54; ☎809-473-4020; www.cuestalibros.com; Ecke Av 27 de Febrero & Abraham Lincoln; ⊙Mo–Sa 9–21, So 10–20 Uhr; 📶) Die moderne, zweigeschossige dominikanische Version der deutschen Buchhandelsketten Hugendubel oder Thalia ist mit Sicherheit das schönste und größte Buchgeschäft der Stadt. In der oberen Etage befindet sich ein Café mit WLAN. Der Buchladen gehört zum Supermercado Nacional.

La Enoteca WEIN
(Karte S. 50; Ecke Calle Padre Billini & Arzobispo Meriño; ⊙12–2 Uhr) Die Enoteca ist die einzige noble Weinhandlung in der Zona Colonial. Dienstags (18–20 Uhr) finden hier immer kostenlose Weinproben statt. Die edlen Tropfen kosten pro Flasche 425 bis 17 000 RD$. Eine Flache Siglo de Oro, der teuerste Rum, kommt auf stolze 2900 RD$.

Thesaurus Musica Libros Cafe BUCHLADEN
(Karte S. 54; Ecke Sarasota & Abraham Lincoln; ⊙Mo–Sa 9–21, So 10–15 Uhr) Der Buchladen macht der Librería Cuesta in Sachen schönster Buchladen ernsthafte Konkurrenz; in der oberen Etage befindet sich ein Café.

Boutique del Fumador ZIGARREN
(Karte S. 50; ☎809-685-6425; Calle El Conde 109; ⊙Mo–Sa 9–19, So 10–15.30 Uhr) Die kleine Boutique verkauft Cohibas (eine Kiste handgerollte Zigarren kostet 430 RD$), aber auch andere Zigarrenmarken. Außerdem sind hier einheimische Bio-Schokolade (200 RD$), Kaffee (160 RD$) und Rum (140 RD$) erhältlich. Die Mitarbeiter erklären gerne von A bis Z, wie Zigarren hergestellt werden, im Atelier im Obergeschoss kann man zuschauen, wie *tabacos* gerollt werden.

Bettye's Galería KUNSTHANDWERK
(Karte S. 50; Plaza de María de Toledo, Isabel la Católica 163; ⊙Mi–Mo 9–18 Uhr) Wer Spaß an Antiquitäten, Schmuck und kuriosen Andenken und Gemälden hat, sollte in dieser Galerie herumstöbern, die zum gleichnamigen Gästehaus gehört.

Pulga de Antigüedades MARKT
(Karte S. 50; Plaza de María de Toledo, Calle General Luperón; ⊙So 9–16 Uhr) Jeden Sonntag findet auf einer kleinen Plaza einen Block nördlich vom Parque Colón ein Flohmarkt unter freiem Himmel statt. Hier findet man Klamotten, Schuhe, Kunsthandwerk und Antiquitäten.

Librería de Cultura BUCHLADEN
(Calle La Atarazana 2; ⊙Mo–Fr 9–17 Uhr) Interessierte finden hier eine intellektuelle Sammlung an Dichtung, Belletristik und Sachbuch – jedoch alle Titel auf Spanisch.

Librería Pichardo BUCHLADEN
(Karte S. 50; Ecke José Reyes & Calle El Conde; ⊙Mo–Do 8–19, Fr 8–17.30, So 8–13 Uhr) Das Geschäft unterhalb eines Parkhauses ist in eine Art Höhle gequetscht. Die Kunden können hier den Preis für die antiken und alten Bücher selbst verhandeln. Themenbereiche sind vor allem die Kolonialgeschichte, lateinamerikanische Literatur und Dichtung. Ein paar Kuriositäten gibt es außerdem. Alle Bücher sind auf Spanisch gedruckt.

Mapas Gaar LANDKARTEN UND STADTPLÄNE (Karte S. 50; ☎809-688-8004; www.mapasgaar.com.do; 3. Stock, Ecke Calle El Conde & Espaillat; ⏲Mo–Fr 8–17.30, Sa 8–14.30 Uhr) Das Geschäft im dritten Stock eines alten Bürogebäudes bietet die größte und beste Auswahl an Landkarten in der ganzen Republik. Hier findet man Stadtpläne, Regionalkarten sowie eine Karte des gesamten Landes mit Stadtplänen auf der Rückseite (250 RD$).

Praktische Informationen

GEFAHREN & ÄRGERNISSE

Besucher müssen sich in Santo Domingo auf Taschendiebe gefasst machen, und zwar vor allem in Bussen und in Clubs. Aus diesem Grund sollte man auf seine Umgebung stets ein wachsames Auge haben und mit Brieftasche und Geldbörse sorgsam umgehen (oder sie am besten gleich im Hotelsafe lassen). Überfälle finden eher selten statt, und wenn, dann sind meistens Einheimische betroffen. Ganz auszuschließen ist die Gefahr allerdings nicht.

Die Zona Colonial ist generell sehr sicher, hier kann man tagsüber und nachts unbehelligt herumspazieren. Der Malecón gilt ebenfalls als sicher, allerdings sollte man besondere Vorsicht walten lassen, wenn man spätnachts alkoholisiert einen Club oder ein Kasino verlässt. Gazcue gilt als ruhiges Wohnviertel; es gibt hier allerdings wenige Straßenlaternen, die noch dazu weit auseinanderliegen. Wer sich unsicher fühlt, sollte abends ein Taxi rufen.

GELD

Es gibt in der Zona Colonial mehrere große Banken (Banco de Reserves, Banco Popular, Banco Leon, Banco Progreso und Scotiabank) mit Geldautomaten. Im Viertel Gazcue finden sich ebenfalls diverse Banken, weitere liegen über die Stadt verstreut, und zwar vor allem an Hauptverkehrsstraßen wie der Avenida 27 de Febrero und der Avenida Abraham Lincoln. Große Hotels, besonders die am Malecón, verfügen über mindestens einen Geldautomaten.

INFOS IM INTERNET

Colonial Zone (www.dr-colonialzone.com) ist eine detailreiche Website mit Informationen und Kritiken zu allem und jedem (historische Stätten, Hotels, Restaurants, Bars ...) sowie Abhandlungen über die dominikanische Geschichte, Aberglauben und viele weitere Themen.

INTERNETZUGANG & TELEFON

Internetcafés sind generell dünn gesät, WLAN gibt es dafür in fast allen Cafés und Restaurants.

Centro de Internet (☎809-238-5149; Av Independencia 201; ⏲Mo–Sa 8.30–21, So 8.30–15 Uhr) Internet und Telefonzentrum in Gazcue.

Internet & Llamadas (Calle El Conde; 20 RD$/30 Min; ⏲Mo–Sa 9–21, So 10–18 Uhr) Internet und Telefonate in der kleinen Plaza.

MEDIZINISCHE VERSORGUNG

Centro de Obsetetricía y Ginecología (☎809-221-7322; Ecke Av Independencia & José Joaquín Pérez; ⏲24 Std.) Aufgrund der guten Ausstattung für alle Notfälle geeignet.

Clínica Abreu (☎809-687-4922; Ecke Av Independencia & Beller; ⏲24 Std.) Gilt generell als das beste Krankenhaus der Stadt.

Farmacia San Judas (☎809-685-8165; Ecke Av Independencia & Pichardo; ⏲24 Std.) Apotheke mit kostenlosem Zustelldienst.

Farmax (☎809-333-4000; Ecke Av Independencia & Dr Delgado; ⏲24 Std.) Apotheke mit kostenlosem Zustelldienst.

Hospital Padre Billini (☎809-221-8272; Sánchez; ⏲24 Std.) Öffentliches Krankenhaus, das der Zona Colonial am nächsten liegt; die Behandlung ist kostenlos, die Wartezeiten sind allerdings lang.

NOTFALL

Policía Nacional (☎809-682-2000) Oder unter der Nummer 911 ein Anruf bei der Polizei, der Feuerwehr oder dem Roten Kreuz.

Politur (☎809-682-2151; Ecke Calle El Conde & José Reyes; ⏲8–17 Uhr) Die Touristenpolizei bekommt fast jedes Problem in den Griff. Die allgemeine Polizei, den Notarzt und die Feuerwehr erreicht man unter 911.

POST

Die Busunternehmen Caribe und Metro betreiben auch einen Paketzustellservice, der im jeweiligen Busbahnhof stationiert ist. Beide Firmen sind die besten Anbieter für einen Paketversand innerhalb der Dominikanischen Republik.

Federal Express (Karte S. 54; ☎809-565-3636; www.fedex.com; Ecke Av de los Proceres & Camino del Oeste, Arroyo Hondo)

Post (Karte S. 50; Isabel la Católica; ⏲Mo–Fr 8–17, Sa 9–12 Uhr) Am Parque Colón in der Zona Colonial.

REISEBÜROS

Colonial Tour & Travel (☎809-688-5285; www.colonialtours.com.do; Arzobispo Meriño 209) Das professionelle Unternehmen besteht schon seit ewigen Zeiten. Es bucht virtuos Flüge, Hotelzimmer und verschiedenste Unternehmungen – von Mountainbiketouren bis hin zu Rafting und Walbeobachtung. Die Mitarbeiter sprechen Englisch, Italienisch und Französisch.

Explora Eco Tours (☎809-567-1852; www.exploraecotour.com; Gustavo A Mejia Ricart 43, Naco) Das Reisebüro hat sich auf die Organisation von Privattouren nach individuellen Wünschen spezialisiert – von einem Tag bis zu einer Woche. Nationalparks, Naturschutzgebiete und ländliche Gemeinden stehen dabei auf dem Programm. Auf der Website sind auch alle regelmäßig durchgeführten Gruppenfahrten genannt, denen sich Individualreisende anschließen können.

Giada Tours & Travel (809-682-4525; www.giadatours.com; Hostal Duque de Wellington, Av Independencia 304) Das freundliche, professionelle Unternehmen bucht Inlandsflüge und Flüge ins Ausland und unternimmt Fahrten in die Umgebung.

Tody Tours (809-686-0882; www.todytours.com) Der ehemalige Friedenscorps-Volontär hat sich auf Touren durchs ganze Land spezialisiert, auf denen die Beobachtung tropischer Vögel im Mittelpunkt steht (Tag 200 US$).

TOURISTENINFORMATION

Touristeninformation (Karte S. 50; 809-686-3858; Isabel la Católica 103; Mo–Sa 9–19 Uhr) Das Büro am Parque Colón bietet eine Handvoll Broschüren und Stadtpläne von Santo Domingo und anderen Landesteilen sowie ein halbes Dutzend Karten mit Spaziergängen durch die Zona Colonial. Einige der Mitarbeiter sprechen etwas Englisch und Französisch.

An- & Weiterreise

AUTO

Zahlreiche internationale und einheimische Mietwagenfirmen unterhalten mindestens eine Niederlassung in der Stadt sowie am Las Américas International Airport, darunter **Avis** (809-535-7191; Av George Washington 517), **Dollar** (809-221-7368; Av Independencia 366), **Europcar** (809-688-2121; Av Independencia 354) und **Hertz** (809-221-5333; Av José Ma Heredia 1). Alle haben in Santo Domingo täglich von etwa 7 bis 18 Uhr geöffnet (manchmal auch länger), am Flughafen von 7 bis 23.30 Uhr.

BUS

Erste-Klasse-Busse

Die beiden wichtigsten Busunternehmen des Landes – **Caribe Tours** (S. 276) und **Metro** (Karte S. 54; 809-227-0101; www.metrotours.com.do; Calle Francisco Prats Ramírez) – betreiben jeweils einen eigenen Busbahnhof westlich der Zona Colonial. Die meisten Busse gehören der Firma Caribe Tours, sie fahren – im Gegensatz zu Metro – auch kleinere Orte an. In jedem Fall liegen (bis auf ein paar Ausnahmen) sämtliche Fahrziele weniger als vier Stunden von Santo Domingo entfernt. Caribe Tours verfügt über einen erheblich größeren Busbahnhof, zu dem auch ein Andenkenladen gehört. In beiden Busbahnhöfen finden sich Geldautomaten, und Stände, die eine kleinere Auswahl an Snacks verkaufen.

Es empfiehlt sich, vor Fahrtantritt bei den Unternehmen anzurufen, um sich die Abfahrtszeit bestätigen zu lassen. Generell sollte man immer mindestens eine halbe Stunde vor der angegebenen Abfahrtszeit am Bahnhof eintreffen. Beide Buslinien haben Broschüren (in allen Busbahnhöfen) mit den aktuellen Fahrplänen und Preisen; darin sind auch die Adressen und Telefonnummern sämtlicher Busbahnhöfe im ganzen Land aufgeführt.

Expreso Bávaro Punta Cana (Karte S. 60; in Santo Domingo 809-682-9670; Juan Sánchez Ramirez 31) bietet eine Direktverbindung vom Viertel Gazcue (an der Av Máximo Gómez) in der Hauptstadt nach Bávaro mit einem Halt in La Romana. Die Abfahrtszeiten in beiden Richtungen sind 7, 9, 11, 13, 15 und 16 Uhr (400 RD$, 3 Std.). Manche Fahrer sind flexibel und lassen die Fahrgäste auch an anderen Haltestellen in der Stadt aussteigen.

Eine Alternative ist das Unternehmen **APTRPA** (Karte S. 50; 809-686-0637; www.aptpra.com.do; Calle Ravelo), das man mitten im chaotischen Parque Enriquillo findet. Fahrziele sind Higuey (250 RD$), Bávaro und Punta Cana. Die Busse nach Higuey verkehren sechs Mal am Tag (jeweils zur vollen Stunde) von 7 bis 16 Uhr, die Busse nach Bávaro und Punta Cana zwei Mal am Tag (400 RD$).

Zweite-Klasse-Busse

Vier informelle Busbahnhöfe liegen am nach Abgasen stinkenden Parque Enriquillo am Nordrand der Zona Colonial. Alle Busse halten an zahlreichen Haltestellen. Da die Busse relativ klein sind, kann es zu einem Gerangel um die Sitzplätze kommen. Die Busse von Metro und Caribe fahren sämtliche wichtigen Destinatio-

---

DIE SCHNELLSTRASSE SANTO DOMINGO–SAMANÁ

In Anbetracht der Bedeutung, die dieser Straße zukommt, ist es seltsam, dass der Abzweig zur zweispurigen, 102 km langen Schnellstraße von Santo Domingo nach Samaná (auch: Juan Pablo II oder DR-7 genannt; Maut 412 RD$) dermaßen schlecht ausgeschildert ist. Von Santo Domingo kommend fährt man auf der Küstenstraße nach Osten und vorbei an der Mautstelle zum Flughafen; man wendet nun und fährt langsam auf der äußersten rechten Spur weiter, bis man das kleine Schild nach Samaná sieht.

nen an, und zwar vor allem Ziele, die mehrere Stunden entfernt liegen. Wem an Komfort und Sicherheit gelegen ist, sollte sie besser meiden. *Caliente*, also wörtlich übersetzt „heiße" Busse, haben in der Regel keine Klimaanlage; *Expreso*-Busse halten weniger häufig.

Busse nach Haiti

Capital Coach Line (☎809-530-8266; www.capitalcoachline.com; Av 27 de Febrero 455) und Caribe Tours bieten täglich Verbindungen in komfortablen, klimatisierten Bussen nach Port-au-Prince (40 US$, 6–8 Std.) an. Ein Bus von Capital Coach Line startet täglich um 8 Uhr, er hält in Tabarre und endet in Petion Ville, einem Viertel von Port-au-Prince. Ein zweiter Bus, der um 10 Uhr abfährt, steuert nur Tabarre an. Caribe Tours fährt täglich um 9 und 11 Uhr nach Petion Ville.

Fahrkarten sind in einem separaten Büro namens Atlantic Travel Agency erhältlich; es befindet sich am Eingang zum Innenstadt-Terminal (S. 276). Nach Möglichkeit mindestens zwei Tage im Voraus reservieren.

FLUGZEUG

Santo Domingo hat zwei Flughäfen: Der Hauptflughafen Aeropuerto Internacional Las Américas (S. 272) liegt 22 km östlich der Stadt. Der kleinere Aeropuerto Internacional La Isabela Dr Joaquin Balaguer (S. 272) befindet sich rund 20 km nördlich der Zona Colonial und wickelt vor allem Inlandsflüge und Air-Taxis ab.

AeroDomca (www.aerodomca.com), Air Century (www.aircentury.com), Dominican Shuttles (www.dominicanshuttles.com) und Aerolineas MAS (www.aerolineasmas.com) verkehren auf der Strecke Santo Domingo (überwiegend Aeropuerto La Isabela) – Punta Cana, Samaná, Santiago und La Romana. Aerolineas MAS und Dominican Shuttles fliegen auch nach Port-au-Prince in Haiti und nach Aruba.

Die meisten internationalen Fluglinien nutzen den Flughafen Las Américas. Direktverbindungen bestehen nach Antigua, Atlanta, Caracas, Havanna, Miami, Newark, New York (JFK), Orlanda, Point-à-Pitre/Guadeloupe, Panama, San Juan/Puerto Rico und St. Maarten/Niederl. Antillen. Die beiden Foodcourts in der dritten Etage und hinter der Ankunftshalle sind besser als die wenigen überteuerten Alternativen hinter der Sicherheitskontrolle an den Gates. Im Ankunftsbereich finden sich mehrere Geldautomaten; hier sollte man sein Gepäck gut im Auge behalten. Zigarrenläden, Cafés, eine Apotheke und Andenkenläden finden sich im Abflugterminal.

Folgende große Fluglinien sind hier vertreten:

Air Antilles Express (☎809-688-6661; www.flyairantilles.com) Unternimmt Flüge nach Fort de France, Lamentin, Pointe-à-Pitre und St. Maarten.

Air Europa (☎am Flughafen 809-549-1110; www.aireuropa.com) Direktflüge nach Madrid und New York (JFK).

Air France Flughafen (☎809-549-0309); Innenstadt Santo Domingo (☎809-686-8432; Plaza El Faro, Av Máximo Gómez 15) Die Zweigstelle in der Stadt teilt sich das Büro mit der KLM. Direktflüge nach Paris.

American Airlines (☎809-542-5151; Bella Vista Mall, Av Sarasota 6) Direktflüge nach Miami.

Continental Airlines (☎809-262-1060; Suite 104, Ecke Max Henríquez Ureña & Winston Churchill)

Copa (☎Flughafen 809-549-0757, Reservierungen 809-472-2233)

Delta (☎809-955-1500; Plaza Comercial Acrópolis Center, Ecke Winston Churchill & Andres Julio Aybar)

Iberia Flughafen (☎809-950-6050); Santo Domingo (☎809-227-0188; Av Lope de Vega 63) Direktflüge nach Madrid.

Insel Air (☎809-621-7777, in den USA 855-493-6004; www.fly-inselair.com) Flüge nach Curaçao und St. Maarten. Beide sind seit 2010 eigenständige „Länder" (autonome Gliedstaaten) innerhalb der Niederlande.

Jet Blue (☎am Flughafen 809-947-2297; Ecke Av Winston Churchill & Paseo de los Locutores, Plaza Las Americas) Der Ticketverkauf befindet sich neben dem Metro-Busbahnhof.

Lufthansa/Condor (☎809-689-9625; Av George Washington 353) Direktflüge nach Frankfurt/M. mit Anschluss zu Flughäfen in Deutschland, Österreich und der Schweiz.

US Airways (☎809-540-0505; Gustavo Mejía Ricart 54)

SCHIFF/FÄHRE

Die einzige internationale Fährlinie der Dominikanischen Republik, die *Caribbean Fantasy*, wird von **America Cruise Ferries** (☎Mayagüez, Puerto Rico 787-832-4800, San Juan, Puerto Rico 787-622-4800, Santo Domingo 809-688-4400; www.acferries.com) betrieben und verkehrt von Santo Domingo nach San Juan und Mayagüez in Puerto Rico. Der Fahrkartenschalter und der Boardingbereich befinden sich im **Puerto Don Diego** (Karte S. 50) in der Avenida del Puerto, gegenüber der Fortaleza Ozama in der Zona Colonial.

Die Fähre legt in Santo Domingo sonntags um 19 Uhr, dienstags und donnerstags um 20 Uhr ab, in San Juan startet sie montags und freitags um 19 Uhr sowie in Mayagüez mittwochs um 20 Uhr. Die Fahrt ab Santo Domingo dauert 12 Std. (8 Std. auf dem Rückweg aufgrund der Strömung) und kostet hin und zurück rund 200 US$.

Der zweite wichtige Fährhafen, der Kreuzfahrtschiffe abfertigt, ist der **Puerto Sans Souci** (www.sanssouci.com.do) am Ostufer des Rio Ozama, direkt gegenüber der Zona Colonial.

Unterwegs vor Ort

AUTO

In Santo Domingo Auto zu fahren stellt die Nerven und Fahrkünste selbst der kampferprobtesten Fahrer hart auf die Probe. Verkehrsstaus, aggressive Taxi- und Busfahrer und wenig Wille, sich an die Verkehrsregeln zu halten, haben zur Folge, dass hier der reinste Nahkampf herrscht. Viele der wichtigen Avenidas der Stadt sind während der Hauptverkehrszeiten komplett verstopft, sodass man zu Fuß schneller vorwärtskommt.

Einen Parkplatz zu finden bereitet kein sonderliches Problem. Wer seinen Wagen allerdings über Nacht abstellen will, sollte sich nach einem bewachten Parkplatz umschauen. Viele Hotels im mittleren und oberen Preissegment haben einen eigenen Parkplatz mit 24-Stunden-Bewachung. Generell keine Wertgegenstände im Auto lassen!

ZUM/VOM FLUGHAFEN

Es gibt keine Busse, die direkt zu einem der beiden Flughäfen der Stadt fahren. Vom Flughafen Las Américas kostet ein Taxi in die Stadt 40 US$ – um den Preis feilschen ist praktisch sinnlos. **Taxi Sichala** (☎809-549-0245; www.taxisichala.com) heißt der Dachverband (Kreditkarten werden angenommen). Die Fahrt dauert 30 Minuten (26 km). Wer will, kann sich mit anderen Reisenden ein Taxi teilen. Wer flexibel ist, kein schweres Gepäck dabei hat oder einfach Geld sparen will, kann auch rund 100 m zu Fuß gehen und rechts von der Gepäckankunft einen *motoconcho* (100 RD$) nehmen, mit dem man dann zur *Guagua-* (Kleinbus-)Haltestelle an der Schnellstraße fährt.

Einige Taxifahrer verlangen für die Fahrt von der Stadt zum Flughafen weniger Geld. Die Alternative ist, eine *guagua* von der Stadt in Richtung Osten zu nehmen und am Abzweig zum Flughafen auszusteigen (es handelt sich um eine offizielle Haltestelle). Dort warten immer schon *motoconchos* darauf, die Passagiere die letzten 2 km zum Flughafen zu fahren.

Der Fahrpreis vom Flughafen La Isabela in die Innenstadt beträgt 15 US$. Einen Taxistand gibt es dort nicht, aber wenn ein Flieger landet, stehen eigentlich immer ein oder zwei Taxis bereit.

ÖFFENTLICHE VERKEHRSMITTEL

Bus

Der Preis für eine Busfahrt von einem Ende der Stadt zum anderen liegt bei etwa 12 RD$ (6.30 bis 21.30 Uhr). An den meisten Haltestellen findet sich ein Schild, auf dem *parada* (Haltestelle) steht. Die Routen folgen den Hauptverkehrsstraßen – in der Zona Colonial ist das der Parque Independencia, wo die Avenida Bolívar (die Hauptverkehrsstraße in Richtung Westen) beginnt und die Avenida Independencia (die wichtigste Hauptverkehrsstraße gen Osten) endet. Wer von einem Ende der Stadt zum anderen möchte, sollte also einfach einen Blick auf den Stadtplan werfen, sich die wichtigsten Kreuzungen unterwegs einprägen und dementsprechend seine Umstiege planen.

Metro

Irgendwie wollen eine Karibikinsel und die U-Bahn nicht so recht zusammenpassen, doch im Januar 2009 nahm sich Santo Domingo an San Juan/Puerto Rico ein Beispiel und etablierte als zweite Stadt der Region ein U-Bahnnetz. Die Linie 1 verkehrt von La Feria (Centro de los Héroes) in der Nähe vom Malecón in die nördlichste Vorstadt Villa Mella – eine Strecke von 14,5 km Länge mit 16 Haltestellen, die in Nord-Süd-Richtung überwiegend oberirdisch und an der Avenida Máximo Gómez unterirdisch verläuft. Im Jahr 2013 ging die Linie 2 in Betrieb. Sie ist 10,3 km lang und verläuft in Ost-West-Richtung unterirdisch an der Avenida John F Kennedy, dem Expreso V Centenario und der Avenida Padre Castellanos entlang. Geplant sind insgesamt sechs U-Bahn-Linien.

Wer ein Gefühl für die Größe und Ausdehnung von Santo Domingo bekommen möchte, sollte mit der Linie 1 fahren – die Aussicht über die Dächer und vereinzelten Palmen und Berge in der Ferne ist sagenhaft. Die Eingänge, die U-Bahnhöfe und die Metro selbst sind modern und sauber – kein Vergleich mit New York beispielsweise. Dass die Haltestellen nach bekannten Persönlichkeiten des Landes (aber auch nach Ausländern wie John F. Kennedy und Abraham Lincoln) benannt sind und nicht nach den Straßen, ist vielleicht etwas unpraktisch, dafür kann so mancher seine Geschichtskenntnisse unterwegs aufpolieren.

Jede Fahrt kostet 20 RD$; am besten kauft man jedoch an einem Fahrkartenschalter eine Karte zu 50 RD$, die sich nach Bedarf wieder aufladen lässt. Sie wird oben auf das Drehkreuz gelegt, wenn man in den Bahnhof hineingeht (Mo–Fr 6.30–23.30, Sa bis 22 Uhr).

Públicos

Noch zahlreicher als Busse sind die *públicos* – überwiegend klapprige Minivans und Privatwagen, die ebenfalls auf den Hauptverkehrsstraßen unterwegs sind, jedoch auf ein Handzeichen hin anhalten. Man erkennt sie, weil auf dem Nummernschild *público* steht, aber die Fahrer hupen und winken meist schon, bevor man den Schriftzug überhaupt entziffern kann. Jede Art Handzeichen veranlasst den Fahrer anzuhalten, eine Art offizielle Geste ist jedoch, den Arm auszustrecken und auf den Randstein vor sich zu deuten. Der Fahrpreis beträgt 12 RD$ – bezahlt wird beim Einsteigen. Und knalleng wird es fast immer.

Taxi

In Santo Domingo sind Taxis nicht mit einem Gebührenzähler ausgestattet. Aus diesem Grund sollte man vor dem Einsteigen den Fahrpreis aushandeln. Der Standardpreis liegt bei etwa 200 RD$ für eine Fahrt von einem Ende der Stadt zum anderen; abends steigen die Tarife.

BUSSE AB SANTO DOMINGO

Erster Klasse

REISEZIEL	FAHRPREIS (RD$)	FAHRZEIT (STD.)	ENTFERNUNG (KM)	FAHRTEN PRO TAG
Ázua	190	1¼	120	8
Barahona	270	3½	200	4
Dajabón	350	5	305	4
Jarabacoa	280	3	155	4
La Vega	210	1½	125	alle 30 Min. 6–20 Uhr
Las Matas de Santa Cruz	350	2½	250	4
Monte Cristi	350	4	270	6
Nagua	330	3½	180	11
Puerto Plata	330	4	215	stündl. 7–19 Uhr
Río San Juan	330	4½	215	5
Samaná	320	2½	245	6
San Francisco de Macorís	260	2½	135	alle 30–60 Min.
San Juan de la Maguana	270	2½	163	4
Sánchez	320	4	211	6
Santiago	280	2½	155	stündl. 7–20 Uhr
Sosúa	330	5	240	stündl. 7–20 Uhr

Zweiter Klasse

REISEZIEL	FAHRPREIS (RD$)	FAHRZEIT (STD.)	HÄUFIGKEIT
Baní	120	1½	alle 15 Min. 5–22 Uhr
Boca Chica	50	½	alle 15 Min. 6–20 Uhr
Higüey	210	2½	alle 30 Min. 6–19 Uhr
Juan Dolio	75	1	alle 30 Min. 6–21.30 Uhr
La Romana	180	1½	alle 20 Min. 5–21 Uhr
Las Galeras	350	3	3
Las Terrenas	350	2½	5
Paraíso	350	4	2
Pedernales	400	6	2
San Cristóbal	50	1	alle 15– 30 Min. 6–22 Uhr
San Pedro de Macorís	80	1	alle 30 Min. 6–21.30 Uhr
Santiago	200	2½	jeder Bus nach Sosúa

Innerhalb der Zona Colonial sind die Fahrten billiger. Taxifahrer kreuzen nicht durch die Straßen auf der Suche nach Fahrgästen, sondern parken an verschiedenen markanten Stellen, wo sie auf Kundschaft warten. In der Zona Colonial sind Parque Colón und Parque Duarte die praktischsten Locations.

Es besteht auch die Möglichkeit, ein Taxi zu rufen oder jemanden an der Hotelrezeption zu bitten, dies zu übernehmen. Der Service ist in der Regel flott, der Preis sollte identisch sein, und sein Gepäck muss man dann auch nicht durch die Gegend schleppen. Vor vielen Top-Hotels stehen Taxis, die allerdings erheblich teurer sind. Empfehlenswerte Taxiunternehmen, die rund um die Uhr arbeiten, sind **Apolo Taxi** (☎809-537-7771), **Super Taxi** (☎809-536-7014) und **Amarillo Taxi** (☎809-368-3333, 809-620-6363).

Punta Cana & der Südosten

➜ Inhalt

Juan Dolio 83
La Romana 88
Bayahibe & Dominicus Americanus 93
Higüey 100
Bávaro & Punta Cana 102
Playa Limón 111
Miches 112
Sabana de la Mar 113

Gut essen

- Passion by Martín Berasategui (S. 109)
- Restaurante Playa Blanca (S. 109)
- Ñam Ñam (S. 108)
- Ristorante El Sueño (S. 87)
- Balicana (S. 108)

Schön übernachten

- Paraíso Caño Hondo (S. 114)
- Paradisus Punta Cana (S. 107)
- Tortuga Bay (S. 108)
- Casa de Campo (S. 91)
- Bávaro Hostel (S. 106)

Auf in den Südosten!

Der Südosten der Dominikanischen Republik steht als Synonym für einen Tourismus, der alle Grenzen austestet, und trägt auf seinen braun gebrannten Schultern sozusagen die Hauptlast an dramatischen Stränden und türkisblauem Meer. Ausgedehnte Resorts, von denen einige beinahe Stadtgröße erreichen, säumen fast lückenlos den Strand zwischen Punta Cana und Bávaro. Familien, Paare und auch die jungen Wilden genießen hier in einer der idyllischsten Gegenden dieser Region ihren unkomplizierten Karibikurlaub. Doch es gibt ein Leben jenseits von Punta Cana. Weniger überlaufene Strandstädtchen wie Bayahibe und Juan Dolio bieten ebenso spektakuläre Meereslandschaften und zugleich Sandstrände ohne Massenauflauf. Versteckte Paradiese wie Playa Limón hinter den Zuckerrohrplantagen und dem Inlandsgebirge im Norden präsentieren eine andere und ebenso sehenswerte Seite des Südostens, sofern man sich vom Büfett trennen kann, um die lohnende Reise zu diesen Zielen anzutreten.

Reisezeit

➜ **Januar & Februar** Wer bis kurz nach den Winterferien warten kann, findet im Januar und Februar Sonne und Sand ebenso verlockend wie an Weihnachten und Silvester – dafür aber wesentlich weniger Leute.

➜ **März** Nun wird gefeiert, denn viele US-Amerikaner verbringen ihre Frühlingsferien gern in Punta Cana. Für den geruhsamen Familienurlaub ist dieser Monat weniger günstig.

➜ **Oktober** Wer seine Pesos zusammenhalten muss, sollte den Oktober wählen – die Lücke zwischen der Hurrikansaison und dem Run vor den Weihnachtsferien. *¡Salud!*

Geschichte

Vor dem Zuckerrohranbau stützte sich die Wirtschaft dieser Region auf Viehzucht und Export von Hartholz. Doch in den 1870er-Jahren kamen mehr und mehr kubanische Plantagenbesitzer auf der Flucht vor dem Krieg in Kuba in den Südosten und errichteten mit der Unterstützung der Regierung Zuckerrohrmühlen (Die Zuwanderung der Kubaner erklärt die Beliebtheit von Baseball). Als die Zuckerpreise auf dem Weltmarkt explodierten, wurden verschlafene Nester wie La Romana und San Pedro de Macorís mit dem Bau einer Eisenbahnverbindung zu prosperierenden Hafenstädten. Hunderte von Familien kamen aus dem Landesinneren in diese Region auf der Suche nach Arbeit.

Nach den Landenteignungen während der Besatzung durch die USA im Jahre 1920 kämpften in der Gegend um Hato Mayor und El Seibo zahlreiche Bauern einen Guerrillakrieg gegen die Marines. Bis in die 1960er-Jahre lag der wirtschaftliche Schwerpunkt ausschließlich auf der Zuckerproduktion, trotz der Schwankungen auf dem Weltmarkt und generell in der Landwirtschaft. Als jedoch die US-Firma Gulf & Western Industries die Zuckerrohrmühle von La Romana aufkaufte, große Summen in die Viehzucht und die Zementindustrie investierte und vor allem das Resort Casa de Campo errichtete, wurde der Tourismus zum finanziellen Motor und ist es bis heute geblieben.

Anreise & Unterwegs vor Ort

Der Großteil der Reisenden aus aller Welt landet direkt am Flughafen von Punta Cana. Von dort werden die Gäste schnell in Privatfahrzeugen zu ihren jeweiligen Resorts abtransportiert. Ansonsten dauert die Fahrt vom Aeropuerto Internacional Las Américas in Santo Domingo zwei bis vier Stunden. La Romana besitzt ebenfalls einen Flughafen, über den jedoch überwiegend Charterflüge abgewickelt werden.

Der Verkehr zwischen den verschiedenen Resorts kann lebhaft sein und die Straßen sind aufgrund von Bauarbeiten schwer zu befahren. Obwohl die Entfernungen nicht groß sind, geht es beim Reisen in dieser Region, besonders entlang der Nordküste von Bávaro bis nach Sabana de la Mar, oft recht langsam vorwärts. Da die Straßen in schlechtem Zustand sind, ist die Fahrtlänge häufig nicht vorhersehbar. Inzwischen gibt es auch Flüge zwischen Punta Cana und der Península de Samaná.

ÖSTLICH VON SANTO DOMINGO

Wer erst einmal den Río Ozama, die Ostgrenze der Zona Colonial in Santo Domingo, überquert hat, schüttelt das klaustrophobische Gefühl schnell ab: Der Horizont weitet sich und erinnert daran, dass man in der Karibik ist. Die Straße folgt anfangs dem Küstenverlauf und bietet vielversprechende Ausblicke. Danach schwenkt sie erneut ins Landesinnere, vorbei an Tankstellen und Läden, bis sie schließlich wieder in Richtung der Strandresorts von Boca Chica und Juan Dolio abbiegt.

Juan Dolio

Die Rezession hat Teilen von Juan Dolio, einem ruhigen Badeort rund 20 km östlich des turbulenten Boca Chica, schwer zugesetzt. Einst stand die Stadt im Ruf, ein kommender Hotspot der Karibik zu sein. Immobilienspekulanten und Investoren kamen in Schwärmen und begannen in den späten 1980er-Jahren große Bauprojekte. Doch heutzutage sind im Westteil mehr „Zu verkaufen"-Schilder und halbfertige Wohnanlagen zu sehen als Lächeln und Sonnenschein. Natürlich gibt es nicht nur schlechte Nachrichten: Juan Dolio ist einer der wenigen Badeorte, der sich auch für Rucksacktouristen eignet. In der relaxten Atmosphäre der Stadt verbummelt man leicht ein paar Tage.

Der öffentliche Strand im Westteil ist ziemlich klein und überfüllt (besonders am Wochenende), doch der Abschnitt vor den Resorts im wohlhabenderen Ostteil ist breiter und besticht zudem durch weicheren Sand als im nahe gelegenen Boca Chica. Die meisten Touristen übernachten in einem der All-inclusive-Resorts im Osten. Aber es gibt genügend Gäste, überwiegend unabhängige Backpacker, treue Expats (überwiegend Rentner aus Deutschland und Italien) und Dominikaner, um eine Handvoll Bars und Restaurants im unkonventionelleren Westteil der Stadt über Wasser zu halten.

Sehenswertes & Aktivitäten

Los Delfines Water & Entertainment Park WASSERPARK
(☎809-476-0477; www.losdelfinespark.com; Autovia del Este; Erw./Kind 49/39 US$; ⏲Mi–So 10–18; 👪) Dieser neue Wasserpark zwischen Boca

Highlights

1 Als All-inclusive-Profi rund um **Bávaro** und **Punta Cana** (S. 102) bis zum Abwinken die Büfetts leer räumen und die Strände bevölkern

2 Auf einem entspannten Kajakausflug die Mangrovenwälder im **Parque Nacional Los Haitises** (S. 113) bestaunen

3 Im **Parque Nacional del Este** (S. 94) bei einem Tauch- oder Schnorcheltrip ins kristallklare Wasser springen

4 Durch farbenfrohe karibische *colonias* und üppig grüne Berge zum wilden **Playa Limón** (S. 111) fahren

5 In die faszinierend beleuchtete Unterwelt der **Cueva de las Maravillas** (S. 92) eintauchen

6 Sich ein paar Tage am wirklich schönen ruhigen Sandstrand **Juan Dolio** (S. 83) bei Santo Domingo gönnen

7 Ein 7th-Inning-Stretch im **Estadio Tetelo Vargas** (S. 89) in San Pedro de Macorís genießen, der Baseball-Hauptstadt der Dominikanischen Republik

8 In **Dominicus Americanus** einen köstlichen fangfrischen Hummer vertilgen (S. 93)

Juan Dolio

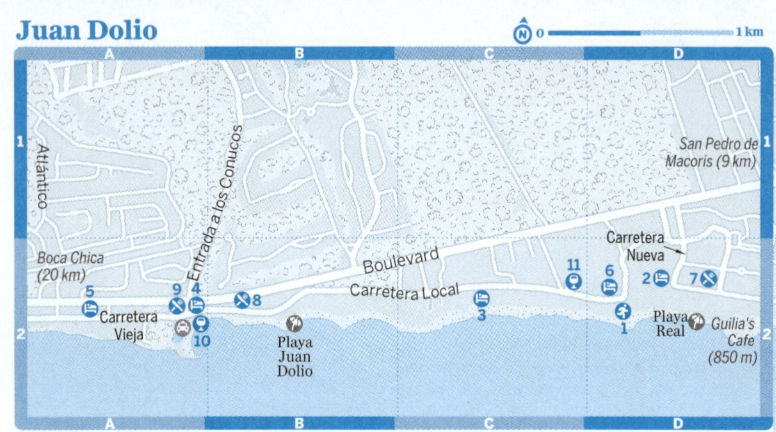

Chica und Juan Dolio gilt als der größte der Karibik. Bei 17 Wasserrutschen und 9 Pools verirrt man sich leicht.

Cigua Tours ABENTEUER, KULTURAUSFLÜGE
(☎809-396-8441; www.erika-cigua-tours.com; Playa Real; ⏲9–23 Uhr) Diese kleine Reiseagentur liegt direkt neben dem alten Decameron Resort östlich des Talanquera Beach Resorts. Sie bietet Tagesausflüge nach Santo Domingo (35 US$ pro Pers.), zur Isla Saona (55 US$ pro Pers.) und Isla Catalina (55 US$ pro Pers.), in den Parque Nacional Los Haitises (70 US$ pro Pers.) sowie Safaris im Geländefahrzeug zu Zuckerrohrplantagen und Wasserfällen (50 US$ pro Pers.) an.

Schlafen

Die Kreuzung Entrada a los Conucos und Carretera Local ist das Zentrum, umgeben von Restaurants, Bars, Shops und Tankstellen. Die meisten Hotels und Resorts befinden sich östlich davon; ein Fußmarsch mit Gepäck ist wenig empfehlenswert.

★ **Hotel Fior di Loto** PENSION $
(☎809-526-1146; www.fiordilotohotels.com; Carretera Vieja; EZ/DZ/3BZ ab 15/25/40 US$; 📶) Diese kleine, eigenwillige Unterkunft 500 m westlich der Hauptkreuzung von Juan Dolio eignet sich für Reisende, die in einem Hotel im Backpacker-Stil einfach mal abschalten wollen. Das soll nicht heißen, dass die Zimmer nicht komfortabel sind. Der charaktervolle Mini-Ashram in der Karibik hat saubere Fliesenböden, starke Ventilatoren, lauwarmes Wasser und internationales Kabelfernsehen. Die Zimmer gibt es in unterschiedlichsten Formen und Größen.

Juan Dolio

Aktivitäten, Kurse & Touren

1	Cigua Tours	D2

Schlafen

2	Barceló Capella Beach Resort	D2
3	Coral Costa Caribe Resort	C2
4	Habitaciones Don Pedro	A2
5	Hotel Fior di Loto	A2
6	Talanquera Beach Resort	D2

Essen

7	El Mesón	D2
8	Ristorante El Sueño	B2
9	Supermercado Naito	A2

Ausgehen & Nachtleben

10	Bar Cacique	A2
11	Chocolate Bar	C2

Angeboten werden Meditationen, Yogakurse und Massagen (die zwar höchstens durchschnittlich, aber für den Preis ganz entspannend sind). Mit dem Flughafentaxi sparen Gäste 20 US$ im Vergleich zu den Straßenpreisen. Ein Teil der Hoteleinnahmen fließt in ein Mädchenprojekt in Indien, wo Mara, der herzensgute italienische Hotelbesitzer, die Hälfte des Jahres verbringt.

Habitaciones Don Pedro PENSION $
(☎809-526-2147; juandolioarq@gmail.com; Carretera Local; Zi. mit Ventilator/Klimaanlage 1000/1200 RD$; ❄📶) Die einfache Pension in guter Lage steht unter der Leitung von Antonio, den man gewöhnlich gleich gegenüber in der Strandbar der Familie findet (günstiges und gutes Essen). Die 22 Zimmer sind schlicht und anspruchslos, liegen aber

direkt am Sandstrand, etwa 200 m östlich der Hauptkreuzung.

Talanquera Beach Resort RESORT **$$**
(☎809-526-1510; www.talanqueraresort.com; Carretera Local; All-inclusive-Zimmer 2595 RD$ pro Pers.; ❄@≋) Das Talanquera scheint nie voll belegt zu sein: Dabei sind die Zimmer völlig in Ordnung und bieten was fürs Geld – der Preis ist nur halb so hoch wie bei der Konkurrenz.

Barceló Capella Beach Resort RESORT **$$$**
(☎809-526-1080; www.barcelo.com; Carretera Nueva; All-inclusive-EZ/DZ ab 2868/4780 RD$; ❄@≋) Das Capella ist eine der glamouröseren Unterkünfte in Juan Dolio. Die Zimmer verteilen sich auf dem üppig grünen Gelände mit schimmernden Pools. Ihre Qualität variiert, was bei einem Resort dieser Größe unvermeidlich ist – die besten Zimmer sind im Block 4000 nur wenige Schritte vom schattigen Palmenstrand entfernt. Der Poolbereich ist etwas klein, wenn man die Gästezahl bedenkt. Doch im Großen und Ganzen herrscht hier eine ruhigere und entspanntere Atmosphäre als in so manchem anderen Resort der Stadt.

Coral Costa Caribe Resort RESORT **$$$**
(☎809-526-2244; www.coralcostacaribe.com; Carretera Local; All-inclusive-EZ/DZ/3BZ 125/190/245 US$; ❄@≋) Action ist angesagt am Pool von Juan Dolios lebhaftestem All-inclusive-Resort. Unterschiedlichste Leute treffen sich hier bei Cocktails bis zum Abwinken und hämmernder Reggaemusik. Wahrscheinlich lohnt es sich, für frisch renovierte Superiorzimmer noch 50 US$ pro Nacht draufzulegen und dem hübschen, aber möglicherweise überlaufenen Strand auf schicke Weise zu entgehen. Drei typische Restaurants (dominikanisch, italienisch und mexikanisch), ein Wassersport-/Tauchzentrum, fünf Bars und eine Disko sorgen dafür, dass immer was los ist. Wer eine Unterkunft weiter westlich hat und hier etwas trinken will, zahlt für das Tagesticket 50 US$. Schnelle Trinker können sich auch mit dem Nachmittagsticket (25 US$) die trockene Kehle befeuchten.

Essen & Ausgehen

Wer in einem All-inclusive mit nicht gerade sterneverdächtiger Küche untergebracht ist, braucht sich trotzdem keine Sorgen zu machen – in Juan Dolio befinden sich mehrere passable Restaurants, sowohl nahe der Hauptkreuzung als auch entlang der Carretera Nueva östlich der Gegend mit den meisten Resorts.

★ **Ristorante El Sueño** ITALIENISCH **$$**
(Carretera Local; Pizza 280–425 RD$, Pasta 255–425 RD$; ⏲Di–So 12–23 Uhr; 📶) Ganz wie im *Paten* sitzen die italienischen Besitzer und ihre Azurri-Kollegen vor diesem Lokal im Freien und verleihen ihm damit einen Hauch von Authentizität, den es gar nicht bräuchte – die echten Pizzas sind Beweis genug. Hervorragend schmecken auch die Fettuccine mit Hummer, besonders beliebt bei den Expats, und die Pasta *all'amatriciana,* sowie alles *alla criolla,* und überhaupt die ganze Speisekarte. Es kommt nur selten vor, dass man in einem italienischen Restaurant außerhalb Italiens isst und sich dann dabei denkt: „Wow! Genau so schmeckt es in Italien." Das ist *das* Restaurant – eines der Lokale an dieser Küste, das einfach immer gut kommt.

El Mesón SPANISCH, ITALIENISCH **$$**
(Carretera Nueva, gegenüber vom Club Hemingway; Hauptgerichte 250–490 RD$; ⏲Mittag- & Abendessen) Wen der Duft von frisch gegrilltem Hummer nicht verführt, sollte sich an die perfekte Paella in diesem beliebten spanischen Restaurant halten. Daneben gibt es geräucherten Chorizo, Lamm, *morcilla* (Blutwurst) sowie die üblichen Verdächtigen. Alle Gerichte sind hervorragend zubereitet, nehmen aber keine Rücksicht auf das Idealgewicht. Freitagabend Livemusik!

El Lobo y La Sal FISCH UND MEERESFRÜCHTE **$$**
(Calle Principal 570; Hauptgerichte 550–675 RD$; ⏲Mi–Mo 11–23 Uhr; 📶) Dieses erstklassige Fischlokal am Strand steht für Juan Dolios Ambitionen. In sehr angenehmer Atmosphäre in der Altstadt wird köstlicher Fisch mit sieben Zutaten serviert, gegrillter Hummer und anspruchsvollere Gerichte wie koreanische Rippchen und Chicken Wings auf vietnamesische Art. Das Restaurant ist von der Hauptkreuzung aus gut zu Fuß zu erreichen.

Guilia's Café HAMURGER **$$**
(Carretera Nueva; Mahlzeit 100–460 RD$; ⏲Mi–Mo 7.30–17.30 Uhr; 📶) Eine Sportbar im Stil von Juan Dolio: Im Guilia's warten ein Flatscreen und ein Billardtisch auf Gäste, die hier hausgemachte Burger (200 RD$) und frische Pommes aus echten Kartoffeln probieren wollen. Beliebt bei Ausländern.

AUFENTHALT: BOCA CHICA

Boca Chica liegt nur 10 km vom Aeropuerto Internacional Las Américas entfernt und ist ein guter letzter Anlaufpunkt für alle, die vor ihrem Heimflug noch einmal ins Meer hüpfen wollen. Abgesehen von der Nähe zur Hauptstadt und zum Flughafen ist Boca Chica wenig empfehlenswert, da der Ort zum einen auf ältere Semester ausgerichtet ist und zum anderen vom schrillen Sextourismus geprägt ist.

In der Gegend gibt es über 25 Tauchstationen, darunter das Schiffswrack *Catuan*, ein 33 m langer, 2006 gesunkener Trawler. Der beste Tauchershop ist **Caribbean Divers Asobuca** (809-854-3483; www.caribbeandivers.de; Zufahrt von Av Duarte 28; 8.30–17 Uhr).

Sichoproboch-*guaguas* fahren nach Santo Domingo (70 RD$, 30 Min., 6–23 Uhr, alle 15 Min.). Abfahrt an der Nordseite des Parque Central und entlang der Avenida San Rafael. Für Fahrten nach Osten halten die *guaguas* an der Kreuzung der Autopista und der Avenida Caracol. Taxis stehen oft nahe der Kreuzung von Avenida San Rafael und Avenida Caracol. Man ruft sie über **Taxi Turístico Boca Chica** (809-523-4946).

Supermercado Naito MARKT
(Ecke Carretera Local & Entrada a los Conucos; 8–20 Uhr) Der größte Markt im Stadtzentrum: Hier bekommt man die wichtigsten Lebensmittel und Vorräte.

Bar Cacique BAR
(Carretera Local; So–Do bis Mitternacht, Fr & Sa bis 2 Uhr) Eine Absturzkneipe, die bei Expats und Dominikanern gleichermaßen beliebt ist. Alleinreisende Männer sollten allerdings mit unerwarteten Aufmerksamkeiten rechnen. Wer das nicht möchte, antwortet am besten mit einem höflichen „*no, gracias*".

Chocolate Bar BAR
(Plaza Chocolate, Carretera Local; 9 Uhr bis spätabends) Gesellige Outdoor-Bar in der Nähe des Coral Costa Caribe Resorts – für alle, die vor All-inclusive flüchten. Donnerstags ist Rock live zu hören und am Wochenende legen DJs auf.

Praktische Informationen

An der Shell-Tankstelle am Boulevard westlich der Entrada a los Conucos gibt es einen Geldautomaten des Banco León (7–22 Uhr). Auf dem Gelände des Coral Costa Caribe Resorts befindet sich ebenfalls ein Bankautomat.

Banco Popular (Carretera Nueva) 24-Std.-Geldautomat, 200 m nördlich des Barceló Capella Beach Resorts.

Farmacia La Formula (Plaza Colonial Tropical, Carretera Nueva; Mo–Sa 8–21 Uhr, So bis 18 Uhr) Kleine Apotheke, Drogerie.

Galmedical Internacional (809-526-2044; bei Carretera Nueva; 24 Std.) Notfälle sollten in San Pedro de Macorís behandelt werden; doch der gute Herr Doktor spricht englisch, deutsch, französisch und italienisch. Die Praxis liegt nahe der Carretera Nueva, direkt nördlich vom Guilia's.

Politur (809-526-3211; www.politur.gob.do; Av Boulevard; 24 Std.) Touristenpolizei für Notfälle; neben der Policía Nacional.

Anreise & Unterwegs vor Ort

Guaguas (Kleinbusse) fahren täglich von früh bis spät durch Juan Dolio Richtung Westen nach Boca Chica (35 RD$) und Santo Domingo (120 RD$) und Richtung Osten u. a. nach San Pedro de Macorís (40 RD$) und La Romana (120 RD$). Der Ort ist keine Endhaltestelle, weshalb die Abfahrtszeiten nicht genau festgelegt sind. Doch die Busse fahren ca. alle 15 Minuten von 6 bis 19 Uhr – am besten stellt man sich an der Ecke Entrada a los Conucos an den Boulevard und winkt den Bus heran.

Taxis stehen vor jedem Resort. Einfachfahrten für ein bis vier Personen gibt es zum Aeropuerto Internacional Las Américas (50 US$), Santo Domingo (60 US$), Bayahibe (90 US$), Bávaro (140 US$) und abgelegenere Orte wie Galeras (300 US$) und Lago Enriquillo (350 US$). Für Abholung einfach **Sitraguza Taxi Service** (809-526-3507) anrufen. Wer aus Santo Domingo auf der Autopista 3 (Autopista del Este) kommt, nimmt die Abfahrt nach Playa Guayacanes.

VON LA ROMANA NACH HIGÜEY

La Romana

130 426 EW.

Die lebhafte Stadt eignet sich als Zwischenstopp für Reisende, die zwischen Santo

Domingo, 131 km westlich, und den Strandresorts weiter im Osten unterwegs sind. La Romana, eine Stadt, die etwas wohlhabender als ihre Nachbarn wirkt, ist von ausgedehnten Zuckerrohrplantagen umgeben und grenzt im Osten an das riesige Resort Casa de Campo. Hinter Casa de Campo gibt es nicht viel mehr als ein paar großartige Restaurants, in denen Gerichte auf den Tisch kommen, die man nicht auf jeder Speisekarte zu sehen bekommt – allein das ist fast eine Pause wert.

Sehenswertes & Aktivitäten

Altos de Chavón SEHENSWÜRDIGKEIT

(☎809-523-3333; Eintritt 25 US$; ⏲8–17.45 Uhr) Obwohl ein Ausflug zu einem italienisch-spanischen Dorf, das im Stil des 15. Jhs. von einem Paramount-Filmkulissendesigner nachgebaut wurde, nicht gerade Einblicke in die dominikanische Kultur erlaubt, hat Altos de Chavón doch seine unleugbaren Vorzüge: besonders die hervorragende Aussicht auf den Río Chavón (eine Szene aus *Apocalypse Now* wurde hier gefilmt). Es gibt eine Kirche, ein kleines präkolumbisches Museum und ein Amphitheater mit 5000 Plätzen, das Showgrößen anzieht – Frank Sinatra übernahm die Einweihungsfeier.

Die meisten Touristen besuchen busweise die in den 1970er-Jahren entstandene Anlage Altos de Chavón im Rahmen einer Tour, die an den Resorts von Bayahibe und Bávaro/Punta Cana startet. Doch der Ort kann auch von Individualreisenden besichtigt werden.

Motoconchos (Motorradtaxis) dürfen das Gelände nicht befahren. Wer aus La Romana kommt, nimmt die Hauptstraße nach dem Einfahrtstor zum Resort Casa de Campo und fährt 5 km weiter bis zur Abzweigung rechts, die mit „Altos de Chavón" ausgeschildert ist. Ein Taxi aus La Romana kostet hin und zurück mit einer einstündigen Besichtigungszeit vor Ort 40 US$. Für andere Reisende ist der Ort der letzte Tagespunkt einer Gruppentour zur Isla Catalina; die 250 Stufen vom Anlegesteg zum oberen Rand der Klippe können für einige der Gäste eine richtige Herausforderung darstellen.

El Obelisco BAUWERK

(Av Libertad, zwischen Calle Márquez & Ducoudrey) Der dem Washington Monument nachempfundene Obelisk im Zentrum von La Romana ist wesentlich kleiner als sein Vorbild. Zeitgenössische und historische Szenen aus der Dominikanischen Republik schmücken alle vier Seiten des Obelisken.

Isla Catalina NATURSCHUTZGEBIET

Im 15. Jh. trieben sich Piraten wie Francis Drake bei der Isla Catalina herum und warteten auf spanische Schiffe, die auf dem Weg nach Santo Domingo waren oder von dort zurückkehrten. Heute ist diese Insel, die

NICHT VERSÄUMEN

BASEBALL

Baseball ist in der Dominikanischen Republik der absolute Hit, deswegen wäre es ein Jammer, als Besucher während der Baseball-Saison im Winter von Mitte November bis Februar gar nichts von diesem Sport mitzubekommen. Besonders spannend ist es in San Pedro de Macorís, 70 km östlich von Santo Domingo. Das auffälligste Gebäude der Stadt, das **Estadio Tetelo Vargas** an der Nordseite der Autopista 3, ist die Heimat der **Estrellas Orientales** (www.estrellasorientales.com.do), also der Sterne des Ostens. Bei wichtigen Spielen marschieren Cheerleader und Blaskapellen durch die Ränge – ein ziemlicher Kontrast für alle, die Major League Baseball in den USA gewöhnt sind!

Obwohl sie wegen ihrer langen championatsfreien Zeit (ihren letzten Titel gewannen sie 1968) immer als die Chicago Cubs der aus sechs Teams bestehenden dominikanischen Winter Baseball League belächelt werden, ist San Pedro ein Labor für Baseball-Wunderkinder, das Herzstück eines Landes, das mehr Major-League-Baseball-Spieler hervorgebracht hat als jedes andere Land außer den USA.

Wer ein Spiel besuchen möchte, bestellt Tickets bei der **Ticket Hotline** (☎809-529-3618; Eintritt 450–400 RD$) oder kauft sie direkt vor dem Spiel an der Kasse.

Die New York Yankees gaben 2013 den Bau einer 120 Mio. US$ teuren „Latino Baseball Town" in Benerito, 20 km östlich von La Romana bekannt, eines Tourismusprojekts mit einem Stadion auf dem Niveau der Major League.

La Romana

La Romana

Sehenswertes
1 El Obelisco ... C4

Schlafen
2 Hotel River View ... D3

Essen
3 Cinco ... D3
4 Punto Italia ... C4
5 Shish Kabab Restaurant ... C3
6 Supermercado Jumbo ... B4
7 Trigo de Oro ... B2

von einem schönen Korallenriff umgeben ist und in deren flachen Gewässern es vor Fischen nur so wimmelt, ein beliebtes Ausflugsziel für Gruppen aus dem nahe gelegenen Casa de Campo; das Resort bietet Shuttleverbindungen auf der etwa 2 km langen Strecke an. Auch große Kreuzfahrtschiffe legen hier an.

Die meisten Gruppen verbringen einige Stunden mit Schnorcheln und Mittagessen. Taucher machen sich zur steilen Klippe „El Muro“ auf. Wenn genügend Leute zusammenkommen oder man reichlich Geld hat, kann man natürlich auch ein Boot chartern (die meisten Reiseagenturen der Gegend wären für den richtigen Preis sicher dazu bereit) und zu einem wenig besuchten Strand am anderen Ende der Insel fahren. Wer auf der Insel campen will, braucht eine Genehmigung vom Büro des Parque Nacional del Este (S. 94) in Bayahibe – die Isla Catalina ist offiziell ein Teil der Schutzzone des Parks.

Golf GOLF

(www.casadecampo.com.do) Auf dem Gelände von Casa de Campo befinden sich vier von Pete Dye entworfene Golfplätze, darunter der 1971 eröffnete „The Teeth of the Dog“ mit seinen sieben Löchern am Meer sowie der Platz „Dye Fore“. Green Fees für beide Plätze kosten in der Hauptsaison 218 US$

für Gäste und 295 US$ für Nicht-Gäste. Der Platz „Links“ (Green Fees Gäste/Nicht-Gäste 182/206 US$ in der Hauptsaison) ist ebenfalls sehr empfehlenswert. Reservierungen sollten äußerst frühzeitig erfolgen. Tee Times können per E-Mail gebucht werden.

Schlafen

Hotel River View HOTEL **$$**
(☎809-556-1181; hotelriverview@gmail.com; Calle Restauración 17; EZ/DZ/3BZ inkl. Frühstück & Abendessen 1650/1950/2775 RD$; ❄ 📶) Dies ist eines der wenigen Hotels in La Romana mit hübscher Lage und zu akzeptablem Preis. Das mehrstöckige Gebäude ist nur eine Straße vom Río Dulce entfernt und empfiehlt sich für Individualreisende. Allerdings sollte man nicht auf charmantes Lächeln und makellose Zimmer hoffen. Doch zumindest kann man in dem kleinen Patio einen Kaffee trinken – mit Blick auf den Parkplatz. Der Preis ist inkl. Abendessen, das sich aber auch streichen lässt. Dies ist auch durchaus ratsam, da sich in nächster Umgebung bessere Restaurants finden.

★ **Casa de Campo** RESORT **$$$**
(☎800-877-3643; www.casadecampo.com.do; Av Libertad; Zi. ab 570 US$, Villen ab 2144 US$, all inclusive zusätzlich 275/150 US$ pro Erw./Kind; ❄ @ 📶 🏊) Das sowohl für seine berühmten Gäste (LeBron James, Kanye West) und Villenbesitzer (Shakira, Sammy Sosa) als auch für seine Einrichtungen bekannte Casa de Campo ist ein riesiges All-inclusive-Resort, das trotz seiner Größe Wert auf Qualität legt. Die 285 Hotelzimmer sind mit Holzmöbeln und wunderbarer Lokalkunst eingerichtet, dazu gibt es einen 42-Zoll-LCD-TV, eine Nespressomaschine und einen Golfwagen für alle. Der 28 km² große Komplex umfasst 16 Restaurants, eine Reitanlage, Polofelder, einen Privatstrand und einen Schießplatz – die Liste ließe sich beliebig fortsetzen. Das Resort ähnelt einem Stadtstaat mit G8-Sicherheitsstandards und einem überproportionalen Anteil von „beautiful people“.

Casa de Campo richtet sich an Celebritys, Golfer und Familien und fühlt sich nicht wie ein Resort an, sondern eher wie Beverly Hills in den Tropen, vor allem aufgrund des individuellen Designs der rund 2000 extravaganten Villen. Der All-inclusive-Preis umfasst Reiten ohne Zeitlimit, Tennis, eine Runde Wurfscheibenschießen sowie nichtmotorisierte Wassersportarten. Das Resort organisiert Kajakfahrten auf dem Río Chavón (30 US$ pro Pers.) sowie Buggy-Touren durch die Zuckerrohrplantagen (87 US$ pro Pers.). Vier von Pete Dye angelegte Golfplätze, Altos de Chavón – ein „Dorf“ im toskanischen Stil – und eine mediterran anmutende Piazza mit Blick auf die ausladende Marina runden das Angebot der Anlage ab.

Nicht-Gäste können im Informationsbüro rechts vor dem Eingangstor einen Tagespass (75 US$) erstehen. Ob sich die Ausgabe lohnt, ist zweifelhaft: Mit dem Tagespass erhält der Besucher Zugang zum Gelände und zum Strand (inkl. Handtuch) und kann im Strandrestaurant eine Mahlzeit und ein nicht-alkoholisches Getränk zu sich nehmen. Der Geländepass (25 US$) ermöglicht den Besuch von Altos de Chavón und der Marina – ohne Essen und Zugang zum Strand.Die Anreise der meisten Gäste erfolgt per Flugzeug; entweder landen sie auf dem privaten Flugplatz oder auf dem Flughafen von La Romana. Von dort werden sie zur Anlage gefahren. Wer mit einem Privatwagen anreist, folgt der Avenida Libertad Richtung Osten über den Fluss und bleibt für 4 km auf der rechten Spur, bis der Eingang rechter Hand zu sehen ist.

Alle Restaurants des Resorts – die besten der Region – stehen Nicht-Gästen offen. Dazu muss man beim **Concierge** (a.concierge@ccampo.com.do) per E-Mail einen Tisch reservieren und sich auf eine Passkontrolle am Eingang gefasst machen.

Essen & Ausgehen

Cinco CAFÉ **$**
(Calle Restauración 15; Eis 100-270 RD$; ⏰ Mo–Mi 12–20 Uhr, Do ab 10 Uhr, Fr & Sa 10–22 Uhr, So bis 21 Uhr) Cinco serviert Illy-Espresso, köstliches Eis gegen die Hitze und kreative Sandwiches (190–295 RD$).

Trigo de Oro BÄCKEREI **$**
(Calle Eugenio A Miranda 9; Hauptgerichte 60–350 RD$; ⏰ Mo–Sa 7–21 Uhr, So bis 13 Uhr; 📶) Obwohl der Großteil des schattigen Hofes zugunsten einer Modernisierung wegrenoviert wurde, bleibt diese französische Bäckerei doch trotz der *Motoconcho*-Abgase ein angenehmes Plätzchen. Die Bäckerei in einem historischen Gebäude verkauft frisches Gebäck wie Mini-Limetten-Törtchen und Käsekuchen. Im Café verlocken die tollen belegten Baguettes.

★ **Da Lucas** ITALIENISCH **$$**
(☎809-550-3401; Plaza Buena Vista, Av Los Robles; Hauptgerichte 220–750 RD$, Pizza 200–300 RD$;

ABSTECHER

CUEVA DE LAS MARAVILLAS

Über 500 Piktogramme und Felszeichnungen kann man auf einem Ausflug zur **Cueva de las Maravillas** (Höhle der Wunder; Erw./Kind 300/50 RD$; ⌚ Di–So 9–17.15 Uhr) bewundern. Der 1926 entdeckte, gigantische Höhlenkomplex liegt an der Autovía del Este rund 20 km westlich zwischen San Pedro de Macorís und La Romana. Das beeindruckende Museum im Untergrund dehnt sich auf 840 m zwischen dem Río Cumayasa und dem Río Soco aus. Die Besonderheiten sind gut erklärt und die ganze Höhle wird durch Lichter mit Bewegungsmeldern wunderschön beleuchtet. Die Erfahrung ist umwerfend, auch im Vergleich zu anderen Höhlen. Der Eintrittspreis gilt für eine 45-minütige Führung (teils auf Englisch, auch Französisch, Italienisch und Deutsch). In der Nähe befinden sich auch ein Reitstall (Reitstunde 400 RD$) und ein kleiner Leguanzoo.

Wer aus San Pedro de Macorís kommt, hält Ausschau nach dem Eingang zur Linken kurz nach dem Resort Playa Nueva Romana. Am besten ist die Höhle mit dem eigenen Auto zu erreichen, obwohl sich auch ein Taxi anbietet (hin & zurück von La Romana mit Besichtigungszeit 60 US$).

⌚ Di–Sa 6–23 Uhr, So 11–23 Uhr) Dieses Lokal ist schwieriger zu finden als der Heilige Gral, denn es versteckt sich in einem Wohnkomplex, der weniger als 2 km vom *centro* entfernt liegt. Am besten die Nummer notieren, damit man es mit dem Taxi findet. Köstliche frische Pasta (Ravioli, Tagliatelle und Gnocchi sind hausgemacht) kommt in dem stimmungsvollen Patio unter einem gigantischen Feigenbaum auf den Tisch. Der gemütliche Besitzer aus Ligurien begrüßt jeden Gast mit italienischer Begeisterung. Unbedingt die schwarzen Tagliatelle mit Hummer und Tomatensauce probieren.

Shish Kabab Restaurant MEDITERRAN **$$**
(Calle Francisco del Castillo Marquéz 32; Hauptgerichte 300–695 RD$; ⌚ Di–So 11–23 Uhr) Die Mauer neben der Bar schmücken zahllose Fotos berühmter Gäste, die von der Beliebtheit dieser lokalen *institución* künden. Die palästinensischen Besitzer servieren eine Auswahl an leckeren Gerichten aus Nahost, wie Hummus, Baba Ganoush und (natürlich) leckere Shish Kebabs, doch auf der Karte steht auch noch anderes, darunter vielleicht auch das kälteste *Presidentes*-Bier des Landes.

Punto Italia MARKT, ITALIENISCH **$$**
(Av Libertad; Hauptgerichte 180–500 RD$; ⌚ Mo–Sa 9–21 Uhr) Importiert italienische und andere europäische Marken für Gourmets; hat Frischfleisch auf Lager und serviert blitzschnelle Pasta.

Supermercado Jumbo SUPERMARKT
(Av Libertad; ⌚ Mo–Sa 8–22 Uhr, So 9–20 Uhr) Dieser riesige Supermarkt nimmt einen ganzen Häuserblock ein und hat so ziemlich alles im Angebot.

Praktische Informationen

Von La Romanas Hauptplatz (Parque Central) kann man gemütlich zu den meisten Hotels, Restaurants, Internet-Cafés, zur Post usw. spazieren.

Banco León (Calle Duarte) An der südöstlichen Ecke des Parque Central; Geldautomat.

Banco Popular (Calle Dr Gonsalvo) Geldautomat.

Clínica Canela (www.clinicacanela.com; Ecke Av Libertad 44 & Calle Restauración) Privatklinik mit 24-Std.-Apotheke und Notaufnahme.

Farmacia Dinorah (Calle Duarte; ⌚ Mo–Sa 8–21 Uhr, So bis 12.30 Uhr) Kostenloser Lieferservice.

InposDom (www.inposdom.gob.do; Calle Francisco del Castillo Marquéz, nahe Av Gregorio Luperón; ⌚ Mo–Fr 9–15 Uhr)

Politur (Touristenpolizei; ☎ 809-754-5080; www.politur.gob.do; Calle Francisco del Castillo Marquéz, nahe Av Gregorio Luperón; ⌚ 24-Std.) Im Büro des Tourismusministeriums gegenüber vom Jumbo-Supermarkt.

An- & Weiterreise

FLUGZEUG

Der Aeropuerto La Romana (LRM) liegt 8 km östlich der Stadt. Es gibt einige Linienflüge, doch die meisten sind Charterflüge. **Air Berlin** (www.airberlin.com) und **Condor** (www.condor.com) bieten von Deutschland aus saisonale Charterflüge an. Gute Verbindungen gibt es insbesondere aus den USA; von Miami aus fliegt **American Airlines** (☎ 809-200-5151; www.aa.com) den Flughafen an, aus New York City **JetBlue** (☎ 809-200-9898; www.jetblue.com).

BUS

Guaguas nach Bayahibe (60 RD$, 20 Min., 6–19 Uhr, alle 20 Min.) fahren von der Haltestelle an der Avenida Libertad bei Restauración ab. *Guaguas* zu anderen Zielen halten direkt am oder nahe des Parque Central.

Boca de Yuma (110 RD$, 1¼ Std., 7–19 Uhr, alle 45 Min.)

Higüey (*caliente/expreso* 100/110 RD$, 1¼ Std., 6–22 Uhr, alle 30 Min.)

Juan Dolio (80 RD$, 1 Std., 5–21 Uhr, alle 20 Min.)

San Rafael del Yuma (100 RD$, 45 Min., 7–19 Uhr, alle 45 Min.)

Santo Domingo (*caliente/expreso* 175/180 RD$, 1½ Std., 5–21.30 Uhr, alle 20 Min.)

Unterwegs vor Ort

Motoconchos und Taxis warten meist in der Nähe der südöstlichen Ecke des Parque Central. *Motoconcho*-Fahrten kosten in der Stadt 50 RD$, für ein Taxi zahlt man 100 RD$. Einfach bei **Santa Rosa Taxi** (☎ 809-556-5313; Calle Duarte) oder **Sichotaxi** (☎ 809-550-2222) ein Taxi rufen oder an einer Haltestelle gegenüber von El Obelisco an der Avenida Libertad warten. Ein Taxi zum Flughafen kostet 15 US$.

Leihwagen gibt es bei **Avis** (☎ 809-550-0600; www.avis.com.do; Ecke Calle Francisco del Castillo Márquez & Duarte).

Bayahibe & Dominicus Americanus

2260 EW.

Das 22 km östlich von La Romana gelegene Bayahibe wurde im 19. Jh. von Fischern aus Puerto Rico gegründet. Heute ist es ein ruhiger Badeort, der zum Spielball der Macht wurde: Am Morgen herrscht in Bayahibe der sprichwörtliche Touristenrummel, wenn die Busladungen aus den Resorts im Osten auf Boote verladen werden, die zur Isla Saona fahren. Sobald der morgendliche Wahnsinn abebbt, verwandelt sich Bayahibe wieder in ein verschlafenes Nest. Wenn die Boote zurückkehren, geht es erneut rund. Nach Sonnenuntergang erfolgt die letzte Transformation. Was Bayahibe auszeichnet, ist seine Fähigkeit seinen eigenen Charakter zu bewahren, auch wenn der Massentourismus Tag für Tag über das Dorf hereinbricht.

Von Bayahibe fährt man nur ein kurzes Stück nach Dominicus Americanus, ein gehobenes Potemkinsches Dorf aus Resorts, Hotels und Läden, die sich um einen grandiosen öffentlichen Strand gruppieren.

Bayahibe

Sehenswertes
1 Playa Bayahibe A1

Aktivitäten, Kurse & Touren
2 Casa Daniel A3
3 Scubafun B2

Schlafen
4 Cabañas Taíno B3
5 Hotel Bayahibe A3
6 Villa Baya B2
7 Villa Iguana B3

Essen
8 Cafecito de la Cubana A2
9 Chikyblu A2
10 Mama Mia A2
11 Mare Nuestro A3
12 Saona Cafe A2
13 Supermercado La Defensa B2

Ausgehen & Nachtleben
14 Super Colmado Bayahibe B2

Dominicus Americanus

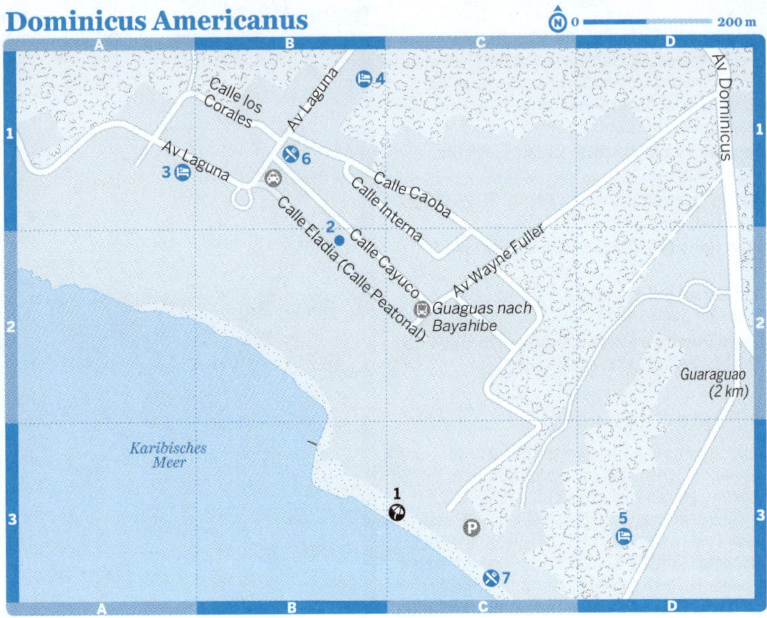

Dominicus Americanus

Sehenswertes
1 Playa Dominicus C3

Aktivitäten, Kurse & Touren
2 Max Tours B2

Schlafen
3 Cabaña Elke A1
4 Hotel Eden B1
5 Iberostar Hacienda Dominicus D3

Essen
6 L'Angelo di Liz B1
7 Las Palmas C3

Sehenswertes & Aktivitäten

Einer der Vorteile von Bayahibe besteht darin, dass wirklich jegliche Wassersportart direkt vor der Haustür angeboten wird. Auf diese Weise lässt sich die tägliche Pendlerfahrt vermeiden, die für die meisten Reisenden aus den Resorts im Osten selbstverständlich ist.

Parque Nacional del Este NATURSCHUTZGEBIET (Eintritt 100 RD$) Im Gegensatz zur Isla Saona, dem häufigsten Ziel der Gruppentouren, umfasst der Parque Nacional del Este acht aufgetauchte Riffterrassen, rund 400 Höhlen, manche davon mit Piktogrammen und keramischen Relikten, sowie außer Saona auch noch die Islas Catalinita und Catalina. Der seit 1975 bestehende Nationalpark erstreckt sich über ein Gebiet von über 310 km², wovon der Hauptteil aus Halbtrockenwald besteht. Der Park ist die Heimat von 539 Pflanzenarten, 55 sind endemisch, d. h. sie kommen nur hier vor. Auch die Fauna ist recht abwechslungsreich: 112 Vogelarten, 250 Arten von Insekten und Spinnentieren und 120 Fischarten. Gelegentlich bekommt man Karibik-Manati und Große Tümmler sowie den wesentlich selteneren Dominikanischen Schlitzrüssler zu Gesicht, ein kleines Tier mit langer Schnauze und winzigen Augen.

Das **Parkbüro** (Karte S. 93; 809-833-0022; 8–15 Uhr) befindet sich am Parkplatz von Bayahibe. Dort zahlt man den Eintritt und erhält dafür ein zu tragendes Armband. Einer der Eingänge liegt bei Guaraguao, einem Posten der Parkranger 5 km hinter Dominicus Americanus. Der andere Zugang ist in der Stadt Boca de Yuma an der Ostseite des Parks. Dort existiert zwar eine Rangerstation, aber keine weiteren Einrichtungen. An der Küste entlang führt eine Straße mit schönen Aussichtspunkten.

Isla Saona
NATURSCHUTZGEBIET

Es hat schon seinen Grund, warum Schiffsladungen mit Touristen täglich auf dieser Insel einfallen. Der Strand mit pudrigem, weißem Sand wirkt aus der Ferne völlig unwirklich. Nach einer Runde im aquamarinfarbenen Wasser fühlt man sich sanft belebt, wie nach einem Bad im superluxuriösen Spa. Die Palmen sorgen für natürlichen Schutz vor der starken Sonneneinstrahlung. Das wäre alles ganz wunderbar, wenn nicht ohrenbetäubende Dance Music aus diversen Lautsprechern erschallen würde und Händler am Strand auf Suche nach Kunden gingen, die ihr Haar geflochten haben wollen und Muscheln oder anderen Schnickschnack brauchen. Es gibt keine nennenswerten Korallen hier, da viele durch den starken Bootsverkehr und durch unwissende Schnorchler nachhaltig beschädigt wurden. Einen Großteil der 12 auf 5 km großen Insel haben verschiedene Firmen und All-inclusive-Resorts übernommen und mit Liegestühlen, kleinen Tanzflächen, Bars und Büfetts bestückt. **Mano Juan** (500 Ew.) ist die einzige Siedlung auf der Insel, die durch den schmalen Paseo del Catuano vom Festland getrennt ist.

Die meisten Besucher kommen in Erwartung einer *booze-cruise* früh am Morgen per Boot von Bayahibe aus ihren Resorts und werden selten enttäuscht. Zu den Trips gehören häufig eine Fahrt mit dem Katamaran und eine rasantere Fahrt mit dem Motorboot. Beim Zwischenstopp an der **Piscina natural**, einer flachen Sandbank, die sich weit vom Strand ausdehnt, umgeben von kristallklarem Wasser, waten oft junge Dominikaner beiderlei Geschlechts durchs Meer und servieren den durstigen Touristen Rum-Soda. Das Büfett ist meist recht ausladend und schmeckt ziemlich lecker. Wer nicht ausdrücklich nach einer Tour fragt, bei der die Standardstopps ausgelassen werden, sollte kein friedliches Paradies erwarten und schon gar keinen geschützten Nationalpark. Die Tauchshops in Bayahibe bieten meist lohnendere Touren mit Mittagspause auf der Isla Saona an, steuern davor aber andere Orte zum Wandern und/oder Schnorcheln an. Jedes Hotel und Restaurant und jeder Laden werben für Ausflüge nach Saona, wobei Qualität und Preis nur wenig variieren (65–80 US$).

Isla Catalinita
NATURSCHUTZGEBIET

Diese winzige, unbewohnte Insel am Ostende des Parks ist ein beliebtes Schnorchel- und Tauchziel. Von der Westküste (leewärts) läuft man nach der Ankunft eine halbe Stunde zur anderen Seite, wo ein Aussichtspunkt einen Blick auf die dramatische Szenerie der mächtigen Wellen ermöglicht, die vom offenen Ozean an den Strand donnern. In rund 2 m Wassertiefe wartet ein Korallenriff, das sich wunderbar zum Schnorcheln eignet und eine gute Tauchstelle mit dem Namen „Shark Point", an der tatsächlich häufig Haie zu beobachten sind.

Cueva del Puente
HÖHLE

Der Parque Nacional del Este weist auch über 400 Höhlen auf, von denen mehrere mit Taíno-Piktogrammen (Höhlenmalereien) und Petroglyphen (Felsritzbildern) geschmückt sind. Archäologen haben verschiedene Strukturen und Artefakte in den Höhlen und rundherum gefunden, darunter auch Siedlungsspuren von einer großen Taíno-Stadt (vielleicht der größten) und die Stätte eines berüchtigten Massakers, das einstmals spanische Soldaten an Ureinwohnern verübt haben.

Nur eine der Höhlen mit Taíno-Piktogrammen, und zwar die **Cueva del Puente,** kann ohne Probleme besichtigt werden. Sie ist zum Teil eingestürzt, verfügt aber über eine bescheidene Anzahl von Taíno-Bildern, überwiegend Tiere und menschenähnliche Figuren, die vermutlich Personen oder Gottheiten darstellen. In der Höhle befinden sich auch einige beeindruckende Stalagmiten und Stalaktiten.

Wer die Cueva del Puente besichtigen will, fährt zum Eingang des Nationalparks in Guaraguao, 5 km hinter Dominicus Americanus (nach 350 m auf einer Schotterstraße nach dem Resort Cadaques Caribe rechts abbiegen). Dort werden 100 RD$ Eintrittsgebühr fällig. Der Führer bringt die Gäste zur Höhle, die gute 3 km entfernt ist – der Marsch dauert etwa 40 Minuten. Taschenlampe einstecken und gute Schuhe anziehen! Südlich davon liegt die **Cueva Penon Gordo,** eine kleinere Höhle mit mehr Piktogrammen.

La Punta de Bayahibe
SPAZIERGANG

Dieser kurze, nette Spaziergang (10 Min.) folgt einem Weg, der direkt hinter der Bamboo Beach Bar beginnt. Er führt an der hübschen Iglesia de Bayahibe vorbei, einem kleinen, grünen Holzbau. Auf Infoschildern werden interessante Details zur Geschichte der Stadt und zur Flora und Fauna erläutert, und zwar auf Englisch und Spanisch.

Schnorcheln & Tauchen

Bayahibe ist wohl der beste Ort im Land für Taucher und Schnorchler, denn hier gibt es warmes karibisches Meer, gesunde Riffe und reichlich Fisch und anderes Meeresgetier. Das Tauchen fällt meist „leichter" (und eignet sich deshalb ideal für Anfänger) als an der Nordküste der Dominikanischen Republik, wo die Bodenbeschaffenheit unter Wasser nicht so flach, das Wasser kühler und die Sicht eingeschränkter ist.

Es gibt 20 Freiwasser-Tauchstellen. Zu den beliebtesten zählen **Catalina Wall** und ein beeindruckendes 85 m langes Schiff in etwa 44 m Tiefe, das nach dem Hurrikan Georges als **St Georges Wreck** bezeichnet wurde. Tief im Nationalpark liegt der **Padre Nuestro**, ein gewundener, etwa 290 m langer Tunnel mit Süßwasser, in dem man tauchen kann, sofern man einen Höhlentauchschein besitzt.

Scubafun TAUCHEN
(Karte S. 93; ☎809-833-0003; www.scubafun.info; Calle Principal/Calle Juan Brito 28, Bayahibe; ⏲8–18 Uhr) Das PADI-Tauchcenter unter amerikanischer Leitung existiert seit über 12 Jahren und liegt an der Hauptstraße in der Stadtmitte. Angeboten werden Doppelflaschentauchen an nahe gelegenen Riffen (mit/ohne Ausrüstung 90/80 US$) sowie Tagestouren zur Isla Catalina (69 US$) und Isla Saona (69 US$). Auch PADI-Kurse für Anfänger und Fortgeschrittene können hier gebucht werden.

Casa Daniel TAUCHEN
(Karte S. 93; ☎809-833-0050; www.casa-daniel.com; Calle Principal/Calle Juan Brito, Bayahibe; ⏲Mo–Sa 8–18 Uhr, So bis 16 Uhr) Dieses deutsche Tauchcenter bietet Tauchgänge mit Einzeltauchflaschen mit/ohne Leihausrüstung für 54/47 US$ an. Sechs Tauchgänge kosten 290/243 US$, ein 10er-Paket 445/365 US$. PADI-Tauchkurse werden durchgeführt. Nach Angeboten mit Unterkunft fragen. Tagestouren zur Isla Saona kosten mit Hummeressen 74 US$ und ohne Hummer 68 US$, Halbtagesausflüge zur Isla Catalina 47 US$.

Strände

Playa Bayahibe STRAND
(Karte S. 93) Dutzende von Motorbooten, die darauf warten, Touristen zur Isla Saona zu schippern, nehmen ein gutes Stück der Playa Bayahibe, dem Stadtstrand rechts vom Parkplatz ein. Es gibt einen ziemlich kleinen, unattraktiven und schmalen Streifen Sand zwischen den Booten und dem Resort Dreams La Romana – der Strand dahinter ist den Gästen des Resorts vorbehalten.

Playa Dominicus STRAND
(Karte S. 94) Wenn man in Dominicus Americanus übernachtet, hat man den Vorteil, dass man zu Fuß zur Playa Dominicus marschieren kann, einem wunderbaren Streifen dicken, beinahe weißen Sandes mit Wasser, das sich bestens zum Schwimmen eignet. Oft wird es recht voll hier, da der Strand über den Parkplatz am Ostende des Ortes gut zugänglich ist, also keinen Umweg zwischen Häusern und Restaurants hindurch nötig macht.

Geführte Touren

Fast jedes Hotel in Dominicus Americanus bietet eine große Auswahl an Touren an. Die meisten sind teurer als die von den beiden Tauchcentern in Bayahibe oder die von Max Tours. Die zwei wichtigsten Tauchbasen haben mehrsprachige Guides und Tauchlehrer (Spanisch, Englisch, Deutsch, Französisch und Italienisch) und sind auf Schnorchler und Taucher eingestellt.

Eine sehr vergnügliche Art, für ein paar Stunden die Küste zu erkunden, ist die Fahrt auf dem **Segelboot** eines Fischers. Man muss nicht allzu viele Leute fragen, bevor man jemanden findet: Ein besonders netter Bursche, der zudem den Wind wie ein Wahrsager deuten kann, ist **Hector Julio Brito** (☎829-285-4368), der 130 US$ für einen Halbtagesausflug mit drei Personen nimmt. Eine längere Tour zur Piscina natural, von 9 bis 16 Uhr, kostet rund 200 US$.

Max Tours TAUCHEN
(Karte S. 94; ☎809-399-0225; www.maxtours-dominicus.com; Calle Eladia, Dominicus Americanus; ⏲8–12 & 17–22 Uhr) Ein freundlicher Touranbieter in Dominicus Americanus. Ein Tagesausflug zum Schnorcheln und an den Strand von Isla Saona kostet 75 US$, inkl. Hummeressen am nicht ganz so belebten Strand in Mano Juan, weit weg vom Trubel der Hoteltouren. Trips zur Isla Catalina mit Schnorcheln und Snacks am Strand schlagen mit 47 US$ zu Buche.

Feste & Events

Jedes Jahr am Samstag der Semana Santa (Ende März/Anfang April) findet in Bayahibe eine **Regatta** mit handgefertigten Fischerbooten statt. Das Rennen geht von der Stadtbucht zur Isla Catalina und zurück.

Schlafen

In Bayahibe befinden sich mehrere gute und günstige Hotels, die alle nicht weit voneinander entfernt sind. Die Einheimischen können einem immer jemanden empfehlen, der Gäste auf Zeit aufnimmt. Wer hier übernachtet, hat die Auswahl zwischen hervorragenden Restaurants und kann den Rhythmus einer Stadt erleben, die nicht dem Massentourismus unterworfen ist. Die Enklave Dominicus Americanus weist mehrere gehobene Unterkünfte und Tophotels auf – der Vorteil ist der angenehm kurze Weg zum tollen Strand. Es existieren einige All-inclusive-Resorts in Dominicus Americanus sowie entlang der Straße nach Bayahibe; nur Dreams La Romana liegt in Gehweite zur Stadt.

★ Villa Baya HOTEL $

(Karte S. 93; ☎809-833-0048; www.hotelvillabaya.com; Calle Tamarindo 1, Bayahibe; Zi. mit/ohne Klimaanlage ab 40/60 US$; ❄📶) Mit seiner schattigen Palapa, den blumengesäumten Einfassungen und den großen Zimmern ist dies Bayahibes Schnäppchen. Die Villen in italienischer Hand verfügen über einen Patio und Steinboden, während die Zimmer mit Klimaanlage, Küche und Wohnzimmer bestechen. Zimmer Nr. 5 ist mit lediglich 50 US$ unschlagbar günstig. Der Blick aus dem Obergeschoss und die umlaufende Terrasse sind absolut sehenswert. Ein kleiner Nachteil: Die Lage des Hotels könnte durchaus etwas leiser sein.

Cabañas Taíno CABAÑAS $

(Karte S. 93; ☎829-924-9409; centralmico@yahoo.com; Calle Principal/Calle Juan Brito, Bayahibe; Zi. mit/ohne Klimaanlage 900/1200 RD$; ❄📶) Cabañas Taíno, unter neuer Leitung, ist ein passables und preisgünstiges Hotel im Stadtzentrum. Vor der Entscheidung erst einmal in das Zimmer reinschauen. Die schlichten Zimmer sind einfach möbliert, verfügen über eine Minibar, eine kleine Veranda, ein eigenes Bad mit Warmwasser (der Wasserdruck ist hoffnungslos) und funktionierendes WLAN – der große Vorzug im Vergleich zu anderen Hotels dieser Preisklasse.

Achtung: Ohrstöpsel bitte nicht vergessen. Die Zimmer mit Ventilator sind furchtbar laut und hellhörig, da sie von der benachbarten Bar extrem mit Musik beschallt werden.

Hotel Bayahibe HOTEL $$

(Karte S. 93; ☎809-833-0159; www.hotelbayahibe.net; Bayahibe; EZ/DZ/3BZ inkl. Frühstück 40/80/100 US$; ❄📶) Das Personal ist freundlich und nicht besonders serviceorientiert, aber was man hier für sein Geld bekommt, sind einige der günstigsten Zimmer in Bayahibe. Das dreistöckige, moderne Gebäude ist leicht zu finden, da es das höchste Haus weit und breit ist. Die großen, bunten Zimmer sind gemütlich, haben Kabel-TV, Balkons, kleine Badewannen und manche sogar eine schöne Aussicht. Frühstück gibt es am Meer im Restaurante Doña Clara. So ein Pech, dass sie WLAN nur in den Gemeinschaftsräumen haben.

Villa Iguana PENSION $$

(Karte S. 93; ☎809-757-1059; www.villaiguana.de; Calle 8, Bayahibe; Zi. mit/ohne Klimaanlage 49/59 US$, Apt. mit einem Schlafzi. mit/ohne Klimaanlage 69/79 US$, Penthouse 120 US$; ❄📶) Dieses freundliche Hotel in deutscher Hand hat 14 gepflegte Zimmer und Apartments, wobei Erstere etwas eng, dafür aber farbenfroh sind, während manche der neueren Apartments im modernen Anbau wunderbar komfortabel sind. Ein einfaches Frühstück kommt für 5 US$ in einem überdachten Patio auf den Tisch, für alle Zimmer ohne Küche. Das Penthouse mit kleinem Privatpool ist eine Dachgartenoase, die einen dazu verführt, länger zu bleiben.

Hotel Eden HOTEL $$

(Karte S. 94; ☎809-833-0856; www.santodomingovacanze.com; Av La Laguna 10, Dominicus Americanus; Zi./3BZ 71/90 US$; ❄📶🏊) Eine gute Wahl für alle, die neben Hotelkomfort, Annehmlichkeiten und Service auch noch Ruhe und Frieden suchen (hier zwitschern tatsächlich die Vögel). Da es an der Zufahrtsstraße zu den Resorts liegt, verwechselt man es leicht mit einem Hotel in Arizona oder Florida und denkt nicht unbedingt an einen Karibikstrand. Pool und Gelände können sich sehen lassen; alle Zimmer haben ein Kingsize-Bett.

Cabaña Elke HOTEL $$

(Karte S. 94; ☎809-833-0024; www.viwi.it; Av Eladia, Dominicus Americanus; EZ/DZ 3000/5000 RD$; ❄📶🏊) Elkes Hotel liegt zwischen der Straße und einem hohen Zaun, der die Grenze zum Gelände des Hotels Viva Wyndham Dominicus Beach markiert. Die in zwei langen, schmalen Reihen angeordneten Zimmer sind zwar geräumig, besonders die Split-Level-Doppelzimmer, doch

ABSTECHER

BOCA DE YUMA

Das Gegenprogramm zum Massentourismus in der Dominikanischen Republik: Das etwas marode, kleine Boca de Yuma spielt die Rolle des Städtchens am Ende der Straße wie ein gealterter Schauspieler in einem Indiefilmfestival-Streifen, den nur die Kritiker lieben. Abseits der Pfade des Massentourismus am südöstlichen Ende der Schnellstraße 4 gelegen, bietet der Ort holprige, nicht asphaltierte Straßen und halb fertige Gebäude, die zu einem ruhigen Meereskap führen, wo die Wellen an die Felsküste branden. Der langsame Rhythmus und die fast apokalyptisch anmutende, menschenleere Atmosphäre lassen Boca de Yuma wie eine verlorene Stadt erscheinen, was genau der Reiz an der Sache ist. Kinotaugliche Sonnenaufgänge und reichlich frischer Fisch runden die Erfahrung ab und verwandeln das Städtchen in einen hübschen kleinen Fluchtort für alle, die den grandiosen Resorts entkommen wollen, die die Stadt auf allen Seiten umzingeln.

Mehrere Kilometer westlich der Stadt liegt auf dem Weg zum Eingang des Nationalparks die **Cueva de Berna,** eine große Höhle mit vereinzelten Taíno-Piktogrammen (und Graffiti) sowie Stalaktiten und Stalagmiten. Ein Wächter sitzt meist am Eingang und begleitet Besucher die wacklige Leiter hinauf und tief in die Höhle hinein (ein kleines Trinkgeld wird gern angenommen). Zur Höhle der befestigten Straße, die nach Westen entlang der Mauer am Meer führt (weg von der Flussmündung), dann am Friedhof vorbei und dem Schild folgen. Für die Besichtigung reichen 15 Minuten. Angeblich sollte die Höhle Eintritt kosten, aber es war niemand da, um ihn einzusammeln.

Einige Kilometer weiter westlich auf derselben Straße (nur geländegängige Fahrzeuge) liegt hinter ein paar Ranches mit grasenden Kühen und Pferden der Osteingang zum **Parque Nacional del Este** (Eintritt 100 RD$). Ein Parkranger schläft in der kleinen Hütte direkt hinter dem Tor und ist meist den ganzen Tag vor Ort. Doch es gibt wenig Formalitäten und Informationen, da hier kaum Leute den Park betreten. Eine lange, leicht befahrbare Straße führt über viele Kilometer an der Küste entlang. Um auf die zerklüfteten Klippen zu gelangen und den Blick auf den Ozean zu genießen, muss man einen etwas steilen Hang hinaufmarschieren. Wer früh auf den Beinen ist, kann hier wunderbar Vögel beobachten.

Obwohl die **Playa Blanca**, ein hübscher und wenig bevölkerter Strand etwa 2 km östlich der Stadt, auf der anderen Seite des Flusses liegt, verleidet einem die umständliche Anfahrt womöglich den Besuch. Am einfachsten und teuersten ist es, bei einem der Bootsbesitzer, die sich an der Flussmündung östlich der Stadt tummeln (hin & zurück 1200 RD$), ein Boot zu mieten. Die Alternative besteht darin, sich per Boot ans andere Flussufer übersetzen zu lassen und dann zum Strand zu wandern. Der Weg über die gefährlich scharfkantigen Felsen ist allerdings nicht leicht zu finden.

Wer übernachten will, kann das im **El Viejo Pirata** tun (☎809-780-3236; hotelelviejopirata@hotmail.com; Calle Duarte 1; Zi. 1200 RD$; ❄🏊). Das zugleich verlassen und einladend wirkende Hotel mit italienischem Besitzer hat acht saubere, moderne Zimmer, die diese widersprüchlichen Gefühle hervorrufen. Das Ambiente könnte auch etwas freundlicher sein, doch der Reiz liegt ja gerade in dieser „Abseits der Touristenpfade"-Atmosphäre, ebenso wie im Rest von Boca de Yuma.

Fast ein Dutzend Restaurants reihen sich entlang der Straße mit Meerblick. Warum nicht einmal das **Restaurant La Bahia** (Hauptgerichte 200–500 RD$; ⌚8–22 Uhr) versuchen, das von einer freundlichen dominikanischen Familie betrieben wird?

das Mobiliar ist in die Jahre gekommen. Netter Pool mit Liegen, leider ohne Ausblick.

★ Iberostar Hacienda Dominicus — RESORT $$$

(Karte S. 94; ☎809-688-3600; www.iberostar.com; Playa Dominicus; All-inclusive-EZ/DZ ab 220/360 US$; ❄@🛜🏊) Ein makellos in Schuss gehaltenes Resort in beruhigenden Pastelltönen: Die Iberostar Hacienda Dominicus überzeugt durch wunderbare Gärten – die meisten Gebäude haben einen ruhigen Innenhof mit historischen spanischen Fliesen. Auf den Teichen schwimmen Enten, Brunnen verströmen Ruhe und Gelassenheit. Auffällige, große Kunstwerke bringen das ganze Ensemble an den Rand des üppigen Vegas-Stils, doch am Ende bekommt das Hotel Pluspunkte für seine zurückhaltende Gestaltung. Die Standardzimmer sind nicht ganz so grandios wie die Gemeinschaftseinrichtungen, sondern wirken beengt. Aber die meiste Zeit verbringt man eh im umwerfenden Pool (mit Jacuzziinsel), am weiten Strand (mit pittoresker Leuchtturmbar) und im frisch renovierten Spa.

Essen

Für eine Stadt dieser Größe besitzt Bayahibe eine überraschend große Zahl an guten Restaurants. In den meisten dieser Lokale, die fast alle in italienischer Hand sind, sitzt man direkt am Wasser und genießt frischen Fisch und Meeresfrüchte. In Dominicus Americanus gibt es eine Reihe von modernen, für Touristen geeigneten Restaurants, die einen Mix aus internationaler Küche und Fischgerichten auf den Tisch bringen. Nur wenige davon bieten jedoch eine schöne Aussicht.

L'Angelo di Liz EIS **$**
(Karte S. 94; Calle La Laguna, Dominicus Americanus; Eis 80–150 RD$; ⌚8–12.30 & 15.30–22.30 Uhr) Das leckere italienische Gelato wirkt vorbeugend gegen Hitzschlag. Auch Illy-Espresso steht auf der Karte.

★ **Mama Mia** ITALIENISCH **$**
(Karte S. 93; Plaza La Punta, Bayahibe; Hauptgerichte 150–250 RD$; ⌚Di–So 12–15.30 & 19–22.30 Uhr) Es ist fast unmöglich, zu diesem Preis irgendwo in der Dominikanischen Republik so gut zu essen. Die Spezialitäten sind Pasta *all'amatriciana* (Tomatensauce, Speck und Chili – unser Favorit), *carbonara, all'arrabiata* und *aglio, olio e peperoncino* (Knoblauch, Olivenöl und Chilipulver) sowie lokale Varianten *(lambi* oder Muscheln in frischer Tomatensauce). Das Restaurant in der Nähe von Bayahibe Beach ist unglaublich charmant, und in der Küche schwingt eine Frau allein den Kochlöffel, die auch sonst alles im Griff hat. Die preislich sehr ansprechenden Gerichte sind einfach und legen mehr Wert auf die geschmacklichen Nuancen als auf Riesenportionen oder anderen Firlefanz.

Mare Nuestro ITALIENISCH **$$**
(Karte S. 93; www.marenuestro.com; Ecke Calle Principal/Calle Juan Brito & Calle La Bahia, Bayahibe; Hauptgerichte 250–700 RD$; ⌚Di–So 11–2 Uhr; 📶) Abgesehen vom eiskalten Rotwein ist dies hier das stylishste Restaurant in Bayahibe. Mit luftigem Patio im Obergeschoss und bei Tag und Nacht großartiger Aussicht auf das türkisblaue Meer. Laternen und Tischdecken unterstreichen die romantische Atmosphäre. Die Speisekarte ist ebenso eindrucksvoll, z. B. hervorragende hausgemachte Pasta, seitenweise Salat, köstliche Fischgerichte und zartschmelzender Risotto. Im Erdgeschoss ist eine kleine, trendige Lounge.

Chikyblu SUSHI, ITALIENISCH **$$**
(Karte S. 93; www.chikyblu.com; Bayahibe; Hauptgerichte 300–700 RD$; ⌚Mi–Mo 11.30–23 Uhr; 📶) Eigentlich ist es keine gute Idee, ein Lokal zu empfehlen, in dem es Sushi und Pizza gibt. Doch das Chikyblu hat den Dreh raus: Es ist ebenso berühmt für seine Pizza mit dünnem Boden (150–400 RD$) wie für sein kreatives Sushi (270–285 RD$). Unbedingt das Karibik-Sushi probieren: Garnelen-Tempura, Jalapeño und Avocado. Wahre Kenner sind vielleicht nicht beeindruckt, doch wenn man die Umgebung bedenkt, ist das schon ganz beachtlich. Schnuckliger geht es nicht: Alles in diesem Lokal direkt am Meer ist mit hübschem Schnickschnack dekoriert.

Saona Cafe CAFÉ **$$**
(Karte S. 93; www.saonacafe.com; Calle La Bahia, Bayahibe; Hauptgerichte 50–895 RD$; ⌚Di–Sa 11–24 Uhr, So 8–18 Uhr; 📶) Die frankokanadischen Besitzer dieses beliebten Cafés haben offenbar die ganze Küste abgegrast, um herauszufinden, was bei anderen nicht auf der Speisekarte steht, um es dann in ihrem Lokal zu servieren: Bagels, French Toast (Arme Ritter), *poutine,* hervorragende Pommes, Burger mit gebratenem Hähnchenfleisch, ja sogar Rotfeuerfisch kann man probieren. Richtig scharf sind die Gäste auf die Burger und das Bier.

Leider waren bei unserem Besuch die Besitzer im Urlaub und der Service war noch langsamer als die sanfte Brise. Die Cheeseburger schmeckten dann auch auffällig nach zu lang gebratenen McDonalds-Burgern. Trotzdem lassen die ansässigen Nordamerikaner und Europäer nichts drauf kommen.

Cafecito de la Cubana CAFÉ **$$**
(Karte S. 93; Playa Bayahibe; Hauptgerichte 140–600 RD$; ⌚Mi–Mo 11–23 Uhr) Das hübsche La Cubana ist einer von mehreren kleinen Kiosks am Parkplatz und Strand: Die Speisekarte ist ausgewogen und führt authentische kubanische Spezialitäten auf, wie das berühmte Sandwich (170 RD$) namens *ropa vieja* (Fleischfasern in Tomatensauce; 320 RD$) und kubanischen Kaffee.

★ **Las Palmas** FISCH UND MEERESFRÜCHTE $$$
(Karte S. 94; Playa Dominicus Americanus; Festpreis 40 US$; ⌚Abendessen nur nach Reservierung) Dieser erst 2013 eröffnete Newcomer hat sich schnell einen Namen gemacht für seinen nur auf Vorbestellung zubereiteten Hummer, den ein Fischer nach erfolgter Reservierung extra für jeden Gast frisch fängt! Zum Festpreis-Menü gehören frischer Fisch, Getränke und Desserts. Die Erfahrung zeigt, dass es kaum etwas Besseres im Umkreis gibt. Das Lokal liegt zwischen den Wyndham- und Iberostar-Resorts, neben dem Parkplatz für den öffentlichen Strand.

Supermercado La Defensa SELBSTVERSORGER
(Karte S. 93; nahe der Calle Principal/Calle Juan Brito, Bayahibe; ⌚8–21 Uhr) Wer seine Vorräte aufstocken möchte, geht am besten zum Supermercado La Defensa, dem größten Supermarkt der Stadt.

Ausgehen

★ **Lost Bar** BAR
(Calle Flor de Bayahibe, Bayahibe) Eine der besten Bars dieser Gegend versteckt sich in einem Wohngebiet, das weniger als 5 Minuten Fußmarsch vom Meer entfernt liegt. Besonders beliebt bei Expats, die dachten, dass die Touristen ihr Geheimnis niemals entdecken. Falsch gedacht! Eine Schar hipper italienischer Bedienungen managt das dunkle und sexy anmutende Lokal mit mehreren Räumen, Picknick- und Billardtischen und einer Schaukel!

Auf der Calle Nuevo Bayahibe geht es nach Süden, bei der dritten Straße linker Hand links halten – an der Ecke sollte ein Boot sein – und dann noch 300 m weiter, wo links schließlich die Lost Bar wartet.

Super Colmado Bayahibe BAR
(Karte S. 93; Bayahibe) Hier haben sich Platz, Bar und Tradition zu einer Einheit verbunden (ob's einem gefällt oder nicht). In diesem *colmado* treffen sich die Einheimischen auf einen Plausch, trinken einen Schluck und hören den lieben langen Tag Musik.

ℹ Praktische Informationen

BanReservas Bietet Geldautomaten in den Filialen in Bayahibe (Calle Juan Brito) und Dominicus Americanus (Calle Eladia).

Centro Clínico Bayahibe (Calle El Tamarindo 15, Bayahibe; ⌚24 Std.) In dieser kleinen, vom freundlichen Dr. Gustavo Brito Morel geleiteten Klinik spricht man englisch und deutsch.

El Mundo (Calle Eladia, Dominicus Americanus; ⌚Mo–Sa 9–20 Uhr, So 9–13 & 16–20 Uhr) Kann einen Tag alte internationale Zeitungsausgaben (z. B. *New York Times, Le Monde und Corriere della Sera)* organisieren, wenn man am Tag vorher Bescheid sagt. Außerdem gibt es Souvenirs, Snacks und allerlei. Zugleich ist das El Mundo eine Bar, ein Restaurant (Hauptgerichte 150–700 RD$) und ein sozialer Treffpunkt.

Farmacia Job (Calle La Bahia, Bayahibe; ⌚Mo–Sa 8–21 Uhr, So 8–18 Uhr) Apotheke gegenüber vom Restaurant La Bahia de Capitán William Kidd.

Lavandaría da Franco (Calle Cayuco, Dominicus Americanus; pro Stück 50–90 RD$; ⌚Mo–Sa 9–18 Uhr) Wäscherei.

Politur (☎809-833-0019; Calle Principal/Calle Juan Brito, Bayahibe; ⌚24 Std.) Touristenpolizei am Ortseingang von Bayahibe.

ℹ An- & Weiterreise

Eine einzige, etwa 7 km lange Straße verbindet die Küstenstraße mit Bayahibe. Die Straße gabelt sich rund 1 km weiter südlich: Die rechte Straße führt nach Bayahibe, die linke nach Dominicus Americanus.

Guaguas sind die einzigen öffentlichen Verkehrsmittel, die Bayahibe anfahren. Die *guaguas* des Servicio de Transporte Romana–Bayahibe fahren von einer Baumgruppe gegenüber dem Super Colmado Bayahibe im Stadtzentrum ab, eine Straße nördlich vom Hotel Bayahibe. Die Busse fahren nach La Romana (60 RD$, 20 Min., 7.20–19.40 Uhr, alle 20 Min.). Auch nach Dominicus Americanus (25 RD$, 5 Min., alle 20 Min.) geht ein Bus. Nach Higüey fährt man am besten über Romana.

Sichotuhbared (Karte S. 94; ☎809-833-0059) ist der Name der örtlichen Taxivereinigung. Ein Stand befindet sich neben dem Viva Wyndham Dominicus Beach. Einfachfahrten für ein bis fünf Personen werden zum Flughafen La Romana (35 US$), nach Casa de Campo (35 US$), Higüey (45 US$) und zu den Bávaro-Resorts (110 US$) angeboten. Vor dem Einsteigen unbedingt einen Preis vereinbaren.

Wer ein Auto mieten möchte, kann das bei **MTM** (☎809-949-8162; Calle Cayuco, Dominicus Americanus) in Dominicus Americanus tun oder bei **D&M** (☎809-833-0047; Nuevo Bayahibe) in Bayahibe.

Higüey

168 501 EW.

Higüey ist ein hektisches Zentrum der arbeitenden Massen unter dem wachsamen Auge einer gigantischen Betonbasilika, die landauf, landab berühmt ist und auch die

NICHT VERSÄUMEN

CASA PONCE DE LEÓN

Außerhalb der Stadt San Rafael del Yuma, östlich der zweispurigen Straße, die Higüey und Boca de Yuma verbindet, liegt ein hübsches dominikanisches Landstädtchen mit unbefestigten Straßen inmitten von Feldern. Der spanische Forscher und Eroberer Juan Ponce de León ließ sich hier in der Zeit, als er in Higüey Gouverneur der Spanischen Krone war, eine zweite Residenz auf dem Lande bauen. Beinahe 500 Jahre später steht die **Casa Ponce de León** (Haus des Ponce de León; Eintritt 50 RD$; 9–17 Uhr) noch immer, allerdings inzwischen zum Museum umfunktioniert, das den Lebensweg dieser berüchtigten Figur der spanischen Conquista nachzeichnet.

Der 1460 geborene Ponce de León begleitete Christoph Kolumbus 1494 auf der zweiten Reise in die Neue Welt. 1508 eroberte er Boriquén (das heutige Puerto Rico) und war zwischen 1510 und 1512 Gouverneur. In der Zeit kamen ihm Gerüchte über eine Insel nördlich von Kuba zu Ohren, die den Namen Bimini trug. Dort sollte es eine Quelle geben, die den Alterungsprozess umkehren konnte – der sagenhafte Jungbrunnen. Ponce de León verließ Puerto Rico und erreichte die Ostküste des heutigen Florida am 2. April 1513, am Palmsonntag. Das neue Land nannte er Pascua Florida (wörtlich „Blumiges Ostern"). Er versuchte, um die Halbinsel, die er für eine Insel hielt, herumzusegeln. Als er seinen Irrtum erkannte, kehrte er nach Puerto Rico zurück. Acht Jahre später nahm er seine Suche wieder auf und landete an Floridas Westküste, wo er und seine Gefährten von Indianern angegriffen wurden. Von einem Pfeil getroffen, zog sich Ponce de León nach Kuba zurück und verstarb kurz darauf.

Das Museum ist spärlich eingerichtet, enthält aber viele Originalgegenstände, die Ponce de León gehörten, darunter seine Rüstung und viele seiner Möbel. Aus seiner Zeit stammen auch der Kronleuchter und sein Bett, in dessen Kopfteil das Familienwappen geschnitzt ist. Die Erläuterungen zu den Ausstellungsstücken sind zweisprachig.

Wer mit dem Auto aus Norden anreist, kommt direkt hinter der Polizeistation zu einer Weggabelung. Man hält sich links und biegt dann links in eine Schotterstraße direkt vor dem Friedhof ein (er ist von einer hohen,weißen Mauer umgeben und ausgeschildert). Nach 1,2 km kommt ein Tor in Sicht, das zu einer langen Zugangsstraße auf der rechten Seite führt. Am Ende der Straße erscheint dann ein schachtelförmiges Steingebäude – das Museum.

einzige Nadel im von Zuckerrohrplantagen umringten (Beton-)Heuhaufen, die zu besuchen es sich lohnt. Die zugleich eigenartig und schön wirkende Basilika ragt in der Mitte der Stadt wie eine steinerne Rakete vor dem Start auf. Einen Tagesausflug oder einen Zwischenstopp ist sie schon wert – genau genommen landet jeder, der den Südosten bereist, irgendwann hier. Wem das nicht gelingt, der muss sich mit der Abbildung auf der 50-RD$-Note begnügen.

Sehenswertes

Basílica de Nuestra Señora de la Altagracia KIRCHE

(Eintritt 40 RD$; 6–19 Uhr) Von außen wirkt die Mischung aus heilig und profan recht eigenartig. Eine zweckorientierte Betonfassade, ähnlich einem Militärbunker, überragt von einem lang gezogenen Bogen, der hoch in den Himmel sticht. Doch wegen des verglasten Bildnisses der Jungfrau von Altagracia gilt diese Kirche als eine der berühmtesten Kathedralen des Landes.

Die Legende besagt, dass in Higüey ein krankes Kind geheilt wurde, als ein alter Mann, den man für einen Apostel hielt, in der alten Stadtkirche Iglesia San Dionisio um Essen und eine Bleibe bat. Bei seinem Abschied am folgenden Tag hinterließ er ein schlicht gerahmtes, kleines Bildnis Unserer Lieben Frau der Gnaden. Zahllose Bewunderer verehren seit dieser Zeit das Bild aus dem 16. Jh. und berichten von wundersamen Heilungen durch die Jungfrau Maria. Das ursprünglich in der hübschen Iglesia San Dionisio aufbewahrte Bild der Jungfrau wird seit Mitte der 1950er-Jahre in der Basilika verehrt. Die von den Franzosen Pierre Dupré und Dunoyer de Segonzac erschaffene Kirche wurde 1956 fertiggestellt: Die langen Innenwände bestehen fast ausschließlich aus nacktem Beton. Sie nähern sich einander an, während sie in die Höhe steigen, und treffen schließlich an einem abgerundeten Stück direkt über dem Mittelgang aufeinander. Gegenüber der Haupteingangstür nimmt ein Buntglasfenster die gesamte Wand ein, das besonders am späten Nachmittag, wenn die Sonne honigfarbene Schatten auf den Boden zeichnet, sehr schön anzusehen ist.

Das neue **Museo de la Altagracia** (Calle Arzobispo Nouel; Dominikaner/Ausländer 400 RD$/5 US$; Di–So 9–17 Uhr) ist ein sehr gut eingerichtetes und modernes Museum und verfolgt die Religions- und Kulturgeschichte der Dominikanischen Republik bis zurück ins 18. Jh. Es befindet sich auf dem Gelände der Basilika, umgeben von einem eindrucksvollen Palmenwald und ist durchaus sehenswert.

Feste & Events

Tausende von Menschen reisen jeweils am 21. Januar zur Basilica de Nuestra Señora de la Altagracia, um der Jungfrau auf bewegende Art Ehre zu erweisen. In ihre besten Kleider gehüllte Pilger ziehen am Bildnis der Jungfrau vorbei, in der Hoffnung auf ein Wunder oder um ihren tiefsten Dank auszusprechen. Die Kirchenglocken läuten den ganzen Tag.

Im August füllen sich die Straßen der Stadt mit Cowboys zu Pferde, die aus allen Richtungen der Insel für die **Fiesta Patronal** (Festival der Stiere) herbeiströmen.

Schlafen & Essen

Hotel Don Carlos HOTEL $
(809-554-2344; Ecke Calle Juan Ponce de León bei Sánchez; Zi. altes/neues Gebäude 1250/1490 RD$;) Das Don Carlos, ein Labyrinth aus Zimmern, befindet sich nur eine Straße westlich der Basilika. Der Service ist freundlich und professionell, trotzdem eignet es sich nur für eine Übernachtung bei der Durchreise. Nach einem Zimmer im neuen Anbau mit den modernen und größeren Räumen fragen, denn die Zimmer im Altbau sind eng und altmodisch. Zu den Einrichtungen zählt ein Restaurant (Hauptgerichte 100–500 RD$; Frühstück, Mittag- und Abendessen) – hier isst man besser als in Higüeys wenig aufregender Gastroszene. Die größte Unannehmlichkeit besteht darin, dass nur die Lobby WLAN bietet.

Praktische Informationen

Banco Leon (Av La Altagracia) Geldautomat am Mittelstreifen.

BanReservas (Av La Altagracia) Geldautomat am Westende des Mittelstreifens der Avenida La Altagracia.

An- & Weiterreise

Klimatisierte Busse nach Santo Domingo (250 RD$, 2 Std., alle 15 Min. von 5–19 Uhr) fahren von der großen **Aptpra-Station** (829-537-5342; www.aptpra.com.do; Av Laguna Llana bei Colón) ab. Stündlich starten mindestens zwei *expressos*.

Guaguas nach La Romana (110 RD$, 45 Min., alle 30 Min. von 5–22 Uhr) fahren vom kleinen **Sitraihr-Busbahnhof** (809-550-0880; Av la Altagracia) an der Avenida La Altagracia gleich westlich der Avenida Laguna Llana ab. Für Busse nach Samaná geht es ein paar Schritte östlich von **Asotraihs** (809-554-1177; Av la Altagracia 91) los (Die Haltestelle vor dem Banco Eden Henriquez ist etwas schwer zu finden): Von dort aus nimmt man einen Bus odereine *guagua* nach Hato Mayor (130 RD$, 1¼ Std., jede Std. von 4.45–20.10 Uhr) oder nach El Seibo (110 RD$, 1 Std., alle 30 Min. von 5–19.30 Uhr) und steigt dort in den Bus nach Sabana de la Mar um, von wo aus die Fähren über die Bucht ablegen. Am besten dem Fahrer Bescheid geben, dass man umsteigen will: Oft lassen sie einen dann direkt am passenden Bahnhof raus.

Guaguas und Busse nach Bávaro und Punta Cana (130 RD$, 1 Std., alle 15 Min. von 4.55–20.30 Uhr) fahren vom **Sitrabapu-Bahnhof** 1,2 km östlich der Basilika ab (829-554-0452; Av La Libertad 60).

VON PUNTA CANA NACH SABANA DE LA MAR

Bávaro & Punta Cana

Die Ostküste der Dominikanischen Republik kann man durchaus mit einem Art Sonne-Sand-und-Meer-Disneyland vergleichen – schließlich schlucken hier die größenwahnsinnigen All-inclusive-Resorts breite Streifen kinoverdächtiger Strände schneller als die Immobilienhändler den sonnengetränkten Sand auf den Markt bringen können. Zwischen Punta Cana und El Macao gibt es etwa 40 000 Hotelzimmer und es werden immer mehr. Der Grund liegt darin, dass diese Strände alle anderen Karibikstrände in den Schatten stellen, sowohl was den weichen, weißen Sand angeht als auch das aquamarinblaue Wasser. Obwohl es keinerlei Einschränkungen gibt, was die Bautätigkeit angeht, gelingt es den Resorts und Stränden hier immer noch, scheinbar unübersehbaren Mengen von Sonnenhungrigen eine traumhaft-idyllische Karibikszenerie zu bescheren. Doch es dreht sich nicht alles um Resorts und Wohnanlagen – die Gemeinde hat in jüngster Zeit auf lobenswerte Art und Weise den Straßenbelag der Hauptstraßen erneuert und sie zudem mit Gehwegen ausgestattet.

Punta Cana, der Kurzname für die ganze Region, führt als Bezeichnung etwas in die Irre. Der Großteil der Resorts verteilt sich an den Stränden von Bávaro, das im Grunde nur aus einer Reihe von Plazas mit Geschäften besteht und aus El Cortecito, einer kurzen Ladenzeile entlang des „Stadtstrands". In Punta Cana, an der Ostspitze des Landes, wo sich auch der Flughafen befindet, drängeln sich einige der Luxusresorts und der Golfplätze direkt am karibischen Meer.

Sehenswertes

Indigenous Eyes Ecological Park & Reserve NATURSCHUTZGEBIET
(829-470-1368; www.puntacana.org; Eintritt Erw./Kind 25/12 US$, mit Führung 50/25 US$; 8.30–17 Uhr) Obwohl weite Teile der dominikanischen Küste zugebaut sind, existieren heute noch große unberührte Küstenstreifen und Mangrovenwälder. Etwa 500 m südlich des Puntacana Resorts und Clubs liegt dieser dazugehörige Ökopark, der eine über 6 km² große Schutzzone am Meer und im Landesinneren einnimmt und die Heimat von rund 100 Vogelarten (von denen 27 Arten nur in der Dominikanischen Republik vorkommen), 160 Insekten- und 500 Pflanzenarten ist.

Besucher können eine lohnenswerte dreistündige **Führung** auf Englisch, Französisch, Deutsch oder Spanisch buchen. Die Tour geht durch ein etwa 30 ha großes Gebiet des Reservats, das insgesamt elf Süßwasserlagunen umfasst, die von einem unterirdischen Fluss gespeist werden, der ins Meer mündet. Auf dem Programm stehen auch ein Besuch im Botanischen Garten und im Obstgarten, ein Abstecher zur Leguanfarm (Teil eines Schutzprojekts) und zum Bauernhof mit Streichelzoo.

Das Besucherzentrum besticht durch seine großartige Insektensammlung, die von Entomologiestudenten aus Harvard zusammengestellt wurde, sowie durch die interessanten Karten und Fotos der Umgebung. Der Park steht unter der Leitung der Puntacana Ecological Foundation, einer im Jahr 1994 gegründeten Nonprofit-Stiftung, die sich dem Schutz des Ökosystems dieser Region mit seinem 8 km langen Riff und der Küste des Resorts sowie der Förderung von nachhaltigem Tourismus und Hotelmanagement verschrieben hat. Beinahe 4 ha des Reservats gehören zum Center for Sustainability, einem Gemeinschaftsprojekt mehrerer amerikanischer Universitäten, das dem Studium und der Beobachtung einheimischer Pflanzen, Vögel und Insekten dient. Leider gibt es keinen Hotel-Pickup-Service und nur geladene Gäste oder Gäste der Puntacana Resorts und Clubs können Touren ohne Führer unternehmen; Hin- und Rückfahrt mit dem Taxi inkl. dreistündiger Besuchszeit kosten ab Bávaro oder El Cortecito rund 90 US$.

Strände

Die Strände werden meist verdientermaßen mit Superlativen beschrieben. Dabei darf man nicht vergessen, dass sich Bauunternehmer die besten Abschnitte geschnappt haben und diese Grundstücke entweder bereits mit All-inclusives oder Wohnanlagen bebaut sind oder es bald sein werden. Reisende sind hier also nie ganz allein, sondern immer Teil der Masse, die den Strand bevölkert.

Der öffentliche Zugang ist gesetzlich geschützt, weshalb man von den nicht ganz so exklusiven Stränden wie der **Playa El Cortecito**, an der viele Strandverkäufer unterwegs sind, zu hübscheren Fleckchen vor den Resorts bummeln kann – doch ohne das farblich passende Armband bekommt man kein Handtuch und auch keinen Liegestuhl.

Nördlich von El Cortecito liegt die **Playa Arena Gorda**, an der sich All-inclusive-Resorts und deren Gäste aneinanderreihen. Viele Touristinnen baden oben ohne, andere Gäste vergnügen sich auf Bananenbooten und mit Parasailing oder braten einfach in der Sonne. 9 km weiter nördlich liegt einer der am besten zugänglichen Surfstrände: **Playa del Macao** ist ein großartiger Sandstreifen, den man am besten per Auto erreicht. Der Strand ist auch das Ziel von Touren mit Geländewagen, die jeden Tag am Strand entlangbrausen – am nördlichen Strandende ist der Lärm nicht ganz so groß. In der anderen Richtung, südlich von Bávaro und El Cortecito, befindet sich die **Playa Cabo Engaño**, ein abgelegener Strand, für den man auf jeden Fall ein Auto benötigt, am besten eines mit Allradantrieb.

Bávaro & Punta Cana

Aktivitäten

Wassersport

Es wird wirklich jede Wassersportart angeboten, auch wenn die Anfahrt zu einigen Veranstaltungsorten lang ist. Jedes Hotel hat einen Informationsstand, wo Schnorchel-, Tauch- und Bootstouren z. B. zur Isla Saona (S. 93) gebucht werden können. Parasailing kann man überall am Strand von Punta Cana und Bávaro ausprobieren.

Marinarium SCHNORCHELN
(www.marinarium.com; Erw./3–12 Jahre 99/49,50 US$) Dieser Schnorcheltrip zum Marinarium, einem natürlichen Meeresbecken bei Cabeza de Toro ist ein sehr beliebter Familienausflug und außerdem wohl ökologischer als andere Touren. Rochen, Ammenhaie, Tropenfische und kleine Korallenriffe können bewundert werden.

Power Adventures SCHNORCHELN, TAUCHEN
(☎ 809-552-1597; www.power-adventures.com; El Cortecito; Erw./Kind 79/39,50 US$; ⏲ Touren 9 & 14 Uhr; 👪) Bietet eine 3½-stündige Schnorcheltour mit Powerschnorcheln an (mit Motorantrieb) sowie Hooka Diving: Der Taucher wird dabei mit einem leinenartigen

Bávaro & Punta Cana

Aktivitäten, Kurse & Touren
1 La Cana Golf Course C5
2 Marinarium C2
3 Power Adventures D1
4 RH Tours & Excursions D1

Schlafen
5 Bávaro Hostel D2
6 Hard Rock Hotel Punta Cana A1
7 Hostel Punta Cana C1
8 Hotel Cortecito Inn D1
9 NaturaPark Beach Ecoresort & Spa C2
10 Paradisus Punta Cana C1
11 Puntacana Resort & Club C5
12 Villas Los Corales D2

Essen
Balicana .... (siehe 12)
Brot .... (siehe 19)
13 Chickeeta Bonita's D2
14 El Burrito Taqueria B2
El Burrito Taqueria .... (siehe 19)
15 La Posada de Gladys D2
Ñam Ñam .... (siehe 5)
Passion by Martín Berasategui .... (siehe 10)
16 Restaurante Playa Blanca C5
17 Solo Pollo C1
18 Super Mercado Pola B3
19 Super Mercados Nacional C4

Ausgehen & Nachtleben
20 Onno's D1

Unterhaltung
21 Mangú C1

Atemgerät verbunden, sodass er bis zu 4 m tief tauchen kann. Ein toller Ausflug für die ganze Familie, obwohl natürlich auch Nicht-Familien darauf abfahren. Obst und eine Bar (nach dem Tauchen!) sind zusätzliche Pluspunkte.

Golf

La Cana Golf Course GOLF
(☎ 809-959-4653; www.puntacana.com; Punta Cana Resort & Club, Punta Cana; ⏲ 7.30–18 Uhr) Punta Canas Top-Golfplatz liegt im Top-Resort der Gegend. Der 18-Loch-Platz wurde von Pete Dye entworfen und überzeugt durch mehrere lange Par-5-Löcher und den tollen Meeresblick. Die Green Fees liegen bei 135/175 US$ (inkl. Golfwagen) für Gäste/Nicht-Gäste für 18 Löcher oder bei 80 US$ (nur Gäste) für 9 Löcher. Wer Schläger mieten möchte, zahlt für 18 Löcher 50 US$ oder 25 US$ für 9 Löcher. Tee Times können online gebucht werden. Zum Punta Cana Resort gehört auch der von Tom Fazio entworfene **Corales Golf Course**, der exklusiv Anwohnern von Puntacana und Gästen von Tortuga Bay vorbehalten ist, sowie **Hacienda**, der ebenfalls von Pete Dye angelegt wurde.

Cap Cana GOLF
(☎ 809-469-7767; www.capcana.com; Punta Cana) Bei La Cana wird gerade ein großes Bauprojekt durchgeführt, wobei ein Jack Nicklaus Signature Golfplatz bereits fertiggestellt wurde und bespielt werden kann (Green Fees für Nicht-Gäste Mai–Oktober 275 US$, November–Mai 375 US$) und zwei weitere Plätze sich im Bau befinden.

Geführte Touren

In jedem Resort gibt es einen Stand, an dem man alle Arten von Trips buchen kann, von Schnorcheln und Hochseeangeln bis zu den beliebten Ausflügen zur Isla Saona. Eine Handvoll Einheimischer bietet am Strand El Cortecito einstündige **Schnorcheltrips** (25 US$ pro Pers.), zweistündige **Fahrten im Glasbodenboot** (35 US$ pro Pers.) zu einem nahe gelegenen Riff und **Parasailing** (15 Min. 85 US$) an. Die meisten haben auch **Hochseeangeln** (Minimum 4 Pers., 4 Std., 75 US$ pro Pers.) im Programm: Gefangen werden Marlin, Thunfisch, Wahoo und Barracuda. Am Nordende des Strandes sitzen ein paar aufdringliche Anbieter, obwohl Reisende wahrscheinlich schon von Schleppern angesprochen werden, sobald sie in der Stadt oder am Strand auftauchen. Die mit Abstand beliebteste Tagestour ist der Ausflug zur Isla Saona (S. 93).

RH Tours & Excursions TAGESTOUR
(☎ 809-552-1425; www.rhtours.com; El Cortecito; ⏲ Mo–Sa 9–17 Uhr) Wer die Region erkunden will, kann bei diesem Veranstalter eine Reihe netter Tagestouren für Touristen buchen. Zu den beliebtesten Ausflügen zählen der Parque Nacional Los Haitises (128 US$), Bootsfahrten zur Isla Saona (92–118 US$) und eine Tour durch Santo Domingos Zona Colonial (77 US$). Ein Mittagessen und Getränke sind bei allen Touren inbegriffen. Die Guides sprechen englisch, deutsch und spanisch.

Bávaro Runners TAGESTOUR
(☎ 809-455-1135; www.bavarorunners.com) Der bekannte Ausrüster bietet eine Reihe von

ABSTECHER

DIE UNTERWELT DER DOMINIKANISCHEN REPUBLIK

Wer es gerne ein bisschen rustikal mag, wendet sich an **Cueva Fun Fun** (☎809-553-2656; www.cuevafunfun.com; Rancho Capote, Calle Duarte 12, Barrio Puerto Rico, Hato Mayor; Erw./Kind 155/110 US$), die Touren durch eines der größten Höhlensysteme der gesamten Karibik anbieten. Das Tagesprogramm umfasst einen Ritt, einen Marsch durch den üppigen Dschungel, 20 m Abseilabenteuer und eine 2 km lange Wanderung durch die Höhle mit reichlich Gelegenheit zum Planschen im unterirdischen Fluss. Für Frühstück und Ausrüstung (Stiefel, Klettergurt, Helm und bunte Sportanzüge) ist gesorgt. Die Trips werden meist als Gruppentouren von Hotels in der Region Bávaro/Punta Cana angeboten, die Anfahrt beträgt 2½ Stunden. Doch Einzelreisende oder kleine Gruppen können sich mit Voranmeldung in eine solche Tour einklinken.

Touren an, darunter Tagesausflüge zu einer Zuckerrohrplantage oder einem Zigarrenmuseum, mit Strandbesuch und Ausritt.

X Bike MOUNTAINBIKING
(☎809-758-0113; jhsmfb71@yahoo.com) Ein paar All-inclusive-Kalorien zu viel auf den Rippen? Der freundliche Joaquin holt die Teilnehmer raus aus ihren Resorts und fährt mit ihnen durch die Berge, entweder halbtags nach Miches und Constanza oder mit Übernachtung nach Jarabacoa. Die Preise fangen bei 50 US$ pro Person an.

Schlafen

Für die Resorts in dieser Gegend sind Gäste, die einfach vorbeischauen, in etwa so häufig wie ein Schneesturm. Wer die misstrauischen Security Guards von seinen lauteren Absichten überzeugen kann und es bis zur Rezeption schafft, wird dort Preise zu hören bekommen, die absolut keiner der Gäste des Resorts zahlt. All-inclusive-Urlaub sollte man online oder über ein Reisebüro buchen, da auf diesem Wege Preisnachlässe von bis zu 50 % möglich sind. Man sollte berücksichtigen, dass die meisten Resorts auf ein spezielles Publikum ausgerichtet sind, z. B. auf Familien, Flitterwöchner oder Golfer.

Schließlich gibt es in Bávaro eine aufblühende Hostel-Szene, eine erfrischende Alternative für Individualreisende.

Bávaro

★ **Bávaro Hostel** HOSTEL $
(☎809-931-6767; www.bavarohostel.com; Av Alemania, Edificio Carimar 4A, Bávaro; Bett 22 US$, Zi. 40–45 US$; ❄📶) Dieses neue, nur ein paar Meter vom Strand entfernte Hostel umfasst mehrere Zimmer eines vierstöckigen Gebäudes im Herzen von Los Corales. Geleitet wird es von einem unglaublich freundlichen dominikanisch-englischen Geschwisterpaar. Angesichts des Mangels an Unterkünften für Individualreisende in Punta Cana, hat sich das Hostel schnell zum dringend benötigten Travellerzentrum der Gegend entwickelt. Gäste haben die Wahl zwischen Vier- und Sechs-Bett-Zimmern und acht einzelnen Zimmern, die auf verschiedene Wohnungen mit Gemeinschaftsküche verteilt sind. Hier gibt es für alles eine Lösung, sogar wenn man auf der Suche nach einer Gruppe neuer Freunde ist, mit denen man um die Häuser ziehen kann.

Hostel Punta Cana HOSTEL $
(☎809-505-8090; www.hostalpuntacana.com; Calle Italia, Residencial Nautilus, Bávaro; Bett 20–25 US$, Zi. 50 US$; @📶🏊) Dieser Newcomer – gar nicht schlecht für ein Hostel – besteht aus drei Gebäuden in einer Wohnanlage, zu der ein Pool, ein Fitnesscenter, ein Restaurant und ein Spa gehören. Die klimatisierten Schlafräume haben vier oder sechs Betten. Doch der Hit sind die einzelnen Zimmer: im Grunde Luxusapartments mit Marmorboden, großer Küche und Terrasse.

Der einzige Nachteil liegt darin, dass man ein bisschen ab vom Schuss ist: zehn Minuten Fußmarsch zum Strand White Sands, oder man schnappt sich ein freies Fahrrad. Auf Anfrage holen einen die Hostelbetreiber von der Bushaltestelle (5 US$) oder vom Flughafen ab (25 US$).

Villas Los Corales APARTMENT $$
(☎809-552-1262; www.los-corales-villas.com; Playa Bávaro; Zi. 90–300 US$; ❄📶🏊) Diese kleine Anlage in italienischer Hand hat keine Ambitionen, es den nahe gelegenen grandiosen All-inclusives gleichzutun und es allen Leuten recht zu machen. Wer eine schlichtere Umgebung und ein Gemeinschaftsgefühl sucht, ist in Los Corales am richtigen Platz.

Die rund 50 Apartments haben alle einen eigenen Patio und Balkon sowie eine eigene kleine Küche, manche bieten sogar einen Blick aufs Meer.

Einige der billigeren Zimmer riechen etwas modrig – es lohnt sich also, noch 30 US$ draufzulegen und ein besseres Zimmer aus der 120-US$-Kategorie zu wählen. Neben dem hervorragenden Balicana (S. 108) gibt es auch ein italienisches Restaurant sowie eine Bar, ein Spa mit Alternativbehandlungen, ein kleines Fitnesscenter und einen Pool.

Hotel Cortecito Inn HOTEL **$$**
(☎809-552-0639; www.hotelcortecitoinn.net; El Cortecito; Zi. mit Frühstück 60 US$;) Eines der wenigen unabhängigen Hotels dieser Gegend mit anständigen Preisen. Lächelfreier Service, Personal auf Konfrontationskurs und langweiliges Frühstück gehören zur täglichen Routine, doch die Zimmer sind teils recht großzügig und der Swimmingpool mit renovierter Anlage ist auch ganz ok. An der Rezeption muss man seinen Ausweis hinterlegen.

★ **Paradisus Punta Cana** RESORT **$$$**
(☎809-687-9923; www.melia.com; Playa Bávaro; All-inclusive- DZ ab 446 US$; @) Dieses Resort, das fast im Dschungel liegt und auffallend ruhig ist, wirkt völlig anders als die üblichen Resorts dieser Region. Singles und Familien kommen gerne hierher. Das Resort sorgt dafür, dass sich die beiden Gruppen, falls gewünscht, nicht in die Quere kommen. Die renovierten Standardzimmer erinnern stilistisch eher an Urban Arthouse als an karibisches Flair. Die 190 neueren Zimmer bestechen durch einen üppig grünen Hof, moderne Kunst, Patios und Jacuzzis für Zwei.

Der große und geschwungene Hauptpool und der Strand (voller luxuriöser Liegen) sind wunderbar. Im separaten Royal-Services-Pool fühlt man sich wie in einer römischen Therme. Für die Kids gibt es Batting Cages und eine Kletterwand, für die Erwachsenen 12 Restaurants, darunter Passion von Martín Berasategui (S. 109), das viele für Punta Canas Toprestaurant halten. Also ist für jeden etwas geboten.

NaturaPark Beach Ecoresort & Spa HOTEL **$$$**
(☎809-221-2626; www.blau-hotels.com; Cabeza de Toro; DZ ab 218 US$; @) Der NaturaPark verfügt über einen schmalen Strand außerhalb des Dorfes Cabeza de Toro, auf halber Strecke zwischen Bávaro und Punta Cana. Von den im Blockhausstil aus recyceltem Kokosholz errichteten Sitzmöbeln der Lobby bis zu den herrlichen wild wachsenden Mangroven auf dem Gelände achtet man hier überall auf Nachhaltigkeit. Das Resort hat bereits Preise für seine Umweltverträglichkeit gewonnen.

Beliebt ist es bei Kanadiern und bei all jenen, denen die Reduzierung ihrer persönlichen CO_2-Bilanz mehr bedeutet als nächtelang durch Bars und Clubs zu ziehen. Der Pool ist ein bisschen klein geraten, dafür ist der Strand hübsch. Schwäne, Gänse und Flamingos sowie die Laguna Bávaro machen deutlich, dass die Natur nie weit weg ist.

Hard Rock Hotel Punta Cana RESORT **$$$**
(☎809-731-0099; www.hardrockhotelpuntacana.com; Playa Macao; All-inclusive-DZ ab 559 US$; @) Las Vegas mit Karibikflair – was für eine Vorstellung. Dieser Gipfel der Dekadenz und Coolness nimmt auf der Liste von Punta Canas herausragenden und schönen Resorts den obersten Platz ein. Die Lobby gleicht mit ihren unzähligen Memorabilien, darunter Madonnas mit Glitzersteinen bedeckter Limousine, einer Hall of Fame des Rock 'n' Roll. Hipster aller Couleur tummeln sich hier.

Das tolle Kasino ist das größte der Dominikanischen Republik, dazu kommen 13 Pools (sieben am Meer), 17 Restaurants und 10 Bars. Nach einer Party muss man auf dem großzügigen Gelände also nie lange suchen. Aber was spricht gegen eine spontane Feier in einem der Zimmer, die alle partytaugliche Jacuzzis am Fußende des Bettes haben. Der neueste Schnickschnack ist der frisch überholte 18-Loch Cana Bay Palace Punta Cana Golf Club und der Simon Mansion & Supper Club des Celebrity-Kochs Kerry Simon (Hauptgerichte 18–35 US$; keine Strandkleidung) – definitiv eines der trendigsten Restaurants in Punta Cana.

Punta Cana

Obwohl es meist als Kurzbezeichnung für die Ferienregion des Südostens verwendet wird, bezieht sich der Name Punta Cana eigentlich nur auf das Gebiet östlich und südlich des Flughafens.

Puntacana Resort & Club RESORT **$$$**
(☎809-959-2714; www.puntacana.com; Punta Cana; DZ inkl. Frühstück ab 382 US$; @) Abgesehen von berühmten Gästen wie

Julio Iglesias, Oscar de la Renta und Michail Baryshnikov ist dieses anspruchsvolle und riesige Resort auch für seine Umweltbemühungen bekannt, besonders für den angeschlossenen Ökopark gegenüber des Resorteingangs. Im Gegensatz zu den All-inclusive-Resorts sind hier jedoch Mittag- und Abendessen sowie Getränke nicht im Preis inbegriffen.

Das frühere Hauptgebäude des Resorts (Puntacana Hotel) wurde zugusten des brandneuen 200-Zimmer-Hotels Westin bei Playa Blanca geschlossen (DZ ab 558 US$), das Ende 2013 eröffnete. Dort kann man von jedem Zimmer aus zumindest ein Stückchen Meer sehen. Zu dem Komplex gehört auch das seit 2012 bestehende 124-Zimmer-Hotel Four Points Sheraton (DZ ab 382 US$), ein modernes Businesshotel in Puntacana Village. Doch der wahre Knüller ist das luxuriöse und edle Tortuga Bay (entworfen von de la Renta; DZ ab 1285 US$), eine kleine Enklave aus Luxusvillen mit ein, zwei oder drei Schlafzimmern, die in Punta Cana der Maßstab für wahren Luxus sind. Zur Auswahl stehen auf dem 60 km² großen Komplex neben vielen anderen Vergnügungsmöglichkeiten neun Restaurants, ein Six Senses Spa, eine moderne PADI-Tauchstation und eine Kiteboarding-Schule.

Essen

Die Resortbüffets sorgen dafür, dass niemand Hunger leiden muss, aber es gibt genügend Wohnungen, Villen und einheimische Gäste, um zahlreiche unabhängige Lokale am Laufen zu halten. Die meisten befinden sich in den verschiedenen Einkaufszentren der Gegend und sind per *motoconcho* oder Taxi leicht zu erreichen.

Der hervorragende **Super Mercados Nacional** (Puntacana Village, Punta Cana; ⌚ Mo–Sa 8–21 Uhr, So 9–18 Uhr) ist der beste Supermarkt in Punta Cana. In Bávaro empfiehlt sich das riesige, neue **Super Pola** (San Juan Shopping Center, Bávaro; ⌚ Mo–Sa 8–22 Uhr, So 9–20 Uhr) nahe der Cruce de Cocoloco. Kleinere Supermärkte für den täglichen Einkauf finden sich an vielen der Plazas in Bávaros.

Solo Pollo DOMINIKANISCH $

(Plaza Brisas de Bávaro, Bávaro; Mahlzeit 250–300 RD$; ⌚ 8–13 Uhr) Scharenweise strömen die Einheimischen in dieses einfache *comida criolla* Restaurant, das, wie der Name schon sagt, ausschließlich Hühnchen serviert. Saftiges, perfekt gewürztes *pollo horneado* (Brathähnchen) ist die Spezialität auf der Speisekarte, die jeden Tag auf einen Rechnungszettel gekritzelt wird.

Als Beilage gibt es Reis, Bohnen und Salat. Selbst wenn man sich einen frischen *Tamarindo*-Saft gönnt, kommt man hier mit unter 300 RD$ wieder raus.

La Posada de Gladys DOMINIKANISCH $

(Av Alemania, Bávaro; Mahlzeit 130–500 RD$; ⌚ 7–22 Uhr) In diesem angenehmen Freiluft-Palapa sitzt man mit Dominikanern zusammen und genießt für 175 RD$ das Tagesgericht, eine bodenständige und einfache Mahlzeit für Arbeiter in Bávaro: Fleisch oder Fisch mit Reis, Bohnen und Kochbananen, liebevoll und auf einheimische Weise gekocht.

Chickeeta Bonita's CAFÉ $

(Plaza Arenal Caribe, Bávaro; Hauptgerichte 130-300 RD$; ⌚ 8–22 Uhr; 📶) Nicht wirklich mit italienischem Eis zu vergleichen, eher kanadisches Eis, nach der Nationalität des Besitzers. Zu den beliebtesten Sorten zählen Caramel Brownie und Chocolate Orange, doch all diese hausgemachten Leckereien zergehen bei dieser Hitze auf der Zunge. Das Gelato gibt es ab Mittag zu kaufen. Doch davor und danach bekommt man hier auch Frühstück, Sandwiches und Nachos. Die Buchtausch-Börse ist recht gut.

★ **Ñam Ñam** CAFÉ $$

(www.nam-nams.com; Plaza Sol Caribe, Bávaro; Hauptgerichte 119–49 RD$; ⌚ Di–So 11–15 & 18–23 Uhr; 🖉) Ñam Ñam bedeutet „lecker“ auf Serbisch: Das ist kein Witz. Das freundliche Paar aus Belgrad in dieser winzigen Küche in Los Corales– sie übernehmen alle Arbeiten selbst – weiß ziemlich genau, wie sie einen Bauch glücklich machen können. Die inzwischen berühmten Burger in Normal-, Gourmet- (Hackfleisch mit Speck und Chili) und Gefülltversion (mit Schinken, Käse und Pilzen) schmecken hervorragend. Doch die Speisekarte mit internationalem Essen, das glücklich macht, geht noch weiter: Es gibt auch Crêpes, Sandwiches, eine Reihe vegetarischer Gerichte und sogar serbisches Cevapcici. Nie verkehrt ist es, alles, was auf der Speisekarte steht, mit der hausgemachten, pürierten und scharfen (Vorsicht Brandblasen) Habanero-Karotten-Sauce oder der ebenso selbst fabrizierten Petersilien-Mayonnaise zu verfeinern. Bitte schön.

Balicana ASIATISCHE FUSION-KÜCHE $$

(Villas Los Corales, Bávaro; Hauptgerichte 350–400 RD$; ⌚ Mo–Sa 12–15 & 19–23 Uhr; 📶) Wer seinen Geschmacksknospen einen Schock versetzen will, isst in diesem hübschen Lokal eines der vielen asiatischen Gerichte, die man sonst in der Dominikanischen Republikt schmerzlich vermisst. Auf den Tisch kommen thailändische (Grüne Currys, Pad Thai), indonesische (Nasi Goreng) und malaysische (Kokoscurrys) Köstlichkeiten. Serviert werden sie unter einem Palapa mit Ventilator, direkt am Pool, in der Villas Los Corales.

Brot CAFÉ **$$**

(Puntacana Village, Punta Cana; Frühstück 85–325 RD$; Mo–Sa 8–22 Uhr, So 8–17 Uhr;) Hier zieht sich Punta Cana die Bagels rein: Fabelhafte *bagelwiches* (auch als Baguettes) sind angesagt, und zwar u. a. in so seltenen Geschmacksrichtungen wie Hummus Supreme und Montecristo. Salate und Wraps gibt es zuhauf.

El Burrito Taquería MEXIKANISCH **$$**

(Galerías Comerciales, Punta Cana; Burritos 280–380 RD$; 11–16 & 19–23 Uhr;) Das erste Anzeichen für einen tollen Mexikaner sind frische Chips und Salsa. Der Instinkt trügt nicht bei dieser kleinen und geselligen *taquería*. Hervorragende Burritos in Schuhschachtelgröße und eine große Auswahl an Tacos, Enchiladas und Margaritas stillen das Verlangen, wenn man vom allgegenwärtigen Fisch und der ständigen Pasta genug hat. In **Bávaro** (Palmareal Shopping Village; Mo–Do 11–23 Uhr, Fr–So bis Mitternacht;) gibt es eine weitere Filiale.

★ Passion by Martín Berasategui BASKISCH **$$$**

(Paradisus Punta Cana, Bávaro; 7-Gänge zum Festpreis Gäste/Nicht-Gäste 45/65 US$; 18.30–22 Uhr) Der Koch Martín Berasategui stammt aus San Sebastián im spanischen Baskenland – wo man übrigens gar nicht schlecht isst. Als er sich aufmachte, Punta Canas wohl erinnerungswürdigsten Genusstempel zu managen, packte er ein paar Rezepte in sein Gastrogepäck.

Das siebengängige Degustationsmenü ist eine feine Sache: Serviert werden womöglich Gerichte wie *ajo blanco* (eine kalte Mandelsuppe), ein fantastischer Thunfisch mit Kräuterkruste auf cremigen Zwiebeln, ein dekadentes Confit vom Schwein und ein in Vanille pochiertes Bananendessert, bei dem die Geschmacksknospen nach jedem Bissen in einer anderen Farbe erblühen. Bei sechs Michelin-Sternen, verteilt auf drei Restaurants unter Berasateguis Namen, ist ein Essen hier wirklich günstig zu nennen – auch wenn er nicht persönlich am Herd steht. Der Chefkoch vor Ort und seine Beiköche haben alle in Spanien unter Berasateguis wachsamem Auge gekocht.

Restaurante Playa Blanca FUSION **$$$**

(Puntacana Resort, Punta Cana; Hauptgerichte 12–29 US$; 11–22.30 Uhr;) Das von einer Reihe von Palmen umrahmte, stimmungsvolle Open-Air-Restaurant im Puntacana Resort steht auch Nicht-Gästen offen und lohnt den Besuch. Der Strand (Playa Blanca) ist spektakulär: Das Mittagessen kann man direkt am Meer im Sand einnehmen.

Das ganz in Weiß gehaltene, hippe Ambiente wirkt unglaublich cool, doch die Karte mit dominikanischem Lecker-Essen wird durch Joker wie „Pikanter Ziegenbraten auf dominikanische Art“ (14 US$), „Kreolische *lambi*“ (Muscheln; 12 US$) oder Basics wie den wunderbaren Zackenbarsch *al ajillo* enorm aufgewertet.

Ausgehen & Unterhaltung

Das Nachtleben ist in Bávaro eine ziemlich wichtige Angelegenheit. Viele Resorts haben ihre eigenen Nachtclubs. Daneben befinden sich eine ganze Menge an eigenständigen Bars an und rund um die Strände bei Los Corales und El Cortecito. Was genau gerade der angesagteste Club ist, lässt sich am besten vor Ort herausfinden, denn das ändert sich ständig.

Onno's BAR

(www.onnosbar.com; Calle Pedro Mir, Bávaro) Diese Open-Air-Bar direkt am Strand von El Cortecito ist zweifellos die beste unter den unabhängigen Bars, um einen Cocktail zu schlürfen, während im Hintergrund die DJs in einer Minute haitianisch-kreolische Klänge auflegen und in der nächsten „Gangnam Style“. Coole Leute, coole Atmosphäre.

Mangú NACHTCLUB

(www.mangudiscobar.com; Occidental Grand Flamenco, Bávaro; 23 Uhr–frühmorgens) Während die meisten Diskos in Punta Cana kommen und gehen, bleibt das Mangú bestehen. Nach über zehn Jahren stufen es die Einheimischen immer noch als besten Club der Stadt ein. In der Hauptsaison hört man Merengue, Bachata und Hip-Hop im Erdgeschoss und EDM weiter oben. Ein gewisser Anteil an Sextourismus ist nicht zu verleugnen, aber das Publikum mischt sich trotzdem wunderbar.

Praktische Informationen

Die meisten Banken und Geschäfte befinden sich in Bávaro an einer der Plazas gleich nördlich von El Cortecito, der kleinen Enklave entlang einer Straße, wo sich weitere Läden und Tourveranstalter drängeln.

Fast jede größere dominikanische Bank hat mindestens eine Filiale in der Gegend von Bávaro. Die hier aufgeführten Banken haben Geldautomaten. An der Plaza Estrella gibt es auch einen Geldautomaten von BanReservas/Banco Progresso und im Barceló Dominican Beach Resort zwischen El Cortecito und Los Corales einen des Banco Popular.

All-inclusive-Hotels bieten jeweils medizinische Grundversorgung und Erste Hilfe in einer kleinen resorteigenen Klinik. Ernstere Gesundheitsprobleme sollte man in einer der guten Privatkliniken der Region behandeln lassen.

Banco Popular (Av España, zwischen Plaza Brisas de Bávaro und Plaza Estrella)

Centro Médico Punta Cana (www.gruporescue.com; Av España, Bávaro) Ungeachtet des Namens ist dies das wichtigste Privatkrankenhaus von Bávaro. Das Personal ist mehrsprachig; die Notaufnahme hat rund um die Uhr geöffnet. Auch eine Apotheke ist integriert.

Farmacia Estrella (☎809-552-0344; Plaza Estrella, Bávaro; ⏲7.45–24 Uhr). Diese Apotheke hat einen Lieferservice.

Hospitén Bávaro (www.hospiten.es; Carretera Higüey-Punta Cana) Beste Privatklinik in Punta Cana, mit englisch, französisch und deutsch sprechenden Ärzten und einer 24-Std.-Notaufnahme. Das Krankenhaus liegt an der alten Schnellstraße 106 nach Punta Cana, 500 m vom Cruce de Verón entfernt.

Laundromat Punta Cana (Plaza Arenal Caribe, Bávaro; Waschen/Trockner 100/200 RD$; ⏲7–20.30 Uhr) Waschsalon bei Los Corales.

Pharmacana (Puntacana Village, Punta Cana; ⏲Mo–Sa 7–22 Uhr, So 8–21 Uhr) Punta Canas wichtigste Apotheke.

Politur (Touristenpolizei; ☎809-754-3082; www.politur.gob.do; Av Estados Unidos, Bávaro) Die Politur-Hauptstation befindet sich in Friusa, neben dem Busbahnhof in Bávaro. Weitere Stationen am Flughafen von Punta Cana, in Cabeza de Toro und Uvero Alto.

Scotiabank Bávaro (Plaza Las Brisas); Punta Cana (Puntacana Village)

An- & Weiterreise

Vom kleinen Dorf El Cortecito führt der Weg an einer endlosen Einkaufsmeile entlang zu einer Texaco-Tankstelle, wo sich der Busbahnhof befindet und die Straße zu den weiter nördlich gelegenen Resorts und nach Higüey im Südwesten abzweigt.

FLUGZEUG

Der **Aeropuerto Internacional Punta Cana** (PUJ; www.puntacanainternationalairport.com; Carretera Higuey-Punta Cana Km 45) liegt an der Straße nach Punta Cana 9 km östlich der Abzweigung nach Bávaro und besteht aus mehreren recht großen Gebäuden, teils mit Palmdach. Die Einreiseformalitäten wie Passkontrolle, Erwerb einer Tourist Card (10 US$), Gepäckausgabe und Zoll gehen ganz schnell über die Bühne.

Verschiedene Fluggesellschaften haben hier ihr Büro, darunter **Aeroflot** (☎809-959-3014; www.aeroflot.com), **Air France** (☎809-686-8432; www.airfrance.com), **American Airlines** (☎809-959-2420; www.aa.com), **British Airways** (☎in Santo Domingo 800-247-9297; www.ba.com), **Copa** (☎809-959-8021; www.copaair.com), **Delta** (☎809-959-2009; www.delta.com), **Gol** (☎809-959-3014; www.voegol.com.br), **Frontier** (☎809-959-3014; www.flyfrontier.com), **JetBlue** (☎809-959-1490; www.jetblue.com) und **United** (☎809-959-2039; www.united.com). Doch sie liegen etwas versteckt und sind nicht ganz einfach zu finden. Neben einer großen Anzahl an Chartergesellschaften fliegen auch noch weitere Fluglinien Punta Cana an: Airtran, US Airways, Air Canada, Avianca, KLM, Spirit und Westjet.

Dominican Shuttles (☎in Santo Domingo 809-738-3014; www.dominicanshuttles.com) bietet Inlandsflüge in 5- und 19-Sitzern zwischen Punta Cana und Samanás Aeropuerto Internacional Arroyo Barril an (Hinflug 159 US$, Mo, Mi, Do, Fr und So 8 Uhr).

Im Ankunftsbereich beider Terminals gibt es einen Geldautomaten des Banco Popular. Eine Internetstation befindet sich in Terminal A. Mehrere Leihwagenfirmen haben ihren kleinen Schalter in der Nähe der Gepäckausgabe, darunter **Avis** (☎809-688-1354; www.avis.com.do; Aeropuerto Internacional Punta Cana), **Budget** (☎809-959-1005; www.budget.com), **Hertz** (☎809-959-0365; www.hertz.com) und **Sixt** (☎829-576-4700; www.sixt.com).

Minivans transportieren den Großteil der Touristen zu den Resorts, doch es gibt auch genügend Taxis. Die Kosten für eine Fahrt zwischen Flughafen und den Resorts und Hotels betragen je nach Ziel 30–80 US$.

BUS

Die neue, 70 km lange Autopista del Coral von La Romana nach Punta Cana wurde 2012 mit großem Brimborium eröffnet und verkürzt die Fahrzeit von Santo Domingo nach Punta Cana um zwei Stunden. Die Maut beträgt 150 RD$.

Der **Busbahnhof** liegt an der Avenida Estados Unidos in Friusa, unweit der Hauptkreuzung in Bávaro, beinahe 2 km landeinwärts von El Cortecito.

Expreso Santo Domingo Bávaro (☎ 809-552-1678; Av Estados Unidos) bietet eine 1.-Klasse-Verbindung ohne Umsteigen zwischen Bávaro und der Hauptstadt (400 RD$, 3 Std.). Die Abfahrtszeiten in beide Richtungen sind um 7, 9, 11, 13, 15 und 16 Uhr.

Vom selben Busbahnhof fährt **Sitrabapu** (☎ 809-552-0771; Av Estados Unidos), mehr oder weniger identisch mit Expreso, nach La Romana, und zwar um 6, 8.20, 10.50, 13.20, 15.50 und 18.20 Uhr (225 RD$, 1¼ Std.) und nach Higüey (130 RD$, 1 Std., alle 15 Min., 3–22.30 Uhr). Für alle anderen Ziele muss man zuerst nach Higüey und dort umsteigen. Auf diese Weise kommt man auch nach Santo Domingo, doch das dauert wesentlich länger als mit der Direktverbindung.

Unterwegs vor Ort

Die Stadtbusse fahren an den Malls auf dem Weg nach El Cortecito vorbei, biegen dann in die Küstenstraße ein, vorbei an den großen Hotels bis zur Cruce de Cocoloco, wo sie wenden und auf demselben Weg zurückfahren. Auf den Bussen steht vorne „Sitrabapu", die Abkürzung der Busfahrergewerkschaft. Fahrkarten kosten je nach Entfernung 30–40 RD$. Meist kommen sie zwischen 5 und 20 Uhr alle 30 Minuten vorbei; manchmal kann es aber sogar bis zu einer Stunde dauern.

Man kann auch zum Flughafen einen Bus von Bávaro aus nehmen, sollte dann aber mindestens eine Stunde extra einrechnen und muss zudem in Cruce de Cocoloco und/oder Veron umsteigen. Am besten dem Fahrer Bescheid geben, dass man zum Flughafen will. Dann lässt er einen an der richtigen Umsteigehaltestelle raus. Am Flughafen ist nach 18 Uhr nicht mehr mit *guaguas* zu rechnen.

Die Route zwischen den Resorts nördlich von Bávaro und El Cortecito ist tagsüber oft total verstopft. Trotz Stop-and-go empfiehlt es sich, für ein oder zwei Tage ein Auto zu mieten, wenn man die Umgebung unabhängig erkunden möchte. Wer Richtung Norden nach Playa Limón, Miches und Sabana de la Mar fährt, sollte Extra-Kosten für die Haftpflichtversicherung einplanen. Manche Agenturen erlauben die Rückgabe des Wagens in Santo Domingo, meist gegen Gebühr. Besser vorher erkundigen. Die Mietwagenfirmen **Thrifty** (☎ 809-466-2026; www.thrifty.com; Puntacana Village), **Europcar** (☎ 809-459-0177; www.europcar.com; Puntacana Village), **Avis** (☎ 809-954-0534; www.avis.com.do; Puntacana Village) und **Budget** (☎ 809-466-2028; www.budget.com; Puntacana Village) sind praktischerweise alle im Car Rental Center in Puntacana Village untergebracht. **Budget** (☎ 809-466-2028; www.budget.com; Carr Bávaro (Av Barceló) Km 6,5), **Hertz** (☎ 809-466-0105; www.hertz.com; Carr Bávaro/Av Barcelo, Km 5), **Europcar** (☎ 809-688-2121; www.europcar.com; nahe Plaza Punta Cana, Bávaro) und **National/Alamo** (☎ 809-466-1083; Carr Bávaro/Av Barceló, Km 5) gibt es auch in Bávaro.

Ansonsten fahren reichlich Taxis durch die Gegend – Taxistände befinden sich in El Cortecito, an der Plaza Bávaro und am Eingang der meisten All-inclusive-Resorts. Ein Taxi rufen kann man bei **Siutratural** (☎ 809-552-0617; www.taxibavaropuntacana.com). Die Fahrtkosten hängen von der Streckenlänge ab, z. B. 8 US$ als Minimum für eine Kurzfahrt innerhalb von Bávaro, 35 US$ zum Flughafen und 40 US$ zur Playa Blanca. Wassertaxis von **Asobapuma** (☎ 809-820-5507; El Cortecito) legen am Strand El Cortecito ab und kosten 10–50 US$ pro Fahrt. *Motoconchos* sammeln sich rund um die Plaza Punta Cana in Bávaro und entlang der Strandstraße in El Cortecito. Meist parken auch ein oder zwei an den Resorteinfahrten. Die Kosten betragen rund 500–1000 RD$ in der Region El Cortecito/Bávaro.

Playa Limón

Playa Limón, 20 km östlich von Miches und direkt vor dem Dörfchen El Cedro, ist ein 3 km langer, einsamer Atlantikstrand, gesäumt von Palmen, die sich über das Wasser neigen – ein begehrtes Stückchen Land, das man wahrscheinlich meist ganz allein genießen kann. Tagsüber schauen ab und an Reiter vorbei, überwiegend vom späten Vormittag bis zum frühen Nachmittag .

Das raue Land rund um Playa Limón umfasst zwei bedeutende Feuchtgebiete, darunter die **Laguna Limón**, eine ruhige Süßwasserfläche umgeben von grasbewachsenen Feuchtzonen und Küstenmangroven. Das Wasser der Lagune, die ideal zur Vogelbeobachtung ist (Rancho La Cueva organisiert Touren), ergießt sich am Ostende der Playa Limón in den Ozean. Die andere Lagune – **Laguna Redonda** – ist nur 5 km entfernt, wird aber meist von Punta El Rey aus angesteuert.

Zur Zeit der Recherche wurde die neue Carretera Miches gebaut, eine moderne Schnellstraße, die Playa Limón von Bávaro aus besser erreichbar machen soll.

Schlafen & Essen

Neben dem Rancho La Cueva versteckt sich noch ein zweites Hotel: Das Hotel Limón wurde von seinen Schweizer Besitzern jedoch zur Zeit der Recherche geschlossen.

Am besten nachfragen, ob es inzwischen wieder geöffnet hat.

Rancho La Cueva HOTEL $
(☎809-519-7251; www.rancholacueva.com; EZ/DZ/3BZ mit Ventilator 30/40/45 US$; @ 📶) Dieses abseits gelegene Anwesen ist ein wahrer Schatz, nicht nur wegen der frei herumlaufenden Pferde und Schweine. Die zehn großen, makellos sauberen Zimmer sind schlicht, sparsam mit schon etwas in die Jahre gekommenen Möbeln ausgestattet. Im Open-Air-Restaurant werden täglich Ausflüglergruppen mit einem Seafood-Büfett verköstigt, aber Frühstück und Abendessen werden vom Restaurant zubereitet, das auf regionale Meeresküche spezialisiert ist (Hauptgerichte 240–650 RD$).

Der österreichische Besitzer kann eine Tour organisieren, die den Besuch einer Kaffeeplantage, einen Ritt durch die Berge, ein Büfett mit Fisch und Meeresfrüchten und eine Bootsfahrt durch die Lagune umfasst, und das für 65 US$ pro Person (Achtung: Auch bei einem Hahnenkampf in einer *gallera* wird kurz Halt gemacht). Er baut zudem eine kleine Strandbar, um Gäste und Einheimische am Strand mit dem Nötigsten versorgen zu können.

An- & Weiterreise

Die neue Schnellstraße von Bávaro nach Miches, eine Verlängerung der Autopista del Coral, wird nach ihrer Fertigstellung die Fahrzeit von Miches nach Bávaro auf weniger als eine Stunde verkürzen. Sie führt wenige Hundert Meter an der Abzweigung nach Playa Limón am Westrand von El Cedro vorbei. Von der Abzweigung (es gibt mehrere, allerdings schwer erkennbare Schilder) geht es auf einer holprigen Schotterstraße nach Norden (bei trockenem Wetter mit einem normalen Auto, ansonsten unbedingt mit einem Allradfahrzeug). Rancho La Cueva erreicht man nach 3 km, den Strand nach weiteren 500 m. Man sollte keinesfalls vergessen, dass sich die einzigen Tankstellen zwischen Otra Banda (Beginn der alten Carretera 104) und Miches in Lagunas de Nisibón und El Cedro befinden. Von Playa Limón sind es nur 27 km bis nach Miches, dass sind etwa 35 Minuten Fahrt mit dem eigenen Fahrzeug.

Guaguas zwischen Higüey (135 RD$, 2 Std.) und Miches (80 RD$, 30 Min.) halten tagsüber auf Zuwinken an, sofern man auf der richtigen Straßenseite steht. Wer nach Limón will, sollte dem Fahrer sagen, dass er in El Cedro aussteigen möchte, sonst verpasst man den Halt. Für die restlichen 3 km schnappt man sich ein *motoconcho* (150 RD$).

Miches

10 152 EW.

Von den umliegenden Hügeln aus wirkt Miches am Südufer der Bahía de Samaná recht pittoresk. Ein schlanker, 50 m hoher Funkturm markiert das geografische Zentrum der scheinbar wohlgeordneten Straßen, und Playa Miches, gleich östlich der Stadt, sieht durchaus einladend aus. Wer genauer hinsieht, merkt, dass die Stadt ziemlich heruntergekommen ist. Und der Strand wirkt trotz seiner Länge und Breite nicht sehr ansprechend. Im Wasser kann man nicht schön schwimmen, vor allem weil hier der Rió Yaguada ins Meer mündet. Miches schafft es manchmal in die Nachrichten des Landes: Denn von hier aus durchqueren Dominikaner, die über Puerto Rico illegal in die USA einreisen wollen, die Mona-Passage.

Schlafen & Essen

Hotel La Loma HOTEL $$
(☎809-553-5562; hotel.laloma@yahoo.es; Miches; Zi./3BZ 1600/1900 RD$; ❄ 📶 🏊) Das Hotel liegt auf einem Hügel und bietet von seinen Zimmern eine tolle Aussicht auf die Stadt, die Bucht im Norden und die Bergkette im Süden. Ein gemütliches Plätzchen zum Übernachten auf dem Weg nach Sabana de la Mar, zudem das beste Hotel der Stadt. Die Zimmer sind etwas kärglich eingerichtet, dafür groß und sauber. Das Restaurant hat für Frühstück, Mittag- und Abendessen geöffnet (Hauptgerichte 140–460 RD$): gutes Essen und ordentliche Portionen.

Praktische Informationen

BanReservas (Ecke Calle Fernando Deligne & Gral Santana) liegt am Westende der Stadt, eine Straße südlich der Calle Mella: 24-Std.-Geldautomat.

An- & Weiterreise

Nicht vergessen: Die Fahrzeiten verkürzen sich, sobald die neue Carretera Miches von Bávaro nach Higüey fertig ist.

Sitrahimi-*guaguas* nach Higüey (180 RD$, 3 Std., alle 30 Min. von 4.10–17.40 Uhr) fahren vom Bahnhof an der Isla-Tankstelle am östlichen Ende der Stadt direkt vor der Brücke ab. **Asochosin**-*guaguas* von/nach Sabana de la Mar (130 RD$, 1½ Std., alle 30 Min. von 6.45–18 Uhr) fahren von der Ecke Calle Mella und Calle 16 de Agosto ab. Die neue Schnellstraße soll in den nächsten Jahren bis nach Sabana de la Mar verlängert werden.

Wer durch die Stadt fährt, sollte dem Fahrer vorher Bescheid geben, dass er einen weiterfahrenden Bus erwischen will: Dann lässt einen der Fahrer meist an der passenden Haltestelle raus, was einem die Fahrt im *motoconcho* oder Taxi erspart.

Sabana de la Mar

13 723 EW.

Tatsächlich und in übertragenem Sinne das Ende der Straße: Diese kleine, heruntergekommene und weitgehend vergessene Stadt ist das Tor zum Parque Nacional Los Haitises. Bis allerdings die Straßen besser in Schuss sind, besonders die Schnellstraße 104 Richtung Osten nach Miches, wird Sabana auch in Zukunft kein Stück vom ökonomischen Kuchen abbekommen, der mit Hilfe der wachsenden Anzahl von Touristen gebacken wird, die zum Whale-Watching oder auf einer Tour nach Los Haitises in die Bucht kommen. Sabana ist der Hafen für die Passagierfähre über die Bucht nach Samaná sowie für die gefährliche Reise durch die Mona-Passage nach Puerto Rico, dem ersten Stopp für viele Dominikaner, die es in die USA schaffen wollen.

Geführte Touren

Das **Paraíso Caño Hondo** (☎809-248-5995; www.paraisocanohondo.com) ist ein sehr empfehlenswertes Hotel etwa 9 km westlich der Stadt und 1 km nach der Parkzufahrt. Hier werden auch gute Touren durch den Parque Los Haitises angeboten. Bootsfahrten kosten 1250–4400 RD$ für Gruppen (2–4 Pers.). Fahrradtrips (500 RD$ pro Führer) durch den *bosque humedo* (Feuchtwald) können ebenfalls gebucht werden. Während der Buckelwal-Saison organisiert das Paraíso Touren zur Walbeobachtung (56 US$ pro Pers.) bei Samaná.

Die **Die örtliche Vereinigung der Tourguides** bietet Whale-Watching-Ausflüge (120 US$ pro Pers.), Trips nach Los Haitises (60 US$ pro Pers.) und Cayo Levantado (90 US$). Es gibt lediglich vier Guides, die etwas englisch sprechen. Einfach in der kleinen, blauen „Tourist Information" am Pier nachfragen oder im **Büro des Parque Nacional Los Haitises**, welches sich eine

PARQUE NACIONAL LOS HAITISES

Der 8 km westlich von Sabana de la Mar gelegene **Parque Nacional Los Haitises** (Eintritt 100 RD$; ⏲7–20 Uhr) ist sicherlich der beste Grund für einen Abstecher in diese kleine Stadt an der Bucht. Der Name bedeutet „Land der Berge", eine Bezeichnung, der dieser 1375 km² große Park am Südwestende der Bahía de Samaná gerecht wird: Unzählige üppig bewachsene Hügel erheben sich in den Küstenfeuchtgebieten 30 bis 50 m vom Meer entfernt. Die Kuppen entstanden vor ein bis zwei Millionen Jahren, als Plattenverschiebungen die dicke Kalksteinschicht, die sich unter Wasser gebildet hatte, aufwarfen. Die Abzweigung zum Park liegt in der Nähe der Kreuzung der Straßen 104 und 103 am Südende der Stadt (nahe der Bushaltestelle). Die Straße ist mit einem normalen Auto befahrbar, holpert aber trotzdem ziemlich. Den Westteil des Parks erreicht man über die neue Autopista del Nordeste (DR 7) nach Samaná, etwa 75 km nördlich von Santo Domingo.

In Los Haitises wachsen über 700 Pflanzenarten, darunter vier verschiedene Mangroven, weshalb dieser Park als eine der Regionen mit höchster Biodiversität in der Karibik gilt. Los Haitises ist auch die Heimat von 110 Vogelarten, von denen 13 endemisch sind. Am häufigsten sieht man Braunpelikan, Fregattvogel , Kanadareiher, Rosenseeschwalbe und Gelbstirn-Blatthühnchen. Wer richtig Glück hat, entdeckt den seltenen Haiti-Sittich, der für sein hellgrün-rotes Gefieder bekannt ist.

Auf dem Parkgelände gibt es auch eine Reihe von Kalksteinhöhlen, einige davon mit faszinierenden Taíno-Piktogrammen. Die von den Ureinwohnern Hispaniolas mit Mangrovenextrakt gezeichneten Bilder zeigen Gesichter, Jagdszenen, Wale und andere Tiere. An einigen Höhleneingängen finden sich auch Petroglyphen, die als göttliche Wächter interpretiert wurden. **Las Cuevas de la Arena, La Cueva del Templo** und **La Cueva de San Gabriel** zählen zu den interessanteren Höhlen – nicht verpassen!

Am besten lernt man den Park auf einer Kajakexkursion kennen. Whale Samaná (S. 121) ist ein hervorragender Veranstalter, der auch außerhalb der Walsaison Touren anbietet (April–Dezember).

Straße westlich des Stadtplatzes befindet. Beide liegen an der Calle Elupina Cordero, die parallel zur Küste verläuft.

Am Eingang nach Los Haitises nehmen die **Bootsbesitzer Joel** (☎809-225-0517) und **Tin** (☎809-225-0535) ebenfalls Besucher zu Ausflügen in den Park mit (500 RD$ pro Pers. bei 3–10 Pers., 400 RD$ bei 10–25 Pers.). Einzeln oder zu zweit Reisende zahlen 1500 RD$ für das Boot. Während die Touren vom Ablauf her denen der anderen Veranstalter ähneln, sind die in schlechtem Englisch gelieferten Hintergrundinformationen oft weniger detailliert.

Schlafen & Essen

Die Abzweigung nach Caño Hondo und zum Parque Nacional Los Haitises liegt lediglich ein kurzes Stück nördlich der Miches-Kreuzung – ein Brugal-Rum-Schild mit der Aufschrift „Caño Hondo". Am Ortseingang an der Straße nach Hato Mayor sowie in La Isla 2 km südlich befindet sich eine Texaco-Tankstelle.

★ Paraíso Caño Hondo HOTEL $$
(☎809-248-5995; EZ/DZ/3BZ inkl. Frühstück 2040/3212/4437 RD$; 📶❄) Gute Dinge muss man sich erkämpfen: Dieser sonderbare und rustikale Außenposten, eine der ganz besonderen Unterkünfte in der Dominikanischen Republik und ein krasser Gegensatz zu den All-inclusive-Hotels, würde einen sonst kaum überzeugen. Wer allerdings nach einer langen und mühseligen Fahrt endlich weit draußen auf das Paraíso Caño Hondo stößt, empfindet es sozusagen als Offenbarung.

Der Río Jivales, der das Gelände des 28-Zimmer-Hotels durchfließt, wurde zu zehn magischen, von Wasserfällen gespeisten Swimmingpools umgeleitet, die sich zu jeder Tageszeit wunderbar zum Plantschen eignen. Die Zimmer sind groß und rustikal, meist mit Holz eingerichtet und ausgesprochen gemütlich. Die Decken der Badezimmer bestehen aus getrockneten Palmwedeln und überall sind energiesparende Lichtschalter im Einsatz, was dem Hotel einen nachhaltigen Touch verleiht.

Die neueren Zimmer im Anbau auf dem Hügel (10 US$ Aufschlag) bieten einen grandiosen Ausblick, sind aber nicht ganz so „nachhaltig". Das *Criolla*-Restaurant ist sicherlich das beste Lokal der Gegend (Das Hotel bietet All-inclusive an, aber es ist billiger, à la carte zu bestellen). Anfahrt: Einfach für neun holprige Kilometer dem „Parque Nacional Los Haitises"-Schild Richtung Caño Hondo folgen, das in der Stadt eine Straße südlich der Kreuzung der Straßen 103 und 104 zu finden ist.

Hotel Riverside HOTEL $
(☎809-556-7465; Av de los Héroes 75; Zi. mit/ohne Klimaanlage 400/600 RD$; ❄) Dieses einfache Hotel befindet sich eine Straße südlich der *guagua*-Station. Die Familie vermietet rund 14 große Zimmer neben ihrem eigenen Haus.

Restaurant Jhonson FISCH UND MEERESFRÜCHTE $
(Calle Paseo Elupina Cordero 5; Hauptgerichte 220–550 RD$; ⏲8.30–24 Uhr) Hier werden ausgezeichneter Fisch und frische Meeresfrüchte zu günstigen Preisen serviert. Ein einfaches dominikanisches Lokal, am Stadtplatz gelegen, zu dem man ganz bequem vom Fähranleger hinlaufen kann.

Praktische Informationen

Sabana de la Mar ist eine kleine Stadt mit nur wenigen Einrichtungen. **BanReservas** (Calle Duarte) mit Geldautomat befindet sich drei Straßen südlich des Fähranlegers.

An- & Weiterreise

Auf der Straße 103 aus Hato Mayor fanden zur Zeit der Recherche gerade Bauarbeiten statt. Die Straße führt den Hügel hinunter direkt nach Sabana de la Mar und mündet in die Avenida de los Héroes, dann zu einem Kreisverkehr mit Abzweigungen zur Avenida Duarte und Avenida Eliseo Demorizi (Calle Diego de Lira) im Osten, den zwei einspurigen Hauptstraßen, und kommt schließlich direkt am Pier raus, wo die Samaná-Fähre ablegt. Die nordöstlich von Miches verlaufende Straße 104 kreuzt die Straße nach Higüey gleich südlich von Sabana, ist aber ziemlich ramponiert. *Guaguas* verkehren nach Miches, Hato Mayor, El Seibo, Higüey sowie nach Santo Domingo und treffen alle an oder nahe dieser Kreuzung aufeinander.

Wer im eigenen Fahrzeug von Miches aus kommt, nimmt besser den langen Weg über El Seibo und Hato Mayor – dauert genauso lang, ist aber nicht so stressig – zumindest bis die Carretera Miches endlich zur Carretera Sabana de la Mar wird!

Guaguas fahren am Ortseingang von der Avenida de los Héroes ab, nahe der Kreuzung der Straßen 104 und 103. Die **Asotrasamar**-*guaguas* nach Santo Domingo (250 RD$, 3½ Std., 4.15–17 Uhr, alle 40 Min.) halten unterwegs in Hato Mayor (100 RD$, 1 Std.) und San Pedro de Macorís (160 RD$, 2 Std.). **Asochosin**-*guaguas* steuern auch Miches an (120 RD$, 2 Std., 6.35–17 Uhr, alle 20 Min.).

Passagierfähren über die Bahía de Samaná nach Samaná legen vom Stadtpier ab (200 RD$, 1¼ Std., 9, 11, 15 und 17 Uhr). Von dort aus verkehren *guaguas* nach Las Galeras, Las Terrenas oder zu anderen Zielen an der Nordküste. Bei schlechtem Wetter und dann naturgemäß rauer See werden Fahrten auch aus Sicherheitsgründen häufig gestrichen. Einige der Boote sind ziemlich wackelig, was bedeutet, dass sogar eine Fahrt bei gutem Wetter mit Sonnenschein bei Leuten mit empfindlichem Magen zur Seekrankheit oder zu sonstigen negativen Begleiterscheinungen führen kann. Fahrkarten werden an Bord gekauft.

Taxis (☎ 809-479-3425) für bis zu drei Personen fahren u. a. nach Santo Domingo (200 US$) und Punta Cana (200 US$).

NORMALES AUTO ODER ALLRADFAHRZEUG?

Mit einem normalen Auto kann man zwar Richtung Westen nach Sabana de la Mar weiterfahren, aber die Reise wird langsam und beschwerlich sein, weshalb sich ein Geländefahrzeug empfiehlt. Am schlechtesten ist die Straße bis Las Cañitas. Die verbleibenden 13 km sind dann geteert. Irgendwann kommt die neue Schnellstraße. Bis dahin ist man mit einem normalen Auto schneller, wenn man über El Seibo und Hato Mayor fährt.

Die Halbinsel Samaná

➡ Inhalt

Ostteil der Halbinsel Samaná 118
Samaná 118
Las Galeras 124
Westteil der Halbinsel Samaná 129
Las Terrenas 129
Playa Bonita 136

Gut essen

- El Cabito (S. 128)
- Mi Corazon (S. 134)
- La Terrasse (S. 134)
- Le Taínos (S. 128)
- Rincón Rubi (S. 128)

Schön übernachten

- Peninsula House (S. 137)
- Chalet Tropical (S. 127)
- Eva Luna (S. 133)
- Casa Por Qué No? (S. 126)
- Hotel Atlantis (S. 136)

Auf zur Halbinsel Samaná!

Dieses kleine Stück Land ist der Gegenpol zum dominikanischen Karibiktraum des Südostens, wo es jede Menge exzellente Urlaubsresorts und Strände gibt. Wesentlich lockerer und in mancher Hinsicht auch kosmopolitischer geht es auf Samaná zu, denn hier herrscht eine erkennbar europäische Atmosphäre. Auf der Halbinsel sind Französisch und Italienisch mindestens ebenso nützlich wie Spanisch. Die Mehrheit der Touristen kommt im Zeitraum zwischen Mitte Januar und Mitte März, um dem Gesang der wandernden Buckelwale zu lauschen. Doch die Halbinsel hat weitaus mehr zu bieten. Das elegante Las Terrenas ist perfekt für all jene geeignet, die sich nach einem regen Gesellschaftsleben sehnen; das verschlafene Las Galeras rühmt sich einiger der besten und abgelegensten Strände des ganzen Landes.

Reisezeit

➡ **Mitte Januar bis Ende März** Mehr als 10 000 Buckelwale bieten in der Bahía de Samaná eine Show von gigantischen Ausmaßen. Um sie in aller Ruhe zu beobachten, ist der Februar der beste Monat.

➡ **April** Der Ansturm zur Walbeobachtung ist vorüber und Besucher haben nun die Halbinsel fast für sich allein. Es herrscht relative Ruhe, aber das Wetter ist noch angenehm, bevor die brütende Sommerhitze eintritt.

➡ **Dezember** Anfang Dezember haben die Regenfälle des Herbstes aufgehört, aber die Ferienreisenden, die über die Feiertage kommen, sind noch nicht eingetroffen.

Geschichte

Angesichts der vorteilhaften Geografie der Bahía de Samaná – wegen des tiefen Fahrwassers, der Ausrichtung nach Osten und der leicht zu verteidigenden Flussmündung perfekt für eine Hafenanlage geeignet – weckte die Península de Samaná Begehrlichkeiten, war umkämpft und wurde mehrmals verkauft. Wenigstens sechs verchiedene Länder, darunter Haiti, Frankreich, Spanien, die USA und Deutschland, haben dieses Gebiet entweder besetzt oder versucht, es in ihre Gewalt zu bringen.

Samaná wurde 1756 als spanischer Außenposten gegründet; die ersten Siedler kamen von den Kanarischen Inseln. Bereits 1807, während Hispaniola in französischem Besitz war, galt es als lohnendes Fleckchen Erde. Der französische Kommandant in Santo Domingo, eine ehrgeizige Persönlichkeit, schlug vor, auf Samaná eine Stadt namens Port Napoléon zu bauen. Doch Frankreich verlor die Insel, bevor der Plan in die Tat umgesetzt werden konnte.

Nach der Unabhängigkeit von Spanien übernahm Haiti, das von 1822 bi 1844 Hispaniola kontrollierte, die Herrschaft über die Dominikanische Republik. Während dieser Zeit lud Haiti mehr als 5000 freigelassene oder entlaufene Sklaven aus den USA ein, sich auf der Insel niederzulassen. Etwa die Hälfte zog in das Gebiet von Samaná. Noch heute spricht eine Gruppe von deren Nachkommen eine Variante des Englischen.

Während der haitianischen Herrschaft brachte Frankreich seine frühere Kolonie dazu, die Península de Samaná gegen einen Schuldenerlass abzutreten. Unglaublicherweise hatte man Haiti gezwungen, Frankreich Reparationen für das Land,

Highlights

1. Die majestiätischen Buckelwale während einer Walbeobachtungstour in der **Bahía de Samaná** (S. 119)
2. Ein Abendessen in schwindelerregender Höhe über den Wellen am Rand der Dominikanischen Republik im **El Cabito** (S. 128) in Las Galeras
3. Die Zeit vergessen im traumhaft schönen Sand der **Playa Rincón** (S. 124)
4. Die europäische Atmosphäre in den Bars und Restaurants von **Las Terrenas** (S. 133) genießen
5. Schnorcheln und chillen an den einsamen Stränden von **Las Galeras** (S. 124), einem der wenigen Orte des Landes, die auch auf Individualreisende eingestellt sind
6. Der Weg durch die zerklüftete und feuchte Bergkulisse im Inneren von Samaná bei der Tour zur 52 m hohen **Cascada El Limón** (S. 132)
7. Eine Dusche im wunderbaren Luxus des **Peninsula House** (S. 137), einem der elegantesten Anwesen der Karibik

das französischen Siedlern weggenommen worden war, zu zahlen, um internationale Anerkennung zu erlangen. Natürlich hatte Frankreich den ehemaligen Sklaven zu keinem Zeitpunkt irgendeine Entschädigung gewährt.

Nach der Unabhängigkeit von Haiti 1844 fürchtete die dominikanische Regierung, dass das Nachbarland wieder einmarschieren würde, und suchte die Unterstützung von Frankreich, Großbritannien und Spanien. Letztendlich begab sich die Dominikanische Republik 1861 wieder unter spanische Herrschaft. Spanien sandte umgehend ein Aufgebot an Siedlern ins Gebiet von Samaná und verstärkte die militärischen Einrichtungen auf dem Cayo Levantado, einer großen Insel (und heute Standort eines Luxusresorts) nahe der Mündung in die Bucht.

Auch nach der Unabhängigkeit 1864 erschien die Península de Samaná anderen Ländern als lohnende Beute. Ab 1868 versuchten die USA unter ihrem Präsidenten Ulysses S. Grant, der Dominikanischen Republik die Halbinsel abzukaufen, um dort einen Marinestützpunkt zu errichten. Der dominikanische Präsident und starke Mann Buenaventura Báez willigte in den Verkauf ein, um das Geld und die Waffen zu bekommen, die er zum Erhalt seiner Macht benötigte. Doch der US-Senat – unter dem Druck einer dominikanischen Exilgruppe und dem heftigen Widerstand Frankreichs und Großbritanniens – lehnte 1871 das Geschäft ab. Ein Jahr später verpachtete Baéz das Gebiet für 99 Jahre an die in den USA ansässige Samaná Bay Company. Zur Erleichterung der meisten Dominikaner kam die Gesellschaft ihren Zahlungsverpflichtungen nicht nach und so konnte der Nachfolger von Baéz, Ignacio María González, 1874 den Vertrag für ungültig erklären. Die USA griffen die Idee, Samaná zu annektieren, 1897 noch einmal auf, als der Spanisch-Amerikanische Krieg drohte, beschlossen aber nach ihrem schnellen Sieg über Spanien ihren karibischen Stützpunkt in der Bucht von Guantánamo auf Kuba zu errichten.

Die deutschen Absichten in Bezug auf die Península de Samaná sind weniger klar, aber amerikanische Dokumente aus den 1870er-Jahren legen die Vermutung nahe, dass auch Deutschland eine Militärbasis in der Karibik plante. 1916, während des Ersten Weltkriegs, besetzten die USA einen Teil der Dominikanischen Republik, weil sie fürchteten, dass Deutschland sich dort breitmachen wollte.

ℹ An- & Weiterreise

Die Península de Samaná erreicht man über den Aeropuerto Internacional El Catey (AZS; auch als Aeropuerto Internacional Presidente Juan Bosch bezeichnet und bekannt; S. 272) am Highway zwischen Nagua und Sánchez. Hier landen Flüge von **JetBlue** (☎ 809-200-9898; www.jetblue.com) aus New York, **Thomson Airways** (www.flights.thomson.co.uk) aus London-Gatwick und **Air Canada** (www.aircanada.com) und **Westjet** (www.westjet.com) aus Toronto.

Von Deutschland, Österreich und der Schweiz aus gibt es keine direkten Linienflüge. In der Hauptsaison gibt es Charterflüge von weiteren US-amerikanischen, kanadischen und europäischen Flughäfen.

Ein weiterer Flughafen – allerdings nur dem Namen nach „international" – liegt auf der Halbinsel. Der Aeropuerto Internacional Arroyo Barril bei Samaná wird von einheimischen Chartergesellschaften angeflogen, vor allem während der Walbeobachtungssaison.

Außer Kreuzfahrtschiffen bietet die Fähre zwischen Samaná und Sabana de la Mar im Südosten die einzige Möglichkeit per Schiff anzukommen. Autos werden nicht transportiert; der Fahrplan hängt vom Wetter ab.

Auf dem Highway DR-7 dauert die Fahrt von Santo Domingo nach Samaná nicht einmal zwei Stunden. Die rund 100 km lange Autobahnstrecke beginnt auf der Autopista Las Américas DR-3 (30 km östlich von Santo Domingo beim Internationalen Flughafen) und endet am Cruce Rincón de Molinillos, 18 km westlich von Sánchez. Die Mautstraße – verglichen mit dem Zustand und Ausbau der meisten anderen Straßen des Landes die reinste Autobahn – kostet für die gesamte Strecke 412 RD$.

OSTTEIL DER HALBINSEL SAMANÁ

Samaná

33 196 EW.

Während Las Terrenas und Las Galeras auf unberührte Streifen Sand und eine schicke internationale Atmosphäre stolz sein können, ist die Stadt Samaná zufrieden damit, sozusagen das Arbeitstier der Halbinsel zu sein. Die meisten Touristen wären wohl lediglich mit einem kurzen Blick in den Rückspiegel zufrieden, wenn es hier nicht wirklich interessante Angebote zur Walbeobachtung gäbe.

Die erste Tour zur Beobachtung der Buckelwale, die durch die Gewässer vor der

Stadt ziehen, fand im Jahr 1985 statt. Seither herrscht in der Stadt jedes Jahr von Mitte Januar bis Mitte März reges Leben, wenn zahlreiche Touristen herströmen, um einen Blick auf die faszinierenden Meeressäuger zu werfen. Da die Buckelwale sich im Wasser dieser Bucht bei ihrer alljährlichen Version von Speed Dating ganz besonders wohlfühlen, hat die Vermarktung dieses Naturspektakels die Stadt – zumindest für ein paar Monate jeden Jahres – zu touristischem Weltruhm gebracht.

Es werden Versuche unternommen, mehr Eleganz und Geld in den Ort zu bringen. Dazu zählen die vor Kurzem befestigten Straßen, einige Renovierungen im Hafenbereich und zurzeit eher kontrovers diskutierte Pläne für einen neuen Liegeplatz für Kreuzfahrtschiffe. Trotzdem macht Samaná – offiziell Santa Bárbara de Samaná – den Großteil des Jahres einen recht verschlafenen Eindruck.

Sehenswertes

Cayo Levantado INSEL

Ein herrlicher öffentlicher Strand liegt im westlichen Drittel dieser üppig bewachsenen Insel, rund 7 km von Samaná entfernt. Der restliche Strand gehört zu einem 5-Sterne-Hotel. Schiffer bringen Besucher für 250 RD$ pro Person hin und zurück; Gruppen mit bis zu 15 Personen können eine ganztägige Rundfahrt für 3000 RD$ aushandeln.

Das idyllische Erlebnis kann durch die starke Kommerzialisierung ein bisschen verdorben werden. Schlepper laufen durch den Sand und suchen nach Touristen, die willens und bereit sind, sich mit exotischen Tieren (darunter auch bedrohte Arten) wie Papageien, Boas, Affen und sogar Seelöwen fotografieren zu lassen.

Große Kreuzfahrtschiffe legen regelmäßig hier an und Ruhe gibt es nur selten, auch in den wenigen Restaurants und Bars nicht. Die beste Zeit für einen Besuch ist der späte Nachmittag, wenn die Aktivitäten ein bisschen nachlassen.

Playa las Flechas STRAND

Dieser kleine Strand, etwa 5 km östlich von Samaná, ist von der Stadt aus leicht zugänglich und ruhiger als der auf Cayo Levantado. Viele Historiker glauben, dass hier eine kleine Schlacht zwischen der Mannschaft des Kolumbus und den Ciguayos, einem Taíno-Stamm, stattgefunden hat, bei der die Spanier zurück auf ihr Schiff getrieben wurden. Eine Woche später kam es jedoch irgendwie zu einer Einigung und fortan verbündeten sich Spanier und Ciguayos im Kampf gegen andere Stämme.

Taíno Park MUSEUM

(www.tainopark.com; Los Róbalos; Erwachsener/Kind 500 RD$/frei; ⏲9–17.30 Uhr) Dieses neue Museum, nur 15 Minuten westlich von Samaná an der Straße nach Sánchez, bietet eine gelungene Darstellung der Geschichte Amerikas und des indigenen Taíno-Volkes. 23 Szenen mit Fiberglasfiguren werden auf MP3-Playern in einer ganzen Reihe von Sprachen erklärt.

200 von den Taínos geschaffene Objekte aus Lehm, Stein und Holz sind ausgestellt; in der Nähe bietet ein Laden regionale Produkte zum Kauf an. Die Gewinne aus den Verkäufen werden für die Entwicklung der Region verwendet.

Aktivitäten

Es gibt kaum ein beeindruckenderes, ehrfurchtgebietenderes Naturerlebnis als eine Tour zur Walbeobachtung. Samaná gilt als eines der Top-Ten-Ziele weltweit für dieses Naturschauspiel. Etwa 45 000 Menschen kommen alljährlich zwischen dem 15. Januar und dem 25. März hierher, um die majestätischen Kunststücke der gewaltigen Lebewesen zu beobachten. Der Monat Februar ist die Hauptsaison der Buckelwale, doch ist es besser, das Wochenende um den 27. Februar zu vermeiden – dank des „Carnaval“ des Unabhängigkeitstages ist dies das geschäftigste Wochenende des Winters und Samaná ist total überlaufen.

Die meisten Anbieter von Walbeobachtung haben Vormittags- und Nachmittagstouren im Programm. Die Chancen auf eine Sichtung sind etwa gleich; nachmittags ist das Meer zwar etwas rauer, allerdings sind dann auch weniger Schiffe unterwegs. Es gibt 43 Schiffe mit offizieller Erlaubnis: acht Firmen, von denen zwei in ausländischer (kanadisch und spanisch) Hand sind; die anderen gehören Dominikanern aus Samaná; dazu kommen 12 unabhängige Betreiber.

1994 wurde ein Mitbestimmungs- und Selbstregulierungsabkommen zwischen den Schiffsbesitzern und verschiedenen Behörden der dominikanischen Regierung (darunter das Tourismus- und das Umweltministerium) abgeschlossen. Ein Leitfaden mit Regeln für ein verantwortungsvolles Verhalten wurde erstellt und jedes Jahr

Samaná

Samaná

Aktivitäten, Kurse & Touren
- Moto Marina .... (siehe 2)
- 1 Tour Samaná with Terry A2
- 2 Whale Samaná F2

Schlafen
- 3 Aire y Mar F2
- 4 Hotel Chino E1
- 5 Hotel Docia Backpackers Samaná D1
- 6 Samaná Spring Hotel C1

Essen
- 7 El Rancho Du'Vagabond C2
- 8 La Mata Rosada E2
- 9 Le Royal Snack E2
- 10 L'Hacienda Restaurant D2
- 11 Mini-Market B2
- 12 Taberna Mediterranea F2

Ausgehen & Nachtleben
- 13 Cafe del Paris D2
- 14 Sunset Garden Cafe C2

unterschreiben alle Beteiligten, um ihre Verpflichtung erneut zu erklären. Eines der wichtigeren Ziele ist eine Minimumlänge der Schiffe von 8,7 m: Bei hohen Wellen liegen kleine Schiffe recht tief im Wasser und bemerken die Wale erst, wenn sie schon zu nahe dran sind.

Private Schiffe sind von Walbeobachtungstouren strikt ausgeschlossen; das gilt für Jachten und Boote jeder Größe. Sie dürfen nur in die Bucht ein- oder wieder aus ihr ausfahren. Auch Besucher sollten ihren Teil beitragen und sich nicht auf die Angebote illegaler Anbieter einlassen. Jedes Schiff sollte eine Registrierungsnummer und eine gelbe Flagge besitzen, die vom Umweltministerium vergeben werden.

Whale Samaná WALBEOBACHTUNG
(☎809-538-2494; www.whalesamana.com; Ecke Calle Mella & Av La Marina; Erwachsene/unter 5 Jahren/5–10 Jahre 2500 RD$/frei/ 1250 RD$; ⏲Büro Jan.–März 9–13 & 15–18 Uhr, April–Dez. Mo–Fr 9–13 Uhr) Samanás empfehlenswertester Anbieter von Walbeobachtungstouren wird von dem kanadischen Spezialisten für Meeressäuger Kim Beddall betrieben. Er war der Erste, der 1985 die wissenschaftliche und wirtschaftliche Bedeutung der Wale für Samaná erkannte. Die Firma nutzt ein Schiff mit zwei Decks, das 60 Personen befördern kann. Die tägliche Tour startet um 9 Uhr und dauert drei bis vier Stunden.

Bei starker Nachfrage gibt es eine weitere Tour um 13.30 Uhr; manchmal wird auf

dem Rückweg auch ein Zwischenstopp auf Cayo Levantado eingelegt.

Die erfahrenen Kapitäne beachten gewissenhaft den vorgeschriebenen Abstand zwischen Schiff und Walen, ebenso wie andere Bestimmungen. Viele davon wurden unter Mitwirkung Bedalls festgelegt. An Bord hören die Passagiere über das Soundsystem Informationen in fünf Sprachen. Limonade und Wasser gibt es gratis. Nicht im Preis inbegriffen ist der Eintritt für das Meeresschutzgebiet (100 RD$, wobei ständig mit einer Erhöhung gedroht wird). Whale Samaná bietet als kleines Extra an, dass die Karte für eine zweite Fahrt gilt, wenn es bei der ersten zu keiner Sichtung kam – dieses Angebot gilt ohne zeitliche Begrenzung.

In der Nebensaison ist dies der einzige Anbieter für Kajaktouren im Parque Nacional Los Haitises – eindeutig ein Highlight. Im Voraus reservieren.

Geführte Touren

Außer Whale Samaná (S. 110) gibt es noch mehrere Anbieter für Walbeobachtungsausflüge, ebenso wie für Ausflüge zur Cascada El Limón und zum Parque Nacional Los Haitises, beide für etwa 2600 RD$ pro Person. Für größere Gruppen stellen die meisten dieser Firmen einen Führer zur Verfügung, der in der Regel einfache Fragen beantworten kann; allerdings gibt es keine Naturwissenschaftler, die ständig für die Anbieter tätig sind.

Tour Samaná with Terry ABENTEUERTOUR
(809-538-3179; www.toursamanawithterry.com; Av La Marina; Mo–Sa 9–16 Uhr) Empfohlener Anbieter von Tagestouren nach El Limón ebenso wie für abenteuerliche Kombinationen aus Reiten und Seilrutsche oder Quadfahren und Seilrutsche (ab 2730 RD$).

Moto Marina BOOTSFAHRTEN
(809-538-2302; www.motomarinatours-excursionsamana.com; Av la Marina 3; Mo–Sa 8–12 & 14–18, So 8–12 Uhr) Dies ist eine gut eingeführte, zuverlässige Möglichkeit, um nach Los Haitises zu kommen.

Schlafen

Es gibt kaum einen guten weiteren Grund, um in Samaná selbst zu bleiben, und die meisten Besucher buchen die Touren zur Walbeobachtung oder nach Los Haitises von Las Terrenas, Las Galeras oder aus noch weiter entfernten Orten.

In den Hotels ist das Frühstück in der Regel nicht inklusive, obwohl es meist Kaffee und Tee gibt. Wer für seinen Aufenthalt Luxus sucht, findet ihn im **Gran Bahía Principe Cayacoa** (809-538-3131; www.bahiaprincipe.com; DZ all-inclusive pro Pers. 4100 RD$;) in der Stadt und im **Gran Bahía Principe Cayo Levantado** (809-538-3232; www.bahia-principe.com; Cayo Levantado; Zi. all-inclusive ab 6400 RD$;) auf Cayo Levantado.

Zur Zeit der Recherche für dieses Buch entstand gerade ein Ökotourismus-Projekt, eine Lodge namens Dominican Tree House Village, zehn Fahrminuten nordöstlich des Malecón.

Aire y Mar PENSION $
(809-538-2913; aparthotel-aireymar@hotmail.com; Calle 27 de Febrero 4; Zi. mit Ventilator 1200–1600 RD$;) Dieses relativ neue Haus ist eine gute Ergänzung der Budget-Unterkunft-Szene in der Stadt. Die sechs Zimmer sind einfach, aber sauber; es gibt eine hübsche Gemeinschaftsküche und die Besitzerin, Noelia, kümmert sich mit mütterlicher Fürsorge um ihre Gäste. Doch das Highlight, für das sich der Anstieg vom Malecón, zuletzt über eine steile Treppe, lohnt, ist der Ausblick vom Patio mit seinen einladenden Hängematten.

Hotel Docia Backpackers Samaná HOSTEL $
(☎ 809-538-2497; www.backpackers-samana.com; Calle Teodoro Chasereaux 30; B 10 US$, Zi. ohne/mit Klimaanlage 30/20 US$;) Die neuen amerikanisch-dominikanischen Besitzer dieses alteingesessenen Budgethotels haben es renoviert; so bekam Samaná genau das, was es brauchte: ein Backpacker-freundliches Hostel mit einem Swimmingpool und einer Bar. Der hübsche Patio im zweiten Stock mit Blick auf die Bucht ist ein zusätzlicher Bonus dieses Hauses.

Hotel Chino HOTEL $$
(☎ 809-538-2215; hotelchino.samana@hotmail.com; Calle San Juan 1; Zi./3BZ ab 2200/4200 RD$;) Das Hotel Chino liegt oben auf einem Hügel über einem netten internationalen/chinesischen Restaurant (Hauptgerichte 150–800 RD$). Die Zimmer verfügen über Balkone mit einer fantastischen Aussicht auf die Stadt und den Hafen. Sie sind blitzsauber, haben Kabelfernsehen, Klimaanlage und Minibars; nur die in die Jahre gekommenen Badewannen sind nicht wirklich einladend. Das Restaurant ist bei seinen Gästen hauptsächlich wegen seines überwältigenden Blicks beliebt.

Samaná Spring Hotel HOTEL $$
(☎ 809-538-2946; samanaspring@hotmail.com; Calle Cristobal Colón 6; EZ/DZ 1700/2200 RD$;) Die sauberen, freundlichen Zimmer sind einfach, aber gut gepflegt und bieten Kabelfernsehen und heißes Wasser.

Essen & Ausgehen

Die meisten Restaurants liegen entlang der Avenida Malecón; billigere Verpflegung gibt es in umgebauten hölzernen Kiosken direkt am Wasser und an der Avenida Francisco Rosario Sánchez.

Das bunteste und lebendigste Nachtleben findet sich an der Avenida Malecón bei der Calle María Trinidad Sánchez, wo sich die Einheimischen abends treffen, um in einer Reihe von provisorischen Bars bei Reggaeton und Merengue abzufeiern. Zu den etwas schickeren Lokalen für einen Cocktail ganz in der Nähe zählen das **Cafe de Paris** (Av Malecón 6;) und das **Sunset Garden Cafe** (www.sunsetgardencafe.com; Av Malecón 10; 7.20–24 Uhr;).

Der teuere **Mini-Markt** (Av Malecón; 10–13 & 14–19 Uhr) im pseudo-karibischen Dorf am Westende des Malecón ist geeignet den Erwerb von Produkten für Grundbedürfnisse, Wein, Zigarren und kitschige Souvenirs.

Le Royal Snack CAFÉ $
(Av Malecón 4; Frühstück 80–150 RD$; 7.30–22 Uhr) Gegenüber vom Fähranleger gelegen ist dieses einfache, französisch geführte Café die beste Wahl für einen Espresso, ein leckeres *pain au chocolat* und andere morgendliche Genüsse.

La Fe Pica Pollo DOMINIKANISCH $
(Av Francisco de Rosario Sánchez 15; Gerichte 120–150 RD$; 7–23 Uhr) Ein winziges Lokal beim *guagua*-Stand, das leckeres Brathähnchen und einige andere dominikanische Gerichte serviert.

Taberna Mediterranea SPANISCH $$
(Av Malecón 1; Hauptgerichte 280–650 RD$; Di–So 10–23 Uhr;) Wohl das netteste Lokal in der ganzen Stadt. Diese spanische Taverne bietet Tapas, frischen Fisch und Meeresfrüchte sowie riesige Fleisch- und Fisch-*tablas*, die für drei oder mehr Personen reichen (750–1470 RD$). Das Personal ist sehr freundlich.

El Rancho Du'Vagabond ITALIENISCH $$
(Calle Cristobal Colón 4A; Pizzas 295–405 RD$; Aug.–Sept. & Dez.–März 12–14 & 18–23 Uhr, April–Juli & Nov. 16–23 Uhr) Wer durch den unscheinbaren Eingang kommt, wird mit Erstaunen das charmante Hinterzimmer sehen, das zwar keinen Ausblick, dafür aber hervorragende Pizza und Pasta bietet. Bei unserem letzten Besuch enttäuschte uns allerdings ihre beste Pizza (La Roberto: Schinken, frische Tomaten, Rukola, frisch geriebener Parmesan und Trüffelöl), doch sie war trotzdem immer noch besser als alles andere italienische Essen der Stadt.

L'Hacienda Restaurant STEAKHAUS, MEERESFRÜCHTE $$
(Calle Santa Barbara; Hauptgerichte 440–680 RD$; Di–Do 17–24 Uhr, geschl. Juni–Juli) Ein freundlicher französischer Küchenchef-Besitzer mit spanischem Namen (José) führt dieses intime französisch-karibische Lokal seit dem Jahr 1996. Highlights der kleinen, schlichten Speisekarte sind Fleisch und Fisch vom Grill.

La Mata Rosada DOMINIKANISCH $$
(Av Malecón 5; Hauptgerichte 280–700 RD$; 10–15 & 18.30–23 Uhr, geschl. Mi) La Mata Rosada, ein verlässlicher Fixpunkt am Malecón, verfügt über eine umfangreichere Auswahl an frischen Meeresfrüchten und Grillfleisch als die anderen Restaurants dieser Preisklasse. Der Patio zählt zu den elegantesten der Stadt, doch das bewahrt ihn leider nicht vor

den heftigen Abgasen der *motoconchos*. Die kleine Bar des La Mata Rosada ist eine der schickeren der Stadt.

Praktische Informationen

Banco Popular (Av Malecón 4; Mo–Fr 8–16, Sa 9–13 Uhr) Am Malecón gegenüber dem Fähranleger.

BanReservas (Calle Santa Barbara; Mo–Fr 8–16, Sa 9–13 Uhr) Bank einen Block nördlich des Malecón.

Clinic Assist (809-538-2426; Av Francisco de Rosario Sánchez; rund um die Uhr) 24 Stunden ärztlicher Bereitschaftsdienst. Im pseudokaribischen Dorf.

Farmacia Giselle (Ecke Calle Santa Barbara & Julio Labandier; Mo–Sa 8–21, So bis 13 Uhr) Bietet die beste Auswahl an Medikamenten und Toilettenartikeln.

Hospital Municipal (Calle María Trinidad Sánchez; 24hr) Eine sehr einfache Klinik beim Palacio de Justicia.

InposDom (www.inposdom.gob.do; Ecke Calle Santa Barbara & 27 de Febrero; Mo–Fr 8.30–17 Uhr) Postamt.

Politur (Touristenpolizei; 809-754-2556; www.politur.gob.do; Av Francisco de Rosario Sánchez; rund um die Uhr) Am Kreisverkehr bei der Avenida Circunvalación.

Scotiabank (Av Francisco Rosario Sánchez) Der nächste Geldautomat am *guagua* (Stadtbus)-Bahnhof und dem städtischen Markt.

An- & Weiterreise

Wer aus Richtung El Limón oder Sánchez in die Stadt kommt, folgt der Straße etwa 1 km bergab, am städtischen Markt und der *guagua*-Haltestelle vorbei, um mehrere Kreisverkehre herum und durch Pueblo Principe, ein pseudokaribisches Dorf, bis zur Hauptstraße – Avenida Malecón oder Avenida la Marina. Die meisten Restaurants, Banken und Bushaltestellen befinden sich hier.

BUS

Gegenüber vom Pier bietet **Caribe Tours** (809-538-2229; www.caribetours.com.do; Av Malecón 6) über den neuen Highway die schnellste Verbindung nach Santo Domingo. Die Busse starten um 8, 10, 14 und 16 Uhr (320 RD$, 2½ Std.). Seltsamerweise wird zum gleichen Preis auch die langsamere Fahrt über die alte Straße angeboten, und zwar um 7, 9, 13 und 15 Uhr (320 RD$, 4½ Std.).

Direkte Fahrten nach Puerto Plata, 210 km westlich gelegen, sind mit den Minibussen von **Santo Canario** (829-658-3282) möglich, die um 11 Uhr neben dem Banco Popular abfahren. **Papagayo** (nach Salvador fragen: 809-749-6415) startet um 13.30 Uhr unter dem Mangobaum an der Ostseite des kleinen Parks beim Banco Popular am Malecón. Wer den Minibus dort versäumt, hat am städtischen Markt bis 14 Uhr eine zweite Chance. Beide Anbieter verlangen 300 RD$, die Fahrt dauert 3½ bis vier Stunden. Vorher unbedingt dort anrufen, um auch sicherzugehen, dass der Bus tatsächlich verkehrt. Einheimische sagen, dass der Letztere sicherer, wenn auch etwas langsamer ist. Um sich einen Sitzplatz im Minibus zu sichern, lohnt es sich, bereits 30 bis 45 Minuten vor Abfahrt einzutreffen.

Fahrten in benachbarte Orte beginnen an der **Guagua**-Haltestelle (Av Francisco de Rosario Sánchez) beim *mercado municipal*, 200 m westlich des Politur-Reviers, bei der Angel-Mesina-Straße. Von hier verkehren Minibusse nach Las Galeras (100 RD$, 1 Std., alle 15 Min. von 6.30 bis 18 Uhr), El Limón (70 RD$, 50 Minuten, alle 15 Min. von 6.30 bis 16.45 Uhr) und Las Terrenas (100 RD$, 1¼ Std., stündlich von 6.30 bis 16.45 Uhr). Auch zu weiter entfernten Zielen gibt es Abfahrten am selben Block: Santo Domingo (300 RD$, 2½ Std., alle 45 Min. von 4.30 bis 16.45 Uhr), Puerta Plata (300 RD$, 2½ Std., 8 Uhr) und Santiago (300 RD$, 3 Std., stündlich von 4.45 bis 14.30 Uhr).

FLUGZEUG

Am Aeropuerto Internacional El Catey (S. 272), 40 km westlich von Samaná, landen internationale Flüge. Der Samaná nächstgelegene Flugplatz, der Aeropuerto Internacional Arroyo Barril, wird vorwiegend von innerdominikanischen Charterflügen bedient.

SCHIFF/FÄHRE

Transportes Phipps ist der einzige Fähranbieter – befördert werden nur Passagiere, keine Fahrzeuge – über die Bahía de Samaná nach Sabana de la Mar (200 RD$, Fahrtdauer etwas mehr als 1 Std., tgl. um 7, 9 und 15 Uhr, manchmal auch um 11 Uhr). Der Fahrkartenverkauf findet an Bord statt. Am Ziel warten *guaguas*, die zu verschiedenen Orten im Südosten und weiter nach Santo Domingo fahren. Allerdings ist in diesem Teil des Landes das Straßennetz recht schlecht, und somit ist die Benutzung von öffentlichen Verkehrsmitteln alles andere als bequem.

Unterwegs vor Ort

Samaná lässt sich gut zu Fuß erkunden, doch wer mit Gepäck unterwegs ist, kann ein *motoconcho* (Motorradtaxi) nehmen – sie sind überall zu finden. Allradfahrzeuge sind die einzige Option als Mietwagen – die Straßen auf der Halbinsel sind schlecht genug, damit sich die Extraausgabe lohnt. Die Tarife liegen im Schnitt bei 2500 RD$ pro Tag (inkl. Steuer und Versiche-

NICHT VERSÄUMEN

PLAYA RINCÓN

Kenner der Materie halten die Playa Rincón für einen absolut perfekten Strand. Er erstreckt sich ohne Unterbrechung über fast 3 km Länge und bietet weißen, weichen Sand zum Sonnenbaden und vielfarbig schimmerndes Wasser zum Schwimmen – es gibt sogar einen kleinen Bach am Westende, wo man nach einem langen sonnigen Tag mal kurz ins Süßwasser springen kann. Ein dichter Palmenwald bildet die Kulisse.

Einige Historiker glauben, dass Kolumbus und seine Mannschaft hier und nicht an der Playa las Flechas gelandet sind. Ein Nachteil: Eine große Menge an Strandgut liegt im Sand herum und wird nicht eingesammelt.

Kleine Restaurants servieren vor allem frische Fische und Meeresfrüchte, außerdem vermieten sie Strandkörbe, sodass man hier fantastisch einen ganzen Tag verbringen kann. Die meisten Besucher kommen per Boot; üblicherweise fahren sie etwa um 9 Uhr in Las Galeras ab und werden gegen 16 Uhr wieder abgeholt – die Fahrt dauert in jede Richtung rund 20 Minuten. Bei der **Asociación de Lancheros de Las Galeras** (☎809-916-7591) kostet die Hin- und Rückfahrt per Boot 2000 RD$ (600 RD$ pro Pers. bei vier oder mehr Passagieren).

Bis auf die letzten 2 km wurde die Straße erst vor Kurzem erneuert, aber auch für den unbefestigten Abschnitt ist kein Allradfahrzeug erforderlich, außer nach starken Regenfällen. Die Abzweigung zur Playa Rincón liegt 7 km südlich von Las Galeras an der Straße nach Samaná. Die Hin- und Rückfahrt mit dem Taxi kostet inklusive Wartezeit (9 bis 17 Uhr) 1500 RD$.

rung); oft wird bei einer Anmietung für eine Woche oder länger ein Rabatt gewährt. Ein Anbieter ist **Xamaná Rent Motors** (☎809-834-7841; Av Malecón; ⏲Mo–Sa 8–18, So bis 12 Uhr).

Las Galeras

6929 EW.

Die Straße in dieses kleine Fischerdorf, ungefähr 28 km nordöstlich von Samaná gelegen, endet an einer Fischerhütte am Strand. Wie – im übertragenen Sinn – auch alles andere. Zu den besonderen Annehmlichkeiten eines Aufenthalts hier gehört es, dass die weite Welt außen vorbleibt; selbst der Gedanke an eine Tour zu den wunderbaren außerhalb liegenden Stränden scheint weit entfernt. Doch in Las Galeras, wie überall sonst auf der Halbinsel, gibt es reichlich Aktivitäten zu Wasser und zu Land für all jene, die es schaffen, der Versuchung zu widerstehen, nur im Bungalow abzuhängen oder den Tag in einem Restaurant zu vertrödeln. Die entspannte Atmosphäre des Ortes blieb nicht lange Zeit unbemerkt und so herrscht hier eine Mischung aus Europäern und Nordamerikanern, die das Dorf weltläufiger erscheinen lässt als manchen der touristischeren Orte der Halbinsel. Es ist auch eines der wenigen Ziele der Dominikanischen Republik, das auf unabhängige Reisende eingestelltist – hier gibt es kaum ein All-inclusive-Resort.

Sehenswertes

Las Galeras besitzt eine Reihe von Natursehenswürdigkeiten, die per Boot, zu Fuß, im Auto oder zu Pferd besucht werden können. Alle sind ohne geführte Tour zu erreichen, gute Kondition oder ein stabiles Fahrzeug vorausgesetzt.

Playa Frontón & Playa Madama STRAND

Manche Einheimische mögen die Playa Frontón lieber als die Playa Rincón; hier gibt es einige der besten Plätze zum Schnorcheln. Sie ist wohl auch bei Drogenschmugglern beliebt und bei Dominikanern, die auf dem Weg nach Puerto Rico die Mona-Passage bezwingen. Außerdem wurde 2002 *Expedición Robinson*, eine kolumbianische Reality-TV-Show (eine Art Dschungelcamp) hier gedreht. Die Playa Madama ist ein kleiner Strand, der von hohen Klippen umgeben ist; dadurch gibt es hier am Nachmittag nur recht wenig Sonne.

Zu beiden Stränden führen Wege, doch man kann sich auch leicht verlaufen, deshalb ist es besser, einen einheimischen Führer zu engagieren (im La Hacienda Hostel (S. 126) kann Karin weiterhelfen) oder gleich ein Boot zu nehmen. Die Asociación de Lancheros de Las Galeras bietet jetzt Festpreise: 2200 RD$ zur Playa Madama (700 RD$ pro Pers. bei vier oder mehr Passagieren) und 2500 RD$ zur Playa Frontón (800 RD$ pro Pers. bei vier oder mehr Passagieren). Ein ganztägiger Bootsausflug zu allen Stränden, einschließlich Rincón, kostet 5000 RD$ (1500 RD$ pro Pers. bei vier oder mehr Passagieren). Alle Preise gelten für Hin- und Rückfahrt.

Playita STRAND
Schöner als der Stadtstrand, ist die Playita (Kleiner Strand), die zudem leicht zu Fuß oder mit dem *motoconcho* zu erreichen ist. Es ist ein Abschnitt mit einem gelblich braunen Sand und mit einer sanften Brandung. Hinter dem Strand ragen hohe, sich abenteuerlich neigende Palmen auf. An der Hauptstraße direkt südlich von Las Galeras weisen Schilder zum Hotel La Playita auf einer Staubpiste in Richtung Westen hin. Einfache Strandkörbe sind für 100 RD$ täglich zu mieten.

Boca del Diablo NATURWUNDER
Der „Mund des Teufels"ist ein beeindruckendes Blowhole (Blasloch), wo die Wellen in einen natürlichen Kanal einströmen und das Wasser durch ein Loch in den Felsen herausspritzt. Am besten kommt man mit dem Auto oder dem Motorrad hierher – eine Staubpiste ohne Hinweisschild geht 7 km südlich der Stadt und etwa 100 m hinter der Abzweigung zur Playa Rincón ab. Nach rund 8 km auf dieser Straße nach Osten, heißt es die letzten 100 m zum Strand zu Fuß zurückzulegen.

Aktivitäten

Wassersport

Für erfahrene Taucher ist **Cabo Cabrón** (Bastard-Kap) einer der besten Tauchplätze an der Nordküste. Nach einer bequemen Bootsfahrt ab Las Galeras, geht es in einer Rinne ins aufgewühlte Wasser. Dort besteht dann die Möglichkeit, zwischen Korallenformationen herumzuschwimmen und Delfine zu beobachten.

Weitere beliebte Tauchplätze sind **Piedra Bonita,** ein 50 m hoher Steinturm, an dem sich gut Stachelmakrelen, Barrakudas und Meeresschildkröten beobachten lassen, **Cathedral**, eine riesige Unterwasserhöhle, in die das Sonnenlicht einstrahlt, und ein gesunkenes 55 m langes Containerschiff, in dem jetzt Moränen herumschwimmen. Einige große, flache Korallenplätze, darunter **Los Carriles**, sowie eine Serie von Unterwasserhügeln eignen sich auch gut für Tauchanfänger.

Scubalibre Diving Center TAUCHEN
(☎809-958-9119; www.divingscubalibre.com; Grand Paradise Samaná Resort; ⌚8.30–17 Uhr) Das Scubalibre Diving Center liegt am äußersten Ende des Strandes von Grand Paradise Samaná. Außer Tauchtouren gibt es hier auch Schnorcheltrips (1200 RD$), Verleih von Surfbrettern und Katamaranen, außerdem Kurse (1000 RD$ pro Stunde) für Gäste des Resorts ebenso wie für Außenstehende. Der zugehörige Tauchshop ist leicht zu finden, immer dem Weg ab dem Ort entlang des Strandes folgen. Das Sicherheitspersonal des Resorts ist kein Hindernis. Wer hinfahren will, wird allerdings zunächst einmal aufgehalten.

Las Galeras Divers TAUCHEN
(☎809-538-0220; www.las-galeras-divers.com; Plaza Lusitania; ⌚8.30–19 Uhr) Dies ist ein angesehener, von Franzosen betriebener Tauchshop an der zentralen Kreuzung. Ein/zwei Tauchgänge mit der gesamten Ausrüstung kosten 2200/3400 US$ (bei eigener Ausrüstung reduziert sich der Preis um 400 RD$). Ein Paket von zehn Tauchgängen reduziert den Preis nochmals auf 1300 RD$ pro Tauchgang, inklusive Ausrüstung. Auch Kurse, die zum PADI-Tauchschein führen, können arrangiert werden.

The Dive Academy TAUCHEN
(☎829-577-5548; www.diveacademy.co; Calle Principal; ⌚8–21 Uhr) Der neueste Tauchshop in der Stadt, ein britisch geführter NAUI-Anbieter, gewährt bei Online-Buchung 10 % Rabatt.

Wandern

Der spektakuläre Aussichtspunkt **El Punto** liegt 5 km Fußweg von La Rancheta entfernt. Von der Abzweigung zur Playa Ma-

> **RAUBÜBERFÄLLE**
>
> Touristen, die auf eigene Faust Boca del Diablo, die Playa Madama und die Playa Frontón besuchten, wurden oft Opfer von Raubüberfällen, vor allem in der Hochsaison. Es ist besser, die Wertsachen im Hotel zu lassen oder einen einheimischen Führer zu engagieren.

dama und der Playa Frontón geht es immer weiter geradeaus und hinauf, hinauf, hinauf. Der Weg bis ganz nach oben dauert mindestens eine Stunde.

Reiten

Karin, die belgische Besitzerin des La Hacienda Hostel, führt sehr empfehlenswerte Touren zu Pferd zu verschiedenen Zielen in der Umgebung von Las Galeras, darunter der Aussichtspunkt El Punto, die Strände Madama, Frontón und Rincón sowie die Hügel des Umlandes. Touren gibt es in verschiedenen Längen und für Reiter unterschiedlichen Könnens, von einem zweistündigen Ausflug (1450 RD$ pro Pers.) über halbtägige (2280 RD$ pro Pers.) und ganztägige (2900 RD$) Touren bis zu solchen mit Übernachtung (8300 RD$).

Geführte Touren

Alle gängigen Touren auf der Halbinsel lassen sich bei Anbietern in Las Galeras buchen – zu den Tagestouren zählen die Walbeobachtung in der Bahía de Samaná (2500 RD$ mit Mittagessen) und Bootsausflüge durch den Parque Nacional Los Haitises (2600 RD$ pro Pers.) –, doch es ist besser, sich in Samaná an Whale Samaná (S. 120) und Tour Samaná with Terry (S. 121) zu wenden, die einen besseren Ruf in puncto Umweltbewusstsein haben und deren Teilnehmer in der Regel sehr zufrieden sind. Bootsausflüge zu einsamen Stränden um Las Galeras können am Ortsstrand von der Asociación de Lancheros de Las Galeras arrangiert werden (ab 2000 RD$ oder 600 RD$ pro Pers. bei vier oder mehr Passagieren).

Schlafen

Die meisten Hostels und Bungalows in Las Galeras sind von der Hauptkreuzung aus gut zu Fuß zu erreichen. Das wenig beeindruckende Grand Paradise Samaná ist das einzige Resort am Ort.

Sol Azul BUNGALOWS $
(829-882-8790; www.elsolazul.com; EZ/DZ inkl. Frühstück ab 1800/2000 RD$;) Ein nettes Schweizer Paar betreibt diese vier urigen und geräumigen Bungalows in Naturfarbtönen, die alle um einen gepflegten Garten und einen hübschen Pool liegen. Sie sind nur 50 m von der zentralen Kreuzung entfernt. Zwei der Bungalows besitzen ein Halbgeschoss – ideal für Kinder. Das Frühstücksbüfett bekommt von den Gästen sehr gute Noten. Wenn die Casa Por Qué No? ausgebucht ist, bietet sich hier die beste Alternative in dieser Preisgruppe.

La Hacienda Hostel PENSION $
(829-939-8285; www.lahaciendahostel.com; B/EZ/DZ 580/1160/1450 RD$; @) Etwa 3 km von der zentralen Kreuzung an der Staubpiste zu den Stränden Madama/Frontón betreibt die Belgierin Karin fünf rustikale Zimmer, eine Gemeinschaftsküche und eine hübsche Veranda mit Blick auf Meer und Berge. Allerdings ist alles reichlich primitiv – Gäste müssen sich auf kalte Duschen und gelegentlich einen Froschbesuch auf der Toilette einstellen.

Im zugehörigen Obst- und Gemüsegarten herrscht für die Gäste Selbstbedienung, frische Eier können für 10 RD$ eingesammelt werden. Wer nicht selbst kochen möchte, kann seine Mahlzeiten im La Rancheta einnehmen.

Der Hauptgrund, hier zu übernachten, ist Karin, eine erfahrene Führerin, die ausgezeichnete Tages- und Mehrtagestouren zu Fuß und zu Pferd zu abgelegenen Stränden und Gipfeln leitet.

La Rancheta BUNGALOWS $
(829-889-4727; www.larancheta.com; Zi./Bungalow 1400/1800–2000 RD$) Im üppigen Dschungel verborgen, liegt dieses Hotel 2,5 km von der zentralen Kreuzung entfernt. Es besitzt eine Reihe zweistöckiger schlichter, unkonventioneller Bungalows, in denen vier bis sechs Personen bequem wohnen können. Rustikale Küchen, halb im Freien gelegen, vermitteln den Besuchern das Gefühl, in einer einsamen Waldhütte zu leben. Diese Unterkunft bietet sich für sehr legere Reisende an. Das Frühstück kostet zusätzlich 175 RD$ bis 225 RD$.

Der belgische Besitzer erfreut Bierliebhaber mit Bieren aus seiner Heimat – ein wahres Gottesgeschenk nach dem Genuss von allzu viel Presidente –, die im Restaurant (beliebt bei allen, die nicht bis ins Ortszentrum zurückgehen wollen) gut gekühlt serviert werden.

★ **Casa Por Qué No?** B&B $$
(809-712-5631; casaporqueno@live.com; EZ/DZ inkl. Frühstück 45/55 US$; geschl. Mai–Okt.;) Pierre und Monick, die charmanten französisch-kanadischen Besitzer dieses B&B, sind perfekte Gastgeber und vermieten zwei Zimmer auf jeder Seite ihres behaglichen Heims – jedes Zimmer verfügt über

einen separaten Eingang und eine Hängematte. Das B&B liegt nur etwa 25 m nördlich der zentralen Kreuzung, auf der rechten Seite auf dem Weg zum Strand.

Vor dem Haus befindet sich ein langer, gut gepflegter Garten, wo auch das leckere Frühstück am morgen (einschließlich köstlichem selbst gebackenem Brot) serviert wird (für Nicht-Gäste 350 RD$). Wer genug von den allgegenwärtigen Restaurantangeboten der Dominikanischen Republik hat, kann sich von Monick ein köstliches Thai-Dinner zubereiten lassen. Es ist zwar nicht die schickste Unterkunft am Ort, aber dafür herrscht hier die herzlichste Gastfreundschaft.

★Todo Blanco BOUTIQUEHOTEL **$$**
(809-538-0201; www.hoteltodoblanco.com; Zi. mit/ohne Klimaanlage 3800/3700 RD$;) Getreu seinem Namen „Alles weiß" ist das renommierte Hotel blendend weiß gekalkt. Es liegt auf einem kleinen Hügel nur einen kurzen Spaziergang von der Hauptstraße von Las Galeras entfernt. Die Zimmer sind groß und luftig, mit hohen Decken, privaten Terrassen mit einem schönen Meerblick. Das Gelände verläuft auf verschiedenen Ebenen und ist hübsch mit Gärten und einem Pavillon ausgestattet.

Es macht Spaß mit dem fröhlichen Besitzer Maurizio einen Espresso zu trinken; dieser fährt selbst nach Samaná, um frisches Obst fürs Frühstück (zusätzlich 300 RD$) der Gäste zu besorgen.

Casa Dorado B&B **$$**
(829-933-8678; www.casadoradodr.com; Zi. 2800–3400 RD$;) Dieses wunderschöne Haus, das einen Kilometer sowohl von der zentralen Kreuzung als auch von der Playita entfernt ist, wurde von seinen amerikanisch-dominikanischen Besitzern im mexikanischen Stil ausgestattet. Es gibt vier Zimmer; das größte und teuerste verfügt über einen Jacuzzi.

Es gibt hier reichlich Platz, um zu entspannen, von den Terrassen mit Hängematten bis zu den gemütlichen Wohnzimmern. Letztere sind ideal, falls das Wetter mal schlecht ist. Das Frühstück in der großartigen Küche ist ein echtes Schnäppchen und Gäste anderer Hotels kommen oft und zahlen dafür 8 US$.

Casa Calliope VILLA **$$**
(829-929-8506; www.casacalliope.com; DZ/4BZ inkl. Frühstück 3600/4000 RD$; @) 4 km östlich des Ortes bietet diese Villa mit zwei Schlafzimmern im mexikanischen Stil unkonventionellen Luxus in schöner Umgebung. Jedes der beiden Zimmer hat ein eigenes Badezimmer und eine Terrasse. Außerdem gibt es eine voll ausgestattete Küche, die den Gästen zur Verfügung steht. Die Gäste können auch vegetarische und gesunde Gerichte bestellen. Die Besitzer, ein freundliches Paar aus Boston, können sehr viele Informationen über die Gegend geben. Der Mindestaufenthalt in der Casa Calliope beträgt zwei Nächte.

Chalet Tropical CHALETS **$$$**
(809-901-0738; www.chalettropical.com; Calle por La Playita; Chalets ab 185 US$;) Ein italienischer Designer steht hinter diesen Chalets von rustikaler Eleganz. Jedes erstrahlt in einer speziellen Farbe und zeigt einzigartige Details wie steinerne Duschen, Objekte aus Kokos- und Bambusholz und alle Arten von kreativen Kombinationen – alles sieht aus, wie schönes indigenes Kunsthandwerk, dass die Gäste begeistern soll. Alle großen Chalets gehen über mehrere Ebenen, besitzen eine voll ausgestattete Küche und ein geräumiges Wohnzimmer.

Auf Sicherheit wird auf dem privaten Gelände der Anlage sehr großer Wert gelegt. Sie liegt versteckt an einer Wohnstraße gegenüber von BanReservas, 10 Minuten Fußweg sowohl vom Playita-Strand als auch von der Ortsmitte.

Plaza Lusitania Hotel HOTEL **$$$**
(809-538-0093; www.plazalusitania.com; Plaza Lusitania, Calle Principal; Zi. mit/ohne Klimaanlage inkl. Frühstück ab 4880/3800 RD$;) An der zentralen Kreuzung, im zweiten Stock eines Einkaufszentrums gelegen, bietet dieses Hotel auch ein gutes italienisches Restaurant und ein hübsches Open-air-Atrium. Die Zimmer sind groß und extrem bequem. Wer auf Katzen allergisch ist, sollte sich allerdings lieber fernhalten.

Essen

Für einen Ort dieser Größe besitzt Las Galeras eine Fülle an fantastischen Esslokalen, mit vielen Restaurants, die an der einzigen Kreuzung der Hauptstraße liegen. Auch einige Hotels servieren Mahlzeiten, wenn sie im Voraus bestellt werden. Achtung: Viele der Restaurants schließen außerhalb der Hauptsaison. Für Selbstversorger ist der **Supermercado No 1** (Calle Principal; 7–21.30 Uhr) der größte Lebensmittelladen.

End of the Road FASTFOOD $

(Calle Principal; Hauptgerichte 50–190 RD$; ⌚8–21 Uhr; 📶) Direkt an der Kreuzung gelegen, serviert dieser kleine Treffpunkt von Reisenden, saftige Gourmet-Burger aus Angus-Rindfleisch und mächtige Burritos (darunter auch eine fantastische Frühstücksversion). Zubereitet werden sie vom französischen Küchenchef vom Le Taínos, dem schicksten Restaurant der Stadt. Hier gibt es auch ein Internetcafé (pro Std. 40 RD$).

★ **Rincón Rubi** KARIBISCH, MEERESFRÜCHTE $$

(☎809-380-7295; Playa Rincón; Hauptgerichte 300–650 RD$; ⌚Dez.–März 9–16 Uhr, April–Nov. mit Reservierung) Diese aufgepeppte Strandhütte lohnt den Weg zur langen und herrlichen Playa Rincón, an deren östlichem Ende sie sich befindet. Die einfachen Picknicktische sind mit bunten Tischdecken gedeckt und eine einzige Tafel verkündet das Angebot: frischer Fisch, *langosta* (Hummer), gegrilltes Hähnchen etc., alles auf einem riesengroßen Open-air-Grill zubereitet. Der ganze Fisch in Kokossauce lässt sich perfekt von den Gräten lösen und zergeht köstlich auf der Zunge. Der Reis sollte unbedingt in die exzellente Salsa getunkt werden. Es ist nicht nur ein perfektes Mahl an einem Traumstrand, sondern auch eine wunderbare Möglichkeit, echten Dominikanern etwas Geld zukommen zu lassen.

★ **El Cabito** MEERESFRÜCHTE $$

(☎829-697-9506; Hauptgerichte 250–900 RD$; ⌚Di–So 16–22 Uhr) Dieses rustikale Restaurant mit der perfekten Postkartenansicht klammert spektakulär am Rande der Dominikanischen Republik. Die atemberaubenden Blicke über die Klippen machen ein Essen hier zu einer dramatischen Angelegenheit. Die beste Zeit für einen Besuch ist zum Sonnenuntergang, wenn alle Farben des Regenbogens mit dem Meer zu verschmelzen scheinen, während die Gäste belgisches Bier genießen. Was das Essen betrifft, sollte man unbedingt die gegrillten Calamari (550 RD$) oder die Dorade (650 RD$) wählen, wenn sie auf der Speisekarte stehen. Es wird ein Abhol-/Bringdienst von/zu jedem Ort in Las Galeras angeboten oder man nimmt einfach ein Taxi (800 RD$ hin und zurück mit Wartezeit). In der Regel ist eine Reservierung nötig.

★ **Le Taínos** FUSION $$

(Calle Principal; Hauptgerichte 360–640 RD$; ⌚Nov.–April 18–23 Uhr) Direkt im Ortszentrum gelegen, ist dieses Lokal mit seiner tollen Atmosphäre sehr kosmopolitisch. Die Speisekarte ist klein, aber aufregend mit allen möglichen fantasievollen Gerichten, die man sonst nirgends findet und die wunderbar auf Tellern angerichtet präsentiert werden; die angebotenen Speisen wären eines Königs würdig.

Das Schweinefleisch in Honig-Oregano-Sauce ist ebenso ein Genuss wie das Hähnchen in Limetten-Sauce und der Fisch im Bananenblatt. Das Ambiente besticht mit romantischem Kerzenlicht und einem vom Designer entworfenen Strohdach. Die Bar ist die geselligste im weiten Umkreis, die Cocktails sind groß und zeigen ein sonst auf der Halbinsel unbekanntes Preis-Leistungs-Verhältnis.

El Pescador SPANISCH $$

(www.restaurantpescador.com; Calle Principal; Hauptgerichte 420–950 RD$; ⌚Mi–Mo 10–23 Uhr) Gegenüber der BanReservas an der Hauptstraße gibt es ausgezeichnete Fisch- und Meeresfrüchtegerichte, vor allem die *paella* (der Besitzer ist Spanier) ist bemerkenswert. Sie wird sogar für eine Person serviert (dazu ein Applaus von Einzelreisenden!) und, ganz ehrlich, sie ist besser als jede *paella,* die wir in Spanien hatten.

Einheimische bewerten auch die Pizza (280–550 RD$) sehr gut. Der Kokospudding rundet das Mahl wunderbar ab.

Il Nodo del Pirata ITALIENISCH, MEERESFRÜCHTE $$

(Plaza Lusitania, Calle Principal; Pasta 180–520 RD$, Pizza 200–520 RD$; ⌚Dez.–April 15–23 Uhr, Mai–Nov. 17–22 Uhr) Dieses alteingesessene Lokal serviert eine Auswahl italienischer Gerichte, darunter hausgemachte Pasta (Tagliatelle mit Gorgonzola oder frischen Tomaten), große, individuell belegte Pizzas mit dünnem Boden, Fleisch- und Fischgerichte, gefolgt von einer reichen Auswahl an italienischen und amerikanischen Desserts und Eiscreme (Das Kokoseis bekommt einen Extra-Applaus).

Obwohl das Ambiente sehr schlicht ist, gehört dieses Lokal zu den beliebtesten des Ortes.

Ausgehen & Nachtleben

Ein großer Teil des Nachtlebens besteht aus Drinks in einem der Restaurants der Stadt – die Bar im Le Taínos hat die besten Cocktails. Ein Stück weiter die Straße hinauf liegt **L'Aventura** (Calle Principal), wo es auch eine nette Barszene gibt.

Praktische Informationen

Die asphaltierte Straße von Samaná schlängelt sich gemütlich an der Küste entlang und durch eine liebliche, an vielen Stellen bewaldete Landschaft, bevor sie die Außenbezirke von Las Galeras erreicht.

Es gibt eine zentrale Kreuzung in der Stadt (etwa 50 m, bevor der Highway am Strand endet) und die meisten Hotels, Restaurants und kleinen Läden sind auch nur einen kurzen Spaziergang entfernt.

BanReservas (Calle Principal; Mo–Fr 9–17 Uhr)) Der günstigst gelegene Geldautomat, allerdings macht er manchmal Zicken. Es gibt einen weiteren am Grand Paradise Samaná Resort.

Centro Medico Asistencial (809-963-1633; Calle Principle; rund um die Uhr) Eine kleine Klinik mit Notaufnahme; man spricht hier allerdings kein Englisch.

Farmacia Las Galeras (Calle Principal; 9–20.30 Uhr) Grundversorgung an Medikamenten nahe der zentralen Kreuzung.

Grand Paradise Samaná (www.grandparadisesamana.com; 24hr) Hier gibt es eine kleine Klinik, die auch Nicht-Gäste in Notfällen versorgt.

Politur (809-754-2987; www.politur.gob.do; Calle Principal; rund um die Uhr) Touristenpolizei.

RP Motors (829-729-8727; Calle Principal; Mo–Sa 9.30–18 Uhr) Geldwechsel von Dollar und Euro, außerdem gibt es hier einen Mietwagenverleih.

An- & Weiterreise

Guaguas fahren vom Ende der Calle Principal am Strand nach Samaná (100 RD$, 1 Std., alle 15 Min. von 6.30 bis 17.45 Uhr), sie lassen auch noch Fahrgäste einsteigen, während sie langsam aus der Stadt hinausfahren. Darüber hinaus verkehren täglich auch drei Busse nach Santo Domingo (350 RD$, 3 Std., 5.30, 13.15 & 15.15 Uhr).

Innerhalb Las Galeras lässt sich so ziemlich alles zu Fuß erreichen. **Taxis** (809-481-8526) warten an einem Stand direkt am wichtigsten Stadtstrand. Preisbeispiele für eine einfache Fahrt: Aeropuerto Catey (3000 RD$), Las Terrenas (2500 RD$), Samaná (1000 RD$) und Santo Domingo (7000 RD$). Eventuell lassen sich günstigere Preise aushandeln, vor allem nach Samaná.

Ein Mietwagen ist wirklich ideal, um die Halbinsel auf eigene Faust zu erkunden. Die Preise für ein solches Fahrzeug liegen in der Regel bei 3000 RD$ pro Tag inkl. einer notwendigen Versicherung.

WESTTEIL DER HALBINSEL SAMANÁ

Las Terrenas

18 829 EW.

Einst ein rustikales Fischerdorf ist Las Terrenas heute ein wahrhaft kosmopolitischer Platz. Der Ort wirkt ebenso französisch (schon fast eine Kolonie) wie italienisch und dominikanisch. Elegante europäische Frauen mit Designer-Sonnenbrillen fahren in ihren eigenen Geländewagen, kaufen Baguette ein und kämpfen sich auf den Straßen durch die viel zu vielen *motos*. Der Balanceakt zwischen Einheimischen und hier lebenden Ausländern hat zu einer lebendigen Mixtur an Stilen geführt und zu einem Gesellschaftsleben, das pulsierender ist als in anderen Orten der Halbinsel. Die Strandstraße führt in jede Richtung zu einem Strand mit Hotels, großen Palmen und ruhigem aquamarinfarbenem Wasser.

Las Terrenas ist auch für unabhängige Reisende ein guter Ort, an dem sich auch leicht Bekanntschaften schließen lassen.

Sehenswertes

Parque Nacional Los Haitises NATURSCHUTZGEBIET

(60 US$) Las Terrenas liegt zwar nicht so besonders nahe am Parque Nacional Los Haitises, aber da nur sehr wenige unabhängige Reisende nach Sabana de la Mar kommen, dem am nächsten am Park gelegenen Ort, ist Las Terrenas sehr beliebt geworden, um Touren dorthin zu buchen.

Flora Tours ist ein empfohlener Anbieter, doch mittlerweile hat fast jeder Anbieter im Ort Ausflüge nach Los Haitises im Programm. Allerdings finden solche Touren meist nur zweimal pro Woche statt; für Gruppen von sechs oder mehr Personen werden auch zu anderen Zeiten Touren organisiert. An fünf Tagen der Woche sollte es jeweils einen Ausflug geben, doch die Zeitpläne ändern sich schnell, deshalb ist es am besten, sich gleich bei Ankunft zu informieren und zu buchen.

Aktivitäten

Tauchen & Schnorcheln

Las Terrenas besitzt ziemlich gute Tauch- und Schnorchelmöglichkeiten und wenigstens drei Läden, die Touren organisieren.

Las Terrenas

Zu den beliebtesten Tauchplätzen zählt ein Wrack in 28 m tiefem Wasser und die Isla Las Ballenas, die von der Küste aus zu sehen ist. Hier findet man eine große Unterwasserhöhle.

Die meisten Anbieter haben auch Spezialtouren zum Cabo Cabrón bei Las Galeras und zur Dudu-Höhle bei Río San Juan im Programm. Ein Tauchgang kostet im Schnitt mit Ausrüstung 60 US$. Packages mit vier, zehn oder zwölf Tauchgängen sparen 10 bis 12 US$ pro Tauchgang. Tagestouren mit zwei Tauchgängen zum Cabo Cabrón kosten 160 US$, inklusiv Ausrüstung, Lunch und Transfer. Für Tagestouren mit einem Tauchgang zu den Dudu-Höhlen werden 130 US$, ebenfalls inklusiv Ausrüstung, Lunch und Transfer. Kurse im offenen Wasser kosten alles in allem 430 US$.

Ein beliebter ganztägiger Schnorchelausflug führt zur Playa Jackson. Diese liegt einige Kilometer westlich des Ortes und ist per Boot erreichbar.

Turtle Dive Center TAUCHEN
(☎829-903-0659; www.turtledivecenter.com; El Paseo Shopping Center; ⏲10–12.30 & 16–19 Uhr) Ein sehr empfehlenswerter, den SSI ange-

Las Terrenas

Aktivitäten, Kurse & Touren
1 Casa de las Terrenas B2
2 Flora Tours B2
3 Fun Rental B2
4 LTK D1
Turtle Dive Center (siehe 21)

Schlafen
5 Albachiara Hotel C2
6 Casa del Mar Neptunia C2
7 Casa Robinson C2
8 El Rincon de Abi C2
9 La Dolce Vita D1

Essen
10 Big Dan's Polar Bar B2
Boulangerie Française (siehe 22)
11 La Casa Azul B2
12 La Serviette B2
13 La Terrasse B2
14 Le Tre Caravelle D1
15 Mar y Tierra A4
16 Mi Corazon A5
Mini-Market Plaza Taína (siehe 22)
17 One Love Surfshack B1
18 Supermercado Lindo A4

Ausgehen & Nachtleben
La Cave Au Vin (siehe 21)
19 Mojitos D1

Shoppen
20 Casa Linda B2
21 El Paseo B2
Haitian Caraibes Art Gallery (siehe 22)
22 Plaza Taína B2
Prensa International (siehe 21)

Verkehrsmittel
23 Guaguas to Samaná & El Limón C2
24 Las Terrenas Transportes B2

schlossener Betrieb, der von einem Franzosen geführt wird. Der Betreiber legt offenbar sehr großen Wert auf die Sicherheit seiner Kunden. Angeboten werden auch Schnorchel-Touren zur Playa Jackson (halb-/ganztägig 55/80 US$) und zur Isla Las Ballenas (45 US$).

Kitesurfen & Windsurfen

Hinter Cabarete ist Las Terrenas der zweitbeste Platz für Windsportarten in der Dominikanischen Republik. Der Strand von Punta Popy, nur etwa 1 km östlich der zentralen Kreuzung, ist bei Kite- und Windsurfern sehr beliebt. Während der Recherchen für dieses Buch entstand gerade das neue **Centro Nautico** (☎829-286-4735; ltsailingclub@gmail.com; Playa Las Ballenas), das in Playa Las Ballenas in Zukunft alle nötigen Ausrüstungsteile fürs Windsurfen, Segeln und Stehpaddeln verleihen wird.

LTK WASSERSPORT
(☎809-801-5671; www.lasterrenas-kitesurf.com; Calle 27 de Febrero) Empfohlene Schule fürs Kitesurfen, die von einem freundlichen Franzosen geführt wird, der auch Spanisch und Englisch spricht. Auch Verleih von Surfbrettern (pro Tag 15 US$) und Ausrüstung fürs Kitesurfen (pro Tag 70 US$) sowie Unterricht in beiden Sportarten. Sechs Unterrichtsstunden Kitesurfen (das Minimum, um in dieser Sportart einigermaßen klarzukommen) kosten 300 US$, eine zweistündige Surfstunde 40 US$.

Geführte Touren

Flora Tours ÖKOTOUREN
(☎809-923-2792; www.flora-tours.net; Calle Principal 278; ⌚Mo–Sa 8.30–12.30 & 15.30–18.30 Uhr) Dieses Reisebüro in französischer Hand ist die Topadresse für umweltbewusste Touren in den Parque Nacional Los Haitises und zu schwer zugänglichen Stränden. Außerdem organisiert der Veranstalter ruhigere Katamaran-Törns, kulturell einfühlsame Quad-Touren zu entlegenen Dörfern und Mountainbike-Ausflüge verschiedener Schwierigkeitsgrade.

Casa de las Terrenas ABENTEUERTOUREN
(☎809-666-0306; www.lasterrenas-excursions.com; Calle Principal 280; ⌚Mo–Sa 8.30–12.30 & 14.30–18.30 Uhr) Kleiner, freundlicher französischer Anbieter mit dem Büro in einem Kiosk an der Plaza Taína.

Fun Rental QUAD-/ROLLERVERMIETUNG
(☎809-713-6666; funrental@hotmail.fr; Calle Principal) Vermietet Quads (55 US$ pro Tag) und Roller (25 US$).

Schlafen

Die meisten Unterkünfte liegen an den Straßen am Wasser entlang östlich und westlich der zentralen Kreuzung. Im Osten befinden sie sich gegenüber vom Strand an der asphaltierten Straße, während die vor Kurzem gepflasterte Straße im Westen dazu führt, dass die Gegend etwas ruhiger und abgelegener ist. In der Nebensaison fallen die Prei-

ABSTECHER

CASCADA EL LIMÓN

Versteckt in einer erstaunlich rauen Landschaft, umgeben von einigen Gipfeln, die mit üppigem Grün bewachsen sind, liegt der 52 m hohe Wasserfall El Limón. Ein herrliches Becken am Fuß des Wasserfalls kann ein perfekter Platz sein, um den Schweiß und Staub des Weges abzuwaschen. Allerding ist es oft zu kalt und das Wasser zu tief für ein Bad. Ausgangspunkt der Wanderung ist der kleine Ort El Limón, nur eine halbe Stunde von Las Terrenas entfernt. Die meisten Besucher kommen zu Pferd und fast ein Dutzend *paradas* (Reitställe) in der Stadt und am Highway nach Samaná bieten Touren an (es ist jedoch davon abzuraten, jemanden von der Straße weg zu engagieren, man spart nur wenig und der Service ist ziemlich schlecht). Alle Veranstalter bieten im Wesentlichen das Gleiche: einen Ritt von 30 bis 60 Minuten bergauf zu den Wasserfällen, 30 bis 60 Minuten Aufenthalt, um ein Bad zu nehmen und das Naturwunder zu genießen, weitere 30 bis 60 Minuten für den Ritt zurück mit einem abschließenden Lunch. Der Führer – der ein Trinkgeld bekommen sollte – reitet nicht, er läuft. Das mag eigenartig erscheinen, ist aber der Brauch. Ob nun zu Fuß oder zu Pferd, in jedem Fall ist die Tour eine nasse Angelegenheit, da mehrere Flüsse überquert werden müssen – Gummisandalen sind eine gute Idee.

Das einem Spanier gehörende Santí, an der zentralen Kreuzung in El Limón, ist eine gute Wahl, aber auch am teuersten. Der Lunch ist hervorragend, die Führer und das sonstige Personal (alles Erwachsene) werden besser bezahlt als anderswo (obwohl sie keine Fachleute sind). Wer bei einem Anbieter in Las Terrenas bucht, muss beachten, dass der Transfer nach/von El Limón oft nicht inklusive ist (*guagua* 50 RD$). Üblicherweise kostet die Tour (Pferd, Führer und Lunch) pro Person zwischen 35 US$ und 50 US$. Die meisten anderen Veranstalter verlangen rund 650/300 RD$ mit/ohne Lunch; einen Versuch lohnt Parada la Manzana, 5 km östlich von El Limón in Richtung Samaná, das den Vorteil besitzt – je nach Perspektive –, näher an den Wasserfällen zu sein; außerdem gibt es eine schöne neue Cocktailbar, die Apple Bar.

Geführte Touren können auch von Las Terrenas aus gebucht werden. Einige umfassen auch den Transfer nach El Limón per Quad, gefolgt vom üblichen Ritt und Lunch (55 US$); ein empfehlenswerter Anbieter ist die Casa de las Terrenas. Zu Fuß dauert der Weg wenigstens 40 Minuten (ab der zentralen Kreuzung in El Limón sind es rund 5,6 km). Es ist ein sehr steiler Weg über raues Gelände, sogar mit ein oder zwei Flüssen, die an Furten durchquert werden müssen. Wer erst einmal den Weg gefunden hat, kann ihm leicht folgen, vor allem wenn Gruppen unterwegs sind. Wer die Tour auf eigene Faust unternimmt, muss einen Eintrittspreis (50 RD$) bezahlen.

se dramatisch, doch für Langzeitaufenthalte lassen sich zu jeder Jahreszeit Preisnachlässe aushandeln.

★El Rincon de Abi HOTEL **$**

(☎809-240-6639; www.el-rincon-de-abi.com; Av Emilio Prud'Homme; DZ/3BZ inkl. Frühstück ab 1500/2000 RD$, Bungalow ohne/mit Klimaanlage 2000/2500 RD$, Apt. 4000–5000 RD$; ❄📶🏊) Dieses Hotel in französischem Besitz ist gut gepflegt und verfügt zudem über viel Charakter. Hier hat man auch sehr viel Verständnis für unabhängige Reisende. Es gibt im Freien eine hübsche Gemeinschaftsküche, einen Jacuzzi und einen kleinen Pool. Die Zimmer liegen entweder im zweistöckigen Hauptgebäude mit Strohdach (ein bisschen steril, aber mit gut funktionierenden Duschen) oder in den Bungalows, die dynamischer wirken. Ein deutlicher Pluspunkt des Hotels sind die hohen Sicherheitsansprüche: Die Besitzer lassen sich rund um die Uhr die Überwachungsvideos auf ihre iPhones übertragen.

Casa del Mar Neptunia HOTEL **$**

(☎809-240-6884; www.casasdelmarneptunia.com; Av Emilio Prud'Homme; EZ/DZ inkl. Frühstück 1600/1900 RD$; 📶) Die neuen, recht praktisch veranlagten kanadischen Besitzer, haben diese schlichte Unterkunft in eine charmante Oase der Gastlichkeit und Ruhe verwandelt. Behaglich und still mit 12 großen luftigen Zimmern, fehlt hier allerdings ein bisschen die Privatsphäre, doch das Preis-Leistungs-Verhältnis entschädigt dafür – man wird kaum irgendwo sonst in Las Terrenas mit seinem Geld so weit kommen.

Casa Robinson HOTEL $
(☎809-240-6496; www.casarobinson.it; Av Emilio Prud'Homme; EZ/DZ/3BZ 1300/1400/2000 RD$;) Einen Block vom Strand entfernt bietet dieses Hotel auf einem üppig grünen Gelände Privatsphäre zum günstigen Preis. Im hölzernen Gebäude werden die schlichten, aber sauberen Zimmer von Ventilatoren gekühlt; sie besitzen kleine Balkone oder Patios. Das Haus ist zwar in italienischem Besitz, wird aber von freundlichen Dominikanern geführt. In der familiären Atmosphäre sind ausgelassene Feiern und Orgien nicht gern gesehen.

Hotel Residence Playa Colibrí HOTEL $$
(☎809-240-6434; www.hotelplayacolibri.com; Playa Las Ballenas; Apt. für 2/4/6 inkl. Frühstück ab 89/179/269 US$;) Am Ende dieses Teils der Playa Las Ballenas gelegen, ist das Playa Colibrí eine gute Alternative für alle Besucher, die Ruhe und Frieden suchen. Die 45 Apartments sind zwar unterschiedlich geschnitten, aber alle sind geräumig mit voll ausgestatteter Küche und bieten ein gutes Preis-Leistungs-Verhältnis. Die Apartments, die über mehrere Ebenen gehen, eignen sich besonders gut für Familien. Jedes besitzt eine Terrasse mit Blick auf den Pool und den sorgfältig gepflegten Garten; das Frühstück kann am ruhigen Strand auf der anderen Seite der Straße serviert werden.

La Dolce Vita APARTMENTHOTEL $$
(☎809-240-5069; www.ladolcevitaresidence.com; Calle 27 de Febrero; Zi. pro Nacht/Monat 90/1610 US$; @) Die Apartments in diesem Komplex im Plantagenstil am Wasser eignen sich gut für Langzeitmieter.

★ **Eva Luna** VILLEN $$$
(☎809-978-5611; www.villa-evaluna.com; Calle Marico, Playa Las Ballenas; Villen für 2/4 Personen 120/220 US$; @) Diese fünf Villen im mexikanischen Stil, ein Ausbund an unauffälligem Luxus, besitzen voll ausgestattete Küchen, herrlich ausgemalte Wohnzimmer und Terrassen auf denen ein hinreißendes Gourmet-Frühstück serviert wird. Die Schlafzimmer sind ein bisschen zu vollgestellt, doch das heitere, elegante Design gleicht das aus. Die romantischen Villen gehen alle auf einen ruhigen Pool und einen Gartenbereich. Verantwortlich für alles sind die bezaubernde Aude und ihr Partner, Jérôme, ein gelernter Koch, der für seine Hausgäste auch mal ein, zwei Fische auf den Grill wirft. Die Villen liegen im Westen des Ortes, in einer Wohngegend, 300 m von der Playa Las Ballenas. Doppelzimmer sind in der Nebensaison mit 80 US$ ein wahres Schnäppchen.

Albachiara Hotel APARTMENTHOTEL $$$
(☎809-240-5240; www.albachiarahotel.com; Calle 27 de Febrero; Apt. inkl. Frühstück ab 115 US$;) Der Straßenlärm ist etwas unerfreulich, aber dieses Hotel mit 46 Apartments liegt günstig, nicht weit vom Strand und vom Zentrum von Las Terrenas. Es gibt hier besonders große Apartments mit King-Size-Betten, großen Küchen und behaglichen Patios, deren Blick auf die großen Säulen geht, die für die Architektur des Hotels typisch sind.

Essen

In Las Terrenas sind die Restaurants mit der stärksten Atmosphäre im Pueblo de los Pescadores, einer Ansammlung von Fischerhütten und Restaurants am Wasser, die vor Kurzem durch ein Feuer verwüstet, aber westlich vom Fluss am ursprünglichen Platz des Ortes wiederaufgebaut wurden. Buchstäblich jedes Restaurant besitzt einen Eingang zur Straße und einen Speisebereich oder eine Bar hinter dem Haus im Freien mit Blick auf das Meer und den schmalen Strand.

Mini-Market Plaza Taína (Mo–Sa 7.30–20.30, Sa 8–12 Uhr) verkauft Snacks und Grundnahrungsmittel, während der größte und beste Supermarkt der Stadt, der **Supermercado Lindo** (Plaza Rosada, Calle Principal; Mo–Sa 8.30–13 & 15–20, So 9–13 Uhr), Fertiggerichte, Pasta, Obst und Gemüse, Snacks, ordentlichen importierten Wein und andere Waren bietet.

Boulangerie Française BÄCKEREI $
(Plaza Taína; Waren 40–150 RD$; 7Mo–Sa 7–19.30, So bis 19 Uhr) In dieser hübschen Bäckerei kann man sich inmitten von frischen *pains au chocolat*, Croissants, *beignets* und anderem traditionellen französischen Ge-

SCHLEPPER

Wer nicht mit einer geführten Tour nach El Limón fährt, sollte sich vor *motoconcho*-Schleppern in Acht nehmen, die neben dem Auto auftauchen und versuchen, den Fahrer zu überreden, eine *parada* aufzusuchen, die ihnen eine Provision zahlt. Einfach weiterfahren!

bäck und Desserts nach Paris träumen. Der Patio an der Straße erinnert stark an Montmartre und der Espresso hier ist bei Weitem der beste auf der Halbinsel.

One Love Surfshack BURGER, FRÜHSTÜCK **$**
(Pueblo de los Pescadores; Burger 200–250 RD$, Frühstück 100–200 RD$; ⌚Mi–Mo 7–11 Uhr; 📶) Nordamerikanisches Frühstück und ordentliche Burger sind die Pluspunkte des One Love Surfshack. Hier kann man wunderbar essen, aber auch zum Klang der Wellen das ein oder andere kühle Bierchen trinken. Man möchte diese Veranda am Ozean gar nicht mehr verlassen. Die handfesten Besitzer aus Quebec versuchen sich auch an leckeren *poutine,* allerdings wird bei der Zubereitung regionaler Käse anstatt Quark verwendet.

Mar y Tierra DOMINIKANISCH **$**
(Calle Principal; Gerichte 150–370 RD$; ⌚11.30 bis 18 Uhr) Eigentlich eine ganz einfache Angelegenheit, aber eine gute Wahl für preiswerte dominikanische *comida criolla.* Mit dem im Schatten gelegenen Patio ist es eine Stufe besser als die üblichen vergleichbaren Kioske.

Big Dan's Polar Bar AMERIKANISCH, BAR **$**
(Calle Principal; Hauptgerichte 100–385 RD$; ⌚Mo–Sa 12–13, So bis 16 Uhr; 📶) Es ist schwierig, bessere Burger für 100 RD$ zu finden als die von Dan, einem hier lebenden Amerikaner, der mit Burgern, Fish and Chips, Chili con Carne und anderen amerikanischen Angeboten das perfekte Gegenmittel gegen Heimweh bietet.

★ **La Terrasse** FRANZÖSISCH **$$**
(Pueblo de los Pescadores; Hauptgerichte 380–750 RD$; ⌚11.10–14.30 & 18.30–23 Uhr) Der dominikanische Küchenchef dieses eleganten französischen Bistros würde für sein köstliches *steak au poivre* (500 RD$) bestimmt ein paar Michelin-Sterne verdienen, eine der perfektesten Speisen in der ganzen Dominikanischen Republik. Auf der Speisekarte stehen auch Fisch und Meeresfrüchte wie Schnapper mit Knoblauch und Petersilie (530 RD$), würzige kreolische Calamari (430 RD$) und Hummer mit Estragonbutter (580 RD$). Wie die meisten Lokale an dieser Gourmetpromenade könnte auch hier das Meer fast mit jedem Wellenschlag die Beute wieder zurückholen. Das Beste von allem ist, dass es ein solches Essen für unter 15 US$ gibt – ein wahres Schnäppchen überall auf der Welt.

La Serviette FRANZÖSISCH **$$**
(Plaza Taína; Hauptgerichte 310–770 RD$; ⌚Mo 18–24, Di–Sa 10–15 & 18–24 Uhr; 📶) Dieses kleine, verborgene Juwel hinter der Plaza Taína bringt einen Hauch von Lyon nach Las Terrenas. *Cassoulet, entrecôte, escargots* – all das gibt es hier und alles von bester Qualität. Die Spezialitäten des Hauses, *steak tartare* (520 RD$) und mit Pastis flambierte Shrimps (490 RD$), enttäuschen den Gaumen der Gäste nicht. Das freundliche Paar versucht alles, um seine Gäste zufriedenzustellen. (Nur das Rauchen ist hier nicht erlaubt.)

Le Tre Caravelle ITALIENISCH **$$**
(Calle 27 de Febrero; Hauptgerichte 270–490 RD$; ⌚12–23.30 Uhr; 📶) Nicht nur die Einheimischen halten das Le Tre Caravelle für das beste italienische Lokal des Ortes. Das angebotene Risotto und die stets frischen Meeresfrüchte sind ausgezeichnet, auch wenn das Ambiente im Inneren die Gäste nicht gerade umhaut – die Bedienungen mit Matrosenmützen (zu niedlich anzusehen, aber auch sehr freundlich) und ein etwas zweifelhaftes maritimes Südseemotiv sind mit Sicherheit nicht jedermanns Geschmack. Auf einer mit Kreide beschriebenen Speisetafel werden die täglichen Empfehlungen angepriesen.

La Casa Azul ITALIENISCH **$$**
(Calle Libertad; Pizzas 210–350 RD$; ⌚Mi–Mo 18–24 Uhr) Der Service lässt *mucho* zu wünschen übrig, aber die Besitzer machen die beste Pizza des Ortes. Einige Tische stehen direkt im Sand.

★ **Mi Corazon** FUSION **$$$**
(☎809-240-5329; www.micorazon.com; Calle Duarte 7; Hauptgerichte 780–1040 RD$; ⌚Di–So 19–23 Uhr; 📶) Las Terrenas erscheint vielleicht wie eine französisch-italienische Kolonie, doch hier bietet ein schweizerisch-deutsches Trio das Topessen der Region. Daniel, Lilo und Flo sorgen dafür, dass hier alles erste Sahne ist: Alles wird frisch vor Ort zubereitet und in einem romantischen weiß gekalkten Hof im Kolonialstil serviert, unterm Sternenhimmel, während ein Brunnen sanft plätschert.

Auch die Molekularküche hinterlässt hier ihre deutlichen Spuren (z. B. Angusrindfleisch mit Olivenölschaum), aber in erster Linie geht es um frische, perfekt gewürzte Produkte. Eine Vielzahl an leckeren Menüs steht für die verschiedensten Geschmäcker zur Auswahl. Das wöchentlich wechselnde Chef-Menü (drei/vier Gänge 1650/2150 RD$) ist eine gute Wahl.

Ausgehen

Den meisten Restaurants ist eine Bar angeschlossen, die noch lange weiter geöffnet hat, wenn die Küche schon geschlossen ist. Ein Zug von Bar zu Bar ist ausgesprochen einfach, da ein Spaziergang von einem Ende des Pueblo de los Pescadores zum anderen kaum eine Minute dauert. Es gibt auch außerhalb des Pueblo de los Pescadores einige empfehlenswerte Lokale.

Mojitos BAR, RESTAURANT
(Calle 27 de Febrero; 9–22 Uhr;) Das Problem bei Mojitos ist, dass sie sich viel zu schnell trinken. In dieser eleganten Strandhütte an der Punta Popy zaubern Kubaner Mojitos in 14 Varationen (mit kubanischem Rum 50 RD$ extra) darunter traditionell, *chinola* (Passionsfrucht) und *tamarindo* (200 RD$). Sie sind zwar nicht billig, aber sie könnten nicht besser sein, wenn Fidel Castro selbst hinter der Bar stünde. Es gibt auch ausgezeichnete Meeresfrüchte (z. B. Oktopus mit Vinaigrette), dazu kann man herrliche Blicke auf den Sonnenuntergang genießen.

La Cave Au Vin WEINBAR
(El Paseo Shopping Center, Calle Principal; 8–14 & 18–22 Uhr;) Wer irgendwann einmal genug vom dominikanischen Presidente-Bier und von eiskaltem Rotwein hat, sollte hierher kommen. Sehr französische Tapas (50–400 RD$) und etwa zehn französische, spanische, chilenische und argentinische Weine, die perfekt temperiert glasweise serviert werden.

Shoppen

In der Calle Duarte (alias Calle Principal) und ihrer Umgebung gibt es jede Menge der typisch haitianischen Kunst, die man überall in der Dominikanischen Republik findet. Die drei Einkaufszentren sind nur einen Katzensprung voneinander entfernt an der Calle Duarte – Plaza Taína, Casa Linda und El Paseo – mit edlen Boutiquen, Lokalen und einigen Läden, die Touristenkitsch verkaufen.

Haitian Caraibes Art Gallery GALERIE
(Calle Principal 159; Mo–Sa 9–13 & 16–19.45 Uhr) Wer andere Kunst sucht als die allgegenwärtigen Produkte für Touristen, sollte hier einen Stopp einlegen. Im Angebot sind auch Kunsthandwerk, Schmuck und typische Batik-Sarongs.

Prensa International ACCESSOIRES
(El Paseo Shopping Center, Calle Duarte; Mo–Sa 9–19.30, So bi 13 Uhr) Im Hintergrund des El-Paseo-Einkaufszentrums gelegen. Hier werden internationale Zeitungen und Zeitschriften angeboten.

Praktische Informationen

Die meisten Hotels und Restaurants haben WLAN (immer im Restaurant fragen – keiner scheint seinem Netzwerk einen logischen Namen mit der Bezeichnung des Lokals zu geben). Wer kein Gerät dabei hat, findet an der Calle Principal einige Internetcafés.

GELD

Es gibt Geldautomaten im El Paseo Shopping Center, im Pueblo de los Pescadores und an der Plaza Rosada.

BanReservas (Calle Duarte 254; Mo–Fr 8–17, Sa 9–13 Uhr)

Banco Popular (Av Juan Pablo Duarte/Calle Duarte 52; Mo–Fr 9–16, Sa 9–13 Uhr)

REISEBÜROS

Colonial Tours (809-240-6822; www.colonialtours.com.do; Plaza Rosada; Mo–Fr 9–13 & 15–19, Sa bis 12.30 Uhr) Das wichtigste Reisebüro des Ortes.

MEDIZINISCHE VERSORGUNG

Clínica Especializada Internacional (809-240-6701; Calle Fabio Abreu) Diese neue private Klinik, geführt von kubanischen Ärzten, ist die modernste der Halbinsel.

Super Farmacia del Paseo (El Paseo, Calle Principal; Mo–Sa 9–19, So bis 13 Uhr) Gut sortierte Apotheke.

NOTFÄLLE

Politur (Touristenpolizei; 809-754-3062; Av Emilio Prud'Homme; rund um die Uhr)

WÄSCHEREI

Lavanderia Las Terrenas (809-240-5500; pro Pfund 60 RD$; Mo–Do 8–19, Fr bis 18, Sa 10–16 Uhr) Die günstigste Wäscherei, mit einem 24-Stunden-Service.

An- & Weiterreise

AUTO

Las Terrenas ist leicht mit dem Auto zu erreichen. Ein Stück des neuen Highways, Boulevard Turístico del Atlántico, verbindet Las Terrenas mit dem Aeropuerto Internacional El Catey,

24 km westlich, sodass man nicht mehr durch Sánchez durchfahren muss.

Die Maut ist für die relativ kurze Strecke hoch (484 RD$) und die Straße ist deshalb von den Einheimischen noch nicht sehr gut angenommen. Aber in jedem Fall bietet sie eine sehr schöne Fahrt.

BUS

Las Terrenas Transportes (809-240-5302) betreibt Busse nach Santo Domingo (350 RD$, 2½ Std., 5, 7, 9, 14 und 15.30 Uhr), Puerto Plata (300 RD$, 3 Std., 6.30 Uhr), Santiago (300 RD$, 3 Std., 6, 8 und 12.30 Uhr) und Nagua (150 RD$, 1¼ Std., 7.20 Uhr). Die Busse fahren vor dem El Paseo Shopping Center ab.

Las Terrenas hat zwei *guagua*-Haltestellen an den entgegengesetzten Enden der Calle Principal. *Guaguas* nach Samaná starten vor der Casa Linda an der Ecke Calle Principal und Küstenstraße achtmal täglich (100 RD$, 1¼ Std.) zwischen 7.15 und 17 Uhr. Trucks und *guaguas* nach El Limón, 14 km entfernt, fahren auch vom Haltepunkt vor der Casa Linda ab (50 RD$, 35 Min., alle 15 Min. zwischen 7.15 und 18.15 Uhr).

FLUGZEUG

Internationale Flüge landen am Aeropuerto Internacional El Catey (S. 272), 8 km westlich von Sánchez und rund 35 Minuten Taxifahrt (70 US$) von Las Terrenas entfernt. **Air Canada** (888-760-0020) und **Westjet** (in Puerto Plata 809-586-0217) bieten direkte Flüge von El Catey nach Montreal und Toronto. Es gibt auch eine Handvoll von Charterflügen.

Aerodomca (in Santo Domingo 809-826-4141; www.aerodomca.com) bietet ab Punta Cana täglich um 14 Uhr Flüge zum Aeropuerto Internacional Arroyo Barril bei Samaná; allerdings werden sie oft abgesagt.

TAXI

Die örtliche **Taxigemeinschaft** (809-240-6339) bietet Fahrten für ein bis sechs Fahrgäste zu den verschiedensten Zielen. Einige Preisbeispiele für einfache Fahrten: Playa Cosón (30 US$), El Limón (25 US$), Samaná (70 US$), Las Galeras (100 US$), Santo Domingo (200 US$) und Punta Cana (400 US$).

Unterwegs vor Ort

Die zwei Hauptstraßen des Ortes, Calle Duarte (in der Stadt auch Calle Principal genannt und außerhalb Avenida Juan Pablo Duarte oder Avenida Duarte) und die parallele Calle del Carmen bilden eine Art Acht, in der Mitte überkreuzen sie einander.

Die meisten Plätze in Las Terrenas sind zu Fuß erreichbar, obwohl es von einem Ende zum anderen schon ein Spaziergang von einer halben Stunde oder mehr ist. Taxis verlangen für die einfache Fahrt zur Playa Bonita 15 US$, für eine Rundfahrt zur Playa Cosón 50 US$ und für eine Rundfahrt nach El Limón 40 US$. *Motoconchos* sind billiger – 100 RD$ zur Playa Bonita und 200 RD$ zur Playa Cosón –, aber weniger bequem. Es gibt Taxi- und *motoconcho*-Haltestellen vor dem El Paseo Shopping Center; *motoconchos* gibt es reihenweise auf der Calle Principal und im Umkreis des Pueblo de los Pescadores – und natürlich sind sie auch überall sonst ständig zu sehen.

Es gibt verschiedene Mietwagenfirmen vor Ort. Die Tarife unterscheiden sich stark zwischen Wochentagen (50 US$) und Wochenenden (300 US$). Eine der eingeführteren und zuverlässigeren Firmen ist **ADA Rental Car** (809-685-7515; www.ada-santodomingo.com; Plaza Taína; Mo–Sa 9–13 & 14–19 Uhr). Am Aeropuerto El Catey gibt es nur **Sixt** (809-338-0107; www.do.sixt.com).

Playa Bonita

Als Erholungsort ist dieser richtig benannte Strand („hübscher Strand"), einige Kilometer westlich von Las Terrenas, eine ganz gute Möglichkeit für diejenigen, die absolute Ruhe und Einsamkeit suchen. Playa Bonita hat aber auch Nachteile – der halbmondförmige Strand ist steil und schmal und manche Teile sind häufig mit Palmblättern und -ästen geradezu übersät. Doch mit einem halben Dutzend schöner Hotels ist es trotzdem ein bezaubernder Platz.

Sehenswertes & Aktivitäten

Surfer und Bodyboarder nützen die Wellen im östlichen Teil der Playa Bonita bei der Calle Van der Horst. Südwestlich davon liegt die abgelegene 6 km lange **Playa Cosón**. Der Sand hier ist bräunlich, nicht weiß, das Wasser grünlich, nicht blau, aber trotzdem ist es ein guter Platz für ein Picknick und für einen entspannten Tag.

Zwei Flüsse durchqueren den dichten Palmenwald und münden ins Meer; der östliche soll landwirtschaftliche Abflüsse mit sich führen.

Schlafen & Essen

★ **Hotel Atlantis** HOTEL $$
(809-240-6111; www.atlantis-hotel.com.do; Calle F Peña Gomez; EZ/DZ/3BZ ab 85/100/150 $;) Dieses weitläufige charmante Hotel scheint aus einem Märchen zu stammen – gewundene Treppen, überdachte Wege und

Zimmer in verschiedenen merkwürdigen Formen. Die Möblierung ist bequem, aber nicht luxuriös; jedes der 18 Zimmer ist anders – einige haben einen Balkon und bieten einen schönen Blick aufs Meer. Es gibt einen Patio mit Palmen und der ehemalige Küchenchef des früheren französischen Präsidenten François Mitterrand regiert in der Küche des Restaurants.

Hotel Acaya HOTEL **$$**

(☎809-240-6161; www.acaya-hotel-fr.com; Calle F Peña Gomez; Zi. 75 US$, mit Klimaanlage 95 US$; ❄📶) Wie ein Überbleibsel aus einer vornehmeren Zeit liegt das zweistöckige Kolonialgebäude des Acaya ein Stückchen vom Strand entfernt auf einem sehr gepflegten Rasen. Es ist in französischem Besitz, geschmackvoll möbliert, mit einem Lounge-Restaurant, einem kleinen Spa, einer Surfschule und einem etwas halbherzigen Spielplatz für Kinder. Das Frühstück ist im Preis inbegriffen.

Coyamar HOTEL **$$**

(☎809-240-5130; www.coyamar.com; Ecke Calle F Peña Gomez & Van der Horst; EZ/DZ/3BZ inkl. Frühstück 45/55/75 US$; 📶🏊) An der Calle Van der Horst und der Küstenstraße gelegen, ist das Coyamar das wenigst luxuriöse Hotel an der Playa Bonita. Die Atmosphäre ist entspannt und freundlich, besonders gut für Familien geeignet. Im Restaurant gibt es mitunter asiatische und mexikanische Gerichte. Es herrschen leuchtende Farben vor und das Hotel bietet ein gutes Preis-Leistungs-Verhältnis. Die Zimmer sind einfach, geräumig, bequem und von Ventilatoren gekühlt. Der Pool ist nicht größer als ein Jacuzzi.

★ **Peninsula House** BOUTIQUEPENSION **$$$**

(☎809-962-7447; www.thepeninsulahouse.com; Playa Cosón; Zi. 832 US$; 📶) Dieses viktorianische B&B, eines der herausragenden Hotels der Karibik, liegt auf einem Hügel oberhalb der Playa Cosón. Wer die absolute Exklusivität und den perfekten Service sucht, ist hier richtig. Sechs Zimmer befinden sich im Herrenhaus, jedes unterschiedlich und im Stil französischer Schlösser gestaltet (Gastgeber ist ein franko-amerikanisches Paar). Ein mexikanisches Ehepaar regiert in der Küche (dreigängiges Dinner 80 US$), verarbeitet wird das Biogemüse aus dem eigenen Garten. Die Zimmer sind von oben bis unten mit antiken Möbeln ausgestattet, romantische Himmelbetten und tiefe Badewannen – man möchte am liebsten gar nicht mehr auschecken. Fünf Tage sind die übliche Aufenthaltsdauer, doch man würde gern für immer bleiben.

ℹ An- & Weiterreise

Mit dem Auto erreicht man die Playa Bonita über eine einzige befestigte Straße, die in Las Terrenas von der Calle Fabio Abreu abzweigt. Theoretisch ist es möglich, von der Playa Bonita nach Las Terrenas über eine an der Küste verlaufende Staubpiste zu laufen, doch man muss über eine steile Strecke klettern und stellenweise durch Wasser waten. Eine Taxifahrt kostet 15 US$, ein *motoconcho* 100 RD$. In der Hauptsaison gibt es in der Regel einige *motoconchos*, wenn man zurückfahren will, aber es ist am besten vor Einbruch der Dunkelheit zu starten und/oder in der Nebensaison andere Vorkehrungen zu treffen.

Die Nordküste

➡ Inhalt

Puerto Plata 141
Playa Dorada & Costa Dorada 149
Sosúa 152
Cabarete 159
Río San Juan 172
Cabrera 174
Luperón 175
Punta Rusia 177
Monte Cristi 178

Gut essen

➡ Otra Cosa (S. 169)

➡ Mares Restaurant (S. 146)

➡ Castle Club (S. 168)

➡ Baia Lounge (S. 157)

Schön übernachten

➡ Casa Colonial Beach & Spa (S. 150)

➡ Casita Mariposa (S. 177)

➡ Swell Surf Camp (S. 165)

➡ El Morro Eco Adventure Hotel (S. 179)

➡ Casa Veintiuno (S. 155)

Auf an die Nordküste!

Entlang der Nordküste erstrecken sich neben Weltklasse-Stränden mit einigen der besten Wassersportplätzen des Landes auch abgelegene Regionen voller zeitloser ländlicher Idylle. Der Küstenstreifen beginnt im Westen in der Provinz Monte Cristi an der haitianischen Grenze und reicht bis zur Stadt Cabrera im Osten. Enklaven mit Häusern und Wohnungen ausländischer Besitzer bilden an der Nordküste Ausländergemeinden, die einigen Küstenorten kosmopolitisches Flair verleihen. An der Küste liegen bewaldete Hügel, trockene Strauchsavannen, dschungelartige Naturschutzgebiete und Wasserfälle. Kleine Ortschaften und kilometerlange Sandstrände versprechen pure Entspannung. Ungefähr auf halber Strecke des Küstenabschnitts liegt der internationale Flughafen von Puerto Plata. In der nahe gelegenen Stadt befinden sich die meisten der All-inclusive-Resorts der Nordküste. Doch auch an Unterkünften für Individualreisende mangelt es hier nicht und ihre Vielfalt lässt kaum Wünsche offen. Einige der Unterkünfte eignen sich gut als Ausgangspunkt für Ausflüge in die Umgebung, z. B. in den Küstenort Cabarete, der zum Kitesurfen, klassischen Surfen oder einfach nur zum Bodysurfen einlädt.

Reisezeit

➡ Von Ende Dezember bis März bringen die Windverhältnisse die idealen Bedingungen fürs Surfen und Kitesurfen mit sich. In der letzten Februarwoche eines jeden Jahres findet der internationale Wettbewerb „Master of the Ocean" statt, in dem hochkarätige Vertreter der Surfszene antreten.

➡ Im Juni verwandelt Puerto Platas einwöchiges Kulturfestival die Straßen der Hafenstadt in fröhliche Partymeilen. Sowohl in Sosúa als auch in Cabarete findet am letzten Oktoberwochenende ein Jazzfestival statt.

➡ Von Oktober bis Januar herrscht im Norden generell ein feuchteres Klima, während sich die Monate von Juni bis September durch spektakulären Sonnenschein auszeichnen.

Highlights

1. Unterricht im Kite- oder Windsurfen bei den Profis in **Cabarete** (S. 159), anschließend ein leckeres Essen am Strand genießen und die Fußzehen in den Sand bohren

2. Ein Sprung oder eine Rutschpartie von einem der spannenden **27 Wasserfälle von Damajagua** (S. 148)

3. Ein ausgiebiges Sonnenbad an der schönen **Playa Grande** (S. 173) genießen und dabei den dynamischen Wellengang entspannt beobachten

4. In einer der vielen Surfschulen von Profis das **Kitesurfen** (S. 161) oder **Windsurfen** (S. 162) lernen

5. Auf interessanten Tauchgängen das Meeresleben vor der Küste von **Sosúa** (S. 154) erkunden

6. In **Río San Juan** (S. 172) die ruhige Atmosphäre einer typischen dominikanischen Kleinstadt genießen

An- & Weiterreise

Der Flughafen von Puerto Plata, der Aeropuerto Internacional Gregorío Luperón (S. 147), ist von fast allen Orten der Nordküste in maximal zwei Autostunden erreichbar. In der Region funktioniert der Mietwagenverleih an diesem Flughafen am besten. Wer die kleineren Gemeinden im Hinterland erkunden oder entlang der Küste westlich von Puerto Plata fahren möchte, sollte einen Geländewagen mieten. Alternativen, aber eher nur die zweite Wahl, sind der Flughafen Cibao in der Nähe von Santiago de los Caballeros und der Flughafen El Catey in Santa Barbara de Samaná.

Busse und *guaguas* verkehren regelmäßig. Allerdings geben die Fahrpreise mitunter Rätsel auf, mal erscheinen sie günstig, mal ziemlich hoch. Manche Reisende spotten, die Fahrpreise verhielten sich umgekehrt proportional zu den eigenen spanischen Sprachkenntnissen. Wahrscheinlich hängt die Fahrpreisgestaltung mit der geringen Größe des Landes zusammen – Puerto Plata ist ja nur 215 km von Santo Domingo entfernt.

PUERTO PLATA

158 800 EW.

Die geschäftige Hafenstadt und älteste Stadt an der Nordküste liegt eingebettet zwischen hochaufragenden Bergen und dem Ozean. Bei einem Spaziergang über den Malecón, die Uferpromenade, oder durch die Straßen rings um den Parque Central zeigt sich Puerto Plato von seiner aufgefrischten Seite. Was sich hier bis vor Kurzem als eindeutig vernachlässigt darbot, wurde mit relativ geringem Aufwand recht ansehnlich aufgepeppt. In manchen Straßenzügen stehen zwischen ganz gewöhnlichen Läden verblasste, einst opulente Wohnhäuser reicher deutscher Tabakhändler der 1870er-Jahre. Etliche Restaurants sowie einige interessante Museen sind einen Besuch wert. Auch eine Fahrt mit der Seilbahn auf Puerto Platos nahen Hausberg lohnt sich, um – bei klarem Wetter – den schönen Panoramablick zu genießen.

Geschichte

Als Christoph Kolumbus 1493 in die Bucht segelte, spiegelten sich die Sonnenstrahlen so funkelnd im Wasser, dass es wie ein Meer aus glitzernden Silbermünzen wirkte. Daraufhin gab Kolumbus dem Landeplatz den Namen Puerto Plata (Silberhafen). Den nahe der Küste aufragenden Berg nannte er zu Ehren der spanischen Königin, die seine Reisen finanzierte, Pico Isabel de Torres (799 m). Wenige Jahre später, 1496, gründete sein Bruder Bartolomé Colón die Hafenstadt.

An der fruchtbaren Nordküste entwickelte sich Puerto Plata schnell zu einem wichtigen Hafen. Doch wie die gesamte Nordküste wurde er ständig von Piraten heimgesucht, denen Spaniens Feinde England und Frankreich Rückhalt gaben. Dennoch machten die spanischen Kolonisten schon bald mit den Piraten Handelsgeschäfte. Unterm Strich war das wahrscheinlich lukrativer, als das Risiko einzugehen, die Waren bei Überfällen auf die spanischen Galeonen zu verlieren. Dieser Handel war jedoch verboten und erzürnte die spanische Krone. Daher erging 1605 der königliche Befehl, Puerto Plato vollständig zu räumen. Genauso erging es den Handelszentren Monte Cristi, La Yaguana und Bayajá, die sich ebenfalls auf den Warenhandel mit dem Feind eingelassen hatten.

Mehr als ein Jahrhundert blieb die Nordküste nahezu menschenleer, bis die spanische Krone beschloss, die Gegend wieder zu besiedeln. Damit wollte man die Zuwanderung von Siedlern aus anderen Ländern verhindern. Puerto Plata gewann langsam wieder an Bedeutung, hatte dann aber während der langen Jahre des Trujillo-Regimes sehr zu leiden. Vielleicht gelingt es der Stadt, sich als Touristenziel neu zu erfinden. In dieser Hinsicht goldene Jahre erlebte die Stadt in den frühen 1990er-Jahren. Damals brachte der Tourismus zum ersten Mal mehr ein als die drei Hauptwirtschaftszweige – Zucker, Tabak, Rinderfelle – zusammen.

Sehenswertes

Teleférico SEILBAHN

(☎ 809-586-2122; www.telefericopuertoplata.com; Camino a los Dominguez; Berg- und Talfahrt 400 RD$; ⏱ 8–17 Uhr) Die Gondeln der Seilbahn bringen die Besucher auf den weiträumigen, flachen Gipfel des Pico Isabel de Torres. Bei klarem Wetter reicht der spektakuläre Ausblick weit über die Stadt und die Küste. Morgens bestehen die besten Chancen auf eine klare Sicht, während später am Tag die Wolken den Berg oft einhüllen. Für einen einstündigen Spaziergang eignet sich der botanische Garten auf der Gipfelebene ausgezeichnet. Den Gipfel krönt eine große Statue des Cristo Redentor (Christus, der Erlöser) – eine Nachbildung der berühm-

Puerto Plata

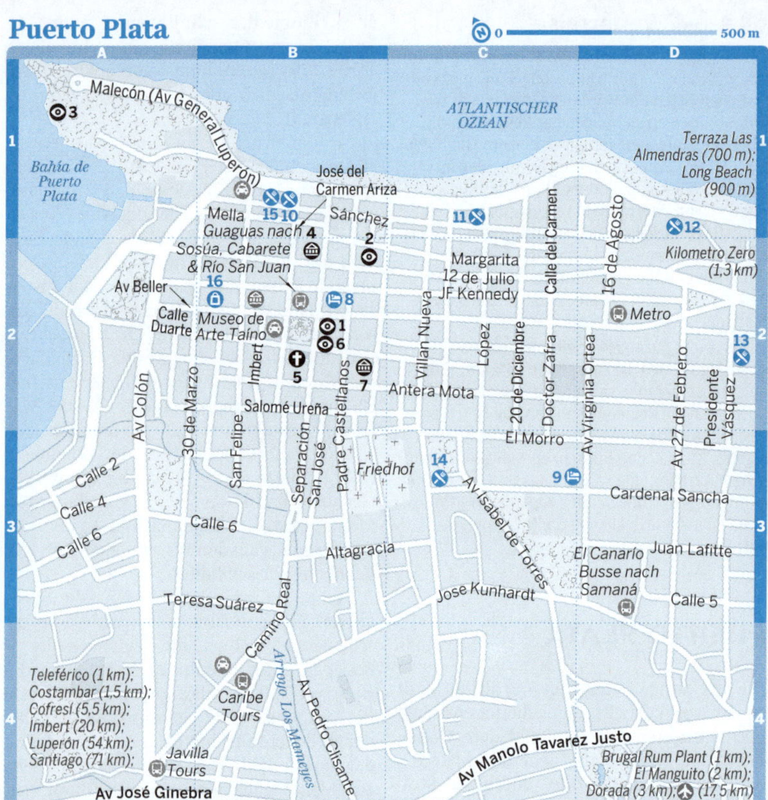

ten Christusfigur in Rio de Janeiro, nur wesentlich kleiner. Vorhanden sind auch ein überteuertes Restaurant und einige ziemlich aggressive Souvenirverkäufer.

Die Talstation des *teleférico* liegt am südlichen Ende des Camino a los Dominguez, 800 m bergaufwärts von der Avenida José Ginebra und ganz in der Nähe des Eingangs zum Campus der Universidad Tecnologica de Santiago (kurz UTESA). Von der Innenstadt aus kostet die Fahrt mit einem *motoconcho* (Motorradtaxi) 75 RD$, mit dem Taxi 150 RD$. Was die Öffnungszeiten betrifft, hat die Seilbahn keinen guten Ruf, meistens öffnet sie später und/oder schließt früher als angegeben.

Die offiziell zugelassenen Bergführer drängen Individualreisenden ihre Dienste nicht auf. Rein theoretisch kann sich jeder ein Einzelticket für die Berg- oder Talfahrt kaufen und den Auf- bzw. Abstieg zu Fuß unternehmen. Ratsam ist das aber keineswegs, denn die etwa 7 km lange Bergwanderung dauert zwei bis drei Stunden und ist wirklich ausgesprochen anstrengend.

Schon allein aus Sicherheitsgründen sollte niemand bei der Wanderung auf einen Führer verzichten. Immerhin eignet sich diese Bergwanderung sogar als Warm-up für eine Bergtour auf den Pico Duarte (was einiges über die Anforderungen aussagt). An den Wochenenden warten die örtlichen Bergführer (1000 RD$) in dem Fahrkartenschalter auf dem Parkplatz auf Kunden. Eine gute Alternative ist die geführte Wanderung, die der Tourveranstalter Iguana Mama anbietet.

Casa Museo General Gregorio Luperón
MUSEUM

(☎ 809-261-8661; museogregorioluperon@claro.net.do; Calle 12 de Julio 54; Erw./Kind 200/100 RD$; ⏰ Di–So 8.30–18.30 Uhr) Das Museum befindet sich in einem schön restaurierten hellgrünen Gebäude im viktorianischen Stil. Auf

Puerto Plata

Sehenswertes

1 Casa de la Cultura B2
2 Casa Museo General Gregorio Luperón B2
3 Fuerte de San Felipe A1
4 Galería de Ambar B2
5 Iglesia San Felipe B2
6 La Sala de Arte Camilo Carrau B2
7 Museo del Ambar Dominicano B2

Schlafen

8 Hotel Kevin B2
9 Villa Carolina C3

Essen

10 El Barco B1
11 Jamvi's C1
12 La Sirena D1
13 Mares Restaurant & Pool Lounge D2
14 Mercado Municipal C3
15 Tam Tam Café B1
Tostacos & Sushito .... (siehe 13)

Shoppen

16 La Canoa B2

beeindruckende Weise widmet es sich dem Leben und Wirken von Gregorio Luperón, Sohn der Stadt und Militärführer im Kampf um die Unabhängigkeit während des Restaurationskrieges. Anhand von Fotos und zeitgenössischen Gegenständen folgen die Ausstellungen dem Leben Luperóns, angefangen bei seiner bescheidenen Herkunft bis hin zu seiner Rolle als Interimspräsident während der Restauration. Besucher erhalten hier auch einen Einblick in Puerto Platas Stadtgeschichte während des 19. Jhs.

Die Begleiter der preisgünstigen Führungen (Erw./Kind 100/50 RD$) sprechen dominikanisches, aber auch modernes Spanisch. Das hübsche Café, das Gebäck, Tapas und Sandwiches (175 RD$) anbietet, ist bis 22.30 Uhr geöffnet.

Museo del Ambar Dominicano MUSEUM, SHOP
(☎809-586-3910; www.ambermuseum.com; Calle Duarte 61; Eintritt 50 RD$; ⏲Mo–Sa 9–17 Uhr) Das Museum in einem Haus aus der Kolonialzeit hütet eine Sammlung Dominikanischer Bernsteine. Dazu zählen so wertvolle Stücke wie ein Bernstein mit einer kleinen Echse als fossilem Einschluss und ein weiterer mit einer 30 cm langen Feder (der längsten, die bisher als fossiler Einschluss gefunden wurde). Führungen erfolgen auf Englisch oder Spanisch. Eine große Auswahl an Bernsteinschmuck, Rum, Zigarren, Kunsthandwerk und Souvenirs bietet der Museumsladen im Erdgeschoss.

Galería de Ambar GALERIE, SHOP
(☎809-586-6467; www.ambercollection.itgo.com; Calle 12 de Julio; Eintritt 25 RD$; ⏲Mo–Fr 8.30–18, Sa 9–13 Uhr) Auch wenn das heruntergekommene bürohausähnliche Gebäude nicht so einladend wirkt, hat die Galería de Ambar Museumsqualität.. Beeindruckende Ausstellungen erzählen die Geschichte des Dominikanischen Bernsteins und zeigen zahlreiche Fundstücke. Rund um die landestypischen Produkte Rum, Zucker, Tabak und Kaffee samt ihrer regionalen Geschichte geht es in weiteren Ausstellungen. Mehrsprachige Führer stehen bereit, um Besucher zu begleiten und ihre Fragen zu beantworten. Natürlich dienen die Führungen auch dazu, auf diskrete Weise, einen Einkauf in dem Laden im Erdgeschoss schmackhaft zu machen. Neben allerlei Geschenkartikeln zählen Schmuck und die hauseigene Zigarrenmarke zum überschaubaren Sortiment des Ladens.

Fortaleza de San Felipe HISTORISCHE STÄTTE
(Festung San Felipe; Eintritt 100 RD$; ⏲So–Fr 9–17 Uhr) Die Festung liegt direkt an der Bucht am westlichen Ende des Malecón. Sie ist der einzige Überrest aus Puerto Platas frühen kolonialen Tagen. Erbaut wurde sie Mitte des 16. Jhs., um Piraten von der einzigen geschützten Bucht an der Nordküste fernzuhalten. Zu einem ernsthaften Kampfeinsatz kam es hier jedoch nie. Mit seinen massiven Mauern und dem innenliegenden Wallgraben diente San Felipe die meiste Zeit als Gefängnis.

Im Eintrittspreis inbegriffen ist ein Audioguide (Englisch, Deutsch, Französisch und Spanisch), der allerdings enttäuschend wenig auf Geschichtliches eingeht. Nur kurz erklärt werden auch die Ausstellungsstücke in dem kleinen Museum, z. B. ein paar rostige Handschellen, eine Handvoll Bajonette und ein Stapel Kanonenkugeln. Für eine erholsame Stippvisite eignet sich die Festung jedoch allemal, denn vor ihrem Eingang erstreckt sich eine große Rasenfläche und der Ausblick auf die Bucht beeindruckt.

Unweit der Festung steht der **Leuchtturm** von Puerto Plata. Der weiß-gelbe, 24,4 m hohe Turm hat einen Durchmesser von 6,2 m. Errichtet wurde er 1879 und im Jahr 2000 wurde er saniert. Seine Konstruktion ist eine Mischung aus klassizistischem Stil und Industriearchitektur.

AUG IN AUG MIT BUCKELWALEN

Nur eine Tagesreise mit dem Schiff entfernt liegt nördlich von Puerto Plata die Silver Bank – ein Riffgebiet und Teil einer maritimen Schutzzone für Wandertiere, die von den Bahamas bis zur Banco de la Navidad reicht. Neben Tonga ist die Silver Bank weltweit das einzige Gebiet, in dem es möglich ist, mit Buckelwalen zu schnorcheln. Manche der Tiere erreichen ein Länge von 18 m. Die Begegnung mit den „sanften Riesen der Meere" ist einschüchternd und beglückend zugleich. Allerdings hat das Abenteuer einen für viele Reisende unerschwinglichen Preis (pro Person 4000 US$ inklusive Gebühr für den Zutritt zum Schutzgebiet, Hafengebühr und Treibstoffzuschlag). **Tom Conlin** (☎USA 954-382-0024; http://www.aquaticadventures.com) ist ein amerikanischer Naturforscher und hervorragender Reisebegleiter. Seit 20 Jahren organisiert er während der Buckelwal-Saison (im Zeitraum von Ende Januar bis April) einwöchige Schiffstouren von Puerto Plata zur Silver Bank. An Bord finden jeden Abend kleine Vorträge statt, in denen es um die Lebensweise der Buckelwale, aber auch um die Sicherheitsvorschriften geht – zum Wohl der Wale und der Tourteilnehmer.

Iglesia San Felipe KIRCHE
(Parque Central, Calle Duarte; ⌚Mo–Sa 8–12 & 14–16, So 7–20 Uhr) Nachdem Hurrikan George 1998 schwere Schäden in der Stadt hinterließ, wurde diese Doppelturmkirche vollständig restauriert. Anlässlich der Renovierung spendeten einheimische Familien die kleinen, aber wunderschönen italienischen Buntglasfenster. Die Kirche steht an der Südseite des ebenfalls sanierten Parque Central, in dessen Zentrum ein großer Pavillon prangt.

Malecón UFERPROMENADE, STRASSE
Wie sein Name schon verrät, verläuft der Malecón (auf Deutsch: Uferstraße, Uferpromenade) am Ufer entlang. Die von Anfang bis Ende asphaltierte Strecke heißt offiziell Avenida General Luperón und wird auch Avenida Circunvalación Norte genannt. Eine Handvoll Restaurants säumen den Malecón, während am **Long Beach** ein halbes Dutzend Strandbuden Essen und Getränke anbietet. Der Long Beach, der Hauptstrand der Stadt, liegt 2 km östlich vom Stadtzentrum. An windigen Tagen zeigen hier erfahrene Kitesurfer ihre Kunst, auf den Wellen zu „tanzen".

Casa de la Cultura KULTURZENTRUM
(☎809-261-2731; Parque Central, Separación; ⌚Mo–Fr 9–12 & 15–17 Uhr) GRATIS Hier finden Tanz- und Musik-Workshops statt und in der Galerie im ersten Stock werden oft Werke dominikanischer Künstler ausgestellt.

La Sala de Arte Camilo Carrau KUNSTZENTRUM
(☎809-457-7876; Calle Duarte 40) Ganz in der Nähe vom Parque Central und der Casa de la Cultura liegt dieses Kunstzentrum, das Theater-, Töpfer- und Malkurse anbietet. Einige der Mitarbeiter sprechen auch Englisch oder Italienisch.

Aktivitäten

Alle All-inclusive-Resorts in Puerto Plata und seiner näheren Umgebung organisieren geführte Touren und andere Aktivitäten für ihre Gäste.

Eine gute Adresse für Individualreisende ist **Caribbean Ocean Adventures** (☎809-586-6668, 809-586-1239; www.caribbeanocean adventures.com). Unter diesem Namen hat der hart arbeitende, sympathische Besitzer Mark Fernandez mehrere zueinanderpassende Touristikunternehmen bzw. Tourveranstalter vereint. Dementsprechend breit gefächert ist auch das Angebot. Dazu zählt eine Segeltour auf einem **Freestyle Catamaran** (Segelkatamaran) mit Schnorchelstopps nahe Sosúa. Der Törn startet an der Playa Dorada (Zufahrt 4 km östlich der Stadt), dauert einen halben Tag und macht rundum Spaß – nicht zuletzt weil die Crew eine komödiantische Masche draufhat und an der Schiffsbar „All you can drink" gilt. Sporttaucher, die Riffe an der Nordküste erkunden möchten, wenden sich am besten an **Sea Pro Divers** (www.seaprodivers.com).

Hinaus aufs Meer zum Hochseefischen geht es auf einem Schiff von **Gone Fishing** (☎809-586-1239; www.caribbeanoceanadven tures.com) – unter der Leitung des zugewanderten, erfahrenen Fischers Barry Terry. Ein halber Anglertag mit einer größeren Gruppe kostet pro Person rund 100 US$, ein ganzer 165 US$; Zuschauer zahlen nur 70 US$. Die

Chartergebühr für ein Schiff beträgt pro halbem/ganzem Tag 550/800 US$.

Der Kite Beach von Puerto Plata ist zwar nicht so bekannt wie der in Cabarete, ist aber auch nicht ganz so überfüllt und bietet vergleichbare gute Bedingungen fürs **Kitesurfen**: Flachwasser rund ums Jahr, Cross-Shore Wind (der Wind weht parallel zum Ufer), der einen nicht aufs Meer hinaus bläst, und ein Beach Break (eine Wellenbrechung auf einer Sandbank).

Unterricht im Kitesurfen gibt **Fernando Subero** (829-552-2200; fernandosubero@gmail.com; pro Stunde 50 US$ inkl. Ausrüstung), ein junger, englischsprechender Dominikaner und in ganz Puerto Plata der einzige Kitesurflehrer mit einer Zertifizierung der International Kiteboarding Organization (IKO).

Brugal Rum Plant GEFÜHRTE TOUR
(809-261-1888; www.brugal.com.do; Carretera a Playa Dorada; Mo–Fr 8–16 Uhr) GRATIS Bei einigen Pauschalreisen gehört der Besuch der Rumbrennerei und ihrer Flaschenabfüllanlagen zum Programm. Doch die 15-minütige Führung über einen umlaufenden Laufgang im ersten Stock ist ziemlich enttäuschend. Zum Abschluss gibt es für die Besucher kostenlose Rum-Cocktails.

Feste & Events

Kulturfestival KULTUR
(3. Juniwoche) Während des Festivals ertönen Merengue-, Blues-, Jazz- und Folk-Konzerte auf der Fortaleza de San Felipe. Außerdem zeigen Tanzensembles aus Santo Domingo traditionelle Tänze zu Klängen, die von afrikanischen Spirituals bis hin zu sexy Salsamelodien reichen. Und im Parque Central veranstalten regionale Künstler eine Kunsthandwerksmesse.

Merengue Festival MERENGUE
(Anfang Nov.) Während des Festivals ist der gesamte Malecón für den Straßenverkehr gesperrt. Imbissbuden säumen beide Seiten des Uferboulevards und eine eigens errichtete Bühne ist der Schauplatz für Merengue in all ihren Facetten.

Schlafen

Sofern Reisende nicht unbedingt eine preisgünstige Unterkunft benötigen, spricht wenig dafür, mehr als eine Nacht in Puerto Plata zu verbringen. In der Umgebung der Stadt finden sich bessere Möglichkeiten zum Übernachten.

Villa Carolina PENSION $
(809-586-2817; www.villacarolina.hostel.com; Av Virginia Elena Ortea 9; EZ/DZ mit Frühstück 1200/1600 RD$; @) Das weitläufige alte Haus mit begrüntem Innenhof zählt zu Puerto Platas besten Unterkünften für Individualreisende. Der Weg zu dem Anbau mit den geschmackvoll eingerichteten Zimmern ist etwas kurios: Hinter dem Sicherheitstor am Ende einer langen Auffahrt geht es vorbei an einigen alten Autos, dann passiert man das Vorderhaus, in dem die Familie wohnt, danach folgt eine weinberankte Pergola und der Poolbereich.

Farbige Bodenfliesen verleihen den Zimmern und dem großen Aufenthaltsraum einen Hauch kolonialer Eleganz. Den Gästen steht eine schon ziemlich betagte Gemeinschaftsküche zur Verfügung.

Hotel Kevin HOTEL $
(829-263-5182, 809-244-4159; hotel-kevin1@hotmail.fr; J. F. Kennedy, zw. Separación & Castellanos; EZ/DZ mit Ventilator 900/1000 RD$, mit Klimaanlage 1000/1200 RD$;) Das preisgünstige Hotel in einem Gebäude im viktorianischen Stil liegt nur einen Häuserblock vom Parque Central entfernt. Die einfachen Zimmer mit komfortablen Bädern und Kabelfernsehen sind relativ gut eingerichtet. In dem sonnigen Eingangsbereich funktioniert der WLAN-Empfang.

Essen & Ausgehen

Alle im Folgenden beschriebenen Restaurants eignen sich auch gut zum Ausgehen, egal ob man etwas essen möchte oder auch nicht. Am Kite Beach am östlichen Ende des Malecón befinden sich etwa ein halbes Dutzend Buden, die verschiedene Speisen und Getränke anbieten, darunter die **Kite Bar** (Malecón 32; Mittag- & Abendessen) und La Carihuela. Beide haben Stammgäste, sowohl Expats als auch Einheimische, die regelmäßig kommen, um einen Dämmerschoppen und eine einfache Mahlzeit (200 bis 300 RD$) zu genießen, An manchen Buden hängen Nationalflaggen, die den Gästen signalisieren, aus welchem Land der Besitzer stammt.

An der Avenida Luis Ginebra liegen ab der Kreuzung mit der Avenida Hermanas Mirabal bis zur Abzweigung in die Avenida 12 de Julio ein gutes Dutzend Restaurants und Bars eng beieinander. Hier verkehrt hauptsächlich die Mittelschicht der Stadt. Chinesische Küche zu günstigen Preisen bietet das Chinarestaurant Weng Yeng. Gute

Drinks gibt es sowohl im Topaci als auch im El Furgón, in dem auch getanzt wird.

Für den Lebensmitteleinkauf eignet sich das riesige Shoppingcenter **La Sirena** (Malecón; ⌚Mo–Sa 8–22, So 9–20 Uhr) am besten. Vorhanden sind etliche Fastfoodrestaurants, eine Apotheke, Reinigungen und Waschsalons (Waschen und Trocken pro Maschinenladung 650 RD$) sowie mehrere Banken. Fleisch, Obst und Gemüse sowie allerlei Touristenschnickschnack bietet der **Mercado Municipal** (Ecke Calles 2 & López; ⌚Mo–Sa 7–15 Uhr). Aus dem kuppelartigen Dach ragen sternförmig lange spitze Vordächer – die Betonkonstruktion weckt die Fantasie. Für die einen wirkt der Bau wie eine riesige kronenförmige Tankstelle der 1960er-Jahre, andere erinnert er an ein UFO oder eine Märchenkrone.

Tostacos & Sushito MEXIKANISCH, JAPANISCH **$$**
(☎809-261-3330; Ecke Presidente Vasquez & Francisco Peynardo; Hauptgerichte 280 RD$; ⌚Di–So 16–23 Uhr) Das Speiselokal mit Tischen im Freien wartet mit einem bunt gemischten Angebot auf. Es reicht von Tacos, Burritos, Sushi und Sashimi über einige Gerichte aus der dominikanischen Küche (wie der leckere *mofongo*, ein Kloß aus Kochbananen) bis hin zu amerikanischen Gerichten. Wie nicht anders von seinem Besitzer, dem Starkoch Rafael Vasquez-Heinsen, zu erwarten, liegt die Qualität aller angebotenen Gerichte über dem Durchschnitt.

Kilómetro Zero DOMINIKANISCH, ITALIENISCH **$$**
(☎809-244-4346; Av Luis Ginebra; Hauptgerichte 350 RD$; ⌚Do–Di 10–23.30 Uhr; 📶) In dem freundlichen Open-Air-Restaurant können die Gäste an der Theke Platz nehmen oder an Picknicktischen ordentlich zulangen. Zur Auswahl stehen fast 20 verschiedene Pastagerichte, Surf and Turf (Gericht mit Meeresfrüchten und Fleisch, 1300 RD$), Burger und Crêpes. Auf mehreren aufgestellten Flachbildfernsehern laufen hauptsächlich Sportsendungen.

El Manguito Restaurant & Liquor Store FISCH & MEERESFRÜCHTE **$$**
(☎809-586-4392; Hauptgerichte 350 RD$; ⌚11–23 Uhr) Das preisgünstige Fischrestaurant liegt nahe am Highway gleich östlich des Costa-Dorada-Resorts und westlich von der Playa Dorada. Ein gut gekühltes Bier kostet hier nur 2 US$, der Hummer ist wirklich preiswert (ab 14 US$) und auch verschiedene Desserts sind erhältlich. Der Service ist ausgezeichnet.

Jamvi's PIZZERIA **$$**
(☎809-320-7265; Ecke Malecón & Calle López; Pizza 275 RD$; ⌚10 Uhr bis spätnachts) Das riesige, überdachte Terrassenrestaurant liegt über dem Straßenniveau des Malecón. Eine angenehme Meeresbrise und schöne Ausblicke laden ein, hier eine leckere Pizza zu verspeisen und einen Wein zu trinken (die Weinkarte ist recht gut). Ab 22 Uhr bis spät nachts heizen Merengue und Reggaeton die Stimmung an. Das Jamvi's betreibt auch einen Pizzalieferservice.

Terraza Las Almendras DOMINIKANISCH **$$**
(☎809-854-0092; Ecke Malecón & Calle A. Brugal Montañez; Hauptgerichte 250 RD$; ⌚8 Uhr bis spätnachts) Ein hübsches Ambiente umgibt die Tische im Freien. Unter hellen Sonnenschirmen lässt sich hier bestens ein preiswertes Frühstück oder ein Bier genießen. Das Angebot an Speisen besteht fast ausschließlich aus *pinchos* (wörtlich: Spieße; tapasähnliche kleine Snacks). Was immer die Landwirtschaft oder das Meer hergibt, im Las Almendras wird es aufgespießt oder am Spieß serviert.

El Barco DOMINIKANISCH, INTERNATIONAL **$$**
(Malecón; Hauptgerichte ab 250 RD$; ⌚8 Uhr bis spätnachts) In dem Lokal am nördlichen Ende des Malecón treffen sich hauptsächlich Expats (zugewanderte Ausländer). Auf der Speisekarte stehen Standardgerichte der dominikanischen Küche, z. B. gegrillter Fisch und Internationales wie Pasta.

Tam Tam Café DOMINIKANISCH, INTERNATIONAL **$$**
(Malecón; Hauptgerichte ab 250 RD$; ⌚8 Uhr bis spätnachts) In das Café gehen zahlreiche Expats zum Essen. Die Speisekarte umfasst internationale und dominikanische Gerichte.

★ Mares Restaurant & Pool Lounge DOMINIKANISCH **$$$**
(☎809-261-3330; Francisco Peynado 6; Hauptgerichte 700 RD$; ⌚Mi–Sa 18–24 Uhr) Der renommierte Küchenchef Rafael Vasquez-Heinsen hat sein eigenes Haus in eine Art Feinschmeckerlokal für Candle-Light-Dinner umgewandelt. Weder Gourmets noch Fans von Starköchen und Kochsendungen dürften hier eine Enttäuschung erleben. Aus der Küche kommt, was Fachleute unter „Haute Fusion Cuisine" (hohe Kunst der Fusionsküche) verstehen. Die Gerichte sind eine Kombination aus Zutaten der dominikanischen Küche und kulinarischen Traditionen anderer Länderküchen. Lecker schmeckt z. B. der

in Rum marinierte dominikanische Ziegenbraten (600 RD$). Eine Tischreservierung ist zu empfehlen.

Shoppen

La Canoa SCHMUCK, SOUVENIRS
(☎809-586-3604; Av Beller 18; ⏲Mo–Sa 9–18, So 9–13 Uhr) La Canoa ist ein sehr geräumiger Laden mit einem kleinen Bernsteinmuseum sowie einer Werkstatt, in der Bernstein und Larimar (ein hellblauer Schmuckstein) poliert und zu Schmuck verarbeitet werden. Neben – teilweise vor Ort gerollten – Zigarren gibt es hier auch die üblichen Acrylgemälde mit Haiti-Motiven und andere kleine Souvenirs.

Praktische Informationen

In den Häuserblocks rund um den Parque Central befinden sich einige Banken mit Geldautomaten.

Banco BHD (J. F. Kennedy; ⏲Mo–Fr 9–16.30, Sa 9–13 Uhr)

Banco León (J. F. Kennedy; ⏲Mo–Fr 9–16.30, Sa 9–13 Uhr)

Centro Médico Bournigal (☎809-586-2342; www.bournigal-hospital.com; Calle Antera Mota; ⏲24 Std.) Für kleinere gesundheitliche Beschwerden in Ordnung.

Melosa Clínica Brugal (☎809-586-2519; José del Carmen Ariza 15; ⏲24 Std.)

Discover Puerto Plata (www.discoverpuertoplata.com) Offizielle Tourismus-Website mit allgemeinen Informationen für Besucher.

Dot Com (☎809-261-6165; Calle 12 de Julio 69; Internet pro Stunde 30 RD$) Internetcafé.

Farmacia Carmen (☎809-586-2525; Calle 12 de Julio; ⏲Mo–Fr 8–17 Uhr) Die Apotheke liefert auch frei Haus.

Politur (☎809-320-0365) Touristenpolizei.

Puerto Plata Report (www.popreport.com) Online-Magazin mit Nachrichten und Reiseinformationen, die sich speziell auf die Nordküste der Dominikanischen Republik beziehen.

An- & Weiterreise

AUTO

Avis (☎809-586-4436, Flughafen 809-586-0214; www.avis.com.do; Carretera Luperón Km 4½; ⏲8–18 Uhr), **Budget** (☎Flughafen 809-586-0284; www.budget.com.do; Playa Dorada Plaza; betreibt auch eine Filiale an der Playa Dorada), **Europcar** (☎809-586-7979; www.europcar.com.do; Ecke Av Luis Ginebra & Hermans Mirabal) und **National** (☎809-586-1366, Flughafen 809-586-0285; www.nationalcar.com.do; Carretera Luperón Km 2½; ⏲8–17 Uhr). Alle im Vorhergehenden genannten Mietwagenunternehmen haben ein Büro auf dem Flughafen (Avis und Budget auch an anderen Orten) und sind dort von 7 bis 22 Uhr geöffnet. Telefonisch sind die Autoverleiher in der Regel auch nachts erreichbar. Spätabholung oder Bringdienst kosten eine zusätzliche Gebühr.

BUS

Caribe Tours (☎809-586-4544; Ecke Camino Real & Kounhart) und **Metro** (☎809-586-6063; Ecke 16 de Agosto & Beller) bedienen die Strecke von Puerto Plata nach Santo Domingo (350 RD$, 4 Std., stündl.) mit Halt in Santiago (110 RD$, 1¼ Std.) sowie die Route nach Sosúa (50 RD$, 30 Min., 6 bis 19 Uhr stündl.).

GUAGUA – RICHTUNG OSTEN

Die Kleinbusse starten am Halteplatz an der Nordseite des Parque Central und steuern zunächst die Zufahrt zur Playa Dorada an und fahren dann weiter über Sosúa (35 RD$, 30 Min.) und Cabarete (50 RD$, 45 Min.) bis nach Río San Juan (100 RD$, 2 Std.). Vor dem staatlichen Krankenhaus startet täglich um 6.30 Uhr ein Bus von **Transporte Papagayo** (☎809-749-6415) nach Samaná (300 RD$, 3½ bis 4 Std.). **Las Terrenas Transporte** bedient die Route nach Las Terrenas (300 RD$, 3 Std., 5-mal tgl.).

GUAGUA – RICHTUNG SÜDEN UND WESTEN

Von 5 bis 19.30 Uhr fahren die Kleinbusse von **Javilla Tours** (☎809-970-2412; Ecke Camino Real & Av Colón; ⏲5–19.30 Uhr) alle 15 Minuten nach Santiago (120 RD$, 1½ Std.) – unterwegs halten sie in Imbert (40 RD$, 20 Min.) und Navarrete (80 RD$, 50 Min.). Wer nach Monte Cristi will, sagt dem Fahrer gleich beim Einsteigen Bescheid. Er hält dann an der großen Kreuzung bei Navarrete, wo man in den Expreso-Linieros-Bus Richtung Monte Cristi (140 RD$, 1½ Std.) umsteigen kann.

FLUGZEUG

Der **Aeropuerto Internacional Gregorío Luperón** (POP; ☎809-586-0107; www.puerto-plata-airport.com) ist der Flughafen von Puerto Plata, meistens kurz „Puerto Plata Airport" genannt. Er liegt 18 km östlich von Puerto Plata und wenige Kilometer westlich von Sosúa. Erreichbar ist er über den Küstenhighway (Highway 5), der auf der Strecke nach Puerto Plata auch an der Playa Dorada vorbeiführt. Hauptsächlich in Zusammenhang mit den regionalen All-inklusive-Resorts wird er von zahlreichen Charterfluggesellschaften angeflogen, darunter Air Berlin. Nach/von Puerto Plata kostet ein Taxi 30 bis 35 US$. Ankommende Fluggäste können auch die 500 m vom Terminal zum Highway laufen und dort eine *guagua* (Kleinbus/Sammeltaxi) anhalten, um nach Puerto Plata (55 RD$, 45 Min.) oder Sosúa (15 RD$, 10 Min.) zu gelangen.

27 WASSERFÄLLE

Viele Reisende beschreiben den Ausflug zu den Wasserfällen von Damajagua als „das Coolste, was sie in der Dominikanischen Republik unternommen haben". Dem kann man nur zustimmen. In Begleitung eines Führers geht es hinauf zu einem der Wasserfälle, zu Kletterpartien durch herabsprudelndes Wasser und zum Baden in kristallklaren Felsbecken. Mutige können einen Sprung in solch einen Naturpool aus mehr als 8 m Höhe wagen. Seit dem Bau einer Hängebrücke und einem sichereren Aufstiegspfad (jetzt ohne Sicht auf den Fluss) ist das Abenteuer nicht mehr ganz so wild wie früher.

Ein Führer ist generell Pflicht, die Gruppengröße ist jedoch variabel. Wer will, kann auch alleine mit einem Führer losziehen. Angeboten werden geführte Touren zum 7., 12. und 27. Wasserfall. „Jeep-Safaris" gibt es meistens nur zum 7. Wasserfall. Die Teilnehmer müssen eine gute Kondition haben und älter als zwölf Jahre sein. Ausländische Besucher zahlen als Eintrittsgebühr beim Ausflug zum 27. Wasserfall 600 RD$, bei den beiden anderen Touren ist die Gebühr niedriger. Von jeder Eintrittsgebühr erhält ein Entwicklungsfonds der Gemeinde einen Anteil in Höhe eines US-Dollars. Tourveranstalter in Puerto Plata, Sosúa und Cabarete organisieren Ausflüge zu den Wasserfällen, die zwischen 80 und 100 US$ kosten. Der Zugang zu den Wasserfällen ist von 8.30 bis 16 Uhr geöffnet. Um langen Warteschlangen zu entgehen, ist es ratsam so früh wie möglich herzukommen. In der Nähe des Eingangs befinden sich ein **Besucherzentrum** (☎809-635-1722; www.27charcos.com) und ein Restaurant.

Der Weg zu den Wasserfällen führt über den Highway Richtung Imbert: Etwa 3,3 km südlich des Städtchens, nach dem Überqueren von zwei Brücken, signalisiert auf der linken Seite des Highways ein Schild mit Bildern von den Wasserfällen die Zufahrtsstraße, die bereits nach 1 km zum Besucherzentrum führt. Die Alternative: eine *guagua* von Javilla Tours, die auf freundliches Bitten auch bis zum Besucherzentrum fährt. Die große Texaco-Tankstelle in Imbert dient als Drehkreuz für das gesamte Gebiet. Von hier aus starten regelmäßig *guaguas* nach Santiago (80 RD$, 2 Std.) und Puerto Plata (40 RD$, 30 Min.).

Zu den internationalen Fluglinien, die Puerto Plata regelmäßig anfliegen, zählen:

Air Berlin (www.airberlin.com) Direktflüge von/nach Berlin.

Air Canada (☎809-541-5151; www.aircanada.com) Direktflüge von/nach Montreal.

Air Turks & Caicos (☎auf denTurks & Caicos 649-946-4999, in den USA 954-323-4949; www.flyairtc.com) Bietet täglich eine Flugverbindung zu den Turks- und Caicosinseln sowie eine Flugverbindung nach San Juan in Puerto Rico.

American Airlines (☎809-200-5151; www.aa.com)

Continental (☎809-200-1062; www.continental.com)

Delta (☎809-586-0973; www.delta.com)

Jet Blue (☎809-200-9898; www.jetblue.com)

Lufthansa (☎809-200-1133; www.lufthansa.com)

Martinair (☎809-200-1200; www.martinair.com)

Thomson (www.thomson.co.uk) Die Chartergfluggesellschaft fliegt einmal in der Woche von London (Gatwick Airport) und Manchester nach Puerto Plata.

West Jet (www.westjet.com) Direktflüge von/nach Toronto.

Unterwegs vor Ort

In der Altstadt und auf den im Stadtgebiet liegenden Teilen des Malecón lassen sich die Entfernungen zu Fuß zurücklegen. Darüber hinaus bieten sich als bequeme Fortbewegungsmittel *motoconchos* (Motorradtaxis), Taxis oder Mietwagen an.

Amtlich zugelassene *motoconcho*-Fahrer tragen eine farbige Weste mit einer Nummer und fahren im Schnitt ein wenig vorsichtiger als ihre nicht zugelassenen Kollegen. Für eine Stadtfahrt werden 25 RD$ und für die Strecke zur Playa Dorada 60 RD$ verlangt.

In regulären Taxis gelten extra für Touristen festgelegte Tarife – eine Fahrt innerhalb des Stadtgebiets kostet 150 bis 200 RD$. Diese Taxis kurven nicht durch Stadt, um Ausschau nach Fahrgästen zu halten, sondern warten an offiziellen Taxiständen. So hat das empfehlenswerte Taxiunternehmen **Taxi Puerto Plata** (☎809-558-7682) zahlreiche Taxistände, die z. B. rund um den Parque Central und gegenüber vom Caribe-Tours-Büro zu finden sind.

Auf den Hauptverkehrsstraßen in Puerto Plato und in der Umgebung bedienen wie Buslinien gekennzeichnete *guaguas* bestimmte Routen (innerorts pro Fahrt 20 RD$). Für Besucher sind die Linien C und F besonders interessant: Ihre Route reicht von Cofresí im Westen durch die Stadt bis zur Playa Dorada im Osten. Die Linie C fährt die Strecke direkt, während die Linie F auf ihrem Weg durch die Stadt zahlreiche Schlenker und Umwege macht.

PLAYA DORADA & COSTA DORADA

Die beiden aneinandergrenzenden Strände mit einer Handvoll All-inclusive-Resorts und einem 5-Sterne-Hotel liegen ein paar Kilometer östlich von Puerto Plata. Ein großer Torbogen kennzeichnet bei beiden die Zufahrt zum Strandgelände. Wer vom Flughafen auf dem Highway Richtung Stadt fährt, trifft zuerst auf die Zufahrt zur Playa Dorado, den wesentlich größeren der beiden Strände Ein anhaltender Rückgang des Massentourismus in Puerto Plata hat zur Stilllegung vieler Ferienanlagen geführt. Wie Mahnmale erinnern die aufgegebenen Resorts an die überzogenen Ambitionen und mangelhaften Angebote ihrer Begründer. Einen Teil der Schuld trägt allerdings auch die dominikanische Regierung, die den Resortprojekten im Südosten des Landes Priorität einräumte. Wie auch immer, inzwischen zeigen sich Zeichen der Wiederbelebung, die zwar ein geringeres Zimmerangebot, aber mehr Qualität mit sich bringen könnte.

Namen und Muttergesellschaften der Unterkünfte haben sich im Lauf der Jahre geändert. Doch unabhängig davon sind neben den nachfolgend beschriebenen Resorts auch diese erwähnenswert: Gran Ventana Beach Resort, Be Live Grand Marien and Celuisma Playa Dorada. Die meisten Ferienanlagen bieten einen Tagespass für Nichtgäste (45 bis 60 US$). Er umfasst die unbeschränkte Nutzung der resorteigenen Freizeiteinrichtungen (Pool usw.) sowie eine Mahlzeit vom Mittags- oder Abendbüfett. In dem Mini-Einkaufszentrum der Playa Dorada befinden sich neben einer Handvoll schlecht besuchter Läden, die billige Souvenirs und Pauschalreisen anbieten, zwei Banken mit Geldautomaten und eine Filiale des Autoverleihers Budget. (Das Kino war während der Recherche wegen Renovierung geschlossen.)

Aktivitäten

Playa Dorada Golf Club GOLF

(809-320-4262; www.playadoradagolf.com; 7–19 Uhr) Der gut gepflegte, 6218 m² große Par-72-Golfplatz ist das Herzstück des Playa-Dorada-Komplexes. Geplant und gebaut hat ihn der bekannte Golfplatzdesigner Robert Trent Jones. Für die Neun-Loch-Runde beträgt die Greenfee 50 US$, die 18-Loch-Runde kostet 75 US$. Caddies (9/18 Loch 8/15 US$) sind Pflicht, ein Golfmobil (9/18 Loch 15/25 US$) dagegen nicht.

Schlafen & Essen

Suncamp APARTMENTS $

(809-320-1441; www.suncampdr.com; Calle Principal; Zeltstellplatz 10 US$, Zi. 20 US$;) Rund 3 km landeinwärts von der Playa Dorada liegt das Suncamp umgeben von sattgrünem Dschungel an einem Flussufer nahe dem Dorf Muñoz. Seine durchwegs rustikalen Unterkünfte spiegeln eine typische dominikanische Mixtur wider: Betonfußböden, Wellblechdächer und eine spartanische Ausstattung. Wer wenig Wert auf Komfort legt, kann sich hier durchaus wohlfühlen.

Einige der recht unterschiedlichen Zimmer verfügen über ein sehr einfaches Bad (Toilette mit Vorhang abgetrennt) und eine Küche mit veralteten Geräten. Wichtig: Taschenlampe und Mückenschutzmittel mitbringen! Diane, die freundliche kanadische Besitzerin der Anlage, hilft gerne bei der Planung von Ausflügen in die Region. Die Fahrt vom/zum Flughafen kostet 30 US$. Beliebt ist das Suncamp bei jungen Leuten, die an regionalen Freiwilligenprojekten mitarbeiten, und bei Ruheständlern, die preisgünstig einen Langzeiturlaub genießen möchten.

Barcelo Puerto Plata RESORT $$

(809-320-5084; www.barcelo.com, auch auf Deutsch; Playa Dorada; Zi. ab 75 US$;) Das preisgünstige, jedoch ziemlich nach dem Schema-F eines All-inclusive-Resorts angelegte Barcelo hält bis heute die Stellung. Einen Betrag dazu leisten sicherlich auch seine Rabattaktionen im Internet, die sowohl dominikanische Familien als auch ausländische Gäste anziehen – alle bunt gemischt von Jung bis Alt. In den hübschen Zimmern mit Fliesenboden stehen bequeme Betten und falls irgendwelche Mängel gemeldet werden, werden die Reparaturen unverzüglich ausgeführt.

Zugegeben, der Poolbereich kann mit den tollen Poollandschaften manch anderer

Resorts nicht mithalten. Doch der Strand erfüllt alles, was die meisten Menschen von der Karibik erwarten. Wie in vielen derartigen Resorts kann das Ein- und Auschecken eine Weile dauern. Und für die WLAN-Nutzung wird eine deftige Gebühr verlangt.

★ Casa Colonial Beach & Spa LUXUSHOTEL **$$$**
(☎809-320-3232; www.casacolonialhotel.com; Playa Dorada; Zi. 450–1450 US$; ❄📶🏊) Die außergewöhnliche Hotelanlage zählt zu den besten des Landes. Jede ihrer 50 komfortablen Suiten mit Marmorfußboden, Himmelbetten und Wandschränken aus Zedernholz verfügt über einen geräumigen Balkon. In den Bädern mit schicker Badewanne funkeln blitzblanke Armaturen und für jeden Gast stehen hier sogar Pantoffeln bereit. Der weitläufige villenähnliche Gebäudekomplex liegt inmitten eines großen Anwesens mit einem tropischen Garten, in dem man förmlich auf Schritt und Tritt wunderschönen Orchideen begegnet.

Auf einer Dachterrasse können die Gäste eine fantastische Bar, einen Infinity-Pool, vier Whirlpools und einen spektakulären Ausblick aufs Meer genießen. Wellnesseinrichtungen der Spitzenklasse und zwei elegante Restaurants sind ebenfalls vorhanden. Und wichtig zu wissen: Bei den Zimmertarifen handelt es sich keineswegs um All-inclusive-Preise!

BlueBay Villas Doradas HOTEL & RESORT **$$$**
(☎809-320-3000; www.bluebayresorts.com, auch auf Deutsch; Playa Dorada; all-inclusive pro Pers. 3200 RD$; ❄📶🏊) Ein Resort nur für Erwachsene – das kommt an der Nordküste nur selten vor. Doch sein Besitzer, die spanische Hotelkette BlueBay, setzt hier auf ein spezielles Konzept: Urlaub für Singles und Paare in einer intimen Atmosphäre mit glamourösem Miami-Beach-Flair. Wallende Vorhänge, verschiedene hellblaue Elemente und eine extrem hohe Decke prägen das Ambiente des Eingangsbereichs. Die Anstrengungen, die Zimmer in einem ansprechenden minimalistischen Stil zu gestalten werden durch die minderwertigen Möbel ein wenig untergraben.

Im Vergleich zu anderen All-inclusive-Resorts an der Playa Dorada ist das BluyBay-Resort kompakter und nicht so weitläufig angelegt. Den Konkurrenten einen Schritt voraus sind jedoch seine Wellnesseinrichtungen und das Essen, insbesondere die asiatischen Gerichte im Jardin de Jade. In dem separat liegenden Restaurant sind auch Nicht-Hotelgäste willkommen (Hauptgerichte 650 RD$).

Iberostar Costa Dorada RESORT **$$$**
(☎809-320-1000; www.iberostar.com; Costa Dorada; all-inclusive-EZ/DZ 135/165 US$; ❄@📶🏊) Als eines der preisgünstigeren All-inclusive-Resorts der Region kann sich das Iberostar aus gutem Grund auf relativ viele Stammkunden stützen. Ein Hauch von Disneylandkitsch durchzieht die Ferienanlage, so begrüßt z. B. ein Portier mit Tropenhelm die Gäste an der Rezeption. Das Gelände ist riesengroß und gut gepflegt, auch der Pool hat eine beträchtliche Größe und das Essen ist besser als der Durchschnitt.

ℹ An- & Weiterreise

Der Taxiverbund an der Playa Dorada kritisiert immer wieder die willkürlichen Preise, die von Besuchern verlangt werden, die ein Taxi auf der Straße anhalten. Die Verbundtaxis stehen vor jedem Hoteleingang und an der Playa Dorada Plaza. Das Taxi vom/zum Flughafen kostet 33 US$, eine Fahrt nach Sosúa 35 US$, nach Cabarete 40 US$, innerhalb des Hotel-/Resortkomplexes 10 US$ und nach Puerto Plata 7 US$.

Man kann auch zum Eingang der Playa Dorada am Highway laufen und dort eine *guagua* nach Puerto Plata (20 RD$) nehmen.

COSTAMBAR

In dem nach seinem Strand benannten Küstenort leben hauptsächlich Ausländer und Langzeiturlauber. Touristen wählen diesen Strand eher selten als Urlaubsziel. Einen Besuch ist er dennoch wert: Hier locken ein von Palmen beschatteter weißer Sandstrand, Flachwasser und kleinere Korallenriffe sowie etliche zwanglose Fischrestaurants, die den Strand säumen. Empfehlenswert ist z. B. das Restaurant **El Farolita** (Hauptgerichte 300 RD$) am westlichen Ende des Strands. Um ein paar Stunden in aller Ruhe zu entspannen, eignet sich die Playa Costambar ausgezeichnet (Liegestuhlverleih vorhanden).. Alle Dienstleister und Läden der kleinen Ortschaft liegen gleich hinter dem bewachten Ortseingang, wie z. B. das mittelgroße Lebensmittelgeschäft **Yenny's Market** (Calle Principal; ⌚8–21.30 Uhr), ein kleines Fastfoodrestaurant (beide ohne Geldautomaten) oder das Internetcafé.

Costambar ist eine Art private Gemeinde, in der Wohneinheiten, für die man das

Ferienwohnrecht (auch Teilzeiteigentum genannt) erwerben kann, und Ferienwohnungen überwiegen. Einige der Immobilien sind allerdings heruntergekommen, manche auch nur halbfertig. Viele Gebäude des Ortes sind ein halbes Jahr von Nordamerikanern belegt, die dem heimatlichen Winter entfliehen. Um Vermietungen kümmert sich in der Regel die jeweilige Eigentumsverwaltung. Mitunter besteht die Möglichkeit, eine Unterkunft wochenweise oder in der Nebensaison auch tageweise zu mieten. Über entsprechende Angebote informiert Costambars monatlicher Newsletter (www.costambarmonthly.com).

Ein *motoconcho* von Puerto Plata nach Costambar kostet 100 RD$, ein Taxi 17 US$. Für ein Taxi in umgekehrter Richtung ist Costambars **Taxi Association** (809-970-7318) zu empfehlen. Auf dem Highway kommen an der Abzweigung nach Costambar von 6 bis 18 Uhr alle 15 Minuten die *guagua*-Linien C und F vorbei. Allerdings beträgt der Fußweg zwischen Highway und Ortschaft einen guten Kilometer und danach ist es noch ein weiterer Kilometer bis zum Strand.

PLAYA COFRESÍ

Rund 5 km westlich von Puerto Plata liegt die kleine, ruhige Ortschaft Cofresí mit ihren zahlreichen Eigentumswohnanlagen. An ihrem einen Ende befindet sich ein Meeres-Themenpark, am anderen eine riesige Ferienanlage.

Der Themenpark heißt **Ocean World** (809-291-1000; www.oceanworld.net; Erw./Kind 55/40 US$; 9–18 Uhr) und ist die dominikanische Version der SeaWorld-Parks. In seinen Becken schwimmen Delfine, Haie, Seelöwen und Teufelsrochen. Hinzu kommen ein großes Vogelhaus und viele andere Einrichtungen, an denen nicht nur Kinder ihr Vergnügen finden. Besucher können mit Delfinen (pro Pers. 155 US$) und sogar mit Haien (pro Pers. 60 US$) schwimmen. Im Hauptgebäude der Ocean World läuft abends die **Bravissimo Show** (45 US$, mit Abendessen 75 US$), eine Show im Las-Vegas-Stil, die sich „in 120 Kostümen rund um die Welt" beschreiben lässt. In grellbunten Kostümen und mit viel Elan zollen die hart arbeitenden Tänzer einen Tribut an Lady Gaga, Elvis Presley und einige lateinamerikanische Popstars. Wer zwei Fliegen mit einer Klappe schlagen möchte, geht anschließend noch in die **Lighthouse Lounge & Disco**, eines der besten Tanz-Locations der Region, vor allem am Samstagabend. Das **Restaurant Posiedon** auf dem Parkgelände bietet sonntags einen empfehlenswerten All-you-can-eat-Brunch (35 US$), u. a. mit Prime Rib-Steaks (magere, zarte Steaks aus der Hochrippe) und Hummer.

Am anderen Ende von Cofresí erstreckt sich das **Lifestyle Holidays Vacation Resort** (809-586-1227; www.lhvcresorts.com; all-inclusive-Zi. pro Pers. ab 150 US$;), ein riesiges Gelände mit zahlreichen Gebäuden, Restaurants und vielen anderen Einrichtungen. Abhängig von der Kategorie der Unterkunft gewährt eine Art Bonussystem den Gästen unterschiedliche Vorteile. Doch vom De-luxe-Gast bis zum gemeinen Volk teilen sich alle den wunderschönen halbmondförmigen, weißen Sandstrand.

Zwischen Ocean World und Lifestyle Resort eingekeilt, liegen die Eigentumswohnanlagen der Bewohner der kleinen Ausländer-Gemeinde. Hier befinden sich auch etliche Restaurants: **Chris & Mady's** (Hauptgerichte 350 RD$; 8–23 Uhr;) bietet eine breit gefächerte Auswahl an Gerichten zu akzeptablen Preisen. Sowohl die einheimischen als auch die ausländischen Gemeindemitglieder wissen das Grillfest am Sonntag zu schätzen. Hauptsächlich mexikanische Gerichte stehen auf der Speisekarte von **Los Charos** (Hauptgerichte 200 RD$; 11 Uhr bis spätnachts;). Das von Deutschen geführte Gourmetrestaurant **Le Papillon** (809-970-7640; Hauptgerichte 550 RD$; Di–So 18–23 Uhr) liegt 100 m östlich vom Ortsrand auf einem kleinen Hügel. Zu seinen Spezialitäten zählen Kaninchenschenkel, geräucherte Bernsteinmakrele und Gemüsecurry.

Rund 6 km westlich von der Zufahrtsstraße nach Cofresí säumen drei große Resorts der Hotelkette Riu die schöne Bahia

> **TUBAGUA PLANTATION ECO LODGE**
>
> Wer mal die Sonne und den Sand der Nordküste für einige Zeit hinter sich lassen möchte, fährt landeinwärts auf der Ruta 25 ins Tubagua Plantation Eco-Village (S. 193). Die malerische Strecke verläuft bis nach Santiago durch die Cordillera Septentrional.

Sosúa

Maimon. In der Nähe der Resorts ist zurzeit ein großer Schiffsanleger in Bau, an dem später die Kreuzfahrtschiffe der Carnival Cruise Line (und eventuell auch der Royal Caribbean) anlegen sollen.

An- & Weiterreise

Von Puerto Plata nach Cofresí fahren die *guagua*-Linien C und F (12 RD$), beide verkehren bis ungefähr 19 Uhr. Zum Hauptstrandbereich führt ein 700 m langer, ziemlich steiler Weg.

Tipp: Für eine Rückfahrt direkt ins Stadtzentrum nimmt man besser die Linie C. Die Linie F macht in der Stadt jede Menge Umwege und braucht daher insgesamt doppelt so lange. Wer mit dem eigenen Auto fährt, folgt einfach dem Highway in westlicher Richtung.

Direkt vor dem Eingang zum Lifestyle Resort gibt einen Taxistand (nach Puerto Plata 25 US$, zum Flughafen 50 US$).

SOSÚA

49 600 EW.

Sosúa am Tag und Sosúa bei Nacht sind zwei Paar Schuhe. Wenn die Sonne nicht mehr vom Himmel brennt und langsam die

Sosúa

Highlights
1 Playa Sosúa ... B5

Sehenswertes
2 Museo de la Comunidad Judía de Sosúa ... B3
3 Playa Alicia ... A3

Aktivitäten, Kurse & Touren
4 Casa Goethe ... A4
5 Dive Center Merlin ... B5
6 Mel Tours ... C2
7 Northern Coast Diving ... C4

Schlafen
8 Casa Marina Beach Resort ... B3
9 Casa Veintiuno ... C5
10 Hotel Casa Cayena Club ... B3
11 Hotel Casa Valeria ... C3
12 Hotel El Rancho ... B3
13 New Garden Hotel ... C3
14 Piergiorgio Palace Hotel ... A4
15 Sosúa by the Sea ... B1
16 Terra Linda Hotel Spa & Resort ... C3

Essen
17 Baia Lounge ... B1
18 Bailey's ... B3
19 Bologna ... C2
20 Infiniti Blu ... C1
21 La Finca ... C3
22 Marua Mai ... B4
23 Playero Supermarket ... C4
24 Rocky's Rock & Blues Bar Hotel ... C3
Scotch & Sirloin/Pizza Uno/El Batey Grill ... (siehe 16)

Ausgehen & Nachtleben
25 Britannia Pub ... C4
26 El Flow Latin Bar ... C3
27 Infiniti Blu ... C1

Abenddämmerung einsetzt, beginnt eine ideale Zeit, um in der ruhigen Bucht zu baden. Und so strömen Einheimische und Besucher, darunter ganze Familie, in Scharen an den Strand.

Je später der Abend, desto mehr verwandelt sich Sosúa teilweise in eine nicht jugendfreie Zone. Die Bars füllen sich mit dominikanischen und haitianischen Sexarbeitern. Trotz aller Bemühungen des Bürgermeisters, lässt sich der Sextourismus in seiner Stadt nicht leugnen. Auch Männer, die damit nichts im Sinn haben, sind – ob alleine oder in Gruppen – vor einer „Anmache“ nicht sicher.

Fakt ist aber auch, dass es in Sosúa zahlreiche Hotels und Restaurants mit einem makellosen Ruf gibt. Unabhängig von seiner Schattenseite bildet Sosúa das regionale Zentrum, wenn es um Tauch-Erlebnisse geht. Darüber hinaus ist es ein bequemer Ausgangspunkt, um die Nordküste zu erkunden.

Sosúas Status als Hauptstadt der Fleisch- und Milchverarbeitungsindustrie des Landes erscheint nur auf den ersten Blick kurios. Das Fundament hierfür legten 350 jüdische Familien, die 1940 aus Deutschland und anderen Teilen Europas flohen. Einige davon waren Landwirte und brachten gute Kenntnisse in der Milch- und Fleischverarbeitung mit. Die meisten der Flüchtlinge blieben nur ein paar Jahre, hinterließen aber zahlreiche schöne Wohnhäuser.

Sehenswertes

Museo de la Comunidad Judía de Sosúa — MUSEUM

(Museum der jüdischen Gemeinde von Sosúa; ☎809-571-2633; Calle Dr. Alejo Martínez; Eintritt 150 RD$; ⏲Mo–Fr 9–13 & 14–16 Uhr) Das Museum nahe der Calle Dr. Rosen widmet sich der Geschichte des jüdischen Lebens in der Dominikanischen Republik. Die Exponate sind auf Spanisch und Englisch beschriftet. Falls die Tür während der Öffnungszeiten geschlossen ist, genügt ein kurzer Anruf (an die oben genannte Telefonnummer) und in weniger als fünf Minuten lässt jemand die Besucher ein.

Strände

★ Playa Sosúa — STRAND

Die Playa Sosúa ist der Hauptstrand und praktisch eine Stadt in der Stadt. Der durch Erosion schmal gewordene Sandstrand erstreckt sich an einer halbmondförmigen Bucht mit ruhigem, türkisblauem Wasser. Nicht nur Palmen säumen den Strand, sondern auch schier endlose Reihen von Souvenirläden, Restaurants, Bars und sogar Nagelstudios. Wer gerne Leute beobachtet, hat hier viel zu tun. Den Strand bevölkern Scharen an dominikanischen Familien, Langzeiturlaubern und Touristen, die in den nahen Hotels wohnen bzw. in den örtlichen Eigentumswohnanlagen leben. Eine Schnorchelausrüstung kann man sich vor Ort leihen, in der Leihgebühr (2 Std. 400 RD$)

TAUCHEN AN DER NORDKÜSTE

Three Rocks Für Anfänger geeignet, drei riesige Riffsäulen: bis in 17 m Tiefe.

Airport Wall Steiler Riffhang mit kleinen Höhlen; bis in 21 m Tiefe.

Garden Fächerkorallen und Zapfenschwämme; bis in 24 m Tiefe.

Pyramids Klippen, Kanäle und Tunnel; bis in 18 m Tiefe.

sind eine Rettungsweste, eine Flasche Cola für den Schnorchler und etwas Brot für die Fische inbegriffen.

Playa Alicia STRAND
Ruhiges Wasser schwappt an diesen schlichten bräunlich gelben Sandstrand. Seit vor ungefähr einem Jahrzehnt mit der Auffüllung der Playa Alicia begonnen wurde, ist der schattenlose Sandstreifen kontinuierlich angewachsen. Ob die Renaturierungsmaßnahme tatsächlich aus Umweltgründen erfolgt, gilt als umstritten. Im **Parque Mirador Sur** führen Stufen hinab zu dem heute schon recht breiten Strand. Die kleine asphaltierte Plaza mit Bänken und einem Café liegt am Ende der Calle Dr. Rosen.

Aktivitäten

Tauchen & Schnorcheln

Sosúa gilt als das Tauchzentrum der Nordküste. In der Bucht von Sosúa liegt ein gutes Dutzend Tauchplätze, die alle schnell per Boot zu erreichen sind. Darüber hinaus organisieren die Tauchbasen und -ausrüster auch Bootsausflüge bis nach Río San Juan, die z. B. Tauchen zwischen Mangroven sowie in der Süßwasserhöhle Dudu einschließen. Ein weiteres Ziel ist die Cayo Arena: Vor der Küste der kleinen Insel warten Tauchgründe mit einer Vielfalt an Fischen, Stein- und Weichkorallen, Schwämmen und Riffhängen. Mehrere Projekte sind hier im Gange, um zerstörte Korallenriffe wiederzubeleben.

Zu den beliebten nahen Tauchplätzen zählen die Airport Wall, ein langes Riff mit Tunneln in 12 bis 35 m Wassertiefe und das Wrack der „Zíngara" in 35 m Tiefe. Das 45 m lange Schiff wurde 1993 versenkt und als eine Art künstliches Riff mit der Zeit von Korallen besiedelt. Hinzu kommen die Coral Gardens und die Coral Wall – beide bieten schöne Korallenformationen in Tiefen von 14 bis 53 m.

Der Preis für zwei Taucher inklusive Ausrüstung beträgt für einen Tauchgang im Allgemeinen 90 US$, mit eigener Ausrüstung nur 80 US$. Tauchgänge an weiter entfernt liegenden Tauchplätzen kosten etwas mehr. Erheblich günstiger sind Tauchpakete, so kann z. B. bei der Buchung eines Zehnerpakets der Preis pro Tauchgang mit eigener Ausrüstung auf 35 US$ sinken. Alle Tauchbasen und -ausrüster in Sosúa bieten sowohl zertifizierte Tauchkurse als auch kleine Schnorchelausflüge. Je nach Dauer und Anzahl der Stopps kosten Schnorcheltrips pro Person zwischen 30 und 45 US$, Ausrüstung inklusive.

Das Personal aller Tauchbasen spricht Spanisch und Englisch, aber – ein Vorteil – die meisten haben überwiegend deutsche Mitarbeiter.

Northern Coast Diving TAUCHEN
(☎ 809-571-1028; www.northerncoastdiving.com; Calle Pedro Clisante 8) Die sehr angesehene Tauchbasis zählt zu den besten der Gegend und ist am ehesten bereit, maßgeschneiderte Touren zu wenig besuchten Tauchplätzen zu organisieren.

Dive Center Merlin TAUCHEN
(☎ 809-571-4309; www.divecenter-merlin.com; Playa Sosúa) Liegt am Ende der Zufahrtsstraße zur Playa Sosúa; deutschsprechendes Personal.

Seilrutschen

Monkey Jungle OUTDOORAKTIVITÄTEN
(☎ 829-649-4555; www.monkeyjungledr.com; Seilrutsche Erw./Kind 50/30 US$; ⏲ 9–17 Uhr) Der Monkey Jungle ist ein Bio-Bauernhof mit einer Auffangstation für kranke oder verletzte Eichhörnchen und Kapuzineraffen. Und der nervenkitzelnde Clou ist eine 1350 m lange Seilrutsche. Was die Seilrutsche an Gewinn einbringt, erhalten das Krankenhaus und die Zahnklink, die sich ebenfalls auf dem Gelände befinden. In beiden Einrichtungen werden die Bewohner der umliegenden Gemeinden kostenlos behandelt. Eher befremdlich wirkt der Schießplatz für Handfeuerwaffen auf dem Anwesen.

Kurse

Casa Goethe SPRACHKURS
(☎ 809-571-3185; www.edase.com, auch auf Deutsch; La Puntilla 2) In dem deutsch-domini-

kanischen Sprach- und Kulturinstitut findet vormittags Einzel- und Gruppenunterricht in Spanisch statt. Nachmittags steht Sportlicheres auf dem Programm, wie z. B. Sporttauchen und Salsatanzen. Für einen längeren Studienaufenthalt stehen Unterkünfte im Institut oder in nahen Hotels zur Verfügung (frühzeitige Buchung erforderlich).

Holiday Spanish School SPRACHKURS
(☎809-571-1847; www.holiday-spanish-school.com; Calle Pedro Clisante 141) Die Schule liegt östlich vom Stadtzentrum auf dem Gelände des Hotels El Colibrí. Bei den Spanischkursen für Anfänger und Fortgeschrittene dauert eine Unterrichtseinheit in der Regel zwei Stunden, jeweils unterteilt in Grammatik-, Vokabel- und Konversationstraining. Die Preise sind abhängig von Teilnehmerzahl und Kursdauer.

Geführte Touren

Unter den Tourveranstaltern gibt es an der Nordküste etliche schwarze Schafe. Kein gutes Zeichen ist es, wenn die Ausflugsteilnehmer die meiste Zeit in einem grellbunt angemalten „Safari-Bus" verbringen, der sie zum Ziel karrt und flugs wieder zurück. Misstrauen ist auch angebracht bei Ausflügen, die Einblicke in die „echte dominikanische Kultur" versprechen. Die im Rahmen solcher Touren besuchte „typische dominikanische Schule" hat häufig mehr mit einem Potemkinschen Dorf gemeinsam als mit einer authentischen Lernstätte.

Mit schönen, unverfälschten Erlebnissen sind z. B. folgende geführte Touren verbunden: Rafting in Jarabacoa (60 bis 80 US$, Anfahrt 4 Std.) oder auch ein Schnorcheltrip zur Cayo Arena (55 bis 65 US$, Anfahrt 3 Std.). Von Mitte Januar bis Mitte März ist eine Walbeobachtungstour zur Halbinsel Samaná (120 bis 140 US$, Anfahrt 4 Std.) empfehlenswert. Bootstouren sind in der Regel eine solide Angelegenheit - bei einem Katamarantörn oder beim Hochseefischen (50 bis 100 US$) lässt sich wohl kaum etwas vortäuschen. Empfehlenswerte Tourveranstalter sind z. B. **Mel Tours** (☎809-571-2057; www.mel-tour.com, auch auf Deutsch; Calle David Stern) und **Sosua Game Fishing** (☎829-810-8799; www.sosuagamefishing.com).

Schlafen

Hotel El Rancho HOTEL $
(☎809-571-4070; www.hotelelranchososua.com, auch auf Deutsch; Calle Dr. Rosen 36; Zi. ab 40 US$; ❄📶) Der Poolbereich inmitten eines üppigen Gartens bildet das Herzstück der kleinen Hotelanlage mit sauberen, gut gepflegten Zimmern. El Rancho liegt sehr zentral und nur einen Häuserblock von der Playa Alicia entfernt. Mexikanisch anmutende Wandgemälde und ein Palmdach im *palapa*-Stil schmücken das moderne, zweistöckige Betongebäude.

Hotel Casa Valeria HOTEL $$
(☎809-571-3565; www.hotelcasavaleria.com, auch auf Deutsch; Calle Dr. Rosen 28; EZ/DZ mit Frühstück 55/65 US$; ❄📶🏊) Die neun ebenerdigen Zimmer der Casa Valeria säumen einen schön begrünten Innenhof mit nierenförmigem Pool. Alle Zimmer verfügen über Kabelfernsehen, Ventilator und ein gefliestes Bad, unterscheiden sich aber mehr oder weniger in der Größe, der Ausstattung und im Dekor, In den drei apartmentartigen Zimmern gibt es eine kleine Küche mit Gasherd. Bequeme Betten und eine hübsche Einrichtung mit pinkfarbenen Details zeichnen die anderen hoteltypischen Zimmer aus.

Hotel Casa Cayena Club HOTEL $$
(☎809-571-2651; www.hotelcasacayena.com, auch auf Deutsch; Calle Dr. Rosen 25; EZ/DZ 65/85 US$; ❄📶🏊) Lange, luftige Korridore geleiten zu den 24 Zimmern des gut geführten, zweistöckigen Hotels. Rote Fliesenböden, ein sauberes, modernes Bad mit Dusche, Kabelfernsehen und Safe sind in allen Zimmern vorhanden. Einladend hübsch ist der Poolbereich und zur Playa Alicia geht es einfach nur die Straße runter. Frühstück wird in dem kleinen, ringsum offenen Hotelrestaurant serviert.

New Garden Hotel HOTEL $$
(☎809-571-1557; www.hotelnewgarden.com; Calle Dr. Rosen 32; EZ/DZ/3BZ mit Frühstück 2800/3450/4090 RD$; ❄📶🏊) Dass an der Rezeption Kondome verkauft werden, sagt einiges über die Klientel des Hotels aus. Ob diese Unterkunft infrage kommt, bleibt jedem selbst überlassen. Die Zimmer, vor allem in dem neuen Gebäude, erinnern an den Standard guter Motels in Nordamerika. Vorhanden sind auch ein Pool, eine Bar und ein Motorrollerverleih (pro Tag 20 US$).

★ **Casa Veintiuno** BOUTIQUEHOTEL $$$
(☎829-342-8089; www.casaveintiuno.com; Calle Piano 1; Zi. mit Frühstück 175–200 US$; ❄📶🏊) Das weiß angestrichene, modernistische Gebäude auf einem Hügel am Stadtrand war ursprünglich ein Wohnhaus. Heute ist es

ein komfortables B&B und ein gemütliches Refugium. Als Ausgangspunkt für Ausflüge in die Region eignet sich die Casa Veintiuno bestens. Ihre belgischen Besitzer Saskia und Mark (und ihre beiden Hunde) bieten einen sympathischen und aufmerksamen Service. Gäste, die in der Stadt etwas erledigen oder unternehmen wollen, fahren sie sogar persönlich hin. Viele Gäste ziehen es jedoch vor, ihre Zeit im Innenhof am Pool zu verbringen. Oder sie vergnügen sich in der Lounge im ersten Stock, wo ein Fernrohr, ein Laufband, Wii-Spielkonsolen und eine Bibliothek mit DVDs, Büchern und Brettspielen für Unterhaltung sorgen. Das Essen zählt zu den besten der Stadt. Von Mittwoch bis Sonntag werden Mittag- und Abendessen angeboten, auch für Nichtgäste (Reservierung erforderlich).

Terra Linda Hotel Spa & Resort HOTEL **$$$**
(☎809-571-2220; www.terralindaresort.com; Calle Dr. Rosen 22; EZ/DZ 90/130 US$; ❄ 📶 🏊) Auf drei Etagen verteilen sich die gut gepflegten, behaglichen Zimmer mit kleinem Flachbildfernseher. Wie eine Oase inmitten des Straßenlärms wirkt der große Innenhof mit einem Pool in Olympiagröße. Von der Straße führt eine breite Treppe hinunter zum Eingang, der etwas versteckt hinter dem Restaurant Scotch 'n' Sirloin liegt.

Piergiorgio Palace Hotel HOTEL **$$$**
(☎809-571-2626; www.piergiorgiopalace.com; La Puntilla; Zi. mit Frühstück 95 US$; ❄ 🏊) Bei Hochzeitsplanern (und deren Kunden) ist das Hotel mit reich verzierter weißer Fassade sehr beliebt. Kein Wunder, steht es doch hoch oben auf einer Klippe mit herrlichem Ausblick aufs Meer. Eine breite Außentreppe mit rotem Teppich windet sich bis zum obersten Stockwerk hinauf. Allerdings macht der spektakuläre Meerblick das in die Jahre gekommene Mobiliar der Zimmer nicht wett – die besseren liegen im zweiten Stock. Ohne jeden Zweifel ist das Restaurant (Hauptgerichte 600 RD$) am Klippenrand überaus romantisch.

Sosúa by the Sea RESORT **$$$**
(☎809-571-3222; www.sosuabythesea.com, auch auf Deutsch; Ecke Calle Bruno Philips & Calle David Stern; EZ/DZ mit Frühstück 85/140 US$; ❄ @ 🏊) An der Playa Chiquita, wo tatsächlich die namensgebenden Bananenbäume wachsen, erstreckt sich das Resort auf einer Landzunge mit vorgelagertem Korallenriff. Seine Zimmer sind in einem schicken minimalistischen Stil eingerichtet und verfügen über einen kleinen Kühlschrank. Allerdings könnte der Poolbereich im hinteren Teil der Hotelanlage etwas mehr Sorgfalt vertragen – schon ein oder zwei Bäume würden diese Betonwüste etwas auflockern. Der Aufpreis für die Teilnahme an allen Mahlzeiten beträgt 20 US$ pro Person.

Casa Marina Beach Resort RESORT **$$$**
(☎809-571-3690; www.amhsamarina.com, auch auf Deutsch; Calle Dr. Alejo Martínez; all-inclusive-EZ/DZ 150/200 US$; ❄ @ 🏊) Drei Pools, fünf Restaurants und fast 400 Zimmer, verteilt auf zweistöckige Gebäude, sowie einen direkten Zugang zur – wenn auch nicht sonderlich attraktiven – Playa Alicia hat dieses riesige Resort zu bieten. Die Zimmer mit Kabelfernsehen und Balkon entsprechen dem klassischen All-inclusive-Standard: sauber, gemütlich, aber in keiner Weise irgendetwas Besonderes. Die meisten Zimmer haben Ausblick auf den Poolbereich.

Essen

Die meisten Hotels und Resorts besitzen eigene Restaurants. Eine Handvoll weiterer Speiselokale sind innerhalb eines Häuserblocks am Parque Central zu finden. Legere Bars und zwanglose Restaurants säumen die Calle Pedro Clisante in dem Abschnitt, der an der Playa Sosúa vorbeiführt. Leckere gegrillte Spareribs gibt es in der mit Flaggen übersäten skandinavischen Bar links von der Haupttreppe zum Strand. Eine gute Auswahl an einheimischen Nahrungsmitteln und importierten Delikatessen bietet der **Playero Supermarket** (☎809-571-1821; ⌚8–22 Uhr) am Highway.

★ Michael Snack Bar FISCH & MEERESFRÜCHTE **$$**
(☎829-861-4621; Calle Julio Arzeno; Hauptgerichte 330 RD$; ⌚10–21 Uhr) Am südlichen Ende der Playa Sosúa thront dieses einfache Speiselokal auf einer Klippe. Neben einem sensationellen Ausblick bietet es Krabben, Fisch und Hummer – alles aus frischem Fang. Die meisten Gäste sind Einheimische, aber auch jeder andere ist herzlich willkommen. Erreichbar ist das Lokal nur über die Straße, die unterhalb des Highways (Meerseite) durch das Stadtviertel Los Charamicos verläuft.

Scotch & Sirloin/ Pizza Uno/El Batey Grill STEAKHOUSE, PIZZA, DOMINIKANISCH **$$**
(Calle Dr. Rosen; Hauptgerichte 375 RD$; ⌚7–23 Uhr; 📶) Die drei Restaurants mit

jeweils eigener Speisekarte befinden sich gemeinsam in einem hübschen Pavillon oberhalb des Terra Linda Hotels. Scotch & Sirloin ist auf Burger, Steaks und Babybackribs (Kotelettrippchen/Leiterchen; 600 RD$) spezialisiert, während Pizza Uno sich auf Pizzas aus dem Holzofen beschränkt. Auf der umfangreichen Speisekarte vom El Batey Grill stehen dominikanische Gerichte.

Infiniti Blu MEDITERRAN, NAHOST **$$**
(809-571-2717; Calle Dr. Alejo Martinez; Hauptgerichte 350 RD$; 7.30–23 Uhr;) Das moderne Restaurant mit seinen weiß gedeckten Tischen liegt in einem Winkel der gleichnamigen Kombination aus Luxusresort und -eigentumswohnungen. Empfehlenswert ist das Speiselokal nicht nur wegen seiner großen Auswahl beim Frühstück, darunter frische Croissants. Auch auf der Mittags- und Abendkarte steht eine Vielzahl leckerer Gerichte, z. B. Kebabs, Falafel und Kibbeh. Mit fantasievollem kleinem Gebäck und köstlichen Kuchen lockt das dazugehörige, ausgesprochen hübsche Café. Sein extra für Kinder bereitgestelltes Mini-Mobiliar dürfte den Kids gefallen.

Bologna ITALIENISCH **$$**
(809-571-1434; Calle Dr. Alejo Martínez 33; Hauptgerichte 300–600 RD$; 8–23.30 Uhr;) Das familienfreundliche Lokal liegt gleich nördlich vom Stadtzentrum. Einheimische und Zugewanderte schwärmen von der Qualität der Pizza und Pasta, ganz zu schweigen von dem Käsekuchen mit Oreo-Keksen. Stammgäste tragen ihren Teil zu einer Atmosphäre bei, die sich aus Eckkneipenstimmung und Restaurantgefühl zusammensetzt. Das Lokal betreibt auch einen Lieferservice.

Bailey's INTERNATIONAL **$$**
(809-571-3085; Calle Dr. Alejo Martínez; Hauptgerichte 250–600 RD$; 7.30–23.45 Uhr) Von Zugewanderten wird das Bailey's besonders geschätzt. Sein österreichischer Besitzer serviert Spezialitäten wie Chili-Burger und Jumboschnitzel-Sandwiches. Eine Fülle an Rattanmöbeln und Topfpflanzen prägen das Ambiente. Ein fortwährender Sprühnebel soll irgendwelche Sachen kühl halten, ist aber auch bei den Gästen willkommen.

Marua Mai DOMINIKANISCH **$$**
(809-571-3682; Ecke Calle Pedro Clisante & Calle Arzeno; Hauptgerichte 450 RD$; 7.30–23 Uhr) Schon seit einigen Jahrzehnten ist das Mittelklasserestaurant eine solide Wahl. Seine dominikanisch-deutschen Besitzer servieren u. a. köstliche Burger sowie Fisch und Meeresfrüchte, darunter Hummer in Kiloportionen. Eine hübsche Bar lädt zu einem Drink vor oder nach dem Essen ein. Auch das Frühstück ist gut.

Rocky's Rock & Blues Bar Hotel DOMINIKANISCH, AMERIKANISCH **$$**
(Calle Dr. Rosen 24; Hauptgerichte 250 RD$; 7 Uhr bis spätnachts;) An der Fassade prangt ein Schild mit der Aufschrift „World Famous Ribs" („Weltberühmte Rippensteaks"). Doch es geht noch weiter mit den guten Dingen: Frühstück gibt es bis 15 Uhr, das Steakfleisch wird nicht wie so häufig importiert, sondern stammt tatsächlich aus der Dominikanischen Republik und das Bier zählt zu den preisgünstigsten der Stadt. Ab 17 Uhr steht Pizza auf dem Speiseplan. An Musik sind hier ausschließlich Rock und Blues zu hören.

★ **Baia Lounge** FISCH & MEERESFRÜCHTE **$$$**
(Ocean Club, Calle Bruno Philips; Degustationsmenü 2000 RD$; Di–Fr 6–23, Sa & So 12–24 Uhr) Das Strandlokal gehört zum Ocean Club, einer ultramodernen Eigentumswohnanlage, die zum Zeitpunkt der Recherche noch nicht fertig war. Der chilenische Küchenchef der Baia Lounge kreiert ständig wechselnde Degustationsmenüs aus Fisch und Meeresfrüchten (alles frisch gefangen) und serviert zu jedem Gang einen passenden Wein.

La Finca INTERNATIONAL **$$$**
(809-571-3925; Ecke Calle Dr. Rosen & Calle Dr. Alejo Martínez; Hauptgerichte ab 600 RD$; 17–23 Uhr;) Seit Langem ist La Finca mit ihrem kolonialen Look und dem guten Preis-Leistungs-Verhältnis ihrer Küche eine kulinarische Institution in Sosúa. Steaks, Fisch und Meeresfrüchte sind hier die Hits. Empfehlenswert sind auch das Chateaubriand, Surf and Turf (Gericht mit Meeresfrüchten und Fleisch) oder die Platte mit Fisch und Meeresfrüchten für zwei Personen (50 US$). Die Auswahl an Cocktails ist erstaunlich groß und die Speisekarte ist in fünf Sprachen geschrieben, inklusive Russisch.

Ausgehen

Die Calle Pedro Clisante ist das Zentrum von Sosúas Nachtleben. Wie Perlen auf der Kette reihen sich hier zahlreiche Bars und Clubs. Hinzu kommt eine Gastro-Szene, die vor allem Prostituierte und ihre Freier mit Speis

FÜR SCHAULUSTIGE

Cabaretes Strände sind seine Hauptattraktion, haben aber viel mehr zu bieten als Sonne und Sand. Wenn es um den Surfsport geht, hat jeder Strand seinen eigenen Schwerpunkt. Und jeder ist unterhaltsamer Schauplatz, an dem Anfänger und Könner der Surf-Szene ihre sportlichen Fähigkeiten zeigen.

An der **Playa Cabarete**, dem Hauptstrand der Stadt, lassen sich die Windsurfer beobachten. Allerdings vollführen die wahren Könner ihre Manöver, rasanten Sprünge und gewagten Saltos weiter draußen vor der Küste.

An der westlichen, windabgewandten Seite der Playa Cabarete liegt der **Bozo Beach** (Deppenstrand). Er ist der Tummelplatz der Anfänger im Wind- und Kitesurfen, was ihm den uncharmanten Namen eingebracht hat. „Ab an den Bozo Beach" heißt es für alle, die Segel oder Schirm noch nicht sicher in den Wind bringen können. Insgesamt sind hier mehr Kitesurfer als an der Playa Cabarete vertreten und die Brandung eignet sich besser fürs Bodyboarding.

An windigen Tagen gibt es am **Kite Beach,** 2 km westlich der Stadt, viel zu sehen. Scharen an Kitern jeglicher Qualifikation stellen ihre Fähigkeiten zur Schau. Mitten im regen „Kite-Verkehr" gleiten die einen lange Strecken durch die Wellen, während andere Sprünge in luftiger Höhe vollbringen. Schwimmen ist an solchen Tagen nicht angesagt, denn die Gefahr, von Kitern überrannt zu werden, darf man nicht unterschätzen.

An der **Playa Encuentro,** 4 km westlich der Stadt, treffen sich die Surfer. Aber auch gute Windsurfer und Kiteboarder kommen manchmal hierher, um die größeren Wellen zu nutzen. Tropische Vegetation wuchert im Hintergrund des langen, schmalen Sandstrandes und in dem Bogen, der ostwärts Richtung Cabarete abschwenkt, ragen Palmen in die Höhe. Starker Tidenhub (der Unterschied im Wasserstand zwischen Ebbe und Flut) und felsige Untiefen machen das Schwimmen hier sehr schwierig. Ein verblasster gelber Torbogen und ein Schild mit der Beschriftung „Coconut Palms Resort" weisen den Weg zum Strand. Aus Sicherheitsgründen sollte man die Playa Encuentro nach Einbruch der Dunkelheit unbedingt meiden.

und Trank versorgt. Eine Initiative des Bürgermeisters zielt darauf ab, die Zeichen der Prostitution ein wenig zu „verschleiern". Das heißt, jedes einsehbare beziehungsweise zur Straße oder ringsum offene Restaurant soll mit Sichtblenden versehen werden. Ob und was das bringt, bleibt allerdings noch abzuwarten. In Restaurants an anderen Stellen der Stadt lässt sich oft entspannter ein Drink genießen.

Infiniti Blu BAR
(Calle B Philips; ⏲12–23 Uhr; 📶) Eingeklemmt zwischen dem Restaurant und dem Café des Infiniti Blu liegt diese schicke, schmale Bar. Besonders gut eignet sie sich, um sich Sportsendungen anzusehen, zumal alle Getränke weniger als das 200 RD$ kosten.

El Flow Latin Bar BAR
(Ecke Calles Pedro Clisante & Dr. Rosen; ⏲10–3 Uhr) Merengue, Bachata und gelegentlich auch Reggaeton sowie das preiswerte Bier ziehen vor allem dominikanisches Publikum an. Freitags ist die Bar meistens ab 16 Uhr schon rappelvoll.

Britannia Pub BAR
(☎809-571-1959; Calle Pedro Clisante 13; ⏲8–23 Uhr) Vor allem Zugewanderte trinken in dem hübschen Pub gerne gemütlich ein Bier. Im hinteren Teil gibt es einen guten Buchverleih. Recht gut schmecken die preisgünstigen kleinen Gerichte wie Burger oder Chicken Wings.

ℹ Praktische Informationen

Banco Popular (Ecke Calle Dr. Alejo Martínez & Sánchez; ⏲Mo–Fr 9–16.30, Sa 9–13 Uhr)

Banco Progreso (Calle Pedro Clisante; ⏲Mo bis Fr 9–16.30, Sa 9–13 Uhr)

Caribe Internet (☎809-915-2688; Calle Duarte 5; pro Std. 70 RD$; ⏲Mo–Sa 9–21, So 10.30–17 Uhr) Internet-Café.

Centro Medico Cabarete (CMC) (☎809-571-4696; www.centromedicocabarete.com; ⏲24 Std.) Das private Krankenhaus liegt nicht in Cabarete, sondern 1 km östlich von Sosúa am Küstenhighway. Geleitet wird es von einem argentinischen Arzt (von Haus aus Gehirnchirurg) und seiner amerikanischen Frau. Die in der Gegend lebenden Ausländer empfehlen, bei ernsten gesundheitlichen Problemen, diese Klinik aufzusuchen.

Family Laundry (☎809-324-7922; Ecke Calle Dr. Rosen & Dr. Alejo Martínez; pro Kilo 55 RD$) Waschsalon.

Farmacia KH3 (☎809-571-2350; Calle Pedro Clisante; ⌚Mo–Sa 8–21, So 9–18 Uhr) Apotheke.

Sosúa-Nachrichten (http://www.sosuanachrichten.com)D eutschsprachiges Internet-Portal.

An- & Weiterreise

BUS

Die Haltestelle und das Depot der Busse von **Metro Tours** (☎809-571-1324; Ecke Av Luperón & Calle Dr. Rosen) liegen mitten in der Stadt am Highway. Von hier fahren die Metro-Tours-Busse nach Santiago de los Caballeros (200 RD$, 2 Std.) und von dort aus weiter nach Santo Domingo (380 RD$, 5 Std.) – Abfahrt in Sosúa: Montag bis Samstag um 8.20, 10.20, 13.20, 15.20 und 17.50 Uhr, sonntags zusätzlich um 14.20 und 16.20 Uhr). Ebenfalls am Highway befinden sich die Haltestelle und das Depot der Busse von **Caribe Tours** (☎809-571-3808), aber ungefähr 1 km südwestlich vom Stadtzentrum am Rand des Ortsteils Los Charamicos. Zwischen 5.20 und 18.20 Uhr startet hier stündlich ein Bus nach Santo Domingo (320 RD$), der unterwegs in Puerto Plata (35 RD$, 20 Min.), Santiago de los Caballeros (170 RD$) und La Vega (200 RD$) hält. Da die Klimaanlage im Bus bis zum Anschlag aufgedreht wird, sind warme Socken und ein Sweatshirt griffbereit im Handgepäck eine gute Idee. Auch Ohrstöpsel sind ratsam, denn im Bus laufen (mitunter raubkopierte) Musik-DVDs ebenfalls auf vollen Touren.

Ein Bus von **El Canarío** (☎809-291-5594) – einem Busunternehmen mit Sitz in Puerto Plata – fährt täglich um 7 Uhr von der *parada* (Bushaltestelle) am Playero Supermarket nach Samaná (250 RD$, 3 Std.). Den Platz im Bus muss man einen Tag im Voraus telefonisch reservieren.

FLUGZEUG

Sosúa liegt näher am **Aeropuerto Internacional Gregorío Luperón** (POP; ☎809-586-0107; www.puerto-plata-airport.com) als Puerto Plata. Nichtsdestotrotz ist der Flughafen als „Puerto Plata Airport" deklariert. Ein Taxi vom Flughafen nach Sosúa kostet 25 US$. Reisende können die 500 m vom Terminal zum Highway laufen und dort eine *guagua* (15 RD$, 10 Min.) anhalten.

GUAGUA

Wer zu einem östlich von Sosúa gelegenen Küstenort gelangen will, kann am Highway jede der vorbeikommenden *guaguas* heranwinken. Innerhalb von ungefähr 15 Minuten taucht bestimmt einer dieser Kleinbusse auf. Sie fahren z. B. nach Cabarete (25 RD$, 20 Min.) Puerto Plata (35 RD$, 30 Min.) und Río San Juan (75 RD$, 1½ Std.).

Unterwegs vor Ort

In Sosúa lässt sich so gut wie alles zu Fuß erreichen. Nur die Hotels östlich des Stadtzentrums sind besser per *motoconcho* oder Taxi erreichbar. *Motoconchos* sind überall in der Stadt leicht zu finden. Reguläre und private Taxis für Fahrten zu den Küstenorten warten an dem **Taxistand** (☎809-571-3093) Ecke Calle Morris Ling und Calle Arzeno. Nach Cabarete z. B. kostet die Taxifahrt um die 500 RD$.

Die Mietwagenunternehmen haben ihre Büros im 8 km entfernten Flughafen.

CABARETE

14 600 EW.

Was früher ein schlichtes Fischer- und Bauerndorf war, hat sich – verbunden mit einem nach wie vor florierenden Bauboom – zum Abenteuersportzentrum des Landes entwickelt. Heute ist Cabarete eine schicke, weiterhin wachsende Küstenstadt mit Hotels der Spitzenklasse und Stränden mit einer fast unschlagbaren Gastro-Szene.

Und nicht zu vergessen: Bessere Windverhältnisse und Wellen für Surfer und Kitesurfer finden sich auf der ganzen Insel nicht noch mal. Doch damit nicht genug: Cabarete eignet sich auch ausgezeichnet als Ausgangspunkt für Erkundungstouren durch die Region. Innerhalb von rund zwei Autostunden lässt sich alles erreichen, was die Nordküste an Sehens- und Erlebenswertem zu bieten hat. Ob Surfen, Wind- oder Kitesurfen, dafür muss man noch nicht einmal die Stadt verlassen. Auf der Hauptstraße, an der die meisten Hotels, Restaurants und Läden liegen, sind fünf oder sechs Sprachen gleichzeitig zu hören.

Sehenswertes & Aktivitäten

In der Zeit, in der für Surfer die besten Bedingungen herrschen, sieht es für Kiter eher mäßig aus. Auch wenn der Wind an der Nordküste das ganze Jahr über weht, sind die besten Monate für Kitesurfer Juli und August sowie Anfang September. Nicht ganz so beständig, aber in der Regel auch noch gut fürs Kitesurfen sind die Windver-

Cabarete

Cabarete

Aktivitäten, Kurse & Touren

Ali's Surf Camp .... (siehe 5)
1 Cabarete Language Institute F3
2 Carib Wind Center E2
Dive Cabarete .... (siehe 8)
Iguana Mama .... (siehe 29)
3 Laurel Eastman Kiteboarding A2
4 N Day Spa C3
Northern Coast Diving .... (siehe 29)
Swell Surf .... (siehe 12)
Vela Windsurf Center .... (siehe 18)

Schlafen

5 Ali's Surf Camp F3
6 El Magnifico F2
7 Hotel Alegría F2
8 Hotel Kaoba B3
9 Hotel Villa Taína C3
10 L'Agence A2
11 Millennium Luxury Beach Resort & Spa A2
12 Swell Surf Camp A3
13 Velero Beach Resort F2

Essen

14 Belgium Bakery B3
15 Bliss A3
16 Burger Joint A2
17 Gordito's Fresh Mex A2
18 La Casita de don Alfredo D3
19 La Parilla de Luis A3
20 Mojito Bar D3
21 Otra Cosa F2
22 Panadería Repostería Dick C3
23 Pomodoro C3
24 Restaurant Chino C3

Ausgehen & Nachtleben

25 Bambú D3
26 Blue Bar D3
27 Casanova D3
28 Lax C3
29 Lazy Dog D2
30 Ojo D3
31 Onno's D3
32 Vodoo Lounge A3
Voy Voy .... (siehe 18)

Shoppen

33 Janet's Supermarket F2

hältnisse im Februar. Das gilt auch für den Dezember, in dem Cabarete allerdings total überfüllt ist.

Ganz gleich, wohin die eigenen Vorlieben tendieren, mehr zum Relaxen am Strand oder mehr zu sportlichen Aktivitäten, eine

entspannende Massage im **N Day Spa** (☎809-905-6510; www.cabaretespa.com; Plaza el Patio, Calle Principal; Massage 65 US$; ⏲Mo–Sa 9–18 Uhr) tut jedem gut.

Parque Nacional El Choco

Die Höhlen von Cabarete sind ein Teil des Nationalparks und von der Stadt aus leicht zu Fuß erreichbar. Etliche Höhlen befinden sich in privater Obhut und bieten eine zweistündige **Führung** (15 US$; ⏲9–15. 30 Uhr), verbunden mit einem Spaziergang durch den Wald. Badezeug mitzunehmen, lohnt sich. In den 25 m unter der Erde liegenden Tropfsteinhöhlen mit kristallenen Stalaktiten besteht zweimal die Möglichkeit, in einem kleinen, klaren See zu baden. Allerdings dürfen Besucher nur so weit schwimmen, wie das Taschenlampenlicht des Höhlenführers reicht.

Kitesurfen

Cabarete zählt zu den besten Kitesurfing-Plätzen der Welt. Schon vor Jahren hat hier das Kitesurfen die frühere Sportart Nummer 1, das Windsurfen, von seinem Platz verdrängt. Der Kite Beach, 2 km westlich der Stadt, bietet Kitesurfern ideale Bedingungen. Was zur Folge hat, dass nicht gerade wenige aufs Kiteboard steigen und den Kampf mit dem Drachen aufnehmen, um gleitend, hüpfend und schwebend auf und über dem Wasser Kurs zu halten. Gute Windverhältnisse bietet auch der Bozo Beach am westlichen Ende der Stadt. Als „Kite-Anfänger-Strand" ist er nicht ganz so überfüllt. Eine ganze Reihe Kitesurfing-Schulen bietet mehrtägige Anfängerkurse an. Ratsam sind mindestens drei bis fünf Kurstage mit jeweils zwei bis drei Unterrichtstunden, um sich ein solides Fundament zu schaffen. Der Unterricht beginnt meistens erst ab 13 Uhr, wenn der Wind zunimmt. Bei zu starkem Wind, etwa ab 20 Knoten (ca. 39 km/h), fällt der Unterricht aus. Aller Anfang ist auch in dieser Sportart schwer. Bis ein absoluter Anfänger beim Kiten eine gute Figur macht, kann es mehrere Wochen dauern.

Für den Einzelunterricht gilt: Fünf Unterrichtsstunden für Anfänger kosten 200 bis 280 US$. Die Gebühr für einen drei- bis viertägigen Kurs mit insgesamt etwa acht Unterrichtsstunden liegt bei 300 bis 500 US$. Beim Unterricht in kleinen Gruppen ist der Preis pro Person niedriger, hat aber einen Nachteil. Wenn die Teilnehmer unterschiedlich schnell lernen, kommt ziemlich rasch Frust auf. Sowohl bei den Kitesurfing-Schulen als auch bei den Ausbildern gibt es große Unterschiede. Insbesondere Anfänger sollten sich die Zeit nehmen, einen Ausbilder zu suchen, bei dem sie sich gut aufgehoben fühlen. Kitesurfing birgt zahlreiche Gefahren, deshalb ist ein qualifizierter Ausbilder mit Wohlfühlfaktor extrem wichtig. Wohlfühlen bedeutet: Man kann dem Ausbilder ohne jede Scheu Fragen stellen (auch zur Ausrüstung) sowie Ängste oder Bedenken äußern und erhält von ihm geduldige, ehrliche Antworten.

Die **International Kiteboarding Organization** (www.ikointl.com) bietet unter dem Stichwort „Kite Centers" auch Beschreibungen der Kitesurfing-Schulen in Cabarete; ein IKO-Pass beinhaltet Vergünstigungen. Informationen zu den Windverhältnissen vor Ort sind unter www.windalert.com oder www.windguru.com (auch auf Deutsch) zu finden. Etwa die Hälfte der Kitesurfing-Schulen in Cabarete liegt am Kite Beach. Auch wer keinen Kurs belegt, kann sich in allen Kitesurfing-Schulen der Stadt eine komplette Ausrüstung (um 40 US$ pro Stunde, in der Nebensaison 75 US$ pro Tag) ausleihen.

Laurel Eastman Kiteboarding KITESURFING
(☎809-571-0564; www.laureleastman.com; Cabarete) Die von einem der besten Kiteboarder geführte Schule am Strand des noblen Mil-

lennium Resorts ist eine freundliche und sicherheitsbewusste Institution. Wahlweise in fünf verschiedenen Sprachen können der Unterricht und die Beratung beim Verleih der erstklassigen Ausrüstungen erfolgen. Der hauseigene Laden verkauft schicke Taschen, die ortsansässige Schneider aus gespendeten alten Kites genäht haben. Der Ertrag fließt an die Kiters 4 Communities (www.kiters4communities.org), eine Organisation, die in einer nahe gelegenen haitianischen Gemeinde eine Schule baut.

Kite Club KITESURFING
(☎809-571-9748; www.kiteclubcabarete.com; Kite Beach) Der gute geführte Club liegt an der Spitze des Kite Beach. Mit seiner tollen Atmosphäre eignet er sich ausgezeichnet für Mußestunden und Pausen zwischen den Kite-Sessions. Seine kleine Küche liefert leckere Sandwiches und köstlichen, frischen Ahi-Salat (Gelbflossen-Thun-Salat).

Kitexcite KITESURFING
(☎829-962-4556; www.kitexcite.com; Kite Beach) Die Schule mit deutschem Besitzer und dominikanischen Ausbildern zählt zu den besten der Stadt. Um die Ausbildung zu optimieren, erhalten die Kursteilnehmer Helme mit Funkgeräten und Videokameras. Je nach Kurs begleiten die Ausbilder auch Kite-Sessions weiter entfernt von der Küste.

Dare2Fly KITESURFING
(☎809-571-0805; www.dare2fly.com; Kite Beach) Die Schule mit europäischen Ausbildern gehört zum Vela Windsurf Center und befindet sich im Agualina Kite Resort.

Surfen

Rund 4 km westlich von Cabarete bietet die Playa Encuentro Surfbedingungen, die zu den besten der gesamten Insel zählen. An den Riffen vor der Küste brechen sich bis zu 4 m hohe Wellen, darunter sind Left Breaks (linke Wellen) und Right Breaks (rechte Wellen), die sogar Namen tragen, wie z. B. Coco Pipe, Bobo's Point, La Derecha, La Izquierda und die nicht gerade vertrauenerweckende Bezeichnung Destroyer. Etliche Ausrüster in der Stadt und an der Playa Encuentro verleihen Surfbretter (pro Tag 25 bis 30 US$) und bieten Surfunterricht (dreistündiger Kurs 45 bis 50 US$ pro Pers.). Fünf Tage in einem Surf-Camp kosten pro Person 200 bis 225 US. Alle Surfschulen der Stadt haben ein kleines Büro an der Playa Encuentro.

Neulinge sollten daran denken, dass Surfen ein Frühsport ist. Viele Surfer hören am frühen Nachmittag, wenn der Wind zunimmt, auf. Manche gehen noch mal ab 17 Uhr ins Wasser.

Bobo Surf's Up School SURFEN
(☎809-882-5197; www.bobosurfsup.com; Playa Ecuentro)

Take Off SURFEN
(☎809-963-7873; www.321takeoff.com; Playa Encuentro) Der deutsche Besitzer der Surfschule organisiert auch den Wettbewerb Master of the Ocean.

Pau Hana Surf Center SURFEN
(☎809-975-3494; Playa Encuentro) Pau Hana, eine der ältesten Surfschulen am Strand, verfügt über einen ausgezeichneten Ruf. Hier werden vorwiegend die Kinder der Stadt unterrichtet.

Cabarete Buena Onda SURFEN
(☎829-877-0768; www.cabaretebuenaonda.com; Playa Encuentro)

Swell Surf SURFEN
(www.swellsurfcamp.com; Cabarete)

Ali's Surf Camp SURFEN
(☎809-571-0733; www.alissurfcamp.com; Cabarete)

Windsurfen

Frankokanadische Windsurfer haben in den 1980er-Jahren Cabarete als einen der besten Windsurfing-Plätze der Karibik aufgespürt. Genauer gesagt, fanden sie hier vor, was ein Windsurfer-Paradies ausmacht: kräftiger, beständiger Wind sowie ein relativ flaches und felsenloses Küstengewässer. Nach dieser „Entdeckung" rückte der Küstenort schlagartig ins Rampenlicht des internationalen Windsurfer-Tourismus. Von ihrer einstigen weltweit großen Popularität hat die Sportart inzwischen einiges verloren. Auch in Cabarete nimmt sie nicht mehr den ersten, aber immer noch einen hohen Rang ein. Die Leihgebühr für Board und Segel beträgt im Schnitt 60 bis 65 US$ pro Tag bzw. 280 bis 300 US$ pro Woche. Hinzu kommt die in der Regel erforderliche Haftpflichtversicherung (ab 50 US$ pro Woche). Einzelunterricht kostet um die 50 US$ pro Stunde, ein Kurs mit vier Unterrichtseinheiten ungefähr 200 USS. Beim Gruppenunterricht ist der Preis pro Person günstiger.

Vela Windsurf Center WASSERSPORT
(☎809-571-0805; www.velacabarete.com; Cabarete) Das Vela Windsurf Center am Haupt-

strand arbeitet mit der Kitesurfing-Schule Dare2Fly zusammen. In den Kursen werden hervorragende Ausrüstungen eingesetzt. Das Zentrum verleiht auch Seekajaks (10 bis 15 US$ pro Stunde).

Segeln

Carib Wind Center SEGELN
(809-571-0640; www.caribwindcabarete.com; Calle Principal, Cabarete) Die mehr als 20-jährige Erfahrung der israelischen Besitzer zeichnet das Segelzentrum aus. Wer für seinen Segeltörn ein modernes Boot inklusive guter Einweisung bevorzugt, ist hier an der richtigen Stelle. Das Zentrum verleiht z. B. Laser (eine spezielle Einhandjolle) und bietet auch Segelunterricht an.

Wakeboarding

Viele Kitesurfer behaupten, Wakeboarding sei das beste Training, um die Geschicklichkeit auf dem Kiteboard zu verbessern. An windstillen Tagen tummeln sich zahlreiche Wakeboarder aus aller Welt an der Mündung des Río Yásica in La Boca. Die 7 km von Cabarete entfernte Flussmündung bietet mit einem 2 km langen, flachen Flussabschnitt einen idealen Wakeboarding-Platz. Ein auf Wakeboarden spezialisierter Betrieb ließ sich in Cabarete nicht finden, doch in den örtlichen Sportzentren und -schulen nach Informationen zu fragen, lohnt sich allemal.

Tauchen

Northern Coast Diving TAUCHEN
(809-571-1028; www.northerncoastdiving.com; Cabarete) Die renommierte Tauchbasis mit Hauptsitz in Sosúa hat eine Niederlassung im Haus des Tourveranstalters Iguana Mama in der Calle Principal. Die Ziele der angebotenen Tauchausflüge reichen Richtung Osten bis nach Río San Juan und ostwärts bis Monte Cristi.

Dive Cabarete TAUCHEN
(809-915-9135; www.divecabarete.com; Plaza Hotel Kaoba, Calle Principal) Dive Cabarete ist das einzige PADI-zertifizierte Tauchzentrum in Cabarete.

Mountainbiken

Max „Maximo" Martinez GEFÜHRTE TOUR
(809-882-5634; maxofthemt@gmail.com; ganzer Tag pro Pers. 75 US$ inkl. Leihgebühr) Mit GPS-Sender und Machete auf dem Mountainbike durch den Busch – wer das für eine lohnenswerte Idee hält, sollte sich an Max „Maximo" Martinez wenden. Der passionierte, erfahrene Führer von Mountainbike-Touren, organisiert maßgeschneidert Ausflüge jeder Dauer und stets zugeschnitten auf die individuelle Kondition.

Stehpaddeln

Stehpaddeln, auch als Stand Up Paddling (SUP) bekannt, gewinnt zunehmend an Beliebtheit. An das sportliche Können stellt es weniger Ansprüche als das Surfen – manche bezeichnen es als Wassersportart mit Surffeeling und meditativem Touch. Der mit allen Surfgewässern gewaschene Surftrainer und fabelhafte Geschichtenerzähler John Holzall (methodlodge@gmail.com) unternimmt mit Besuchern eine Stehpaddel-Tour durch die Lagune nahe dem Kite Beach. Laurel Eastman Kiteboarding (S. 161) verleiht Stehpaddel-Bretter und Paddel für 20 US$ pro Stunde, aber nur an Vormittagen, an denen das Meer ruhig ist.

Reiten

Rancho Luisa GEFÜHRTE TOUR
(809-986-1984) Die von einer jungen Frankokanadierin geleitete Ranch liegt in der Nähe von Sabaneta de Yasica. Geboten wird ein 2½-stündiger Ausritt (45 US$ inkl. Transfer von/nach Cabarete), der durch eine wunderschöne Berglandschaft mit herrlichen Wasserfällen und einige Bauerndörfer führt.

Rancho Mirabal GEFÜHRTE TOUR
(809-912-5214) Der professionelle Reiterhof liegt direkt an der Playa Encuentro. Ein einstündiger Ausritt am Strand entlang kostet 25 US$, ein zweistündiger 40 US$. Der halbtägige Ausritt (75 US$ inkl. Essen) führt in die umliegenden Berge.

Wise Mountain Retreat GEFÜHRTE TOUR
(809-739-0733) Die Ranch hieß früher Rancho Montana. Sie liegt östlich von Cabarete in der Nähe von Sabaneta de Yasica und bietet Ausritte in die Berge rund um Gaspar Hernandez.

Kurse

Cabarete Language Institute SPRACHSCHULE
(809-713-5002; www.cabaretelanguage.com; ProCab Calle B, Cabarete) Sowohl für Anfänger als auch für Fortgeschrittene bietet das Institut u. a. Spanischkurse mit Schwerpunkt auf der Umgangssprache. Einzelunterricht kostet um die 900 RD$ pro Stunde. Es liegt zwei Häuser vom Eingang zu Ali's Surf Camp entfernt.

Geführte Touren

★ Iguana Mama ABENTEUERTOUREN

(☎ 809-571-0908, Mobil 809-654-2325; www.iguanamama.com; Calle Principal, Cabarete) Mit seinem Schwerpunkt auf Abenteuersport bildet der ausgesprochen professionelle Tourveranstalter eine Klasse für sich. Spezialitäten des familiengeführten Unternehmens sind u. a. Mountainbike-Touren (von einfach bis schwierig, ab 65 US$) und Kanutouren. Auch Ausflüge zu den 27 Wasserfällen von Damajagua (85 US$) stehen auf dem Programm. Als erster und einziger Tourveranstalter organisiert Iguana Mama Canyoning-(Schluchting-)Touren zum Ciguapa-Wasserfall. Dabei sind auch Sprünge ins Fallbecken angesagt. Wer den hier höchstmöglichen Sprung aus mehr als 10 m Höhe nicht wagt, muss sich abseilen. Zu der großen Auswahl an Ausflügen zählt z. B. auch eine halbtägige Wanderung (35 US$) durch den Parque Nacional El Choco und eine Tagestour (80 US$) zum Mount Isabel de Torres, der direkt vor den Toren von Puerto Plata emporragt. Bei der mehrtägigen Bergtour (pro Pers. 450 US$) auf den Pico Duarte ist es bequemer, den Transfer von und nach Cabarete mitzubuchen. Iguana Mama bietet eine ganze Reihe verschiedener halb- und eintägiger Kanutouren (90 bis 125 US$) innerhalb der Region. Action- und Abenteuersüchtige finden auf der einwöchigen „Mama Knows Best"-Tour ihren Kick – sieben Tage nonstop Adrenalin pur.

Kayak River Adventures ABENTEUERTOUREN

(☎ 829-305-6883; www.kayakriveradventures.com) Professionell und mit viel Engagement führt Helmut, ein Deutscher, dieses hoch angesehene Unternehmen. Auf individuelle Bedürfnisse zugeschnittene Canyoning-, Kanu- und Stehpaddel-Touren sind seine Spezialität. Selbst Detailwünsche wie ein später Start am Morgen finden Berücksichtigung.

Cabarete Coffee Company FÜHRUNG

(☎ 809-571-0919; www.cabaretecoffeecompany.com; Calle Principal, Cabarete; ⏲ Di–Do) Eine halbtägige Kulturerlebnistour (75 US$ pro Pers.) findet in kleinen Gruppen von maximal zehn Personen statt. Sie umfasst die Führung durch eine Kakaoplantage, Mittagessen bei Einheimischen zu Hause und eine Wanderung zu einem kleinen Dorf im Vorland der Cordillera Septentrional. Kindern und Fotografen dürfte diese Tour besonderen Spaß machen. Auch passionierte Kitesurfer können getrost daran teilnehmen, denn sie sind um 14 Uhr wieder in der Stadt, um den aufkommenden „Kitesurf-Wind" zu nutzen. Bei frühzeitiger Anmeldung führt Patricia Suriel von der Mariposa Foundation (S. 265) Gruppen von sechs Personen oder mehr (125 US$ pro Pers.) durch eine Kaffeeplantage in der Umgebung von Jarabaco.

Dominican Fisherman ANGELN

(☎ 809-571-0919; http://huntersforluck.com/content/dominican-fisherman; Calle Principal, Cabarete Coffee Company) Dieser spezielle „Dominican Fisherman" (dominikanischer Fischer) nimmt kleine Gruppen zum Hochseefischen mit (4 Std., pro Pers. 105 US$) – nach eigener Beschreibung auf einem „rustikalen Boot". Zur Auswahl stehen auch eine Angeltour auf dem Rio Yásica (3 Std., pro Pers. 45 US$) und eine Tour zu einem nahe gelegenen Riff (4 Std., pro Pers. 95 US$). Auf Wunsch wird der Fang der Teilnehmer geputzt und zubereitet.

Feste & Events

Master of the Ocean WASSERSPORT

(www.masteroftheocean.com; ⏲ letzte Februarwoche) Bei diesem Wettbewerb tritt die Elite dreier Wassersportarten an: Surfing, Windsurfing und Kitesurfing. Die spektakulären Vorführungen lassen sich vom Strand aus gut beobachten.

Dominikanisches Jazzfestival MUSIK

(www.drjazzfestival.com; ⏲ Anfang Nov.) Die Konzerte des seit Langem stattfindenden Jazzfestivals verteilen sich auf Puerto Plata und Sosúa. Dabei treten Topmusiker aus der ganzen dominikanischen Republik auf, aber auch Musiker aus dem Ausland. Im Rahmen des Festivals veranstalten die meisten der angereisten Künstler auch Workshops für Kids. Beispielsweis gab Bernie Williams 2013 Kindern Baseball- und Jazzunterricht – der ehemalige Baseballstar der New York Yankees ist heute Gitarrist.

Schlafen

In der Nebensaison sind echte Schnäppchen möglich, weil in der Zeit viele Eigentumswohnungen leer stehen. Doch sobald die Eigentümer zu Beginn der Hochsaison zurückkehren, werden die Unterkünfte in Cabarete generell sehr knapp. **L'Agence** (☎ 809-571-0999; www.agencerd.com) im Resort Ocean Dream Plaza kann helfen, eine Unterkunft in einer Eigentumswohnanlage zu finden. An die Verwaltung von **El Magnifico**

(☎809-571-0868; www.hotelmagnifico.com; Calle del Cementerio; Zi. ab 110 US$, Apt. für 4 Pers. ab 240 US$; ❄📶🏊) kann man sich direkt wenden. Die aus zahlreichen Gebäuden bestehende Eigentumswohnanlage liegt am östlichen Ende der Stadt und säumt den Strand von La Punta, unweit von Janet's Supermarket. Eine Nachfrage lohnt sich auch bei **Sea Lane Beachfront Condo Rentals** (☎809-885-4080, in Miami 305-600-0849) oder **Cabarete Beach Houses at Nanny Estates** (☎809-571-0744; www.cabaretebeachhouses.com; Cabarete).

An jedem Ende der Stadt sowie auf der landeinwärts gerichteten Seite der Calle Principal entstehen neue Resorts und Wohnanlagen. Ein paar hundert Meter westlich vom Stadtrand liegt das Viva Wyndham Tangerine, ein älteres, nach dem früher üblichen Schema F angelegtes All-inclusive-Resort.

In der Stadt

★ Ali's Surf Camp RUCKSACKREISENDE **$**

(☎809-571-0733; www.alissurfcamp.com; EZ 29–44 US$, DZ 33–66 US$, Apt. 75–120 US$; ❄📶🏊) Nur fünf Minuten dauert der Fußweg landeinwärts von der Stadt zu dem Camp an einer Lagune. Auf dem wie ein üppiger Landschaftsgarten gestalteten Gelände finden sich ganz unterschiedliche Unterkünfte. Die kleinen, rustikalen Hütten mit einer Einrichtung in fröhlichen Farben eignen sich gut für Rucksackreisende. Richtig schön sind die modernen, relativ großen Zimmer mit Küchenzeile in einem einstöckigen Gebäude im viktorianischen Stil. Das Beste sind die beiden Zimmer mit Holzwänden und Jalousiefenstern wie zur Kolonialzeit. Sie liegen in einem turmartigen Aufbau über der Küche und dem Speiseraum.

Während der Hochsaison geht es in dem Camp fröhlich und gesellig zu, wozu große Grillpartys am Abend einiges beitragen. Zum Abendessen mal vorbeizukommen, könnte auch Nichtgästen Spaß machen. Nicht zu vergessen: Ein hübscher Pool ist ebenfalls vorhanden. Das Camp bietet auch spezielle Surfing- und Kitesurfing-Arrangements. Wer ein cooles „Basislager" sucht, um Surfen oder Kitesurfen zu lernen, ist hier an der richtigen Adresse.

Hotel Alegría HOTEL, APARTMENTS **$**

(☎809-571-0455; www.hotel-alegria.com ; Callejón 2; Zi. ab 30 US$, Studio/Apt. 60/110 US$; 📶) Das Hotel in einer der wenigen Seitenstraßen der Stadt hat keinen direkten Zugang zum Meer. Unschlagbar ist dafür der weite Blick über den Ozean, den eine hölzerne Aussichtsplattform hoch oben auf dem Dach gewährt. Sowohl die Studios als auch die Apartments haben eine Küche. Für ein Warm-up eignet sich das kleine Fitnessstudio mit Laufband und Gewichten. Letztlich wichtiger als andere sind die Vorzüge des Besitzers und Personals: immer freundlich, professionell und stets zu einer informativen Auskunft bereit.

Hotel Kaoba HOTEL, APARTMENTS **$**

(☎809-571-0300; www.kaoba.com, auch auf Deutsch; Zi/Bungalows/Apt. ab 45/32/70 US$; ❄@📶🏊) Am westlichen Ende der Stadt nimmt das Kaoba ein großes Gelände zwischen der Calle Principal und der Laguna Cabarete ein. Der Service ist unpersönlich und wenig aufmerksam. In manchen der Bungalows riecht es entweder nach Schimmel oder nach einem Lufterfrischer, der den Mief überdecken soll. Mal abgesehen von diesen Minuspunkten, stehen auf der Plusseite die große Auswahl an Unterkünften und der recht schöne Pool.

Hostel Laguna Park HOSTEL **$**

(☎829-804-6640; www.facebook.com/HostelCabarete; Calle Castillo 1, ProCab; B 12 US$, EZ 35 US$; 📶🏊) Von außen wirkt das riesige Backsteingebäude wie die Vorstadtversion einer Burg mit halbrundem Eckturm. Hinter der ungewöhnlichen Fassade hat der gesellige italienische Besitzer ein höhlenartiges Hostel kreiert. Schlicht und konventionell dagegen zeigt sich die Mixtur aus Einzel- und Mehrbettzimmern mit Betonfußböden und spärlicher Secondhand-Möblierung. Auch der Gemeinschaftsraum mit Billardtisch hat nichts Besonders auszuweisen.

Wandgemälde bringen etwas Farbe ins Spiel und der große Pool im hinteren Garten lädt zum Abhängen ein. Während der geschäftigen Hochsaison ist eine Bar in Betrieb. Frühstück und Abendessen kosten zusätzlich 13 US$ pro Übernachtung. Spezielle Surfing- und Kitesurfing-Arrangements sind möglich. Das Hostel liegt 950 m vom Tor zum ProCab-Gelände entfernt. Ein *motoconcho* in die Stadt kostet 35 RD$, zum Kite Beach 50 RD$ und zur Playa Encuentro 125 RD.

★ Swell Surf Camp SURF-HOTEL **$$**

(☎809-571-0672; www.swellsurfcamp.com; 1 Woche mit Frühstück und 4 Abendessen B/EZ/DZ

425/635/1000 US$; ❄📶🏊) Mit althergebrachter Gemütlichkeit hat das auf anspruchsvolle Surfer zugeschnittene Hotel wenig zu tun. Klare Linien, exklusive Betten, moderne Fotografien und flippiges Mobiliar tendieren zum distanzierten Boutiquehotel. Doch Pingpongtische, Kicker und die gesellige Atmosphäre sprechen eine andere Sprache. An dem riesigen Holztisch im Aufenthaltsraum versammeln sich immer zahlreiche Gäste zum entspannten Plausch.

Wasser, Kaffee, Tee und Bananen stehen jederzeit parat und eine Selbstbedienungsbar hält rund um die Uhr Drinks bereit. Einwöchige Arrangements mit Surf- und Kitesurf-Kursen sind möglich – zum Personal gehören zertifizierte Ausbilder. Das Hotel bietet einen Shuttleservice zur Playa Encuentro und zu anderen wassersportrelevanten Plätzen. Der Transfer vom und zum Flughafen ist im Preis inbegriffen.

Velero Beach Resort HOTEL **$$$**

(☎809-571-9727; www.velerobeach.com; La Punta 1; Zi. ab 175 US$; ❄@🏊) Mit seinen Zimmern im Boutiquehotel-Stil und seiner ruhigen Lage am Ende einer kleinen Gasse im relativ verkehrsfreien Osten der Stadt ist das Velero eine ausgezeichnete Wahl für einen Aufenthalt. Für seinen Service, sein professionelles Management und den Zustand des Anwesens erhält das Resort in den Hotelbewertungen im Durchschnitt vier Punkte. Dass es in der Gesamtbewertung nur selten die volle Punktzahl erreicht, liegt wahrscheinlich an seinem einzigen Nachteil: dem sehr kleinen Strand. Sein schöner Pool- und Loungebereich machen dieses Manko jedoch mehr als wett.

Millennium Luxury Beach Resort & Spa BOUTIQUEHOTEL **$$$**

(☎809-571-0407; www.cabaretemillennium.com; Zi. 125 US$, Apt. ab 350 US$; ❄📶🏊) Das supermoderne Resort im Miami-Beach-Stil (dieser Stil ist derzeit en vogue in Cabarete) liegt direkt am Strand. Sein tolles, piekfeines Ambiente wirkt allerdings ein wenig unterkühlt. Die geräumigen Zimmer sind im minimalistischen Stil eingerichtet, besonders hübsch ist der Infinity Pool (dessen Wasser durch abgesenkte Kanten scheinbar im Nichts verschwindet – aber in einem nicht sichtbaren Überlaufbecken landet). Zum Zeitpunkt der Recherche für dieses Buch wurde gerade daran gearbeitet, einige Schwächen, z. B. im Management, zu beseitigen.

Hotel Villa Taína HOTEL **$$$**

(☎809-571-0722; www.villataina.com, auch auf Deutsch; Zi/Apt. mit Frühstück ab 115/160 US$; ❄@📶🏊) Das reizvolle Haus mit Boutiquehotel-Charakter am westlichen Ende der Stadt bietet 55 geschmackvoll ausgestattete Zimmer. Alle verfügen über eine Klimaanlage, bequeme Betten sowie ein modernes Bad und haben entweder einen Balkon oder eine Terrasse. Neben einem kleinen, sauberen Pool gehört auch ein hübscher, von Palmen gesäumter Strandbereich zu dem Anwesen. Vorhanden sind auch Standard- und De-luxe-Suiten.

Westlich der Stadt

Extreme Hotels HOTEL **$**

(☎809-571-0330; www.extremehotels.com; Kite Beach; Zi. 50 US$; 📶🏊) 🍃 Trapez, Kickboxen, Physiotherapie, Halfpipe für Skateboarder zählen eigentlich nicht zum Hotelstandard. Hier alledings schon. Das umweltbewusste Hotel nutzt Solarstrom, definiert sich selbst als „gehobenes Hostel" und setzt auf unkonventionellen Strandurlaub. Das heißt u. a. auch: kein Fernseher, keine Klimaanlage, nur ein Ventilator in den geräumigen, schlicht möblierten Zimmern. Ebenfalls wichtig, auf dem Gelände befindet sich auch eine Filiale der Mojito Bar, eines beliebten Restaurants.

Im Penthouse mit drei riesengroßen Schlafzimmern und drei Bädern finden bis zu zehn Personen bequem Platz – ideal geeignet für Familien und kleinere Gruppen. So weit wie möglich stammen die im Hotel verwendeten Nahrungsmittel vom Anbau auf dem Anwesen vor Ort. Dabei kommt Aquaponik (eine Mischung aus Aqua- und Hydrokultur) zum Einsatz. Sogar Grünkohl wird hier gezogen. Eine weitere regionale Lieferquelle ist die Biofarm Los Brazos nahe Sabaneta de Yasica. Nachbar und Partner des Hotels ist die Kitesurfing-Schule Go Kite Cabarete.

Kite Beach Inn HOTEL **$**

(☎809-490-5517; www.kitebeachinn.com; Zi. mit Ventilator/Klimaanlage 40/45 US$; ❄📶🏊) Kitesurfer mit schmalerer Reisekasse können dieses Hotel, das ein Ehepaar aus Chicago 2013 eröffnet hat, in Betracht ziehen. In dem Gebäude gleich abseits der Straße befinden sich saubere, einfach eingerichtete Zimmer mit Flachbildfernseher. In einem benachbarten Gebäude bietet das Hotel Einzimmerapartments mit Küchenzeile und Balkon an der Meerseite. Während der Innenhof und der kleine Pool nichts Besonderes aufweisen, hat das Terrassendeck an der Strandseite ein Lob verdient. Es werden nur Barzahlung oder Zahlung per PayPal akzeptiert.

★ Hooked Cabarete BUNGALOWS **$$**
(☎809-935-9221; www.hookedcabarete.com, auch auf Deutsch; Playa Encuentro; EZ/DZ/3BZ 48/64/75 US$; ❄📶🏊) Wer – vor allem als Surfer – nicht unbedingt auf Strand vor der Haustür Wert legt, kann es sich in der hübschen, kleinen Anlage gemütlich machen. Das Anwesen liegt an einer Schotterstraße rund 200 m von der Playa Encuentro entfernt. Rings um einen ruhigen Garten mit kleinem Pool sind hier eine Handvoll moderner bungalowähnlicher Einzimmerapartments angeordnet. Jedes verfügt über eine Küchenzeile und eine hübsche Holzveranda. Die neuen Besitzer, ein Schweizer-amerikanisches Ehepaar, haben die ursprüngliche Anlage in jeder Hinsicht stark verbessert. Gäste können sich Motorroller leihen und damit ohne Umstände in die Stadt gelangen.

Agualina Kite Resort HOTEL **$$**
(☎809-571-0787; www.agualina.com; Kite Beach; Zi. 80 US$; ❄📶🏊) Das 2004 eröffnete Resort zählt zu den komfortabelsten Unterkünften am Kite Beach. Die Atelier- und Einzimmerapartments haben alle eine schicke Küche – der Kühlschrank aus Edelstahl ist ein Knüller. In den großen, modernen Bädern mit blitzblanken Armaturen sind die Duschen verglast. Außerhalb des Gebäudes hat man WLAN-Empfang.

Kite Beach Hotel HOTEL **$$**
(☎809-571-0878; www.kitebeachhotel.com; Kite Beach; EZ/DZ mit Frühstück 80/95 US$; ❄📶🏊) Das Hotel am Meer bietet gut eingerichtete Zimmer mit glasierten Bodenfliesen, ziemlich großem Bad und Satellitenfernsehen. Alle Suiten und Apartments haben einen Balkon mit mehr oder weniger freiem Ausblick aufs Meer. Der coole Poolbereich eignet sich bestens, um entspannt zu beobachten, was sich in Sachen Surfen am Himmel oder auf dem Meer so tut. Ein üppiges Frühstücksbüfett ist im Preis inbegriffen.

★ Natura Cabañas RESORT **$$$**
(☎809-571-1507; www.naturacabana.com; EZ/DZ mit Frühstück 153/212 US$; @🏊) Das von seinen Besitzern, einem chilenischen Ehepaar, selbst entworfene Resort ist ein Beispiel par excellence für rustikalen Schick. Naturmaterialien wie Mahagoni, Bambus und Stein prägen das gesamte Ambiente, angefangen von den hervorragend gestalteten strohgedeckten Bungalows über die Ausstattung bis hin zu dem Kiesweg, der zu dem abgeschiedenen Strand führt. In den beiden hauseigenen Open-Air-Restaurants werden exquisite Gerichte (15–30 US$) serviert. Das Anwesen liegt auf halbem Weg zwischen Cabarete und Sosúa.

Essen

Wer am Strand von Cabarete zum Essen geht, erlebt karibisches Flair vom Feinsten. An den Palmen hängen Papierlaternen, vom Meer weht eine leichte Brise herüber und das Essen schmeckt ausgezeichnet – auch wenn die Preise nicht niedriger sind als zu Hause. Nach dem Essen die Zehen in den Sand zu bohren und sich mit einem Cocktail in der Hand entspannt zurückzulehnen, rundet das „Karibik-Feeling" ab. In vielen der Strandbars schmeckt das Essen sehr gut. Ein Viertel bis zur Hälfte der Lokale schließen im Oktober, manche den ganzen Monat über, andere nur für ein paar Tage.

Zugewanderte besuchen gern die Mittelklasserestaurants (z. B. Burger Joint, Yamazato und Gordito's) im Resort Ocean Dream Plaza, das gleich westlich vom Stadtzentrum liegt. Etliche Speiselokale, von der Imbissbude bis zum Gourmetrestaurant, finden sich im Stadtviertel Callejon de la Loma.

An Abenden, an denen viel los ist, baut der „pork sandwich man" an der Calle Principal neben der Blue Bar (gegenüber vom Onno's) seinen Grillstand auf. Ein ordentliches Stück gegrilltes Schweinfleisch verkauft er für 70 RD$.

Am östlichen Ende der Stadt liegt **Janet's Supermarket** (☎809-571-0404; Calle Principal), der größte und beste Supermarkt.

★ Mojito Bar SALATE, SANDWICHES **$**
(Hauptgerichte 170 RD$; ⏲Mi–Mo 11.15– 20 Uhr); 📶🌱) Zu den wenigen Strandrestaurants mit einigermaßen vernünftigen Preisen zählt die Mojito Bar. Darüber hinaus bietet sie eine hervorragende Auswahl an frischen Fruchtsäften, gesunden Salaten und Sandwiches, darunter auch einige vegane und vegetarische Varianten. Das kleine Lokal liegt ungefähr auf halber Länge des Strandes. Zwischen 16 und 17 Uhr ist Happy Hour (zwei Mojitos 170 RD$). Auf dem Gelände des Extreme Hotels am Kite Beach befindet sich eine Filiale.

RESTAURANTS AUSSERHALB DER STADT

Wer der Strandrestaurant-Szene in Cabarete mal entfliehen möchte, findet außerhalb der Stadt wundervolle Alternativen mit ganz eigener Note. Auch wenn nicht jeden das exzellente Essen lockt, lohnen sich die nachfolgend beschrieben Ziele allein schon, um die Landschaft abseits der Küste ein wenig kennenzulernen.

Castle Club (☎809-357-8334; www.castleclubonline.com; Los Brazos; Menü ab 35 US$ ohne Getränke; ⌚unterschiedlich) Eine halbe Autostunde (Taxi einfache Strecke 25 US$) von Cabarete entfernt liegt der Castle Club mitten in den Bergen. Das weitläufige Gebäude mit exzentrischem Touch wirkt wie eine Burganlage (die fortwährend ausgebaut wird). Mit zahlreichen Zutaten aus eigener Landwirtschaft kreiert der charmante, unterhaltsame Besitzer köstliche Gerichte, die zu den unvergesslichen kulinarischen Erlebnissen in der Dominikanischen Republik zählen. Auf den Tisch kommen z. B. mit Kokosnuss zubereiteter Wolfsbarsch, exquisite Salate oder gekühltes Zitronensoufflé. Die Öffnungszeiten sind nicht genau festgelegt, deshalb sollte jeder Gast bereits zwei Tage im Voraus einen Tisch reservieren. Auch Gruppen mit sechs bis 100 Personen können bewirtet werden. Der Weg von Cabarete zum Castle Club: Zunächst geht es ostwärts über den Highway bis nach Sabaneta, um dann hier rechts in die Straße Richtung Moca einzubiegen. Nach etwa 12 km kommt eine Brücke, die in das Städtchen Los Brazos führt. Ab hier heißt es, weiter bergaufwärts fahren und dabei nach dem Hinweisschild auf der linken Straßenseite Ausschau halten.

Blue Moon Hotel & Restaurant (☎809-757-0614; www.bluemoonretreat.net; Los Brazos; Hauptgerichte 600 RD$; ⌚Abendessen, nur mit Reservierung) Nur 200 m vor dem Castle Club liegt die im Bungalowstil gehaltene Hotelanlage. Abendessen im indischen Stil bietet das hoteleigene Restaurant für kleinere Gruppen (Minimum sechs Personen, Reservierung im Voraus) an. Serviert wird hochwertige südasiatische Kost; auf der Karte stehen auch zwei vegetarische Gerichte. Ein Hauptgericht umfasst z. B. Tandoori-Hähnchen oder Curry mit Hühnchen oder Fisch, Reis, Salat, Kaffee, Tee und Dessert. Dass die Gäste auf dem Fußboden sitzen und mit den Händen essen, ist vielleicht ein bisschen zu viel des Guten. Kühl und komfortabel sind die einfallsreich mit indischem Dekor geschmückten Bungalows (pro Bungalow 50 bis 60 US$ mit Frühstück).

Wilson's (Hauptgerichte 200 RD$) Rund 8 km südöstlich von Cabarete auf dem Weg nach Sabaneta de Yasica liegt die Ortschaft Islabon. Hier betreibt Wilson am Ufer der Yásica seinen kleinen Grillimbiss. Spezialität des Namensgebers und Besitzers sind Fisch, Hühnchen und Hummer vom Holzfeuergrill. Wilson spricht fließend Englisch.

Restaurante Chez Arsenio (☎809-571-9948; restaurantechezarsenio@hotmail.com; Hideaway Beach Resort; Hauptgerichte 500 RD$; ⌚Mo–Fr 11–22, Sa & So 9–22 Uhr) Chez Arsenio liegt im Hideaway Beach Resort (hauptsächlich Eigentumswohnungen zum Mieten), das am westlichen Ende der Playa Encuentro einen spektakulären Strandabschnitt einnimmt. Neben Spezialitäten der dominikanischen und italienischen Küche umfasst die vielfältige Speisekarte vor allem empfehlenswerte Gerichte aus Fisch und Meeresfrüchten. Essen können die Gäste gleich neben dem Pool in einem rundum offenen Speiseraum oder an einem Tisch unter hohen Palmen auf dem perfekt gepflegten Rasen. Auf der Straße von Cabarete nach Sosúa ist die Zufahrt zum Restaurant gut ausgeschildert.

Panadería Repostería Dick BÄCKEREI $
(☎809-571-0612; Calle Principal; Frühstück 150 RD$; ⌚Do–Di 7–15 Uhr) Einige leckere Varianten großer Frühstücke mit Saft und starkem Kaffee machen hier morgens müde Gäste munter. Die kleine Bäckerei backt u. a. selber Vollkornbrot und köstliches dänisches Gebäck.

Cabarete Coffee Company CAFÉ $
(☎809-571-0919; www.cabaretecoffee.com; Calle Principal; Hauptgerichte 150 RD$; ⌚7–15 Uhr; 📶) 🍃 Ab morgens bis Ladenschluss Frühstück in mehreren Varianten (u. a. Waffeln, Omeletts und sogar Bagels), gesunde Panini, frische Smoothies – und wie zu erwarten – ausgezeichneter Kaffee zeichnen das kleine

Café aus. Die Zutaten stammen aus der biologischen Landwirtschaft der Region. Besitzerin und ihre eigene Mitarbeiterin ist Patricia Suriel von der Mariposa Foundation. Das Café hat von Ende April bis Anfang Mai geöffnet.

Restaurant Chino CHINESISCH **$**

(Calle Principal; Hauptgerichte 150 RD$; ⌚11–22 Uhr) Schmucklos und mit viel Beton und dennoch erfreut sich der schmierige Laden großer Beliebtheit bei Zugewanderten und Einheimischen gleichermaßen. Den Ausschlag dafür geben die preiswerten kantonesischen Gerichte und vielleicht auch die Jumbo-Frühlingsrollen.

★ Belgium Bakery BÄCKEREI, SANDWICHES **$$**

(Plaza Popular Cabarete, Calle Principal; Hauptgerichte 260 RD$; ⌚7–19 Uhr; 📶) Zweifellos ist die belgische Bäckerei Cabaretes kleines Frühstücksparadies: starker Kaffee, köstliches Brot, leckeres Gebäck und große Omeletts. Auch wenn die Bäckerei an einem Parkplatz liegt, verführt die Terrasse, sich hier ein paar Stunden aufzuhalten. Burger, Panini und Salate sind den ganzen Tag über erhältlich.

La Parilla de Luis GRILLGERICHTE **$$**

(Callejon de la Loma; Hauptgerichte 220 RD$; ⌚Do geschl.) Gegrilltes Hühnchen und Maniok, das schmeckt hier einfach köstlich, hat aber einen Haken. Auf einem der Plastikstühle sollte nur jemand Platz nehmen, der Nase und Ohren vor dem Gestank und dem Lärm der im Leerlauf wartenden *motoconchos* verschließen kann.

Pomodoro ITALIENISCH **$$**

(☎809-571-0085; Hauptgerichte 380 RD$; ⌚Mo bis Fr 15–23, Sa & So 11.30–23 Uhr; 📶) Lorenzo, Italiener, Jazzfan, Organisator des Jazzfestivals und Betreiber des Pomodoro serviert so leckere und knusprige Pizzas, wie am ganzen Strand kaum zu finden. Für den Belag verwendet er beste Produkte, darunter einen streng duftenden, aus Italien importierten Käse. Donnerstagabends wird von 20 bis 22 Uhr Jazz live gespielt. Das Pomodoro betreibt auch einen Lieferservice.

Gordito's Fresh Mex MEXIKANISCH **$$**

(www.gorditosfreshmex.com; Ocean Dream Plaza, Calle Principal; Hauptgerichte 375 RD$; ⌚Mo–Sa 11.30–20.30 Uhr; 📶) Kenner empfinden das von Kaliforniern geführte und sehr beliebte Gordito's als dominikanische Version von Chipotl, einer amerikanischen Schnellrestaurantkette, die auf frisch zubereitete mexikanische Schnellkost und Biofleisch setzt. Im Gordito's lassen viele Gerichte den Einfluss der dominikanischen Küche erkennen, z. B. die Tacos und die Empanadas mit Fisch oder Gerichte wie Hühnchen nach Yucatán-Art (in Honigbuttermilch mariniertes Hühnerfleisch mit Maissauce, *queso fondido,* Avocado und *pico de gallo*). Soweit möglich werden mit Vorliebe aus der Region stammende Zutaten verwendet.

Ein wenig förmlicher als im Schnellrestaurant geht es gleich nebenan in der Gordito's Cantina zu (Abendessen von Dienstag bis Samstag), Hier kreiert der Küchenchef ein empfehlenswertes Degustationsmenü (vier Gänge, (650 RD$) und etliche Gerichte mit einer köstlichen Guacamole.

Burger Joint BURGER **$$**

(Ocean Dream Plaza, Calle Principal; Hauptgerichte 275 RD$; ⌚Mo–Sa 11.30–21 Uhr) Der Koch in dem kleinen, noch recht neuen Imbiss kann nur eines: Burger, das aber in absoluter Perfektion. Ein halbes Dutzend Burgervarianten aus Fisch (Zackenbarsch), Hühner- oder Rindfleisch stehen zur Auswahl – immer mit Pommes und Salat als Beilagen. Man kann seinen Burger vor Ort essen oder auch mitnehmen.

Kite Club Café CAFÉ **$$**

(Kite Beach; Hauptgerichte 250 RD$; ⌚10 Uhr bis spätnachts, Grill 10–17.30 Uhr) Das von einem New Yorker geführte Strandcafé grenzt an die Kitesurf-Schule des Kite Clubs und ist eines der besten Speiselokale am Kite Beach. Seine Stammgäste schwärmen von den Smoothies, dem Dorado-Burger und der Mangosalsa. Sandwiches, Wraps und Salate sind ebenfalls erhältlich.

★ Otra Cosa FRANZÖSISCH **$$$**

(☎809-571-0607; otracosa_lapunta@hotmail.com; La Punta; Hauptgerichte 600 RD$; ⌚18.30 bis 23 Uhr; 📶) Ein unvergessliches Abendessen garantiert dieses französisch-karibische Restaurant. An seinem ruhigen, abgelegenen Standort weht in der Abenddämmerung eine herrliche sanfte Brise. Während die Gäste ihr Essen und den Wein genießen, können sie dem Wellenschlag lauschen und beobachten, wie der aufgehende Mond sich im Wasser spiegelt. Die Gerichte sind meisterhaft zubereitet und *très délicieux,* wie z. B. der Thunfisch, der zusammen mit Ingwer scharf angebraten und anschließend mit Rum flambiert wird (650 RD$).

Gratis gibt es vor dem Essen einen Auberginen-Dip als Amuse-Gueule und am Schluss ein Gläschen *mamajuana* (dominikanisches alkoholische Getränk). Tischreservierung ist zu empfehlen und es wird nur Barzahlung akzeptiert.

Bliss MEDITERRAN **$$$**
(☎809-571-9721; Callejon de la Loma; Hauptgerichte 750 RD$; ⏲Do–Di 18–24 Uhr) Das Restaurant liegt nicht am Strand, was jeder schnell verzeiht, sobald er im Bliss Platz nimmt. Seine Tische stehen rund um einen kristallblauen Pool und seine Cocktails sind erstklassig. Außerdem hat der neue italienische Besitzer nicht nur das hohe Niveau der Küche beibehalten, sondern auch köstliche hausgemachte Pasta eingeführt. Besonders zu empfehlen sind der Risotto mit Fisch und Meeresfrüchten und die Linguini mit Hummer.

La Casita de Don Alfredo FISCH UND MEERESFRÜCHTE **$$$**
(Hauptgerichte 650 RD$; ⏲Mo–Sa 11– 23 Uhr; 📶) Das auch als Casita de Papi's bekannte Strandrestaurant hat einen französischen Besitzer. Neben einer überaus köstlichen Paella mit Garnelen und Knoblauch stehen vor allem Hummer und gegrillter Fisch auf der Speisekarte.

Ausgehen

Cabaretes Nachtleben konzentriert sich auf die Bars und Restaurants, die den Strand säumen und größtenteils bis 3 Uhr früh geöffnet haben. In dieser Szene voller Spaß und Lebenslust macht sich nur in einigen Etablissements eine „dezente Prostitution" bemerkbar. Viel wichtiger ist hier, auf seine Wertsachen gut aufzupassen und aus Sicherheitsgründen bei Dunkelheit den Strand östlich der Villa Taína zu meiden, vor allem den Abschnitt zwischen Cabarete Beach und Punta Goleta.

Onno's NACHTCLUB
(⏲9 Uhr bis spät nachts) Die trendige Kombination aus Strandrestaurant und Nachtclub gehört einem schottischen Besitzer und gilt als beliebter Treffpunkt von Europäern und Hipstern. Das Essen schmeckt richtig gut. Nachts sorgt dann ein DJ für die gute Stimmung.

Lax BAR, NACHTCLUB
(www.lax-cabarete.com; ⏲9–1 Uhr) Ab 10.30 Uhr, wenn der DJ beginnt aufzulegen, ist die Küche geschlossen. Aus vielerlei Gründen bildet diese solide Kombination aus Restaurant und Bar den sozialen Treffpunkt in Cabarete.

Lazy Dog BAR
(⏲8 Uhr bis spät abends) Eishockey-Fans kommen hier auf ihre Kosten: Der Eigentümer stammt aus dem kanadischen Winnipeg und zeigt im Fernseher seiner Bar am östlichen Ende des Strandes von Cabarete alle wichtigen Übertragungen dieser Sportart. Die Cover-Band Spanglish musiziert jeden Mittwoch und Freitag ab 16 Uhr. Kalamares und würzige Shrimps sind nur zwei der vielen Highlights auf der Speisekarte.

Casanova BAR
(☎809-571-0806; ⏲9 Uhr bis spät abends) Hier fühlt man sich wie an einem Strand im Süden Thailands – denn das Casanova ist mit Buddhastatuen und sonstigen asiatischen Stücken ausstaffiert. Auf der Speisekarte findet man die bei US-Amerikanern beliebte Kombination von Fleisch und Meeresfrüchten, aber auch frische Salate und Pizza (Hauptgerichte 350 RD$).

Bambú BAR, DISKO
(⏲6 Uhr bis spätnachts) House und Reggaeton bis zum Anschlag, und das am Strand – damit lockt das Bambú seine Gäste in Scharen an.

Ojo BAR, CLUB
(⏲Do–Sa 10 Uhr bis spät nachts) In der Bar direkt hinter dem Büro von Iguana Mama wird donnerstag- und freitagabends Salsa getanzt.

Voy Voy CAFÉ, BAR
(⏲6 Uhr bis spätnachts) Tagsüber hippes Café, abends angesagte Bar, in dem kleinen Lokal im Vela Windsurf Center ist fast rund um die Uhr was los. Sandwiches und andere Snacks stehen immer auf der Karte. Zum Pflichtprogramm von Cabaretes Strandleben zählt der Karaoke-Abend jeden Montag. Im September und Oktober ist das Voy Voy größtenteils geschlossen.

Vodoo Lounge BAR
(Callejón de la Loma; ⏲17 Uhr bis spätnachts) In der hübschen Lounge-Bar im Freien legen freitags und samstags DJs auf, aber nicht vor 23 Uhr. In der Open Mic Night (Nacht des offenen Mikrofons) am Mittwoch sind die Mikrofone für echte und Möchtegern-Künstler offen. Samstagabends ist Live-Jazz angesagt. Tapas stehen immer auf dem (Speise-)Programm.

Blue Bar BAR

(Calle Principal) Bevor sie die Bars am Strand stürmen, gehen viele der jungen Einheimischen und Zugewanderten gerne in die Blue Bar zum „Vorglühen". In der karg ausgestatteten Pinte, deren Wände tatsächlich blau gestrichen sind, kostet eine Cola Rum (mehr Rum als Cola) im Plastikbecher nur 50 RD$.

Praktische Informationen

@Internet (Calle Principal; ⌚8–23 Uhr) Internetzugang pro halbe Stunde 30 RD$.

Active Cabarete (www.activecabarete.com) Informative Website mit ausführlichen Nachrichten aus der Stadt, darunter Infos zu Aktivitäten, Veranstaltungen und Wetter sowie zu vielen anderen Themen.

Banco Popular (Calle Principal; ⌚Mo–Fr 9–16, Sa 9–13 Uhr)

Family Lavandería (Calle Principal; pro kg 50 RD$; ⌚Mo–Sa 8–18 Uhr) Waschsalon im Osten der Stadt gegenüber von Janet's Supermarket.

Fujifilm Digital (☎809-571-9536; Calle Principal; pro Std. 60 RD$) Schneller Internetzugang und Computer mit Kopfhörern.

Politur (Touristenpolizei; ☎809-571-0713; Calle Principal) Befindet sich an der östlichen Ortseinfahrt.

Scotiabank (Calle Principal; ⌚Mo–Fr 9–16.30, Sa 9–13 Uhr)

Servi-Med (☎809-571-0964; Calle Principal; ⌚24 Std.) Medizinische Versorgung; das Personal spricht neben Spanisch auch Deutsch und Englisch. Auslandskrankenversicherungen und Kreditkarten werden akzeptiert.

An- & Weiterreise

AUTO

Der beste Ort, um einen Leihwagen zu mieten, ist der Flughafen Puerto Plata, an dem zahlreiche Mietwagenunternehmen vertreten sind. Bei Anreise mit dem Flugzeug erledigt man die Anmietung am besten gleich nach der Ankunft. Wer anderweitig anreist oder erst später einen Mietwagen will, fährt einfach mit einer *guagua* (30 Minuten) auf dem Highway zur Flughafenabfahrt (unweit von Sosúa). Von hier bis zum Terminal sind es nur 500 m Fußweg.

Hinweis für Ausflügler: Die Autofahrt von Cabarete nach Samaná dauert rund 2½ Stunden.

BUS

Der nächstgelegene Busbahnhof befindet sich in Sosúa. Keine der großen Busgesellschaften bietet eine Busverbindung nach Cabarete (und auch nicht ins weiter östlich gelegene Samaná). Die Busse zischen durch die Stadt und halten erst wieder in Nagua. Hier schwenken sie dann Richtung Süden ab und fahren nach Santo Domingo.

RUTA 21

Die Ruta 21 ist die schnellste Straßenverbindung zwischen Cabarete und Santo Domingo. Nach der Abfahrt vom Küstenhighway bei Sabaneta de Yasica verläuft die Straße in nahezu gerader Linie landeinwärts durch die Berge. Bis Moca führt sie durch wunderschöne Berglandschaften und kleine Dörfer und stößt dann schließlich bei La Vega auf den Highway 1. Abhängig von der Fahrweise und den Wetterverhältnissen dauert die Tour in der Regel um die drei Stunden.

Ein großer, weißer Bus mit Klimaanlage hält auf seinem Weg von Puerto Plata nach Samaná jeden Tag um 13.30 Uhr an der Texaco-Tankstelle in Cabarete, die gleich östlich der Stadt liegt. Die Fahrt von hier nach Samaná dauert drei Stunden und kostet 250 RD$.

GUAGUA

Auf der Küstenstraße, dem Highway 5 und zugleich Cabaretes Hauptstraße, fahren zahlreiche *guaguas* regelmäßig in Richtung Osten nach Sabaneta (25 RD$) und Río San Juan (80 RD$, 1 Std.) sowie in westlicher Richtung nach Sosúa (20 RD$, 20 Min.) und Puerto Plata (50 RD$, 45 Min.). Diese Minibusse lassen sich an jeder Stelle der Hauptstraße heranwinken. Eine *guagua* nach Santo Domingo kostet 280 RD$, besser ist es allerdings, in Sosúa in einen Überlandbus zu steigen.

MOTOCONCHO

In Cabarete sind die *motoconchos* das Hauptverkehrsmittel, was sich auf den Preis niederschlägt. Vergleichbar lange *motoconcho*-Fahrten sind in Cabarete zwei- bis dreimal teurer als in Puerto Plata und kaum ein Fahrer lässt sich herunterhandeln. Von der Stadt zum Kite Beach kostet die Fahrt um 50 RD$ und zur Playa Encuentro um die 100 RD$.

MOTORRAD/MOTORROLLER

Eine beliebte Alternative ist das Leihen eines Motorrollers oder Motorrads. Die Gebühr beträgt pro Tag 20 US$, ab einer Woche wird der Tagessatz günstiger. Entsprechende Anbieter finden sich an der Hauptstraße in Hülle und Fülle, auch einige Hotels verleihen diese Zweiräder. Da so gut wie niemand beim Motorrad/-rollerfahren einen Schutzhelm trägt, lässt sich auch kaum einer auftreiben. Wem Sicherheit wichtig ist, der sollte seinen eigenen mibringen.

TAXI

In der Innenstadt befindet sich ein Taxistand, ansonsten bleibt nur die Möglichkeit, telefonisch ein **Taxi** (☎ 809-571-0767; www.taxisosuacabarete.com) zu rufen. Ab Stadtzentrum kostet die Taxifahrt zur Playa Encuentro 250 RD$, zum Aeropuerto Internacional Gregorío Luperón (Flughafen Puerto Plata, 18 km westlich der Stadt) ungefähr 35 US$ und zum Flughafen in Santiago rund 100 US$.

RÍO SAN JUAN

9000 EW.

Nur eine Autostunde von Cabarete entfernt liegt das verschlafene Städtchen an einer reizvollen Mangrovenlagune. Spürbaren Einfluss auf das örtliche Geschäftsleben hat die hier ansässige französische Ausländergemeinde.

Im Umkreis von Río San Juan erstrecken sich einige der schönsten Strände der Nordküste. Mit dem Auto sind sie leicht erreichbar. Auch der Weg zu spannenden Tauchgründen und Schnorchelgebieten ist nicht weit. Gut organisierte Bootstouren bietet der kleine Tourveranstalter **Campo Tours** (☎ 809-589-2550; Calle Duarte 17), z. B. eine Fahrt durch die Lagune (20 US$) auf einem Boot mit Glasfenstern im Schiffsrumpf. Ein anderes Boot nimmt Angler mit zum Hochseefischen (3 Std., 70 US$).

Am Ende der Calle Duarte liegt die **Laguna Gri-Gri**, die das gleiche Ökosystem aufweist wie der Parque Nacional Los Haitises im Süden der Halbinsel von Samaná. Einst hat die Lagune Río San Juan berühmt gemacht. Leider zeigen sich inzwischen die Folgen von Übernutzung und Umweltverschmutzung. Das Wasser ist längst nicht mehr so kristallklar wie früher und darin zu Schwimmen wäre absolut keine gute Idee. Ihren malerischen Reiz hat die Lagune zum Glück noch nicht verloren. Eine einstündige Bootsfahrt (35 US$) durch das Gewirr der Mangrovenkanäle und vorbei an interessanten Felsformationen bieten mehr als ein Dutzend Schiffer an. An so einer Fahrt müssen mindestens sieben Personen teilnehmen. Am Wochenende, wenn auch einheimische Ausflügler hier auftauchen, besteht die beste Chance, eine genügend große Gruppe zu bilden. Der Verkauf der Bootstickets erfolgt in einer Hütte an der Lagune (nahe den öffentlichen Toilettenanlagen).

Wer direkt in Río San Juan Badevergnügen sucht, braucht nur zu dem kleinen Stadtstrand an der Bucht zu gehen. Nur 1 km östlich der Stadt liegt die **Playa Caletón** in einer kleinen, friedlichen Bucht. An den Strand mit hellbraunem Sand, Mandelbäumen und hohen Palmen strömen die Einheimischen am Wochenende in großen Scharen. Überfüllung und aus Autoradios laut dröhnenden Merengue bringen dann reichlich Lärm mit sich. Einige Imbissstände finden sich am Strandeingang. Von der Straße führt ein 200 m langer, steiniger Fußweg – vorbei an einer Ziegenfarm – zum Strand hinunter. An der Abzweigung setzen von Río San Juan kommende *guaguas* (15 RD$) oder *motoconchos* (35 RD$) ihre Fahrgäste ab.

Aktivitäten

Tauchen & Schnorcheln

Vor der Küste von Río San Juan locken etliche spannende Tauchgründe. Die beiden nächstgelegenen sind die **Seven Hills**, ein Korallenriff mit Riffsäulen, die 6 bis 50 m in die Tiefe reichen, und der **Crab Canyon** mit Felsbögen und Schluchten, die Taucher durchschwimmen können.

Von Río San Juan in nur 20 Autominuten langer Fahrt erreichbar ist die **Dudu Cave**, eine Süßwasserhöhle und einer der besten derartigen Tauchgründe in der gesamten Karibik. Die Sichtweite unter Wasser beträgt fast 50 m. Für die Teilnahme an einem Tauchausflug in diese Hölle verlangen die meisten Tauchbasen einen Nachweis als fortgeschrittener Taucher (PADI Advanced Open Water Diver oder CMAS 3-Sterne-Tauchschein). Mindestanforderung an die Taucher sind 20 im Logbuch eingetragene Tauchgänge. In Río San Juan gibt es keine Tauchbasis. Am besten ist es, den Tauchausflug bei den Profis in Sosúa zu buchen (ein Tag kostet 100 bis 200 US$, die Mindestteilnehmerzahl liegt normalerweise bei drei Personen).

Golf

Playa Grande Golf Course GOLF
(☎ 809-582-0860; www.playagrande.com; Carretera a Nagua; 9-/18-Loch-Runde 80/140 US$; ⌚ 7–16.30 Uhr) Der Par-72-Golfplatz erstreckt sich auf einer sattgrünen Klippe an der Playa Grande. Nach etlichen Besitzerwechseln gehört er nun zum Aman-Resort und wird Stück um Stück renoviert – der Fertigstellungstermin ist noch ungewiss. Ein vorheriger Anruf, um den Stand der Dinge zu erfahren, lohnt sich.

PLAYA GRANDE & PLAYA PRECIOSA

Keine 8 km östlich von Río San Juan liegt einer der schönsten Strände der Dominikanischen Republik: die **Playa Grande**. Ein dichter Palmenhain begrenzt den langen, breiten hellbraunen Sandstrand auf seiner ganzen Länge. Wie um das romantische Bild abzurunden, ragen in der Ferne große weiße Felsen aus dem aquamarinblauen Meer theatralisch empor.

Am östlichen Ende des Strands bilden pastellfarben angestrichene Hütten mit Schindeldach ein kleines Dorf. In den Hütten werden leckere Sachen angeboten, z. B. Hummer, Garnelen oder gegrillter Snapper mit Reis und Kochbananen. Der Fisch und die Meeresfrüchte stammen aus tagesfrischem Fang. Quasi frisch vom Baum sind der Ananassaft und das Kokosnussfleisch in den köstlichen Piña Coladas. Plastiktische und -stühle sind in der Regel genügend vorhanden, sodass man am Strand bequem futtern kann. Im „Dorf" befinden sich auch Souvenirläden und sanitäre Anlagen mit Duschen im Freien. Auch an Leihstellen mangelt es nicht. Leihgebühr pro Tag: Strandliege 150 RD$, Sonnenschirm 175 RD$, Schnorchelausrüstung 500 RD$. Pro Stunde berechnet werden Bodyboards (150 RD$) und Surfboards (500 RD$). Die vielen Besuchereinrichtungen und die inzwischen asphaltierte Zufahrtsstraße haben der Playa Grande viel von ihrer früheren wildromantischen Atmosphäre genommen. Wer Ruhe und Einsamkeit sucht, läuft am besten vom Eingang in westliche Richtung am Strand entlang zu dem noch stilleren Strandabschnitt.

Vor den sanitären Anlagen der Playa Grande führt ein nur 25 m langer Fußweg zu einem anderen spektakulären Sandstrand hinunter: der **Playa Preciosa**. Vor allem für Surfer liegt hier der Reiz oder besser gesagt der Kick in der massiven Brandung. In der Morgendämmerung, der besten Surfzeit hier, nehmen etliche Surfer es mit der einen oder anderen Welle auf. Während der Flut steht ein Teil des ohnehin ziemlich schmalen Strandes unter Wasser.

Einige wichtige Hinweise zum Thema Sicherheit gilt es unbedingt zu beachten: An beiden Stränden herrschen eine starke Brandung und eine trügerische Strömung. Bei den hier zeitweise auftretenden Brandungsrückströmungen (Rippströmen) entsteht ein kräftiger Sog hinaus aufs Meer. Schon einige Menschen sind hier in solchen Strömungen ertrunken. Selbst erfahrene Schwimmer sollten äußerste Vorsicht walten lassen. Kinder und nicht so gute Schwimmer sollten ausschließlich bei schwacher Brandung ins Wasser gehen. Wer in eine Rippströmung gerät, sollte so ruhig wie nur möglich bleiben und konzentriert parallel zur Küste schwimmen, um aus dem Sog herauszukommen und ans Ufer zu schwimmen.

Guaguas aus Río San Juan setzen ihre Fahrgäste ein Stück weit entfernt von dem Sicherheitsgitter des Eingangs ab. *Motoconchos* (75 RD$) oder Taxis (300 RD$) fahren direkt zum Eingang.

Schlafen

Bahía Blanca HOTEL $

(☎809-589-2563; bahia.blanca.dr@claro.net.do; Calle Gaston F Deligne; Zi 1500 RD$; 📶) Das alteingesessene zweistöckige Hotel markiert das östliche Ende des Stadtstrands, wo es auf einer Landzunge thront. Zweifellos bietet das Hotel einen wunderschönen Ausblick aufs Meer, aber: Seine ausgesprochen einfachen Zimmer mit Fliesenfußboden und eigenem Bad sind sauber, jedoch mittlerweile schon deutlich in die Jahre gekommen. Bis auf zwei Ausnahmen haben alle Zimmer mehr oder weniger guten Meerblick. Außerdem ermöglicht auf jeder Etage ein geräumiger Aussichtsbalkon den Gästen die Schönheit des Meerespanoramas zu genießen.

Villa le Cap B&B $$

(☎809-669-2324, 809-855-5733; villalecap-rsj@hotmail.com; Calle 27 de Febrero 1; Zi mit Frühstück ab 80 US$; ❄📶) Für Familien und kleine Gruppen eignet sich die elegante Villa mit Blick auf das westliche Ende des Stadtstrands besonders gut. In seinem weiß angestrichenen Haus bietet der französische Besitzer ein halbes Dutzend Zimmer, einen luftigen Aufenthaltsbereich und eine kleine Dachterrasse, die mit Liegestühlen bestückt ist und zum Sonnenbaden dient.

NAGUA

Nagua liegt 54 km südöstlich von Río San Juan. Für Reisende ist die heiße, staubige Stadt lediglich als Verkehrsknotenpunkt und Umsteigestation von Bedeutung. Von hier aus fahren *guaguas* auf dem Küstenhighway in jede Richtung. Und hier beginnt auch die Straße, die landeinwärts nach San Francisco de Macorís, Moca und Santiago führt. Busse von **Caribe Tours** (☎809-584-4505; Ecke 27 de Febrero & Mercedes Bello) fahren jeden Tag fast ein Dutzend Mal nach Santo Domingo (320 RD$, 3½ Std.) – von 7.30 bis 17 Uhr startet alle halbe oder alle Stunde ein Bus. Viermal täglich – um 7, 9.30, 13.30 und 16 Uhr – fährt ein Bus nach Samaná (75 RD$).

Essen & Ausgehen

La Casona DOMINIKANISCH $
(☎809-589-2597; Calle Duarte 6; Hauptgerichte 200 RD$; ⊙variieren) In dem freundlichen Restaurant schmecken die Empanadas ganz besonders gut.

La Orquidea FRANZÖSISCH, DOMINIKANISCH $$
(Calle FR Sánchez; Hauptgerichte 300–550 RD$; ⊙7–23 Uhr) Das Restaurant liegt direkt an der Lagune. Auf der Speisekarte stehen Standardgerichte der französischen und dominikanischen Küche.

Estrella Bar & Restaurant DOMINIKANISCH, FRANZÖSISCH $$
(Calle Duarte; Hauptgerichte 300–600 RD$; ⊙6–23 Uhr; 📶) Neben einem Mix aus dominikanischer und französischer Standardkost à la Carte bietet das Restaurant auch ausgezeichnete Tagesgerichte mit deutlichem Schwerpunkt auf fangfrischen Fisch und Meeresfrüchten. Das Restaurant liegt nur ein paar Häuserblocks von der Lagune entfernt.

Cheo's Café DOMINIKANISCH $$
(Calle Billini 6; Hauptgerichte 250 RD$; ⊙unterschiedlich) Rindfleisch- und Hühnergerichte, Pasta und eine ungezwungene Atmosphäre sind die einladenden Merkmale des Cheo's.

Praktische Informationen

Banco Progreso (☎809-589-2393; Calle Duarte 38; ⊙Mo–Fr 9–16.30, Sa 9–13 Uhr) Liegt nur ein paar Schritte vom Küstenhighway entfernt.

Politur (Touristpolizei; ☎809-754-3241) Befindet sich 300 m westlich der Calle Duarte direkt am Highway.

Touristeninformation (Ecke Calles FR Sánchez & Lorenzo Adames) Bietet einige Karten und Broschüren.

An- & Weiterreise

Eine direkte Busverbindung zwischen San Juan und Samaná gibt es nicht. Die Autofahrt dauert 1½ Stunden.

BUS

Die Bushaltestelle von **Caribe Tours** (☎809-589-2644) befindet sich westlich der Calle Duarte am Stadtrand direkt am Küstenhighway. Die Caribe-Tours-Busse bedienen die Strecke zwischen Río San Juan und Santo Domingo (330 RD$, 4½ Std.) – unterwegs halten sie in Nagua (65 RD$, 45 Min.) und in San Francisco de Macorís (75 RD$, 2½ Std.). Die Abfahrt in Río San Juan ist täglich um 6.30, 7.30, 9.30, 14 und 15.30 Uhr.

GUAGUA RICHTUNG OSTEN

Der Halteplatz liegt auf der nordöstlichen Seite der Kreuzung Calle Duarte mit dem Küstenhighway. Von hier aus fahren *guaguas* zwischen 6.30 und 18 Uhr alle zehn Minuten zur Playa Caletón (17 RD$, 5 Min.), zur Playa Grande (34 RD$, 15 Min.) und nach Nagua (76 RD$, 1¼ Std.). Um nach Samaná zu gelangen, muss man in Nagua in eine andere *guagua* umsteigen.

GUAGUA RICHTUNG WESTEN

Der Halteplatz liegt auf der nordwestlichen Seite der Kreuzung Calle Duarte und Küstenhighway. In der ganzen Stadt ist er unter der Bezeichnung *la parada* (die Haltstelle) bekannt. Von hier aus fahren *guaguas* zwischen 6 und 17 Uhr etwa alle 15 Minuten nach Cabarete (80 RD$, 1½ Std.), Sosúa (90 RD$, 1½ Std.) und Puerto Plata (100 RD$, 2 Std.).

TAXI

An der Calle Duarte in dem Abschnitt zwischen Calle Luperón und Dr Virgilio García befindet sich ein **Taxistand** (☎809-589-2501). Hier einige Taxipreise: Playa Caletón 100 RD$, Playa Grande 400 RD$, Cabarete 1800 RD$, Flughafen Puerto Plata 2500 RD$, Las Terrenas auf der Halbinsel de Samaná 3000 RD$.

CABRERA

Zum einen prägen Häuser mit farbenprächtig angestrichenen Fensterläden, Blumenkästen und gut gepflegten Gärten das Bild der verschlafenen Ortschaft östlich der Playa Grande. Zum anderen sind es die Ferienwohnungen, die Einheimischen und ausländischen Zugewanderten gehören. Da Cabrera unter akuter Stromknappheit leidet, liegt das Städtchen nachts fast völlig im Dunklen – was natürlich fürs Sternegucken ideal ist.

Der Ortschaft am nächsten liegt die schmale **Playa Diamante**. Außer dem für Kinder günstigen flachen Küstengewässer hat sie keine besonderen Merkmale aufzuweisen. Ausgezeichnet geeignet fürs Schnorcheln ist die **Playa El Breton** im Parque Nacional Cabo Francis. Mit ihrer Postkartenidylle zählt die **Playa Entrada** zu den wahrhaft Schönsten im ganzen Land. Sogar die Privatsphäre lässt sich hier leicht wahren. Fisch und Meeresfrüchte sowie Getränke können sich die Strandbesucher in ein paar schlichten Hütten kaufen (meistens sind sie allerdings nur am Wochenende geöffnet).

Ein Highlight für Taucher ist die nahe **Laguna Dudu** mit einer wassergefüllten Höhle, die bis zum Ozean reicht. Eine Klippe in dem wie ein Landschaftsgarten gestalteten Picknickbereich (Eintritt 100 RD$) lädt zum Nervenkitzel ein: Klippenspringen (ein Sprung in die Lagune) und Rope Swinging (am Seil vor der Klippenwand schwingen) bringen hier den Kick.

Was die Bebauung betrifft, hat sich in der Gegend der Luxus breitgemacht: Orchid Bay Estates nennt sich eine Ansammlung spektakulärer Villen der ultimativen Spitzenklasse. Wer kann, kann so ein Prunkstück komplett samt Einrichtung und Personal mieten, wie z. B. die balinesisch inspirierten **Sunrise Villas** (☎866-998-4552; www.sunrise-villa.com; Villa ab 1350 US$) oder die im mediterranen Stil gehaltene Villa Castellamonte und die ultramoderne Casa Kimball, die auf einem gut 3500 m² großen Anwesen steht. Jede dieser Villen hat acht Schlafzimmer. Im Normalbereich bewegt sich z. B. das **Hotel La Catalina** (☎809-589-7700; www.lacatalina.com; Zi mit Frühstück 100 US$; ❄📶🏊), das westlich der Stadt, ein paar Kilometer landeinwärts, auf einem grünen Hügel thront. Seine luftigen Zimmer mit Korbmöbeln und weißem Bettzeug sind sehr hübsch. Vom Restaurant und Poolbereich ist der Ausblick aufs Meer faszinierend schön. Gästen steht ein kostenloser Shuttleservice zur Playa Grande zur Verfügung.

WESTLICH VON PUERTO PLATA

In das noch weitgehend unerschlossene Küstengebiet westlich von Puerto Plata verirren sich nur wenige Reisende. Rings um die Dörfer im Hinterland erstrecken sich Zuckerrohrfelder und Ackerland. An den Straßen finden sich kleine Speiselokale, die *chivo picante* (oder *chivo liniero*) verkaufen. Seine besondere Würzigkeit verdankt dieses Schmorgericht aus Ziegenfleisch dem, was die Ziegen hier hauptsächlich fressen: Oreganopflanzen. Durchaus einen Abstecher wert sind das ziemlich abgeschiedene Küstendorf Punta Rusia und die küstennahe Insel Cayo Arena. Geschichtsinteressierte finden im Parque Nacional La Isabela den Ort, an dem Kolumbus die zweite europäische Siedlung in der Neuen Welt gegründet hat. Luperón ist unter Seeleuten als „Hurrikan-Schutzhafen" bekannt. An Schiffen und am Hochseesegeln Interessierte kommen in dem Hafenstädtchen auf ihre Kosten, während es echten Landratten kaum etwas bietet. Wer sich auf den Weg nach Haiti macht, sollte in Monte Cristi Halt machen, zumal dort auch die Möglichkeit besteht, abgelegene Inseln zu besuchen. Spannend ist auch der zweimal in der Woche stattfindende haitianische Markt in Dajabón, allein schon, um mal zu beobachten, wie unterschiedlich zwei Völker sein können, die sich ein und dieselbe Insel teilen.

Luperón

9300 EW.

Luperón ist nicht nur berühmt als „Hurrikan-Schutzhafen", sondern ist generell eine Zuflucht vor rauer See. Schatzjäger vermuten vor der Küste noch einige Wracks spanischer Galeonen, die gekentert und gesunken sind, bevor sie den sicheren Hafen erreichen konnten. Im Schnitt ankern 40 bis 70 Schiffe im Hafen, die beiden Jachthäfen allerdings machen einen ziemlich heruntergekommenen Eindruck. Für reine Landratten besitzt die Stadt wenig Reiz. In den tief ausgefahrenen, staubigen Straßen herrscht tagsüber Stille und in der Nacht totale Dunkelheit. Schön ist die nahe gelegene **Playa Grande** mit ihrer lebhaften Brandung und dem langen weißen Sandstrand, den Palmen säumen. Das schäbige All-inclusive-Strandresort hat geschlossen, gut für die Gäste, aber ein Tiefschlag für Luperóns Wirtschaft.

Verlassen und baufällig verschandelt das Gebäude jetzt nur noch die Gegend. Über die Schotterstraße neben dem alten Resort gelangt man am einfachsten an den Strand. Ein *motoconcho* vom Stadtzentrum zum Strand kostet ungefähr 75 RD$. Mit genügend Zeit und einiger Geduld lässt sich in der **Marina Puerto Blanco** ein Segeltörn oder eine andere Bootstour organisieren. Offiziell werden hier keine Bootsausflüge angeboten. Doch wer rumfragt und sein Interesse zeigt, wird früher oder später ein passendes Boot samt Crew auftreiben. Die Preise hängen sehr vom Kapitän bzw. Skipper ab, Orientierungswerte sind 40 bis 60 US$ für einen halben Tag und 70 bis 120 US$ für einen ganzen Tag.

Die aus dem Süden von Imbert kommende Straße geht in Luperón in die Avenida Duarte über, von der links die Calle 27 de Febrero abzweigt. Letztere bildet Luperóns Ost-West-Verkehrsachse. Die Gegend rund um die Kreuzung der beiden Straßen ist das Geschäftszentrum der Stadt. Etwa 1 km westlich der Kreuzung liegt der Jachthafen und noch ein ganzes Stück weiter westlich der Parque Nacional La Isabela.

Schlafen & Essen

Estancia Principe Aparthotel APARTMENTS **$$**
(☎809-298-5491; www.estanciaprincipe.com; Calle Principal 4; Apt. 1200 RD$; ❄📶) Möglicherweise ist der zweckmäßige Backsteinbau an der südlichen Ortseinfahrt die komfortabelste und sicherste Unterkunft in Luperón. Mit ihrer voll eingerichteten Küche und einem Wohnzimmer mit Korbmöbeln sind die Apartments vielleicht etwas zu groß für eine Stippvisite. Kabelfernsehen und Klimaanlage funktionieren wie das örtliche Stromnetz: mehr oder weniger zuverlässig.

Letty's DOMINIKANISCH, INTERNATIONAL **$$**
(Calle Duarte; Hauptgerichte 275 RD$) In dem aus Beton gebauten Pavillon (ohne Ventilator) wird Standardkost serviert.

Restaurant de la France DOMINIKANISCH, INTERNATIONAL **$$**
(Calle Duarte; Hauptgerichte 275 RD$) Wie das Letty's ist auch dieses Restaurant ein einfacher Pavillon aus Beton ohne Ventilator und mit Standardkost auf der Speisekarte.

Praktische Informationen

Luperóns einziger Geldautomat befindet sich in der Banco de Reservas an der Calle Duarte gegenüber der Politur (Touristenpolizei). Allerdings funktioniert der Automat meistens nicht oder ist leer. Auf seiner **Thornless Path** (www.thornlesspath.com) genannten Website würdigt Bruce Van Sant, passionierte Segler und Autor, die Stadt. Seit vielen Jahren lebt er in Luperón, wenn er nicht gerade auf Segeltörns durch die Karibik kreuzt. Nicht immer wählt er dabei einen *thornless path*, eine relativ einfache Route.

An- & Weiterreise

Von einem Halteplatz Ecke Avenida Duarte und Calle 16 de Agosto (fünf Häuserblocks südlich der Calle 27 de Febrero) startet von 5 bis 18.30 Uhr alle 15 Minuten eine *guagua* nach Imbert (50 RD$, 30 Min.). Von Imbert fahren *guaguas* südwärts nach Santiago und nordwärts nach Puerto Plata.

Das Taxi von/nach Puerto Plata kostet um 3800 RD$. Von Luperón nach Punta Rusia kostet die Taxifahrt ungefähr 2000 RD$.

Parque Nacional La Isabela

Der **Nationalpark** (Eintritt 100 RD$; ⌚8–17 Uhr) nahe des Dorfes El Castillo besitzt historische Bedeutung: Hier hat Kolumbus einst die zweite spanische Siedlung auf Hispaniola gegründet. Die erste von ihm gegründete Ansiedlung, das kleine Fort La Navidad, lag am Cap-Haïtien im heutigen Haiti. Als er auf seiner zweiten Reise in die Neue Welt dorthin zurückkehrte, fand er das Fort zerstört und verlassen vor. So segelte er weiter Richtung Osten an der Küste entlang und ging nach 110 km in einer Bucht an Land. Direkt an ihrer Küste gründete er „La Isabela". Von der Siedlung sind nur noch die Fundamente einiger Gebäude erhalten. Ein kleines, ziemlich farbloses Museum widmet sich dem Ereignis. Regelmäßige Besucher sind Schülergruppen aus dominikanischen Grundschulen. Während der Führung (auf Spanisch) kommt auch das Schicksal der Taíno-Gemeinden, die Kolumbus vor Ort antraf, zur Sprache. Ausgestellt sind einige alte Münzen, Ringe und Pfeilspitzen sowie eine kleinformatige Nachbildung des Hauses, in dem Kolumbus während seines Aufenthaltes in La Isabela wohnte. Wesentlich größer ist der **Templo de las Américas** auf der anderen Seite der Parkstraße. Der vage Nachbau der ursprünglichen Kirche von La Isabela wurde anlässlich des 500. Jahrestags der Ortsgründung errichtet.

In der Nähe des Parks erstreckt sich in einem weiten Bogen die **Playa Isabela**. An dem breiten Strand mit grobem Sand und ruhigem Gewässer gibt es einige kleine Strandrestaurants, die zur Einkehr einladen. An einem Stand mit allerlei Krimskrams werden auch Schnorchelausrüstungen (150 RD$) verliehen. Vorsicht ist beim Baden geboten: An den seichten felsigen Stellen verstecken sich Seeigel.

Rancho del Sol (☎809-696-0325; EZ/DZ mit Frühstück 700/1400 RD$ mit Ventilator, 1200/1900 RD$ mit Klimaanlage; ❄≋) ist ein geräumiges, eigenwilliges Hotel nahe dem Eingang zum Nationalpark. Zum Zeitpunkt der Recherche war es geschlossen, dürfte aber bald wieder geöffnet werden.

An- & Weiterreise

Von Luperón (11 km östlich des Nationalparks) kostet das Taxi hin & zurück 60 US$ (auf freundliche Bitte wartet der Fahrer). Die einfache Strecke mit einem *motoconcho* kostet 250 RD$.

Auch vom Highway aus, der zwischen Santiago und Monte Cristi verläuft, lässt sich der Nationalpark erreichen, wenn auch etwas umständlicher. Am Cruce de Guayacanes nimmt man die Abfahrt Richtung Norden und fährt über Los Hidalgos die 25 km lange Strecke nach Villa Isabela. Von hier sind es dann noch 7 km bis El Castillo, wo der Park liegt – die Strecke ist schlecht ausgeschildert. Um unnützes Umherirren zu vermeiden, ist es am besten, in Villa Isabella gleich nach dem genauen Weg nach El Castillo zu fragen.

Punta Rusia

500 EW.

Nach der Renovierung der Zubringerstraße vermittelt die Fahrt in das Küstendorf nicht mehr ganz so stark das Gefühl einer Reise ans Ende der Welt. Doch auf den Weg hierher machen sich nach wie vor hauptsächlich Tagesausflügler aus den All-inclusive-Resorts von Puerto Plata und Umgebung. Ihr Ziel ist **Cayo Arena** (auch „Paradise Island“ genannt), eine malerische Sandbank 9 km westlich von Punta Rusia. Rund um die Insel laden wunderschöne Korallenriffe zum Schnorcheln ein, auch wenn das Menschengewühl im Wasser das Erlebnis beeinträchtigt.

El Paraíso Tour (☎809-320-7606; www.cayoparaisord.com; 50 US$ inkl. Getränke und Mittagessen) bringt mit Schnellbooten Besuchergruppen für ein paar Stunden zum Cayo Arena. Der Rückweg führt über den **Estero Hondo**, eine Mangrovenlagune gleich westlich der Insel. Mit etwas Glück lässt sich hier ein Blick auf einen Karibik-Manati (eine Seekuh-Art) erhaschen (es sind Beobachtungsstationen in Planung).

Wer den Menschenpulks entfliehen möchte, nimmt Kontakt mit **Martinez** (☎829-262-0073) auf (spricht nur Spanisch). Der ortsansässige Fischer bietet individuellere, schönere Bootstouren zur Insel (bei Bedarf inklusive Schnorchelausrüstung). Auch auf dem Rückweg nimmt er eine interessante Route durch die Mangrovenlagune. Je höher die Teilnehmerzahl, umso niedriger ist der Preis pro Person, doch mit ungefähr 1500 RD$ sollte man auf jeden Fall rechnen.

An Wochenenden bevölkern Scharen an Menschen (überwiegend Dominikaner aus Santiago) die **Playa Ensenada**. Der recht schmale Sandstrand mit ruhigem, flachem Küstengewässer liegt 3 km östlich von Punta Rusia. Ruhe und Privatsphäre darf hier niemand erwarten, dafür aber einen schönen Ausblick auf das Küstengebirge im Nordwesten und Wasser so ruhig wie in einer Badewanne. Fast zwei Dutzend bis 18 Uhr geöffnete Hütten bieten Fisch und Meeresfrüchte (Hummer 300 RD$) an. Hütten und Picknicktische reihen sich hinter den Palmen auf, die den gesamten Strand säumen. Alles in allem lohnt es schon, einen langen Nachmittag an der Playa Ensenada zu verbringen.

Schlafen & Essen

★**Casita Mariposa** HÜTTEN $
(Casa Libre; ☎809-693-5010, 809-834-5992; EZ/DZ mit Frühstück 1000/1200 RD$) Ein deutsch-französisches Ehepaar betreibt die farbenfroh angestrichenen rustikalen Hütten. Das Anwesen liegt gleich östlich der Ortschaft auf einer Klippe mit weitem Blick über das Meer – eine unglaublich schöne Lage. Obwohl blühende Bäume das Gelände förmlich überwuchern, gewährt die Veranda dreier Hütten und die des Frühstücksbereichs einen freien Blick aufs Meer. Einige der Veranden sind sogar mit Hängematten ausgestattet.

Fern von WLAN und Förmlichkeiten ist hier Entspannung und Abschalten angesagt. Eine Treppe führt hinunter zu einem weißen Sandstrand, der einem Privatstrand gleicht, weil ihn eigentlich nur die Gäste der Casita Mariposa bevölkern. Auf Wunsch wird ein Abendessen serviert. Die Gäste können die hauseigenen Kajaks nutzen. Ebenfalls auf Wunsch holt Marco die Gäste in Villa Isabela (250 RD$ pro Pers.) ab. Wer ohne vorherige telefonische Reservierung anreist, riskiert, den Weg vergeblich zu machen, weil alle Zimmer belegt sind.

Villa Rosa B&B $$
(☎809-801-8160; EZ/DZ mit Frühstück 48/52 US$; ❄📶🏊) Sieben Zimmer bietet der französische Besitzer in seinem gemütlichen Haus. An den Frühstücks- und Aufenthaltsbereich grenzt der Sandstrand des Dorfes. Hinter dem Haus, abseits der Straße, befindet sich ein kleiner Pool bzw. eher eine Kombination aus Planschbecken und Whirlpool. Hier steht auch ein kleines Gebäude mit Strohdach und geschmackvoll eingerichteten Zimmern, inklusive Regenwasserdusche und Kabelfernsehen. Auf Wunsch gibt es Essen mit den Schwerpunkten Fisch, Meeresfrüchte und Pasta. Wem danach ist, der kann sich hier auch ein Kajak leihen.

An- & Weiterreise

Eine frisch asphaltierte Straße verbindet Punta Rusia mit Villa Isabela, das 25 km weiter westlich liegt, und verläuft dann bis nach Luperón. Die andere Route führt über den Highway 1 bis Villa Elisa, 20 km westlich der Laguna Salada. Ab hier geht es auf der Straße nach Luperón über ein Patchwork an Schotterpisten, Schlaglöchern, Dreck, Steinen und Asphalt. Diese Strecke lässt sich nur mit einem Geländewagen bewerkstelligen, und das auch nur langsam und vorsichtig.

Monte Cristi

25 000 EW.

Wenn das staubige Städtchen überhaupt einen Reiz besitzt, dann liegt er in seinem Grenzortcharakter, der besagt: Ende der Fahnenstange. Den 1750 von der spanischen Krone gegründeten Ort durchqueren die meisten Reisenden auf ihren Weg von und nach Haiti, ohne Halt zu machen. Sein früherer Wohlstand, den einst die Grenada Fruit Company mit sich brachte, spiegelt sich noch schemenhaft wider. Da gibt es ein paar breite Straßen und die baufälligen viktorianischen Wohnhäuser im nahen Umkreis des Parque Central. Dank einer gelungenen Restaurierung strahlen wenigstens einige der Gebäude wieder in altem Glanz. Seit Generationen verdienen die Einwohner der Stadt ihren Lebensunterhalt hauptsächlich mit Fischen und Viehzucht. Daran hat sich bis heute wenig geändert. Eine weitere Einkommensquelle sind die Salzgärten im Norden der Stadt. Abnehmer des gewonnenen Salzes ist die Morton Salt Company in den USA.

Monte Cristi feiert den rabiatesten Karneval des Landes. Die Teilnehmer der Festzüge tragen Peitschen und schlagen sich damit gegenseitig, während sie durch die Straßen ziehen.

Sehenswertes & Aktivitäten

El Morro BERG
Ein Teil des 1100 km² großen **Parque Nacional Monte Cristi** (Eintritt frei; ⌚8–17 Uhr) GRATIS säumt fast die gesamte Stadt. Rund 5 km nordöstlich von Monte Cristi erhebt sich El Morro (der Hügel). Nördlich vom Strand verläuft die Avenida San Fernando bis zum Fuß des Hügels. Gegenüber der Rangerstation führen 585 Holzstufen zum Gipfel (239 m). Wer die verrottenden Holzbohlen und den losen Kies tapfer überwindet, wird mit einem herrlichen Ausblick belohnt. Der Abstieg dauert dann noch mal eine gute Stunde.

Parque Central PARK
Sehenswert ist in dem Park nur der 50 m hohe Glockenturm, den der französische Ingenieur Alexandre Gustave Eiffel entworfen hat. Bis 1997 wurde der aus Frankreich importierte Turm vernachlässigt, dann aber restauriert. Finanziert wurde die Instandsetzung von der Familie Leon Jimenez, der Zigarrenmanufaktur Aurora und der Brauerei der Biermarke Presidente.

Strände

Der schönste Strand der Gegend ist die **Playa Detras del Morro**. Begrenzt von einem hohen Steilhang versteckt sie sich hinter El Morro, dem Hügel im Nationalpark. Aus ihrem hellbraunen Sand erheben sich einige imposante Felsen. Am Ende der Avenida San Fernando führt ein kurzer Schotterweg zum Strand hinunter. Die 1 km nördlich der Stadt gelegene **Playa Juan de Boloños** hat außer ihrem schmalen Sandstrand wenig zu bieten.

Reisende, die über genügend Zeit verfügen und zudem einen Geländewagen zur Verfügung haben, können einen Abstecher an die **Playa Popa** machen. Spektakulär schön ist der Strand nicht, dafür aber wenig besucht. Zu dem schmalen, 16 km von Monte Cristi entfernten Sandstrand führt eine holprige Straße. Da es recht schwierig ist, dorthin zu finden, lohnt es sich auf alle Fälle, erst mal in der Stadt nach dem Weg zu fragen.

Geführte Touren

Ausflüge organisieren nicht nur die meisten Hotels der Stadt, auch **Sorayo & Santos** (☎809-691-6343; www.ssmontecristitours.com) ist dafür eine gute Adresse. Der Tourveranstalter befindet sich an der Playa Juan de Boloños neben der Touristenpolizei gegenüber vom Jachthafen. Zur Auswahl stehen Schnorcheltrips sowie Bootsausflüge zu dem abgeschiedenen Strand der Isla Cabra (2000 RD$) und zu den Cayos de los Siete Hermanos (12 000 RD$, ab acht Personen). Bei Letzteren handelt es sich um sieben unbewohnte Inseln im Nationalpark. Am besten für die Bootstouren eignen sich die Wochenenden in der Hochsaison (November bis März). In der Nebensaison sind die Bootsfahrten wenig gefragt und falls sich überhaupt ein Boot findet, wird häufig ein saftiger Preis verlangt.

Auf Taucher warten wunderschöne Korallenriffe, allerdings sind vergleichbare Riffe an anderen Stellen der Nordküste leichter zugänglich. Glücksritter tauchen vor der Küste immer wieder nach Wracks. Doch die vielen aus Holz gebauten Galeonen, die hier gesunken sind, modern schon lange vor sich hin. Für Freizeittaucher gibt es da wenig Interessantes zu sehen.

Schlafen

Hotel Los Jardines BUNGALOWS $

(☎809-853-0040; hoteljardines@gmail.com; Playa Costa Verde; Zi mit Ventilator/Klimaanlage 1700/2000 RD$;) Wie eine wahre Oase wirkt das perfekt gepflegte Anwesen mit seinen hoch aufragenden Palmen inmitten der staubigen Straßen. Weniger Begeisterung erwecken die fünf einfachen Zimmer. Immerhin verfügt jedes davon über eine Veranda mit Stühlen. Los Jardines liegt in nördlicher Richtung außerhalb der Stadt auf dem Weg zu El Morro; die links abzweigende Schotterstraße zum Strand hinunter führt auch zum Hotel.

Chic Hotel HOTEL $

(☎809-579-2316; Benito Monción 44; Zi mit Ventilator/Klimaanlage 650/1100 RD$;) Das Hotelpersonal steht in korrekter Kleidung an der Rezeption für die Gäste bereit und markante Säulen kennzeichnen den Eingang, doch vom wirklichen „Chic" ist das Hotel weit entfernt. Immerhin sind seine ungefähr 50 Zimmer sauber und gepflegt. Das hoteleigene Restaurant ist praktisch, um schnell mal einen Happen zu essen. Auch die Eisdiele mit Sitzplätzen auf der Straße hat ihre Vorteile.

Viele der Zimmer haben keine Fenster und den Straßenlärm vor dem Gebäude verträgt auch nicht jeder. Das Hotel wurde um einen Mangobaum herum gebaut, der Stamm ist im Treppenhaus zu sehen.

Cayo Arena APARTMENTS $$

(☎809-579-3145; www.cayoarena.com; Playa Costa Verde; Suite 3500 RD$;) Für Familien und kleine Gruppen eignen sich die zwölf Suiten in dem modernen einstöckigen Gebäude besonders gut. Zwei Schlafzimmer mit Doppelbetten, ein Wohnzimmer mit Balkon und eine voll eingerichtete Küche bieten reichlich Platz. Ein kleiner Pool und ein Restaurant sind ebenfalls vorhanden. Wie Los Jardines liegt das Anwesen in nördlicher Richtung außerhalb der Stadt auf dem Weg zu El Morro; die links abzweigende Schotterstraße zum Strand hinunter führt auch zu diesem Anwesen.

★ **El Morro Eco Adventure Hotel** BUNGALOWS $$$

(☎849-886-1605; www.elmorro.com.do; Calle El Morro; Zi mit Frühstück 115 US$;) Durchaus eine Reise wert und vielleicht die erlesenste Unterkunft zwischen Monte Cristi und Puerto Plata sind hier allein schon die Luxusbungalows. In einer abgeschiedenen Gegend, nur einen Katzensprung vom El Morro entfernt, bringt die Hotelanlage Natur und Komfort in Einklang. Moderne Elemente wie Flachbildfernseher und große Schwarz-Weiß-Fotos von Monte Cristi verbinden sich nahtlos mit naturorientiertem Design. In dem Restaurantbereich, in dem das Abendessen serviert wird, setzen nautische Motive eigene Akzente. In dem toll gestalteten Poolbereich ließe sich locker der ganze Tag verbringen.

Essen & Ausgehen

Die berühmte Würzigkeit des hiesigen *chivo* (Ziegenfleischgericht) beruht auf der Tatsache, dass hier das Ziegenfutter hauptsächlich aus würzigen Oreganopflanzen besteht. Es lohnt sich, diese drei Zubereitungsarten zu probieren: *ripiado* (butterweich gegart und klein gezupft), *horneado* (außen teilweise schwarz, innen fest) und *picante* (traditionell geschmort).

Eine Auswahl an Lebensmitteln und vieles andere verkauft der **Lilo Supermercado** (Calle Alvarez) einen Häuserblock südlich der Calle Duarte.

★ **Restaurant Cocomar** FISCH & DOMINIKANISCH $$
(809-579-7354; Hauptgerichte 250–800 RD$; 8–22 Uhr) Das Restaurant mit Sitzplätzen im Freien und Blick auf den Ozean liegt unmittelbar vor dem monströsen, grün angestrichenen Hotel Montechico. Im Speiseraum hängen Bojen und Fischernetze von der Decke herab. Passend zur maritimen Dekoration liegt der Schwerpunkt der Speisekarte natürlich auf Fisch und Meeresfrüchten.

Lilo Cafe & Restaurant DOMINIKANISCH $$
(Calle Juan de la Cruz Alvarez 27; Hauptgerichte 275 RD$; 7–24 Uhr;) Das Lilo liegt gegenüber vom gleichnamigen Supermarkt. Zu den Gästen des gepflegten, modernen Lokals mit schattiger Terrasse zählen zahlreiche Geschäftsleute und Büroangestellte. Auf der Speisekarte steht überwiegend typisch dominikanische Kost, wie gegrillter Fisch, Fleischgerichte und Gerichte mit Hühnchen, aber auch Krabben, Muscheln und vier Sorten *mofongo* (Kloß aus Kochbananen und einigen anderen Zutaten).

Super Fria Nina BIERGARTEN
(Ecke Calle Duarte & Calle Colón) Der große Biergarten ist am Abend rappelvoll, ganz besonders am Wochenende.

Terraza Fedora BIERGARTEN
(Calle San Fernando) Ebenfalls am Wochenende rappelvoll ist der beliebte Biergarten fünf Häuserblocks nördlich der Calle Duarte.

Praktische Informationen

An der Calle Duarte findet sich innerhalb von ein, zwei Häuserblocks, alles, was die alltäglichen Bedürfnisse abdeckt, inklusive einer Apotheke. Ein Geldautomat befindet sich in der Banco de Reservas neben dem Postamt. Das schlichte **Hospital Padre Fantino** (809-579-2401; Av 27 de Febrero; 24 Std.) liegt zwei Häuserblocks nördlich der Calle Duarte.

An- & Weiterreise

Der Highway 1 führt vom Osten her in die Stadt. Hier geht er über in die Calle Duarte, die in ostwestlicher Richtung verlaufende Haupt- und Durchgangsstraße von Monte Cristi. Die Avenida Mella geht über in den nun vollständig asphaltierten Highway 45, der nach Dajabón führt.

Das Busdepot samt Haltestelle von **Caribe Tours** (809-579-2129; Ecke Mella & Carmargo) befindet sich einen Häuserblock nördlich der Calle Duarte. Täglich startet hier ein Bus um 7.30, 8.30, 10, 13.45, 15 und 16 Uhr nach Santo Domingo (350 RD$, 4½ Std.), der unterwegs in Santiago (190 RD$, 2¼ Std.) hält.

Der Halteplatz der *guaguas* von Expreso Liniero liegt an der Calle Duarte in der Nähe der Ortseinfahrt. Zwischen 7.30 und 22 Uhr fährt alle 20 Minuten eine *guagua* nach Dajabón (50 RD$, 40 Min.). Die Fahrt nach Puerto Plata ist mit Umsteigen verbunden: Man muss in Monte Cristi in eine *guagua* Richtung Santiago steigen, damit bis zur Kreuzung in Navarrete (190 RD$, 1½ Std., alle 20 Min.) fahren und hier in eine *guagua* Richtung Puerto Plata (140 RD$, 1 Std., alle 20 Min.) umsteigen.

Dajabón

25 200 EW.

Die meisten in dem Städtchen anzutreffenden Reisenden sind auf dem Weg von oder nach Haiti. Montags und freitags findet ein **Haitianischer Markt** (7–19 Uhr) statt. Sobald sich an diesen Tagen der Schlagbaum hebt, strömen Haitianer über die Grenzbrücke, um dominikanisches Obst und Gemüse einzukaufen. Viele bieten auch selber Waren an. Allerdings treibt hier auch der illegale Handel seine Blüten. Neben „gängiger" Schmuggelware werden mitunter auch in große Mengen Spenden von internationalen Organisationen an den Mann gebracht und irgendwo im Land weiterverkauft. Auf dem Markt herrscht heftiges Geschiebe und Gedränge. Mit Waren vollgepackte Schubkarren und Mofas zwängen sich durch die Menschenmenge, während sich Frauen mit turmhoch gestapelten Waren auf dem Kopf ihren Weg bahnen. In der Markthalle kann man sich nur mit fest an den Körper gepressten Armen Stückchen für Stückchen vorwärts schieben.

Zwei mit Einschränkungen akzeptable Unterkünfte sind das dreistöckige **Super Hotel Brisol** (809-579-8703; Calle Padre Santa Anna 18; EZ/DZ mit Ventilator 600/800 RD$, mit Klimaanlage 900/1300 RD$;), ein paar Häuserblocks von der Grenze entfernt, und das **Hotel Raydan** (809-579-7366; raydan38@hotmail.com; Av Pablo Reyes 16; Zi mit Ventilator/Klimaanlage 400/700 RD$;) mit einem kleinen Innenhof und Restaurant. Letzteres liegt im Stadtzentrum und damit näher an den Haltestellen der Überlandbusse. In den Zimmern ist mit Folgendem zu rechnen: schummrige Beleuchtung sowie Fernseher und Klimaanlage, die unberechenbar funktionieren, und WLAN. Läuft das heiße Wasser, setzt der Boiler fast alles schachmatt. Wenn möglich, sollte man sich mehrere Zimmer anschauen, um das passabelste herauszusuchen. Zu den wenigen Speiselokalen, in denen abends nicht dauernd der Strom ausfällt, zählt das moderne, im Cafeteria-Stil gehaltene **D House Restaurant** (Hauptgerichte 250 RD$; ⏲7–23 Uhr; 📶). Seine Wraps und Sandwiches machen es zu einem guten Restaurant – zumindest für die Verhältnisse in Dajabón. Im Stadtpark bieten Straßenverkäufer gegrillte Maiskolben und Hot Dogs an.

Im Umkreis des nördlichen Eingangstors befinden sich mehrere große Banken mit Geldautomaten.

ℹ An- & Weiterreise

Mit dem Auto ist der Weg zur Grenze einfach: Auf dem Highway 45 aus Richtung Monte Cristi kommend (wie viele Reisende es tun), führt die Straße direkt zu einem großen Torbogen (dem offiziellen Ortseingang). Kurz hinter dem Torbogen verläuft sie am Parque Central entlang, der sich an der Ostseite der Straße erstreckt. Am Ende des Parks biegt man rechts in die Calle Presidente Henriquez ein und erreicht nach sechs Häuserblocks die Grenze. In dieser Straße liegt auch die Haltestelle der Caribe-Tours-Busse, von hier aus sind es (in westlicher Richtung) nur fünf Häuserblocks bis zur Grenze. An den Markttagen (montags und freitags) ist die Grenze von 8 bis 16 Uhr geöffnet, an allen anderen Tagen von 9 bis 17 Uhr.

Die Busse von **Caribe Tours** (☎809-579-8554; Ecke Calle Carrasco & Henríquez) starten um 6.45, 7.45, 9.30, 13, 14.15, 15.15 Uhr nach Santo Domingo (350 RD$, 5 Std.) und halten unterwegs in Monte Cristi und Santiago (190 RD$, 2½ Std.).

Die *guaguas* von **Expreso Liniero** (☎809-579-8949) fahren nach Monte Cristi (50 RD$, 40 Min.) und Santiago (190 RD$, 2½ Std.). Ihr Halteplatz liegt gleich jenseits des Torbogens am Ortseingang an der östlichen Straßenseite.

Die Cordillera Central

➡ Inhalt

Santiago 184
San José de las Matas 192
La Vega 192
Jarabacoa 194
Parques Nacionales Bermúdez & Ramírez 200
Constanza 203
Östlich von Santiago . 205
San Francisco de Macorís 205
Rund um Moca 206

Gut essen

- Aroma de la Montana (S. 199)
- Il Pasticcio (S. 189)
- Camp David (S. 187)

Schön übernachten

- Rancho Baiguate (S. 198)
- Tubagua Plantation Eco-Village (S. 193)
- Alto Cerro (S. 204)
- Camp David (S. 187)

Auf in die Cordillera Central!

Selbst ausdauernden Strandfanatikern kann eine Überdosis an Sonne gefährlich werden. Daher nichts wie ab ins kühle Hochland im Landesinneren! Wo sonst kann man beobachten, wie sich der Nebel im Tal ausbreitet, während die Sonne hinter den Bergen versinkt? Lauschige Unterkünfte, rauschende Flüsse (Wildwasser-Rafting) und hohe Gipfel locken die Besucher. Unten im Valle del Cibao wurde der Musikstil Merengue geboren. Hier finden auch die besten Karnevalsfeiern des Landes statt. Das Wirtschaftsleben des zentralen Hochlands konzentriert sich auf die Gegend rund um Santiago: Die zweitgrößte Stadt des Landes ist das Zentrum einer ausgedehnten Tabak- und Zuckerrohrregion.

Reisezeit

- **Februar bis März** Einige der lautesten Karnevalsfeiern finden in Santiago und La Vega statt.
- **Januar bis März & Juni bis August** Um Santiago ist es meist trocken. Im Mai und von September bis November muss man dagegen mit wolkenbruchartigem Regen rechnen.
- **Das ganze Jahr über** Die Temperaturen sind in den Bergstädten ganzjährig niedrig und können nachts unter Null fallen.

Anreise & Unterwegs vor Ort

Santiagos Aeropuerto Internacionál del Cibao (S. 191) bietet regelmäßig internationale Verbindungen zu den wichtigsten Destinationen und eine gute Auswahl an Mietwagenfirmen. Santiago liegt an der Autopista Duarte, die von Santo Domingo aus Richtung Norden nach Puerto Plata verläuft. Es gibt Busverbindungen in alle Himmelsrichtungen und Erste-Klasse-Verbindungen zu allen touristischen Hauptzielen: Nur wer nach Constanza möchte, muss eine *guagua* (Kleinbus bzw. Minibus) nehmen. Mit einem Mietwagen, besonders einem Geländefahrzeug, kann man die Gegend natürlich am besten erkunden.

SANTIAGO

691 000 EW.

Santiago, die zweitgrößte Stadt des Landes, war eine der ersten Siedlungen des spanischen Kolonialreichs. Inzwischen hat sie ihre ursprüngliche natürliche Grenze, den Río Yaque del Norte, überwunden. Die sich immer weiter ausbreitende Stadt produziert Rum und Zigarren am laufenden Band; die Rohstoffe stammen von den riesigen Tabak- und Zuckerrohrfeldern, die einen Großteil des umgebenden Tals einnehmen.

Die Cordillera Central im Westen und die Cordillera Septentrional im Norden begrenzen den Ort, der von der Autopista Duarte, der wichtigsten Nord-Süd-Verbindung des Landes, durchtrennt wird.

Highlights

1 **Wildwasser-Rafting** (S. 195) auf dem einzigen Fluss der Karibik, der sich dafür eignet – dem wilden Río Yaque del Norte bei Jarabacoa

2 Im hoch gelegenen **Constanza** den Sonnenuntergang beobachten, während sich der Nebel über das Tal legt (S. 203)

3 Vom **Pico Duarte** (S. 201) den Blick auf den Atlantik und das Karibische Meer genießen

4 In einer der Bars rund um das Monumento von **Santiago** (S. 190) tanzen

5 Im Februar in **La Vega** (S. 192) bei der größten Karnevalsparty des Landes mitfeiern

6 Das **Centro León** (S. 185) in Santiago besuchen: Es zeigt Werke der besten dominikanischen Künstler aus über einem Jahrhundert

Obwohl die meisten Reisenden Santiago einfach übersehen, eignet sich die Stadt wunderbar dazu, sich mit der dominikanischen Lebensart vertraut zu machen. Die ärmeren Viertel Santiagos sind hier, wie auch im Rest des Landes, ein typisches Labyrinth aus planlos errichteten Häusern mit Wellblechdächern. Den Gegensatz dazu bildet das Viertel Cerros de Gurabo gleich östlich der Innenstadt, eines der wohlhabendsten des Landes: Mächtige Herrenhäuser hinter hohen Mauern säumen die Straßen. Doch Angehörige aller Gesellschaftsschichten jubeln dem örtlichen Baseballteam zu und treffen sich am Monumento, dem lärmenden Mittelpunkt des Nachtlebens.

Geschichte

Santiago wurde 1495 von Christoph Kolumbus' Bruder Bartolomeo gegründet. Nach dem zerstörerischen Erdbeben von 1562 baute man die Stadt am selben Ort am Ufer des Río Yaque del Norte wieder auf. Französische Invasionstruppen griffen Santiago im Verlauf eines langwierigen Konflikts zwischen Spanien und Frankreich (in dem es um die Vorherrschaft über die Insel ging) mehrmals an und zerstörten es. Santiago litt 1912 auch sehr unter dem dominikanischen Bürgerkrieg.

Die Jahre direkt nach dem Bürgerkrieg waren eine Blütezeit für die Stadt: Durch den Ersten Weltkrieg kam es weltweit zur Knappheit an tropischen Rohstoffen, weshalb die Preise für Zucker(rohr), Tabak, Kakao und Kaffee in die Höhe schnellten – Produkte, die rund um die Stadt angepflanzt wurden. Von 1914 bis in die 1920er-Jahre boomte die Wirtschaft. Überall in der Stadt entstanden wunderschöne Wohnhäuser und eindrucksvolle Geschäfte; Elektrizität und asphaltierte Straßen prägten bald das Stadtbild. Im Mai 1922 wurde die Autopista Duarte eröffnet, die Santiago mit Bonao, La Vega und Santo Domingo im Süden verbindet.

Sehenswertes & Aktivitäten

Der Parque Duarte, ein meist gut besuchter, üppig grüner Park mit einem Pavillon, bildet das Zentrum der Stadt. Südlich davon befindet sich die Kathedrale, im Westen steht der Palacio Consistorial.

★ Centro León MUSEUM
(☎809-582-2315; www.centroleon.org.do; Av 27 de Febrero 146, Villa Progreso; Erw./Kind 100/70 RD$, Di gratis; ⏲Di–So 10–19 Uhr, Mo geschl.) Das große, moderne Museum verdankt seine Gründung dem Reichtum der Tabak-Familie León Jimenez und ist eine Institution auf Weltklasse-Niveau: Die eindrucksvolle Gemäldesammlung verfolgt die Entwicklung der dominikanischen Kunst im 20. Jh. Im Hauptgebäude gibt es drei Ausstellungsräume: Ein Raum ist der Biodiversität, der Taíno-Geschichte und der kulturellen Vielfalt gewidmet. Im Obergeschoss befindet sich eine Dauerausstellung mit dominikanischer Kunst und Fotografie. Der dritte Raum beherbergt wechselnde Kunstausstellungen. Hinter dem Haus versteckt sich eine Voliere.

In dem hervorragenden Museumsladen sind Bücher über die Geschichte, Kunst, Kultur und Küche des Landes erhältlich. In der ansprechenden Cafeteria werden Sandwiches und Getränke serviert. Am Abend kann man hier unterschiedlichste Kunstvorträge und Kunstfilmvorführungen besuchen und manchmal auch Livemusik genießen.

Das Centro León liegt wenige Kilometer östlich des Stadtzentrums. Ein Taxi kostet 100 RD$. Oder man winkt sich ein Ruta-A-*concho* (Privatwagen auf einer bestimmten Route; 12 RD$) an der Calle del Sol herbei. Nicht alle fahren jedoch bis zum Centro León, also besser vorher nachfragen.

Monumento a los Héroes de la Restauración de la República MONUMENT
(Av Monumental; ⏲Di–So 9–18 Uhr) Auf einem Hügel am Ostende der Innenstadt steht Santiagos unübersehbare Sehenswürdigkeit: das Denkmal zu Ehren der Helden der Wiederherstellung der Republik. Das achtstöckige, kastenförmige Monument ließ ursprünglich Trujillo errichten, um sich selbst zu feiern. Nach seiner Ermordung wurde es den dominikanischen Soldaten gewidmet, die im letzten Unabhängigkeitskrieg gegen die spanische Herrschaft kämpften. Große Bronzestatuen der gefeierten Generäle blicken von den Stufen auf Santiago hinab.

Dazu kommen lebensgroße Ausstellungsstücke zur dominikanischen Geschichte. Oft werden riesige Trupps an Grundschülern in Schuluniform hier durchgeschleust (der Turm wurde aus Sicherheitsgründen gesperrt). Jogger nutzen die Stufen in der Abenddämmerung zu Trainingszwecken.

Estadio Cibao STADION
(☎809-575-1810; Av Imbert) **Santiagos Águilas** (www.aguilas.com.do), eines der sechs Baseballteams des Landes, sind die erfolg-

Santiago

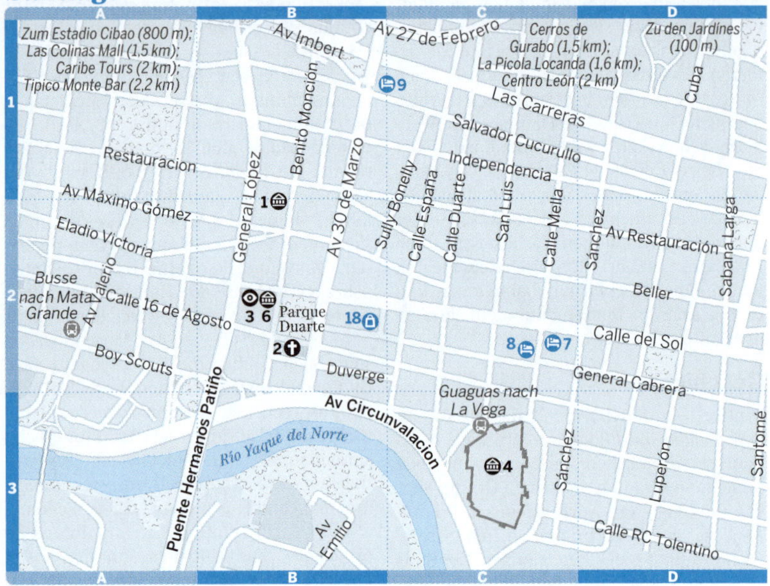

reichste Mannschaft in der Geschichte der Liga. Den Fans dabei zuzusehen, wie sie die Heimmannschaft anfeuern, macht fast so viel Spaß wie die Spiele selbst, die im Winter zwei- bis dreimal pro Woche ausgetragen werden. Das Stadion mit 18 000 Sitzplätzen liegt nordwestlich des Stadtzentrums. Die Ticketpreise beginnen bei 150 RD$; eine Reservierung ist empfehlenswert. Entweder per Taxi zum Stadion fahren oder auf der Calle del Sol ein Ruta-A-*concho* anhalten, das nach Westen fährt.

Fortaleza San Luis MUSEUM
(Ecke Calle Boy Scouts & San Luis; ⌚9–17 Uhr) Die Ende des 17. Jhs. erbaute Fortaleza San Luis war bis in die 1970er-Jahre als militärische Festung im Einsatz, danach wurde sie als Gefängnis genutzt. Heute beherbergt der Bau ein kleines Museum mit dem Schwerpunkt dominikanische Militärgeschichte. Zu den Ausstellungsstücken zählen alte, rostige Waffen und eine Sammlung von Panzern und Artilleriegeschützen aus dem 20. Jh.

Catedral de Santiago Apóstol KIRCHE
(Ecke Calle 16 de Agosto & Benito Monción; ⌚Mo–Sa 7–9, So 7–20 Uhr) Santiagos Kathedrale liegt südlich des Parque Duarte und wurde zwischen 1868 und 1895 im gotisch-neoklassischen Stil errichtet. In der Kathedrale ruht Diktator Ulises Heureaux (19. Jh.) in einem Marmorgrab. Der kunstvoll geschnitzte Altar aus Mahagoni und die eindrucksvollen Buntglasfenster des zeitgenössischen dominikanischen Künstlers Dincón Mora sind ebenso sehenswert.

Palacio Consistorial MUSEUM
(Parque Duarte; ⌚Mo–Sa 9–12 & 14–17 Uhr) GRATIS An der Westseite des Parque Duarte stehen das alte Rathaus und ein kleines Museum zur Stadtgeschichte. Wer während des Karnevals hier ist, sollte sich die tolle Show mit Masken und *fichas* (Poster) nicht entgehen lassen. Sie sind Teil eines jährlichen Wettbewerbs, an dem die besten Künstler und Maskenbauer des Landes teilnehmen.

Casa del Arte KUNSTGALERIE
(☎809-471-7839; Benito Monción 46; ⌚Mo–Sa 9–19 Uhr) GRATIS Die kleine Galerie zeigt dominikanische Gemälde, Fotografien und Skulpturen. An einigen Abenden pro Woche trifft sich hier ein Filmclub, um Kunstfilme und qualitätvolle Hollywood-Filme zu zeigen (gratis). Manchmal gibt es Livemusik (ab 100 RD$) und samstags Theateraufführungen (100 RD$).

Santiago

Sehenswertes
1 Casa del Arte B2
2 Catedral de Santiago Apóstol B2
3 Centro de la Cultura de Santiago B2
4 Fortaleza San Luis C3
5 Monumento a los Héroes de la Restauración de la República E2
6 Palacio Consistorial B2

Schlafen
7 Aloha Sol Hotel C2
8 Hodelpa Centro Plaza C2
9 Hotel Colonial C1

Essen
10 El Tablon Latino E3
La Brasa .... (see 14)
11 Marisco Centro E2
12 Noah Restaurant & Lounge E2

Ausgehen & Nachtleben
13 Ahi-Bar E2
14 Barajanda Bar E2
15 Kukara Macara Country Bar & Restaurant E2
16 Puerta del Sol F3

Unterhaltung
17 Hotel Matum F2

Shoppen
18 Calle del Sol Indoor Market B2
Outdoor Market .... (siehe 18)

Geführte Touren

Camping Tours ABENTEUERTOUREN
(809-583-3121; www.campingtours.net; Calle 2, Villa Olga) Bietet die günstigste Wandertour zum Pico Duarte. Spanisch sprechende Führer und Gruppen mit 20–25 Personen. Der Preis beträgt zu Fuß 220 US$ pro Person und 255/290 US$ mit einem Muli für mehrere/eine Person.

Schlafen

Hotel Colonial BUDGETHOTEL $
(809-247-3122; colonialdeluxe@yahoo.com; Salvador Cucurullo 113-115; Zi. mit Ventilator 655 RD$, EZ/DZ mit Klimaanlage 1000/1300 RD$;) Wenn es auf den Preis ankommt, ist das Colonial ein akzeptables Hotel im Zentrum. Doch mehr als ein oder zwei Nächte sind nicht empfehlenswert. Die an eine Militärbaracke erinnernden Gänge führen zu schmucklosen Zimmern, die teils von einer einzigen Glühbirne erhellt werden. Alle Zimmer haben kleine Fernseher mit Kabelanschluss; in manchen findet sich sogar ein Kühlschrank.

Die Zimmer im Nebengebäude mit dem anspruchsvollen Namen **Colonial Deluxe** bestechen durch ähnliche „Qualität". In dieser Straße gibt es noch ein paar weitere abschreckende Billighotels.

★ **Camp David** HOTEL $$
(809-276-6400; www.campdavidranch.com; Carretera Luperón Km 71/2; EZ/DZ inkl. Frühstück 2500/3000 RD$;) Camp David liegt auf einem Berggrat (923 m) 30 Min. nordöstlich von Santiago mit weitem Blick auf Stadt und Tal. Die kürzlich renovierten, supergroßen Zimmer haben jetzt Marmorwaschbecken und Porzellanfliesenboden, was man eher aus edlen Boutiquehotels kennt. Die privaten Balkons gab es allerdings schon vorher.

Wer eine tolle Aussicht auf die Stadt haben möchte, fragt nach Zimmer 2203; einen schönen Bergblick bietet dagegen das Zimmer 2205. Das Hotel wurde von einem Bewunderer Trujillos errichtet, weshalb in der Lobby immer noch der 1956er-Cadillac des früheren Diktators ausgestellt ist. Da die Unterkunft einige Kilometer von der Hauptstraße entfernt liegt, braucht man für die Anreise ein Auto oder nimmt sich ein Taxi (500 RD$).

Das **Restaurant** mit weißen Tischdecken ist das romantischste Plätzchen weit und breit. Der Service wird einem Resort mit dem Namen Camp David durchaus gerecht. Da Rindfleisch hier eine Spezialität ist, sollte man das *filete generalissimo* mit seinen rund 230 g Fleisch vom Angus-Rind probieren (Hauptgerichte 550–1300 RD$).

Hotel Platino HOTEL **$$**
(☎809-724-7576; www.hotelplatinord.com; Av Estrella Sadhalá; EZ/DZ inkl. Frühstück ab 1900/2400 RD$; P ❄ 📶) Die auf der Rückseite einer kleinen Einkaufszeile unweit der Stadt gelegene Unterkunft ist ein hervorragendes Mittelklassehotel. Leider gibt es nur wenige Standardzimmer mit viel Tageslicht, das gilt besonders für die kleinen Zimmer im Erdgeschoss. Dafür sind die Betten bequem und die Zimmer haben einen kleinen Tisch, Fernseher und Minibar. Die exklusiveren Zimmer sind mit Plasma-Fernsehern und schönem Holzboden ausgestattet. Den Hoteleingang erkennt man am Pavillon davor. Das Platino befindet sich gegenüber vom Eingang zur Pontifica Universidad Catolica Madre y Maestra (PUCMM).

Hodelpa Centro Plaza HOTEL **$$**
(☎809-581-7000; www.hodelpa.com; Ecke Mella 54 & Del Sol; Zi. mit Frühstück 100 US$; P ❄ 📶) Das zur Hodelpa-Kette gehörende Business-Class-Hotel liegt nur eine Straße vom wichtigsten Geschäftszentrum der Innenstadt entfernt, weshalb der Straßenlärm in den unteren Stockwerken recht unangenehm sein kann. Der Service ist höflich und professionell, die Zimmer sind dafür ziemlich schlicht und teils schlecht beleuchtet. Es gibt ein Restaurant, eine Tapas-Bar, eine Lounge und ein kleines Kasino.

Aloha Sol Hotel HOTEL **$$**
(☎809-583-0090; www.alohasol.com; Calle del Sol 50; EZ/DZ mit Frühstück ab 2100/3000 RD$; P ❄ @ 📶) Das zentral gelegene Hotel ist ein guter Deal, wenn einem die etwas altbackene Qualität des Mobiliars in Zimmern und Gemeinschaftsräumen nichts ausmacht. Am besten nach einem Zimmer mit Fenster fragen und einige anschauen – die Helligkeit in den Räumen ist recht unterschiedlich. Die Qualität des Frühstücksbüffets ist überdurchschnittlich. Das Hotel betreibt ein eigenes Kasino.

Bora Bora Apart Hotel LOVE HOTEL **$$**
(www.borabora.com.do; Autopista Duarte Km 51/2; ab 2700 RD$; P ❄ 📶) Zugegeben, ein an der Straße gelegenes, grelles Pärchenhotel mit Stundentarifen (auch bekannt als *cabañas turísticas*, gemeinhin Stundenhotel genannt) liegt nicht jedem. Wer aber erst spätabends landet und ein wenig abenteuerlich veranlagt ist, findet es vielleicht praktisch. Und etwas zum Essen gibt es hier auch.

Einige der Suiten, etwa das „Orientalische Zimmer" oder das „Afrikanische Zimmer", ganz zu schweigen vom Diskozimmer mit Stripstange in der Mitte, sind ziemlich grell gehalten.

Hodelpa Gran Almirante HOTEL **$$$**
(☎809-580-1992; www.hodelpa.com; Av Estrella Sadhalá; Zi./Suite 205/285 US$; P ❄ @ 📶 🏊) Mit seinem Sonnendeck, dem Spa und dem Fitnesscenter lockt das Gran Almirante, eigentlich ein klassisches Hotel für Geschäfts-

GEBURTSORT DER ZIGARRENSTUMPEN

Viele der weltweit besten Zigarrenmarken werden in und um Santiago hergestellt – Aurora, Montecristo, Arturo Fuente, um nur ein paar zu nennen. Viele Marken verpflichten einheimische Zigarrenmacher, die dann die „labellose" Zigarre an Einheimische und Reisende zum halben Preis verkaufen. Beim Zigarrenkauf muss man auf gute Verarbeitung und Lagerung achten. Wenn man die Zigarre in die Hand nimmt, sollte sie dicht gewickelt und doch etwas nachgiebig sein. Ist sie zu locker oder zu fest, zieht sie nicht richtig. Sie darf auch nicht rascheln, da sie sonst zu trocken ist und wie Anzündholz qualmt.

Viele Fabriken befinden sich nordöstlich von Santiago am Fuße der Cordillera Septentrional im Dorf Tamboril (Die Straße 27 de Febrero wird zur Carretera Tamboril). Am einfachsten kann man den **La Aurora Parque Industrial** (☎809-734-2563; Tamboril; ⏲8–12 & 14–15.30 Uhr) besuchen, der mit dem Centro León verbunden ist, wo es früher eine kleine Aurora-Manufaktur gab. Alle Produzenten, auch die **Fabrica Anilo de Oro** (☎809-580-5808; Tamboril) und die **Tabacalera Jacagua** (☎809-580-6600; Tamboril), bieten nach Reservierung kostenlose Führungen an (meist Mo–Fr geöffnet).

NICHT VERSÄUMEN

KARNEVAL!

Der im Februar stattfindende Karneval wird im ganzen Land groß gefeiert, besonders aber in Santiago und in La Vega, wo die größte und am besten organisierte Feier veranstaltet wird. Santiago hingegen ist für seine künstlerischen und fantastischen *caretas* (Masken) berühmt und richtet jedes Jahr einen internationalen *Careta*-Wettbewerb aus, der auf das große Ereignis vorbereitet. Rivalisierende Stadtviertel in Santiago, La Joya und Los Pepines stellen den Großteil der Paradeteilnehmer, während Zuschauer auf Überführungen, aus Wohnhäusern und sogar von Laternenpfählen aus das Spektakel bewundern. In La Vega gehören die Einwohner jeweils zu einer der vielen Gruppen, die 10 bis 200 Mitglieder umfassen.

Es kommt nicht auf die Stadt an: Die Kostüme – farbenfrohe weite Gewänder mit Umhängen und diabolischen Masken – sind immer das Highlight. Schön aufpassen, was sich hinter einem abspielt – die Teilnehmer schwingen *vejigas* (aufgeblasene Kuhblasen), um einander und auch die Zuschauer auf den Po zu treffen.

Wer in einer der Städte den Karneval erleben möchte, sollte unbedingt reservieren – zu dieser Jahreszeit sind alle Zimmer schnell ausgebucht.

reisende mit Spesenkonto, auch Touristen an, die ein wenig mehr Komfort suchen. Die Zimmer sind erstklassig, dazu kommen mehrere Restaurants und Bars sowie ein Kasino. Das Hotel liegt zwar einige Kilometer außerhalb des Stadtzentrums, doch man kann von hier aus mehrere gute Restaurants zu Fuß erreichen.

Essen

Gute Speiselokale in der Innenstadt sind äußerst dünn gesät: Eine Handvoll dominikanischer und internationaler Fast-Food-Restaurants finden sich rund um die Calle del Sol und *comedors* (Imbiss) in den umliegenden Straßen. Fast alle Bars und Lounges an der West- und Südseite des Monumento bieten gutes Essen – z. B. das **La Brasa** (Calle Beller; Hauptgerichte 200 RD$; 10–3 Uhr), eine freundliche und unkomplizierte Open-Air-Parrilla, und das **Kukara Macara Country Bar & Restaurant** (809-241-3143; www.kukaramacara.net; Av Francia 7; Hauptgerichte 475 RD$; 10–2 Uhr), eine weitläufige, kitschige Anlage mit Westerntouch. An der Südseite des Monumento verkauft eine Frau an einem Stand ab dem frühen Abend Empanadas.

Francepan (Av 27 de Febrero; Mo–Fr 9–22, Sa & So ab 8 Uhr) und **La Campagna** (Av Juan Pablo Duarte; Hauptgerichte 300 RD$; So–Do 8–24, Fr & Sa 8–1 Uhr) sind zwei einander ähnelnde Restaurants im Stadtviertel Jardínes östlich der Innenstadt: Etwas edlere Cafés mit Sitzplätzen im Patio und umfangreichen Speisekarten, die von gesunden Smoothies (110 RD$) über Salate (200 RD$) bis zum Burger (180 RD$) und zur kräftigen Suppe (300 RD$) alles bieten.

El Carrito de Marchena DOMINIKANISCH $
(Av Estrella Sadhalá; Hauptgerichte ab 150 RD$; 24 Std.) An diesem Open-Air-Pavillon, nur 25 m vor dem Hotel Platino und ein paar Kilometer vom Monumento entfernt, chillen Nachteulen, die gerade mit ihren Freunden eine Nacht durchgetanzt und -getrunken haben. Ein paar große Fernseher mit Sportsendungen und eine gut gefüllte Speisekarte, auf der u. a. Tacos (100 RD$), Burritos (250 RD$) und *mofongo* stehen (Brei von frittierten Kochbananen mit Fleisch oder anderer Beilage; 240 RD$).

★ **Il Pasticcio** ITALIENISCH $$
(809-582-6061; www.ilpasticciord.com; Calle 3 & Av Del Llano, Cerros de Gurabo; Hauptgerichte 375 RD$; Di–So 12–15.30 & 19–23 Uhr) Paolo, der gestylte italienische Besitzer, heißt hier seit 1995 die Mächtigen und Bohemiens von Santiago willkommen. Das mit eigenartigen Kunstobjekten dekorierte Restaurant spiegelt seine Persönlichkeit. Die Speisekarte mit frischer Pasta, Fleisch, Fisch und Meeresfrüchten lässt keine Wünsche offen. Gut geschmeckt hat das Lachs-Carpaccio.

Marisco Centro FISCH & MEERESFRÜCHTE $$
(809-971-9710; Ecke Calle del Sol & Av Francia; Hauptgerichte 425 RD$; 9–24, Fr & Sa 9–2 Uhr) Das altgediente Restaurant serviert gegrillten Fisch und Meeresfrüchte in einem eleganten Speisesaal, im luftigen Garten oder im ganz normalen, hell erleuchteten Hinterzimmer.

Vormerken sollte man sich den Meeresfrüchtebrunch am Sonntag (Erw./Kind 600/300 RD$). Am Mittwochabend ist Sushi angesagt, freitags spielt Livemusik.

El Tablon Latino SÜDAMERIKANISCH **$$**
(Calle del Sol 12; Hauptgerichte 400 RD$; ⌚11–1 Uhr) Das lässig-coole, ultrazeitgenössische Design findet sein Gegenstück im kreativen panlateinamerikanischen Essen – oder man entscheidet sich für die einfacheren, aber immer noch überdurchschnittlichen Burger und Filets. Das Lokal liegt an einem lebhaften Straßenabschnitt an der Südseite des Monumento.

La Picola Locanda ITALIENISCH **$$**
(☎809-724-8831; Ecke Valverde & Av Metropolitana; Hauptgerichte 220–400 RD$; ⌚10–1 Uhr) Über ein Dutzend Pizza- und Pastasorten stehen in diesem modernen, briefmarkengroßen Restaurant im Viertel Jardines auf der Karte. Ein Pluspunkt für alle, die es bunter mögen: Hier gibt es auch Sushi (Röllchen 185 RD$) und weitere japanische Leckereien aus dem noch kleineren Sushi Ya.

Noah Restaurant & Lounge DOMINIKANISCH **$$**
(☎809-971-0550; www.noahrestaurant.com; Calle del Sol 4; Hauptgerichte 600 RD$; ⌚Mo–Do 11–24, Fr & Sa 11–3 Uhr) Das stilvolle Noah ist wohl das edelste Restaurant der Innenstadt rund ums Monumento: Auf den Tisch kommen Pasta, Fisch- und Fleischgerichte sowie über ein Dutzend Pizzasorten und Sushi.

Ausgehen & Unterhaltung

Rund um das Monumento drängeln sich viele Bars, Restaurants und Lokale für einen späten Snack (besonders an der Calle Beller), weshalb sich diese Gegend am besten für Gelage eignet. In der Barajanda Bar an der Avenida Francia spielt jeden Abend Livemusik. Die meisten Lokale servieren zudem sehr gutes Essen. Straßenverkäufer verkaufen gekühltes Bier und Einheimische beschallen bis zum Morgengrauen vom Auto aus die Umgebung. Obwohl das Zentrum nicht sonderlich gefährlich ist, kann es in den frühen Morgenstunden doch ein wenig zwielichtig werden – daher besser für den Heimweg ein Taxi nehmen. Von Montag bis Mittwoch ist meist nicht viel los.

Im Hotel Almirante und **Hotel Matum** (☎809-581-3107; www.hotelmatum.com; Av Las Carreras 1) gibt es einen Tanzclub; in der **Soho Rooftop Lounge** (☎829-579-8423; 5. Stock, Plaza Bella Terra, Av Pablo Duarte) wird montags Jazz gespielt.

Puerta del Sol LOUNGE
(Ecke Calle del Sol & Calle 6; ⌚16 Uhr bis spätabends; 📶) Eine Mischung aus Flughafen-VIP-Lounge, Sportbar und stylischem Miami-Nachtclub: So kann man das elegante Lokal entlang der Südseite des Monumento beschreiben. Große Plasmafernseher bedecken die Rückwand, während die anderen Seiten zur Straße hin offen sind. Außer Drinks gibt es eine umfangreiche Karte mit dominikanischen und internationalen Gerichten (Hauptgerichte 375 RD$).

Verwirrenderweise ist das Werbeschild des Telefonproviders Wind größer als das des Restaurants.

Ahi-Bar BAR
(☎809-581-6779; Ecke Calle RC Tolentino & Av Restauración; ⌚16 Uhr bis spätabends) Die beste einer Reihe von Bars an der Calle RC Tolentino. Der moderne Open-Air-Patio liegt über Straßenniveau. Die meisten Gäste schauen auf einen Drink vorbei, aber wer das Abendessen verpasst hat, bekommt hier auch etwas Leckeres zum Essen. Montags kann man Jazz im Freien hören. Der angegliederte **Dance Club** (Karaoke am Donnerstagabend) auf der anderen Straßenseite zieht schickes Jungvolk an.

Tipico Monte Bar TANZCLUB
(☎809-575-0300; Av 27 de Febrero 18; Eintritt wechselt; ⌚17 Uhr bis spätabends, Di geschl.) Eine bunte Mischung aus Einheimischen, dom-yors (Dominikanern, die in New York City leben) und ab und an einem berühmten Baseballspieler kommt hierher, um Merengue zu hören und dazu zu tanzen. Die Bar liegt zwischen einigen Autowerkstätten im Viertel Las Colinas nördlich des Stadtzentrums. Am besten nimmt man ein Taxi für die Hin- und Rückfahrt (100 RD$ einfach).

Shoppen

Die Calle del Sol ist die Haupteinkaufsstraße der Innenstadt und wird von meist uninteressanten Klamottenläden, Banken, Friseursalons und kleineren Kaufhäusern gesäumt. Es gibt jedoch einen zweistöckigen, **überdachten Markt** (zwischen Calle España & Av 30 de Marzo), dessen Besuch sich lohnt, wenn man nach Souvenirs wie Zigarren, *mamajuana* (eine Mischung aus Kräutern, getrockneter Rinde, Wein und Honig) oder Rum sucht.

Direkt hinter diesem Gebäude versteckt sich in kleinen Seitenstraßen ein chaotischer, überdachter Markt im Freien, wo Stand an Stand Secondhand-Klamotten, Schuhe und andere Dinge verkauft werden.

In Santiago gibt es mehrere Einkaufszentren, darunter das etwas gehobenere **Plaza Bella Terra** (Av Duarte; ⌚8–23 Uhr) und das ältere **Plaza Internacional** (Av Duarte; ⌚8–23 Uhr, Kino Mo–Fr 19 Uhr bis spätabends, Sa & So 16 Uhr bis spätabends), die östlich des Monumento nahe beieinander liegen, sowie das **Las Colinas Mall** (Av 27 de Febrero; ⌚8–23 Uhr, Kino Mo–Fr 19 Uhr bis spätabends, Sa & So 16 Uhr bis spätabends) mit dem Supermercado Jumbo, der seinen Namen zurecht trägt. Alle Einkaufszentren haben Lebensmittelläden und ein Kino, in dem überwiegend aktuelle Hollywoodfilme für 150 RD$ gezeigt werden.

Praktische Informationen

BanReservas (Calle del Sol 66) und **Scotiabank** (Ecke Calle del Sol & 30 de Marzo) an der Calle del Sol haben einen Geldautomaten.

Centro de Internet Yudith (☎809-581-4882; Calle 16 de Agosto bei Mella; Std. 35 RD$; ⌚Mo–Fr 8.30–20.30, Sa 8.30–17 Uhr)

Farmacia Jorge (☎809-582-2887; Ecke Calle España & Av Gómez)

Hospital Metropolitano de Santiago (☎809-947-2222; www.homshospital.com; Autopista Duarte Km 2,8; ⌚24 Std.)

An- & Weiterreise

AUTO

Die Auswahl an verlässlichen internationalen Mietwagenfirmen ist am Flughafen recht gut: **Avis** (☎809-233-8154; www.avis.com), **Europcar** (☎809-233-8150; www.europcar.com) und **Hertz** (☎809-233-8555; www.hertz.com) haben alle von 7–23 Uhr geöffnet. 25 RD$ für den Automaten an der Parkplatzausfahrt bereithalten. Beinahe ein Dutzend einheimische Firmen reihen sich an der Zugangsstraße von der Autopista zum Terminal aneinander – die meisten bieten auch einen Abholdienst vom Flughafen.

Unterwegs vor Ort

Normale Ruftaxis fahren auf der Suche nach Fahrgästen durch die Straßen – innerorts kostet eine Fahrt 100 RD$.

Conchos sind Privatautos, die entlang einer bestimmten Route fahren und dafür 12 bis 20 RD$ verlangen (bis zu sechs Fahrgäste pro Fahrzeug). Sobald es dunkel wird, übernehmen allerdings die nichtlizensierten *piratas* das Geschäft. Vorsicht! Nicht einfach bei irgendjemandem einsteigen.

BUS

Caribe Tours (☎809-241-1414) unterhält zwei Busbahnhöfe in Santiago (Alle Busse – außer dem nach Haiti, der nur in Las Colinas hält – steuern beide Bahnhöfe an): Der in Las Colinas befindet sich an der Avenida 27 de Febrero rund 3 km nördlich des Stadtzentrums, der andere liegt etwas günstiger im Viertel Jardínes an der Ecke Maimon und 27 de Febrero, nur ein paar Schritte vom Konkurrenzunternehmen **Metro** (☎809-587-3837) entfernt. Alle drei Bahnhöfe befinden sich an oder nahe der Ruta-A-*concho*-Strecke. Oder man nimmt sich ein Taxi. Die Busse steuern folgende Ziele an:

REISEZIEL	FAHRPREIS (RD$)	FAHRZEIT	HÄUFIGKEIT
Cap-Haïtien, Haiti	1060	4 Std.	tgl. mittags
Dajabón	200	2½ Std.	Bus nach Monte Cristi
La Vega	80	45 Min.	Bus nach Santo Domingo
Monte Cristi	190	1¾ Std.	6 mal tgl., 8.45–18.15 Uhr
Puerto Plata	120	1¼ Std.	stündl., 8.15–21.15 Uhr
Santo Domingo	280	2½ Std.	26 mal tgl., 6–20.15 Uhr
Sosúa	160	2 Std.	Bus nach Puerto Plata

FLUGHAFEN

Santiagos **Aeropuerto Internacionál del Cibao** (☎809-233-8000; www.aeropuertocibao.com.do) liegt 12 km südlich der Stadt und ist am besten per Taxi erreichbar (einfach 15–20 US$). Folgende Fluggesellschaften fliegen ihn an:

Aerolineas Mas (☎in Santo Domingo 809-682-9399; www.aerolineasmas.com) Flüge nach Punta Cana und Port-au-Prince, Haiti

Air Turks and Caicos (☎809-233-8262; www.airturksandcaicos.com)

American Airlines (☎809-200-5151; www.aa.com) Direktflüge nach Miami.

American Eagle (☎809-583-0055; www.aa.com) Nach San Juan, Puerto Rico und Port-au-Prince, Haiti.

Copa Airlines (☎809-200-2772; www.copaair.com) Nach Panama-Stadt, Panama.

Delta (☎809-200-9191; www.delta.com) Tägliche Flüge nach New York (JFK).

Jet Blue (☎809-200-9898; www.jetblue.com) Tägliche Flüge nach New York (JFK) und San Juan, Puerto Rico.

Spirit Airlines (☎809-587-9326; www.spirit.com) Früh am Morgen nach Fort Lauderdale, Florida – möglicherweise die günstigste Flugverbindung zwischen der Dominikanischen Republik und den USA.

SAN JOSÉ DE LAS MATAS

38 600 EW. / 518 M

Die 45 km südwestlich von Santiago gelegene kleine Stadt in den Bergen ist der Ausgangspunkt zweier wichtiger Wanderwege in den Parque Nacional Armando Bermúdez. Der hübsche Ort bietet schöne Ausblicke auf die Berge, mehrere Flüsse und *balenarios* (natürliche Wasserbecken) zum Baden – hier kann man vor oder nach einer langen Tour ausspannen.

Wen es an diesen Ort verschlagen hat, der kann dem Weg folgen, der hinter dem Postamt an der Calle 30 de Marzo beginnt. Er führt zu einem Park auf einer Klippe, von der aus man eine grandiose Aussicht auf die umgebenden Berge genießt. Der Spaziergang dauert hin und zurück etwa eine Stunde.

Die bei Weitem beste Unterkunft ist die ehemalige Trujillo-Residenz **Hotel La Mansión** (809-571-6868; www.hotellamansi onsajoma.com; EZ/DZ 1700/2300 RD$;), ein riesiger Komplex mit großzügigen, modernen Zimmern (mit schönem Panoramablick), einem Poolgelände, einer Bar und einem **Restaurant** (Hauptgerichte 300 RD$; 9–23 Uhr). Sobald Livemusik gespielt wird, geht es hier rund. Das rustikale **Ventana Rio Lindo** (809-214-4430; www.ventanariolindohotel.com; EZ/DZ 500/1000 RD$;) mit seinen schlichten Zimmern im Betonlook liegt 9 km westlich der Stadt, am Ende einer Schotterstraße am Hang über dem Fluss Inoa. Hier bekommt man auch einfache Mahlzeiten (150 RD$).

Guaguas nach Santiago (100 RD$, 1 Std., 6–19 Uhr) fahren gegenüber der Texaco-Tankstelle am Ortseingang ab. Die Busse verkehren morgens im 15-Minuten-Takt. Zur Mittagszeit wartet man dann allerdings eine Stunde oder manchmal noch länger. Mit dem Auto dauert die Fahrt von Santiago aus nur 45 Min.

LA VEGA

248 000 EW.

La Vega schmiegt sich auf halber Strecke zwischen Santo Domingo und Santiago direkt an die Autopista. Bekannt ist die Stadt vor allem als Verkehrszentrum und als Ort mit der aufregendsten Karnevalsfeier des Landes. Obwohl die tagsüber staubige und laute Stadt in fast jeder Hinsicht recht langweilig wirkt, ist ihre Entstehungsgeschichte doch ganz interessant.

In den 1490er-Jahren befahl Christoph Kolumbus höchstpersönlich den Bau einer Festung in dieser Gegend, um dort das aus umliegenden Minen geförderte Gold zu lagern. In den folgenden 50 Jahren entstand hier die erste Münzprägeanstalt der Neuen Welt. Auch die erste Zuckerrohrernte für den Handel wurde hier eingebracht. Und noch eine Premiere ist erwähnenswert: Auch das erste königlich genehmigte Freudenhaus der westlichen Hemisphäre eröffnete in La Vega. Doch der Wohlstand fand 1562 ein abruptes Ende, als ein Erdbeben die Stadt dem Erdboden gleichmachte. Der Schaden war so gewaltig, dass die Stadt einige Kilometer weiter an ihre jetzige Stelle am Ufer des Río Camú verlegt wurde. Die Überreste der alten Stadt kann man in der Nähe von Santo Cerro besichtigen.

Sehenswertes & Aktivitäten

Santo Cerro KIRCHE

Die Legende besagt, dass Kolumbus auf diesem Hügel mit fantastischer Aussicht auf das Valle del Cibao ein Kreuz errichtete, das er als Abschiedsgeschenk von Königin Isabella erhalten hatte. Während einer Schlacht zwischen Spaniern und Taínos versuchten die Ureinwohner vergeblich, das Kreuz zu verbrennen, doch es wollte einfach kein Feuer fangen. Die hl. Jungfrau, die Virgen de las Mercedes, erschien, woraufhin die Taínos voller Angst geflohen sein sollen.

Heute ist das Kreuz verschwunden und befindet sich vermutlich in Privatbesitz. Aber man kann immer noch das Santo Hoyo (Heiliges Loch) besichtigen, in dem das Kreuz angeblich stand.

Das Loch befindet sich in der **Iglesia Las Mercedes**: Es ist mit einem kleinen Drahtgeflecht abgedeckt und wird von Nonnen und Jesuiten gepflegt. Die beige-weiße Kirche mit ihrem roten Schindeldach ist mittlerweile eine wichtige Pilgerstätte, die am 24. September zum Patroziniumsfest Tausende von Gläubigen anlockt. Sehenswert ist auch ein umzäunter Baum nahe der Treppe, die zur Kirche führt – er soll der Überlieferung nach bereits 1495 gepflanzt worden sein.

Santo Cerro liegt nordöstlich von La Vega, mehrere Kilometer östlich der Autopista Duarte, an einer steil und in Ser-

ABSEITS DER ÜBLICHEN PFADE

TOUR DURCH DIE BERGE ZUR NORDKÜSTE

Die rustikale Berghütte auf einem Grat mit atemberaubendem Ausblick auf das Tal ist so weit von einem All-inclusive entfernt, wie man es sich nur vorstellen kann, und eignet sich perfekt für ökobewusste Reisende. Das **Tubagua Plantation Eco-Village** (☎809-696-6932; www.tubagua.com; Zi. mit Frühstück ab 25 US$; 📶) ist die Vision des seit Langem in der Dominikanischen Republik lebenden kanadischen Honorarkonsuls Tim Hall, der sich für lokale Gemeinden und Umweltschutzthemen engagiert. Nach seiner Beschreibung sind die Unterkünfte hier dem „Robinson-Crusoe-Stil" nachempfunden, was aber nicht abschreckend gemeint ist. Es gibt mehrere Holzhütten mit Palapa-Dach und einfachen Betten mit Moskitonetz (schlicht, aber bequem) sowie ein Gemeinschaftsbad, das auf drei Seiten geschlossen ist. Auf der vierten, halboffenen Seite hängt ein leerer Bilderrahmen, durch den der Panoramablick hervorragend zur Wirkung kommt. Das edelste Häuschen mit Dusche im Freien erinnert ein wenig an Bali und ist die ideale Unterkunft für Flitterwöchner. Wer es sich erst einmal mit Kaffee und Buch in der Open-Air-Lounge oder im Essbereich gemütlich gemacht hat, wird so schnell nicht mehr aufstehen wollen.

Es empfiehlt sich nicht, nachts auf eigene Faust zur Lodge zu fahren, die 20 km von Puerto Plata (Taxi 30 US$) und 40 km von Santiago entfernt liegt, denn die Straßen sind holprig und unbeleuchtet.

Tim, ein enthusiastischer Verfechter von umweltschonendem und nachhaltigem Tourismus, kann Fahrten im ganzen Land zusammenstellen, sei es für einen Tag, mit einer Übernachtung oder für eine Woche. Von Tubagua ist eine Halbtagestour zu den Wasserbecken von **Charcos los Militares** besonders zu empfehlen. Tim ist bereits seit mehreren Jahren dabei, eine 30 km lange Sightseeingroute, **Ruta Panoramica** (www.rutapanoramica.com), durch die Berge anzulegen: Sie soll von Montellano im Norden (12 km östlich von Puerto Plata) bis nach La Cumbre im Süden führen.

Die teils etwas holprige „Straße" windet sich zur **Cordillera Septentrional** bis auf 670 m bei La Cumbre hinauf – ein Denkmal erinnert an den Ort, wo die Leichen der Mirabal-Schwestern (politische Dissidentinnen) von Auftragsmördern zurückgelassen worden waren. Die Berghänge dieser Gegend sind mit **Bernsteinminen** durchsetzt: Hier findet man auch die wertvollste Sorte, den blauen Bernstein. Meist sind es kleine, mit Schaufel und Spitzhacke gegrabene Löcher, die mit Plastikfolie als provisorischem Wetterschutz abgedeckt werden. Der Abbau ist eine ziemlich trostlose und unberechenbare Angelegenheit. Carmen, die Ehefrau eines Minenarbeiters, bereitet Mittagessen und Kaffee in ihrem einfachen Häuschen zu. Gemeinsam mit ihren Söhnen beantwortet sie Fragen über das Leben eines Minenarbeiters.

Nicht weit entfernt gibt es auch eine kleine Kaffeeanbauregion, sie erstreckt sich rund um das hübsche Städtchen **Pedro Garcia,** etwa 10 km nördlich von La Cumbre gelegen. In **Pedro Garcia** kann man Kaffee (500 g Kaffee 300 RD$) sowie vor Ort hergestellte Schmuckstücke bei **Artesania La Factoria** (Calle JP Duarte 125) kaufen. Der Laden ist an die einzige Kaffeeverarbeitungsfabrik der Gegend angeschlossen (früher gab es einmal sechs davon). Nachdem eine Kaffeekirschenkäfer-Epidemie im Jahr 2000 die meisten Kaffeebohnen vernichtet hatte, wurden die Kaffeeplantagen an den Berghängen gerodet und in Viehweiden umgewandelt. Die Auswirkungen auf Wirtschaft und Umwelt waren enorm und führten zur Abwanderung vieler Dorfbewohner – die Bevölkerungszahl liegt nur noch bei einem Viertel im Vergleich zu 1970. Es gibt erste Bemühungen, Gelder zur Wiederaufforstung zu beantragen, eine Bio-Kaffeeplantage mit Herkunftsgarantie aufzubauen und den Ökotourismus zu fördern. Bis dahin kann man die Bewohner von Tubagua darum bitten, eine Vorführung mit Kaffeeröstung und -verkostung zu organisieren. Sie findet an einem kleinen Stand auf dem Berg statt, von wo aus man einen wunderbaren Blick auf die umgebende Landschaft hat.

pentinen bergauf führenden Straße. Wenn man aus der Stadt kommt, ist der Weg schwer zu finden – besser mal nachfragen.

La Vega Vieja HISTORISCHE STÄTTE

(Eintritt 100 RD$; ⏲8–17 Uhr) Von der alten Stadt sind nur noch die Ruinen der Festung, die Kolumbus errichten ließ, sowie eine Kirche erhalten. Nach dem großen Erdbeben von 1562 wurden die eingestürzten Gebäude der alten Stadt als Baumaterial für das heutige La Vega wiederverwendet. Mit etwas Fantasie und der Hilfe eines Führers (nur spanisch) lässt sich die historische Bedeutung der sichtbaren Überreste verstehen.

Das kleine Museum im hinteren Bereich des Geländes zeigt Werkzeuge, Waffen und Keramik der Taíno und der Spanier. Das Eintrittsgeld und der Obolus für den Führer scheinen Verhandlungssache zu sein und hängen von der Personenzahl ab.

Wer die Stätte besuchen möchte, fährt nach der Abzweigung nach Santo Cerro noch 4 km weiter und hält Ausschau nach einem alten, ramponierten Schild auf der linken Straßenseite.

Catedral de la Concepción KIRCHE
(Ecke Av Guzman & Adolfo; ⏲ wechselt) La Vegas berüchtigte Kathedrale ist ein faszinierender Schandfleck, der wie eine Mischung aus mittelalterlicher Festung und Kohlebergwerk aussieht – eine eigenartige Kombination von gotischem und neoindustriellem Stil. Das geräumige moderne Innenleben versöhnt ein bisschen. Die Kathedrale steht am Kopf des Hauptplatzes, über den Familien und junge Leute abends und am Wochenende flanieren.

Schlafen & Essen

Wer nicht zum Karneval nach La Vega kommt, muss hier auch nicht unbedingt übernachten. Das **Hotel Rey** (☎ 809-573-9797; Calle Restauración 3; Zi. ab 1500 RD$, Restaurant Hauptgerichte 200 RD$; P ❄ ᯤ), ein gutes und ordentliches Hotel, das auf Geschäftsreisende ausgerichtet ist, liegt nahe der Autobahn und etwa sechs Straßen von der Kathedrale entfernt.

Vor der Kathedrale verkaufen Stände Brathähnchen und *pastelitos* (mit Fleisch, Käse oder Gemüse gefüllte Blätterteigtäschchen). Eines der wenigen richtigen Restaurants im Herzen der Stadt ist das **Macao Grill** (Calle Don Antonio Guzman 82; Hauptgerichte 150–300 RD$; ⏲ 11–21 Uhr; ᯤ) an der Ostseite des Kathedralenplatzes. Neben den üblichen dominikanischen Gerichten werden hier hervorragende Deep-Dish-Pizza und leckere Burger und Burritos serviert.

Außerdem gibt es mehrere große Open-Air-*comedors* und dominikanische Fast-Food-Restaurants entlang der Autopista.

An- & Weiterreise

La Vega ist eine reguläre Haltestelle auf der gut befahrenen Strecke zwischen Santo Domingo und Santiago. Der Busbahnhof von **Caribe Tours** (☎ 809-573-2488; Av Rivera) liegt an der Hauptstraße, 1,5 km vom Zentrum von La Vega entfernt. Die Hauptstraße, Avenida Antonio Guzman, verläuft in nordsüdlicher Richtung und kreuzt die Autopista Duarte nördlich der Stadt.

REISEZIEL	FAHRPREIS (RD$)	FAHRZEIT	HÄUFIGKEIT
Jarabacoa	100	1 Std.	Busse aus Santo Domingo halten um 7, 10, 13.30 & 16.30 Uhr
Puerto Plata	250	2 Std.	Bus nach Sosúa
Santiago	100	40 Min.	Bus nach Sosúa
Santo Domingo	270	1½ Std.	alle 30–60 Min., 6.30–7.45 Uhr
Sosúa	280	2½ Std.	stdl., 7.30–20.30 Uhr

Nach Santiago fährt auch ein *guagua* (85 RD$, 50 Min.), der von einem Bahnhof an der in die Stadt führenden Hauptstraße abgeht. *Guaguas* und Pick-ups nach Jarabacoa (65 RD$) fahren los, wenn sie voll sind, und zwar von einer Haltestelle namens Quinto Patio (1 km vom Zentrum, Taxi 70 RD$) zwischen 7 und 18 Uhr.

Nach Constanza gibt es zwei Zweite-Klasse-Direktverbindungen (150 RD$, 2–3 Std.), die vom *mercado público* (öffentlicher Markt) um 8 und um 14 Uhr abfahren, wobei die genaue Abfahrtszeit schwankt.

JARABACOA

40 550 EW. / 488 M

Jarabacoa liegt eingebettet in das hügelige Vorgebirge der Cordillera Central. Es besticht heimlich durch Vorzüge, die nichts mit dem Bilderbuch-Karibik-Urlaub gemein haben. Abends und nachts trägt man besser einen leichten Pullover, ein trüber Fluss schlängelt sich an bewaldeten, umwölkten Hängen vorbei, und die einheimischen Abenteurer berichten bei einem Bier in einer der Bars oder Nachtclubs nahe des Parque Central von ihren Heldentaten. Die Tatsache, dass sich Tausende wohlhabender Dominikanern aus Santo Domingo und Santiago hier ein Sommerhaus gebaut haben, zeugt von Jarabacoas entspanntem Charme als „Stadt des ewigen Frühlings". Wer an Rafting, Wandern, Reiten, Canyoning oder einfach am Landleben Interesse hat, sollte sich in einem der guten Hotels außerhalb der Stadt einquartieren.

Am Wochenende fahren die Einheimischen zum Balenario la Confluencia 4 km nördlich der Stadt, wo der Rio Yaque und der Rio Jimenoa aufeinandertreffen, um dort zu baden und zu picknicken.

Aktivitäten

Wildwasser-Rafting

Ein Rafting-Trip auf dem Río Yaque del Norte ist eine aufregende Sache, die Spannung, Spiel und Spaß und für ein paar Unglückliche auch einen Sturz ins Nass verspricht und hält. Ein typischer Rafting-Ausflug beginnt mit dem Frühstück, anschließend fährt man mit einem Laster zur Einstiegsstelle flussaufwärts. Dort werden alle mit Schwimmweste, Helm und Neoprenanzug ausgestattet und bekommen eine Einweisung ins Paddeln und in die Sicherheitsvorkehrungen.

Normalerweise muss man nur eine Zeitlang paddeln: in den Stromschnellen, wenn man das Boot auf Kurs halten muss, und gelegentlich im flachen Wasser, um vorwärtszukommen. Nach zwei Dritteln des Weges gibt es eine kleine Brotzeitpause, am Schluss kehrt man nach Jarabacoa zum Mittagessen zurück.

Die Stromschnellen sind als Stufe 2 und 3 klassifiziert (darunter Abschnitte mit dem Namen „Mike Tyson" und „der Friedhof"), wobei die Gefahr, dass das Boot umkippt und alle in den Fluss fallen, zum Spaß dazugehört. Ein Kameramann eilt am Ufer entlang voraus, sodass die Abenteurer das Ganze direkt nach der Fahrt bei einem Bier anschauen (und den Film kaufen) können.

Der Río Yaque del Norte weist tiefer im Gebirge Stromschnellen der Stufe 4, 5 und 6 auf. An diesen Stellen werden keine offiziellen Touren durchgeführt, doch unerschrockene Rafting-Guides fahren privat dorthin. Wer sich dafür interessiert, sollte am besten bei Rancho Baiguate (S. 198) nachfragen, muss aber damit rechnen, dass ein gesalzener Preis verlangt wird.

Viele kommen von der Nordküste zum Raften und fahren dann gleich wieder zurück. Das bedeutet eine Hin- und Rückfahrt im Bus von jeweils mindestens vier Stunden. Warum nicht ein paar Nächte in Jarabacoa verbringen? Der Trip macht dann sicher mehr Spaß.

Canyoning

Wessen Adrenalinspiegel nach dem Wildwasser-Rafting noch nicht hoch genug ist, der wird sich nach ein paar Stunden, in denen er/sie sich einen Bergfluss hinunter abseilt, springt, gleitet, an einer Seilrutsche entlangschlittert und schließlich schwimmt, wie ein Navy Seal oder Hollywood Stuntman (respektive Stuntwoman) fühlen. Rancho Baiguates Standard-Canyoning-Trip (50 US$, inkl. Ausrüstung) endet damit, dass man sich den Wasserfall Salto Baiguate hinunter abseilt.

Wasserfälle

Mit eigenem Fahrzeug sind die Wasserfälle gut zu erreichen. Ansonsten bringen *motoconchos* Interessierte für 1000 RD$ zu allen drei Wasserfällen. Für eine Taxifahrt werden 80 bis 100 US$ verlangt.

Salto de Jimenoa Uno WASSERFALL

(Eintritt 100 RD$) Die Wasserfälle bei Jarabacoa sind so pittoresk, dass eine Eröffnungsszene aus *Jurassic Park* hier gefilmt wurde. Dieser hier ist definitiv der schönste – ein 60 m hoher Wasserfall, der aus einem gähnenden Loch in einem Felsen hervorsprudelt. Es gibt einen Sandstrand und ein schönes Wasserbecken zum Schwimmen, doch das Wasser ist eiskalt und auch gefährlich: Von den wirbelnden Strömungen sollte man sich unbedingt fernhalten.

Der Startpunkt für den Weg zum Wasserfall befindet sich 7 km von der Shell-Tankstelle in Jarabacoa entfernt an der Straße nach Constanza. In einer kleinen Hütte ist das „Büro" für dieses Gemeindeprojekt untergebracht – zum Eintritt bekommt man noch eine Wasserflasche dazu. Der steile Pfad nach unten ist nach Regenfällen sehr rutschig und auch sonst recht schweißtreibend (für den Hin- bzw. Rückweg jeweils 20–30 Minuten einplanen).

Salto de Jimenoa Dos WASSERFALL

(Eintritt 50 RD$) Zum meist nur als Salto Jimenoa bezeichneten Wasserfall spaziert man der Aussicht wegen, denn der Zugang zum Wasserbecken am Fuß dieser 40 m hohen Kaskade ist gesperrt. Vom Parkplatz sind es 500 m Fußmarsch über eine Reihe von Hängebrücken und entlang eines Pfades, der von dicht bewaldeten Canyonfelsen begrenzt wird. Die Abzweigung zu den Was-

Jarabacoa

Schlafen

1 Hostal Jarabacoa C3
2 Hotel Brisas del Yaque II B4

Essen

3 Mercado Modelo B4
4 Panadería & El Rancho B2
5 Pizza & Pepperoni D4
6 Restaurant Del Parque Galería C4

Unterhaltung

7 Entre Amigos C3
8 Liquor Bar & Grill B2
9 Venue Bar & Lounge B2

serfällen liegt 4 km nordwestlich von Jarabacoa an der Straße zur Autopista Duarte.

Aus der Stadt kommend, erreicht man eine große Gabelung mit einer Reihe von Schildern, wo man sich für die Fahrt zu den Wasserfällen rechts hält. Von hier aus führt eine 6 km lange Teerstraße zum Parkplatz, an der Straße liegt ein Golfplatz.

Salto de Baiguate — WASSERFALL

GRATIS Baiguate liegt in einem üppig grünen Canyon und wirkt nicht so beeindruckend wie die anderen Wasserfälle. Dafür eignet er sich gut zum Schwimmen. Ein wunderschöner, 300 m langer Pfad, der aus der Canyonwand gehauen wurde, führt vom Parkplatz zum *salto* – Canyoning-Trips finden hier ihren Abschluss, indem die Teilnehmer sich den Wasserfall hinunter abseilen.

Hier die Anfahrtsbeschreibung: Der Calle El Carmen 3 km nach Osten aus Jarabacoa heraus folgen, bis zu einem Schild auf der rechten Straßenseite, das auf die Wasserfälle hinweist. Von dort aus führt eine ziemlich holprige Schotterstraße, die an einer Stelle von einem flachen Bach durchschnitten wird, noch 3 km weiter bis zum Parkplatz.

Wandern

Außer der Wanderung zum Pico Duarte sind einige kürzere Halbtages- und Tagestouren in dieser Gegend möglich.

Eine Ahnung von der ökologischen Vielfalt des **Parque Nacional Armando Bermúdez** bekommt man auf einer Tageswanderung nach **Los Tablones** (7 Std.; 10 km). Der Weg ist nicht besonders gut markiert, weshalb ein einheimischer Führer fast unerlässlich ist. Rancho Baiguate kann Touren mit jeweils vierstündigem Auf- und Abstieg organisieren (150 US$ pro Pers. inkl. Essen, mind. 2 Pers.). Wer selbst zum Park anreist, zahlt 200 RD$ und verhandelt dann mit den Guides vor Ort. Zum Ausgangspunkt für die Wanderung nach Los Tablones fährt man 10 Minuten, eine sehr schlecht befahrbare Straße führt südwestlich aus La Cienaga hinaus dorthin.

Eine echte Herausforderung ist der steile Aufstieg zum **El Mogote**, einem 1573 m hohen Gipfel westlich der Stadt. Um zum 5 km entfernten Startpunkt zu kommen, nimmt man am besten ein Taxi (einfach 200 RD$). Die Fahrt führt am Salesianerkloster vorbei, dessen Mönche alle ein Schweigegelübde abgelegt haben. Zum Gipfel marschiert man stramme 5 Std. – von daher ist die Tour nur für wirklich trainierte Wanderer zu empfehlen. Früh losziehen, Bergstiefel anziehen (falls vorhanden) und reichlich Wasser einpacken. Der Abstieg ist zumindest auf der ersten Hälfte des Weges ziemlich rutschig.

La Jagua (4 Std., 6 km), eine kürzere Wanderung, kann auch über Rancho Baiguate gebucht werden (40 US$ pro Pers., inkl. Essen).

Paragliding

Wem es Spaß macht, sich von einer Klippe zu stürzen, ist hier genau richtig. Unbedingt auf die Suche nach Antonio Rosario Aquino, genannt **Tony** (☎809-848-3479; www.paraglidingtonydominicanrepublic.com; Tandemflüge 2500 RD$), machen: Der aus Jarabacoa stammende Pilot zählt zu den erfahrensten der Insel. Nach dem Take-off muss man nur noch entspannt im bequemen Geschirr sitzen. Mal sehen, wer nach einer Reihe von 360-Grad-Drehungen bei hoher Geschwindigkeit sein Mittagessen noch bei sich behalten kann ... Fotoapparat nicht vergessen – Der Flug ist die ideale Gelegenheit für fantastische Panoramabilder!

Geführte Touren

Jarabacoas größter und bester Veranstalter ist der Platzhirsch. Kleinere Tourenanbieter kommen und gehen, aber hinsichtlich Sicherheit und Verlässlichkeit empfiehlt sich nach wie vor die Firma Rancho Baiguate (S. 198). Obwohl die meisten Kunden dominikanische Gruppen aus der Hauptstadt sowie ausländische Gäste aus den All-inclusive-Resorts bei Puerto Plata sind, können sich Individualreisende den Touren jederzeit anschließen. Am besten ein oder zwei Tage zuvor anrufen (außer für die Tour zum Pico Duarte, für die eine längere Vorlaufzeit benötigt wird). Übernachtungsgäste können am Nachmittag im Büro vorbeischauen und nachfragen, welche Touren am nächsten Tag angeboten werden.

Die folgenden Preise sind Richtpreise: (alle Touren inkl. Frühstück und Mittagessen): **Rafting** (50 US$), **Canyoning** am Salto Baiguate (50 US$), **Mountainbiken** (25–50 US$ je nach Strecke). Rancho Baiguate bietet auch **Reit- und Jeepausflüge** zu den Wasserfällen an (16–21 US$ mit Mittagessen, 9–11 US$ ohne Mittagessen). Die Wanderungen zum Pico Duarte variieren preislich, je nach Teilnehmerzahl und Route: Eine vierköpfige Gruppe zahlt für drei Tage ohne Abstecher 380 US$ pro Person.

Ein beliebter Ausflug für Gruppen auf Rundreise kann mit kurzer Vorlaufzeit auch für unabhängige Reisende gebucht werden: Bei dem Besuch einer nahe gelegenen Bio-Kaffeeplantage lernt man die arbeitsintensive Kunst kennen, Kaffeebohnen in die tägliche Koffeinration zu verwandeln.

Ramirez Coffee Factory KAFFEEPLANTAGE
(☎809-574-2618; www.ramirezcoffee.com; Altos del Yaque; ⌚8–13.30 & 14–16 Uhr) Die 8000 km² große Plantage in Familienbesitz liegt nahe Manabao, doch die Verarbeitungsanlage, die man besichtigen kann, befindet sich nicht weit von Jarabacoas Stadtzentrum entfernt (auf der Brücke den Fluss

SONIDO DEL YAQUE

Ein steiler Weg bergab führt über mehrere Hundert Treppen nach **Sonido del Yaque** (Cabanas Cazuelas de Doña Esperanza; ☎809-846-7275; 500 RD$ pro Pers.), einem Tourismusprojekt der Gemeinde. Frauen des Dorfes Los Calabazos, das auf halber Strecke zwischen Jarabacoa und Manabao liegt, haben das Projekt initiiert. Bei der Unterkunft handelt es sich um eine Reihe von Holz- und-Beton-Hütten mit Stockbetten und Veranda, die mitten im üppigen Dschungel über dem rauschenden Yaque del Norte errichtet wurden. Es gibt Elektrizität, Kaltwasserduschen und Moskitonetze. Mit einer Vorausbuchung bekommt man auch etwas zu essen. Die Mahlzeiten werden in einem noch nicht fertigen zweistöckigen Holzgebäude serviert. Die Unterkunft ist nicht ausgeschildert: Wer aus Jarabacoa kommt, hält Ausschau nach einem winzigen Laden auf der rechten Straßenseite.

überqueren). In dem kleinen Café und Shop am Parkplatz kann jeder eine Tasse Monte-Alto-Kaffee probieren.

Schlafen

In der Stadt

Hotel Brisas del Yaque II HOTEL $
(☎809-574-2100; hotelbrisasdelyaque@hotmail.com; Av Independencia 13; Zi. ab 1500 RD$; P ❄ 📶) Das niedrige Yaque II hat große, bequeme und moderne Zimmer und Mitarbeiter an der Rezeption, die bei touristischen Fragen gerne helfen. Die Doppelzimmer mit Einzelbetten verfügen über zwei Badezimmer. Es lohnt sich, nach einem Zimmer mit „Bergblick" zu fragen, um so dem Straßenlärm zu entgehen. Das nahe gelegene Gegenstück, das Hotel Brisas del Yaque, war zur Zeit der Recherche wegen Renovierungsarbeiten geschlossen.

Hostal Jarabacoa HOTEL $
(☎809-574-4108; Calle Hermanas Mirabal; Zi. mit Ventilator/Klimaanlage 900/1300 RD$; P ❄) Ein günstiges Hotel für alle, die in der Stadt übernachten wollen. Es gibt keine richtige Lobby oder Gemeinschaftsräume, nur saubere Zimmer mit kleinem Bad. Im langen Flur hängen Fernseher. Alles erinnert ein wenig an ein Krankenhaus, das widerlegen aber die Besitzer, die ihre Gäste herzlich willkommen heißen.

Außerhalb der Stadt

Kurz nach der Recherche öffnete das charmante und ruhige Hotel **Villa Celeste Estate** (☎201-381-1875; Calle Los Pinos; Zi. mit Frühstück 100–150 US$; 📶) seine Pforten: Es liegt 12 km von La Vega entfernt an der Straße 28.

★ **Rancho Baiguate** RESORT $$
(☎809-574-6890; www.ranchobaiguate.com; Carretera a Constanza; All-incl. EZ 77–107 US$, DZ 126–163 US$, 3BZ 170–220 US$, 4BZ 252 US$; P 📶 🏊) 🍃 Baiguate, eine wunderbare Basis zur Erkundung der Berge, ist ein rustikales Resort auf einem riesigen, 72 km² großen Gelände mit viel Wald. Nach einem Zimmer im niedrigen Gebäude am Fluss fragen – dort gibt es große, gemütliche Zimmer mit Fliesenboden und eigenem Patio mit Korbstühlen. Auf der anderen Seite des Flusses, der durch das Gelände fließt, liegen ein Pool, ein Volleyballplatz, Tischtennisplatten und Billardtische. Wer lieber seine Ruhe hat und nur chillen will, kann auch einfach nur den vielen Vögeln beim Zwitschern zuhören.

Am Wochenende und in den Ferien kommen viele Studentengruppen, aber unter der Woche hat man in der Nebensaison womöglich das ganze Resort für sich allein. Der dominikanische Koch versorgt sich aus dem hoteleigenen Gemüsegarten mit frischen Zutaten für seine Küche. Die Besitzer sind an Nachhaltigkeit interessiert, so wird u. a. kompostiert und eine Grauwasser-Recyclinganlage betrieben. Das freundliche Personal spricht englisch. Hier hat auch der beste Abenteuertour-Veranstalter der Gegend seinen Sitz. Das Hotelpersonal holt Gäste auf Wunsch in der Stadt ab.

Hotel Gran Jimenoa HOTEL $$
(☎809-574-6304; www.granjimenoahotel.com; Av La Confluencia; EZ/DZ/3BZ mit Frühstück ab 1375/1870/2400 RD$; P ❄ @ 📶 🏊) Das nobelste Hotel der Cordillera Central steht mehrere Kilometer nördlich der Stadt direkt am rauschenden Río Jimenoa. Hier könnte man problemlos eine Woche verbringen, ohne das ausgedehnte Hotelgelände zu verlassen. Es gibt sogar eine Fußgängerbrücke, die zu einer Bar am anderen Flussufer führt.

Die Tische des edlen Hotelrestaurants stehen auf einem Deck entlang des Flusses; die Speisekarte umfasst dominikanische, italienische und französische Standardgerichte, aber auch ausgefallene Gerichte wie Perlhuhn oder Kaninchen in Weinsauce (Hauptgerichte 550 RD$).

Jarabacoa River Club & Resort HOTEL $$
(809-574-2456; www.jarabacoariverclub.com; EZ/DZ mit Frühstück 2150/3100 RD$;) Der lebhafte, mehrstöckige Komplex verspricht Spaß für alle Altersklassen. Er erstreckt sich beiderseits des rauschenden Río Yaque del Norte und liegt 26 km südlich der Stadt an der Straße nach Manabao. Die Wildwasser-Rafter haben ihren Einstieg ein Stück weiter nördlich. Während man gemütlich im Restaurant oder Café am Fluss sitzt oder an einem der Pools liegt, kann man die Rafter unten vorbeipaddeln sehen. Das niedrige, zweistöckige Gebäude hat geräumige, moderne Zimmer, das wirklich Besondere hier aber ist die tolle Aussicht.

Essen

Alle aufgeführten Unterkünfte haben ihr eigenes Restaurant, was besonders für die Hotels außerhalb der Stadt von Bedeutung ist. Plaza La Confluencia ist ein kleines, neu eröffnetes zweistöckiges Einkaufszentrum, das zur Zeit der Recherche noch nicht komplett belegt war (kostenloses WLAN). Es bietet mehrere Lokale, darunter das Helados Bon (Eis) und Carrito de Moshe (Burritos, Wraps und Burger), einige Kioske und ein Pala Pizza. Im Stadtzentrum gibt es moderne Supermärkte und den kleinen **Mercado Modelo** (Av Mario N Galán; Mo–Sa 9–17 Uhr), der frisches Obst und Gemüse sowie weitere Lebensmittel verkauft.

Panadería & El Rancho CAFÉ, INTERNATIONAL $$
(Av Independencia & Duarte; Hauptgerichte 200–400 RD$; 7–22 Uhr;) Das Lokal gegenüber der Esso-Tankstelle im Nordteil der Stadt besteht aus einem Café, das schlichte Sandwiches und hervorragenden Espresso verkauft, und einem etwas gehobeneren Restaurant mit Bar. Das mit farbenfrohen Kunstwerken dekorierte Restaurant besticht durch eine abwechslungsreiche Speisekarte mit Fisch- und Pastagerichten und leckerer *cazuela de mariscos* (Suppeneintopf mit verschiedenen Meeresfrüchten; 400 RD$).

Besitzer sind die Leute von Rancho Baiguate, weshalb auch ein kleiner Kiosk (8–20 Uhr) angeschlossen ist, an dem man touristische Informationen bekommt.

Restaurant Del Parque Galería DOMINIKANISCH $$
(809-574-6749; Calle Hermanas Mirabal; Hauptgerichte 200–800 RD$; 11.30–22.30 Uhr;) Das alteingesessene Restaurant wurde direkt um einen Baum und einen kleinen Kinderspielplatz herum errichtet, mit Blick auf den Parque Central. Auf der umfangreichen Speisekarte stehen neben beliebten internationalen Gerichten dominikanische Spezialitäten wie *conejo criollo* (Kaninchen auf kreolische Art, 440 RD$) und *cabrito al vino* (Ziege in Weinsauce, 380 RD$).

Pizza & Pepperoni PIZZA $$
(809-574-4348; Paseo de los Maestros; Pizza 200–300 RD$; 11–23 Uhr;) Der unkomplizierte Name trifft es völlig: Auf der Karte finden sich sowohl hervorragende Pepperoni-Pizzas als auch mehr als ein Dutzend anderer Sorten. Doch auch Calzones, Burger, Pasta sowie gegrillte Fleisch- und Fischgerichte können die Gäste bestellen. Auf den Fernsehern des modernen Essbereichs unter freiem Himmel laufen Sportsendungen. Das Lokal hat einen eigenen Lieferservice.

★ **Aroma de la Montana** INTERNATIONAL $$$
(829-452-6879; www.jamacadedios.com; Hauptgerichte 600–1500 RD$; Mo–Do 10–22, Fr & Sa bis 23 Uhr;) Die Tatsache, dass die obere Ebene dieses noblen Bergrestaurants sich um 360 Grad drehen kann (nur am Wochenende) tut fast nichts zur Sache. Weite Ausblicke über die Landschaft rund um Jarabacoa, fast schon wie aus dem Flugzeug, können nämlich von den Balkonplätzen auch ohne Drehen genossen werden. Das Mittagessen findet in familiärer Atmosphäre statt. An den Wochenenden wird es beim abendlichen Candlelight-Dinner sehr romantisch (Reservierung ratsam). Auf der Karte stehen Ribeye Steaks, Hühnchen, Lachs und *parrilla* für zwei Personen.

Die Straße zum Restaurant, Teil eines großen Bauprojekts mit dem Namen Jamaca de Dios, schlängelt sich zwischen den Bergen Pinar Quemado und Palo Blanco südlich der Stadt nach oben. Ursprünglich war es ein lockerer Treffpunkt, wo kostenlose Hotdogs und Hamburger verteilt wurden. Dadurch sollten potenzielle Kunden, die sich ein Ferienhaus kaufen wollten, angelockt und zum Anhalten und Aussichtgenießen ermuntert werden. Für die Wachen am Tor der Siedlung den Ausweis bereithalten. Am Wochenende ist das Motorradfahren wegen der Lärmbelästigung verboten.

Ausgehen & Nachtleben

Das öffentliche Leben spielt sich in Jarabacoa rund um den Parque Central ab: Hier befinden sich auch die Kirche und alle Restaurants. Nachts dröhnt aus den zahllosen *colmados* laute Merengue-Musik, die bierseligen Gäste strömen hinaus auf den Gehsteig, wo die Party erst richtig in Schwung kommt.

Zwei weitere Nachtlokale liegen gegenüber der Esso-Tankstelle am nördlichen Ende der Stadt: **Venue Bar & Lounge** (Av La Confluencia) und **Liquor Bar & Grill** (Av La Confluencia); bei Letzterer kann man im zweiten Stock auch auf dem Balkon im Freien sitzen.

Entre Amigos TANZCLUB
(☎809-574-7979; Colón 182; ⏰Fr–So 21 Uhr bis spätabends) Die Bar ist die beste Partylocation der Stadt – hier werden Merengue, Salsa und Reggaeton gespielt. An der Bar steht man dicht an dicht. Vom frühen Abend bis 23 Uhr ist oft Karaoke angesagt.

Praktische Informationen

Banco Popular (Av La Confluencia) An der Plaza La Confluencia.

BanReservas (Ecke Calle Sanchez & Marío N Galán)

Centro de Copiado y Papelería (☎809-574-2902; Ecke Duarte & Av Independencia; Std. 35 RD$)

Clínica Dr Terrero (☎809-574-4597; Av Independencia 2A)

Cluster Turistico de Jarabacoa (☎809-574-6699; www.jarabacoar.com; Av Independencia; ⏰8–12 & 14–17 Uhr) Kleiner Laden mit Keramik und Infos zu Aktivitäten und Touren (nur spanisch); hervorragender Stadtplan und Umgebungskarte (150 RD$).

Farmacia Miguelito (☎809-574-2755; Calle Marío N Galán 70)

Politur (☎809-754-3216; Ecke Calle José Duran & Marío N Galán) Touristenpolizei, hinter dem Schalter von Caribe Tours.

Scotiabank (Ecke Av Independencia & Colón)

An- & Weiterreise

NACH SANTO DOMINGO

Caribe Tours (☎809-574-4796; José Duran, nahe Av Independencia) bietet die einzige Erste-Klasse-Busverbindung nach Jarabacoa. Viermal tgl. nach Santo Domingo (280 RD$, 2½ Std., 7, 10, 13.30 und 16.30 Uhr) mit Zwischenhalt in La Vega (80 RD$, 45 Min.).

NACH LA VEGA

Vom **Guagua-Bahnhof** (Ecke Av Independencia & José Duran) verkehren häufig Busse nach La Vega (85 RD$, 30 Min., alle 10–30 Min. von 7–18 Uhr). Wer lieber ein Taxi nimmt, zahlt 1000–1500 RD$.

NACH CONSTANZA

Públicos fahren täglich schräg gegenüber der Shell-Tankstelle (Ecke Deligne und Calle El Carmen) um 9 und um 13 Uhr ab (60 RD$, 40 Min.). Die landschaftlich reizvolle Strecke lässt sich dank der Asphaltierung problemlos selbst fahren, eine Herausforderung sind höchstens die vielen Haarnadelkurven. Hinter El Río führt die Strecke auf den letzten 19 km durch ein üppig grünes Tal.

NACH LA CIÉNAGA

Públicos (85 RD$, 1½ Std.) starten etwa alle 2 Std. von der Calle Odulio Jiménez nahe der Calle 16 de Agosto. Die ersten 33 km der 42 km langen Straße sind zum Großteil geteert. Die Rückfahrt kann schwierig werden, besonders nach einer Wanderung am Nachmittag. Am besten einen Laster in Richtung Jarabacoa anhalten: Die Chancen, mitgenommen zu werden, stehen ganz gut.

Unterwegs vor Ort

Um tagsüber zu Hotels oder Sehenswürdigkeiten außerhalb der Stadt zu gelangen, kann man ein *motoconcho* anhalten. Wem ein Taxi lieber ist, probiert es bei **Jaroba Taxi** (☎809-574-4640) neben dem Bahnhof von Caribe Tours oder winkt eines an der Ecke José Duran und Av Independencia heran.

In Jarabacoa gibt es mehrere Mietwagenfirmen, doch es empfiehlt sich, mit einem Mietwagen anzureisen, falls man beweglicher sein möchte.

NATIONALPARKS BERMÚDEZ & RAMÍREZ

1956 richtete die dominikanische Regierung den Parque Nacional Armando Bermúdez ein – in der Hoffnung, damit etwas der in Haiti stattfindenden Entwaldung entgegenwirken zu können. Der Park umfasst 766 km² teils waldbedeckter Berge und unberührter Täler. Zwei Jahre später wurde ein südlich angrenzendes Gebiet mit einer Fläche von 764 km² als Parque Nacional José del Carmen Ramírez unter Schutz gestellt. In beiden Parks liegen drei der höchsten Gipfel der Karibik und die Quellgebiete zwölf großer Flüsse, darunter des Río Yaque

Parques Nacionales Bermúdez & Ramírez

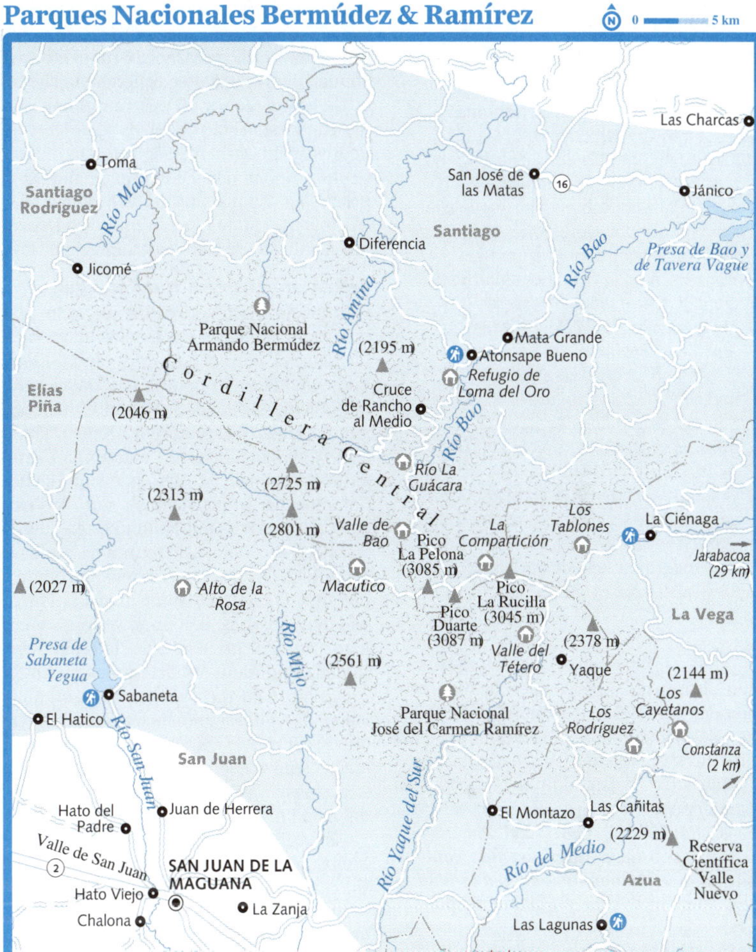

del Norte, der als wichtigster Fluss des Landes gilt und der einzige Wildwasserfluss der Dominikanischen Republik ist.

Aktivitäten

Besteigung des Pico Duarte

Die Erstbesteigung des Pico Duarte (3087 m) fand 1944 statt, als Teil einer Feier zur Erinnerung an den 100. Jahrestag der dominikanischen Unabhängigkeit. In den späten 1980er-Jahren ließ die Regierung Pfade im Nationalpark anlegen und Hütten errichten, in der Hoffnung, durch die bessere Zugänglichkeit der Gipfel den Tourismus ankurbeln zu können. Heutzutage besteigen den Pico Duarte rund 3000 Wanderer pro Jahr.

Bei all den Mühen kann es trotzdem passieren, dass man ohne Aussicht am Gipfel steht, weil Nebelschwaden um den Berg wabern. Bis auf 2000 m führt der Marsch durch den vogelreichen Regenwald und durch dichte Farne. Doch diese Zone ist schnell durchschritten und dann geht es den Großteil der Strecke durch niedergebrannte Flächen von *pino caribeño*. Mehrere Waldbrände haben die Landschaft mit ihrer Monokulturbepflanzung verwüstet. Die einzigen Tiere, die man hier vielleicht noch sieht,

AUSRÜSTUNG

Warme und wetterfeste Kleidung ist für alle, die in einem der Parks übernachten wollen, ein Muss. Während die Durchschnittstemperatur fast das ganze Jahr über 12–20 °C beträgt, sind z. B. im Dezember und Januar −5 °C nicht ungewöhnlich. Heftige Regenfälle kann es zu jeder Jahreszeit geben. Auch wenn der Boden sandig ist und das Wasser gut abläuft, braucht man doch Wanderstiefel und eine Regenjacke. Am besten packt man die Ausrüstung (inkl. Taschenlampe, Sonnen- und Insektenschutz) in wasserdichte Tüten und nimmt noch eine Tüte extra für den Schlafsack und die Matratze mit, die man bei einer Wanderung auf den Pico Duarte ausgehändigt bekommt. Bei einer organisierten Tour vorher nachfragen, ob diese Ausrüstungsgegenstände wirklich gestellt werden. Ein Vorrat an Sportriegeln ist empfehlenswert, damit man unterwegs bei Kräften bleibt.

sind Schwärme krächzender Krähen und ein oder zwei Wildschweine. Wer viel Glück hat, sieht in der Einöde vielleicht ein paar farbenfrohe Epiphyten (Aufsitzerpflanzen).

Nahe der Startpunkte der wichtigsten Wanderwege gibt es **Rangerstationen** (Parkeintritt 200 RD$; ⌚8–17 Uhr). Aus Sicherheitsgründen muss jeder, der den Park betritt, und sei es nur für eine kurze Wanderung, von einem Guide begleitet werden.

Geführte Touren & Führer

Am leichtesten erreicht man den Gipfel im Rahmen einer geführten Tour. Die Preise sind recht unterschiedlich und abhängig von der Teilnehmerzahl und der Länge der Tour: pro Person und Tag sollte man etwa mit 100–200 US$ rechnen. Am besten so früh wie möglich buchen.

Rancho Baiguate (☎809-574-6890; www.ranchobaiguate.com; Carretera a Constanza) ist die beste Wahl für alle, die kein Spanisch sprechen. Der Veranstalter hat sein Büro in Jarabacoa und bietet auch einen Abstecher ins Valle del Tétero an. Der „Pico Express"-Trip kostet für 3 Tage und 2 Übernachtungen 380 US$ pro Person.

Iguana Mama (S. 164) in Cabarete ist die richtige Adresse für alle, die mit Anfahrt (und Rückfahrt) von der Nordküste buchen wollen. Es gibt nur vier offizielle Termine pro Jahr, doch passende Gruppentouren können die Veranstalter sicher organisieren.

Camping Tours (S. 187) in Santiago ist der günstigste Veranstalter, da seine Klientel überwiegend Dominikaner sind. Aus diesem Grund spricht der Führer auch nur Spanisch. Der Veranstalter ist der einzige, der die Tour von Mata Grande zum Pico Duarte mit Abstieg nach La Ciénega anbietet.

Selbst organisierte Wanderungen

Wer gut Spanisch spricht und es nicht eilig hat, kann natürlich auch persönlich nach La Cienaga fahren und dort Mulis, Essen und einen Führer organisieren. Dabei sollte man nicht vergessen, dass man immer erst am nächsten Morgen weiterziehen kann, egal zu welcher Tageszeit man in La Cienaga angekommen ist. Reisende mit eigener Campingausrüstung können am Parkeingang zelten. Mulis mit Führer kosten jeweils 700 RD$ pro Tag, der Tourguide verlangt 1000 RD$ pro Tag (mindestens ein Führer pro fünf Wanderer). Wenn man an einem anderen Ausgang den Park verlässt, muss man zusätzliche Tage für die Guides bezahlen, da diese ja wieder zurück zu ihrem Ausgangspunkt zurück müssen (wo sie auch leben). Die Führer können die Grundvorräte organisieren. Auf halber Strecke gibt es eine kleine Trinkwasserquelle, doch es empfiehlt sich, selbst Wasser mitzunehmen (Flaschen, die die Mulis tragen).

Ein Aufstieg zum Pico Duarte ist ohne Mulis weder möglich noch wünschenswert – den Park kann man nur mit einem Führer betreten und ein Führer wird nicht ohne Mulis wandern. Und wer mit kompletter Ausrüstung in dieser Hitze marschiert, bringt sich selbst um den Spaß. Falls sich jemand verletzt, kommen die Mulis auch als Retter in der Not zum Einsatz.

Gipfelrouten

Es gibt zwei beliebte Routen auf den Pico Duarte. Die kürzeste und einfachste (und am häufigsten genutzte) führt von **La Ciénaga** über Jarabacoa. Die Strecke ist 23 km lang, 2275 m geht es dabei in die Höhe. Es empfiehlt sich daher, die Tour auf drei Tage aufzuteilen – ein langer, mühevoller Weg bis zum Campingplatz La Compartición (2450 m), ein leichter Tag, um den Gipfel zu stürmen und die Aussicht zu genießen (Frühaufsteher können sogar den Sonnenaufgang bewundern), und ein langer

Tag für den Rückweg. Man schafft die Tour zwar auch in zwei Tagen, wenn man um 4 Uhr aufsteht und den Gipfel im Morgengrauen erreicht, aber der Abstieg ist dann extrem mühsam, heiß und anstrengend. Viele planen sogar noch einen vierten Tag für den Abstecher ins **Valle del Tétero** ein – ein wunderschönes Tal am Fuß des Berges.

Die zweitbeliebteste Route startet in **Mata Grande**. Von dort sind es 45 km zum Gipfel und 3800 Hm, inklusive der Besteigung eines zweiten Gipfels: La Pelona ist nur ein paar Meter niedriger als der Pico Duarte. Die erste Nacht verbringt man bei dieser Route auf dem Campingplatz Río La Guácara, die zweite am Campingplatz Valle de Bao. Die Route ist in fünf Tagen zu schaffen (hin & zurück), aber es empfiehlt sich, auf dem Rückweg die Route über das Valle del Tétero und La Ciénega (ebenfalls fünf Tage) zu nehmen. Camping Tours bietet die Tour über Mata Grande an, Ausgangspunkt ist in der Regel die Stadt José de las Matas.

Der Gipfel ist auch von **Sabaneta** (über San Juan de la Maguana), **Las Lagunas** (über Padre las Casas) und Constanza aus erreichbar. Diese Routen werden allerdings selten gewandert, denn sie sind wesentlich anspruchsvoller und werden nicht von den Veranstaltern angeboten – Führer und Mulis müsste man daher selbst organisieren.

Schlafen

Im Park gibt es 14 Campingplätze mit einer Hütte, die Wanderer kostenlos nutzen können. Jede Hütte bietet Platz für rund 20 Personen. Die Holzgebäude haben keine Betten oder Schränke, die Latrinen liegen draußen. Wer ein Zelt hat, sollte es mitbringen. In der Nähe der meisten Hütten steht auch eine Art Küche: ein offenes Gebäude mit zwei oder drei Holzöfen aus Beton. Brennholz kann man normalerweise leicht rund um den Campingplatz aufsammeln. Vorab daran denken, Zündhölzer und Papier zum Anzünden mitzunehmen.

CONSTANZA

34 700 EW. / 1097 M

Hier im Gebirge gibt es ein Sprichwort: „Gott ist überall, aber er wohnt in Constanza." Das in einem fruchtbaren, von Bergen umringten Tal gelegene Städtchen ist ein atemberaubender Ort. Die Abenddämmerung ist besonders eindrucksvoll: Sobald die Sonne hinter den Gipfeln untergeht, senkt sich dichter Nebel auf den Talboden. Constanza ist die Hauptstadt der industriellen Landwirtschaft und somit des Pestizidverbrauchs – 80 % des Obstes und Gemüses (hauptsächlich Kartoffeln, Erdbeeren, Salat und Knoblauch) und 75 % der Blumen wachsen auf den umliegenden Farmen. Viel tun kann man hier nicht (echte Mountainbiker sind da vielleicht anderer Meinung). Doch die Dominikaner aus den Städten im Tiefland kommen am Wochenende hierher und genießen das kühlere Klima und die Abgeschiedenheit. Autofahrer aufgepasst! Es gibt hier keine funktionierenden Ampelanlagen, dafür aber unzählige Schlaglöcher und nicht-markierte Einbahnstraßen sowie viele Fahrzeuge, die teilweise nur bedingt straßentauglich sind. Alle kurven durch enge Straße, entsprechend gefährlich ist es, hier nachts herumzufahren.

Constanza ist die Heimat einiger Hundert japanischer Bauern, die in den 1950er-Jahren auf Einladung Trujillos ins Land kamen. Trujillo erhoffte sich, dass die 50 japanischen Familien im Austausch für sehr fruchtbaren Boden zu Billigstpreisen das Tal in ein gut gedeihendes Agrarzentrum verwandeln würden – die Hoffnung erfüllte sich.

Sehenswertes & Aktivitäten

Am Wochenende erwacht Constanzas Parque Central zum Leben: Hier treffen sich die Einheimischen am Ende des Tages auf einen Drink. **Softballspiele** finden fast jeden Abend um 19 Uhr auf dem Feld ein paar Straßen westlich des Parks statt.

Die Hauptattraktionen liegen alle ein gutes Stück weit weg und sind nur mit einem Geländewagen erreichbar. Die meisten Hotels können kurzfristig Touren in ihren eigenen Fahrzeugen organisieren. Die Alternative ist **Safari Constanza** (☎809-539-3839; www.safariconstanza.com).

Aguas Blancas WASSERFALL

Den atemberaubenden Wasserfall, angeblich der gewaltigste der Großen Antillen, erreicht man von Constanza aus nach einer landschaftlich schönen, aber holprigen Geländewagenfahrt (16 km). Der Wasserfall – eigentlich eine Kaskade mit drei Stufen – rauscht 135 m eine steile Klippe hinunter, in einen Pool mit klarem blauem, aber extrem kaltem Wasser. Um dorthin zu gelangen, muss man zunächst durch einen dichten Dschungel marschieren, bevor der Wasserfall kurz vor der Ankunft schließlich ins Blickfeld gerät.

Und so kommt man hin: An der Isla-Tankstelle Richtung Norden fahren, vorbei an der Colonia Japonésa. Wer kein eigenes Fahrzeug hat, erkundigt sich am besten in den Hotels: Viele bringen Gäste für 2500 RD$ dorthin (bis zu 5 Pers.). Der Weg durch die Berge führt an Siedlungen vorbei, in denen extrem arme haitianische und dominikanische Bauernfamilien leben.

Reservo Científica Valle Nuevo NATURRESERVAT

Der abgelegene Park ist auch als Parque Nacional Juan Pérez Rancier bekannt und beginnt 17 km südöstlich von Constanza. **Las Pirámides,** ein Denkmal, das die geografische Mitte der Dominikanischen Republik markiert, liegt 46 km entfernt. Von hier werden die Kälterekorde des Landes gemeldet: Manchmal sinken die Temperaturen nachts auf -8°C. Mit 2438 m ist dies die höchstgelegene Ebene der Karibik. Theoretisch kann man bis nach San José de Ocoa 90 km weiter südlich fahren, allerdings wohl nur mit einem entsprechend ausgerüsteten Militärfahrzeug.

Reservo Cientifica Ebano Verde NATURRESERVAT

Der Eingang zum 23 km² großen Reservat liegt an der von Santiago kommenden Straße. Wer nicht viel Zeit hat, spaziert auf dem einfachen, 2 km langen Pfad durch den Tropenwald und entdeckt dort vielleicht dominikanische Magnolien, Palisanderholzbäume und Vögel wie den Rotschwanzbussard. Ein etwas anspruchsvollerer, 6 km langer Weg führt zu einem Wasserbecken (mit der Möglichkeit zum Schwimmen) am Fuße eines kleinen Wasserfalls.

Piedras Letradas HÖHLENKUNST

Piedras Letradas („Beschrifteter Stein") ist eine flache Höhle mit zahllosen Taíno-Petroglyphen und -Piktogrammen, die meist Tiere und schlichte, menschenartige Figuren zeigen. Die Stätte liegt 30 km nordwestlich von Constanza und ist über La Culeta erreichbar. Die Straße ist bis La Culeta geteert, auf dem weiteren Abschnitt sollte man aber nur mit einem Geländefahrzeug fahren.

Feste & Events

Im September (wechselndes Datum) dreht Constanza durch: Denn dann finden die **Fiestas Patronales** statt, ein neuntägiges Fest zu Ehren der Virgen de las Mercedes, der Schutzheiligen der Stadt. Es gibt Livemusik und Bierzelte im Park. Der ganze Trubel gipfelt in der Krönung der neuen *reina* – einer Art Miss-Constanza-Wahl.

Schlafen

Constanza füllt sich am Wochenende und in den Ferien und leert sich unter der Woche. Das Stadtzentrum ist recht laut, da ständig Motorräder und Scooter knatternd hindurchfahren.

Hotel Vistas del Valle HOTEL $

(☎ 829-689-9808; socratesgp@hotmail.com; Calle Antonio Maria Garcia; EZ/DZ mit Ventilator 450/700 RD$; P) Zugegeben, die Konkurrenz ist nicht allzu groß, doch dieses gepflegte Hotel in Familienhand im Westen der Stadt bietet gemütliche Zimmer. Vor den Zimmertüren im zweiten Stock hat man sogar eine schöne Aussicht.

★ **Alto Cerro** HOTEL $$

(☎ 809-539-6192; www.altocerro.com; Calle Guarocuya 461; EZ/DZ/3BZ mit Frühstück 1800/2100/2500 RD$, Villen für 2/5/7 Pers. 2800/5200/7800 RD$, Camping 350 RD$ pro Pers.; P ❄ 📶) Bei Weitem die beste Unterkunft in Constanza: Dieser große, von einer Familie geführte Komplex befindet sich 2 km östlich der Stadt an der Straße zur Autopista Duarte (nach der Abzweigung links direkt hinter dem Flughafen Ausschau halten). Über ein Dutzend Gebäude ziehen sich einen Hügel entlang; die Zimmer sind nichts Besonderes, haben aber einen Balkon mit einem grandiosen Blick über das Tal. Die großen Suiten und zweistöckigen Villen sind mit einer Küche ausgestattet.

Das **Hotelrestaurant** (Hauptgerichte 340 RD$), wahrscheinlich das beste in Constanza, bietet eine tolle Aussicht vom Balkon des zweiten Stocks. Stilvoll gekleidetes Personal serviert dominikanische und europäische Gerichte. Es gibt einen kleinen Laden, der Grundnahrungsmittel verkauft. Hinter dem Hauptgebäude liegt der gepflegte Campingplatz, der bei dominikanischen Familien und großen Gruppen sehr beliebt ist. Der große Spa-Bereich wurde kürzlich renoviert.

Essen

Gegenüber der Isla-Tankstelle befindet sich der **Super El Económico** (Luperón; ⏲ Mo–Sa 7.45–12 & 13.45–20, So 9–12 Uhr), ein mittelgroßer Lebensmittelladen. Auf dem **Mercado**

Municipal (Ecke Gratereaux & 14 de Julio; ⌚Mo bis Sa 7–18, So 7–12 Uhr) werden regionale Lebensmittel verkauft.

Restaurant Aguas Blancas DOMINIKANISCH $$
(Espinosa 54; Hauptgerichte 200–450 RD$; ⌚9–22 Uhr; 📶) Der gemütliche, nachts sehr kühle (Pulli nicht vergessen) Speiseraum im Blockhüttenstil gilt in Constanza als feines Lokal. Neben dominikanischen Speisen stehen ein paar einfache Pastagerichte und die Spezialität, *guinea guisada,* auf der Karte.

Lorenzo's Restaurant DOMINIKANISCH $$
(☎809-539-2008; Luperón 83; Hauptgerichte 250 RD$; ⌚11–22 Uhr) Klassische dominikanische Gerichte in Riesenportionen werden hier am Westrand der Stadt serviert. Mittags wird es voll, besonders am Sonntag, wenn nur wenige andere Lokale geöffnet haben. Bei Lorenzo's gibt es Sandwiches, Pasta, Pizza, Fisch und herzhaftes *sancocho* (150 RD$) – ein Eintopf aus Fleisch, Wurst, Kochbanane und Kartoffel.

Dilenia DOMINIKANISCH $$
(Calle Fernando Deligne; Hauptgerichte 320–420 RD$; ⌚Mo–Do 11–20, Fr & Sa 11–22, So 11–17 Uhr) Das Dilenia versteckt sich in einer Wohnstraße am Ortseingang. Der Gastraum ist klein, die Speisekarte noch kleiner: Garnelen in Knoblauchsauce, Perlhuhn in Weinsauce und leckere Hühnerbruststreifen.

Praktische Informationen

Banco Léon (Luperón 19)

BanReservas (Abreu 48)

Constanza Information Center (☎809- 539-1022; www.constanza.com.do) Am Flughafenparkplatz. Englisch- und spanischsprachige Mitarbeiter.

Copy Centro (Calle Sanchez 9; 30 RD$ pro Std.; ⌚Mo–Fr 8–22, Sa 8–17 Uhr)

Farmacia San José (☎809-539-2516; Miguel Abreu 87) An der nordöstlichen Ecke des Parks.

Hospital Pedro Antonio Cespede (☎809-539-3288, 809-538-2420; Calle Antonio Isacc; ⌚24 Std.) Komplett ausgestattete Notaufnahme. Rechts stadteinwärts, direkt nach dem Flughafen.

Politur (☎809-539-3020) Touristenpolizei – gegenüber vom Flughafen, 2 km östlich der Stadt.

An- & Weiterreise

AUTO

Die Straße zwischen Jarabacoa und Constanza, die einst ein wahrer Knochenbrecher war, wurde inzwischen geteert. Im Kleinwagen dauert die Fahrt 45–60 Minuten, je nachdem, wie viele langsame Laster die Serpentinen hinaufkriechen. Von der Autopista Duarte kommend, liegt die Abzweigung bei El Albanico 89 km nördlich von Santo Domingo. Von da an sind es noch 51 km auf einer gut asphaltierten, kehrenreichen Straße durch üppig grüne Landschaft und eine Handvoll Dörfer. Außerhalb der Stadt braucht man einen Geländewagen.

GUAGUA

Transporte La Cobra (☎809-539-2119) fährt nach Santiago (300 RD$, 2 Std.) und Santo Domingo (300 RD$, 2½ Std.). Andere *guaguas* steuern Jarabacoa (150 RD$, 40 Min.) an. Es gibt auch eine regelmäßige *Guagua*-Verbindung nach El Albanico (160 RD$, 40 Min.), wo man in einen *guagua* nach Santo Domingo und La Vega umsteigen kann.

ÖSTLICH VON SANTIAGO

San Francisco de Macorís

188 000 EW.

San Francisco de Macorís ist ein lebhafte und relativ wohlhabende Stadt inmitten von Kakao- und Reisfeldern im Herzen des Valle del Cibao. Es gibt eine Reihe von Kolonialgebäuden, eine hübsche, große Plaza und das Stadion für die Gigantes, eines der sechs Profi-Baseballteams des Landes.

Von hier aus kann man einen Tagesausflug nach **Loma Quita Espuela** oder zu einer Kakaoplantage unternehmen. Momentan ist die Dominikanische Republik die Nr. 1 unter den Biokakao-Produzenten. **Sendero del Cacao** (☎809-547-2166; www.cacaotour.com; La Paja; Führung ohne Anfahrt 45 US$) bietet zweistündige Führungen (spanisch, englisch und französisch) auf einer bewirtschafteten Plantage inklusive Erläuterungen und Vorführungen zum Produktionsprozess an. Die Tour endet mit einem großen Mittagessen. Mit eigenem Fahrzeug sind es nur 10 Min. vom Parque Duarte dorthin.

Hotel Las Caobas (Mahagoni-Hotel; ☎809-290-5858; las_caoba_hotel@gmail.com; Ecke Calle Carrón & Av San Diego; EZ/DZ 2700/3000 RD$; P ❄ 📶 🏊) Das Mahagoni-Hotel wird seinem Namen nur in der Lobby und beim Mobiliar des Restaurants gerecht. Die Hotelzimmer sind Standardzimmer für Geschäftsreisende. Das hübsche Café und Restaurant haben den ganzen Tag geöffnet. Hinter dem Haus befinden sich ein großer Pool und eine Lounge Area. Die Lage, nur einige Hundert

RESERVA CIENTÍFICA LOMA QUITA ESPUELA

Der „Berg der verlorenen Sporen" – ein Verweis auf das dichte Unterholz, das den Cowboys die Sporen von den Stiefeln zog – ist ein abgelegener, einsamer und wunderschöner Nationalpark, der das größte Regenwaldareal der Insel schützt. Er ist die Heimat vieler endemischer, vom Aussterben bedrohter Arten. Die nichtstaatliche **Fundación Loma Quita Espuela** (☎809-588-4156; www.flqe.org.do; Urbanización Almánzar, Ecke Calle Luis Carrón & Av del Jaya; ⏲8–12 & 14–17 Uhr) bemüht sich darum, für die einheimischen Bauern nachhaltige Methoden zur Nutzung der natürlichen Ressourcen zu entwickeln.

Die Stiftung organisiert eine Wanderung auf den Loma Quita Espuela (942 m, 500 RD$ für bis zu 5 Pers., plus 100 RD$ pro Pers. Parkeintritt), wo ein Aussichtsturm einen fantastischen Blick auf das Valle del Cibao bietet. Nur mit Führer (nur spanisch).

Möglich ist auch eine kürzere Wanderung durch mehrere Kakaoplantagen, wo man *bola de cacao* kaufen kann – Kugeln aus Rohschokolade, die zur Herstellung von heißer Schokolade verwendet werden. Die Tour endet an einem *balenario* (Wasserbecken zum Schwimmen). In der Nähe liegen auch mehrere Taíno-Höhlen.

Einfache Übernachtungsmöglichkeiten bietet **Rancho Don Lulú** (☎809-863-8929; www.ranchodonlulu.com; Zi. 350 RD$) nur 1 km vom Ausgangspunkt des Weges zum Loma Quita Espuela entfernt. Zur Auswahl stehen acht Zimmer in einer rustikalen Hütte, einige Hundert Meter vom Haus der Besitzer entfernt, wo auch gegessen wird (Mahlzeit 150 RD$).

Der Parkeingang von Loma Quita Espuela liegt 15 km (30 Min.) nordöstlich von San Francisco de Macorís an einer holprigen Straße, die mit jedem Meter schlechter wird: Sie sollte nur mit einem guten Allradfahrzeug befahren werden.

Meter von den Büros der Fundación Loma Quita Espuela entfernt, ist recht praktisch.

Südlich des Parque Duarte lieg das **Buffalo Steak House** (☎809-290-3444; Calle San Francisco 63; Hauptgerichte 280 RD$; ⏲So–Do 12–23, Fr & Sa 12–1 Uhr), ein Restaurant im Westernstil mit relativ noblem Essbereich im Freien und hervorragenden Burgern, Meeresfrüchten und Steaks.

Die Abzweigung von der Autopista Duarte liegt 15 km (10 Min.) südlich von La Vega. Es ist auch möglich (wenn auch schwieriger) aus dem Süden von der Küste über Nagua anzureisen. Über ein Dutzend Busse von **Caribe Tours** (☎809-588-2221; Ecke Calle Castillo & Hernández) fahren täglich nach Santo Domingo (260 RD$, 6–18.30 Uhr).

Rund um Moca

Das Landstädtchen Moca florierte in den vergangenen Jahrzehnten durch die Produktion von Kaffee, Kakao und Tabak. Das höchste Gebäude der Stadt ist zugleich die einzige Touristenattraktion – die **Iglesia Corazón de Jesús** (Eintritt frei; ⏲wechselt) GRATIS mit einer Reihe schöner, aus Turin importierter Buntglasfenster.

Im 18. Jh. war Moca eines der wichtigsten Rinderzuchtgebiete der spanischen Kolonie. Im Jahr 1805 eroberten Soldaten das Städtchen, tötete die gesamte Einwohnerschaft und brannte sämtliche Gebäude nieder. Moca kam langsam und mühevoll wieder auf die Beine und begann in den 1840er-Jahren mit dem kommerziellen Tabakanbau. Heute enthalten einige der weltbesten Zigarren Tabak, der auf den Hügeln rund um die Stadt angebaut wird.

Östlich von Moca und rund 4 km östlich der Stadt Salcedo wartet das **Museo de Hermanas Mirabel** (☎809-587-7075; Eintritt 20 RD$; ⏲Mo–Fr 9–17, Sa & So bis 17.45 Uhr) auf Besucher. Das Wohnhaus der Mirabal-Schwestern Patria, Minerva und María, die wegen ihrer Oppositionstätigkeit von Agenten des Trujillo-Regimes ermordet wurden, hat man in ein Museum verwandelt, in dem seit ihrem Tod nichts verändert wurde. Alles in den Räumen wirkt, als ob sie gerade erst gegangen wären. Sogar die Kleidung, die sie bei ihrer Ermordung trugen, wird ausgestellt. Im Eintrittspreis enthalten ist eine spanische Führung.

Wer kein eigenes Auto hat, für den lohnt sich die Fahrt dorthin nicht wirklich.

Der Südwesten & die Halbinsel Pedernales

➡ **Inhalt**

Baní ... 209
San Juan de la Maguana ... 213
Comendador del Rey (Elías Piña) ... 215
Halbinsel Pedernales ... 216
Parque Nacional Jaragua ... 223
Parque Nacional Sierra de Bahoruco ... 224
Lago Enriquillo & Isla Cabritos ... 225
Jimaní ... 227

Gut essen

- Rancho Típico (S. 220)
- Brisas del Caribe (S.217)
- Casa Bonita (S. 221)
- Rincón Mexicano (S. 213)
- Restaurante Luz (S. 222)

Schön übernachten

- Casa Bonita (S. 221)
- Hotel Casablanca (S. 221)
- Piratas del Caribe (S. 222)
- Salinas Hotel (S. 209)
- Ecoturismo Comunitario Cachote (S. 218)

Auf in den Südwesten & zur Halbinsel Pedernales!

Dazu kann man eigentlich bloß eines sagen: sträflich vernachlässigt! In den Südwesten der Dominikanischen Republik schaffen es nicht viele Reisende, wohl auch, weil die entlegene Region nur mit wenigen bekannten Sehenswürdigkeiten aufwarten kann. Wer sie entdecken will, muss sich zudem auch noch ganz schön anstrengen. Aber eigentlich ist genau das der Grund, weshalb man dieser Gegend einen Besuch abstatten sollte. Hier stößt man in den Bergen auf Nebelwälder, in denen das Gezwitscher der Vögel für eine ganz besonders reizvolle Geräuschkulisse sorgt, und auf eine Wüste voller Kakteen, die sich bis zur Grenze nach Haiti erstreckt. Und dann wäre da auch noch die sagenhafte Küste der Península de Pedernales, einer Halbinsel mit kilometerlangen, unberührten Sandstränden und kristallklarem türkisblauem Meer. Wer in der Bahía de Las Águilas ankommt, einer Bucht mit einem 10 km langen, einsamen Strand, der hat das Gefühl, den Jackpot geknackt zu haben. Die reinste Postkartenidylle!

Reisezeit

➡ **März und April** Die biologische Vielfalt der Laguna Oviedo zeigt sich in dieser Zeit von ihrer schönsten Seite. Naturfreunde können hier wunderbar Vögel und andere Tiere in freier Natur beobachten.

➡ **Dezember bis Februar** In diesen Monaten ist in der Dominikanischen Republik dank Sonne, strahlend blauem Himmel und Fiestas an jeder Ecke am meisten los. Vor allem aus Europa und den USA kommen dann viele Urlauber.

➡ **Juni** Koffeinfanatiker zieht es zum Festival des Biokaffees in Polo, es findet in der ersten Juniwoche statt.

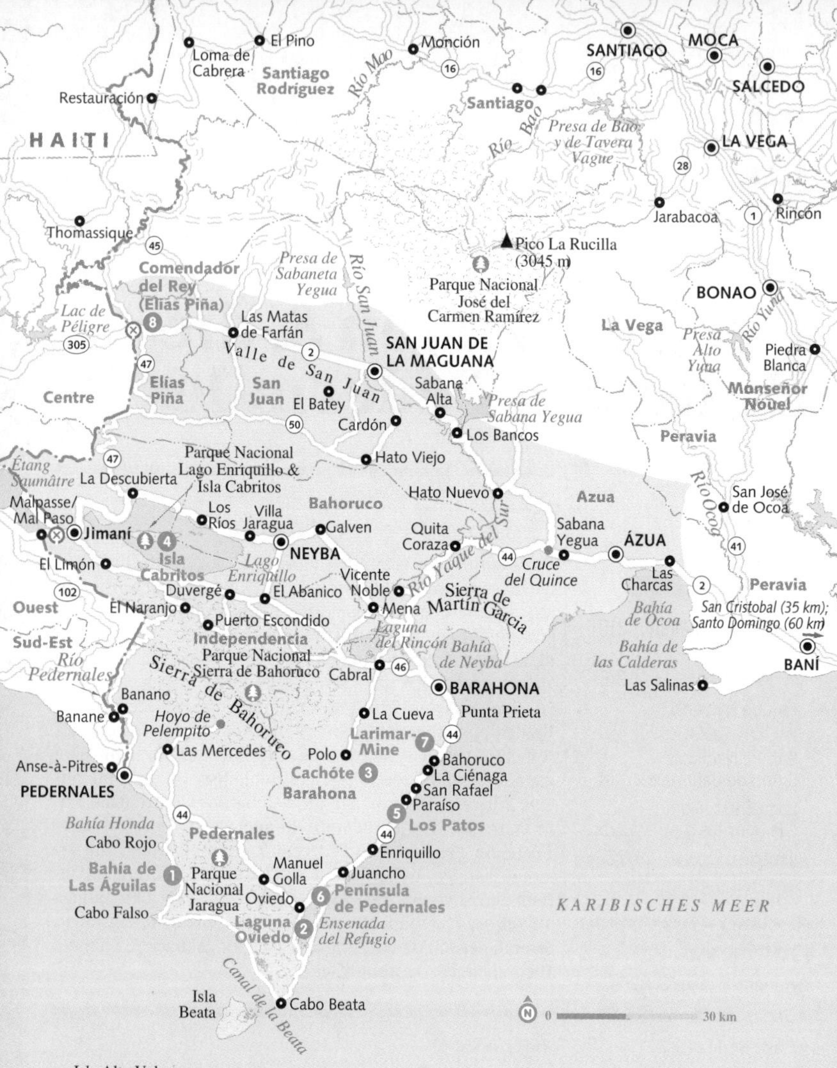

Highlights

1. Eine Bootsfahrt zur **Bahía de Las Águilas** (S. 220) - dem entlegensten und schönsten Strand des Landes
2. Bei einem Bootsausflug in die salzhaltige **Laguna Oviedo** (S. 223) Flamingos und Schildkröten beobachten
3. Eine Übernachtung in einer abgelegenen Hütte im kühlen Nebelwald von **Cachote** (S. 218)
4. Auf der **Isla Cabritos** (S. 225) mit den dort lebenden Leguanen Freundschaft schließen
5. Ein Bad im natürlichen Süßwasserbecken von **Los Patos** (S. 219) in der Nähe von Paraíso
6. Eine Autofahrt entlang der Ostküste der **Halbinsel Pedernales** (S. 216)
7. In der **Larimar-Mine** (S. 222) nach dem berühmten Halbedelstein suchen
8. Ein Bummel über den **haitianischen Markt** (S. 215) in Comendador del Rey

Anreise & Unterwegs vor Ort

Obwohl es gleich bei Barahona einen internationalen Flughafen gibt, wurde er während der Recherchen zu diesem Reiseführer von keiner kommerziellen Fluglinie angeflogen. Das bedeutet, dass man nur mit dem Auto oder dem Bus in die Region kommt. Caribe Tours bietet regelmäßige Verbindungen nach Barahona und San Juan de la Maguana an, die restliche Region lässt sich nur per *guagua* (Kleinbus) bereisen. Aufgrund gewerkschaftlicher Vereinbarungen halten *guaguas*, die die Küstenstraße hinauf- und hinunterfahren, nicht in jeder Ortschaft, obwohl sie oft mitten durch den Ort fahren. Wer also in einen Bus einsteigt, sollte sich vorab vergewissern, dass es auch der richtige ist. Sonst muss man womöglich außerhalb der Ortschaft aussteigen und zu Fuß weiterlaufen oder auf einen weiteren Bus warten, der im gewünschten Ort hält.

WESTLICH VON SANTO DOMINGO

Wer von der Hauptstadt gen Westen fährt, ist nicht nur in der entgegensetzten Richtung zu den Ferienorten am Meer im Osten unterwegs, sondern auch in eine ganz andere Dominikanische Republik. Hier definiert sich die Landschaft nicht durch den Tourismus, sondern durch ganz normale Alltagsszenen. Von Santo Domingo verläuft der Highway 2 durch das Landesinnere zur Provinzhauptstadt San Cristóbal und von dort weiter nach Süden zur Stadt Baní. Der Highway 41, der nach Norden nach San José de Ocoa verläuft, führt in die Ausläufer der Cordillera Central.

Baní

92 153 EW.

Die Stadt ist hauptsächlich als praktischer Zwischenstopp erwähnenswert, wenn jemand von Santo Domingo nach Barahona reisen möchte. Bei Baní befindet sich auch der Abzweig zum Strand und zu den Sanddünen von **Las Salinas,** die 25 km weiter südwestlich liegen.

Sehenswertes

Monumento Natural Dunas de las Calderas NATURSCHUTZGEBIET
(Eintritt 50 RD$, Führer pro 10-Personen-Gruppe 300 RD$; Mo–Fr 8–17, Sa & So 8–18 Uhr) Das Naturschutzgebiet gehört zur Península de las Salinas. Es handelt sich um ein 20 km² großes Areal mit graubraunen Sandhügeln, von denen es einige auf stattliche 12 m Höhe bringen. Im Rahmen einer Führung bekommen die Teilnehmer die Dünen und Strände dahinter zu sehen – ein Ausblick, der sich wirklich lohnt, denn diese Landschaft ist in der Karibik einzigartig.

ABSTECHER

SALINAS HOTEL & RESTAURANT

So mancher wird sich beim Besuch dieses reizenden **Hotels** (809-866-8141; www.hotelsalinas.net; Puerto Hermosa 7; DZ 3500 RD$, DZ all-incl. 6000 RD$;) versucht fühlen, den Pass vorzuzeigen – man glaubt sich nämlich plötzlich in den Südwesten der USA oder nach Fuerteventura versetzt. Das Hotel liegt 20 km südwestlich von Baní am Ende der Straße, inmitten von Dünen und Wüste, imposanten Bergen und einer Bucht, die in Postkartenblau schillert. Alle Zimmer des ungewöhnlichen, dreistöckigen Hotels mit Strohdach bieten eine sagenhafte Aussicht auf die Berge jenseits der Bucht. Und das gilt auch für das Restaurant – mit Sicherheit das beste Lokal der Stadt für Hummer (700 RD$), fangfrischen Fisch (395 RD$) oder Hühnchen (325 RD$). Alles hier macht mit rustikalen Möbeln, kitschigen Erinnerungsstücken und Antiquitäten einen schäbig-schicken Eindruck. Die extra großen Suiten im obersten Stockwerk kosten dasselbe wie die Doppelzimmer – deshalb sollte man auf jeden Fall um ein Zimmer ganz oben bitten. Segelboote dümpeln im hoteleigenen Jachthafen. Das Hotel besitzt sogar eine eigene Jacht, auf der Gäste sonntags kostenlos an einem Segeltörn teilnehmen können.

Am einfachsten lässt sich das Hotel mit dem Auto erreichen, doch es verkehren auch *guaguas* nach Baní (55 RD$, 40 Min.), die viermal am Tag am Hotel vorbeikommen (9.40, 12.00, 13.15 & 15 Uhr). In Baní fahren sie am Asomicaba-Busbahnhof ab, er liegt am südlichen Ende der Avenida Fernando Deligne.

MIETWAGEN

Wer sich mit dem Gedanken trägt, ein Auto zu mieten, sollte zwei Aspekte berücksichtigen: Erstens: Im Südwesten existieren keinerlei Mietwagenfirmen, der Wagen muss daher in Santo Domingo geliehen werden. Und zweitens: Ein Geländewagen mit Allradantrieb ist in der Regel nicht notwendig. Abgesehen von Cachote lassen sich alle bedeutenden Sehenswürdigkeiten im Südwesten mit einem preiswerteren Pkw erreichen.

Der braune Sandstrand gleich in der Nähe ist am Wochenende immer überlaufen und vor allem bei Windsurfern sehr beliebt. An Werktagen haben ihn Besucher dafür meist für sich allein.

Und so kommt man nach Las Salinas: 400 m westlich vom Parque Duarte die Avenida Máximo Gómez nehmen und an der Isla-Tankstelle links in die Avenida Fernando Deligne einbiegen; sie führt direkt zu einer asphaltierten Straße, die durch mehrere kleine Ortschaften verläuft (in mindestens einer steht ein Geldautomat). Am Ende der Straße befindet sich ein Flottenstützpunkt; hier fährt man am Wachhäuschen vorbei und biegt links ab. Diese Straße führt dann nach Las Salinas hinein. Der Eingang zu den Dünen befindet sich 1,5 km östlich vom Salinas Hotel & Restaurant, einer tollen Unterkunft, die sich zum Übernachten anbietet.

Schlafen & Essen

Hotel Caribani HOTEL **$$**

(☎809-522-3871; hotelcaribani@gmail.com; Ecke Calles Sánchez 12 & San Tomé; EZ/DZ 1500/1800 RD$; ❄📶) Das Hotel liegt praktisch nur einen Block vom nordwestlichen Rand des Parque Duarte entfernt. Jedes der einfachen Zimmer hat Kabelfernseher, Klimaanlage, künstlichen Blumenschmuck und eine Safebox im Bad.

Pala Pizza ITALIENISCH **$$**

(Ecke Calle Duarte & Sánchez; Hauptgerichte 116–278 RD$, Pizzas 254–631 RD$; ⏲10–24 Uhr; 📶) Zugegeben, das Lokal gehört zu einer Kette, aber das ist nun mal so in Baní. Die Einheimischen schwören, dass das Essen im Pala Pizza besser schmeckt als in allen anderen Lokalen ringsum. Vorstellen kann man sich das Pala Pizza als eine Art dominikanische Filiale von Pizza Hut: Es gibt ordentliche Pizzas, aber auch Tacos, Calzones, Pasta, Burger und Schokoladenkuchen mit Eis.

Praktische Informationen

Banco León (Ecke Hwy Sánchez & Calle Mella)

BanReservas (Ecke Calle Sánchez & Señora de Regla) Sie liegt einen Block östlich von der *guagua*-Haltestelle nach Barahona.

Centro Médico Regional (☎809-346-4400; Ecke Presidente Billini & Restauración; ⏲24 Std.) Empfehlenswertes Krankenhaus, vier Blocks östlich vom Parque Duarte.

Farmacia Santa Ana (Ecke Calle Presidente Billini & Mella; ⏲Mo–Sa 8–23, So 8–22 Uhr) Apotheke an der Südost-Ecke des Parks.

An- & Weiterreise

Express-*guaguas* des Unternehmens Asomiba fahren an einem Busbahnhof ab, der sich einen halben Block westlich vom Hauptpark befindet. Ziel ist Santo Domingo (100 RD$, 1¼ Std., 15-Min.-Takt, 4–20 Uhr)

Auf die *guaguas* nach Barahona (200 RD$, 2 Std.) wartet man an der Ecke eines kleinen orangefarbenen Lebensmittelkiosks namens Cafeteria La Paradita, rund 650 m westlich vom Park in der Avenida Máximo Gómez. Die Kleinbusse verkehren etwa im Stundentakt von 8 bis 19.30 Uhr – sie kommen von Santo Domingo und haben keinen festen Fahrplan nach Baní. Da sie nicht lange halten, sollte man rechtzeitig an der „Haltestelle" sein.

Ázua de Compostela

91 345 EW.

Ázua ist die erste und größte Stadt, in die man auf dem Weg vom Osten in den Südwesten gelangt. Doch nur wer aus welchen Gründen auch immer fix und fertig ist, wird auf den kuriosen Gedanken kommen, hier zu übernachten. Für Reisende, die von oder zur Grenze nach Haiti bei Comendador/Elías Piña unterwegs sind, ist Ázua allerdings als Drehscheibe für Busse ins westliche Binnenland schon von Bedeutung. Ansonsten ist Baní der erheblich schönere Ort, um dort eine Nacht zu verbringen.

Asoduma-Express-*guaguas* nach Santo Domingo (180 RD$, 2 Std., zur vollen Std., 6–17 Uhr) und normale *guaguas* (180 RD$, 2½ Std., 10-Min.-Takt, 4.20–19 Uhr) fahren am Busbahnhof in der Calle Duarte ab; er befindet sich an der Ecke gegenüber vom Park. Nach San Juan (130 RD$, 1¾ Std., 20-Min.-Takt, 5–18 Uhr) und zur Grenze nach Haiti fahren *guaguas*, die am kleinen

ABSEITS DER ÜBLICHEN PFADE

SAN CRISTÓBAL UND RAFAEL TRUJILLO

Die meisten Besucher, die von Santo Domingo Richtung Westen fahren, kommen durch San Cristóbal, die Heimatstadt des Diktators Rafael Trujillo. Trujillo ließ hier mehrere Denkmäler zu seinen Ehren errichten und extravagante Gebäude erbauen. Heute legt in der vom Verkehr verstopften Provinzhauptstadt, nur 30 km von Santo Domingo entfernt, kaum jemand deshalb einen Zwischenstopp ein. Von Trujillos brutalem, autoritärem Regime haben sich nur wenige Zeugnisse erhalten, die seltsamste Sehenswürdigkeit von San Cristóbal steht Besuchern allerdings zur Besichtigung offen – das **Castillo del Cerro** (809-983-7692; Eintritt frei; 8.30–16.30 Uhr) GRATIS, das derzeit als staatliches Erziehungsheim genutzt wird. Die Burg wurde 1947 auf Anordnung Trujillos für ihn und seine Familie erbaut – für stolze 3 Mill. US$. Das fertige Gebäude fand Trujillo dann aber so schrecklich, dass er nicht eine Nacht dort verbrachte. Der Name bedeutet „Hügelburg", was den Tatsachen auch entspricht – von oben schweift der Blick über die ganze Stadt. Das Gebäude aus Beton und Glas mutet allerdings eher wie ein Bürohaus an und nicht wie eine Burg. Innen finden sich riesige Speiseräume, Ballsäle und Schlafzimmer mit fantastischen Decken und Wandverzierungen in kitschigen Farben. Die Bäder (es sollen an die 20 sein) sind alle mit Mosaikkacheln in Rot- und Blautönen sowie mit Blattgold gefliest. Insgesamt hat das Gebäude fünf Stockwerke. Auch ein kleines Museum gehört dazu, das Trujillos Hang zur Grausamkeit thematisiert; so sind beispielsweise ein paar der originalen Folter- und Mordinstrumente ausgestellt, die Kopie eines elektrischen Stuhls und – ja, im Ernst! – jede Menge feudaler Bettgestelle.

Jeder Taxifahrer oder *motoconchista* (Motorrad-Taxifahrer) kennt den Weg. Es empfiehlt sich, den Fahrer zu bitten, in einer halben Stunde oder Stunde zurückzukommen, um einen wieder abzuholen. Wer mit dem Auto unterwegs ist, folgt vom Parque Independencia der Calle María Trinidad Sánchez 700 m in Richtung Westen. Dann biegt man links in die Calle Luperón ein, auf der man 500 m bergauf weiterfährt, bis sich die Straße gabelt. Dort hält man sich rechts und fährt weitere 700 m bergauf zum Eingangstor der Burg. Es gibt einen Kleiderkodex: Besucher sollten im Hemd und mit geschlossenen Schuhen kommen.

Interessant ist auch das legere **Museo Jamás El Olvido Será tu Recuerdo** (809-474-8767; Calle Gral Leger 134; Erw./Kind 200/100 RD$) im Domizil von José Miguel Ventura Medina, der auch unter dem Namen „El Hippi" bekannt ist. Der Name des Museums bedeutet wörtlich übersetzt „Das Vergessen wird nie deine Erinnerung sein", oder, einfacher ausgedrückt: „Man wird dich nie vergessen.". Das „Man" bezieht sich in diesem Fall auf keinen Geringeren als Generalísimo Trujillo, den Ventura – neben John F. Kennedy –als Führungspersönlichkeit am meisten schätzte. Ein Großteil der Besucher wird vermutlich Venturas Sichtweise von Trujillo als „gutem Diktator" nicht teilen, aber die umfangreiche Sammlung an Fotos und anderen Erinnerungsstücken – plus etliche bunt zusammengewürfelte Antiquitäten – sind es wert, sich hier eine Weile umzuschauen. Wenn Ventura nicht zu Hause ist, kann man ihn anrufen (809-474-8767). Während der Recherchen zu diesem Reiseführer war er gerade damit beschäftigt, zwei sehr rustikale Zimmer in ein B&B umzufunktionieren (Zi. 300 RD$); die Besucher können nun also, wenn sie Lust haben, inmitten des geschichtsträchtigen Ambientes übernachten. Das Anwesen befindet sich in der Calle General Leger, genau 6½ Blocks nördlich und einen Block östlich vom Parque Colón – am besten einfach nach einem kleinen weißen Auto auf dem Dach Ausschau halten.

Busse nach San Cristóbal fahren in Santo Domingo am Parque Enriquillo (50 RD$, 1 Std.) ab. In San Cristóbal verkehren *guaguas* zurück in die Hauptstadt (75 RD$, 45 Min., alle 20 Min., 6.45–19 Uhr); sie fahren an einer Haltestelle am Südostrand des Parks ab. *Guaguas* nach Baní (85 RD$, 45 Min., alle 25 Min., 7–19.30 Uhr) fahren neben der Isla-Tankstelle in der Carretera Sánchez (Calle Padre Borbón) ab, 600 m westlich vom Parque Colón. Wer in Orte weiter im Westen möchte, sollte an der Isla-Tankstelle 4,3 km nördlich vom Parque Colón an der Hauptschnellstraße einen der Busse anhalten, die z. B. nach Ázua (150 RD$, 1½ Std.) oder nach Barahona (225 RD$, 3½ Std.) fahren.

NICHT VERSÄUMEN

RESERVA ANTROPOLÓGICA CUEVAS DEL POMIER

In dem Naturschutzgebiet, nur 10 km nördlich vom Zentrum von San Cristóbal, befinden sich 55 Kalkstein-**Höhlen** (☎829-680-4423; Eintritt 100 RD$, Führer 500 RD$; ⏲8–16 Uhr), von denen fünf besichtigt werden können. In der Höhle 1 überraschen rund 590 prähistorische Felsmalereien. Die Höhlen enthalten Tausende Zeichnungen und Felsritzungen – das umfangreichste Beispiel prähistorischer Kunst, das bislang in der Karibik gefunden wurde, darunter Arbeiten von Igneri- und Kariben-Indios, aber auch von Taínos. Die verblassten Zeichnungen, die mit einer Mischung aus Kohle und Fett von Manatis gefertigt wurden, stellen Vögel, Fische und andere Tiere dar. Bei den Figuren handelt es sich möglicherweise um Gottheiten. Von den ersten Bewohnern Hispaniolas ist relativ wenig bekannt; die Malereien, die bis zu 2000 Jahre alt sein sollen, geben somit einige spannende Hinweise. Sir Robert Schomburgk entdeckte die Haupthöhle 1851; er hat seinen Namen und den seiner Mitstreiter auf den Wänden verewigt.

Auf eigene Faust zu den Höhlen zu gelangen ist eine gewisse Herausforderung, obwohl die Strecke mit vielen Schildern bestückt ist. Am einfachsten lässt sich die Anfahrt natürlich mit dem Taxi oder einem *motoconcho* bewerkstelligen, das für den Hin- und Rückweg 300 bis 500 RD$ kosten sollte (inkl. Wartezeit). Wer selbst mit dem Auto unterwegs ist, nimmt die Calle General Cabral nördlich vom Parque Colón zur Calle Máximo Gómez, fährt dann einen Block gen Osten zur Avenida Constitución und hält sich nun auf dieser Straße in Richtung Norden nach La Toma, einem kleinen Kaff jenseits der Schnellstraße von San Cristóbal. Hier befindet sich ein gut sichtbares Schild auf der anderen Seite der Brücke. Von hier sind es jetzt noch 400 m bis zu einem Abzweig rechts auf die Carretera de Medina (es gibt kein offizielles Schild, sondern nur ein verblichenes, schwer erkennbares „Francis Gas"-Schild, auf dem die Höhlen verzeichnet sind). Auf dieser Straße geht es nun 2,6 km bis zu einer auffälligen Gabelung, an der man links abbiegt (unausgeschildert, nach der Hahnenkampfarena des Club Gallistico El Pomier Ausschau halten) und dann noch 2,6 km bergauf fährt. Gleich hinter der Einfahrt zur DoCALsa-Fabrik biegt man an einem Schild rechts ab (man hat das Gefühl, in einen Steinbruch zu fahren, was auch zutrifft). Nun geht es 600 m geradeaus weiter und dann an der Gabelung links, bis man zu einem kleinen Feld mit einem grünen Häuschen auf der linken Seite kommt – das ist der Eingang. Am besten unterwegs ab und an bei den Einheimischen nachfragen, denn die Abzweigungen lassen sich leicht verfehlen. Und unbedingt auf die riesigen Laster mit Schutt aufpassen, die von der Mine die Straße herunterbrettern – es gibt hier einige unübersichtliche Kurven.

Es ist Pflicht, sich einen der Führer (500 RD$) zu nehmen, die leider kein Englisch sprechen. Man bekommt aber stattdessen praktische Handzettel mit einer englischen Übersetzung. Eine Besichtigung kann je nach Interesse der Teilnehmer eine halbe Stunde bis zu einem ganzen Tag dauern.

Asodumas-Terminal in der Calle Bartolomé Peréz in der Nähe vom Parque 19 de Marzo starten (3 Blocks vom Parque Central entfernt). Auch nach Barahona (100 RD$) fahren hier *guaguas* im 20-Minuten-Takt zwischen 6 und 16 Uhr vorbei. Es ist aber sinnvoller, in eine der *guaguas* an Haltestellen östlich von hier einzusteigen.

Busse von **Caribe Tours** (☎809-521-5088; www.caribetours.com.do; Ecke Calle Nuestra Señora de Fatimas & Francisco Sone), die auf der Strecke Santo Domingo – Barahona verkehren, halten in Ázua. Sie halten an einem kleinen Büro, das drei Blocks nordöstlich vom Parque Central liegt. Wer schon in Ázua ist und nach Santo Domingo möchte, kann einen der Busse nehmen, die um 7.15, 7.30, 10.45, 11.15, 14.45 und 18.15 Uhr abfahren (190 RD$, 2 Std.).

BINNENLAND

Drei Schnellstraßen führen Richtung Westen zur Grenze nach Haiti. Rund 15 km westlich von Ázua gabelt sich die Schnellstraße; sie verläuft in Richtung Westen nach San Juan de la Maguana und zum Grenzort Elías Piña und gen Süden nach Barahona. In Barahona teilt sich die Straße erneut – die Straße durchs Binnenland führt am Lago

Enriquillo vorbei zum geschäftigen Grenzposten Jimaní, während die südliche Straße immer parallel zur Küste verläuft, bis sie im Ort Pedernales und am Grenzübergang nach Haiti endet.

San Juan de la Maguana

78 313 EW.

Das mit Baudenkmälern reich gesegnete San Juan ist eine hübsche Stadt und bietet sich von daher für eine Übernachtung an. Je mehr Dominikaner hier wegziehen, desto mehr Haitianer siedeln sich an – und bringen etwas exotischen Voodoo-Zauber in die vom Katholizismus geprägte dominikanische Kultur. Die Stadt wird auch La Ciudad de los Brujos (die Stadt der Schamanen) genannt – die meisten von ihnen leben in den Hügeln außerhalb von San Juan und sind mit Sicherheit keine Touristenattraktion.

Sehenswertes

El Corral de los Indios HISTORISCHE STÄTTE

Die präkolumbische Stätte – eine der wenigen in den Antillen – wird zwar gern als „Stonehenge der Dominikanischen Republik" bezeichnet , erfüllt diese Erwartungen aber dann doch nicht so recht. Die Stätte besteht aus einer großen, runden Freifläche mit einem 1,5 m langen, grauen Stein, in den an einem Ende ein Gesicht geritzt ist. Die Forschung gibt nicht viel her, aber es sollen sich hier ursprünglich einmal zwei Reihen mit Steinquadern befunden haben, die um das Zentrum zwei konzentrische Kreise ausbildeten. Eine Theorie besagt, dass es sich einst um einen Zeremonienplatz der Caonabo- und Anacaona-Indianer handelte sowie um ein astronomisches Instrument. Das Einzige, was das Zentrum heute umgibt, sind ein Fußball- und ein Baseballplatz. Die Stätte befindet sich 5 km nördlich der Calle Independencia.

Schlafen & Essen

Die Hotels in San Juan sind in der Regel voll mit dominikanischen Geschäftsleuten – und bieten deshalb oft ein gutes Preis-Leistungs-Verhältnis.

Hotel Nuevo Tamarindo HOTEL $

(☎809-557-7002; hoteltamarindosjm@hotmail.com; Calle Dr Cabral 26; EZ/DZ/3BZ mit Klimaanlage 900/1400/1700 RD$, ohne Klimaanlage 600/1000 RD$; ❄📶) Das Hotel bietet einfache, saubere Zimmer, Kabelfernsehen mit internationalen Sendern, ein schnelles WLAN und einen kleinen, aber reizenden Patio zum Chillen. Es hat zudem eine perfekte Lage gleich gegenüber von Caribe Tours.

Hotel Maguana HOTEL $$

(☎809-557-2244; hotelmaguana@hotmail.com; Av Independencia 72; EZ/DZ/3BZ/Suite inkl. Frühstück am Wochenende 1450/1600/2450/2800 RD$; ❄📶) Das 1947 auf Anweisung von Diktator Trujillo errichtete Hotel Maguana hat eine imposante Fassade und einen Innenhof, beide haben aber im Laufe der Jahre an Glanz verloren. Doch das soll nicht heißen, dass das Hotel nicht interessant wäre. Alle Zimmer haben heißes Wasser und Fernseher, einigen fehlt allerdings ein Fenster. Die Einzelzimmer sind klein und wirken beengt.

Am Parkplatz befindet sich eine tolle, aber laute Freiluft-Bar, eine weitere, deutlich ruhigere Bar liegt innerhalb des Gebäudes. Wer sich den Spaß leisten kann, sollte sich die Trujillo-Suite gönnen: Dort pflegte ihre Hoheit sein müdes Haupt zur Ruhe zu betten. Ein Frühstück wird nur am Wochenende serviert.

★ **Rincón Mexicano** MEXIKANISCH $

(Ecke Calle 27 de Febrero & Capotillo; Hauptgerichte 75–575 RD$; ⏲18–24 Uhr) Das luftige, nette Restaurant gehört einer echten *Mexicana* (die den Kochlöffel schwingt) und ihrem dominikanischen Mann. Aus der Küche kommen daher authentische mexikanische Tacos (85 RD$) sowie Enchiladas, Fajitas und dergleichen. Alles lässt sich mit den hervorragend gemixten Margaritas bestens hinunterspülen. Und dann kann man auch gleich noch darauf anstoßen, dass es in San Juan ein derart tolles Lokal gibt.

La Galeria del Espía DOMINIKANISCH $

(Calle Independencia 5; Hauptgerichte 170–520 RD$; ⏲11–16 Uhr & 18.30–1 Uhr; 📶) Von der getönten Fassade des Gebäudes gleich gegenüber vom Parque Central sollte sich niemand abschrecken lassen: La Galeria ist ein nettes, beliebtes Lokal, in dem einfaches, dominikanisches Essen von flott arbeitendem Personal serviert wird. Neben dem Tagesgericht (195 RD$), gibt es Klassiker wie Rindfleisch oder Hühnchen mit Reis, dicken Bohnen und Salat.

Hotel y Supermercado El Detallista GEMISCHTWAREN $

(☎809-557-1200; Ecke Calle Trinitaria & Puello) Wer Lebensmittel braucht, findet im Hotel y Supermercado El Detallista alles unter

LARIMAR KAUFEN

An der Küstenstraße finden sich ein paar kleine Läden mit Kunsthandwerk, die auch selbst gemachten Larimar-Schmuck verkaufen. Der seltene Halbedelstein kommt ausschließlich in der Dominikanischen Republik vor und ist ein tolles Andenken: Mit seiner unglaublichen Farbe erinnert er auch zu Hause noch an das türkisblaue Meer rund um die Insel. Die Stücke kosten 300 bis 6000 RD$, abhängig von der Größe des Rohmaterials.

Eine gute Anlaufstelle ist der **Gift Shop Noelia** (☎829-816-2433; ⌚9–19 Uhr). Er befindet sich an der Straße, die am Strand entlang durch Bahoruco und La Ciénega führt und gehört der Familie, die auch das Restaurant Luz nebenan betreibt. Wer auf der Hauptschnellstraße in Bahoruco ankommt, passiert das Baseballfeld und überquert eine Brücke, hinter der dann eine unausgeschilderte Straße auf der linken Seite zum Strand hinunterleitet. Man fährt sie rund 600 m hinunter und sieht dann schon das Restaurant Luz auf der linken und den Geschenkeladen Noelia auf der rechten Seite.

einem Dach: den besten Gemischtwarenladen, einen Geldautomaten und eine Zweigstelle von Western Union.

ℹ Praktische Informationen

Banco León (☎809-557-6094; Ecke Calle Independencia & Mariano Rodríguez)

BanReservas (☎809-557-2230; Ecke Calle Independencia & 27 de Febrero)

Centro Médico San Juan (☎809-557-5345; Calle Trinitaria 55) Die beste Anlaufstelle für eine private medizinische Versorgung.

Farmacia Iguamed (Ecke Calle Trinitaria & Dr Cabral; ⌚Mo–Sa 8–10, Sa 9–13 Uhr) Die Apotheke ist dem Centro Médico San Juan angeschlossen.

InposDom (www.inposdom.gob.do; Calle Mella zw. Calle 16 de Agosto & Capotillo; ⌚Mo–Fr 8–16, Sa 8–12 Uhr)

Policía Nacional (Nationalpolizei; ☎809-557-2380; Ecke Calle Independencia & Dr Cabral; ⌚24 Std.) Die Polizei befindet sich einen Block westlich von einem großen weißen Bogen am östlichen Ortseingang.

ℹ Anreise & Unterwegs vor Ort

Wenn die Schnellstraße die Stadt erreicht, teilt sie sich in zwei Einbahnstraßen: Nach Westen führt die Calle Independencia, nach Osten die Calle 16 de Agosto. Ein großer weißer Bogen, der dem Triumphbogen in Paris nachempfunden ist, steht dramatisch am östlichen Ortseingang. Am westlichen Ende der Stadt erstreckt sich die weitläufige Plaza von San Juan mit einer hübschen cremefarbenen Kirche auf der einen und einer Kunstakademie auf der anderen Seite.

Caribe Tours (☎809-557-4520; www.caribetours.com.do) betreibt einen Busbahnhof 75 m westlich vom Hotel Maguana neben Pollo Rey. Die Busse nach Santo Domingo (270 RD$, 3 Std.) fahren um 6.30, 10.15, 13.45 und 17.30 Uhr ab.

Guaguas nach Santo Domingo (250 RD$, 3½ Std., 25-Min.-Takt, 3–18.30 Uhr) starten am Tenguerengue-Busbahnhof. Er liegt drei Blocks östlich vom Bogen und unmittelbar westlich der Shell-Tankstelle. Es gibt auch drei Express-Busse (250 RD$, 6.30, 9.30 und 15 Uhr), die für die Strecke eine halbe Stunde weniger brauchen, da sie unterwegs nicht halten, sondern direkt durchfahren.

Wer nach Barahona möchte, kann jeden der vier Busse von Caribe Tours nach Ázua (130 RD$, 1 Std.) nehmen. Eine Alternative ist, sich am kleinen Busbahnhof in der Calle Eusebio Puello, einen halben Block südlich vom Tenguerengue-Busbahnhof, in eine Asoduma-*guagua* zu setzen (130 RD$, 1½ Std., 20-Min.-Takt, 5–18.30 Uhr) und in Ázua in einen Bus in Richtung Barahona zu wechseln. Oder man nimmt eine *guagua* nach Santo Domingo und steigt am Cruce del Quince (130 RD$, 1 Std.) aus, der wichtigsten Kreuzung mit der Schnellstraße (15 km westlich von Ázua). Von dort fahren *guaguas* in Richtung Süden.

Nach Comendador/Elías Piña verkehren *guaguas* (120 RD$, 1½ Std.) zwischen 7 und 19 Uhr im 25-Minuten-Takt ab der *guagua*-Haltestelle im äußersten Westen der Stadt. Die Haltestelle befindet sich hinter der Mesopotamia-Brücke. Mit dem Rucksack kann man zu Fuß hinlaufen, mit schwererem Gepäck aber eher nicht. Man geht auf der Calle Caonabo (sie liegt vier Blocks nördlich der Calle Independencia) stadtauswärts in Richtung Westen. Außerdem sollte man sich überzeugen, dass der Bus auch wirklich bis Elías Piña fährt. Wenn nicht genügend Fahrgäste vorhanden sind, muss man nämlich auf halber Strecke in Las Matas aussteigen und auf den nächsten Bus warten – oder einen stolzen Preis für ein Taxi zahlen. Ein Taxi, das direkt zur Grenze fährt, kostet für bis zu vier Personen 1500 RD$.

Taxis und *motoconchos* stehen in der Nähe vom Parque Central; oder man bestellt eines telefonisch bei **Taxis del Valle** (☎809-557-6200).

Comendador del Rey (Elías Piña)

19 344 EW.

Comendador del Rey, oder kurz und bündig Comendador, lautet der offizielle Name der Grenzstadt westlich von San Juan. Fast alle Leute, die nicht hier wohnen, nennen den Ort jedoch Elías Piña, wie auch die Provinz heißt. Comendador ist vor allem für seinen haitianischen Markt bekannt, der jeden Montag und Freitag abgehalten wird. Dann kommen Hunderte Haitianer zu Fuß oder auf dem Esel angeritten, um ihre Waren anzubieten.

In der Stadt befinden sich ein bedeutender Militärstützpunkt und eine Polizeizentrale; generell wird Sicherheit großgeschrieben, denn schließlich soll verhindert werden, dass Haitianer illegal ins Land einwandern. Sogar Reisende aus dem Ausland werden manchmal festgehalten und verhört, wenn sie ihren Pass nicht mit sich führen und vorzeigen können.

Sehenswertes

Haitianischer Markt MARKT

(6–16 Uhr) Den Markt kann man gar nicht verpassen - man muss einfach nur so lange auf der durch die Stadt verlaufenden Hauptstraße bleiben, bis man praktisch in ihn hineinstolpert. Die Verkäufer legen ihre Waren im Schatten großer Plastikplanen, die sie zuvor an jedem verfügbaren Baum, Straßenschild und Telefonmast angebunden haben, auf dem Boden aus. Das Sortiment umfasst vor allem Kochutensilien, Kleidung, Schuhe, Obst und Gemüse, die hier zu Schnäppchenpreisen (also 50 % billiger) den Besitzer wechseln.

Kunsthandwerk findet man eher wenig, wohl auch, weil nur wenige Touristen den Markt besuchen. Aber auch ohne das übliche Angebot an Souvenirs ist es ein Erlebnis, herumzubummeln und die bunte Szenerie auf sich wirken zu lassen.

Ein Produkt, das sich für Reisende aber durchaus lohnt, ist vielleicht eine Flasche haitianischer Barbancourt-Rum. Und wer weiß, vielleicht sticht dem einen oder anderen ja auch ein Küchensieb ins Auge, das er schon immer haben wollte ...

Schlafen

Wer hier strandet, wird sicher im einzigen Hotel des Landes mit angeschlossener Eisenwarenhandlung einchecken.

Casa Teo Hotel y Ferretería HOTEL $

(809-881-6701; Ecke Calle Santa Teresa & Las Mercedes; EZ/DZ/3BZ mit Ventilator 300/500/1000 RD$;) Jede Grenzstadt sollte so ein Hotel vorweisen können – es bietet wirklich alles, was der Reisende an Eisenwaren während der Ferien so braucht! Die Casa geht auf den Park hinaus und hat mit ihren kahlen Wänden und dem ruppigen Service den authentischen Charme eines Gefängnisses.

Praktische Informationen

In Notfällen wendet man sich an die **Policía Nacional** (809-527-0290; Ecke Calle 27 de Febrero & Las Mercedes; 24 Std.). BanReservas hat einen Geldautomaten, der rund um die Uhr seinen Dienst tut; er befindet sich in der Filiale in der Nähe vom Kreisverkehr, am westlichen Ende der Stadt unweit vom Markt. Am östlichen Ortseingang steht ein öffentliches Krankenhaus, in der Nähe des Militärstützpunkts. Es empfiehlt sich allerdings, soweit das medizinisch möglich ist, nach San Juan zu fahren – außer man sitzt dem Tod schon auf der Schippe.

An- & Weiterreise

Die Schnellstraße teilt sich am Ortseingang in zwei Einbahnstraßen. Die Straße, die nach Westen führt, heißt Calle Santa Teresa, die nach Osten ist die Calle 27 de Febrero. Fast alles, was man so braucht, ist in oder in der Nähe dieser beiden Straßen erhältlich. Der Park erstreckt sich am östlichen Ende der Stadt zwischen der Calle Las Carreras und der Calle Las Mercedes. Am westlichen Ende der Stadt befindet sich ein großer Kreisverkehr, an dem die beiden Straßen dann wieder zusammentreffen und zur Grenze nach Haiti weiterführen – sie liegt rund 2 km entfernt.

Der *guagua*-Hauptbusbahnhof liegt in der Avenida 27 de Febrero, am östlichen Ende des Hauptparks. Von hier fahren Busse nach Santo Domingo (400 RD$, 4 Std., 30-Min.Takt, 7–19.45 Uhr). Wer nach San Juan (125 RD$, 1 Std.) möchte, nimmt eine der *guaguas*, die außerhalb des Busbahnhofs parken, denn der Bus nach Santo Domingo hält offiziell nicht in San Juan. Nach Barahona gelangt man mit dem Bus, der nach Santo Domingo fährt. Man steigt dann in Cruce del Quince (der Hauptkreuzung der Schnellstraße, 15 km westl. von Ázua; 200 RD$, 1½ Std.) aus und nimmt von dort aus einen Bus, der in Richtung Süden fährt. Oder man entscheidet sich für einen Bus von Caribe Tours.

Wer hier aus der Dominikanischen Republik aus- bzw. einreisen will, sollte nach uniformierten Grenzpolizisten von **CESFRONT** (www.cesfront.mil.do) Ausschau halten. Sie zeigen einem den Weg zum dominikanischen Zoll.

HALBINSEL PEDERNALES

Die Península de Pedernales bietet einige der schönsten Attraktionen des Landes: die Bahía de Las Águilas, die Laguna Oviedo, den Parque Nacional Jaragua, Cachote und den Parque Nacional Sierra de Bahoruco. Er bietet fantastische Möglichkeiten zur Vogelbeobachtung. Trotz aller dieser Highlights steckt der Tourismus in diesem Teil des Landes erstaunlicherweise immer noch in den Kinderschuhen.

Die Halbinsel war ursprünglich eine Insel, die aufgrund von tektonischen Bewegungen in Richtung Norden nach Hispaniola hineingeschoben wurde, wodurch sich der Meereskanal schloss, der von Port-au-Prince nach Barahona verlief. Auf diese Weise entstanden viele der einzigartigen geografischen Merkmale, die das Besondere der Halbinsel ausmachen.

Der Südwesten der Halbinsel ist der beste Platz zur Vogelbeobachtung – hier lassen sich fast alle endemischen Arten beobachten. Nach letzter Zählung leben in der Dominikanischen Republik rund 310 Vogelarten, davon 32 endemische Arten. Die Hälfte sind Zugvögel, die sich im Winter am besten beobachten lassen.

Geführte Touren

★ Ecotour Barahona ÖKOTOUREN
(☎809-856-2260; www.ecotourbarahona.com; Apt. 306, Carretera Enriquillo 8, Paraíso) Der professionelle Tourveranstalter in französischem Besitz macht sich schon seit 2004 für den Tourismus im Südwesten stark. Auf dem Programm stehen unter anderem tolle Tagesausflüge zur Bahía de Las Águilas, zur Isla Cabritos, zur Laguna Oviedo und nach Cachote. Außerdem wird eine Handvoll Tagestouren mit Wanderungen in den Bergen rund um Paraíso angeboten; ein- oder mehrtägige Exkursionen hoch zu Ross sind ebenfalls möglich. Die meisten Exkursionen kosten 119 US$ für zwei Personen; je größer die Gruppe, desto preiswerter wird es für den Einzelnen. Mittags gibt es ein hervorragendes Picknick mit drei Gängen, das im Preis inbegriffen ist.

Tody Tours VOGELBEOBACHTUNG
(☎809-686-0882; www.todytours.com; Santo Domingo) Das Unternehmen hat sich als einziges in der Dominikanischen Republik ausschließlich der Vogelbeobachtung verschrieben. Der Eigentümer, ein Expat aus den USA, verfügt über mehr als 15 Jahre Erfahrung als Guide. Seine Dienste kosten 200 US$ pro Tag (plus Spesen); Transport, Essen und Unterkünfte werden komplett von ihm organisiert. Bevorzugt unternimmt er Touren, bei denen man mindestens eine Woche unterwegs ist.

LETZTE CHANCE AUF BARGELD

In Barahona sollte man sich mit Bargeld eindecken – in einem Umkreis von 100 km Entfernung gibt es sonst keinen weiteren Geldautomaten mehr. Wer zum Geldziehen aus dem Süden kommt, muss nicht in die Stadt hineinfahren: Am südlichen Ortseingang befindet sich eine BanReservas an der Isla-Tankstelle.

Barahona

62 054 EW.

An der eigentlich wunderschönen und dramatischen Küste ist Barahona ein richtiger Schandfleck. Die Stadt strotzt nur so vor Industrieschloten und ist für Reisende somit kaum von Interesse. Immer mehr qualitativ ordentliche Unterkünfte mit einem gutem Preis-Leistungs-Verhältnis finden sich an der Küstenstraße nach Paraíso, und so ist es fast unvermeidlich, dass man beim Erkunden der Region irgendwann einmal in Barahona landet. Im Ort Barahona befindet sich zudem der einzige Geldautomat bis Pedernales; wer Bargeld braucht, ist also hier auch gezwungen, einen Stopp einzulegen. Reisende, die mit öffentlichen Bussen unterwegs sind, müssen hier ebenfalls zwangsläufig umsteigen.

Geschichte

Nach dominikanischen Maßstäben ist Barahona eine junge Stadt. Sie wurde 1802 von dem haitianischen General L'Ouverture als Hafen gegründet, um Santo Domingo Konkurrenz zu machen. Über 100 Jahre lang bestritten die Einwohner ihren Lebensunterhalt überwiegend damit, alles zu nutzen, was das Karibische Meer so hergab. Heute ist die Fischerei jedoch nur noch ein kleiner Wirtschaftsfaktor in Barahona.

Alles änderte sich, als Diktator Rafael Trujillo anordnete, etliche Quadratkilometer Wüste im Norden der Stadt in Zuckerrohrfelder umzuwandeln – zum finanziellen Vorteil seiner Familie. Über 30 Jahre nach seiner Ermordung werden Tausende Hektar Felder noch immer mit Zuckerrohr bepflanzt; sie gehören heute allerdings Leuten aus der Stadt, sodass mehr Geld der Gemeinschaft zugutekommt.

Schlafen

Wer nicht gerade auf die ultimative Billigbleibe aus ist, hat eigentlich keinen Grund, sich länger in Barahona aufzuhalten. Die sicher reizvollere Lösung ist, sich in einem der zahlreichen Hotels an der Küste einzumieten, die sich südlich von Barahona an der Straße nach Paraíso entlangziehen, und in Barahona nur die Geschäfte und Dienstleistungen zu nutzen.

★ Hotel Loro Tuerto PENSION $
(☎ 809-524-6600; www.lorotuerto.com; Av Del Monte 33; EZ/DZ/3BZ 1300/1500/1700 RD$; ❄📶) Das hübsche Gästehaus mit neun Zimmern in der lauten Avenida Del Monte verströmt mehr Atmosphäre als die Konkurrenz. An den Wänden hängen Reproduktionen von Frida-Kahlo-Gemälden. Die einfachen Zimmer gehen auf einen beschaulichen Patio mit Hängematten hinaus. Vorne befindet sich ein Café (Hauptgerichte 200–300 RD$), in dem man ein Frühstück bekommt.

Hotel Las Magnolias HOTEL $
(magnolia.cdm@hotmail.com; Calle Aracoana 13; EZ/DZ/3BZ 1100/1200/1900 RD$; ❄📶) Das kleine Hotel mit 15 Zimmern bekommt einen Stern für den netten, zupackenden Besitzer, der dafür sorgt, dass hier alles problemlos läuft. Die Zimmer sind einfach, und den Bädern könnte ein bisschen Verschönerung nicht schaden, aber insgesamt ist das Magnolias dann doch ein gemütliches Hotel mit mehr Charakter als andere vergleichbare Häuser. Ein weiteres Plus ist der kostenlos angebotene Kaffee.

Hotel Cacique HOTEL $
(☎ 809-524-4620; Calle Peña Gómez 2; EZ mit Ventilator 400 RD$, EZ/DZ/3BZ mit Klimaanlage 850/1350/1250 RD$; ❄@📶) Das Hotel bietet ein gutes Preis-Leistungs-Verhältnis, was vor allem für die Zimmer ohne Klimaanlage gilt. Die Zimmer mit Klimaanlage sind besser, als die ältliche Ausstattung vermuten lässt – sie haben ein renoviertes Bad, Kabelfernseher, heißes Wasser und hübsch geflieste Böden.

Zum Hotel gehört ein einfaches Restaurant, es gibt Gratis-Kaffee, WLAN in der Lobby und einen kleinen, aber hübschen Innenhof. Nachts sind vielleicht ein paar Freunde und Familienangehörige zu viel unterwegs, aber insgesamt ist es dann doch erstaunlich ruhig hier. Ein Hotelparkplatz fehlt, das Wachpersonal hat aber nachts ein waches Auge auf die vor dem Hotel abgestellten Autos.

Essen & Ausgehen

In Barahona gibt es ein paar anständige Restaurants. Zum Ausgehen bieten sich vor allem die Bars und Restaurants in der Avenida Enriquillo direkt am Wasser an, und zwar die beiden Open-Air-Kneipen **Junior's** (Ecke Nuestra Senora del Rosario & Av Enriquillo; Hauptgerichte 200–800 RD$; ⏲ So–Do 10–24, Fr & Sa bis 2 Uhr) und **La Pompa** (Ecke Nuestra Senora del Rosario & Av Enriquillo; ⏲ 10–24 Uhr), die in einem ständigen Wettkampf stehen.

Restaurant Pizzería D'Lina DOMINIKANISCH $
(Av 30 de Mayo 11; Hauptgerichte 125–400 RD$; ⏲ 7–24 Uhr) Das D'Lina ist ein Muss in Sachen dominikanisches Billiglokal. Es sorgt für das Wohl seiner treuen Kundschaft, die sich hier die einfache Hausmannskost schmecken lässt. Besonders einladend ist das Lokal nicht, aber die billigen Sandwiches (70– 175 RD$), die ordentliche Pizza und die verschiedenen Gerichte mit Fleisch, Huhn und Meeresfrüchten werden in einem hübschen und luftigen Patio mit Palmdach serviert. Unbedingt *lambi a la vinaigrette* (Meeresschnecken) probieren!

Brisas del Caribe MEERESFRÜCHTE $$
(Carretera Batey Central; Hauptgerichte 275–750 RD$; ⏲ 8–23 Uhr) Aus der Küche kommen frische Meeresfrüchte der Saison. Die Meeresfrüchtesuppe als Vorspeise (150 RD$) in genau der richtigen Menge enthält mehr Meeresfrüchte als Brühe, die Fischmedail-

PLANUNG

An die 15 km südlich von Paraíso (und 54 km südlich von Barahona) liegt die typisch dominikanische Ortschaft Enriquillo. Hier finden sich die letzten paar Hotels und die letzte Tankstelle vor Pedernales, das noch rund 82 km entfernt liegt.

DEM HIMMEL SO NAH – DER REGENWALD VON CACHOTE

Rund 25 km (1½ Std. Autofahrt) westlich von Paraíso liegen an einer unglaublich maroden Straße – die zu allem Überfluss auch noch mehrfach einen Fluss durchquert, und zwar ohne Brücken – die entlegenen Hütten von Cachote. Auf 1400 m Höhe befinden sich die Besucher hier mitten im karibischen Nebelwald, in dem der Dunst schwer über den Bäumen wabert. Hier entspringen sieben Flüsse, die die Ortschaften weiter unten mit dem notwendigen Trinkwasser versorgen.

Um diese Wasserversorgung auch weiterhin zu gewährleisten, wurde in den 1990er-Jahren der Kaffeeanbau eingestellt. Mithilfe von Freiwilligen des Friedenscorps wurden inzwischen Übernachtungshütten errichtet und schmale Pfade im Wald angelegt, der sich allmählich regeneriert.

Die Hütten selbst sind rustikal, aber gemütlich; in jeder stehen ein großes französisches Bett und ein dreistöckiges Stockbett. Die Preise beginnen ab 1400 RD$ pro Person und Nacht samt Mittagessen für ein oder zwei Personen; je größer die Gruppe, desto preiswerter wird es. Auch teurere All-inclusive-Pauschalen sind erhältlich. Wer sein eigenes Zelt mitbringt, kann für 300 RD$ pro Person und Nacht zelten (maximal aber fünf Personen). Das Essen muss immer bezahlt werden (1000 RD$), selbst wenn man seinen eigenen Proviant dabeihat. Der Transport ist nicht im Preis inbegriffen: Einen Geländewagen mit Fahrer zu mieten schlägt mit bis zu 6000 RD$ zu Buche (für bis zu zehn Personen). Erheblich billiger (aber deutlich weniger komfortabel) ist es, in La Cienega oder in Barahona die örtlichen Transportmittel zu nutzen, die eigentlich für die Leute gedacht sind, die in den Bergen wohnen (400 RD$ pro Pers.).

Wer buchen möchte, sollte sich mindestens zwei Wochen vorher mit **Ecoturismo Comunitario Cachote** (☎829-863-8833; soepa.paraiso@yahoo.com) oder Ecotour Barahona (S. 216) in Verbindung setzen, die auch einen Tagesausflug nach Cachóte (119 US$) anbieten und unterwegs in den kleinen Dörfern halten. Aufenthalte mit Übernachtung lassen sich ebenfalls arrangieren.

Wer in dieser Region wandert, wird von der Vogelwelt begeistert sein: 45 endemische Vogelarten wurden hier gesichtet, darunter der Dominikanische Papagei (Cotorra hispaniola). Spannend ist auch ein Besuch der traditionellen dominikanischen Bergdörfer. Führer erklären unterwegs diverse Pflanzen, die in der Medizin und sogar im haitianischen Voodoo Anwendung finden.

lons *al ajillo* (mit Knoblauch; 350 RD$) sind ebenfalls lecker, allerdings keine Medaillons.

Supermercado H y M SUPERMARKT $
(Ecke Peña Gómez & Padre Billini; ⊙Mo–Sa 8–20.30, So 8–13 Uhr) Hier lässt sich Proviant für die Fahrt weiter gen Süden kaufen.

Praktische Informationen

Banco Popular (☎809-524-2102; Ecke Calle Jaime Mota & Padre Billini) Geldautomat am Parque Central, 24-Stunden-Betrieb.

BanReservas (☎809-524-4006; Ecke Calle Peña Gómez & Padre Billini) Zwei Blocks um die Ecke der Banco Popular. Hat einen Geldautomaten mit 24-Stunden-Betrieb.

Centro de Información Turística (☎809-471-1618; www.gobarahona.com; ⊙Mo–Fr 9–14, Sa 9–12 Uhr) Der kleine Infokiosk wird von den Mitgliedern der Gruppe Ecoturístico de la Provincia de Barahona gefördert; die Mitarbeiter sind nett und freundlich und helfen immer gern weiter. Da sich der Kiosk am nördlichen Stadtrand befindet, lässt er sich ohne Auto kaum erreichen. Hier findet man eine ganz brauchbare Landkarte der Halbinsel.

Centro Médico Regional Magnolia (☎809-524-2460; Ecke Calle Peña Gómez & Francisco Vásquez; ⊙24 Std.) Die beste Privatklinik.

Farmacia Dotel (Ecke Av Del Monte & Duverge; ⊙Mo–Sa 8–21, So 8–15 Uhr) Gut sortierte Apotheke.

InposDom (www.inposdom.gob.do; Parque Central; ⊙Mo–Fr 8–16 Uhr) Postamt.

Politur (Carretera Batey Central) Am Meer, 550 m nördlich der Avenida Del Monte.

An- & Weiterreise

Die Schnellstraße führt vom Westen her in die Stadt; hinter einem großen Kreisverkehr mit einem auffälligen rechteckigen Bogen geht sie über in die Avenida Luís E Del Monte.

BUS

Tagsüber verkehren häufig *guaguas* zu Zielen in alle Himmelrichtungen. *Guaguas* in Richtung Süden halten an der Schnellstraße am südlichen Stadtrand. Tagsüber fahren sie in der Regel im 15- oder 30-Minuten-Takt.

Nach Santo Domingo (250 RD$, 2½ Std., stündl., 6–19 Uhr) besteht eine regelmäßige Expressverbindung ab dem Sinchomiba-Busbahnhof (Avenida Casandra Damirón). Er liegt unweit vom nordöstlichen Ortseingang. Auch die normalen Busse (225 RD$, 3 Std., 15-Min.-Takt, 6–19 Uhr) fahren hier ab.

Nach Paraíso (120 RD$, 30 Min., 20-Min.-Takt, 7–18.30 Uhr) verkehren *guaguas* ab der Ecke Calle 30 de Mayo/Avenida Del Monte. Die *guaguas* nach Pedernales (250 RD$, 3 Std., 8–14 Uhr) fahren in der Calle Peña Gómez neben dem Supermercado H y M ab.

Guaguas, die Richtung Westen nach Jimaní an der Grenze zu Haiti verkehren, halten in der Calle María Móntez, gleich nördlich der Calle Colón (200 RD$, 2 Std., 40-Min.-Takt, 7–18 Uhr). Die Isla Cabritos lässt sich auch per *guagua* erreichen – man nimmt dazu an der Ecke Calle Padre Billini/Avenida Del Monte einen beliebigen Bus, der nach Neiba (120 RD$, 1¼ Std., 20-Min.-Takt, 6–18 Uhr) fährt und steigt dort in einen Bus um, der La Descubierta (100 RD$, 1 Std., 20-Min.-Takt, 6.10–18 Uhr) ansteuert.

Wer nach San Juan de la Maguana möchte, nimmt eine normale *guagua* in Richtung Santo Domingo (nicht expreso) und steigt am Cruce del Quince (15 km westl. von Ázua; 100 RD$) aus. An der Kreuzung wartet man dann auf einen Richtung Westen fahrenden Bus nach San Juan (130 RD$, 1 Std.).

Caribe Tours (☎809-524-4852; Ecke Peña Gómez & Calle Apolinar Perdomo) bietet Erste-Klasse-Busse nach Ázua (155 RD$, 1 Std.) und Santo Domingo (260 RD$, 3½ Std.) an, die um 6.15, 9.45, 13.30 und 17.15 Uhr abfahren.

FLUGZEUG

Der Aeropuerto Internacional María Móntez befindet sich 10 km nördlich der Stadt. Während der Recherchen zu diesem Reiseführer wurden keine kommerziellen Flüge abgewickelt.

Unterwegs vor Ort

Barahona ist eine Stadt, die sich immer weiter ins Umland ausbreitet, doch rund um das Zentrum lässt sich alles bequem zu Fuß erreichen. Zu Zielen, die weiter entfernt liegen, nimmt man Taxis oder *motoconchos;* sie stehen am Parque Central und in der Avenida Del Monte. Natürlich kann man bei der hiesigen **Taxivereinigung** (☎809-524-4003) auch telefonisch einen Wagen bestellen. Wer noch nach Einbruch der Dunkelheit auf der Küstenstraße unterwegs ist, sollte auf keinen Fall mit *motoconchos* fahren.

Südlich von Barahona

Sehenswertes & Aktivitäten

Paraíso STRAND

Rund 35 km südlich von Barahona liegt das Städtchen Paraíso (13 500 Ew.), das wirklich so paradiesisch ist, wie es heißt. Der Strand ist sagenhaft, das Meer faszinierend – wer hätte je gedacht, dass es so viele Schattierungen der Farbe Blau gibt? Paraíso ist jedenfalls eine gute – und auch preiswerte – Alternative zu Barahona. Es liegt in Laufweite (oder *motoconcho*-Weite) vom *balneario* (Badeort) Los Patos entfernt. Wer mit dem Auto unterwegs ist, sollte unbedingt den *mirador* (Aussichtspunkt) gleich nördlich der Stadt ansteuern – der Blick über den Strand und das Meer ist einfach fantastisch.

★ **Los Patos** STRAND, SCHWIMMEN

Wenn die Menschen schillernde Kieselstrände anstatt weichen Sandes bevorzugen würden, wäre der kleine Weiler Los Patos das reinste Eldorado. Die **Playa Los Patos,** ein hübscher weißer Kieselstrand mit *balneario* direkt daneben, ist so idyllisch, dass einem das Herz aufgeht. Das Wasser strömt hier klar und kalt vom Berg herunter und bildet eine flache Lagune, bevor es ins Meer fließt. In kleinen Hütten kommt gutes Essen zu akzeptablen Preisen auf den Tisch und natürlich lässt sich auch ein kaltes *cerveza* (Bier) bestellen. Hier einen Tag zu verbringen, fällt nicht schwer! Am Wochenende wird es meist recht voll, dann kommen dominikanische Familien zum Baden. Unter der Woche geht es dafür ganz entspannt zu.

Dörfer am Meer

Die angrenzenden Badeorte **Bahoruco** und **La Ciénaga** liegen 17 km südlich von Barahona; es sind zwei typische kleine Orte an der Ostküste der Halbinsel Pedernales mit netten Einheimischen und einem Kieselstrand, an dem eher Boote vertäut liegen als dass gebadet wird.

In La Ciénaga öffnen bei Dunkelheit fast allabendlich kleine, namenlose *colmados* (kleine Kneipen) und Diskos, aus denen dann die Merengue-Musik bis zu den Ster-

NICHT VERSÄUMEN

BAHÍA DE LAS ÁGUILAS

Die Bahía de Las Águilas, die „Adlerbucht", ist der Stoff, aus dem die Träume sind. Die unberührte Bucht befindet sich in der äußersten südwestlichen Ecke der Dominikanischen Republik. Wer es bis dorthin schafft, wird mit einem 10 km langen, nahezu einsamen Strand belohnt, der sich in Form einer sanft geschwungenen Bucht zwischen zwei ins Meer ragenden Kaps erstreckt.

Und so kommt man hin: Die asphaltierte (und ausgeschilderte) Straße nach Cabo Rojo, rund 12 km östlich von Pedernales, nehmen. Der Hafen von Cabo Rojo ist nach 6 km erreicht. Weiter geht es der Ausschilderung folgend in Richtung Bahía de Las Águilas (die Straße wird hinter Cabo Rojo sehr schlecht, lässt sich aber – langsam – mit einem normalen Pkw bewerkstelligen), bis nach 6 km das winzige Fischernest Las Cuevas erreicht ist. Interessant ist die Höhle gleichen Namens in der Mitte der Siedlung – hier hausten früher die Fischer. Von hier gibt es nun zwei Möglichkeiten, nach Las Águilas zu gelangen: Für die erste ist ein wirklich gutes Auto mit Allradantrieb erforderlich – und der Fahrer braucht auch einige Erfahrung mit der Bewältigung von unwegsamem Gelände –, denn es geht auf einer steilen Piste mit Schlaglöchern durch den Kakteenwald an der Küste. Die zweite, erheblich spektakulärere Alternative ist die Fahrt mit dem Boot. An den sagenhaften Klippen mit Kakteen, die sich ins zerklüftete Gestein krallen, und Pelikanen, die ins Meer abtauchen, vorbeizuschippern, ist genau die richtige Einstimmung auf den wunderschönen Strand.

Das hübsch gelegene Restaurant **Rancho Típico** (☎809-753-8058; cuevasdelasaguilas@hotmail.com; Las Cuevas; Hauptgerichte 250–850 RD$; ⏰10–18 Uhr) in Las Cuevas bietet solche Touren an. Die Preise gestalten sich folgendermaßen: Gruppen mit einem bis fünf Teilnehmern zahlen 2000 RD$ pro Boot, mit sechs bis acht Teilnehmern 350 RD$ pro Person, mit neun bis zehn Teilnehmern 325 RD$ pro Person, mit elf bis 15 Teilnehmern 275 RD$ pro Person, mit 16 bis 20 Teilnehmern 275 RD$ pro Person und so weiter. Der Besitzer verleiht auch Schnorchelausrüstung zu 300 RD$. Im Restaurant kommt leckeres Essen auf den Tisch; Spezialität des Hauses sind Meeresfrüchte und hervorragend zubereitete *mofongos* (die mit *pulpo* probieren). Der Rancho Típico liegt perfekt am Meer und liefert sich mit dem El Cabito in Las Galeras einen edlen Wettstreit, welches der beiden Lokale die tollste Lage in der Dominikanischen Republik hat.

Guides/Bootsführer treiben sich am Posten des Parkrangers herum (gleich beim Parkplatz von Las Cuevas) sowie an der kleinen Mole, ein paar Meter hinter dem Rancho Típico – mit ihnen kann man feilschen. Die Schnorchelausrüstung ist im Preis inbegriffen, jedoch nicht immer verfügbar – deshalb besser die eigene mitbringen. Wer allein herkommt, sollte versuchen, mit anderen Leuten eine Gruppe zu bilden, um die Kosten für das Boot zu teilen – am Wochenende, wenn hier naturgemäß mehr los ist, klappt das meist. Doch egal, wofür der Einzelne sich entscheidet: Die Eintrittsgebühr in den Nationalpark (100 RD$) wird zusätzlich fällig.

Ecotour Barahona (S. 216) veranstaltet einen Tagesausflug (119 US$) dorthin. Das Unternehmen kümmert sich um die gesamte Logistik, d. h. die Teilnehmer werden am Hotel abgeholt, erhalten ein Mittagessen und bekommen gezeigt, wo sich das schönste Korallenrevier zum Schnorcheln befindet.

Am Strand gibt es eine Minihütte mit Toiletten und einen kleinen Aussichtsturm, sonst jedoch keinerlei Infrastruktur. Es ist erlaubt zu zelten.

nen schallt und die Gäste im Freien tanzen. Wer sich hier unters Volk mischt, muss damit rechnen, weit und breit der einzige Ausländer zu sein.

Schlafen & Essen

In Anbetracht der Tatsache, dass dieser Teil des Landes das Gefühl völliger Abgeschiedenheit vermittelt, überrascht es natürlich nicht, dass die meisten Hotels an der Küstenstraße von Barahona nach Paraíso zusätzlich noch ihr eigenes Restaurant betreiben. Diese zu den Hotels gehörigen Lokale sind in der Regel hervorragend und stehen auch Reisenden offen, die gar nicht im Haus logieren.

Hotelito Oasi Italiana
HOTEL $

(☎829-926-9796; www.lospatos.it; Carretera Km 37, Los Patos, Calle José Carrasco; DZ 1200 RD$; ❄📶🏊) Das Hotel auf einer Anhöhe, ein paar Hundert Meter vom Strand entfernt, gehört einem Italiener. Die Zimmer sind geräumig, aber bisweilen stickig. Dafür ist das Essen, das im Restaurant ausschließlich Hotelgästen serviert wird, hervorragend. Irgendwelchen kulinarischen Schnickschnack gibt es nicht, dafür aber leckere Pizza und Pasta, die der Besitzer und Koch aus Verona höchstpersönlich zubereitet.

Hotel Comedor Kalibe
HOTEL, RESTAURANT $

(☎809-243-1192; Calle Arzobispo Meriño 16, Paraíso; EZ/DZ mit Ventilator 1300/1500 RD$, mit Klimaanlage 1600/1800 RD$; ❄📶🏊) Das kleine günstige Hotel im Zentrum von Paraíso liegt nur zwei Blocks vom Strand entfernt. Die gepflegten Zimmer haben Kabelfernseher. Im einfachen, aber ordentlichen Restaurant (Hauptgerichte 310–450 RD$) werden viele Gerichte mit Meeresfrüchten serviert.

Hüsch sind auch der Patio sowie das Fernsehzimmer beim Pool. Und Gastfreundschaft wird hier sehr groß geschrieben: Das Personal ist überaus aufmerksam und herzlich und die Zimmer sind vom Feinsten.

Hotel Casablanca
B&B $$

(☎809-471-1230; www.hotelcasablanca.com.do; Carretera Barahona-Paraíso Km 10; EZ/DZ/3BZ inkl. Frühstück 45/60/85 US$; 📶) Das B&B in Besitz eines Schweizers garantiert in diesem Preissegment den persönlichsten Hotelaufenthalt an dieser Küste. Die sechs einfachen, aber gemütlichen Zimmer liegen in einem gepflegten Garten und haben alle einen Ventilator. Möbliert sind sie entweder mit einem Riesendoppelbett oder mit einem französischen Bett und einem Doppelbett. Nur 50 m entfernt bietet sich von den wunderschön geschwungenen Klippen ein dramatischer Blick über die Karibik.

Treppen führen zu einem kleinen Strand hinunter – mit vielen Felsen und ein paar netten Stellen mit Sand. Das Frühstück ist im Preis inbegriffen und zählt zum Besten, das im ganzen Land auf den Tisch kommt. Was im Übrigen auch für das Abendessen gilt. Selbst Reisende, die nicht hier wohnen, sollten sich deshalb überlegen, morgens kurz durchzuklingeln, um einen Tisch zu reservieren – die Besitzerin gehört zu den besten Köchinnen auf der ganzen Insel! Alles, was sie mit *lambi* (Meeresschnecken) oder Tintenfisch zaubert, schmeckt so lecker, dass man sich noch lange daran erinnert.

Playazul
RESORT $$

(☎809-454-5375; www.playazulbarahona.com; Carretera Barahona-Paraíso Km 7; EZ/DZ/3BZ inkl. Frühstück 1800/2500/3500 RD$; ❄📶🏊) Das Mini-Resort mit 20 Zimmern unter französischer Leitung bietet ein gutes Preis-Leistungs-Verhältnis. Die Zimmer sind geschmackvoll gestaltet, die meisten gehen auf den Pool und das Meer hinaus und bieten mit ihren Patios samt Palapa-Dach auch eine gewisse Privatsphäre. Das Playazul liegt auf einer Steilklippe mit tollem Blick übers Meer. Wer über die Betonplatten zum hübschen – aber felsigen – Privatstrand hinunterspaziert, kommt oft den frei herumlaufenden Pfauen in die Quere.

Das Frühstück wird im französisch inspirierten Restaurant (Hauptgerichte 200 bis 520 RD$) serviert, das auch bei Gästen, die nicht hier logieren, beliebt ist.

★ Casa Bonita
HOTEL $$$

(☎809-476-5059; www.casabonitadr.com; Carretera Barahona-Paraíso Km 17; Zi. inkl. Frühstück Dominikaner/Ausländer ab 217/280 US$; ❄@📶🏊) 🍃 Die Casa Bonita war einst das Urlaubsdomizil einer reichen dominikanischen Familie – und wird heute von Geschwistern als nobles Boutiquehotel geführt. Sie liegt auf einem Hügel mit herrlichem Blick in alle Richtungen – auf das Karibische Meer und die Berge. Im Südwesten ist die Casa Bonita sicher das bemerkenswerteste Hotel.

Die Zimmer sind nicht hochgestochen, sondern von dezentem Schick; alle haben eine schöne Aussicht und liegen nur ein paar Schritte zu Fuß von der sagenhaften Poollandschaft, dem Whirlpool und den Gärten mit Hängematten entfernt. Im Restaurant wird Nachhaltigkeit großgeschrieben: Alles, was auf den Teller kommt, stammt aus dem eigenen Biogemüsegarten oder aus der Region. Zu den Spezialitäten des Hauses zählt ein kunstvoll gebackener Käse (450 RD$) aus Polo.

Die Gäste werden auch den Tanama Spa im Wald nicht so schnell vergessen; hier kann man sich auf einer Liege *im Fluss* massieren lassen. Eine Baumkronentour mit zehn Plattformen und Mountainbike-Pfade runden das Angebot ab und verleihen dem Hotel einen Hauch von Abenteuer. Es ist edel, persönlich und ziemlich perfekt.

Piratas del Caribe HOTEL $$$

(809-243-1140; www.hotelpiratasdelcaribe.com; Calle Arzobispo Nouel 1; EZ/DZ inkl. Frühstück 139/179 US$;) Wer durch die Tore dieses kleinen neuen Boutiquehotels, einer Oase im Herzen von Paraíso, tritt, wird wirklich von einem erhebenden Gefühl ergriffen. Hier gibt es nur fünf Zimmer, alle mit einem großen, privaten Patio; vier davon beeindrucken zudem noch mit ihrem Meerblick im Obergeschoss – ein idyllischer Fleck für das Frühstück. Da das Hotel in spanisch-französischem Besitz ist und unter spanisch-deutscher Leitung steht, verströmt es viel europäisches Flair.

Restaurante Luz MEERESFRÜCHTE, DOMINIKANISCH $

(Hauptgerichte 200–450 RD$; 8.30–22.30 Uhr) Das Restaurant an der Küstenstraße in den beiden angrenzenden Dörfern Bahoruco und La Ciénaga ist eine gute Wahl. Im Speiseraum im ersten Stock (mit Meerblick) weht eine frische Brise. Das Luz ist ein Lokal der alten Schule und serviert überwiegend Fisch vom Grill und *lambi*.

Praktische Informationen

Paraíso zählt zu den wenigen Orten zwischen Barahona und Pedernales, wo es zuverlässig Internet gibt; das WLAN ist allerdings langsam.

NICHT VERSÄUMEN

POLO MAGNÉTICO

Rund 12 km westlich von Barahona liegt der Ort Cabral, hier zweigt die Straße gen Süden ins nahe Polo ab. Rund 11 km südlich von besagter Abzweigung sieht sich der Reisende einer berühmten Fata Morgana ausgesetzt. Man stelle im Auto die Gangschaltung auf neutral, lasse die Bremse los und beobachte, wie der Wagen bergauf „gezogen" wird. Der Effekt lässt sich am besten zwischen den beiden Ortschaften El Lechoso und La Cueva bestaunen, funktioniert jedoch auch im Kleinen: Dazu steigt man einfach aus dem Auto aus und legt eine Wasserflasche auf die Straße. Auch sie lässt dann den mysteriösen Wunsch erkennen, bergauf zu rollen. Der Effekt ist unter dem Begriff „Schwerkrafthügel" bekannt, eine optische Täuschung, die durch die Form des Abhangs und seine Lage in der Landschaft ringsum bedingt ist.

Einen Versuch wert ist die **Papelaria Cheche** (Calle José Castillo; Std. 40 RD$; 8–12 & 14–22 Uhr) in der Calle José Castillo, ein kleiner Container mit ein paar Computern.

In medizinischen Notfällen bietet sich die **Clínica Amor al Prójimo** (809-243-1208; Calle Arzobispo Noel) an, die sich ebenfalls in Paraíso befindet; die Alternative ist, nach Enriquillo zu fahren.

An- & Weiterreise

Die *guagua*-Haltestelle in Paraíso liegt an der Schnellstraße in der Calle Enriquillo, 1 km vom Strand bergauf. Von hier verkehren Busse in Richtung Norden nach Barahona (250 RD$, 40 Min., 20-Min.-Takt). *Guaguas* nach Enriquillo (50 RD$, 20 Min.), zur Laguna Oviedo (100 RD$, 1 Std.) und nach Pedernales (200 RD$, 1½ Std.) kommen etwa im 20-Minuten-Takt von 6.30 bis 18 Uhr vorbei. Es besteht auch die Möglichkeit, eine *guagua* in Richtung Süden per Handzeichen anzuhalten, nämlich an der Kreuzung der Hauptschnellstraße mit der Hauptstraße der Ortschaft südlich vom Dorf.

Express-Busse von Pedernales nach Santo Domingo halten hier etwa um 4.30 und 15.30 Uhr (350 RD$, 4 Std.). Wer auf einen Sitzplatz wert legt, muss sich für beide Busse in eine Liste eintragen, die im Büro von **Transportes Cuchi** (809-243-1270; Calle Arzobispo Noel 41, Paraíso) in der Ortschaft ausliegt. Der Morgenbus holt die Fahrgäste im Hotel ab; in den Bus am Nachmittag steigt man vor dem Büro ein.

Larimar-Mine

Jeder Larimar der Dominikanischen Republik – und, ja, der ganzen Welt – kommt aus dieser einen Mine, die 1974 von Miguel Méndez entdeckt wurde. Der Name Larimar leitet sich ab von Larissa (so der Name der Tochter von Méndez) plus *mar* (Meer). Der deutsche wissenschaftliche Name des Halbedelsteins ist Blauer Pektolith.

Der Bergbau liegt hier nicht in den Händen eines großen Konzerns, sondern eines kleinen Kollektivs von einzelnen Bergleuten. Wer will, kann die Minen besichtigen und sogar in einige der Stollen steigen. Ein paar einfache Hütten verkaufen direkt bei der Mine günstigen Larimar-Schmuck, in einigen namenlosen Lokalen werden Speisen und Getränke an die Bergleute verkauft.

Und so kommt man hin: Im kleinen Weiler El Arroyo, 13 km südlich von Barahona (3 km nördlich von Bahoruco), nach der Abzweigung Ausschau halten. Verkehrsschilder stehen hier keine, dafür aber ein Schild der Europäischen Kommission, das sich auf die Mine bezieht. Die Fahrt auf der schlechten Straße dauert eine Stunde – sie ist nur mit einem Allradfahrzeug befahrbar. Ecotour Barahona (S. 216) veranstaltet eine Exkursion zur Mine (119 US$). Eine andere Möglichkeit ist, am frühen Morgen eine *guagua* bis zur Abzweigung zu nehmen; von dort kann man dann mit etwas Glück mit einem der Minenarbeiter mitfahren. Wie überall auf der Welt ist trampen nie wirklich sicher und kann somit auch nicht empfohlen werden. Reisende, die per Anhalter fahren, sollten sich im Klaren sein, dass sie ein ernsthaftes Risiko eingehen.

Parque Nacional Jaragua

Der **Parque Nacional Jaragua** (Eintritt 100 RD$; ⏲8–17 Uhr) ist das größte Naturschutzgebiet des Landes mit einer Fläche von 1400 km². Zum Park gehören ein weitläufiges Gebiet mit subtropischem Dorn- und Trockenwald sowie ein riesiges Meeresareal, das einen Großteil der Südküste umfasst. So liegen die Laguna Oviedo, die Bahía de Las Águilas sowie die Inseln Isla Beata und Isla Alto Velo innerhalb der Grenzen des Nationalparks.

Laguna Oviedo

Der extrem salzhaltige See ist vom Meer durch einen schmalen, 800 m breiten Sandstreifen getrennt und wird vor allem wegen seiner guten Möglichkeiten zur Vogelbeobachtung besucht. Hier lebt eine kleine Flamingokolonie, deren Population in den Wintermonaten zunimmt. Mit ziemlicher Wahrscheinlichkeit wird man hier auch Ibisse, Störche und Löffelreiher sichten, und zwar vor allem gegen Frühlingsende und zu Sommeranfang. Die riesige *Tinjlare*-Schildkröte, die es auf ein stolzes Gewicht von einer Tonne bringt, hält sich von April bis August hier auf, um ihre Eier abzulegen und zu brüten. In der Regel lässt sie sich jedoch nur sehr spät nachts sehen.

Das bestens organisierte **Besucherzentrum** (☎829-808-8234; ⏲6–18 Uhr) bietet Bootsausflüge an. Eine dreistündige Tour kostet 3500 RD$ pro Boot (bis zu fünf Personen; der spanischsprachige Guide ist im Preis inbegriffen). Für das Betreten des Nationalparks wird eine Eintrittsgebühr in Höhe von 100 RD$ verlangt. Die Exkursion beinhaltet einen kurzen Besuch der kleinen Taíno-Höhle plus einen kurzen Spaziergang über den Sandstreifen zum Meer hinüber, wo am herrlichen goldgelben Strand unglaubliche Mengen Strandgut aus Plastik herumliegen – kaputte Eimer, leere Wasserflaschen und gelegentlich auch mal eine Glühbirne. Aus diesem Grund sollte man unbedingt Schuhe anziehen. Wer sich besonders für Schildkröten interessiert, kann an einer Exkursion teilnehmen, die **Francisco Saldaña Cuevas** (☎829-808-8924) anbietet.

Es gibt zwei Aussichtsplattformen – eine an der Küste hinter dem Besucherzentrum, die andere auf der größten der rund 24 Inseln im See; dort halten sich auch viele beeindruckende Leguane auf. Der See ist so salzig, dass man in der Trockenzeit auf den Inseln eine Mischung aus kristallisiertem Salz und Sand sieht.

Ecotour Barahona (S. 216) veranstaltet einen Tagesausflug (119 US$) dorthin.

Der Eingang zum Park und zur Lagune ist an der Küstenschnellstraße, 3 km nördlich der Ortschaft Oviedo, gut ausgeschildert. Busse, die nach Oviedo und Pedernales unterwegs sind, lassen die Fahrgäste am Parkeingang aussteigen. Der letzte Bus zurück nach Barahona fährt gegen 16 Uhr vorbei. Falls jemand hier strandet, hilft das neue, allerdings sehr einfache **Hotel Begó** (☎829-808-8924; Carretera Pedernales; Zi. 500–1000 RD$; ❄) weiter. Es liegt vom Besucherzentrum ein Stück die Schnellstraße hinauf und bietet vier einfache Zimmer und einen schönen Blick auf die Lagune von der Terrasse im ersten Stock.

Isla Beata & Isla Alto Velo

Die beiden Inseln liegen wirklich am Ende der Welt, entsprechend schwierig ist es, sie zu erreichen. Doch genau diese Abgeschiedenheit macht ihren Reiz aus. Wer als Individualreisender unterwegs ist, hat mit einigen Schwierigkeiten zu kämpfen, bis er dort angekommen ist, die Inseln können aber auch im Rahmen einer organisierten Tour besucht werden.

Isla Beata, auf der sich in den 1950er-Jahren unter der Diktatur Trujillos ein Gefängnis für politische Dissidenten befand, untersteht bis heute der gemeinsamen Verwaltung des Militärs und des Parque Nacional Jaragua. Das kleine Fischerdorf **Trudille** liegt direkt an der **Playa Blanca,** einem 40 km langen weißen Sandstrand, an dem sich Unmengen Leguane tummeln. Das

Gefängnis wurde nach der Ermordung Trujillos zerstört, die Ruinen können aber noch besichtigt werden.

Die Isla Alto Velo ist eine kleinere, unbewohnte Insel, 1½ Stunden südlich der Isla Beata - und gleichzeitig der südlichste Punkt der Dominikanischen Republik. Auf der windgepeitschten, von Vogelkot verkrusteten Insel - verursacht von den Scharen von Möwen, die hier leben - ragt auf dem höchsten Punkt (250 m) ein Leuchtturm auf. Wer ihm einen Besuch abstatten möchte, sollte für den Hin- und Rückweg zwei Stunden kalkulieren (insg. 5 km) . Die kleine Wanderung lohnt sich, denn sie bietet herrliche Ausblicke, allerdings keinen Strand.

Am unkompliziertesten lässt sich die Insel im Rahmen einer organisierten Exkursion besuchen, Ecotour Barahona (S. 216) bietet diese an. Die Firma unternimmt auch einen Tagesausflug zur Isla Beata (140 US$ pro Pers., mindestens 6 Pers.), mit der Möglichkeit, in Las Cuevas zu übernachten. Die Firma hilft auch beim Organisieren von Ausflügen nach Alto Velo.

Pedernales

14 590 EW.

Die Küstenschnellstraße endet in Pedernales. Haiti erreicht man über eine Wohnstraße und einen Grenzposten, der rund 1,5 km vom Ortszentrum von Pedernales entfernt liegt. Ansonsten ist der Ort eigentlich hauptsächlich für Reisende von Interesse, die die Bahía de Las Águilas oder die umliegenden Nationalparks erkunden wollen. Und natürlich für Leute, die dem bestens organisierten haitianischen Markt einen Besuch abstatten wollen, der immer montags und freitags stattfindet. Auch wenn dieser Grenzübergang von Ausländern kaum genutzt wird, ist er mit Abstand der unproblematischste und am wenigsten chaotische zwischen den beiden Ländern.

Die schönste Unterkunft von Pedernales ist das herrliche **Hostal Doña Chava** (☎809-524-0332; www.donachava.com; Calle P N Hugson 5; DZ/3BZ mit Ventilator 900/1000 RD$, EZ/DZ/3BZ/4BZ mit Klimaanlage 900/1100/1300/1500 RD$; ❄@☜) Es vermietet einfache Zimmer mit sauberen Bädern, Kabelfernsehen, sehr schönen Gemeinschaftsräumen und einem dschungelartigen Patio (unbedingt an Insektenschutzmittel denken!). Die Besitzer bemühen sich um Nachhaltigkeit, so wird u. a. Biokaffee ausgeschenkt. Auf Wunsch wird ein Frühstück (160 RD$–180 RD$) serviert. Allerdings sollte man sich darauf einstellen, dass das Management herumzickt, wenn jemand früh (d. h. vor 16 Uhr) einchecken möchte, und zwar sogar dann, wenn das Zimmer bereits gerichtet ist.

Als bestes Restaurant der Stadt gilt das **King Crab** (Calle Dominguez 2; Hauptgerichte 200–550 RD$; ⌚8–23 Uhr). Hier dreht sich alles um Meeresfrüchte. Eine gedruckte Speisekarte sucht man vergeblich, aber in der Regel kommen Krabben, ganze Red Snapper (*chillo;* pro Pfund 550 RD$) und Hummer (500 RD$) auf den Tisch.

BanReservas (Calle Duarte) hat gleich zwei Geldautomaten aufgestellt; der zweite befindet sich in der Avenida Libertad (die in den Ort hineinführt).

Guaguas der Firma Sinchomipe fahren sechsmal am Tag nach Santo Domingo (400 RD$, 6 Std.), die Abfahrtszeiten sind: 5, 6, 8, 10.30, 11.30, 13.30 und 15 Uhr. Die Wagen starten an der Ecke Calle 27 de Febrero/Calle Santo Domingo. Auf der Strecke Pedernales–Barahona (250 RD$, 2 Std., stündl., 8–15 Uhr) fahren *guaguas* in beide Richtungen.

Mit einer kurzen *motoconcho*-Fahrt (50 RD$) über die Calle 27 de Febrero gelangt man zur Grenze nach Haiti und dem kleinen Dorf Anse-à-Pitres, 1,5 km von der Kreuzung entfernt in der Nähe von BanReservas. Die **Dirección General de Migración** (www.migracion.gov.do) ist in einem kleinen Wagen auf der linken Seite untergebracht, gleich vor der Grenze. Einfach anklopfen.

Parque Nacional Sierra de Bahoruco

Dieser **Nationalpark** (Eintritt 100 RD$; ⌚8–17 Uhr) unmittelbar westlich von Barahona schützt eine Fläche von 800 km² - überwiegend Bergland. Hier findet man eine reiche Flora in verschiedenen Klimazonen - von Tieflandwüsten bis zum Nebelwald. In den Tälern finden sich weitläufige Gebiete mit breitblättrigen Pflanzen, die dann in höheren Regionen in Pinienwälder übergehen. In den Bergen liegt die Durchschnittstemperatur bei 18 °C, die jährlichen Regenfälle summieren sich auf 1000 bis 2500 mm. Zusammen mit dem Parque Nacional Jaragua und dem Lago Enriquillo bildet der Parque Nacional Sierra de Bahoruco die Reserva de Biosfera Jaragua-Bahoruca-Enriquillo, das erste Biosphärenreservat der Unesco in der Dominikanischen Republik.

Innerhalb des Nationalparks gedeihen 166 Orchideenarten, d. h. über die Hälfte aller Arten im Land finden sich hier (52 %). Rund 32 % davon sind endemische Arten, die ausschließlich in diesem Park vorkommen. In den Pinien, Kirsch- und Mahagonibäumen des Parks schwirren mehr als 75 verschiedene Vogelarten herum, darunter die Antillenkrähe und 28 von insgesamt 32 endemischen Vogelarten auf Hispaniola. Hoch in den Bergen leben Haitidrosseln, Bindenbuschsänger, Hispaniolatangare, Abeillekolibris, Rosentrogone, Schmalschnabeltodis, Westschmätzertangare und Blaukronenamazonen; in niedrigeren Regionen sieht man Antillenkrähen, Schnäppervireos und die seltenen Dominikanerkuckucks.

Tody Tours (S. 216) unterhält ein auf Vogelbeobachtung spezialisiertes Camp in der Nähe von Puerto Escondido an der Grenze zum Park sowie ein weiteres entlegeneres Vogelbeobachtungs-Camp namens **Villa Barrancoli** (☎809-686-0882; www.todytours.com; Hütten pro Pers. 10 US$, Essen pro Tag pro Pers. 3 US$) im Biosphärenreservat. Wenn das Camp nicht anderweitig genutzt wird, sind Individualreisende herzlich willkommen – man muss allerdings unbedingt ein paar Tage vorher per E-Mail reservieren. Außerdem ist für die Anfahrt ein Wagen mit Allradantrieb erforderlich, Fahrer sollten Fahrpraxis in unwegsamem Gelände haben.

Und so kommt man hin: Von Barahona fährt man am Südufer des Lago Enriquillo entlang nach Duvergé. In dieser Ortschaft hält man nach einer Wandmalerei mit einem Kuckuck und einem Papagei Ausschau; sie befindet sich auf der linken Seite, ein paar Blocks hinter der Tankstelle. Hier biegt man links ein und fährt dann etwa eine halbe Stunde geradeaus weiter nach Puerto Escondido. Dort sieht man dann am Ortseingang auf der rechten Seite schon die Parkverwaltung. Man fährt nun weiter bis zu einer Gabelung, biegt links ab und folgt der Ausschilderung nach Rabo de Gato. Hier biegt man rechts ab und überquert den Kanal. An der nächsten Gabelung biegt man erneut rechts ab und folgt der Ausschilderung nach Rabo de Gato bis zum Camp.

Hoyo de Pelempito

Das „Loch" von Pelempito gehört zum Parque Nacional Sierra de Bahoruco; es handelt sich dabei um eine tiefe Schlucht, die entstand, als sich die Península de Pedernales vor zig Millionen Jahren auf Hispaniola schob. Die Touristeninformation am Rand einer Klippe in 1450 m Höhe bietet einen sagenhaften Ausblick nach Norden und Osten über den völlig unberührten Nationalpark. Die Klippe selbst fällt dramatisch 600 m steil ab.

Die Touristeninformation bietet Informationen (auf Spanisch) zur Flora und Fauna der Region; auf diversen kurzen Spazierwegen durch die Natur können sich Interessierte über verschiedene Pflanzen informieren, die mit Erklärungsschildchen versehen sind. Hobbyornithologen bedauern, dass es hier leider nur wenige Vögel zu sehen gibt. Für die meisten Touristen lohnt allein schon die tolle Aussicht die Anfahrt.

Pelempito liegt auf der Südseite der Sierra de Bahoruco. Der Abzweig befindet sich rund 12 km östlich von Pedernales. Kurz hinter der Abzweigung zur Bahía de Las Águilas überquert man eine kleine Brücke. Direkt dahinter fährt man links auf eine unbefestigte Straße, die in einem Bogen zur Teerstraße Richtung Norden zum Hoyo de Pelempito führt (es handelt sich um dieselbe Straße, die zur Bahía de Las Águilas führt, man befährt sie allerdings in der Gegenrichtung). Rund 14 km weiter kommt man zu einer **Rangerstation** (Eintritt 100 RD$; ⏲9–16.30 Uhr). Von hier führt die asphaltierte Straße im Stil einer Schnellstraße 6 km weiter und wird dann auf den letzten 7 km zu einer holprigen Piste. Regenfälle führen immer wieder dazu, dass dieser Straßenabschnitt unbefahrbar wird, man braucht deshalb unbedingt einen Geländewagen oder zumindest ein sehr hohes Auto.

NÖRDLICH VON PEDERNALES

Lago Enriquillo & Isla Cabritos

Zum **Parque Nacional Lago Enriquillo & Isla Cabritos** (☎809-880-0871; Eintritt Dominikaner/Ausländer 30/50 RD$; ⏲8–18 Uhr) gehört ein riesiger Salzwassersee, der 40 m unter dem Meeresspiegel liegt. In der Mitte befindet sich die 12 km lange einsame Isla Cabritos. Der Lago Enriquillo ist der Rest eines alten Kanals, der einst die Bahía de Neiba im Südosten (unweit Barahona) mit Port-au-Prince im Westen verband. Die vom Río Yaque del Sur an der Einmündung des Flusses in die Bahía de Neyba angeschwemmten Sedimente bewirkten zusammen mit einer Anhebung der Kontinentalplatte das allmähliche Abschnüren des Sees von der Bucht (der See ist also ein ehemaliger Meeresarm). Heute präsentiert sich der See als ein 200 km² großes Binnengewässer ohne Ablauf.

Die Hauptattraktionen des Sees sind die Tiere, darunter rund 200 Amerikanische Krokodile, die am Ufer liegen. Von Dezember bis April lassen sich auch Flamingos und Fischerreiher sehen.

Die Insel, deren Höhe zwischen 40 m über dem Meeresspiegel und bis zu 4 m unter dem Meeresspiegel schwankt, hat einen wüstenähnlichen Charakter. Hier gedeihen verschiedene Kakteen und andere Wüstenpflanzen. Im Sommer wurden schon Temperaturen um die 50 °C gemessen – man sollte seinen Besuch deshalb auf die frühen Morgenstunden legen. Auf der Insel leben Hispaniola- und Nashornleguane; einige Exemplare sind mehr als 20 Jahre alt und erheblich größer als die meisten Hauskatzen. Außerdem gibt es hier noch Unmengen Skorpione – aus diesem Grund empfiehlt es sich, geschlossene Schuhe zu tragen.

Auf der Insel befindet sich eine Touristeninformation, bei der man sich über die Geschichte und Geologie der Insel informieren kann. Von März bis Juni begeistert die Blüte der Kakteen, im Juni sieht man schöne Schmetterlinge.

Der Eingang zum Park liegt rund 3 km östlich von La Descubierta. Die lokale **Fremdenführervereinigung** (☎809-880-0871) bietet Bootsausflüge durch den Park zum Preis von 3500 RD$ (bis zu zehn Personen) an. Die Fahrt ist anstrengend, feucht und salzig ... Und unbedingt vorher anrufen: Wenn schon eine Gruppe das Boot gebucht hat, kann es sein, dass kein Platz mehr frei ist. Mit den Führern muss man sich im Vorfeld telefonisch in Verbindung setzen. Das Boot schippert dann zur Mündung des Río de la Descubierta – wo sich die meisten Krokodile und Flamingos sehen lassen – und weiter zur Isla Cabritos. In der Regel dauert die Exkursion zwei Stunden; das letzte Boot fährt mittags um 12 Uhr ab. Ganz wichtig ist, viel Trinkwasser mitzunehmen.

Nur ein kurzes Stück östlich vom Parkeingang lohnt ein Blick bei **Las Caritas** (Die Gesichter). Auf der Nordseite der Schnellstraße führen knallgelbe Geländer zu einer kleinen Felsformation hinauf, angeblich Petroglyphen aus der Zeit vor den Taínos. Nach einer kurzen, aber doch recht anspruchsvollen Kletterpartie den Berg hinauf – man braucht dazu feste Schuhe oder zumindest Trekkingsandalen – kann man dann die Zeichnungen in Augenschein nehmen und auch die herrliche Aussicht über den See auf sich wirken lassen.

ABSTECHER

DAS BIOKAFFEE-FESTIVAL VON POLO

Das im Jahr 2004 ins Leben gerufene **Festival del Café Orgánico de Polo** (Festicafé; ☎809-682-3386; www.festicafe.org) wird immer am ersten Juniwochenende in der kleinen Ortschaft Polo abgehalten; sie liegt an den Südhängen der Sierra de Bahoruco. Von Freitag bis Sonntag feiern die lokalen Kaffeeanbauer das Ende der Kaffeeernte. Abends spielen Gruppen Merengue und Bachata (dominikanische Musik), tagsüber wird an den Ständen Kaffee und typisches Kunsthandwerk aus dem Südwesten verkauft. Außerdem findet ein „Kaffeeumzug" statt, und für die Kids gibt es jede Menge (koffeinfreie) Spiele. Die Organisatoren veranstalten auch interessante Wanderungen zu abgelegenen Kaffeeplantagen in den Bergen.

Über ein Hotel verfügt Polo nicht, aber während des Festivals arrangieren die Organisationen Übernachtungen in Privathäusern – man muss allerdings unbedingt mehrere Wochen vorher anrufen, denn die Quartiere sind schnell ausgebucht. Auch wenn kein Festival stattfindet, wird in verschiedenen Geschäften im ganzen Ort Kaffee verkauft. Kaffeeliebhaber finden ihn hervorragend, und somit lohnt sich der Abstecher nach Polo für Leute mit fahrbarem Untersatz in jedem Fall.

Von Barahona fährt man 12 km Richtung Westen nach Cabral und hält dann in der Ortsmitte (mit blinkender Ampel) nach dem ausgeschilderten Abzweig in Richtung Süden Ausschau. Von dort sind es dann noch rund 20 km (30 Min.) bis nach Polo.

Über die Bedeutung der Figuren ist kaum etwas bekannt. Interessant ist, dass es sich bei einem Großteil des Gesteins um versteinerte Korallen handelt, Relikte aus der Zeit also, als das gesamte Gebiet hier noch vom Karibischen Meer bedeckt war.

Ecotour Barahona (S. 216) veranstaltet einen beliebten Tagesausflug zur Isla Cabritos (139 US$) - inklusive Mittagessen am Naturbecken von La Descubierta (mit Möglichkeit zum Schwimmen), dem Besuch von Las Caritas und dem haitianischen Markt in Jimaní. Da das Grenzgebiet häufig unter Wasser steht, muss der Marktbesuch manchmal gestrichen werden.

Schlafen & Essen

Rund 3 km westlich vom Parkeingang liegt die kleine Ortschaft La Descubierta, die für ihr großes natürliches Schwimmbecken im Zentrum bekannt ist. Hütten, in denen etwas zu essen verkauft wird, finden sich im Ort, in der Nähe vom Park sowie am Schwimmbecken.

Hotel Iguana PENSION $

(☎809-958-7636; Calle Padre Billini 3; Zi. pro Pers. mit/ohne Vollpension 400/1000 RD$) Es gibt eigentlich keinen Grund, hier zu übernachten, aber wer doch hier strandet, kann zur Not im Hotel Iguana übernachten; es liegt an der Hauptstraße westlich vom Park. Die Zimmer sind klein, einfach, ruhig und sauber. Sie haben jeweils ein eigenes Bad und sind mit Betten möbliert, die besser sind als erwartet. Wer rechtzeitig anruft, kann auch etwas zu essen bestellen - gekocht wird leckere Hausmannskost!

An- & Weiterreise

Generell ist es praktischer, selbst zu fahren, wenn man so weit in den Norden von Pedernales möchte. Es besteht jedoch auch die Möglichkeit, eine *guagua* von Barahona nach Neyba zu nehmen. Man bittet den Fahrer dann einfach, an der Rangerstation zu halten, wo man in eine *guagua* Richtung Westen umsteigt.

Jimaní

10 034 EW.

Die staubige Grenzstadt liegt an der kürzesten Strecke von Santo Domingo nach Port-au-Prince und ist deshalb der betriebsamste der vier offiziellen Grenzübergänge. Dominikaner bis aus dem fernen Santo Domingo kommen hierher zum Mark, der täglich abgehalten wird. Es gibt auch ein paar *tiendas* (Läden), in denen haitianisches Bier (Prestige) und Rum (Rhum Barbancourt) verkauft werden – beide schmecken zweifelsohne besser als die vergleichbaren Produkte aus der Dominikanischen Republik. Der Markt liegt gleich hinter der dominikanischen Grenze im Niemandsland.

Dieses Gebiet – einschließlich der Einwanderungsstation und weiterer Grenzkontrollen – werden immer wieder von dem sich beängstigend schnell vergrößernden Etang Saumâtre überflutet, dem Zwillingssee des Lago Enriquillo auf haitianischer Seites (auch als Lago Azuéi bekannt). Das Südostende des Sees liegt – bei normalen Wetterverhältnissen – gerade einmal 1 km von der Grenzstation entfernt.

Schlafen & Essen

Hotel Taíno Frontera HOTEL $

(☎809-248-3208; www.hoteltainofrontera.blogspot.com; Calle 19 de Marzo 4; EZ/DZ inkl. Frühstück 1200/1400 RD$; ❄📶) Das Hotel wird von der netten und hilfsbereiten Pascale geführt, einer Haitianerin, die fließend Spanisch, Englisch, Französisch und Kreolisch spricht. Unterstützt wird sie von ihrem Mann aus der Dominikanischen Republik. Die Zimmer sind hübsch möbliert und verfügen über ein großes, modernes Bad. Spezialität im luftigen Restaurant sind Gerichte mit Ziegenfleisch (Hauptgerichte 75–300 RD$). Das Hotel liegt 2,5 km von der Grenze entfernt, direkt an der neuen Straße nach La Descubierta – genau das Richtige, um vor oder nach dem Grenzübertritt zu übernachten.

Praktische Informationen

BanReservas hat einen Geldautomaten, der rund um die Uhr in Betrieb ist; er befindet sich am westlichen Ende der Calle 19 de Marzo, kurz vor dem Ortsausgang zur Grenze nach Haiti. Ein Geldautomat der Banco Popular liegt direkt gegenüber der **Farmacia Melenciano** (⏰8–22 Uhr) an der Straße von/nach Duvergé. Bei Schwierigkeiten jeder Art hilft in der Regel die **Policía Nacional** (☎809-248-3043; Calle 19 de Marzo) weiter.

An- & Weiterreise

Jimaní wird von *guaguas* aus Santo Domingo angefahren, die unterwegs durch La Descubierta, Neyba und Baní kommen, außerdem von *guaguas* aus Barahona, die über Duvergé und die Südseite des Lago Enriquillo nach Jimaní verkehren. Beide Haltestellen befinden sich an der

Straße, die aus Duvergé kommend in die Stadt führt. Nach La Descubierta wurde eine neue Straße gebaut, um die Überflutungen durch den Lago Enriquillo zu umgehen.

Nach Santo Domingo verkehren Busse des Unternehmens Asodumichocoji vom Busbahnhof, der am Fuß des Hügels liegt (450 RD$, 5 Std., 40-Minuten-Takt, 7–17 Uhr). Nach La Descubierta beträgt der Fahrpreis 50 RD$; in 30 Min. ist man dort. *Guaguas* nach Barahona (200 RD$, 2½ Std., 40-Min.-Takt, 4–15 Uhr) fahren an der schattigen Ecke rund 200 m den Hügel hinauf ab, gegenüber von einem kleinen Supermarkt. Caribe Tours bietet eine Direktverbindung von Santo Domingo nach Port-au-Prince mit Halt in Jimaní.

Die Dominikanische Republik verstehen

DIE DOMINIKANISCHE REPUBLIK AKTUELL 230

Gestritten wird über die Frage der Staatsbürgerschaft, über ausreichende Löhne und die schier unausrottbare Korruption im Land. Wie kommen ganz normale Dominikaner eigentlich damit zurecht?

GESCHICHTE 232

Stammesverbände der Taínos, Kolumbus, Piraten, eine geeinte und wieder getrennte Insel Hispaniola: So hat die turbulente Vergangenheit der Dominikanischen Republik eine ganze Nation geformt.

MUSIK & TANZ 246

Merengue und die Rhythmen des Bachata, Salsa und politischer Reggaetón bilden die Klangkulisse der Dominikanischen Republik.

BASEBALL: EINE DOMINIKANISCHE LEIDENSCHAFT 250

Ob in den Straßen oder im Stadion – ein Leben ohne Baseball ist für die Dominikaner unvorstellbar.

KUNST & ARCHITEKTUR 253

Dichtung und Malerei beziehen immer wieder Stellung zur Politik; in der Baukunst beeindruckt der spanische Kolonialstil.

NATUR & LANDSCHAFT 257

Hohe Berge, fruchtbare Täler und eine langgestreckte Küste bescheren der zweitgrößten Karibikinsel ein abwechslungsreiches Landschaftsbild.

Die Dominikanische Republik aktuell

Jung und Alt sind sich einig in ihren Klagen über Korruption und fehlende Chancengleichheit. Und da Diktatoren und käufliche Politiker in der Landesgeschichte fast schon an der Tagesordnung waren, sind die Dominikaner Widrigkeiten gewöhnt, und ihr Blick in die Zukunft bleibt skeptisch. Trotz dieser misslichen Lage begegnet man oft einer großen Gelassenheit – oder zumindest der Fähigkeit, das Gute im Leben zu schätzen: die Familie, das Zusammensein, das Lachen und natürlich die Musik.

Die schönsten Filme

La Hija Natural („Kind der Liebe") Ein Teenager auf der verzweifelten Suche nach dem unbekannten Vater. Der dominikanische Beitrag für die Oscar-Prämierungen des Jahres 2011.

Sugar Eine Reise zu den regionalen Baseball-Ligen in Mittelamerika.

Ladrones a Domicilio (Räuber im Haus) Eine Polit-Satire und Slapstick-Comedy; es geht um Einbruch, Kidnapping und die alltägliche Korruption.

Die besten Bücher

Dead Man in Paradise Der kanadische Journalist J. B. Mackinnon, Neffe eines unter dem Diktator Trujillo ermordeten Priesters, bemüht sich, ein altes Verbrechen aufzuklären.

Fiesta del Chivo (Das Fest des Ziegenbocks) Der peruanische Erzähler Mario Vargas Llosa schildert die letzten Tage im Leben Trujillos.

Das kurze wundersame Leben des Oscar Wao Junot Díaz' einfühlsame Geschichte eines selbst ernannten dominikanischen Nerds in New Jersey – und die tragische Entwicklung seiner Familie in der Heimat.

Die süße Saat der Tränen Edwidge Danticats Roman erzählt von den Ereignissen rund um das Massaker an Haitianern im Jahr 1937.

Die Stimmung im Land

Die meisten Dominikaner halten sich für religiös, doch obwohl das Land zutiefst katholisch geprägt ist, gehen die wenigsten regelmäßig zur Sonntagsmesse. Auch freikirchliche Gruppierungen finden ihre Anhänger – mit spektakulären Wunderheilungen, emotionalen Predigten und Exorzismen. Verbreitet, wenn auch weniger sichtbar, ist zudem eine Mischung aus Legenden, volkstümlichem Aberglauben, afrikanischen Ritualen und Voodoo; diese Form von Religion geht teilweise auf Einwanderer aus Haiti zurück.

Reformwillige waren erfreut, als Leonel Fernández die Idee einer Verfassungsänderung aufgab, die ihm 2012 eine vierte Präsidentschaftskandidatur ermöglicht hätte. Stattdessen gelang Danilo Medina, einem Wirtschaftsfachmann aus der PLD *(Partido Liberación Dominicana)* ein mit 51 % recht knapper Sieg über den ehemaligen Präsidenten Hipólito Mejía, den Vorsitzenden der größten Oppositionspartei PRD *(Partido Revolucinario Dominicana)*. Unmittelbar nach der Auszählung war deshalb auch von Wahlbetrug die Rede.

Die andere Hälfte

Viele Dominikaner sind immer noch erbost über die haitianische Besetzung ihres Landes vor über 160 Jahren. Man gibt Haiti gerne die Schuld – an überfüllten Schulen, unzulänglicher medizinischer Versorgung und wachsender Kriminalität, vor allem in Bezug auf Waffen, Drogen und Prostitution – und man wirft den Haitianern vor, Dominikanern die guten Jobs wegzunehmen. Menschen aus Haiti kommen nämlich immer noch in großer Zahl ins Land, um auf den Zuckerrohrplantagen oder auf Baustellen zu arbeiten; Gewalt, Diskriminierung und elende Lebensbedingungen nehmen sie dafür in Kauf. Ein in allen Schichten der Gesellschaft verbreitetes Vorurteil besagt übrigens, dass eine möglichst helle Hautfarbe einen höheren sozialen Rang anzeigt.

Im September 2013 entschied das Verfassungsgericht, dass „in der Dominikanischen Republik geborene Nachkommen von Eltern, die selbst keine gültigen Papiere besaßen", nicht automatisch die Staatsbürgerschaft erhalten können. Dieses Urteil gilt für alle nach 1929 Geborenen – und es wurde von Menschenrechtsaktivisten und einflussreichen Schriftstellern, Künstlern und Intellektuellen einhellig verurteilt, da es Dominikaner haitianischer Abstammung benachteiligt. Kritikern zufolge könnte dieses Urteil Zehntausenden, wenn nicht Hunderttausenden Bürgern grundlegende Rechte entziehen.

Nach den USA ist Haiti der zweitgrößte Exportmarkt für Waren aus der Dominikanischen Republik. Handelsstreitigkeiten sind trotzdem an der Tagesordnung. Die Regierung von Haiti hat sogar mit dem Bau einer 8 km langen Mauer beim Grenzübergang in Elías Piña begonnen, angeblich, um Einfuhrzöllle zu erheben. Nationalisten beider Länder wünschen sich sogar eine Mauer entlang des gesamten Grenzverlaufs (mit einer Gesamtlänge von 300 km).

Die Wirtschaft

Viele Dominikaner müssen ganz ohne elektrischen Strom auskommen, die übrigen sind an regelmäßige Stromausfälle gewöhnt. Frauen stellen ein knappes Drittel der Arbeitnehmer, in Politik und Regierung sind sie aber kaum vertreten. Die Wirtschaft ist in letzter Zeit rasch um 4,5 % gewachsen, und Ikea-Filialen oder Luxusautos sind Zeichen der wachsenden Kaufkraft einer kleinen Mittelschicht. Immer noch leben nämlich fast 40 % der Dominikaner unterhalb der Armutsgrenze; im unteren Lohnsegment muss man sich mit monatlich 140 US$ begnügen, und gemessen am Bruttoinlandsprodukt pro Kopf ist die Dominikanische Republik das viertärmste Land der Karibik. Als im September 2013 Tausende von Krankenhausangestellten drei Tage lang für höhere Löhne streikten, lag das durchschnittliche Monatseinkommen eines Arztes bei 600 bis 1000 US$, Krankenschwestern verdienten 500 US$.

Hinsichtlich der Einkünfte aus dem Tourismus wird die Dominikanische Republik in Lateinamerika nur noch von Mexiko und Brasilien übertroffen. Das Dienstleistungsgewerbe im Tourismus und in den Freihandelszonen ist der größte Arbeitgeber des Landes.

Rund 500 000 Menschen arbeiten in der Kakaoindustrie – das Land ist der weltgrößte Exporteur. Wichtig sind auch die Überweisungen von Dominikanern, die im Ausland arbeiten: Mehr als eine Million Menschen schicken pro Jahr mehr als 1 Mrd. US$ in die Heimat. Dominikaner leben in Großfamilien, und von den Kindern wird erwartet, dass sie sich später um die Eltern kümmern. Da aber so viele junge Leute in die USA auswandern, bleiben soziale Sorgen nicht aus; die Unterstützung durch die Auswanderer vermag jedoch manches Problem zu lindern.

EINWOHNER: **10 219 630**

FLÄCHE: **48 670 KM²**

BRUTTOINLANDSPRODUKT PRO KOPF: **9800 US$ (2012, GESCHÄTZT)**

ARBEITSLOSENRATE: **14,3 % (2012, GESCHÄTZT)**

MENSCHEN UNTERHALB DER ARMUTSGRENZE: **34,4 % (2010, GESCHÄTZT)**

Wenn in der Dom. Republik 100 Menschen lebten, wären …

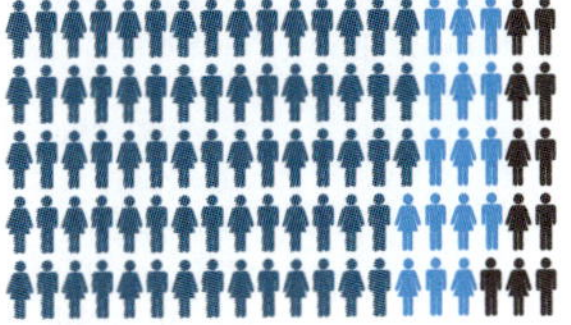

73 ethnisch gemischt
16 weiß
11 schwarz

Konfessionen

(in % der Bevölkerung)

Röm.-Katholisch Sonstige

Einwohner pro km²

DOMINIKAN. REPUBLIK · USA · DEUTSCHL.

≈ 30 Personen

Geschichte

Seit 1492 die Spanier landeten, hat die Insel Hispaniola mehrere Wellen auswärtiger Eindringlinge erlebt. Auf die Auslöschung der indianischen Bevölkerung folgten Phasen der Vernachlässigung, dann blutige Konflikte zwischen den Kolonialmächten Spanien, Frankreich und England. Zum wichtigsten Element für die Entwicklung einer nationalen Identität der Dominikanischen Republik wurde die Beziehung zu Haiti, mit dem das Land sich die Insel teilt und das im 19. Jh. mehrfach versuchte, sich den spanischsprachigen Nachbarn einzuverleiben. Jahrzehnte der Diktatur und Misswirtschaft haben tiefe Narben hinterlassen, doch die Dominikaner sind stolz auf ihr spanisches Erbe.

Die Taínos

Die Insel Hispaniola war bereits mehr als drei Jahrtausende besiedelt, bevor die ersten Spanier sie zu Gesicht bekamen. Einwanderer aus Südamerika, die sich schrittweise von einer Insel zur nächsten vorwagten, hatten sie in mehreren Wellen für sich entdeckt und besiedelt. Die bedeutendsten unter ihnen waren zunächst die Arawak und später die Taínos („freundliche Menschen"), die hier 700 Jahre lang eine Blütezeit erlebten, bis die Begegnung mit den Europäern innerhalb weniger Jahrzehnte ihren Untergang herbeiführte. Das Bauern- und Seefahrervolk der Taínos zählte, als die ersten Spanier landeten, rund 500 000 Angehörige, die in Stammesgemeinschaften unter der Führung sogenannter Kaziken lebten. Jede Stammesgemeinschaft umfasste mehrere Bezirke mit Dörfern von 1000 bis 2000 Einwohnern.

„Ich kann nicht glauben, dass jemals ein Mensch so gutherzigen und freigebigen und auch so schüchternen Leuten begegnet ist, die die größten Anstrengungen unternahmen, uns alles zu geben, was sie hatten." – Christoph Kolumbus über seine erste Begegnung mit den Taínos.

Von der Kultur der Taínos hat sich nur wenig bis in unsere Tage erhalten. Zu den wichtigsten Zeugnissen ihrer Zeit gehören Keramiken und Steinwerkzeuge sowie Schmuck aus Knochen, Muscheln und Gold, das aus dem Wasser der Flüsse gewaschen wurde. Ihre Kleidung fertigten die Inselbewohner aus Baumwolle und weich gestampfter Baumrinde an. Während die Zahl dieser Fundstücke überraschend klein ist, haben die Feldfrüchte, die die Taínos der Welt hinterlassen haben, sich schnell über alle Erdteile ausgebreitet – von der Ananas über Maniok und Yams bis zum Tabak. Die Entdecker all dieser wertvollen Nutzpflanzen aber

ZEITACHSE

4000 v. Chr.

Werkzeuge aus Steinabschlägen sind die ältesten Zeugnisse menschlicher Besiedlung der Insel Hispaniola. Vermutlich stammen sie von Jägern und Sammlern, die von der Halbinsel Yucatán einwanderten.

1200 v. Chr.

Über die Kleinen Antillen wandern die Arawak in Hispaniola ein. Sie leben in festen bäuerlichen Siedlungen und produzieren hoch entwickelte Keramiken, die der Saladero-Kultur zugerechnet werden.

500–1000

Eine dritte Einwanderungswelle bringt die Seefahrerkultur der Taínos nach Hispaniola. Die Bevölkerung wächst stark an und gliedert sich in miteinander verbundene und konkurrierende Stammesgemeinschaften.

haben das Zusammentreffen mit den Europäern zum größten Teil nicht überlebt.

Zwei Brüder aus Genua

Im Jahre 1492 segelte der genuesische Kapitän Cristoforo Colombo (Kolumbus) mit den drei Schiffen *Pinta*, *Niña* und *Santa María* sowie 90 Mann Besatzung von Spanien aus westwärts über den Atlantik, um einen neuen, verkürzten Seeweg nach Asien rund um den halben Globus zu erschließen. Stattdessen fand er (ohne es selbst zu merken) einen neuen Erdteil. Nach den ersten Landgängen auf der kleinen Bahama-Insel Guanahani und auf Kuba (das Kolumbus anfangs für Japan hielt) erreichten die Schiffe eine bergige Insel, die der Kapitän *Isla Española* („Spanische Insel") taufte – erst später wurde daraus der Name Hispaniola. Am 7. Dezember 1492 gingen die Spanier beim heutigen Môle Saint-Nicolas an der Nordwestspitze Haitis an Land und setzten ein paar Tage später die *Santa María* an einem Riff auf Grund. Dort gründete Kolumbus am Weihnachtstag Villa La Navidad, die erste Niederlassung der spanischen Entdecker in der Neuen Welt.

Die örtlichen Taínos empfingen die Spanier überaus freundlich und beschenkten sie mit goldenem Schmuck, was bei Kolumbus großen Eindruck machte. Um seinerseits seinen königlichen Geldgebern zu imponieren, nahm er einige Insulaner gefangen und brachte sie nach Spanien, wo er mit den höchsten Ehren empfangen wurde. Schon ein Jahr später kam er an der Spitze einer kleinen Flotte von 17 Schiffen voller Soldaten und Abenteurer zurück in die Karibik.

Dort hatten die Taínos für die Entführung ihrer Stammesangehörigen Rache genommen und die Siedlung La Navidad vollständig zerstört. Die Spanier ließen sich daher weiter östlich nieder und gründeten an der Nordküste der Insel die nach ihrer Königin benannte Ortschaft La Isabela. Dort entstand auch die erste Kirche in der Neuen Welt. Schon bald wurden die Neuankömmlinge hier jedoch von Krankheiten heimgesucht, und so verlegten die Siedler den Hauptort ihrer Kolonie kurze Zeit später nach Santo Domingo an der Südküste, das seither die wichtigste Metropole der Insel geblieben ist.

Als oberster Verwalter der Insel scheiterte Kolumbus auf der ganzen Linie, und mit der Ernennung seines Bruders Bartolomeo zum Provinzgouverneur wurde es nicht besser. Die willkürlichen Entscheidungen der Genuesen ließen die Siedler sehr bald rebellieren, und der aus Spanien herbeigesandte neue Gouverneur schickte die Brüder in Ketten zurück nach Europa. Von nun an sollte die Kolonie mit militärischer Härte geführt werden.

Die Zeche dafür zahlten die Taínos. Krankheiten, die die Europäer eingeschleppt hatten, führten unter den Insulanern schon seit den ersten

Vorkoloniales Erbe

- Cueva de las Maravillas, La Romana
- Reserva Antropológica Cuevas del Pomier, San Cristobal
- Parque Nacional de Este, bei Bayahibe
- Piedra Letrada, Constanza
- El Corral de los Indios, bei San Juan de la Maguana

1492

Die Schiffe des Kolumbus landen in Hispaniola. Am Weihnachtstag gründet der Kapitän die Siedlung La Navidad („Weihnachten") beim heutigen Cap-Haïtien und kehrt bald darauf mit gefangenen Taínos nach Spanien zurück.

1496

Die Spanier gründen die Siedlung Nueva Isabela. Nach einem Hurrikan 1502 neu aufgebaut, erhält sie den Namen Santo Domingo und bald darauf als erste europäische Siedlung der Neuen Welt ein Stadtprivileg.

1500

Der Gouverneur von Santo Domingo lässt Kolumbus verhaften und schickt ihn in Ketten zurück nach Spanien, wo Königin Isabella kurze Zeit später seine Freilassung anordnet.

1503

Der spanische Gouverneur lässt Königin Anacaona, die Herrscherin des Taíno-Königreichs Xaragua im Binnenland Hispaniolas, verhaften und öffentlich hinrichten. Die Eigenständigkeit der Taínos ist damit faktisch beendet.

Kontakten zu tödlichen Epidemien. Zusätzlich führte die Kolonialmacht nun das System der *encomienda* ein, die Zwangsverpflichtung der Einheimischen zur Arbeit für die Siedler und zur Ablieferung festgesetzter Goldmengen. Die Spanier drangen in die Dörfer der Taínos ein und zerstörten sie, töteten die Häuptlinge und entführten alle anderen Einwohner zur Zwangsarbeit. Nur drei Jahrzehnte nach der ersten Begegnung mit den Europäern war die Zahl der Taínos auf einen kleinen Bruchteil ihrer ursprünglichen Menge gesunken.

Koloniales Erbe

- *Zona Colonial, Santo Domingo*
- *Castillo de San Felipe, Puerto Plata*
- *La Vega Vieja, La Vega*
- *Parque Nacional La Isabela, an der Nordküste*
- *Casa Ponce de León, bei San Rafael del Yuma*

Die Konkurrenz der Kolonialmächte

Mit dem Verschwinden der Taínos war auf Hispaniola auch kein Gold mehr zu holen, und für die Spanier war das ein Mangel, der durch nichts wettzumachen war, ganz gleich wie viele afrikanische Sklaven auf den Feldern eingesetzt wurden. Die Kolonialmacht verlor schnell das Interesse an der Insel und wandte sich stattdessen verstärkt ihren neuen Besitzungen auf dem Festland zu, die ungeheure Reichtümer abwarfen. Santo Domingo sank zu einem Handels- und Versorgungsstützpunkt für die mit Gold und Silber beladenen Schiffskonvois auf dem Weg nach Spanien herab, und mit dem Aufbau neuer Handelsrouten über Kuba verlor es auch in dieser Rolle an Bedeutung. Nach der Plünderung durch englische Soldaten unter dem Kommando Francis Drakes 1586 wurde der Ort vom Mutterland für rund 50 Jahre nahezu aufgegeben und damit ein Symbol des Niedergangs der ganzen Kolonie.

In Europa hatte inzwischen ein Konflikt der größeren Staaten um die Vorherrschaft begonnen, der Jahrhunderte andauern sollte. Spanien erlebte nach seinem raschen Aufstieg einen langsamen Niedergang, von dem vor allem England und Frankreich profitierten. Der Kampf der Großmächte beschränkte sich dabei nicht auf Europa, sondern fand auch in Nordamerika und der Karibik statt. Von den Spaniern vernachlässigt, wurde die Insel Hispaniola bald ein begehrtes Beutestück. Zunächst verwandelte sie sich allerdings dank ihrer unübersichtlichen Küste und den unwegsamen Bergen im Binnenland in ein Piratenparadies. England wie

FLUCH DER KARIBIK

Die angeblichen Überreste des Piratenschiffs *Quedagh Merchant*, das dem schottischen Seeräuber William Kidd gehörte – Holzplanken sowie Teile von Kanonen und Ankern –, wurden im Meer vor der Isla Catalina in der Nähe der Feriensiedlung Casa de Campo gefunden. Als Kidd nach England überführt wurde, um vor Gericht gestellt zu werden, hatten Soldaten sein Schiff versenkt und in Brand gesetzt. Obwohl er nicht selten im Dienste der englischen Marine tätig gewesen war, wurde der Kapitän 1699 in London zum Tode verurteilt und gehängt.

1510

Spaniens König Ferdinand I. erteilt die Genehmigung zur Einfuhr von Sklaven nach Hispaniola. Die Nachfrage steigt rasch an, da die meisten Taínos bei der Zwangsarbeit in Landwirtschaft und Bergbau sterben.

1519–1533

Ein Kazike der Taínos, von den Spaniern Enriquillo genannt, führt in den Bergen der Sierra de Bahoruco (nahe der heutigen Grenze zwischen Haiti und Dominikanischer Republik) einen Aufstand gegen die Spanier an.

ALFREDO MAIQUEZ / GETTY IMAGES ©

➡ Museo Alcázar de Colón (S. 49)

1586

Nach Ausbruch des Englisch-Spanischen Krieges greift eine englische Flotte unter dem Kommando Francis Drakes Santo Domingo an. Dabei wird die Stadt geplündert und fast vollständig zerstört.

Frankreich ermutigten die Seeräuber zur Plünderung spanischer Schiffe und stellten ihnen sogar offizielle Kaperbriefe aus. Doch auch wenn es einige Kapitäne zu schauriger Berühmtheit brachten, gingen die wenigsten von ihnen „in Vollzeit" auf Beutefahrt. Auf Hispaniola vertrieben sie sich die Zeit mit der Jagd auf die reichlich vorhandenen wilden Rinder und Schweine und stachen nur bei Bedarf zu einem neuen Raubzug in See. Das Fehlen jeder staatlichen Kontrolle machte den Großteil der Insel außerdem zu einem Zufluchtsort für entflohene Sklaven.

Um den Aufwand für die Absicherung seiner Schiffe in Grenzen zu halten, ließ Spanien bald nur noch einen großen Geleitzug im Jahr über den Atlantik fahren, sodass Hispaniola noch stärker vom Austausch mit dem Mutterland abgeschnitten war. Die wenigen Schiffe, die Santo Domingo anliefen, trafen mit großem zeitlichem Abstand ein, zumal den 125 000 Siedlern der Handel mit Ausländern verboten war. Selbst der enorme Aufschwung der karibischen Wirtschaft durch den Zuckeranbau ging an der Kolonie vorbei, weil die spanischen Geldgeber ihre Mittel lieber im florierenden Kuba investierten. Die Siedler auf Hispaniola blieben primär auf die Rinderzucht und den Anbau von Nahrungsmitteln für den Eigenbedarf angewiesen, denn selbst Sklaven waren bei ihnen Mangelware. Die spanischen Inselbewohner konnten sie sich schlicht nicht leisten, und so beschränkte sich der Anteil der Sklaven an der Bevölkerung auf unter 1 %. Ab 1605 konzentrierte sich die Kolonie faktisch auf den Hauptort und dessen unmittelbare Umgebung, während der Rest Hispaniolas jedem Eindringling offen stand.

England versuchte es 1655 mit einem Angriff auf Santo Domingo, doch seine 13 000 Mann starke Invasionstruppe wurde vor der Stadt zurückgeschlagen. Die Franzosen gingen subtiler vor: Vom westlichen Ende der Insel her nahmen sie immer mehr Land für Tabakplantagen in Besitz, bis schließlich faktisch eine geschlossene französische Kolonie entstanden war (das spätere Haiti). Spanien blieb machtlos, zumal Frankreich ihm damals auf den Schlachtfeldern Europas noch viel schmerzhafter zusetzte. Ende des 17. Jhs. hatten die neuen Kolonialherren sich zwei Drittel der Landfläche Hispaniolas (weit über das heutige Haiti hinaus) angeeignet und gaben der Insel den Namen Saint-Domingue. Dank Sklavenwirtschaft auf den Zuckerrohr-, Tabak- und Kaffeefeldern wurde sie bald zur profitabelsten Kolonie der Welt: Der Ertrag von 8000 Plantagen machte die Hälfte der jährlichen Kaffee- und Zuckerernte und 40 % des französischen Exports aus.

Nicht nur Kolumbus und sein Bruder Bartolomeo haben sich einige Zeit auf dem Gebiet der heutigen Dominikanischen Republik aufgehalten, sondern auch die Konquistadoren Hernán Cortés, Francisco Pizarro, Juan Ponce de León und Vasco Núñez de Balboa.

Trennungsschmerzen

Wie intensiv sich Frankreich und Spanien der Entwicklung und Erweiterung ihrer Kolonialreiche widmeten, hing zu einem großen Teil vom Auf und Ab im europäischen Machtpoker ab. Konflikte innerhalb einer

1605

Spanien lässt die meisten Siedler auf Hispaniola gewaltsam nach Santo Domingo umsiedeln, um den unkontrollierten Handel mit ausländischen Kaufleuten zu unterbinden. Damit gibt es den Westen der Insel faktisch auf.

1655

Oliver Cromwell schickt eine Flotte zur Eroberung Santo Domingos über den Atlantik. Sie wird von den Spaniern zurückgeschlagen, kann jedoch Jamaika erobern , das zur britischen Basis in der Karibik wird.

1697

Der Friede von Rijswijk beendet den Pfälzischen Erbfolgekrieg Frankreichs gegen europäische Staaten und legt für den 1665 von Frankreich in Besitz genommenen Westteil Hispaniolas eine Ostgrenze fest.

1821–1822

Spanische Siedler in Santo Domingo erklären im November 1821 ihre Unabhängigkeit vom Mutterland. Neun Wochen später besetzt und annektiert Haiti den Ostteil der Insel.

Im Zeitraum zwischen 1844 und 1916 amtierten in der Dominikanischen Republik nicht weniger als 40 Regierungen.

Alan Cambeiras *Azucar! The Story of Sugar* („Azúcar! Die Zuckergeschichte") ist ein faszinierender Roman über die brutalen Begleiterscheinungen der Zuckerproduktion für die Menschen in der Dominikanischen Republik. Hintergrundinformationen, die Beschreibung des Ambientes und sogar die Handlung entsprechen dabei zu einem großen Teil der historischen Realität.

Kolonie wurden von den europäischen Rivalen des jeweiligen Mutterlandes gern genutzt, um durch Hilfe für die jeweiligen Rebellen einen Stellvertreterkrieg gegen den ungeliebten Gegner zu führen. Als sich daher die schwarzen Sklaven der französischen Kolonie Saint-Domingue im Westen Hispaniolas 1791 zu einer gewaltsamen Revolte erhoben, wurden sie von Spanien zunächst unterstützt. Sobald Frankreich sich jedoch infolge der Revolution zur Abschaffung der Sklaverei bereitfand, setzten sich die erfolgreichen Rebellen die Befreiung der Schwarzen auf der gesamten Insel zum Ziel – denn in der spanischen Kolonie gab es inzwischen ebenfalls rund 60 000 Sklaven. Wegen der Auseinandersetzungen in Europa waren inzwischen weder Spanien noch Frankreich zu einer Niederschlagung des Aufstands fähig oder auch nur gewillt, und so schufen die Rebellen Tatsachen und eroberten bis 1795 einen Großteil der Insel, während die Kolonialherren noch über Detailfragen wie die Umsiedlung aller spanischen Kolonisten nach Kuba verhandelten.

Frustriert vom zähen Verlauf der Verhandlungen, marschierte die Armee der ehemaligen Sklaven unter ihrem Anführer François Dominique Toussaint Louverture 1801 in Santo Domingo ein und erklärte ohne Abstimmung mit dem französischen Mutterland die Aufhebung der Sklaverei auf ganz Hispaniola. Frankreichs Konsulatsregierung und vor allem Napoleon Bonaparte waren damit überhaupt nicht einverstanden und betrachteten Toussaint Louverture zunehmend als unkontrollierbaren Störfaktor. Sie sandten nun doch eigene Truppen auf die Insel, die den Aufstand kurzfristig unterdrückten und sogar die Sklaverei wieder einführten. Mithilfe eines Verräters nahmen sie Toussaint Louverture gefangen und schickten ihn nach Frankreich, wo er im April 1803 entkräftet in einem Kerker starb.

Jean-Jacques Dessalines, einer der obersten Gefolgsleute des Rebellengenerals, konnte die Franzosen jedoch letztlich schlagen. Am 1. Januar 1804 rief er die Republik Haiti aus (ein alter Name der Insel aus der Sprache der Taínos), die ganz Hispaniola unter einer Flagge vereinen sollte, und krönte sich kurze Zeit später zum Kaiser. Mulatten, die nicht Sklaven gewesen waren und eine gewisse Bildung genossen hatten, wurden nun diskriminiert, schwarze Arbeiter zum Wiederaufbau der Landwirtschaft zwangsweise zurück auf die Plantagen geschickt und Weiße, die noch nicht geflohen waren, massakriert. Haitis Armee unter General Henri Christophe fiel in die noch von spanischen Siedlern und Kolonialtruppen kontrollierten Gebiete ein und tötete in Santiago und Moca Tausende von Zivilisten. Dessalines führte ein brutales Gewaltregiment, und die Reaktion ließ nicht lange auf sich warten: 1806 wurde er in einem Hinterhalt in der Nähe von Port-au-Prince ermordet.

Die spanischen Siedler in Santo Domingo sahen sich dennoch weiterhin einer tödlichen Bedrohung ausgesetzt und baten das Mutterland

1844

Bürger von Santo Domingo beenden, unterstützt von Soldaten, mit einem weitgehend unblutigen Aufstand die Herrschaft Haitis über den Ostteil der Insel und gründen die unabhängige Dominikanische Republik.

1849

Buenaventura Báez tritt die erste von fünf Amtszeiten (zwischen 1849 und 1878) als Präsident der Dominikanischen Republik an. Er versucht, das Land an die USA anzugliedern.

1861–1865

Aus Furcht vor einer Invasion Haitis unterstellt sich die Dominikanische Republik wieder der Kontrolle Spaniens. Gegner der Kolonialmacht leisten Widerstand, und nach zwei Jahren wird das Land wieder unabhängig.

1880–1884

In San Pedro de Macorís nehmen die ersten modernen Zuckerfabriken die Arbeit auf und legen damit den Grundstein für die Zuckerindustrie in der Dominikanischen Republik.

1808 um Wiederherstellung seiner Herrschaft. Die schlechte Verwaltung durch die Kolonialmacht, die bis zur völligen Vernachlässigung ihrer Besitzung ging, ließ ihre Untertanen aber bald wieder umdenken, und so erklärten sie am 30. November 1821 ihre Unabhängigkeit. Santo Domingos führende Köpfe wollten ihr Land möglichst bald der Republik Großkolumbien anschließen (in der bis 1830 die heutigen Staaten Kolumbien, Venezuela, Ecuador und Panama zusammengeschlossen waren), doch daraus wurde nichts: Haiti schickte seine Invasionstruppen und hatte nun endlich die Kontrolle über die gesamte Insel erreicht.

Während der nächsten 22 Jahre ächzten die Dominikaner unter der haitianischen Herrschaft, und noch heute betrachten beide Länder und auch ihre Einwohner einander mit Misstrauen und Geringschätzung. Der Widerstand unter der spanischsprachigen Bevölkerung nahm zu, bis am 27. Februar 1844 – der heute als Unabhängigkeitstag gefeiert wird – eine Gruppe von Separatisten unter der Führung Juan Pablo Duartes in einer weitgehend unblutigen Aktion die Stadt Santo Domingo eroberte. Heute kennzeichnet das Stadttor Puerta del Conde die Stelle, an der Duartes Trupp damals in die Hauptstadt einzog, und auch wenn sich im Verlauf des 20. Jhs. die Gewichte zwischen Haiti und der Dominikanischen Republik einseitig zugunsten der Letzteren verschoben haben, betrachten die Dominikaner das Nachbarland weiterhin als aggressive Nation voller Expansionsgelüste.

Aus Furcht vor der Bedrohung durch Haiti und einer erneuten Invasion beschloss die politische Führung in Santo Domingo 1861 erneut, die spanische Kolonialmacht zurückzuholen. Die meisten Einwohner lehnten diesen Schritt jedoch ab, und nach vierjährigem bewaffnetem Widerstand gelang es ihnen, die spanischen Truppen zu vertreiben. Ihr Kampf ging als *Guerra de la Restauración* (Restaurationskrieg) in die Geschichte ein – *Restauración* ist heute ein verbreiteter Straßenname in den Ortschaften der Dominikanischen Republik, und auch zahlreiche Denkmäler erinnern an den Krieg, am eindrucksvollsten in Santiago de los Caballeros. Am 3. März 1865 unterschrieb Königin Isabella II. von Spanien den Erlass, mit dem die Annexion rückgängig gemacht und die Kolonialtruppen nach Hause beordert wurden.

Die *Bougainvillea spectabilis*, ein Zierstrauch mit violetten, roten und dunkelrosa Blüten, wird in der Dominikanischen Republik *trinitaria* genannt. Der Name soll an die drei Gründungsväter des Landes, Juan Pablo Duarte, Francisco de Rosario Sánchez und Ramón Mella, erinnern, aber auch an die Geheimgesellschaft La Trinitaria, die sich ab 1838 dem Kampf für die Unabhängigkeit von Haiti widmete und in kleinen Zellen mit jeweils nur drei Aktivisten organisiert war.

Invasion aus dem Norden

Ohne starke Zentralregierung war die neu gegründete Dominikanische Republik ein recht instabiles Gebilde, um dessen Kontrolle sich mehrere Dutzend *caudillos* (militärische Führer) mit ihren Milizen balgten. Von 1865 bis 1879 kam es zu 21 Regierungswechseln und über 50 Militärrevolten oder -putschen. Buenaventura Báez, der als Vertreter einer Koalition von Plantagenbesitzern, Mahagonigroßhändlern und zahlreichen Bürgern der Hauptstadt 1869 seine vierte Amtszeit als Präsident antrat,

1904–1905

Die USA entsenden Soldaten zur Unterstützung der dominikanischen Regierung gegen Aufständische. Um einen Ausfall von Kreditrückzahlungen zu verhindern, übernimmt Washington die Zollverwaltung des Landes.

ALFREDO MAIQUEZ / GETTY IMAGES ©

➡ Catedral Primada de América (S. 51)

1916–1924

Nach jahrelangem Bürgerkrieg besetzen US-Truppen die Dominikanische Republik. Unter dem Vorwand, die Rückzahlung fälliger Schulden sicherzustellen, bleiben sie acht Jahre im Land.

MACHTFAKTOR ZUCKER

Nachdem die Goldreserven der Insel rasch erschöpft und die indianischen Ureinwohner bereits stark dezimiert waren, fuhren die spanischen Siedler auf Hispaniola 1506 ihre erste Zuckerernte ein. Das tropische Klima und die Beschaffenheit der Landschaft schufen zwar ideale Bedingungen für den Zuckerrohranbau, Arbeitskräfte aber waren knapp. Sklaven, die aus Afrika importiert wurden, lehnten sich gegen die harte Arbeit auf und flohen in die weitgehend unbesiedelten Gegenden im Westen der Insel. Schließlich entdeckte die Kolonialverwaltung, dass Zucker am staatlichen Monopol vorbei an französische und niederländische Händler verkauft wurde, und befahl, alle kleinen Häfen der Insel zu zerstören, um diesen ungeregelten Abfluss zu verhindern.

Während französische Siedler von der Westküste her bereits im 17. Jh. mit der Anlage neuer Plantagen begannen, dauerte es im spanischsprachigen Teil Hispaniolas drei Jahrhunderte, bis der Zuckeranbau Mitte des 19. Jhs. in größerem Umfang Fahrt aufnahm. Wohlhabende Pflanzer aus Kuba fanden hier zusätzliches Land, und der erfolglose zehnjährige Unabhängigkeitskampf ihrer Heimat (1868–1878) machte eine Niederlassung auf der Nachbarinsel noch attraktiver. Wettbewerbsfähig wurde die Produktion in der Dominikanischen Republik mit ihren teureren Arbeitskräften allerdings erst, als Spanien in den 1870er-Jahren die Sklaverei in seinen Kolonien wie Kuba und Puerto Rico aufhob und die Preise stiegen.

Die erste Zuckerfabrik (*ingenio*) mit dampfgetriebenen Maschinen öffnete 1879 bei San Pedro de Macorís an der Südostküste ihre Pforten. Rasch blühte die Hafenstadt auf und entwickelte sich zu einem weltläufigen, relativ eleganten Ort, zu dessen Ruhm nicht nur die Zuckerbarone, sondern auch mehrere namhafte Dichter beitrugen – erst später machte sie durch ihre Baseballmannschaft auch in der Welt des Sports auf sich

versuchte umgehend – ganz ähnlich wie bereits 1849 –, sein Land für 150 000 Dollar an die USA zu verkaufen. Den entsprechenden Vertrag hatten er und US-Präsident Ulysses S. Grant bereits unterzeichnet, doch letztlich scheiterte er an der Ablehnung durch den US-Senat.

Es dauerte nicht lange, bis die Vereinigten Staaten wieder in die dominikanische Politik verstrickt waren, diesmal auf Veranlassung von General Ulises Heureaux, der von 1879 bis zu seiner Ermordung 1899 politisch wie militärisch die Zügel in der Hand hielt – 14 Jahre als Präsident, dazwischen sechs Jahre als Graue Eminenz. Der unter seinen Landsleuten als Lilís bekannte General nahm riesige Kredite bei amerikanischen und europäischen Banken auf, um seine Armee sowie den Aufbau der Zuckerindustrie und der Infrastruktur zu finanzieren. Nach einem drastischen Einbruch der Zuckerpreise verpfändete er kurz vor seinem Tod faktisch das ganze Land an die San Domingo Improvement Company (Entwicklungsgesellschaft für Santo Domingo), eine Finanzgesellschaft

1924–1930

Unter dem progressiven Präsidenten Horacio Vásquez werden neue Straßen angelegt, Schulen errichtet sowie Programme zur Bewässerung und zur Abwasserbeseitigung eingeleitet.

1930

Nach sechs Jahren relativer politischer Stabilität lässt der Chef der nationalen Polizei Rafael Trujillo die Regierung stürzen und wird nach einer Scheinwahl ohne Gegenkandidaten Präsident des Landes.

1930–1934

Trujillo nutzt sein Amt zur Gründung staatlicher Monopole, die von ihm und seiner Frau kontrolliert werden. 1934 ist er bereits der reichste Bewohner der Insel.

1937

Mit dem Befehl zur Liquidierung aller Haitianer in der Grenzregion erreicht Trujillos rassistische Diktatur einen Höhepunkt der Gewaltherrschaft. Innerhalb weniger Tage werden Zehntausende ermordet.

aufmerksam. Als die Zuckerproduktion in Europa im Ersten Weltkrieg weitgehend zum Erliegen kam, sprangen karibische Lieferanten nur allzu gern ein. Zucker wurde damals zum wichtigsten Exportgut der Dominikanischen Republik und die USA der wichtigste Abnehmer. 1920 arbeiteten in San Pedro de Macorís mehr als ein halbes Dutzend moderner Fabriken.

Die einheimischen Landwirte, die auf ihren kleinen Parzellen das Lebensnotwendige anbauen konnten, waren an der schlecht bezahlten Knochenarbeit auf den Plantagen wenig interessiert. Daher warben die Unternehmen zunehmend Arbeiter von den englischsprachigen Inseln in der Karibik an, die zur Saisonarbeit bereit waren und keine Forderungen nach besserer Bezahlung und angenehmeren Arbeitsbedingungen erhoben. Die Dominikaner nannten die Gastarbeiter *cocolos* und ihre Unterkünfte *bateyes*, und die wachsende Abneigung gegen sie führte 1919 zur Verabschiedung eines Gesetzes, dass Nichtweißen die Einwanderung in die Dominikanische Republik verbot. Zwar lebten rund um San Pedro de Macorís weiterhin Tausende *cocolos* samt ihren Familien, die in den Zuckerfabriken arbeiteten, doch auf den Plantagen wurden sie nach und nach durch Haitianer ersetzt, nicht zuletzt weil es für ihre Arbeitgeber einfacher war, sie nach Beendigung der Saison wieder aus dem Land zu schaffen.

Als infolge der Weltwirtschaftskrise um 1930 der Zuckerpreis auf dem Weltmarkt in den Keller ging – etwa gleichzeitig mit der Machtergreifung Rafael Trujillos –, hing das Schicksal der dominikanischen Wirtschaft plötzlich völlig davon ab, dass die Regierung in Verhandlungen mit den USA feste Abnahmemengen aushandeln konnte. Wie auch in anderen Wirtschaftssektoren gelang es Trujillo in der Tat, zahlreiche Mitglieder des US-Kongresses zur Unterstützung seines Regimes durch die Fortsetzung der Einfuhr dominikanischen Zuckers zu bewegen. Gleichzeitig brachte er aber auch einen Großteil der Produktion in den Besitz oder zumindest unter die Kontrolle seiner Familie oder seiner engsten Freunde.

aus New York. 1905 war die Dominikanische Republik dann bankrott, und die Regierung der USA schickte Soldaten, die die Kontrolle der Zollbehörden übernahmen, um die Rückzahlung der Kredite zu garantieren. Präsident Theodore Roosevelts Plan, ein förmliches Protektorat über das Land zu errichten, wurde in letzter Minute fallen gelassen.

Auch wenn nach der Ermordung eines weiteren Präsidenten 1911 wirtschaftlich eine Wachstumsphase einsetzte, stand das politische Leben der Dominikanischen Republik weiterhin im Zeichen von Chaos, Korruption und blutiger Gewalt. 1916 sandte US-Präsident Woodrow Wilson erneut Truppen – unter dem Vorwand, einen erneuten Putsch zu verhindern und außerdem die Gewässer der Insel während des Weltkriegs vor der Aktivität deutscher U-Boote zu schützen. Diesmal blieben sie acht Jahre. (1915 hatte Wilson bereits Haiti besetzen lassen, vorgeblich weil es sonst wegen der politischen Instabilität zum Opfer einer deutschen Invasion werden könnte – dort dauerte die Besatzungszeit dann ganze

1952
Wachsende Kritik aus dem Ausland veranlasst Trujillo zum Rücktritt vom Präsidentenamt. Nachfolger wird sein Bruder Héctor, der jedoch faktisch nur als Strohmann amtiert.

1961
Nach jahrzehntelanger Unterstützung durch die USA wegen seines rigiden Antikommunismus wird Rafael Trujillo von dominikanischen Oppositionellen ermordet, die vom US-Geheimdienst CIA trainiert wurden.

1962–1963
Bei den ersten demokratischen Wahlen nach fast 40 Jahren wird Juan Bosch vom linksliberalen Partido Revolucionario Dominicano zum Präsidenten gewählt. Schon wenige Monate später stürzt ihn eine Militärjunta.

1965
US-Präsident Johnson entsendet 42 000 Soldaten in die Dominikanische Republik – vorgeblich zum Schutz von US-Bürgern, tatsächlich zur Unterdrückung eines Aufstands gegen die Junta. Sie bleiben bis Oktober 1966.

Unter Trujillo war das Alltagsleben in Santo Domingo strikt reglementiert: Betteln war nur samstags erlaubt, Arbeiter wurden um 7 Uhr morgens durch Sirenen geweckt, während Angestellte noch eine Stunde länger schlafen durften: Für sie heulten die Sirenen erst um 8 Uhr.

20 Jahre.) Die Kontrolle durch die USA entsprang zweifellos imperialistischer Interessenpolitik, doch andererseits hatte sie in der Tat eine deutliche Stabilisierung der dominikanischen Politik und Wirtschaft zur Folge. Als der strategische Wert des Landes für die Großmacht zweitrangig geworden war und die US-Regierung einen eher isolationistischen Kurs einschlug, wurde die Besetzung der Dominikanischen Republik beendet und die Truppen in die Heimat beordert.

Der Aufstieg des Caudillo

In den Jahren 1924 bis 1930 herrschte in mancher Hinsicht die Ruhe vor dem Sturm. Unter dem progressiven Präsidenten Horacio Vásquez entwickelte sich das Land in eine positive Richtung: Die Regierung ließ Straßen und Schulen bauen und startete ehrgeizige Bewässerungs- und Abwasserbeseitigungsprogramme. Vásquez ließ seine Amtszeit von vier auf sechs Jahre verlängern, eine verfassungsrechtlich bedenkliche Maßnahme, die jedoch vom Kongress gebilligt wurde.

Als Gegner des Präsidenten 1930 von Santiago de los Caballeros aus einen Staatsstreich organisierten, befahl Rafael Leónidas Trujillo, der Chef der Nationalen Armee (die unter Anleitung der USA ab 1917 – zunächst unter anderen Namen – komplett neu aufgebaut worden war), dass die Ordnungskräfte in ihren Kasernen bleiben sollten, und zwang so Vásquez und den Vizepräsidenten zum Rücktritt. Nach einer Scheinwahl, zu der nur er als Kandidat zugelassen war, übernahm er selbst das Amt des Präsidenten. Innerhalb weniger Wochen organisierte er eine ihm ergebene paramilitärische Einheit namens La 42, die durch das ganze Land zog, die Bevölkerung terrorisierte und das Ziel verfolgte, jeden Menschen zu töten, der dem Regime in irgendeiner Form gefährlich werden könnte. Von der Bedeutung seiner Person besessen, gab der Diktator mehreren Städten neue Namen – aus Santo Domingo wurde z. B. Ciudad Trujillo – und bedachte den kleinen Ort San Cristóbal westlich der Hauptstadt, in dem er 1891 geboren war, mit großzügiger Aufmerksamkeit. Ein Palast, den der Caudillo dort errichten ließ, aber nie benutzte, ist nach wie vor zu besichtigen.

Nach seinem Sturz durch Fidel Castros Revolutionäre floh Kubas Diktator Fulgencio Batista zu seinem Kollegen und Gesinnungsfreund Trujillo nach Santo Domingo (damals Ciudad Trujillo).

Trujillo beherrschte das Land von 1930 bis 1961 mit eiserner Faust, bedachte die ständig wachsenden Streitkräfte mit 21 % des Staatshaushalts und schuf mehrere Sicherheits- und Geheimdienste zur Unterdrückung jeder oppositionellen Regung. Folter und Mord an politischen Gefangenen waren nun an der Tagesordnung. Mit der Entführung und Ermordung eines spanischen Professors, der in New York lehrte und sein Regime kritisiert hatte, und einem Plan zur Tötung des venezolanischen Präsidenten Rómulo Betancourt dehnten seine Schergen ihr Aktionsgebiet bis ins Ausland aus. Trotz schwarzer Vorfahren in seinem Stammbaum verfolgte Trujillo zudem eine zutiefst rassistische Politik: Durch

1966

Trujillos ehemaliger Stellvertreter Joaquín Balaguer wird zum Präsidenten gewählt.

GREG JOHNSTON / GETTY IMAGES ©

➡ Punta Cana (S. 102), ein beliebtes Touristenzentrum

1973

Nach dem Scheitern eines bewaffneten Aufstands verhängt Präsident Balaguer den Ausnahmezustand. Expräsident Bosch taucht unter, als Balaguer ihn der Verwicklung in die Rebellion bezichtigt.

die Förderung der Einwanderung aus Europa sollten die Dominikaner schrittweise immer „weißer“ werden, während die Zahl der Haitianer, die sich im Lande aufhalten durften, streng begrenzt wurde.

Große Aufmerksamkeit widmete der Diktator der Vermehrung seines eigenen Vermögens. Zu diesem Zweck gründete er Monopolgesellschaften, die er und seine Frau kontrollierten. Schon 1934 war er so zum reichsten Mann der gesamten Insel geworden. Dennoch gibt es bis heute viele Dominikaner, die sich voll Nostalgie und mit einer gewissen Begeisterung an das Regime Trujillos erinnern, vor allem weil seine Wirtschaftspolitik durchaus erfolgreich war. Begünstigt von Schutzzöllen, blühte die Industrie auf, gewaltige Infrastruktur- und Bauprojekte wurden durchgeführt, Straßen und Brücken errichtet, und Bauern erhielten staatliches Land zur Bewirtschaftung.

In seinem Buch *The Dictator Next Door. The Good Neighbor Policy and the Trujillo Regime in the Dominican Republic, 1930–1945* (Der Diktator nebenan. Die Politik guter Nachbarschaft und das Trujillo-Regime in der Dominikanischen Republik 1930–1945) beschreibt Eric Paul Roorda die Zugeständnisse der US-Regierung an Trujillo, die dazu beitrugen, dass sich das Regime über Jahrzehnte am Leben erhalten konnte.

Das Petersilienmassaker

Blutiger Höhepunkt der Repressalien gegen Haitianer unter Trujillo war ein Massaker im Jahre 1937, dem Zehntausende Bürger des Nachbarlandes zum Opfer fielen. Als er erfuhr, dass haitianische Bauern wiederholt die Grenze überquerten, vermutlich um in der Dominikanischen Republik Vieh zu stehlen, befahl der Diktator, sämtliche Haitianer in der Grenzregion aufzuspüren und zu liquidieren. Die dominikanischen Soldaten wandten einen sehr simplen Test an, um festzustellen, wer aus dem Nachbarland stammte: Sie hielten jedem, den sie trafen, einen Strauß Petersilie (spanisch *perejil*) vor die Nase und forderten ihn auf, zu sagen, was er sah. Die französisch- und kreolischsprachigen Haitianer konnten das „r“ nicht richtig rollen und hatten auch mit dem „j“ Schwierigkeiten, also waren sie zu erkennen und mussten auf der Stelle sterben. Vom 3. Oktober 1937 an wurden innerhalb weniger Tage mindestens 15 000, nach Ansicht einiger Forscher sogar 35 000 Haitianer zumeist mit Buschmessern erschlagen und ihre Leichen in den Ozean geworfen.

Trujillo gestand niemals ein, dass ein Massaker stattgefunden hatte, doch unter internationalem Druck einigte er sich mit Haitis Präsident Élie Sténio Vincent 1938 auf die Zahlung von insgesamt 750 000 US-Dollar als Wiedergutmachung für die getöteten Bürger des Nachbarlandes (d. h. 50 US-Dollar pro Person). Die Dominikanische Republik leistete eine erste Zahlung von 250 000 Dollar, doch ob der Rest je beglichen wurde, ist nicht bekannt.

Zu den Ehrentiteln, mit denen sich Trujillo gern bezeichnen ließ, gehörten: Wohltäter des Vaterlands, Gründer und oberster Führer der Dominikanischen Partei, Retter der finanziellen Unabhängigkeit, Erster Journalist der Republik und Dr. honoris causa der Nationalökonomie.

Fehlstart in eine neue Zeit

Als Rafael Trujillo am 30. Mai 1961 von einer Gruppe abtrünniger Militärs mit CIA-Kontakten ermordet wurde, dachten viele, das Land würde einen neuen Kurs einschlagen. Die Hoffnung auf Veränderung erwies sich jedoch als trügerisch, denn nun übernahm Joaquín Balaguer die

1982
Verzweifelt über die Aufdeckung mehrerer Korruptionsfälle und eigener Verfehlungen begeht Präsident Silvestre Antonio Guzmán wenige Wochen vor dem Ende seiner Amtszeit Selbstmord.

1986
Nach achtjähriger Unterbrechung wird der inzwischen blinde, 80-jährige, durch Korruption und Menschenrechtsverletzungen in früheren Amtszeiten belastete Joaquín Balaguer zum fünften Mal Präsident des Landes.

1996
Proteste und Druck aus dem In- und Ausland wegen des massiven Betrugs bei seiner Wiederwahl 1994 zwingen Präsident Balaguer nach zwei Jahren zum Rücktritt. Bei den Neuwahlen siegt Leonel Fernández.

2003–2004
Die wachsenden Belastungen durch eine schwere Finanzkrise führen zu breiter öffentlicher Unruhe und Protesten. Bei einem Generalstreik werden mehrere Menschen von der Polizei getötet und sehr viele verletzt.

In der Bevölkerung kursierten zahlreiche Beinamen für Trujillo, darunter „Kronkörkchen" (wegen seiner Vorliebe für Orden und Medaillen), „der Ziegenbock", „der Chef" und „der Schlächter".

Macht, der bereits 1960 als Strohmann Trujillos Präsident geworden war. Er gab der Hauptstadt zwar ihren alten Namen Santo Domingo zurück, doch ansonsten änderte sich zunächst nicht viel. Wachsende Unruhe im Land und der Druck aus den USA, die ein „zweites Kuba" fürchteten, ließen Balaguer die Macht an einen siebenköpfigen Staatsrat abgeben, dem auch zwei Männer angehörten, die an dem Mordanschlag auf Trujillo beteiligt gewesen waren. Das Gremium amtierte bis zu den Wahlen im Dezember 1962. Erstmals seit Jahrzehnten konnten die Bürger der Dominikanischen Republik sich frei entscheiden und wählten den Dichter und Essayisten Juan Bosch Gaviño ins Präsidentenamt.

Der neue Mann stand für die ersehnte sozialliberale Kehrtwende in der dominikanischen Politik. Vordringlich waren für ihn die Neuverteilung des Landbesitzes durch eine Bodenreform und eine neue Verfassung, die Menschen- und Bürgerrechte garantierte. Doch nach nur neun Monaten im Amt wurde Bosch im September 1963 durch einen Militärputsch gestürzt. Reiche Grundbesitzer, die in demokratischen Verhältnissen und natürlich besonders in der geplanten Landreform eine Bedrohung sahen, und die Putschisten unter der Führung der Generäle Elías Wessin y Wessin und Antonio Imbert Barreras einigten sich auf den prominenten Geschäftsmann Donald Reid Cabral als neuen (von ihnen kontrollierten) Präsidenten. Der entmachtete Bosch floh ins Ausland, doch seine Anhänger, die sich Konstitutionalisten (Verfechter der Verfassung) nannten, gingen auf die Straße und besetzten den Nationalpalast, den Amtssitz des Präsidenten. In Santo Domingo bahnte sich bald ein Bürgerkrieg an, denn das Militär ging mit Panzern und Bombenangriffen gegen die protestierenden Bürger vor.

Die Central Romana Corporation, die 74 % der Zuckerproduktion in der Dominikanischen Republik kontrolliert, ist ein Familienbetrieb. Ebenso wie die Urlaubersiedlung Casa de Campo bei La Romana gehört sie der exilkubanischen, in den USA residierenden Familie Fanjul.

Die Kämpfe zogen sich hin, bis wieder einmal die USA auf den Plan traten. Präsident Lyndon Johnson und seine Regierung fürchteten, dass sich nach Kuba ein zweites Land vor ihrer Haustür dem Kommunismus zuwenden könnte – obwohl der gestürzte Juan Bosch keineswegs ein Kommunist war und die örtlichen US-Geheimagenten, wie sich später herausstellte, gerade einmal 54 Personen identifiziert hatten, die der Bewegung gegen die Militärjunta angehörten. Als am 27. April 1965 über 500 Elitesoldaten aus den USA in Santo Domingo landeten, lautete die offizielle Begründung denn auch, dass die Großmacht die Sicherheit ihrer Landsleute in der Dominikanischen Republik gefährdet sähe. Eine Woche später waren bereits rund 14 000 US-Militärs im Lande – gerade einmal 41 Jahre nach dem Ende der letzten Besatzungszeit.

Caudillo Nr. 2

Bei der Präsidentenwahl im Juli 1966 unterlag der aus dem Exil heimgekehrte Juan Bosch dem einstigen Trujillo-Gefolgsmann Joaquín Balaguer, denn viele Wähler fürchteten bei einem Wahlsieg Boschs einen

2008

Nach einer Verfassungsänderung im Jahr 2002, die ihm eine erneute Kandidatur erlaubt, gewinnt Leonel Fernández zum dritten Mal in Folge die Präsidentschaftswahl.

2010

Die nach dem Erdbeben in Haiti ausgebrochene Choleraepidemie greift auf die Dominikanische Republik über. Deren Bemühungen um eine Abriegelung der Grenze führen zu einer Wiederbelebung alter Nachbarschaftskonflikte.

2012

Nachdem Präsident Fernández auf den Versuch einer erneuten Verfassungsänderung verzichtet, die ihm ein viertes Mandat erlaubt hätte, wird Danilo Medina zum Präsidenten gewählt.

2014

Das dominikanische Parlament verabschiedet eine Gesetzesänderung, die es im Inland geborenen Einwohnern mit ausländischen Eltern ermöglicht, die dominikanische Staatsbürgerschaft zu erwerben.

erneuten Bürgerkrieg. Letzterer zog sich jedoch nicht für immer aus dem politischen Geschäft zurück: Von 1978 bis 1994 trat er fünfmal in Folge als Kandidat für das höchste Staatsamt an und verlor jedes Mal, während Joaquín Balaguer all seine Machthaberkollegen in Lateinamerika bis auf Fidel Castro überdauern sollte – sicherlich auch, weil er kein typischer Diktator war: Er wohnte in einem Dienstbotenzimmer im Hause seiner Schwestern, trug keine Uniformen und schrieb Bücher, Essays und Gedichte – in einem seiner Werke warnte er vor Ehen zwischen Menschen unterschiedlicher Hautfarbe.

Getreu dem Vorbild seines Förderers Trujillo unterdrückte Balaguer jede Opposition durch eine Mischung aus Bestechung und Einschüchterung; das sicherte ihm 1970 und 1974 die Wiederwahl. Investitionen und Finanzhilfen aus den USA, die den dominikanischen Präsidenten als verlässlichen Alliierten gegen den Kommunismus schätzten, trugen zum Wirtschaftswachstum jener Jahre bei, doch 1978 verlor Balaguer die Wahl gegen den Rinderbaron Silvestre Antonio Guzmán. Der Machtwechsel stieß allerdings auf Hindernisse, denn Balaguer befahl der Armee, Wahlurnen zu zerstören, und erklärte sich selbst zum Sieger. Erst als US-Präsident Jimmy Carter ihm die Anerkennung verweigerte, akzeptierte er seine Niederlage.

Steigende Kosten für den Kauf von Erdöl und ein Verfall der Zuckerpreise brachten die Wirtschaftsentwicklung des Landes in den nächsten Jahren zum Stillstand. Belastet durch die Negativbilanz, aber auch durch Enthüllungen über massive Korruption und Misswirtschaft, nahm Präsident Guzmán sich 1982 kurz vor dem Ende seiner Amtszeit das Leben. Sein Nachfolger Salvador Jorge Blanco sah sich gezwungen, unter dem Druck des Internationalen Währungsfonds eine rigide Sparpolitik einzuschlagen, die in der Masse der Bevölkerung auf wenig Gegenliebe stieß. (Bis heute ist der 2011 verstorbene Blanco der einzige Präsident der Dominikanischen Republik, der wegen Korruption im Amt tatsächlich vor Gericht gestellt wurde.)

Nutznießer der Krise war der inzwischen 79-jährige, am grünen Star erblindete Balaguer. Nach seinem Wahlsieg 1986 machte er in den folgenden acht Jahren nahezu alle Wirtschaftsreformen Blancos rückgängig. Das Resultat war ein Wertverlust des dominikanischen Peso um 80 % und eine galoppierende Inflation. Immer mehr Dominikaner sahen in ihrer Heimat keine Chance für sich, und so waren bis 1990 fast 900 000 von ihnen (12 % der Bevölkerung) in die USA ausgewandert, vor allem nach New York und Umgebung.

Nachdem Balaguer die Wahlen 1990 und 1994 knapp für sich entschieden hatte (vermutlich auch durch Wahlbetrug), war selbst das Militär seiner Herrschaft müde und zwang ihn gemeinsam mit der erstarkten Opposition und den USA zu einem Kompromiss: Zwei Jahre durfte er im Amt bleiben, bei der dann folgenden vorgezogenen Neuwahl aber nicht mehr kandidieren. Zwar trat er 2000 im Alter von 92 Jahren doch wieder an, doch reichte es dann nur noch für 23 % der Wählerstimmen. 2002 starb der alte Mann, von Tausenden seiner Landsleute ehrlich betrauert, obwohl er faktisch die Diktatur der Trujillo-Zeit jahrzehntelang fortgeführt hatte. Balaguers langlebigste Hinterlassenschaft dürfte der Faro a Colón (Leuchtturm für Kolumbus) sein, ein riesiges, extrem teures Monument zur Erinnerung an die Entdeckung Amerikas im Jahre 1492, dessen Scheinwerfer anfangs regelmäßig die Stromversorgung in der Hauptstadt zusammenbrechen ließen.

Aufbruch aus der Vergangenheit

Bei der Wahl eines neuen Präsidenten 1996 zeigten die Dominikaner, wie sehr sie sich nach einem Wandel sehnten: Leonel Fernández, ein

In ihrem Buch *Why the Cocks Fight* (Warum die Hähne kämpfen) untersucht die Politikwissenschaftlerin Michele Wucker die Beziehungen zwischen der Dominikanischen Republik und Haiti, die sie mit einem Hahnenkampf vergleicht – in beiden Ländern ein beliebtes Freizeitvergnügen.

Das Buch *The Dominican Republic. A National History* (Die Dominikanische Republik. Eine Nationalgeschichte) von Frank Moya Pons ist die umfassendste Gesamtdarstellung der wechselvollen Geschichte des Landes.

Zu Ehren der drei Schwestern Minerva, Patria und María Teresa Mirabal, die von Trujillos Polizei 1960 als Aktivistinnen der Opposition ermordet wurden, erklärten die Vereinten Nationen ihren Todestag, den 25. November, zum Internationalen Tag für die Beseitigung der Gewalt gegen Frauen. In ihrem Roman *Die Zeit der Schmetterlinge* schildert Julia Álvarez die Geschichte der drei Schwestern aus deren eigener Perspektive.

42-jähriger Rechtsanwalt, der in New York aufgewachsen war, setzte sich in der Stichwahl gegen José Francisco Peña Gómez durch, der bereits zweimal erfolglos gegen Balaguer kandidiert hatte. Die ersten Maßnahmen des neuen Mannes sorgten trotz der hohen Erwartungen für große Aufregung. Fernández zwang zwei Dutzend Generäle zur vorzeitigen Pensionierung, wies seinen Verteidigungsminister an, sich einer Befragung durch den Generalstaatsanwalt zu stellen, und feuerte ihn anschließend, weil er sich weigerte – alles innerhalb einer Woche. In den nächsten vier Jahren erlebte das Land eine Privatisierungswelle, ein starkes Wirtschaftswachstum sowie einen Rückgang der Inflationsrate, der Arbeitslosenzahlen und des Analphabetismus. Aber auch Fernández und seine Regierung mussten sich immer wieder eine tiefe Verstrickung in die allgegenwärtige Korruption vorwerfen lassen.

Der ehemalige Tabakfarmer Hipólito Mejía profitierte 2000 von dieser Missstimmung und gewann als „linker" Kandidat die Präsidentschaftswahl. Er startete unmittelbar nach Amtsantritt ein staatliches Investitionsprogramm in den Bereichen Bildung, Gesundheit, Wohnungsbau und Energieversorgung. Wegen der Krise der US-Wirtschaft nach dem Platzen der Internetblase und den Anschlägen vom 11. September 2001 brachen jedoch bald nicht nur die Ausfuhren aus der Dominikanischen Republik ein, sondern auch die Überweisungen aus dem Ausland (vor allem aus den USA) und die Touristenzahlen. Korruptionsskandale im öffentlichen Dienst, unkontrollierte Staatsausgaben, Stromsperren, eine hohe Inflationsrate und mehrere Bankenpleiten, die die Regierung zu enormen Zahlungen an die Anleger zwangen, ließen Mejías Aussichten auf eine Wiederwahl drastisch schrumpfen.

In seinem exzellenten Buch *A Brief History of the Caribbean. From the Arawak and Carib to the Present* (Eine kurze Geschichte der Karibik. Von Arawak und Kariben bis in die Gegenwart) ordnet Jan Rogozinski die Geschichte der Insel Hispaniola in die allgemeine historische Entwicklung der Karibikregion ein. Der von Bernd Hausberger und Gerhard Pfeisinger herausgegebene Sammelband *Die Karibik. Geschichte und Gesellschaft 1492–2000* bietet anhand bestimmter Themenschwerpunkte ebenfalls eine gute Einführung in die karibische Geschichte.

Alte Probleme in neuem Gewand

Auf der politischen Bühne in der Dominikanischen Republik treten die Spieler meistens erst dann ab, wenn sie sterben, und so kehrte auch Leonel Fernández 2004 zurück ins Präsidentenamt, nachdem er seinen Nachfolger Mejía bereits im ersten Wahlgang problemlos aus dem Feld geschlagen hatte. 2005 sorgte der Oberste Gerichtshof des Landes für Aufsehen und heftige Emotionen, als er entschied, dass Kinder von Ausländern „auf der Durchreise" nicht die dominikanische Staatsbürgerschaft erhalten könnten. „Auf der Durchreise" sind dem Urteil zufolge auch illegale Einwanderer und damit so gut wie alle Haitianer in der Dominikanischen Republik. Selbst jenen, die bereits hier geboren wurden und immer im Lande gelebt haben, bleibt eine Einbürgerung damit verwehrt. Anhaltende Streitigkeiten an der Grenze zu Haiti sorgten für zusätzliche Spannungen. Ende 2007 halfen 200 UN-Blauhelmsoldaten, meist aus Karibikstaaten, der dominikanischen Armee in der Grenzregion, den Zustrom von Drogen und Waffen aus Haiti einzudämmen. Berichte über Viehdiebstähle und übertriebene Vergeltungsmaßnahmen heizten 2008 die Stimmung ebenso an wie das Importverbot Haitis für Hühner aus dem Nachbarland wegen des Verdachts auf Vogelgrippe.

Der Konflikt mit Haiti und die aufziehende weltweite Wirtschafts- und Finanzkrise begleiteten im Mai 2008 die nächste Präsidentschaftswahl. Amtsinhaber Leonel Fernández siegte erneut im ersten Wahlgang, und das trotz heftiger Kritik an seiner Politik. Ausgaben von 700 Mio. US-Dollar für die U-Bahn in Santo Domingo und steigende Gaspreise konnten den Sieg des Präsidenten ebenso wenig gefährden wie die Tatsache, dass die Einkommen in der Dominikanischen Republik so ungleich verteilt sind wie in kaum einem anderen Land Lateinamerikas, oder das klägliche Versagen seiner Regierung angesichts der Verwüstungen durch den Tropensturm Noel Ende Oktober 2007. Mehr als 66 000 Menschen hatte der Hurrikan obdachlos gemacht und etwa 100 Gemeinden teilweise über zwei Wochen vollständig von der Umwelt abgeschnitten, weil Straßen und Brücken zerstört waren. Auf vielen Feldern und Plantagen war die Ernte vernichtet, und so kam es in der Agrarindustrie zu einer großen Entlassungswelle.

Viele Beobachter bescheinigten Fernández Kompetenz, einige sogar eine bemerkenswerte Weitsicht; dennoch erscheint er in der allgemeinen Erinnerung meist glanzlos als ein typischer Politiker mit den nur allzu üblichen Sonderinteressen. Kritische Zeitgenossen sehen seine Regierung im Bunde mit korrupten Geschäftsleuten und Beamten, eingebunden in ein System der Günstlingswirtschaft, das sich von dem der Trujillo-Zeit nur oberflächlich unterschied.

Shawn Levys *The Last Playboy. The High Life of Porfirio Rubirosa* (Der letzte Playboy. Das süße Leben des Porfirio Rubirosa) erzählt die Lebensgeschichte des berühmtesten Frauenhelden und Trujillo-Intimus der Dominikanischen Republik.

Nachbeben

Nach dem verheerenden Erdbeben in Haiti im Januar 2010 leitete die Regierung in Santo Domingo medizinische und humanitäre Hilfsmaßnahmen in die Wege, und viele Hilfslieferungen aus anderen Ländern wurden auf dem Landweg durch die Dominikanische Republik in die Katastrophenregion transportiert. Doch das Tauwetter zwischen den beiden Staaten dauerte nicht lang. Als ein Jahr später in Haiti eine Choleraepidemie ausbrach, wurden mehrere Grenzübergänge vorläufig geschlossen. Bei den Protesten gegen diese Maßnahme wurden einige Haitianer in der Dominikanischen Republik getötet und viele verletzt. Im ganzen Land kam es in armen Gastarbeitervierteln zu Übergriffen gegen die ungeliebten Nachbarn mit Dutzenden Toten und Hunderten Verletzten. Dominikaner, die versuchten, Haitianer zu vertreiben, beriefen sich angesichts der Gefahren durch Cholera und Kriminalität auf ein Notwehrrecht. Anfang Februar 2011 folgte dann auch die Regierung der Stimmungsmache und begann mit der Abschiebung illegal im Land lebender Haitianer.

Musik & Tanz

Das Leben in der Dominikanischen Republik scheint sich in einem ständigen, ansteckenden Rhythmus zu bewegen und Musik war immer ein bedeutender Teil des kulturellen Erbes des Landes. Trotz oder vielleicht sogar teilweise wegen der wechselvollen Geschichte von bitteren Teilungen, Revolutionen und Diktaturen leistete die Dominikanische Republik wichtige Beiträge zur musikalischen Welt. Hier entstanden einige der beliebtesten und einflussreichsten Stilrichtungen der lateinamerikanischen Musik.

Seit 1986 hat der Merengue- und Bachata-Superstar Juan Luís Guerra so ziemlich jeden wichtigen Musikpreis gewonnen, darunter zwei Grammys, 15 Latin Grammys und drei Premios Soberanos (höchster Musikpreis der Dominikanischen Republik).

Merengue

Merengue ist die nationale Tanzmusik der Dominikanischen Republik. Vom ersten Augenblick der Ankunft bis zum Moment der Abreise ist Merengue die ständige Begleitung der Gäste: in Restaurants, öffentlichen Verkehrsmitteln, Taxis, am Strand oder einfach nur bei einem Stadtbummel. Die stark rhythmisch betonte Merengue steht im 2/4- oder 4/4-Takt und die Dominikaner tanzen ihn mit wahrer Leidenschaft und großer Hingabe. Merengue unterscheidet sich von anderen Musikstilen durch die stets anwesenden typischen traditionellen Instrumente und wie sie im 2/4- oder 4/4-Takt eingesetzt werden. Normalerweise wird Merengue mit einer zweifelligen zylindrischen Trommel, der *tambora,* einer Gitarre, einem akkordeonähnlichen Instrument, dem *melodeon,* und einer *güira* gespielt. Die *güira* ist ein Schlaginstrument aus Metall, das ähnlich einer kleinen Käsereibe aussieht und über das mit einem Eisenbesen gerieben wird.

Wer in einem Tanzclub Gefallen an der Musik gefunden hat, möchte vielleicht vor dem Verlassen des Landes ein paar CDs kaufen. Zu den populärsten Musikern zählen Johnny Ventura, Coco Band, Wilfredo Vargas, Milly y Los Vecinos, Fernando Villalona, Joseito Mateo, Rubby Perez, Miriam Cruz, Milly Quezada und, vielleicht der bedeutendste von allen, der in Santo Domingo geborene Juan Luis Guerra. Rita Indiana y los Misterios, unter Leitung der gleichnamigen Sängerin und talentierten Songschreiberin, haben einen „experimentellen" Merengue-Sound geschaffen, in dem sich alternativer Rock und Pop mit traditionellen Formen verbindet.

Auch wer selbst nicht tanzt – Dominikaner finden das allerdings ausgesprochen merkwürdig –, wird vom Geschick und der Kunstfertigkeit beeindruckt sein, mit der auch Amateure ihre Füße und Hüften in perfektem Einklang mit der Musik bewegen. Der *merengue típico,* der traditionelle Volkstanz, ist ein schneller Tanz, den die enge Haltung der Tänzer charakterisiert. Die häufigste Form des Volkstanzes, der *perico ripiao,* stammt aus der nördlichen Tieflandregion von Cibao und ist noch heute sehr populär.

Aus ihren schlichten ländlichen Ursprüngen hat sich die Merengue-Musik zu einem modernisierten „Big-Band"-Stil entwickelt, der vor allem Trujillo zu verdanken ist, der den Tanz in den 1930er-Jahren zu einem nationalen Symbol erhob. In seiner typischen Art befahl er, dass zahlreiche Merengues zu seinen Ehren komponiert wurden. Während durch die frühen traditionellen Formen der Rhythmus und die Tanzschritte

Top-Musikfestivals

Carnaval – Ende Februar, im ganzen Land

Dominican Republic Jazz Festival – Ende Oktober/Anfang November in Puerto Plata, Sosúa und Cabarete

Santo Domingo Merengue Festival – letzte Woche im Juli/erste Woche im August

Puerto Plata Merengue Festival – Ende September

festgelegt wurden, war es die Orchesterversion, genannt *orquesta merengue* oder *merengue de salón*, die den Merengue-Boom in den 1980er-Jahren beflügelte und diesen Tanz zu einem vollwertigen Konkurrenten der Salsa machte. Die Merengue der 1990er-Jahre bezog auch elektronische Instrumente und Synthesizer mit ein. Diesen neuen Sound hörte man fortan aus Autos, Stereoanlagen und Nightclubs von Puerto Rico bis nach New York.

Für die meisten Dominikaner sind Diskussionen über den Ursprung der Merengue – und die dominikanische Merengue entstand erst Mitte des 19. Jhs. als eigenes Genre – mit ihren nationalen und ethnischen Wurzeln verbunden. Es gab frühere Versionen auf Kuba und in Haiti, aber die Dominikaner geben nur ungern afrikanische und haitianische Einflüsse auf ihre Kultur zu. Viele Theorien weisen auf europäische Gesellschaftstänze hin. Nach einer populären Legende entstand die Merengue 1844, im Jahr der Gründung der Dominikanischen Republik, um sich über einen dominikanischen Soldaten lustig zu machen, der während der Schlacht von Talanquera im Unabhängigkeitskrieg seinen Posten verlassen hatte. Die Dominikaner gewannen die Schlacht und während sie abends den Sieg feierten, spotteten sie mit Gesang und Tanz über den feigen Deserteur. Eurozentrische Kritiker betonen die europäischen Elemente der Merengue; afrozentrische Wissenschaftler konzentrieren sich auf die afrikanischen und haitianischen Elemente. Befürworter einer Mischung der Kulturen heben seine synergetische Natur hervor.

BÜCHER

Bachata: A Social History of Dominican Popular Music von Deborah Pacini Hernandez und *Merengue: Dominican Music and Dominican Identity* von Paul Austerlitz sind wissenschaftliche Untersuchungen der beiden wichtigsten Beiträge zur Weltmusik.

Bachata

Während man die Merengue als städtische Musik ansehen kann, ist die Bachata eindeutig die „Country-Musik" des Landes, die von Liebe und gebrochenen Herzen im Hinterland erzählt. Entstanden in den ärmsten dominikanischen Vierteln, tauchte die Bachata Mitte des 20. Jhs., nach Trujillos Tod, als langsame, romantische Musik auf, die auf der spanischen Gitarre gespielt wurde. Der Begriff bezog sich ursprünglich auf raue Hinterhofpartys in ländlichen Gebieten, schließlich auf Shantys in Santo Domingo.

Die städtische Elite verwendete die Bezeichnung „Bachata" als Beleidigung, als Hinweis auf die angeblich fehlende Raffinesse der Musik. Die „Lieder der Bitterkeit" genannten Bachata-Melodien unterschieden sich nicht von den meisten anderen romantischen Balladen, wie dem kubanischen Bolero, galten aber als Musik der Unterschicht und besaßen auch nicht die gleiche politische oder gesellschaftliche Unterstützung wie der Merengue. Bis in die 1960er-Jahre galt die Bachata nicht einmal als eigener Stil – und selbst dann war sie außerhalb der Dominikanischen Republik kaum bekannt.

Das verbreitete Interesse und die Akzeptanz wuchsen vor allem durch die Bemühungen des Musikers und Komponisten Juan Luis Guerra, der ein internationales Publikum mit diesem gefühlvollen Musikstil bekannt

DIE GÜIRA

Die *güira* ist ein beliebtes Musikinstrument, das einem Song das rhythmische Kratzen verleiht. Sie wurde ursprünglich von den indigenen Bewohnern Hispaniolas – den Taínos – verwendet, die getrocknete, ausgehöhlte Kürbisse und einen gegabelten Stock benutzten, um ihre *areítos* (zeremoniellen Lieder) zu begleiten. Heute ist die *güira* modernisiert – aber nicht sehr. Statt aus Kürbissen besteht die moderne *güira* aus Messing; sie sieht aus wie eine zylindrische Käsereibe und wird mit einem langen Metallbesen bearbeitet. Der kratzende Sound ist bei beiden Versionen ziemlich derselbe – beim modernen Instrument klingt er nur etwas länger nach. Beim nächsten Anhören von Merengue oder Bachata auf diesen jahrhundertealten Sound achten!

COCOLOS

Cocolos (englischsprachige Einwanderer aus der östlichen Karibik, die sich vorwiegend in der Gegend um San Pedro de Macorís ansiedelten) haben ihre eigene typische Musik- und Tanzkultur. Eine gute Gelegenheit, um diese Mischung aus afrikanischen und karibischen Rhythmen kennenzulernen, ist der 27. Februar, der Nationalfeiertag, an dem die dominikanische Unabhängigkeit von Haiti gefeiert wird.

machte. Guerra, der sich schon rühmen konnte, eine modernere und sozial bewusstere Merengue entwickelt zu haben, holte fast ganz allein die Bachata aus der Versenkung und bereitete so den Weg für zukünftige dominikanische Künstler.

Während die Merengue weiterhin populärer ist, stieg die Beliebtheit der Bachata vor allem unter der dominikanischen Gemeinde im fernen New York.

Zu den großen Namen zählen Raulín Rodríguez, Antony Santos, Joe Veras, Luis Vargas, Quico Rodríguez, Frank Reyes und Leo Valdez. *Bachata Roja* ist eine Sammlung klassischer Bachatas aus der Zeit von den frühen 1960er-Jahren bis zu den späten 1980er-Jahren, aus der vorelektronischen Zeit, als die Musik wesentlich von Gitarren dominiert wurde und Einflüsse verschiedenster musikalischer Traditionen aufnahm, wie die mexikanische *ranchera,* den puerto-ricanischen *jíbaro,* den Bolero, die *guaracha* und den *son* aus Kuba. Auf der Schallplatte sind legendäre Musiker wie Edilio Paredes und Augusto Santos zu hören.

1818 verfügt der spanische Kolonialgouverneur, dass nächtliches Tanzen in den Straßen ohne Erlaubnis illegal war.

Salsa

Die Salsa, wie die Bachata, hört man in der ganzen Karibik und sie ist auch in der Dominikanischen Republik sehr populär. Schon bevor man von Salsa sprach, hatten viele Musiker in New York die Möglichkeiten einer Mischung von kubanischen Rhythmen und Jazz erprobt. In den 1950er-Jahren waren die lateinamerikanischen Big Bands bei Tänzern und Zuhörern gleich beliebt. Mitte der 1960er-Jahre gründete der dominikanische Flötist, Komponist und Produzent Johnny Pacheco das Label Fania, das sich ausschließlich Aufnahmen der „tropischen lateinamerikanischen" Musik widmet.

Nachdem die USA die politischen und kulturellen Beziehungen zu Kuba gekappt hatten, durfte man den Begriff „afro-kubanisch" nicht mehr verwenden. Das Wort „Salsa" (wörtlich „Sauce") tauchte als geschickter Marketingschachzug auf und spiegelte nicht nur die Musik, sondern die gesamte Atmosphäre wider. Und es war die perfekte Bezeichnung für ein Musikgenre, das eine Mischung aus verschiedenen Stilen ist: kubanische Rhythmen gespielt von Puerto Ricanern, Dominikanern, Afrikanern und Afro-Amerikanern.

Ab den 1970e-Jahren war die Salsa angesagt, nicht nur in den USA, sondern auch in Süd- und Mittelamerika. Selbst europäische, japanische und afrikanische Zuhörer wurden mit dem neuen Sound beschallt. In den 1980er-Jahren entwickelte sich eine farblose Salsa-Version – die *salsa romántica* – und während dieser Zeit entwickelte sich die dominikanische Merengue zu einer ernsthaften Konkurrenz. Seit den 1990er-Jahren ist die Salsa jedoch wieder weltweit populär und lebt bei neuen Generationen von Musikern und Tänzern fort.

In der Dominikanischen Republik sind die folgenden Sänger und Gruppen besonders beliebt: Tito Puente, Tito Rojas, Jerry Rivera, Tito Gómez, Grupo Niche, Gilberto Santa Rosa, Mimi Ibara, Marc Anthony und Leonardo Paniagua.

Reggaeton & Rap

Reggaeton, ein Mix aus Hip-Hop im amerikanischen Stil und lateinischen Rhythmen, brach mit Schwung in die dominikanische Musikszene ein. Reggaeton besitzt ein deutlich großstädtisches Flair. Die raschen gut tanzbaren Beats, die Erzählungen aus dem Straßenleben und die einprägsamen Refrains machen den Reggaeton zur bevorzugten Partymusik vieler junger Dominikaner. Was den Ursprung betrifft, beansprucht Panama, das erste Land gewesen zu sein, das spanisch beeinflussten Reggae in die Untergrundszene der späten 1970er-Jahre einbrachte. Doch schließlich gab Puerto Rico in den 1980er- und 1990er-Jahren der Musik einen neuen Beat und einen neuen Namen.

Seither wurde der Reggaeton in der ganzen Dominikanischen Republik immer populärer und dominikanische Künstler haben ihm auch ihren eigenen Stempel aufgeprägt. Wie der Hip-Hop in den USA entwickelte sich auch der Reggaeton von einem musikalischen Genre zu einer ganzen Kultur, mit eigenen Modelabels und eigener Vermarktung. Interessante Künstler sind das bekannte Reggaeton-Duo Wisin & Yandel, Pavel Nuñez, ein etablierter Star, dessen Musik eine Mischung aus Folk und lateinamerikanisch ist, und Kat DeLuna, eine Popsängerin, deren Musik ein kunterbuntes Allerlei aus Stilen und Rhythmen ist.

Rap Dominicano, ein relativ neues Subgenre, stammt aus den dominikanischen *barrios* und hat sich neben dem Reggaeton einen Platz als beliebteste populäre Musikrichtung bei der dominikanischen Jugend gesichert. Obwohl der Rap ein importiertes Genre ist und die Klänge aus den Lautsprechern nicht gerade dem typischen Sound der Dominikanischen Republik entsprechen, ist es den dominikanischen Rap-Künstlern gelungen, Bachata- und Merengue-Einflüsse in ihre Musik einzubringen. Und sie rappen über das Aufwachsen in der Stadt, das absolut ihr eigenes Thema ist. Einige interessante Künstler sind El Lapiz Conciente, Vakero, Joa, Toxic Crow, Punto Rojo und R1.

Hits

Joseito Mateo – El Negrito de Batey (Merengue)

Luis Vargas – Volvia el Dolor (Merengue)

Antony Santos – Voy pa'lla (Bachata)

La Fabrica – En Cuatro Gomas (Reggaeton)

Don Miguelo – Que tu Quieres (Reggateon)

Baseball – die große Leidenschaft

Baseball ist keineswegs eine Domäne der US-Amerikaner, das Spiel ist auch in der Kultur und Gesellschaft der Dominikanischen Republik tief verwurzelt. Und zwar so tief, dass dominikanische Spieler, die sich in den USA behaupten konnten, zu den beliebtesten Stars ihrer Heimat zählen. Insgesamt waren bereits über 400 Dominikaner in der Major League aktiv (2013 stammten fast 100 von insgesamt 856 Profis aus der Dominikanischen Republik). Einige dominikanische Baseball-Größen haben es sogar bis in die „Hall of Fame" geschafft.

Die erste „Base"

Die Anfänge des Baseballs in der Dominikanischen Republik sind eng mit der Entwicklung der Zuckerindustrie verknüpft – zunächst in Kuba und dann in der Dominikanischen Republik. Baseball etablierte sich in den Vereinigten Staaten nämlich genau zu jener Zeit, als die USA die wirtschaftliche Bedeutung der Karibik entdeckten. Als kubanische Plantagenbesitzer während eines Unabhängigkeitskrieges 1868 ihre Insel verließen, nahmen sie ihre Leidenschaft für das Spiel, das sie selbst in den USA erlernt hatten, mit in ihre neue Heimat. (Wann und wo genau die Dominikaner erstmals mit Baseball in Berührung kamen, ist aber bis heute umstritten.)

Viele Arbeiter von englischsprachigen Karibikinseln, die auf den Zuckerrohrfeldern der Dominikanischen Republik Beschäftigung fanden, waren bereits erfahrene Cricket-Spieler und mit Batter und Pitcher vertraut. Da es sonst kaum Freizeitangebote gab, förderten Plantagenbesitzer den Baseball anstelle des Crickets; erste Teams traten in einer sogenannten Zucker-Liga gegeneinander an. In Santo Domingo, La Vega und in der Umgebung von Santiago gründeten Kubaner, Amerikaner und Dominikaner erste Teams.

Der Film *Sugar* erzählt die Geschichte eines jungen dominikanischen Nachwuchsspielers, der von einem Verein der amerikanischen Minor League verpflichtet wird. Gezeigt wird das Gefühl von Einsamkeit und Isolation, das ihm und anderen Spielern zu schaffen machte.

Wirklich beschleunigt wurde die Entwicklung dann durch das US-Embargo gegen Kuba ab 1962 (und durch die freie Vereinswahl seit den 1970er-Jahren). Als die Amerikaner nämlich kaum noch Spieler in Kuba anwerben durften, erhielten dominikanische Sportler ihre Chance in den Vereinigten Staaten. Scouts der Major League gingen in der Karibik auf Talentsuche; Dominikaner waren besonders gefragt, da sie – anders als die Puerto-Ricaner – keine US-Bürger und damit weniger strengen Regeln unterworfen waren.

Vertragsprobleme

Für ein hoffnungsvolles junges Talent in der Dominikanischen Republik ist die Aussicht auf einen Vertrag in der US-amerikanischen Major League und einen echten Einsatz auf dem Spielfeld mit erheblichen finanziellen Anreizen verbunden. Allein schon von den durchschnittlichen Prämienzahlungen (100 000 US$) kann man daheim ein Haus erwerben und mehrere Familienmitglieder versorgen. Wer sich mit Wahrscheinlichkeitsrechnung befasst, macht sich allerdings keine allzu großen Hoff-

BASEBALL-TEAMS

- **Tigres de Licey** (Santo Domingo)
- **Leones del Escogido** (Santo Domingo)
- **Aguilas Cibeanas** (Santiago)
- **Estrellas Orientales** (San Pedro de Macorís)
- **Los Toros del Este** (La Romana)
- **Gigantes del Cibao** (San Francisco de Macorís)

nungen: Nur 3 % der Kandidaten mit einem Vorvertrag schaffen es tatsächlich in die Liga – und wenn ein Teenager all seine Zukunftsträume an den Baseball knüpft (Spieler dürfen schon mit 16 Jahren angeworben werden), kommt die schulische Bildung oft genug zu kurz.

Einige Zwischenfälle haben die allzu enge Bindung zwischen dem dominikanischen Baseball und der Major League zusätzlich belastet. Fast jedes Team in der Dominikanischen Republik betreibt eine sogenannte Akademie – eine Mischung aus Studentenwohnheim, Trainingslager und Wellnessclub. Dort kam es wiederholt zur Verabreichung von Steroiden, was streng genommen in der Dominikanischen Republik nicht verboten ist; auch gefälschte Geburtsurkunden sind in Umlauf (die Kandidaten werden entweder jünger gemacht, um dadurch ihr Talent besonders herauszustreichen, oder älter, damit man sie unter Vertrag nehmen kann).

Zunehmend fragwürdig erscheint auch die Rolle der keiner Aufsicht unterstellten *buscones* in diesem System. Das Wort ist vom spanischen *buscar* (für jemanden sorgen, ihn beaufsichtigen) abgeleitet. Die *buscones* sind mehr als Talent-Scouts oder „Spielerberater"; sie trainieren Erfolg versprechende Zöglinge, versorgen sie, bringen sie unter und kümmern sich um die Ausbildung und die Erziehung – alles natürlich in der Hoffnung, ihnen am Ende dieser Zeit einen Platz in der Major League beschaffen zu können und dafür einen beträchtlichen Anteil der von den Vereinen ausgeschütteten Prämien zu kassieren.

Kritikern zufolge ist es angesichts der Korruption im Lande kein Wunder, dass mehr als die Hälfte aller Major-League-Profis, die seit 2007 wegen Verstößen gegen die Dopingvorschriften aktenkundig wurden, aus der Dominikanischen Republik stammen.

Das Baseball-Team von Santiago hieß zunächst „Sandino" – zu Ehren des Guerillaführers Augusto César Sandino, der den Amerikanern in Nicaragua Widerstand leistete. Nachdem Trujillo die Macht an sich gerissen hatte, zwang er das Team, den Namen aufzugeben und sich „Aguilas Cibeanas" zu nennen.

„El Partido de Beísbol" erleben

Die dominikanische Profiliga bestreitet ihre Spiele zwischen Oktober und Januar; deshalb gilt sie auch als Liga de Invierno (Winter-Liga; das siegreiche Team tritt anschließend in der Caribbean World Series gegen Mannschaften aus anderen lateinamerikanischen Ländern an). In der Dominikanischen Republik spielen sechs Profi-Mannschaften. Da sich die Spiele der US-Major-League und die dominikanische Saison zeitlich nicht überschneiden, nehmen viele dominikanische US-Profis (und auch einige nicht-dominikanische Spieler) zusätzlich noch an den Spielen der Winter-Liga teil.

Man muss wohl nicht eigens betonen, dass hier auf sehr hohem Niveau gespielt wird; 2013 hat die Dominikanische Republik sogar den World Baseball Classic gewonnen. Selbst wenn man von Baseball nichts versteht, lohnt es sich, ein oder zwei Spiele mitzuerleben. Jedenfalls verlebt man dabei einen unterhaltsamen Nachmittag oder Abend. Echte Fans hüllen sich im Stadion in die Farben ihres Teams und schwenken Fahnen und Wimpel, während Tänzerinnen zu lauten Merengue-Rhythmen ihre Künste vorführen. Die Spiele beginnen übrigens nicht unbedingt pünktlich, und die Tribünen füllen sich erst wirklich, wenn

The Eastern Stars: How Baseball Changed the Dominican Town of San Pedro de Macorís von Mark Kurlansky ist eine inhaltsreiche Geschichte des dominikanischen Baseballs. Im Mittelpunkt steht San Pedro de Macorís, die „Stadt der Shortstops".

Ein Sechstel jener 471 Dominikaner, die vor 2008 (das Jahr der letzten verlässlichen Zählung) wenigstens einen Einsatz in der Major League bestritten haben, stammte aus San Pedro de Macorís.

schon einige Innings überstanden sind. Am schönsten ist ein Spiel im Estadio Quisqueya (S. 73) in Santo Domingo. Eintrittskarten bekommt man direkt am Stadion, man sollte allerdings rechtzeitig vor Beginn am Ticketschalter sein; bei wichtigen Spielen muss man so früh wie irgend möglich anstehen.

Wer außerhalb der regulären Saison in die Dominikanische Republik reist, kann sich zwischen Juni und August immerhin die Spiele der Liga del Verano (Sommer-Liga) anschauen. Diverse Vereine aus der US-Major League – darunter die San Francisco Giants, die Toronto Blue Jays, die Arizona Diamondbacks und die New York Yankees, um nur einige zu nennen – haben nämlich „Ableger“ zu Ausbildungszwecken in der Dominikanischen Republik gegründet; die Sommer-Liga ist ein halboffizielles Turnier zwischen diesen Teams. Die Begegnungen finden in kleineren Stadien statt.

Kunst & Architektur

Die bunte Vielfalt künstlerischer Stile und Ausdrucksformen auf der Insel Hispaniola ist das historische Vermächtnis all der verschiedenen Völker, die hier eine Heimat fanden, von den indianischen Taínos bis zu europäischen Siedlern und den Einwanderern aus Haiti. Das Straßenbild der Städte in der Dominikanischen Republik mit ihren ehrwürdigen spanischen Kolonialbauten wird nicht selten von rhythmischen Merengueklängen untermalt. Für die Schriftsteller des Landes steht die Beschäftigung mit Politik, Geschichte und nationaler Identität im Mittelpunkt, während die bildenden Künste sich seit jeher besonders gern einer romantischen Darstellung des Landlebens widmen.

Literatur

Die Literaturgeschichte der Insel Hispaniola beginnt mit der spanischen Kolonialzeit (1492–1795). Schon um 1525 zeichnete der spanische Dominikanermönch Bartolomé de las Casas in seiner berühmten *Historia de las Indias* (Geschichte Westindiens) die historische Entwicklung der Karibik auf und plädierte zugleich für einen menschlichen Umgang mit den Taínos wie mit anderen Ureinwohnern. Gut 100 Jahre später verarbeitete ein anderer Ordensmann, der Mercedarier Gabriel Téllez (der als Dramendichter unter dem Pseudonym Tirso de Molina bekannt wurde) seine Erfahrungen bei der Erneuerung der Klostergemeinschaft seines Ordens in Santo Domingo in der Chronik *Historia general de la Orden de la Merced* (Allgemeine Geschichte des Mercedarierordens).

In den Jahren der haitianischen Herrschaft über Santo Domingo (1822–1844) orientierte sich das literarische Schaffen vor Ort an französischen Vorbildern, und viele dominikanische Dichter und Schriftsteller wanderten in andere spanischsprachige Länder aus, um sich dort einen Namen zu machen. Erst mit dem zweiten Anlauf zur staatlichen Unabhängigkeit 1844 entwickelte der Dichter Félix María del Monte – Verfasser des Textes der ersten Nationalhymne – eine landestypische literarische Form, die für die nächsten Jahre beispielgebend werden sollte: ein patriotisches Gedicht, das die lokalen Ereignisse des Tages reflektierte.

Die zweite Hälfte des 19. Jhs. wurde zur Blütezeit der dominikanischen Lyrik. Dafür stehen vor allem die drei Namen Salomé Ureña, Joaquín Pérez und Gastón Fernando Deligne. Pérez' Gedichtband *Fantasías Indíjenas* (Eingeborenenfantasien) thematisiert die Begegnung zwischen den spanischen Konquistadoren und den indianischen Taínos im 16. Jh. Eine vergleichbare Bedeutung erreichte im 20. Jh. lediglich Pedro Mir, den das Parlament des Landes 1984 offiziell zum Nationaldichter erklärte. Zur Zeit des Trujillo-Regimes hatte er jahrelang im kubanischen Exil gelebt.

In der erzählenden Literatur waren die Jahre zwischen 1850 und 1950 im Wesentlichen von den zwei Richtungen *indigenismo* und *criollismo* geprägt. Ersterer richtete den Blick hauptsächlich auf die gewaltsame Unterwerfung und Auslöschung der Taínos durch die Spanier, Letzterer auf die jüngere Vergangenheit und Gegenwart, die Landbevölkerung und ihre Traditionen. Als dritte Strömung kam nach 1930 noch der

DICHTER

San Pedro de Macorís gilt als Stadt der Dichter: Gastón Fernando Deligne, Pedro Mir, René del Risco Bermúdez und noch mancher andere wurden entweder hier geboren oder haben viele Jahre in der Stadt gelebt und sich von ihrer Atmosphäre inspirieren lassen.

postumismo hinzu, der die Erfahrung der Repression unter der autoritären Herrschaft Trujillos widerspiegelte. Um ihrem Unmut über die Diktatur Ausdruck zu verleihen, griffen *postumistas* wie Manuel Rueda und Lupo Hernández Rueda nicht selten auf clevere Metaphern zurück. Juan Bosch Gaviño dagegen lebte im Exil und konnte Trujillo offen attackieren – nicht nur in Kurzgeschichten und Romanen, sondern auch in kritischen Essays, die die sozialen Probleme beim Namen nannten. Das machte ihn zu einem der einflussreichsten Autoren in der Geschichte seiner Heimat, in der er 1963 sogar sieben Monate als Präsident amtierte.

Die fröhlich bunten Bilder mit Darstellungen einfacher ländlicher Szenen, die an allen Straßenecken und Gehwegen mit erhöhtem Touristenaufkommen zum Verkauf angeboten werden, sind größtenteils Reproduktionen beliebter haitianischer Gemälde, die mit preiswerter Fassadenfarbe in großer Stückzahl produziert werden.

Nur selten werden die Werke dominikanischer Autoren in andere Sprachen übersetzt. Zu den wenigen Ausnahmen gehört Viriato Sencións Roman *Los que falsificaron la firma de Dios* (englisch *They forged the signature of God*, Sie haben Gottes Unterschrift gefälscht) über die Erlebnisse und Erfahrungen dreier Studenten eines Priesterseminars, die von Staat und Kirche gleichermaßen unterdrückt werden. Das Buch verkaufte sich besser als jedes andere in der dominikanischen Literaturgeschichte und gewann 1993 den nationalen Belletristikpreis – den Präsident Balaguer allerdings wieder zurückzog, als er erfuhr, dass der Roman nicht nur Rafael Trujillo, sondern auch ihn selbst kritisierte. Mag der moralische Unterton in Sencións Bestseller auch ein wenig zu offensichtlich sein, so bietet er doch einen ebenso interessanten Blickwinkel auf das Regime Trujillos wie das außergewöhnliche Werk *La fiesta del chivo* (Das Fest des Ziegenbocks) des Peruaners Mario Vargas Llosa.

Wesentlich leichter zugänglich sind die im Original englischsprachigen, häufig ins Deutsche übersetzten Bücher von Autoren der dominikanischen Emigrantengemeinde in den USA. Junot Díaz erntete 2007 – zehn Jahre nach der Veröffentlichung seiner Kurzgeschichtensammlung *Drown* (*Abtauchen*) – große Bewunderung für seinen stilistisch höchst kreativen Roman *The Brief Wondrous Life of Oscar Wao* (*Das kurze wundersame Leben des Oscar Wao*) über einen selbst ernannten jugendlichen Fantasy- und Science-Fiction-Freak in New Jersey und die tragische Geschichte seiner Familie in den USA und in der Dominikanischen Republik. Weniger bekannt, doch ähnlich eindrucksvoll ist Maritza Pérez' *Geographies of Home (Heimkehr bei Nacht)*, das seine Leser hart mit der skeptischen Haltung dominikanischer Einwanderer gegenüber dem konventionellen amerikanischen Traum konfrontiert. Zur vielleicht prominentesten Stimme unter den dominikanischen Autoren in den USA wurde Julia Álvarez, Verfasserin des preisgekrönten Romans *In the Time of the Butterflies (Die Zeit der Schmetterlinge)* über drei Schwestern, die zur Zeit der Diktatur Trujillos der Beteiligung an Umsturzplänen bezichtigt und ermordet werden, und des Bestsellers *How the García Girls Lost Their Accents (Wie die García Girls ihren Akzent verloren)*.

Wer Spanisch kann, hat natürlich eine noch viel größere Auswahl. Besonders lesenswert sind die Romane und Erzählungen der jungen dominikanischen Autoren Pedro Antonio Valdés *(Bachata del ángel caído; Carnaval de Sodoma)*, Rita Indiana Hernández *(La estrategia de Chochueca; Papi)* und Aurora Arias *(Invi's Paradise y otros relatos; Fin de mundo y otros relatos; Emoticons)*. Auch Jeannette Miller, der Journalist und Essayist José Goudy Pratt und der Dramatiker Iván García Guerra haben sich in den letzten Jahrzehnten einen Namen gemacht. Nützliche Informationen über die dominikanische Literatur in der Vergangenheit und in der Gegenwart bietet die spanischsprachige Website www.escritoresdominicanos.com

Die schönsten Kunstmuseen

- *Centro León, Santiago*
- *Museo de Arte Moderno, Santo Domingo*
- *Museo Bellapart, Santo Domingo*

Malerei

Die Kunstszene der Dominikanischen Republik verdankt ihre Vitalität nicht zuletzt Rafael Trujillo. Auch wenn die 31 Jahre seiner autoritären

EIN HÖCHST UNGEWÖHNLICHER LITERAT

Joaquín Balaguer, Präsident der Dominikanischen Republik von 1960 bis 1962, 1966 bis 1978 und 1986 bis 1996, war nicht nur ein autoritärer Staatschef, sondern auch ein recht aktiver Autor. Zu seinen über 50 Werken zählen Gedichtbände, ein Roman, Biografien und literaturkritische Essays. Berüchtigt ist vor allem seine Autobiografie *Memorias de un cortesano en la era de Trujillo* („Memoiren eines Höflings der Trujillo-Ära"), in der er eine Seite zur späteren Ergänzung frei ließ. Im Text geht es um die Ermordung des oppositionellen Journalisten Orlando Martínez Howley 1975 – Balaguer gab an, dafür gesorgt zu haben, dass die Umstände des Mordes nach seinem Tod bekannt würden, wies aber jede eigene Verantwortung für die Tat zurück. 2002 ist der Expräsident gestorben, doch noch hat sich niemand mit neuen Erkenntnissen zum Fall Martínez Howley gemeldet.

Herrschaft grundsätzlich alles andere als eine Zeit kreativer Freiheit waren, so hegte der Diktator doch große Sympathie für die bildenden Künste, vor allem für die Malerei, und gründete darum 1942 die Escuela Nacional de Bellas Artes (Nationale Schule der Schönen Künste). Die zuvor eher bescheidene Produktion „höherer" Kunst erhielt erst mit der Eröffnung dieser Akademie den entscheidenden Anschub.

Was in jenen Jahren entstand, ist unübersehbar von spanischen Einflüssen geprägt. Denn während des Spanischen Bürgerkriegs (1936 bis 1939) flohen nicht wenige Künstler vor dem faschistischen Regime Francos in Trujillos Dominikanische Republik. Zu den bekanntesten unter ihnen gehörten Manolo Pascual, José Gausachs, José Vela Zanetti, Eugenio Fernández Granell, Ángel Botello Barros und Alfonso Vila, auch genannt Shum.

Ende der 1960er-Jahre setzten der Grupo Friordano in Santiago de los Caballeros und andere kleine Gruppen gesellschaftlich engagierter Künstler eine bewusst politische, ideologisch ausgerichtete ästhetische Bewegung in Gang. Maler wie Daniel Henríquez, Orlando Menicucci und Yoryi Morel verstanden ihre Arbeit als tätige Kritik der sozialen Verhältnisse, und gerade Letzterer trug mit seinen Darstellungen traditioneller ländlicher Szenen viel zur Entwicklung eines landeseigenen volkstümlichen Kunststils bei.

Der Concurso de Arte Eduardo León Jimenes in Santiago de los Caballeros wird seit 1964 ausgetragen und besteht damit länger als jeder andere privat finanzierte Kunstwettbewerb in Lateinamerika.

In den Kunstgalerien von Santo Domingo und Santiago sind die großen Namen der dominikanischen Kunst vertreten, darunter der 2011 verstorbene Cándido Bidó mit seinen lebhaften, farbenfrohen Gemälden, deren Motive er vorzugsweise in der Talregion Cibao, seiner Heimat, fand; Adriana Billini Gautreau mit ihren oft expressionistischen Porträts; Jaime Colson, dessen kubistisch geprägte Formen die sozialen Krisen seiner Zeit thematisieren; Luis Desangles, in dessen naturalistischen Bildern sich bereits die spätere Entwicklung des folkloristischen Stils in der dominikanischen Malerei ankündigt; Mariano Eckert mit seinen Stillleben und realistischen Darstellungen des Alltagslebens; Juan Bautista Gómez, der in seinen Bildern die Sinnlichkeit einer Landschaft zum Ausdruck brachte; Guillo Pérez, dessen Darstellungen von Feldern, einfachen Karren und Ochsengespannen eine poetische Vision des Lebens auf den Zuckerrohrplantagen vermitteln; Iván Tovar, ein von Dalí inspirierter Surrealist; Ada Balcácer mit ihren träumerischen, ebenfalls surrealistisch geprägten Gemälden; die in Italien lebende Fotografin Marian Balcácer, Adas Tochter; Johnny Bonelly mit seinen Stahlskulpturen; und schließlich Dionisio Blanco, dessen traumartige naive Bilder den Betrachtern Rätsel aufgeben.

Sehr viel präsenter als die Werke namhafter Künstler ist die schlichte, „ursprüngliche" Malerei, die auf Straßen und Plätzen feilgeboten wird:

idyllische bunte Bilder ländlicher karibischer Szenen mit bewusst einfach gehaltenen Landschaften und Figuren. Sie stammen von einheimischen und haitianischen Amateurmalern – manche würden sie eher als begabte Handwerker bezeichnen –, die ein und dasselbe Motiv viele hundert Mal reproduzieren. Ihre Gemälde werden überall, wo Touristen hinkommen, zum Verkauf aufgestellt. Auch wer nur einen Tag im Lande bleibt, wird sie nicht übersehen können.

Als Standardwerk über die Kunst der Dominikanischen Republik gilt die *Enciclopedia de las Artes Plásticas Dominicanas* (Enzyklopädie der dominikanischen bildenden Künste) von Cándido Gerón. Mit ihren zahlreichen Abbildungen und Texten (dem spanischen Original folgt jeweils eine englische Übersetzung) bietet sie einen guten Überblick. Günstig zu finden ist sie in den Antiquariaten in Santo Domingos Zona Colonial.

Architektur

Sehenswerte Bauten

- *Museo Alcázar de Colón, Santo Domingo*
- *Catedral Primada de América, Santo Domingo*
- *Basilica de Nuestra Señora de la Altagracia, Higuey*
- *Catedral de la Concepción, La Vega*

Die beachtliche Vielfalt und große künstlerische Qualität der Architektur in der Dominikanischen Republik finden in der Karibik nicht ihresgleichen. Das gitterartig angelegte Straßennetz der Zona Colonial in Santo Domingo mit ihren zahlreichen gut erhaltenen Bauten aus der spanischen Kolonialzeit ist geradezu eine Schatztruhe architektonischer Kostbarkeiten. Stilelemente der Romanik und der Gotik, der Renaissance und des Barock, wie sie die europäischen Kolonialherren liebten, sind hier allgegenwärtig und oft zu einem interessanten Mix verbunden. Prunkvolle Stadtpaläste und die Klöster der Dominikaner- und Franziskanermönche grenzen unmittelbar an die imposante Festung, die älteste intakte Zitadelle ganz Amerikas. Auch die älteste Bischofskirche des Erdteils, die noch heute als solche genutzt wird, steht in diesem Stadtviertel: die Catedral Primada de América, deren Grundstein bereits im Jahr 1514 gelegt wurde.

Zentrale Straßenzüge in Santo Domingo und Santiago de los Caballeros sind von karibischem Zuckerbäckerstil, Art-déco-Architektur und historistischen Bauten mit kubanischem Einschlag geprägt. In Puerto Plata reicht die Spannbreite von eher provinziellen antillanischen Konstruktionen bis zu historistischen Bauwerken, die dem englischen oder dem nordamerikanischen Viktorianismus nachempfunden sind. Spätviktorianisch wiederum sind die herrschaftlichen Wohnpalais der Zuckermagnaten in San Pedro de Macorís – die ersten Gebäude der Dominikanischen Republik, bei deren Errichtung armierter Beton zum Einsatz kam. Und die ländlichen Schindelhäuser haben einen ganz eigenen Charme: Klein, rechtwinklig, einstöckig und bunter als eine Bonbontüte, ziehen sie alle Blicke auf sich und bringen vor allem die ausländischen Besucher dazu, stehen zu bleiben, um etwas genauer hinzusehen. Besonders dicht gesät sind sie in Monte Cristi im äußersten Nordwesten des Landes.

Sehenswerte moderne und postmoderne Architektur findet sich vor allem in den betuchten Vierteln Santo Domingos und Santiagos, wo die wohlhabenden Dominikaner sich neue Wohnhäuser bauen lassen. Andernorts wie in Jarabacoa im zentralen Hochland, ganz im Südosten bei Punta Cana sowie an der Nordküste rund um Puerto Plata sind ganze Kolonien von Ferienhäusern entstanden, und auch dort gibt es interessante Beispiele kreativer und hochwertiger Planungskunst.

Das von Gustavo Luis More herausgegebene Buch *Arquitectura Dominicana: 1492–2008* ist eindeutig das beste Werk über die Baukunst des Landes. Die Buchläden in Santo Domingo führen es im Sortiment, man kann es aber auch im Museo Centro León in Santiago erwerben. Einblicke in die Wohnungen ganz normaler Dominikaner zeigt der wunderbare Bildband *Interiors*. Der Fotograf Polibio Díaz arbeitete mit Respekt und künstlerischer Sorgfalt.

Natur & Landschaft

Wenn sich Wohlstand an Landschaftsformen messen ließe, dann zählte die Dominikanische Republik zu den reichsten Ländern des amerikanischen Doppelkontinents. Denn das Land, das sich die Insel Hispaniola – nach Kuba die zweitgrößte Karibikinsel – mit Haiti teilt, besitzt hohe Berge, fruchtbare Täler und gut bewässerte Ebenen – und eine erstaunliche Fülle unterschiedlicher Ökosysteme. Der vielfältigen Landschaft entspricht eine hohe Biodiversität mit über 5600 Pflanzenarten und beinahe 500 Wirbeltieren, von denen viele sogar hier endemisch sind.

Das Land

Die Oberflächengestalt dieser Insel ist stärker vom mittelamerikanischen Festland geprägt als die der flacheren Nachbarinseln. Wirklich reichlich sind auf Hispaniola vor allem Berge vorhanden. Unter den Gebirgen ist an erster Stelle die Cordillera Central zu nennen, die sich von Santo Domingo bis nach Haiti erstreckt, wo sie den Namen „Massif du Nord" trägt; dieses mächtige Gebirge bedeckt ein Drittel der Landmasse der Insel.

Zur Cordillera Central gehört auch der mächtige Pico Duarte, der mit 3087 m höchste Berg im gesamten Karibikraum. Der Regenschatten dieses hohen Berges ist dafür verantwortlich, dass ein Großteil der südwestlichen Dominikanischen Republik trocken bleibt.

Zu den sonstigen Gebirgen zählen die Cordillera Septentrional, die bei Cabarete spektakulär an der Küste aufragt, und die Cordillera Oriental an der Südküste der Bahía de Samaná. Zwischen diesen Gebirgsketten findet man eine ganze Reihe fruchtbarer grüner Täler. Dort werden Kaffee, Reis, Bananen und Tabak angebaut, die aber auch in den Ebenen rund um Santo Domingo geerntet werden. Teile des Südwestens sind dagegen von Halbwüsten bedeckt.

Seine einzigartigen Landschaften verdankt Hispaniola letztlich den tektonischen Kräften und den daraus resultierenden Bewegungen der Erdkruste in den letzten 90 Mio. Jahren. Während sich die Karibische Platte ganz langsam an Nordamerika entlangschiebt, zerbricht und zerbröselt sie an dieser Grenze – entstanden ist dabei die Inselwelt zwischen Kuba und Puerto Rico. Die Platte bewegt sich immer noch um rund 1 bis 2 cm pro Jahr. In der Folge wird Hispaniola kontinuierlich weiter angehoben.

Einem der ältesten Teile des Landes begegnet man im Reservo Científica de Valle Nuevo südöstlich von Constanza auf dem Weg nach San Jose de Ocoa gelegen. Die Temperaturen gehen dort bis auf –8 °C herunter, und die Vegetation erinnert an die europäischen Alpen.

Die Tierwelt

Die Besiedlung einer Insel ist naturgemäß gar nicht so einfach; bei Pflanzen erfolgt sie über Samen oder Wurzeln, die angetrieben werden, gelegentlich mit Tieren als „Passagieren". Reptilien können durchaus weite Strecken auf dem Seeweg zurücklegen; deshalb leben auf der Insel auch mehr als 140 Arten – aber nur rund 60 Amphibienarten und 20 Landsäugetiere (von denen allerdings nur zwei die Ankunft der Europäer überlebten).

2013 erschien *Ruta Barrancolí: A Bird Finding Guide to the Dominican Republic* von Steven Latta und Kate Wallace. Das Buch enthält 33 Karten und beschreibt 44 Orte.

Fledermäuse stehen auf der Insel unter Schutz, obwohl die Art nicht bedroht ist. Pro Nacht vertilgt eine Fledermaus bis zu 2000 Moskitos; damit hilft sie beim Kampf gegen das Denguefieber und andere von Mücken übertragene Krankheiten.

Vögel

Ornithologen haben in der Dominikanischen Republik über 300 Vogelarten gezählt, darunter mehr als zwei Dutzend, die nirgendwo sonst auf der Welt vorkommen. Zu den hier nachgewiesenen Arten zählen der Weißschwanz-Tropikvogel, der Prachtfregattvogel, der Rosalöffler und der Rosaflamingo; endemisch sind beispielsweise der Haitikuckuck, die Hispaniolaschleiereule und ein Smaragdkolibri.

Urlauber werden Vögeln wohl vor allem am Strand und auf küstennahen Bootstouren begegnen – insbesondere Reihern, Ibissen, Pelikanen und Möwen. Ambitioniertere Vogelfreunde besuchen den Parque Nacional Jaragua (S. 223), den Parque Nacional Los Haitises (S. 113), den Parque Nacional Monte Cristi (S. 178) und die Laguna Limón. Wer sich die Zeit nimmt, in manchen Regionen im Landesinneren zu wandern, wird dort zahllose Arten von Waldvögeln antreffen.

Einer der Lieblingsvögel hiesiger Ornithologen ist der Palmschwätzer. Er baut große Gemeinschaftsnester, in denen jedes Paar eine eigene Kammer bewohnt.

Landsäugetiere

Die Ankunft der Europäer, die viele eigene Tiere mitbrachten, stellte für die einheimischen Landsäugetiere eine Katastrophe dar. Ratten, Katzen, Schweine und Mangusten breiteten sich rasch aus – mit schlimmen Folgen für die alteingesessene Tierwelt.

Nur zwei endemische Säugetierarten haben überlebt, und auch das nur in kleinen Arealen, die über Haiti und die Dominikanische Republik verstreut sind. Dabei handelt es sich um Zagutis, Nagetiere aus der Familie der Baumratten, und um Dominikanische Schlitzrüssler, die an große Spitzmäuse erinnern. Der Schlitzrüssler ist ganz besonders gefährdet. Da beide Arten nachtaktiv sind, wird man diese Tiere als Besucher allerdings kaum je zu Gesicht bekommen.

Die meisten der Buckelwale, die sich vor der Dominikanischen Republik versammeln, verbringen den Winter im Gulf of Maine vor der Küste der USA, wo sie sich über die Krillschwärme hermachen. Während ihres gesamten Aufenthalts in der Karibik nehmen sie dann überhaupt keine Nahrung zu sich.

Meeressäuger

Die Dominikanische Republik ist berühmt für ihre Meeressäuger; als Hauptattraktionen gelten Seekühe und Buckelwale. Falls Urlauber aber nicht in der passenden Saison im Lande sind oder eine Reise zu speziellen Lebensräumen unternehmen, dürften sie vor allem Delfine zu Gesicht bekommen. Jedes Jahr im Winter brechen Tausende von Buckelwalen aus der eisigen Arktis in Richtung Süden auf, um sich in den

DIE HURRICANE ALLEY

Die Hurrikane der Karibik entstehen 3000 km entfernt vor der Westküste Afrikas. Dort ziehen Tiefdruckzellen Windströmungen aus der Höhe an, und die Erdrotation formt daraus die bekannten, gegen den Uhrzeigersinn gedrehten Wirbel. Am stärksten und glücklicherweise seltensten sind Hurrikane der Kategorie 5; typischerweise entstehen sie im Juli und August. In diesen Wirbeln erreicht der Wind Geschwindigkeiten von über 250 km/h. Hispaniola ist von solchen Hurrikanen schon des Öfteren heimgesucht worden. Falls man sich an der Küste aufhält, während sich gerade ein Hurrikan nähert, sollte man sich ins Landesinnere zurückziehen, am besten in größere Städte mit modernen Gebäuden und guter Notfallversorgung. In der Dominikanischen Republik besitzen große Resorts massive Schutzräume, außerdem sind sie auf Evakuierungen im Notfall eingestellt. Auf jeden Fall sollte man sich vom Strand, aber auch von Flüssen und Seen fernhalten – und von allen Orten, an denen Schlammlawinen möglich sind. Auch sollte man sich nicht in der Nähe von Fenstern aufhalten, denn umherfliegende Gegenstände oder plötzliche Druckwechsel lassen Scheiben zersplittern. Aktuelle Informationen erhält man am besten beim **National Hurricane Center** (www.nhc.noaa.gov).

NATIONALPARKS IN DER DOMINIKANISCHEN REPUBLIK

In der Dominikanischen Republik findet man die größten und artenreichsten Parks der gesamten Karibik. Das Land hat mehr als 10 % seiner Fläche als *parques nacionales* (Nationalparks) und *reservas científicas* (wissenschaftliche Schutzgebiete) ausgewiesen, und es gelingt den Behörden sogar einigermaßen erfolgreich, diese wichtigen natürlichen Resourcen gegen allerlei Ansprüche zu verteidigen.

➡ **Parque Nacional Armando Bermúdez** Der 766 km² große Park (S. 200) in der feuchten Cordillera Central ist mit Kiefern, Baumfarnen und Palmen bedeckt.

➡ **Parque Nacional del Este** Der Park (S. 94) im Südosten des Landes besteht aus Trockenwald und subtropischem Feuchtwald. In den Höhlen sind Petroglyphen der Taíno erhalten geblieben. Schön sind auch die Sandstrände der Isla Saona. Vor der Küste zeigen sich gelegentlich Seekühe und Delfine.

➡ **Parque Nacional Isla Cabritos** Dieser Park (S. 225) im Südwesten besteht aus einer 24 km² großen Insel inmitten des salzwasserhaltigen Lago Enriquillo. Die Insel bietet Krokodilen, Leguanen, Skorpionen, Flamingos, Krähen und Kakteen einen sicheren Lebensraum.

➡ **Parque Nacional Jaragua** Mit seinen 1400 km² ist dies der größte Park (S. 223) der Dominikanischen Republik. Er besteht aus trockenem Dornwald, einer ausgedehnten Meereszone und den Inseln Beata und Alto Velo. Besonders artenreich ist die Vogelwelt, insbesondere, was Seevögel und Watvögel betrifft. An den Stränden legt die Echte Karettschildkröte ihre Eier ab.

➡ **Parque Nacional José del Carmen Ramírez** In diesem 764 km² großen Park (S. 200) befindet sich der höchste Berg der Karibik, der Pico Duarte; außerdem entspringen hier die drei wichtigsten Flüsse des Landes: Yaque del Sur, San Juan und Mijo. Auch wenn die Temperaturen gelegentlich unter den Gefrierpunkt fallen, gilt der Park als subtropischer Bergfeuchtwald.

➡ **Parque Nacional La Isabela** Dieser Park (S. 176) an der Nordküste wurde in den 1990er-Jahren eingerichtet, um die Überreste der zweiten europäischen Siedlung in der Neuen Welt zu bewahren. Ein Museum auf dem Gelände zeigt viele Alltagsgegenstände, die von den frühen europäischen Siedlern benutzt wurden.

➡ **Parque Nacional Los Haitises** Die üppig grünen Berge dieses Parks (S. 113) an der Bahía de Samaná ragen unmittelbar aus dem Ozean empor. Umrandet werden sie von Mangroven, dunklen Stränden und mehreren Höhlen der Taíno. Zwischen Bambus, Farn und Bromelien fühlt sich der Haiti-Sittich wohl.

➡ **Parque Nacional Monte Cristi** Der 530 km² große Park (S. 178) im äußersten Nordwesten umfasst einen subtropischen Trockenwald, Küstenlagunen und sieben kleine Inseln. Vogelfreunde werden vor allem Seevögel beobachten können. In den Lagunen leben Krokodile.

➡ **Parque Nacional Sierra de Bahoruco** Der Park (S. 224) im Südwesten des Landes erstreckt sich mit seinen 800 km² Fläche von Wüsten im Flachland bis zu Kiefernbeständen in 2000 m Höhe. Neben der artenreichen Flora (es gibt hier zahllose Orchideen!) findet man vor allem Vögel, darunter die endemische Antillenkrähe.

➡ **Parque Nacional Submarino La Caleta** Der nur 22 km von Santo Domingo entfernte, 10 km² große Park (S. 39) zählt zu den meistbesuchten Naturschutzgebieten des Landes. Mit mehreren intakten Korallenriffen und zwei interessanten Wracks gilt er als beliebtes Tauchrevier.

tropischen Gewässern vor der Dominikanischen Republik zu paaren und dort ihre Jungen zur Welt zu bringen. Die schönsten Monate für Walbeobachter sind der Januar und der Februar.

Die Bahía de Samaná ist einer der weltweit besten Orte, um Wale vom Boot aus zu betrachten, und Banco de Plata (Silver Bank) ist sogar einer von nur zwei Orten auf der Welt, wo man diesen majestätischen Geschöpfen als Schwimmer oder Schnorchler nahekommen kann (unter Aufsicht und im Rahmen einer einwöchigen Schiffsreise).

Einen Überblick über die Korallenriffe der Karibik bietet das kenntnisreiche Buch *A Guide to the Coral Reefs of the Caribbean* von Mark Spalding.

Seekühe ernähren sich von den weiten Seegraswiesen rund um Hispaniola; daher auch ihr Name. Die bis zu 590 kg schweren, 3,7 m langen Tiere sind überaus scheu und sehr sanftmütig. Eine Chance, sie leibhaftig zu Gesicht zu bekommen, hat man möglicherweise im Parque Nacional Estero Hondo (bei Punta Rusia) oder im Parque Nacional Monte Cristi (S. 178).

Fische & Meerestiere

Die flachen Küstengewässer und die Korallenriffe vor der Dominikanischen Republik bieten einer enormen Vielzahl an Meeresbewohnern einen Lebensraum. Hier findet man eine solche Fülle an tropischen Fischen, Schaltieren, Schwämmen und Korallen, dass man ein spezielles Bestimmungsbuch benötigt, um die Arten auseinanderzuhalten. Wo diese Gewässer noch relativ intakt geblieben sind und nicht befischt werden – etwa bei Sosúa und Monte Cristi –, ist die Schönheit einfach überwältigend.

Zu den besonders farbenfrohen Bewohnern karibischer Korallenriffe rechnet man den fluoreszierenden Feenbarsch, den Königin-Engelfisch, den Dreifarben-Kaiserfisch und den Paletten-Doktorfisch – aber jeder Besucher wird da rasch seinen eigenen Liebling auswählen.

Im warmen Meerwasser fühlen sich außerdem vier Arten von Meeresschildkröten wohl: die Grüne Meeresschildkröte, die Lederschildkröte, die Echte Karettschildkröte und die Unechte Karettschildkröte. Beim Schnorcheln begegnet man möglicherweise der einen oder anderen Schildkröte im Wasser; zwischen Mai und Oktober kann man sie aber sogar an Land bewundern, wenn sie – beispielsweise im Parque Nacional Jaragua (S. 223) – nachts die Strände aufsuchen, um ihre Eier im Sand zu vergraben.

Wie heißt bloß dieser Frosch oder Gecko? Wer es ganz genau wissen will, schaut nach in *Amphibians and Reptiles of the West Indies* von Robert Henderson und Albert Schwartz.

Reptilien & Amphibien

Reptilien waren die erfolgreichsten Kolonisten unter den Wirbeltieren auf Hispaniola. Selbstverständlich bekommt man hier zahlreiche Eidechsen und Geckos zu sehen, man sollte aber auch nach Schlangen, Schildkröten und sogar Spritzkrokodilen Ausschau halten; Letztere leben in beträchtlicher Zahl im Lago Enriquillo an der Grenze zu Haiti (dort heißt der See Lac Azueï). Es gibt sogar eine einheimische Boa, allerdings wurde ihr Bestand durch die eingeführten Mangusten stark reduziert. Am unteren Ende der Skala steht die Jaragua-Eidechse, das kleinste Landwirbeltier der Welt (ausgewachsene Exemplare werden maximal 28 mm lang). Sehr viel imposanter ist dagegen schon der bis zu 10 kg schwere Nashornleguan. Unter den Amphibien sind die Frösche am zahlreichsten vertreten.

Pflanzen

Hispaniola verzaubert seine Besucher mit einer verwirrend großen Vielfalt an Pflanzen. Zu jeder Jahreszeit entdeckt man auf der Insel blühende Gewächse, andere tragen zur gleichen Zeit gerade Früchte oder verbreiten exotische Düfte. Fast ein Drittel der rund 5600 Pflanzenarten der Insel sind endemisch. Sie gedeihen in über 20 unterschiedlichen Vegetationszonen – von der Wüste bis zum subtropischen Wald oder zum Mangrovensumpf.

Unter diesen Vegetationszonen sticht der subtropische Wald ganz besonders heraus; er bedeckt die Hänge vieler Täler in der Dominikanischen Republik und beherrscht das Bild der Halbinsel Samaná. Es handelt sich um eine eindrucksvolle Landschaft, die geprägt ist von der

Königspalme mit ihren großen, geschwungenen Wedeln, aber auch vom einheimischen Mahagonibaum.

Echter tropischer Regenwald hat dagegen Seltenheitswert, zum einen, weil die Regenmengen dafür nur an wenigen Orten ausreichen, und zum anderen, weil die Baumriesen dieser Regenwälder bereits weitgehend abgeholzt wurden. Die ganzjährig grünen und sehr feuchten Regenwälder beherbergen eine dichte Vegetation aus Baumfarnen, Orchideen, Bromeliengewächsen und Epiphyten. Beispiele für solche Wälder findet man heute in der Vega Real.

Oberhalb von 1830 m weicht dieser Lebensraum dem Bergwald. Typisch für ihn sind Kiefern und Palmen, aber auch Farne, Bromelien, Helikonien und Orchideen. Bergwälder müssen zusehends Kaffeeplantagen und Weideland weichen, größere Areale finden sich aber noch in den Parques Nacionales Armando Bermúdez und José del Carmen Ramírez.

Dornwälder und Kakteenwälder prägen den Südwesten der Dominikanischen Republik. Der Parque Nacional Jaragua (S. 223), das größte Schutzgebiet des Landes, ist sogar zu einem beträchtlichen Teil mit Dornwald, Kakteen und Agaven bewachsen; hier fallen im Durchschnitt weniger als 700 mm Regen im Jahr.

Mangrovensümpfe sind charakteristisch für die Küste der Bahía de Samaná, kleinere Abschnitte findet man auch an der Nordküste. Mangroven bilden einen wichtigen Lebensraum zahlreicher Tiere; viele Meereslebewesen bringen dort ihre Jungen zur Welt, und auch Wasservögel nisten gern in diesen Mangrovenzonen. Außerdem schützen Mangroven die Küste vor der Erosion durch Stürme und Gezeiten.

Umweltprobleme

Das rasante Bevölkerungswachstum der Dominikanischen Republik und die Millionen von Touristen, die alljährlich einreisen, stellen durchaus ein Problem für die Natur dar. Der Wasserverbrauch, die Beeinträchtigung der Meeres-Ökosysteme und vor allem die Entwaldung bescheren dem Land akute Probleme. Die Regierung bemüht sich zwar nach Kräften, unberührte Landschaften zu erhalten, und sie verbietet zumindest zeitweise den Holzeinschlag, doch Parks und Schutzgebiete sind einfach chronisch unterfinanziert, und illegaler Holzeinschlag sowie das Vordringen landwirtschaftlicher Flächen bleiben eine große Bedrohung, vor allem in der Cordillera Central. Man schätzt heute, dass die Dominikanische Republik in den letzten 80 Jahren rund 60 % ihrer Waldfläche eingebüßt hat (im benachbarten Haiti sind sogar nur noch 5 % übrig geblieben).

Eine der größten und irritierendsten Herausforderungen stellt der stetig ansteigende Wasserspiegel des Lago Enriquillo dar, der mittlerweile doppelt so groß ist wie vor zehn Jahren. Tausende Hektar, auf denen noch vor wenigen Jahren Palmlilien wuchsen und Bananen angebaut wurden bzw. die als Weideland dienten, stehen inzwischen auf geradezu unheimliche Weise unter Wasser, und die Regierung bemüht sich sogar darum, eine komplette Stadt umzusiedeln, die im Salzwassersee unterzugehen droht.

Zum Ärger vieler Anwohner und Umweltschützer hat das Umweltministerium im Jahr 2013 sogar damit begonnen, das Naturschutzgebiet Loma Charco Azul (ein Teil des Unesco-Biosphärenreservats Jaragua-Barahuco-Enriquillo) für die Landwirtschaft freizugeben, um durch diese Maßnahme verlorenes Ackerland zu ersetzen. Dieses Schutzgebiet beherbergt allerdings viele endemische Arten der Flora und Fauna (darunter Hispaniola-Leguane und Dominikanische Schlitzrüssler) – und die Landwirte sind nicht einmal zufrieden mit diesem Tausch, da das trockene Gelände ihnen keinen gleichwertigen Ersatz für ihre Verluste bietet.

Sehenswerte Wasserfälle

Salto de Jimenoa Uno, Jarabacoa

Cascada El Limón, Las Terrenas

Damajagua, südlich von Puerto Plata

Aguas Blancas, Constanza

Cascadas Ciguapa, südlich von Gaspar Hernández

Die zahlreichen Resorts und Dörfer an der Küste üben einen ganz erheblichen Einfluss auf das Meer aus, dem sie doch ihre Existenz verdanken. Verschmutzungen, Einleitungen von Abwasser und andere Folgen einer umfangreichen Küstenbebauung haben viele Korallenriffe zerstört. Eine Überfischung und unabsichtliche Zerstörungen durch achtloses Verhalten haben zudem bewirkt, dass viele noch existierende Riffe nur noch ein Schatten ihrer selbst sind und kaum etwas noch an die einstige Pracht erinnert.

Zu den besonders gefährdeten Säugetierarten auf Hispaniola rechnet man die Karibische Seekuh (Karibik-Manati), die Karibische Mönchsrobbe, den Atlantischen Fleckendelfin, das Spritzkrokodil, den Nashornleguan, den Hispaniola-Leguan, Meeresschildkröten, drei Arten von Süßwasserschildkröten und Dutzende Vogelarten.

Praktische Informationen

ALLGEMEINE INFORMATIONEN.. 264

Frauen unterwegs 264
Freiwilligenarbeit 264
Geld 265
Gesundheit 265
Internetzugang.........266
Kinder.................266
Klima 266
Post...................267
Rechtsfragen...........267
Reisen mit Behinderung...........267
Schwule & Lesben 268
Sicher reisen...........268
Strom 268
Telefon 268
Touristen-information............269
Unterkunft.............269
Visum.................271
Zeit 271
Zoll 271

VERKEHRSMITTEL & -WEGE............272

AN- & WEITERREISE 272
Einreise 272
Mit dem Flugzeug 272
Übers Meer 273
UNTERWEGS VOR ORT 275
Auto & Motorrad 275
Bus 276
Fahrrad................277
Flugzeug 277
Schiff/Fähre 277
Nahverkehr 277
Trampen...............278

SPRACHE..........279

Allgemeine Informationen

BOTSCHAFTEN & KONSULATE

Alle aufgeführten Botschaften und Konsulate befinden sich in Santo Domingo.

BOTSCHAFT/KONSULAT	TELEFON	ADRESSE
Deutsche Botschaft	☎809-565-8811	Calle Rafael Augusto Sánchez 23
Vertretung der Niederlande	☎809-540-1256	Calle Max Henriquez Ureña 50
Österreichisches Ehrenkonsulat	☎809-947-7888	Calle Gral. Román Bidó 11
Schweizer Botschaft	☎809-533-3781	Av Jimenez Moya 71

Frauen unterwegs

Frauen, die ohne Männer in der Dominikanischen Republik unterwegs sind, müssen mit einiger Beachtung rechnen, meist in Form von Zischlauten (mit denen Männer auf sich aufmerksam machen), Anstarren und Kommentaren wie „*Hola, preciosa*" (Hallo, meine Hübsche). Auch wenn diese Reaktionen störend wirken, sind sie meist nur lästig, aber nicht weiter gefährlich. Wer so etwas nicht mag, sollte sich einfach dezent kleiden und die Kommentare schlichtweg ignorieren.

Das heißt aber nicht, dass Frauen hier nicht dieselbe Vorsicht walten lassen sollten wie in anderen Ländern. Vor einer bestimmten Sorte von Männern oder heiklen Situationen sollten sie sich in Acht nehmen. Raubdelikte und Übergriffe auf Touristen kommen zwar eher selten vor, aber wenn, dann gelten Frauen oft als leichtere Opfer im Vergleich zu Männern.

Junge, athletische dominikanische Männer, die ausländische Frauen besonders in den Badeorten wie Punta Cana ins Visier nehmen, werden „sanky-pankys" genannt. Ihre Vorgehensweise hat dabei auf subtile Weise etwas mit einem sexuellen Tauschhandel zu tun: Sie versprechen Zuneigung und Liebe und erwarten als Gegenleistung Einladungen zum Essen und Trinken, Geschenke oder Bargeld, und das besonders von älteren nordamerikanischen und europäischen Frauen.

Freiwilligenarbeit

Viele nichtstaatliche Organisationen, die in der Dominikanischen Republik agieren, sind vornehmlich Gemeindenetzwerke, die einen nachhaltigen Öko-Tourismus fördern wollen. Es gibt zwar keine offiziellen Freiwilligenprogramme, aber wer ganz gut Spanisch spricht und harte Arbeit (oder Büroarbeit) nicht scheut, kann sich durchaus nützlich machen. Einige halbwegs etablierte Organisationen, die Freiwillige aufnehmen, sind unter anderem:

CEDAF (Centro para el Desarrollo Agropecuario y Forestal; ☎809-565-5603; www.cedaf.org.do; José Amado Soler 50, Ensanche Paraíso, Santo Domingo) Diese landesweit tätige nichtstaatliche Organisation hilft einheimischen Bauern, ihr Land nachhaltig zu bewirtschaften.

DREAM Project (Dominican Republic Education & Mentoring; ☎809-571-0497; www.dominicandream.org; Plaza de Patio, Cabarete) Unangepasste mögen diese streng geführte nichtstaatliche Organisation vielleicht nicht, aber sie leistet hervorragende Arbeit in den Schulen von Cabarete.

Fundación Taigüey (☎809-537-8977; www.taiguey.org) Dies ist ein Netzwerk kleiner privater Organisationen, von denen sich einige auf die Förderung des Öko-Tourismus spezialisiert haben.

Grupo Jaragua (☎809-472-1036; www.grupojaragua.org.do) Die größte und älteste nichtstaatliche Organisation im Südwesten des Landes. Sie hat ihren Sitz in Santo Domingo und konzentriert sich auf den Erhalt der biologischen Vielfalt und andere Umweltprojekte, um den Einheimischen durch Mikrofinanzierung zu helfen, etwa bei der Bienenhaltung.

Mariposa Foundation (☎809-571-0610; www.mariposadrfoundation.org; Calle Principal, La Cienega, Cabarete) Hat sich zum Ziel gesetzt, Mädchen aus der Umgebung von Cabarete zu stärken und zu bilden, und zwar durch einen ganzheitlichen Ansatz, der Englischunterricht, Gesundheits- und Wellness-Seminare sowie Sport umfasst und das Ganze dann noch unter Einbeziehung der Familien. Man muss sich für wenigstens drei Monate verpflichten und in der Regel in verschiedenen Disziplinen unterrichten können. Liegt unweit des Kite Beach.

Punta Cana Ecological Foundation (☎809-959-9221; www.puntacana.org) Einer der Pioniere einer nachhaltigen Entwicklung in der Dominkanischen Republik; die Projekte zielen auf die Wiederherstellung der Korallenriffe und den Erhalt der natürlichen Umwelt in der Gegend von Punta Cana.

REDOTUR (Red Dominicana de Turismo Rural; ☎809-487-1057; www.redotur.org) Fördert alternative und nachhaltige touristische Projekte.

SOEPA (☎809-899-4702) Die Sociedad Ecologica de Paraiso wurde 1995 gegründet und bemüht sich um den Erhalt und Schutz der Umwelt und der natürlichen Ressourcen in der Gegend von Paraiso; ihr größtes Projekt ist die Pflege und Entwicklung von Cachóte.

Geld

Die Währungseinheit des Landes ist der Peso, der mit dem Symbol RD$ (oder manchmal auch einfach nur R$) abgekürzt wird. Obwohl der Peso streng genommen in 100 Centavos (Cent) unterteilt ist, werden die Preise meistens auf den nächsten Peso gerundet. Im Umlauf sind Ein- und Fünf-Peso-Münzen, und das Papiergeld besteht aus Scheinen zu Werten von 10, 20, 50, 100, 500, 1000 und 2000 Pesos.

Viele auf Touristen ausgerichtete Einrichtungen, darunter die meisten Mittelklasse- und Spitzenklassehotels, geben ihre Preise in US-Dollar an, akzeptieren bei der Bezahlung jedoch auch Pesos zum aktuellen Wechselkurs.

Geldautomaten

Geldautomaten *(cajeros automáticos)* sind in der Dominikanischen Republik recht verbreitet und ohne Frage der beste Weg, um an Pesos zu kommen. Zu den Banken mit verlässlichen Geldautomaten gehören Banco Popular, Banco Progreso, BanReservas, Banco León und Scotiabank. Die meisten nehmen eine Gebühr für die Geldentnahme (durchschnittlich um die 115 RD$); es ist durchaus sinnvoll, sich vor Antritt der Reise bei der Hausbank nach eventuell anfallenden zusätzlichen Kosten zu erkundigen. Es gibt jedoch ärgerlicherweise eine niedrige Maximalsumme, die man pro Tag abheben darf – bei BanReservas liegt sie bei 2000 RD$ und bei Banco Progreso bei 4000 RD$ –, außerdem darf man auch nicht beliebig oft am Tag Geld abheben.

Wie in jedem anderen Land auch, sollte man stets darauf achten, wo und wann man sein Geld aus dem Automaten holt. Die meisten Automaten befinden sich nicht im Bankgebäude selbst, sondern außen in kleinen Nischen, die von der Straße aus zugänglich sind (und das natürlich 24 Stunden am Tag).

Kreditkarten

Kredit- und Bankkarten werden zunehmend auch unter Einheimischen ein gängiges Zahlungsmittel (wie bei Fremden ohnehin schon). Visa- und MasterCard sind gebräuchlicher als Amex, aber in touristischen Gegenden werden ohnehin die meisten Karten akzeptiert. Einige, aber längst nicht alle Geschäfte und Einrichtungen schlagen bei Nutzung einer Kreditkarte eine Gebühr auf (meist 16 %) – die Regierung erhebt bei Kreditkarteneinkäufen automatisch eine Verkaufssteuer, sodass die Kaufleute diese einfach vorher schon auf die Rechnung setzen. Es gibt Berichte von Reisenden, die bei der Zahlung mit Kreditkarten abgezockt wurden; daher die Rechnung vor dem Unterschreiben immer genau kontrollieren!

Geldwechsler

In vielen Touristenorten wird man von Geldwechslern angesprochen. Sie sind zwar nicht aufdringlich oder gar aggressiv, aber am Geldautomaten, bei der Bank oder in einer Wechselstube *(cambio)* bekommt man genauso gute Konditionen, und die Transaktion ist sicherer.

Gesundheit

Aus medizinischer Sicht ist die Dominikanische Republik im Allgemeinen recht sicher, solange man Vorsicht walten lässt bei dem, was man isst und trinkt. Die verbreitetsten Urlaubskrankheiten wie Ruhr und Hepatitis werden durch den Verzehr von kontaminiertem Essen und Wasser übertragen (Impfungen gegen Typhus und Hepatitis A und B sind empfehlenswert). Zum Trinken, Zähneputzen und Händewaschen sollte nur gereinigtes Wasser verwendet werden.

Es sollte hier auch auf ein geringes Risiko für Malaria (in den westlichen Provinzen und in La Altagracia, einschließlich Punta Cana) und das Denguefieber (in Santiago, im Inland und an der Nordküste) hingewiesen werden. In diesen Gegenden sind lange Hosen und lange Ärmel, Moskitoschutzmittel und -netze empfehlenswert (Stiche, die Denguefieber verursachen, bekommt man hauptsächlich tagsüber). Man sollte auch über eine Malariaprophylaxe in Form von Atovaquone-Proguanil, Chloroquin, Doxycyclin oder Mefloquin nachdenken.

Die Qualität der medizinischen Versorgung schwankt in Santo Domingo, andernorts ist die Versorgung sehr begrenzt, allerdings gibt es in Santo Domingo und den Touristengegenden gute Privatkliniken und -krankenhäuser. Viele Ärzte und Krankenhäuser erwarten sofortige Barzahlung, egal ob man eine Reisekrankenversicherung hat oder nicht. In größeren und mittelgroßen Städten gibt es moderne Apotheken.

Hier einige informative Websites mit weiteren Auskünften:

- **Centers for Disease Control** (CDC; www.cdc.gov/travel) Detaillierte Übersicht zur medizinischen Versorgung mit Tipps und aktuellen Hinweisen.
- **MD Travel Health** (www.mdtravelhealth.com) Sämtliche Empfehlungen zu Reisegesundheitsfragen zu allen Ländern; täglich aktualisiert und kostenlos.
- **Sitata** (www.sitata.com) Individuelle medizinische Berichte, Impfempfehlungen für Reisende, Warnungen vor Ausbrüchen von Krankheiten und andere aktuelle Nachrichten zum Thema Gesundheit.
- **World Health Organization** (www.who.int/ith) Online oder als Buch verfügbar – *International Travel and Health*. Wird jährlich aktualisiert.

Internetzugang

In der Dominikanischen Republik gibt es erstaunlich wenige Internetcafés; in den meisten kostet die Stunde 35 bis 70 RD$. Viele dieser Cafés fungieren auch als Call-Center.

In Cafés und Restaurants, aber auch in vielen Mittel- und Spitzenklassehotels und Resorts im gesamten Land, bekommt man einen WLAN-Zugang ins Internet. Reisende mit Laptop brauchen nicht lange zu suchen, um ein Internetsignal empfangen zu können. Die Mehrzahl der Pauschalhotels erhebt jedoch, anders als die meisten Mittelklassehotels oder gar die preiswerten Hotels, eine Tagesgebühr für den WLAN-Zugang (um die 15 US$ und mehr). Viele Hotels, die mit einem freien Zugang für ihre Gäste werben, haben diesen nur in ihren öffentlich zugänglichen Räumen wie der Lobby freigeschaltet; in den Zimmern selbst ist der Empfang meist schlecht oder nur begrenzt.

In den meisten Internetcafés sind die Tastaturen auf die spanische Sprache ausgelegt – die „@"-Taste wird normalerweise durch „alt"+ „6" und + „4" aktiviert.

Klima

Santiago

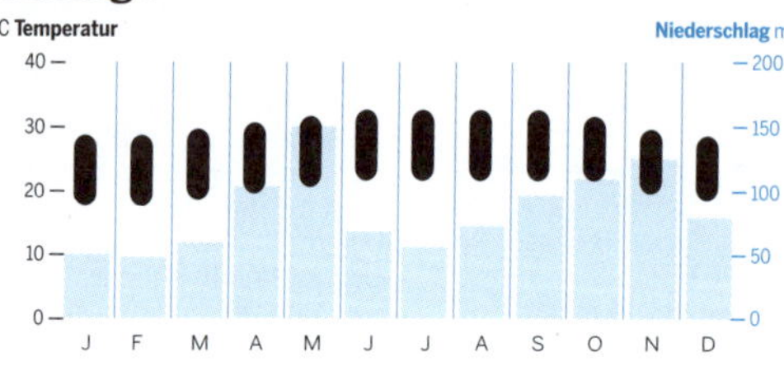

Santo Domingo

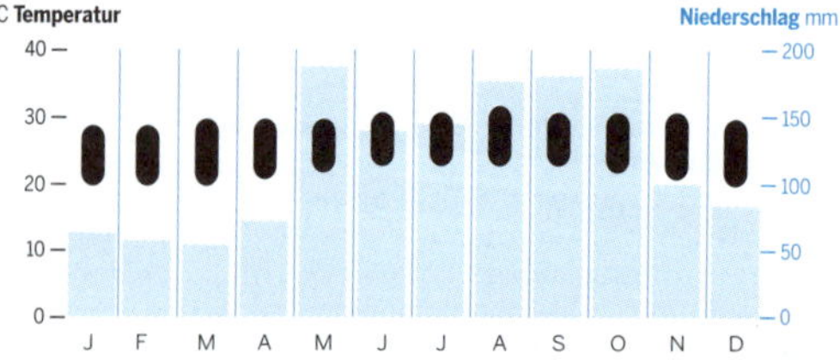

Kinder

Pauschalreisen können für Familien sehr bequem und erschwinglich sein, da sie einfache Antworten auf die quälendsten Fragen der Kleinen geben: „Wann gibt es Essen? Wo essen wir? Was machen wir heute? Kann ich noch eine Cola haben?"

Für nicht pauschal buchende Familien ist die Dominikanische Republik genauso gut oder schlecht wie die meisten anderen Länder – die geringe Größe des Landes bedeutet: keine langen Busfahrten oder Flüge, und die Strände und Outdoor-Aktivitäten machen allen Beteiligten Spaß. Auf der anderen Seite kann das Navigieren durch die Städte für Eltern eine Herausforderung und für Kinder ermüdend sein. Hervorragende Hinweise zum Thema „Reisen mit Kindern" gibt der Lonely Planet *Travel with Children*.

Praktische Informationen

Die pauschal gebuchten Resorts haben die besten

kindgerechten Einrichtungen und Angebote, vom Hochstuhl in den Restaurants bis zum Babysitter- und Animationsprogramm. Aber dennoch sind Familien mit kleinen Kindern nicht in allen Resorts willkommen (einige nehmen sogar nur Erwachsene auf). Individualreisende werden es jedoch mit Kindern schwerer haben, kindgerechte Einrichtungen und Angebote zu finden.

Kindersitze sind nicht verbreitet, selbst in Privatautos, und in Taxis oder Bussen sind sie quasi unbekannt. Wer seinen eigenen Kindersitz mitbringt, kann ihn sicherlich zumindest in einigen Fällen gut nutzen, wenn er universell für alle Automarken ausgelegt ist.

Das Stillen in der Öffentlichkeit ist zwar nicht gänzlich tabu, aber es ist auch nicht sehr verbreitet. Es wird definitiv nicht in Restaurants akzeptiert. Stillende Mütter sollten eine Parkbank für sich alleine aufsuchen und ein Tuch oder eine andere Form der Bedeckung benutzen. Die größeren Lebensmittelläden haben die gängige Babynahrung und Windelmarken im Angebot.

PRAKTISCH & KONKRET

➡ **Zeitungen** *El Listin Diario* (www.listin.com.do), *Hoy* (www.hoy.com.do), *Diario Libre* (www.diariolibre.com), *El Caribe* (www.elcaribe.com.do), *El Día* (www.eldia.com.do) und *El Nacional* (www.elnacional.com.do), außerdem die *International Herald Tribune*, die *New York Times* und der *Miami Herald* sind in vielen Touristengegenden erhältlich. Lokalzeitungen kosten 25 RD$.

➡ **Radio & TV** Es gibt etwa 150 Radiosender, von denen die meisten Merengue und Bachata (volkstümliche Gitarrenmusik im Rhythmus des Bolero) spielen, und sieben regionale Fernsehanbieter, wobei Kabel- und Satellitenfernsehen vor allem wegen der Baseballspiele, Kinofilme und amerikanischen Seifenopern sehr beliebt sind.

➡ **Maße & Gewichte** In der Dominikanischen Republik gilt für alles das metrische System – außer für Benzin und für Wäsche im Waschsalon. Das Benzin wird in Gallonen gemessen, die Wäsche in Pfund gewogen.

Post

Die Post ist in der Dominkanischen Republik nicht sehr vertrauenswürdig, nicht zuletzt, weil es in den meisten Landesteilen gar keine postalischen Adressen gibt. Aus den USA kann ein Brief bis zu einem Monat unterwegs sein. Am besten nutzt man FedEx oder UPS; innerhalb des Landes nimmt man am besten die Paketdienste der Busunternehmen in Anspruch, entweder Caribe Pack oder Metro PAC, die sich in den jeweiligen Busterminals befinden.

Rechtsfragen

In der Dominikanischen Republik gibt es zwei Polizeiapparate – die **Policía Nacional** (nationale Polizei) und die **Policía Turística** (Touristenpolizei, die man normalerweise mit ihrer Abkürzung „Politur" bezeichnet).

Politurbeamte sind in der Regel freundliche Männer und Frauen, deren Hauptaufgabe darin besteht, Touristen zu helfen. Viele beherrschen zumindest einige Brocken von Fremdsprachen. Sie tragen weiße Hemden mit blauen Abzeichen und befinden sich meist in der Nähe von Touristenattraktionen und -zentren. Zuallererst wendet man sich an die Politur, wenn man bestohlen, angegriffen oder Opfer einer Betrügerei wurde, aber man kann sie genauso gut auch nur nach dem Weg oder nach dem Bus fragen.

Mit der Policía Nacional sollte man so wenig Kontakt wie möglich haben. Wenn ein Polizeibeamter einen Touristen anhält, sollte dieser höflich und kooperativ sein; schwer bewaffnete Straßenposten sind ebenfalls nicht unüblich, besonders in den Grenzregionen zu Haiti – sie suchen dort nach Drogen und Waffen. Unter Umständen wird man nach dem Ausweis gefragt – es besteht zwar keine Ausweispflicht, aber es ist nicht schlecht, wenigstens eine Kopie davon bei sich zu haben. Es kann auch sein, dass man nach einer Art Trinkgeld in Form von Bargeld oder Waren gefragt wird; in dem Fall sollte man einfach mangelndes Verstehen vortäuschen oder einfach höflich ablehnen. Meistens wird man einfach durchgewunken.

Reisen mit Behinderungen

Nur wenige lateinamerikanische Länder bieten besondere Hilfen für Reisende mit Behinderungen, und die Dominikanische Republik bildet da keine Ausnahme. Auf der anderen Seite können aber gerade die All-inclusive-Hotels ideal sein, weil die Zimmer, Mahlzeiten und Freizeitmöglichkeiten alle nah beieinander liegen und viele helfende Hände in der Nähe sind, um Gehbehinderte zu unterstützen. Manche Resorts haben einige rollstuhlgerechte Zimmer mit breiteren Türen und Handgriffen in Bad und

WC. Zudem sind die Einheimischen extrem hilfsbereit und entgegenkommend. Reisende mit Behinderungen müssen zwar mit neugierigen Blicken rechnen, aber eben auch mit schneller freundlicher Hilfe von völlig Fremden und zufällig vorbeigehenden Passanten.

Schwule & Lesben

Eigentlich ist die Dominikanische Republik recht offen gegenüber heterosexuellem Sex und Sexualität im Allgemeinen, aber noch immer recht intolerant gegenüber Schwulen und Lesben. Schwule und Lesben finden allenfalls in Santo Domingo Communities vor, wobei sogar die Schwulenclubs hier relativ verschwiegen sind. Santiago, Puerto Plata, Bávaro und Punta Cana haben ebenfalls Orte für Schwule, in denen sich Fremde und Einheimische gleichermaßen treffen. Überall sonst sind öffentliche Bekundungen von Zuneigung unter Männern eher tabu, unter Frauen weniger. Gleichgeschlechtliche Paare werden allerdings kaum Probleme haben, ein Hotelzimmer zu bekommen. Die drei Websites mit speziellen Angeboten und Informationen für Schwule sind **Monaga** (www.monaga.net), **Guia Gay** (www.guiagay.com) und **Planetout.com** (www.planetout.com).

Sicher reisen

Die Dominikanische Republik ist kein besonders gefährliches Pflaster für Touristen. Die Straßenkriminalität ist in den meisten Touristengegenden eher gering, besonders tagsüber, aber Taschen- und Kameradiebe gibt es überall. Man sollte niemals nachts am Strand entlang gehen und für den Heimweg aus einem Club oder einer Bar eher ein Taxi nehmen. Autodiebstähle sollen ebenfalls vorkommen, sodass man besser keine Wertsachen im Auto zurücklässt.

Das vielleicht am häufigsten vorkommende Ärgernis ist das nicht korrekt herausgegebene Wechselgeld. In vielen Fällen beruht der Lapsus auf einem Rechenfehler, aber unter Kellnern, Taxifahrern und in Geschäften ist es nicht unüblich, absichtlich zu wenig Geld herauszugeben. Wenn etwas fehlt, sollte man das sofort reklamieren.

Den Einkauf von Drogen sollte man in der Dominikanischen Republik tunlichst unterlassen. Der Dealer steckt oft mit der Polizei unter einer Decke, die dann den unachtsamen Touristen erpresst. Transaktionen, bei denen es um große Mengen geht, können zu langen Gefängnisaufenthalten führen. Die Qualität des gehandelten Kokains gilt als schlecht, da verunreinigt – von offiziellen Stellen wird immer wieder davor gewarnt, dass der meiste Stoff eher ein gefährlicher chemischer Ersatzstoff ist.

Prostitution ist legal (Bordelle und Zuhälterei sind jedoch illegal) und ein großes Geschäft im Lande (in Boca Chica und Sosúa fällt das auch optisch am meisten auf). Es ist definitiv gesetzeswidrig, Geschlechtsverkehr mit Minderjährigen (unter 18) zu haben, selbst wenn der Missetäter das wahre Alter der Prostituierten nicht kennt. Weibliche Prostituierte begrapschen und berühren die anvisierten Touristen recht aggressiv, was oft auch ein Trick zum Taschendiebstahl sein kann.

UNTERKÜNFTE ONLINE BUCHEN

Weitere Bewertungen von Unterkünften durch Lonely-Planet-Autoren finden sich auf der Website http://lonelyplanet.com/hotels/. Dort stehen neutrale Beschreibungen, aber auch Empfehlungen für die schönsten Unterkünfte. Und das Beste: Man kann dort direkt online buchen.

Strom

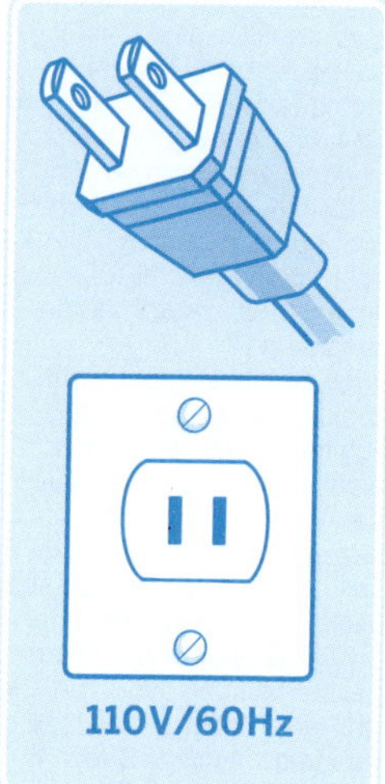

Telefon

Man muss bei allen Telefongesprächen innerhalb des Landes immer 1 + 809, 829 oder 849 vorwählen; das gilt auch für Ortsgespräche. Gebührenfreie Nummern beginnen mit 200 oder 809 (das sind keine Städtevorwahlnummern!).

Die einfachste Methode, in der Dominikanischen Republik zu telefonieren, besteht darin, pro Minute zu bezahlen (durchschnittliche Gebühr pro Minute: in die USA 0,20 US$; nach Europa 0,50 US$), und zwar von einem Call-Center des Codetel Centro de Comunicaciones (Codetel) oder einem Internetcafé aus, das auch als Call-Center fungiert. Telefonate vom Hotel aus sind die teuerste Variante.

Mobiltelefone

Handys sind der allgegenwärtige Trend (und Blackberry ist zurzeit die beliebteste Smartphone-Marke im Land). Reisende, die die Roamingfunktion in ihrem Handy aktiviert haben, können so Gespräche führen und empfangen. Man sollte beim eigenen Anbieter nach Gebühren und Zugangsbedingungen fragen – Vorsicht, denn die Gebühren pro Minute können horrend sein.

Wer ein GSM-Handy besitzt und es entsperren kann, kann auch eine vor Ort gekaufte SIM-Karte von Orange oder Claro (z. B. ein Prepaid Starter-Kit für 10 US$) nutzen.

Man kann aber auch einfach ein neues Handy kaufen (das preiswerteste liegt bei rund 800 RD$; dominikanische Handys funktionieren bei 1900 MHZ, was dem nordamerikanischen Standard entspricht) und bezahlt dann rund 4 RD$ pro Minute und 200 RD$ für eine Wiederaufladung. Was die Qualität des Kundenservices angeht, hat der Anbieter Orange einen besseren Ruf als Claro.

Telefonkarten

Telefonkarten können in öffentlichen Telefonen benutzt und zu 50, 100, 150, 200 und 250 RD$ erworben werden.

Touristeninformation

In fast jeder touristisch wichtigen Stadt im Lande, ja sogar an vielen weniger besuchten Orten gibt es ein Touristenbüro. In der Regel sind die Informationen aus diesen Büros nicht verlässlich. Daher sollte man sich immer noch durch andere Informationsquellen absichern. Einige Touristenbüros bieten Karten und Stadtpläne, Busfahrpläne oder einen Veranstaltungskalender. Das ist ganz praktisch.

ÜBERNACHTUNGSPREISE

Die folgenden Preise beziehen sich auf ein Doppelzimmer mit Bad in der Hochsaison (Dezember bis März und Juli bis August).

Die Preise sind in der Währung aufgeführt, in der sie auch meist vor Ort ausgewiesen sind – entweder in RD$ oder US$. Wenn nicht anders angegeben, ist die Zimmertaxe von 23 % schon im Preis inbegriffen. Falls das Frühstück enthalten ist, was gar nicht so selten vorkommt, wird dies gekennzeichnet.

**$** Unter 2100 RD$ (50 US$)

**$$** 2100–4200 RD$ (50–100 US$)

**$$$** Über 4200 RD$ (100 US$)

Unterkunft

Verglichen mit anderen Reisezielen in der Karibik sind die Unterkünfte in der Dominikanischen Republik recht erschwinglich. Vor diesem Hintergrund muss man sagen, dass es nur wenige Unterkunftsmöglichkeiten für Individualreisende gibt, die sich spontan entscheiden möchten oder für die es auf den Preis ankommt.

In manchen Städten, wie zum Beispiel in Santo Domingo kann man in einem restaurierten Haus aus der Kolonialzeit voller Flair und Annehmlichkeiten übernachten (z. B. Sofitel Nicolas de Ovando in Santo Domingo), und das preiswerter als in einem nichtssagenden Hotel einer internationalen Kette (z. B. Holiday Inn, Marriott und Sheraton). Zudem gibt es in zahlreichen Pauschal-Hotels erstaunlich gute Angebote, besonders außerhalb der Hauptferiensaison.

Ab 200 US$ aufwärts (die Obergrenze liegt in den meisten exklusiven Resorts sehr hoch) gibt es einen großen Qualitätssprung, was die Möblierung, das Essen und den Service angeht. In der Dominikanischen Republik bekommt man, anders als in so manchen anderen Ländern, wirklich auch das, was man bezahlt hat. Wenn man ein billiges Zimmer bezahlt, fühlt man sich besonders in den Städten oftmals gar nicht, als sei man im Urlaub, aber es gibt auch Ausnahmen. In der Dominikanischen Republik gibt es nur wenige richtige Hostels, weil im Vergleich zu den restlichen lateinamerikanischen Ländern, Europa oder anderen Ländern kaum Backpacker hierher kommen. Unterkünfte, die sich ganz allgemein *cabañas turisticas* nennen und oftmals Namen tragen, die an romantische Liebesabenteuer erinnern, liegen in den Vororten der meisten großen Städte und sind in der Regel Stundenhotels für Paare, die Abgeschiedenheit suchen.

Hier einige Tipps für die Suche nach Unterkünften:

- In der Nebensaison sind die Übernachtungspreise um 20 bis 50 % niedriger als in der Hochsaison.
- Zimmer, die man mindestens drei Tage im Voraus über das Internet bucht, sind erheblich preiswerter (besonders in den Hotels für Pauschalreisende), als wenn man per Telefon oder gar nicht reserviert. Wer einfach so auftaucht, muss mit dem Schlimmsten rechnen.
- Man sollte sich vergewissern, dass die genannten Preise bereits die Zimmertaxe von 23 % beinhalten.

DIE SUCHE NACH DEM BESTEN PAUSCHALANGEBOT

Urlauber, die eine Pauschalreise buchen möchten, sollten folgende Überlegungen anstellen:

➡ **Lage** In welchem Teil des Landes liegt das Hotel? Welche Sehenswürdigkeiten liegen in der Nähe?

➡ **Das Kleingedruckte** Sind außer dem Büfett alle anderen Restaurants im Preis inbegriffen? Auch alle alkoholischen Getränke? Gibt es Motorwassersport?

➡ **Meeresblick** Liegt das Resort direkt am Strand, ist noch eine Straße dazwischen oder muss man mit dem Bus zum Strand fahren?

➡ **Kinder** Ist das Hotel auf Kinder eingerichtet? Gibt es einen Club für Kinder? Wie steht es mit Babysitter-Angeboten?

➡ **Unterhaltung** Gibt es abendliche Veranstaltungen oder Livemusik? Was ist mit einer Disko?

➡ **Überfüllt?** Die Urlaubsstimmung kann auch sehr von der allgemeinen Besetzung eines Resorts abhängen. Je nach Geschmack kann es entweder zu voll oder auch zu leer sein.

Viele haben schon einen Preisschock erlebt, wenn die Preisangaben auf der Rechnung ganz anders aussahen als bei der Reservierung vereinbart!

➡ Die dominikanische Regierung zeichnet Hotels mit Sternen aus, wobei diese Kategorisierung sicher nicht den nordamerikanischen und europäischen Maßstäben entspricht. Die Sterne reichen von einem bis zu sechs (allerdings haben nur ganz wenige Häuser sechs Sterne).

➡ Hotels für Geschäftsreisende gewähren, besonders in Santo Domingo und Santiago, Wochenendrabatte.

➡ In der Hochsaison sind Reservierungen für selbstständige Hotels empfehlenswert.

Resorts für Pauschalreisende

Die Resorts mit Vollverpflegung im All-inclusive-Paket sind mit Abstand die beliebteste Art, in der Dominikanischen Republik Urlaub zu machen. Große Teile der bevorzugten Strandabschnitte gehören diesen Resorts. Die bei weitem größte Dichte findet man in der Gegend von Bávaro/ Punta Cana im Osten, gefolgt von Playa Dorada im Norden; Boca Chica und Juan Dolio, beide nur eine kurze Autoreise von Santo Domingo entfernt, bilden ebenfalls ein kleines Zentrum für diese Unterkunftsart.

Die Annehmlichkeiten dieses All-inclusive-Urlaubs liegen auf der Hand: ein sorgenfreier Urlaub ohne irgendwelche Probleme. Die meisten dieser Hotels und einige davon getrennt liegende Restaurants (manchmal sind hier Reservierungen nach der Ankunft im Hotel nötig und manche kosten auch extra) bieten mindestens ein All-You-Can-Eat-Büfett, sodass man praktisch rund um die Uhr mit Essen versorgt ist.

Getränke (Kaffee, Saft, Wasser, Bier, Wein, Mixgetränke) sind unbegrenzt erhältlich und werden unentwegt von Restaurants, Strand- und Poolbars, Cafés, Diskos etc. serviert. Die meisten dieser Hotels liegen am Strand und bieten Liegestühle, Strandtücher und mehrere Pools.

Täglich werden verschiedene Ausflugstouren veranstaltet, darunter Schnorcheln, Tauchen, Ausflüge in Nationalparks und zu Sehenswürdigkeiten der Umgebung, Städtetouren und Reiten. Wenn auch ein Golfplatz dabei ist, kann der Concierge zweifellos eine Runde Golf arrangieren.

Die Resort-Szene des Landes wird von einigen Firmen beherrscht. Überall zwischen Puerto Plata und Bávaro tauchen immer wieder dieselben Namen auf, darunter Melia, Barcelo und Wyndham. Oft gibt es sogar mehrere Melias, Barcelos oder Wyndhams in derselben Gegend, allerdings liegen oft Welten dazwischen, wenn es um Qualität und Kosten geht: ganz schön verwirrend. Auch wenn die Entscheidung für das beste Resort oft etwas mühsam ist, lohnt sich diese Sucharbeit. Sehr oft wird die Urlaubsstimmung getrübt, weil die Erwartungen, die durch die Fotos in den Reiseprospekten oder die unpräzisen Beschreibungen im Internet geschürt werden, viel zu hoch geschraubt wurden; mittelmäßiges Essen ist der häufigste Grund für Reklamationen.

Wer das Land zum ersten Mal bereist, ist oft mit den geografischen Gegebenheiten der ausgesuchten Region nicht vertraut. So ist das Gebiet Bávaro/ Punta Cana recht groß, und einige Resorts liegen nur einige Gehminuten von einem anderen oder einem Restaurant vor Ort entfernt, während andere so abgelegen sind, dass man sich ohne Mietwagen wie auf einer einsamen Insel vorkommt.

In den Empfehlungen in diesem Kapitel sind alle Pauschalangebote mit „all-incl." gekennzeichnet.

Camping

Außer einigen einfachen, kostenlosen Hütten auf dem Weg zum Pico Duarte gibt es nur eine Handvoll richtiger Campingplätze. In ländlichen Bergregionen oder an verlassenen Stränden kann man Glück haben. Im Inland sollte man immer erst den Eigentümer des Landes fragen, ob man ein Zelt aufschlagen darf, und am Strand immer die Politur (Touristenpolizei) oder die örtliche Polizei. Dabei geht es nicht nur um die Erlaubnis, sondern auch um die Frage der Sicherheit des Ortes. Das kann an dieser Stelle nicht ausdrücklich genug betont werden.

Mietunterkünfte

Wer länger in der Dominikanischen Republik bleiben möchte – vielleicht sogar mehrere Wochen –, sollte sich ein Apartment, ein Condo oder eine Villa mieten, denn das ist am bequemsten und kostengünstigsten. Viele Häuser und Condos liegen in privater, sicherer Umgebung, haben oft reduzierte Wochen- oder Monatspreise und oftmals viele Schlafzimmer, sodass sie ideal für größere Gruppen sind; alternativ kann man auch nach „apartahotels" suchen – entweder Studios oder Apartments mit einem oder zwei Schlafräumen, meist mit einer voll eingerichteten Küche. Einige Hotels bieten ebenfalls einige wenige Wohneinheiten mit eigener Küche. Das ist in den Hotellisten entsprechend ausgewiesen.

Vacation Rentals by Owner (www.vrbo.com) Auf diesem großen Online-Mietmarkt kann man die Eigentümer direkt kontaktieren.

Visum

Die Mehrheit der Reisenden in die Dominikanische Republik benötigt kein Visum vor der Anreise. Die Besucher aus vielen Ländern, darunter Dänemark, Deutschland, die Niederlande, Österreich und die Schweiz, bekommen bei der Einreise eine Touristenkarte für 10 US$. Wo auch immer die Touristen herkommen, ein gültiger Ausweis ist in jedem Fall erforderlich.

Verlängerung von Touristenkarten

Eine Touristenkarte gilt ab dem Ausstellungsdatum bis zu 30 Tage. Wer länger bleiben möchte, muss diese nicht offiziell verlängern, sondern zahlt einfach bei der Ausreise 800 RD$, wenn der Aufenthalt bis zu 90 Tage betragen hat. Eine andere Methode zur Verlängerung des Aufenthalts besteht darin, einfach kurz das Land zu verlassen, am besten nach Haiti, um dann wieder einzureisen und eine brandneue Touristenkarte zu erhalten. (Unter Umständen muss man allerdings bei der Ein- und der Ausreise in beiden Ländern Gebühren zahlen.)

Wer seine Touristenkarte auf über drei Monate verlängern will, muss mindestens zwei Wochen vor Ablauf der ursprünglichen Karte bei der **Dirección General de Migración** (Karte S. 54; ☎809-508-2555; www.migracion.gov.do; Ecke Av 30 de Mayo & Héroes de Luperón; ⏲Mo–Fr 8–14.30 Uhr) in Santo Domingo vorstellig werden (bis zu neun Monate Aufenthalt kosten 1000 RD$).

Zeit

Die Dominikanische Republik ist fünf Stunden hinter der Mitteleuropäischen Zeit (MEZ) zurück. Im Herbst und Winter liegt sie eine Stunde vor New York, Miami und Toronto, aber auch vor Haiti – was immer dann wichtig zu wissen ist, wenn man von der Grenze kommt oder, umgekehrt, dorthin möchte. Zu Zeiten der mitteleuropäischen Sommerzeit liegt die Republik sechs Stunden hinter Berlin, Wien oder Zürich.

Zoll

Neben den offensichtlichen Problemfällen wie Waffen, Drogen oder lebenden Tieren gibt es nur wenige spezielle Importbeschränkungen für einreisende Ausländer. Besucher dürfen bis zu 200 Zigaretten, 2 l Alkohol und Geschenke im Wert von bis zu 100 US$ zollfrei einführen. Für Medikamente führt man am besten die Verordnung mit sich, besonders wenn es um Psychopharmaka geht.

Es ist illegal, irgendwelche Dinge ohne spezielle Exportgenehmigung aus dem Land auszuführen, die über 100 Jahre alt sind, wie etwa Gemälde, Haushaltsgegenstände oder prähistorische Kunstwerke. Da Mahagonibäume stark gefährdet sind, werden Objekte aus diesem Holz beim Verlassen des Landes konfisziert. Schwarze Korallen sind im Lande oft erhältlich, aber obwohl das dominikanische Gesetz den Verkauf nicht untersagt, ist dies eigentlich durch internationale Umweltabkommen verboten. Daher sollte man sie besser nicht erwerben. Das Gleiche gilt für Produkte aus Schildkrötenpanzern und Schmetterlingsflügeln – diese Tiere sind vom Aussterben bedroht.

Es ist nicht gestattet, rohen unpolierten Bernstein aus der Dominikanischen Republik auszuführen, obschon Bernsteinschmuck sehr verbreitet ist und hoch gehandelt wird.

Die meisten Urlauber bekommen Probleme bei der Ausfuhr von Zigarren. Dabei geht es weniger um den dominikanischen Zoll als um den ihres Heimatlandes. Kanada, die Staaten Europas und die USA erlauben ihren Bürgern eine zollfreie Einfuhr von nur 50 Zigarren.

Verkehrsmittel & -wege

AN- & WEITERREISE

Einreise

Die überwiegende Mehrheit der Besucher gelangt per Flugzeug in die Dominikanische Republik. Individualreisende kommen in der Regel am internationalen Flughafen von Santo Domingo, dem Aeropuerto Internacional Las Américas, an.

Die Einreise selbst ist ganz unkompliziert. Nach dem Verlassen des Flugzeugs wird man in den Einreisebereich des Flughafens geleitet und muss dort eine Touristenkarte (10 US$) kaufen. Als Zahlungsmittel werden US-Dollar erwartet (Euros werden ebenfalls akzeptiert, allerdings zu einem ungünstigen Kurs); dann stellt man sich in die Schlange bei einem der zuständigen Beamten. Mit der Touristenkarte dürfen Fremde bis zu 30 Tage im Land bleiben. Das Prozedere ist bei den anderen Flughäfen, seien es nun Puerto Plata oder Punta Cana, dasselbe; Letzterer hat das höchste Touristenaufkommen.

Flüge, Touren und Zugtickets kann man auch online bei lonelyplanet.com/bookings buchen und erwerben.

Mit dem Flugzeug

Flughäfen

Es gibt neun sogenannte internationale Flughäfen in der Dominikanischen Republik, wobei wenigstens drei davon ausschließlich für Inlandsflüge genutzt werden. Informationen zu den meisten gibt es unter www.aerodom.com

Die kostengünstigste Verbindung von Nordamerika in die Dominikanische Republik bietet Spirit Airlines von Fort Lauderdale nach Santiago (rund 195 US$ für Hin- & Rückflug).

Dominican Shuttles, vornehmlich eine Fluglinie für Inlandsflüge, hat regelmäßig Linienflüge von La Isabela in Santo Domingo nach Port-au-Prince, Haiti (Hinflug/hin & zurück 210/340 US$), und nach Reina Beatrix, Aruba (Hinflug/hin & zurück 310/490 US$), im Angebot.

Die Abfluggebühr von 20 US$ ist meist automatisch im Flugpreis enthalten.

Aeropuerto Internacional Arroyo Barril (DAB; ☎809-248-2718) Westlich von Samaná; ein kleiner Flughafen, der meist zur Whale-Watching-Saison (Januar bis März) genutzt wird.

Aeropuerto Internacional del Cibao (STI; ☎809-581-8072; www.aeropuertocibao.com.do) Fliegt Santiago und das Landesinnere an, ist aber auch empfehlenswert für Flüge zur Nordküste.

Aeropuerto Internacional Samaná El Catey (Presidente Juan Bosch) (AZS; ☎809-338-0094) Liegt rund 40 km westlich von Samaná.

Aeropuerto Internacional de Puerto Plata (Gregorio Luperón) (POP; ☎809-586-1992) Der ideale Flughafen für Ziele an der Nordküste, wie etwa die Badeorte bei Puerto Plata, Sosúa und Cabarete.

Aeropuerto Internacional La Isabela Dr Joaquín Balaguer (JBQ, Higüero; ☎809-826-4003) Dieser Flughafen liegt direkt nördlich von Santo Domingo. Hier werden meist Inlandsflüge abgewickelt.

Aeropuerto Internacional La Romana (LRM; ☎809-689-1548; Casa de Campo) Bei La Romana und Casa de Campo; hier werden insbesondere Charterflüge aus den USA, Kanada, Italien und Deutschland abgefertigt, außerdem einige Flüge aus Miami, New York City und San Juan in Puerto Rico.

Aeropuerto Internacional Las Américas (José Francisco Peña Gómez) (SDQ; ☎809- 947-2220) Der wichtigste internationale Flughafen des Landes liegt 20 km östlich von Santo Domingo.

Aeropuerto Internacional María Montez (BRX; ☎809-524-4144) Liegt 5 km von Barahona entfernt im Südwesten des Landes; nur Charterflüge.

Aeropuerto Internacional Punta Cana (PUJ; ☎809-959-2473; www.puntacanainternationalairport.com) Ist für

Bávaro und Punta Cana zuständig und der am meisten frequentierte Flughafen des Landes.

Fluglinien

Aerolineas MAS (☎809-682-9399; www.aerolineasmas.com) Täglich Flüge von La Isabela nach Port-au-Prince, Haiti und Aruba; bald auch von Santiago nach Haiti.

Air Berlin (www.airberlin.com) Charterflüge von Deutschland aus.

Air Canada (www.aircanada.ca)

Air Europa (www.aireuropa.com)

Air France (www.airfrance.com)

Air Tran (www.airtran.com) Direktflüge nach Punta Cana.

American Airlines (www.aa.com) Fliegen über San Juan (Puerto Rico) nach Samaná; weitere Ziele sind Santo Domingo, Santiago und Puerto Plata.

Blue Panorama (www.blue-panorama.com) Charterflüge von Italien nach La Romana.

Condor (www.condor.com)

Continental Airlines (www.continental.com)

Copa Airlines (www.copaair.com) Mehrere Flüge pro Woche von Santo Domingo nach Havanna und Port of Spain (Trinidad).

Cubana Air (www.cubana.cu) Zweimal pro Woche Direktflüge zwischen Santo Domingo und Havanna.

Delta (www.delta.com) Direktflüge von Atlanta und JFK nach Santo Domingo, von JFK nach Santiago und von Atlanta, Cincinnati, Detroit, JFK, Minneapolis/St Paul und Pittsburgh nach Punta Cana.

Iberia (www.iberia.com)

InterCaribbean (Air Turks & Caicos; www.flyairtc.com) Direktflüge von Gregorio Luperón nach San Juan, Puerto Rico und Providenciales, die zu den Turks- & Caicosinseln gehört; auch von El Catey nach San Juan.

JetBlue (www.jetblue.com) Nonstop-Flüge vom JFK nach Puerto Plata, Santiago und Santo Domingo. Ebenfalls Nonstop-Flüge von Orlando nach Santo Domingo.

Lan Chile (www.lan.com)

LTU (www.ltu.com) Flüge von Deutschland und Österreich nach Samaná.

Lufthansa (www.lufthansa.com)

Martinair Holland (www.martinair.com) Flüge von Amsterdam und Frankfurt nach Puerto Plata und Punta Cana.

Seaborne Airlines (www.seaborneairlines.com) Direktflüge nach San Juan, Puerto Rico.

Spirit Airlines (www.spiritair.com; Fort Lauderdale) Nonstop-Flüge von Fort Lauderdale nach Santo Domingo und Punta Cana.

US Airways (www.usair.com)

Übers Meer

Einige internationale Kreuzfahrtschiffe legen normalerweise auf ihrer Reise durch die Karibik in Santo Domingo, an der Cayo Levantado auf

KLIMAWANDEL & REISEN

Der Klimawandel stellt eine ernste Bedrohung für unsere Ökosysteme dar. Zu diesem Problem tragen Flugreisen immer stärker bei. Lonely Planet sieht im Reisen grundsätzlich einen Gewinn, ist sich aber der Tatsache bewusst, dass jeder seinen Teil dazu beitragen muss, um die globale Erwärmung zu verringern.

FLIEGEN & KLIMAWANDEL

Fast jede Art der motorisierten Fortbewegung erzeugt CO_2 (die Hauptursache für die globale Erwärmung), doch Flugzeuge sind mit Abstand die schlimmsten Klimakiller – nicht nur wegen der großen Entfernungen und der entsprechend großen CO_2-Mengen, sondern auch weil sie diese Treibhausgase direkt in hohen Schichten der Atmosphäre freisetzen. Die Zahlen sind erschreckend: Zwei Personen, die von Europa in die USA und wieder zurück fliegen, erhöhen den Treibhauseffekt in demselben Maße wie ein durchschnittlicher Haushalt in einem ganzen Jahr.

EMISSIONSAUSGLEICH

Die englische Website www.climatecare.org und die deutsche Internetseite www.atmosfair.de bieten sogenannte CO_2-Rechner. Damit kann jeder ermitteln, wie viel Treibhausgase seine Reise produziert. Das Programm errechnet den zum Ausgleich erforderlichen Betrag, mit dem der Reisende nachhaltige Projekte zur Reduzierung der globalen Erwärmung unterstützen kann, beispielsweise Projekte in Indien, Honduras, Kasachstan und Uganda.

Lonely Planet unterstützt gemeinsam mit Rough Guides und anderen Partnern aus der Reisebranche das CO_2-Ausgleichsprogramm von climatecare.org. Alle Reisen von Mitarbeitern und Autoren von Lonely Planet werden ausgeglichen.

Weitere Informationen zum Thema gibt es auf www.lonelyplanet.com

der Halbinsel Samaná und an einigen anderen Orten an (ein neuer Hafen wurde gerade westlich von Puerto Plata an der Bahia de Maimon angelegt).

Die *Caribbean Fantasy*, die von der Reederei **America Cruise Ferries** (www.acferries.com) betrieben wird, ist eine Passagier- und Autofähre. Das Fährschiff ist regelmäßig zwischen Santo Domingo und Puerto Rico (San Juan und Mayagüez). unterwegs. Die Überfahrt dauert 12 Stunden und erfolgt dreimal pro Woche.

GRENZÜBERGÄNGE ZWISCHEN DER DOMINIKANISCHEN REPUBLIK UND HAITI

Dies sind die vier Grenzübergänge zwischen Haiti und der Dominikanischen Republik:

Jimaní–Malpasse Der am meisten genutzte Grenzübergang. Er liegt im Süden an der Straße von Santo Domingo nach Port-au-Prince. Hier funktioniert im Vergleich zu den anderen Übergängen alles am reibungslosesten.

Dajabón–Ouanaminthe Viel genutzter Grenzübergang im Norden an der Straße von Santiago nach Cap-Haïtien (eine sechsstündige Autofahrt); an Markttagen (Montag und Freitag) sollte man den Übergang wegen der enormen Menschenmenge und dem daraus folgenden Diebstahlrisiko besser meiden.

Pedernales–Ainse-a-Pietre Im äußersten Süden gelegen; hier gibt es eine kleine Brücke für Fußgänger und Motorradfahrer. Autos müssen auf einer befestigten Straße durch den in der Regel seichten Fluss fahren. Das ist recht einfach und unspektakulär.

Comendador (auch Elías Piña genannt)–Belladère Der am wenigsten genutzte und sicherlich heikelste Übergang. Auf haitischer Seite liegt das Grenzgebäude einige Hundert Meter von der wirklichen Grenze entfernt. Die weiteren Verkehrswege ins Inland sind nicht leicht zu befahren.

Praktisch & konkret

Die Einreisebehörde auf dominikanischer Seite ist in der Regel von 8 bis 18 Uhr und auf haitischer Seite von 9 bis 18 Uhr geöffnet. Es ist ratsam, so früh wie möglich an der Grenze zu sein, damit man vor Dunkelheit noch die Grenzkontrollen beider Länder passiert hat und im Bus sitzt. Wer entscheiden muss, ob er am späten Nachmittag noch über die Grenze fährt oder doch lieber eine zusätzliche Nacht einschiebt, um dann am nächsten Morgen weiterzufahren, sollte sich für letztere Möglichkeit entscheiden – mal abgesehen von Sicherheitsbedenken ist eine Weiterfahrt nach Einbruch der Dunkelheit eher selten oder ganz unmöglich.

Die Dominikanische Republik verlassen Man benötigt auf jeden Fall einen Pass und wird meist ausführlicher befragt, als wenn man per Flieger ausreist, aber in der Regel eher aus Neugierde, weil Touristen eigentlich selten auf diese Weise reisen. Offiziell muss man beim Verlassen des Landes 25 US$ bezahlen und darf dann an derselben Stelle ohne weitere Gebühren wieder einreisen. Allerdings erheben die Grenzposten ohne irgendeine Begründung zusätzliche 5 bis 10 US$ bei der Ausreise und die volle Summe von 25 US$ bei der Rückkehr ins Land. Es lohnt sich durchaus, höflich darauf hinzuweisen, dass man ja schon alles bezahlt hat. Wer ausreist und nicht zurückkehren will, sollte lediglich 10 US$ bezahlen müssen.

Einreise in Haiti Hier zahlt man eine Gebühr von 10 US$ (und zwar wirklich ausschließlich in US-Dollar!).

Öffentliche Verkehrsmittel Caribe Tours und Capital Coach Lines fahren die Route Santo Domingo–Port-au-Prince jeden Tag; Caribe Tours fährt auch täglich von Santiago nach Cap-Haïtien. Von der Nordküste aus kann man leicht nach Dajabón gelangen, muss dann aber auf der anderen Seite der Grenze für die Weiterfahrt in ein haitianisches Verkehrsmittel umsteigen.

Private Verkehrsmittel Mietwagen dürfen nicht von einem ins andere Land mitgenommen werden. Für die Grenzüberfahrt mit einem Privatwagen wird eine spezielle Erlaubnis benötigt.

UNTERWEGS VOR ORT

Die Dominikanische Republik ist ein recht kleines Land, sodass es theoretisch ganz leicht ist, mit dem Auto oder einem öffentlichen Verkehrsmittel quer durchs Land zu reisen. In der Praxis führen die schlechten Straßenverhältnisse aber oft dazu, dass Reisende, die nur wenig Zeit, aber genügend Geld haben, doch lieber das Flugzeug nehmen.

Auto & Motorrad

Obwohl das Bus- und *guagua*-Netz im Land hervorragend ist, kommt man mit dem eigenen Auto natürlich viel schneller und bequemer voran. Selbst wenn man wegen des geplanten Urlaubsbudgets nicht die ganze Zeit ein Auto leihen möchte, empfiehlt es sich doch für einige Tage, einfach um auch entlegene Sehenswürdigkeiten, die nicht so gut an den öffentlichen Nahverkehr angebunden sind, zu erreichen; im Südwesten ist ein Auto fast zwingend erforderlich.

Benzin & Ersatzteile

In den meisten Städten gibt es wenigstens eine Tankstelle, in der Regel direkt an der Hauptstraße am Stadtrand. Auch wenn es verschiedene Marken gibt, sind die Preise doch im Wesentlichen überall gleich. Zur Zeit der Recherche für diesen Band lagen die Benzinpreise bei etwa 248 RD$ pro Gallone. Viele Tankstellen akzeptieren Kreditkarten, an vielen gibt es sogar Geldautomaten – und das Tanken erledigt überall das Personal.

Da das Benzin so teuer ist, werden immer mehr Fahrzeuge notdürftig auf das preiswertere Propangas (100 RD$ pro Gallone) umgestellt – in der Regel liegen diese Tankstellen (Unigas, Propagas oder Tropigas) am Anfang oder Ende einer jeden mittelgroßen oder größeren Stadt.

Um auf Nummer sicher zu gehen, sollte man den Tank immer mindestens halbvoll haben. Viele *bombas* (Tankstellen) schließen gegen 19 Uhr oder haben, selbst wenn sie offen sind, kein Benzin mehr vorrätig. Wer viel auf Nebenstrecken oder in entlegenen Teilen des Landes unterwegs ist, sollte das Benzin am besten bei Leuten kaufen, die es literweise in großen rosa Plastikbehältern an Tischen vor ihrer Haustür anbieten. Diese Stände sind nicht zu übersehen.

Die häufigste Panne beim Auto ist ein platter Reifen, der durch die vielen Schlaglöcher, Bremsschwellen, Felsbrocken oder Geröll auf den Straßen verursacht wird. Das Wort für Reifen ist *goma* (wörtlich „Gummi"), und ein Reifenhandel wird *gomero* genannt. Wer es mit dem kaputten Reifen noch bis in solch einen *gomero* schafft, dem kann dort geholfen werden. Entweder wird der Reifen geflickt oder ausgetauscht.

Führerschein

Reisende aus den meisten Ländern benötigen einfach ihren nationalen Führerschein, um in der Dominikanischen Republik fahren zu dürfen: Er sollte aber auf jeden Fall gültig sein.

Karten

Wer ein Auto mieten möchte, sollte auch ein gute Karte der Region kaufen, in die er reist. In Santo Domingo bekommt man die besten Stadtpläne des Landes bei **Mapas GAAR** (Karte S. 50; ☎809-688-8004; www.mapasgaar.com.do; Ecke Calle El Conde & Espaillat; ⊙Mo–Fr 8–17.30, Sa bis 14.30 Uhr). Auch die *National Geographic Adventure Map* ist empfehlenswert.

Mietwagen

Die bekannten multinationalen Verleihfirmen wie Hertz, Avis, Europcar, Alamo und Dollar haben ihre Niederlassungen an den großen internationalen Flughäfen (oder einen Abholservice wie in Punta Cana) in Santo Domingo und anderen Städten. Ihre Online-Preise sind manchmal nicht nur günstiger als die der einheimischen Firmen, sondern ihre Autos sind oft besser und ein umfassender Service und Versicherungsschutz ist auch dabei (es sollte hier jedoch erwähnt werden, dass zusätzlich eine Flughafengebühr von ca. 8 % aufgeschlagen wird).

Wer auf Nebenstraßen oder in den Bergen fahren will, sollte sich für einen Allrad-Geländewagen entscheiden. In der Regel belaufen sich die Kosten auf 30 US$ (für ein normales Auto) bis 120 US$ (für ein Allradfahrzeug) pro Tag. Man kann auch Motorräder leihen, aber das sollten wegen der schlechten Straßenverhältnisse ausschließlich erfahrene Motorradfahrer riskieren.

Straßenzustand

Die Straßen im Lande können in hervorragendem, aber auch in erbärmlich schlechtem Zustand, sein, und das manchmal sogar auf ein und demselben Highway innerhalb weniger Kilometer.

Die *autopista* (Autobahn) zwischen Santo Domingo und Santiago ist sogar achtspurig ausgelegt und in gutem Zustand, sodass man zügig fahren kann. Aber selbst hier können Schlaglöcher und Bremsschwellen die Fahrt beeinträchtigen; manchmal laufen auch Menschen am Straßenrand entlang, besonders in bewohnten Gegenden.

Auf allen Straßen, egal ob groß oder klein, muss mit langsam fahrenden Fahrzeugen, besonders mit Motorrädern, gerechnet werden. Besondere Vorsicht ist nachts angesagt. Am besten gilt sogar: *Niemals nachts fahren!* Selbst der geübte Fahrer mit den Reflexen eines

Superhelden kann im Dunkeln schnell in einem Graben landen.

Auf einigen Highways, darunter auch der Highway 3, der aus Santo Domingo Richtung Osten herausführt, und der Highway 2, der nach Westen führt, werden Mautgebühren erhoben, die jedoch von ihrer Höhe her eher symbolischen Charakter haben (35 RD$). Die Gebühr für den Highway zwischen Santo Domingo und Samaná (DR-7) ist mit 412 RD$ dagegen relativ happig. Für die beiden ersteren Highways ist es ratsam, abgezähltes Geld mitzunehmen, das man einfach in den Korb wirft, damit es zügig weitergeht.

Verkehrsregeln

Die erste Regel lautet, dass es gar keine Regeln gibt. Theoretisch gelten in der Dominikanischen Republik natürlich die gleichen Vorschriften wie in den meisten andern Ländern des amerikanischen Doppelkontinents. Zudem sind die Ampeln und Schilder auch nicht anders als sonstwo auf der Welt (Geschwindigkeitsbegrenzungen werden in Kilometern pro Stunde angegeben). Man fährt auf der rechten Seite, und es gibt eine Anschnallpflicht.

Dennoch scheint die Straße hier eher einem regellosen Schlachtfeld zu gleichen. Im Jahr 2013 hat die Weltgesundheitsorganisation (WHO) die Dominikanische Republik als eines der „gefährlichsten Autofahrländer der Welt" eingestuft, noch vor Thailand. Fußgänger, die sich ebenso wenig an die Sicherheitsvorgaben des gesunden Menschenverstandes halten, werden hier nur allzu oft zu Opfern des Straßenverkehrs.

Die zurzeit bestehende Mischung aus den mächtigen Gewerkschaften der Verkehrsbetriebe und dem allgemeinen Widerstand gegen Verkehrserziehung und Regeln für den Führerscheinerwerb bilden auch weiterhin ein Hindernis für die Verbesserung der Sicherheitsstandards.

In kleineren Städten, nein, eigentlich in allen Städten, werden Ampeln, wenn sie denn überhaupt funktionieren, häufig ignoriert, aber man selbst sollte trotzdem eher bremsbereit sein. Am besten beobachtet man, was die anderen Autofahrer machen – wenn alle durchfahren, ist es vielleicht besser, man tut es auch, bevor jemand von hinten auffährt, weil man unerwartet bremst. Viele Straßen in den Städten sind nur Einbahnstraßen, was aber nur schlecht gekennzeichnet ist. Dadurch entstehen weitere Gefahren. Oft finden sich anstelle von Stoppschildern tiefe Rinnen (im Grunde das Gegenteil von Bremsschwellen in verkehrsberuhigten Zonen), die so tief sind, dass sie tiefliegende Fahrzeuge von unten beschädigen können, wenn man sie nicht sehr langsam durchfährt. Die Einheimischen pfeifen auf das Alkoholverbot am Steuer, und so kann man Motorradfahrer beobachten, die sich beim Fahren eine Flasche Rum an den Mund setzen.

Versicherung

Die multinationalen Verleihfirmen bieten für recht wenig Geld umfassende Vollkaskoversicherungen an. Kleinere Firmen haben in der Regel Teilkaskoversicherungen mit einer Eigenbeteilung von 100 bis 2000 US$ im Angebot. Einige Kreditkartengesellschaften, wie zum Beispiel Amex, bieten eine umfassende Deckung für Mietwagen an, aber man sollte das immer vor Unterzeichnung des Mietvertrages prüfen.

Bus

In der Dominikanischen Republik gibt es ein hervorragendes Busnetz mit Fernbussen, ähnlich wie die von Greyhound in den USA. Sie fahren oft, und das durchs ganze Land. Praktisch alle Erste-Klasse-Busse haben im hintern Teil Toiletten und in den Gängen Bildschirme, auf denen unterwegs (laute) Filme gezeigt werden. Die Klimaanlage wird oft unangenehm kühl eingestellt. Die Fahrpreise sind niedrig – das teuerste Erste-Klasse-Ticket kostet weniger als 10 US$ – und die Fahrgäste müssen das Ticket vor dem Einsteigen kaufen. Leider gibt es in den meisten Städten keine zentralen Busbahnhöfe, sodass jede Busgesellschaft ihren eigenen besitzt. Die Busse halten fast nie am Straßenrand, um dort Fahrgäste einsteigen zu lassen, lassen aber Fahrgäste unterwegs an verschiedenen Stationen aussteigen und öffnen dabei allerdings außer am jeweiligen Busterminal niemals die Gepäckklappe.

Reservierungen sind in der Regel unnötig und werden auch kaum entgegengenommen. Die Ausnahme sind die internationalen Busse nach Port-au-Prince in Haiti, die von Caribe Tours und Capital Coach Lines betrieben werden. In den dominikanischen Ferien kann man das Ticket manchmal schon ein bis zwei Tage im Voraus kaufen. Dadurch sichern sich Reisende einen Platz und ersparen sich viel Zeit und Unannehmlichkeiten in der Warteschlange mit all dem Gepäck am überfüllten Terminal.

Zu den Erste-Klasse-Busgesellschaften gehören:

Capital Coach Line (☎809-531-0383; www.capitalcoachline.com; Plaza Lama, Ecke Av 27 de Febrero & Winston Churchill, Santo Domingo) Klimatisierte Busse von Santo Domingo nach Port-au-Prince, Haiti.

Caribe Tours (Karte S. 60; ☎809-221-4422; www.caribetours.com.do; Ecke Av 27 de Febrero & Leopoldo Navarro, Santo Domingo) Eine der beiden wichtigsten Busgesellschaften des Landes; bietet die meisten Abfahrten und fährt die meisten Zielorte an.

Metro (☎809-566-7126; www.metrotours.com.do; Calle Francisco Prats Ramírez, Santo Domingo) Metro fährt neun Städte an, die meisten entlang der Strecke Santo Domingo–Puerto Plata. Die Fahrpreise liegen tendenziell etwas höher als bei Caribe Tours.

Guaguas

Wo die Fernbusse nicht hinfahren, tun dies mit Sicherheit die *guaguas* (ausgesprochen „gwa-gwas"). *Guaguas* sind in der Regel mittelgroße Busse für 25 bis 30 Fahrgäste. Sie haben meist keine Anzeigen oder Schilder, aber der Schaffner (bekannt als *cobrador* oder Kassierer, weil es eine seiner Aufgaben ist, das Geld der Fahrgäste einzusammeln) ruft potenziellen Mitfahrern am Straßenrand den Zielort zu. Man sollte auf jeden Fall Einheimische fragen, wenn man nicht sicher ist, welchen Bus man nehmen muss.

Guaguas nehmen ihre Fahrgäste von überall am Wegesrand mit und lassen sie auch überall wieder aussteigen – um einen Bus anzuhalten, streckt man einfach die Hand aus; üblicherweise zeigt man auf den Straßenrand vor sich, aber eigentlich tut es auch jede andere Handbewegung. Die meisten *guaguas* kommen alle 15 bis 30 Minuten vorbei und kosten 35 bis 70 RD$. Wer das passende Geld nicht dabei hat, muss damit rechnen, dass die *cobradors* sich das Wechselgeld einfach einstecken. Es ist immer gut, Kleingeld oder kleine Scheine parat zu haben und den genauen Fahrpreis im Voraus zu ermitteln. Wer aussteigen will, klopft einfach ans Dach oder an die Seitenwand des Busses.

Es gibt zwei Arten von *guaguas* – die meisten sind *caliente* (wörtlich „heiß") und haben naturgemäß keine Klimaanlage. Auf jeden vierten oder fünften *caliente*-Bus kommt in der Regel ein *expreso*, der eine Klimaanlage hat, weniger häufig hält und etwas teurer ist. Innerhalb dieser beiden Kategorien gibt es eine bunte Mischung von Fahrzeugen, was die Qualität und Verlässlichkeit angeht.

Fahrrad

Die Straßen in der Dominikanischen Republik sind nicht gut zum Radfahren geeignet, und die dominikanischen Fahrer stellen sich überhaupt nicht auf Radfahrer ein; Gelinde gesagt, es ist einfach zu hektisch.

Mountainbiken auf den Nebenstraßen und weniger frequentierten Highways kann dagegen sehr lohnend sein. In Jarabacoa und Cabarete sind einige renommierte Tourenanbieter ansässig. Wer mehrtägige Fahrten plant, sollte in jedem Fall das eigene Rad mitbringen. Wer sich einer geführten Radfahrgruppe anschließen will, kann sich in der Regel bei den Tourenanbietern ein Rad leihen.

Flugzeug

Wer Inlandsflüge in Santo Domingo bucht, sollte bedenken, dass zwischen dem Aeropuerto Internacional Las Américas und La Isabela eine Autostunde liegt.

Aerolineas MAS bietet ebenfalls Flüge von Punta Cana nach La Isabela und Santiago an. Die wichtigsten Inlandsfluglinien und Lufttaxigesellschaften sind unter anderem:

AeroDomca (☎809-826-4141; www.aerodomca.com) Tägliche Linienflüge zwischen Punta Cana und Arroyo Barril (Hinflug 300 US$); Charterflüge können auch andernorts gebucht werden.

Air Century (☎809-826-4222; www.aircentury.com) Flüge von La Isabela nach Punta Cana, Puerto Plata, La Romana, Santiago und Samaná.

Dominican Shuttles (ehemals Take Off; ☎809-931-4073; www.dominicanshuttles.com) Regelmäßige Linienflüge von SDQ nach Punta Cana (Hinflug/hin & zurück 120/230 US$), aber auch zwischen Punta Cana und Arroyo Barril (Hinflug/hin & zurück 160/ 300 US$); Charterflüge von Punta Cana nach Arroyo Barril.

Schiff/Fähre

Das einzige regelmäßig verkehrende inländische Passagierschiff ist die Fähre zwischen Samaná und Sabana de la Mar auf den gegenüberliegenden Seiten der Bahía de Samaná im Nordosten des Landes. Die Fahrten richten sich nach den Wetterbedingungen und fallen daher oft auch aus. Es gibt an dieser Stelle keine Autofähre, sodass Urlauber, die mit einem Mietwagen in Sabana de la Mar ankommen, diesen hier stehen lassen und dann den gleichen Weg wieder zurückkommen müssen.

Nahverkehr

Bus

In größeren Städten wie Santo Domingo und Santiago gibt es öffentliche Stadtbusse, die so funktionieren wie in den meisten anderen Orten auf der Welt. Viele der größeren Stadtbusse sind aus Brasilien importiert. Man steigt hinten ein und bezahlt bei demjenigen, der an der Durchgangssperre sitzt. Andere Stadtbusse ähneln eher *guaguas*, in die man rasch einsteigt und wo man dann bei einem *cobrador* zahlt, der im Bus umhergeht. In der Regel wird man die Stadtbusse nur selten nutzen, weil die *públicos* mehr oder weniger dieselben Strecken nutzen und dazu noch häufiger fahren.

Metro

In Santo Domingo gibt es ein Metronetz, das ständig erweitert wird.

Motoconcho

Die *motoconchos* (Motorradtaxis) sind preiswerter und einfacher zu finden als Taxis und sind zudem in vielen Städten das beste und oftmals einzige Verkehrsmittel. Eine durchschnittlich lange Fahrt kostet oft nicht mehr als 30 RD$. Es kommt aber vor, dass man um einen fairen Preis handeln muss oder einfach weit vor dem Ziel abgesetzt wird. Unfälle mit Verletzten oder gar Toten sind nicht selten; man sollte den Fahrer darum bitten, langsamer zu fahren, wenn man sein Fahrverhalten für gefährlich hält *(¡Más despacio por favor!)*. Niemals mit zwei Fahrgästen aufsteigen, denn der Preis ist derselbe, als wenn man zwei Motorroller nimmt. Zudem lässt sich ein zu schwer beladener Roller schlechter manövrieren. Für längere Fahrten oder Reisen mit Gepäck sind *motoconchos* in der Regel unpraktisch und weniger komfortabel. Es besteht Helmpflicht, die aber weitgehend ignoriert wird. Ebensowenig werden irgendwelche Tickets ausgestellt.

Públicos

Das sind lädierte Autos, Minivans oder kleine Pickups, die ihre Fahrgäste mit fester Fahrtroute am Straßenrand, meist an den wichtigen Boulevards, einsammeln. *Públicos* (die auch *conchos* oder *carros* heißen) haben keine Beschilderung, sondern die Fahrer halten ihre Hand aus dem Fenster, um potenzielle Fahrgäste auf sich aufmerksam zu machen. Sie sind auch an der Menschenmenge im Inneren erkennbar – bis zu sieben Personen in einem Mittelklassewagen! Um ein solches Gefährt anzuhalten, streckt man einfach die Hand aus – der Fahrpreis beträgt um die 12 RD$. Wenn man ganz alleine im Auto ist, sollte man dem Fahrer auf jeden Fall mitteilen, dass man *servicio público* (eine öffentliche Fahrt) in Anspruch nehmen will, damit man nicht plötzlich die Gebühren eines Privattaxis zahlen muss.

Taxi

Die Taxis im Lande stehen an ausgewiesenen *sitios* (Taxiständen), die sich an Hotels, Busbahnhöfen, Touristengegenden und großen öffentlichen Parks befinden. Man kann Taxis auch telefonisch bestellen (oder durch die Hotelrezeption bestellen lassen). Taxis haben keine Taxameter. Daher sollte man sich vor der Fahrt auf einen Preis einigen.

Trampen

Obwohl das Trampen auf der ganzen Welt niemals ganz ungefährlich ist, trampen sowohl Männer als auch Frauen unentwegt, besonders auf dem Lande, wo nur wenige ein Auto besitzen und *guaguas* nur selten vorbeikommen. Das Trampen ist auch in Urlaubsgegenden wie Bávaro üblich, wo viele Arbeiter morgens und abends nach Higüey oder in andere Städte der Umgebung pendeln. Fremde trampen dagegen eher selten, denn für sie ist das Risiko weitaus größer (besonders mit Gepäck) als für Einheimische.

Sprache

Die Amtssprache der Dominikanischen Republik ist Spanisch. Einige Angestellte im Tourismusbereich sprechen aber manchmal auch ein wenig Englisch oder Deutsch. Das dominikanische Spanisch hat große Ähnlichkeit mit den Varianten dieser Sprache, wie sie in anderen Ländern Mittelamerikas zu hören sind. Dominikaner „verschlucken" gern die Wortenden, vor allem wenn die letzte Silbe mit einem „s" schließt – *tres* klingt dann wie „tre" oder *buenos días* wie „bueno día".

Die Aussprache des Spanischen folgt relativ klaren Regeln; die Buchstaben eines Wortes werden stets auf die gleiche Weise wiedergegeben, jeder Buchstabe entspricht also einem einzigen Laut. Ein paar Hinweise sind aber trotzdem nützlich: So wird das ch in der Aussprachehilfe als gutturaler Reibelaut (wie im deutschen Wort „Loch") ausgesprochen; v und b ähneln dem deutschen „b" (klingen aber weicher – wie ein Laut irgendwo zwischen „v" und „b"). Das r wird stark gerollt. Wer sich an der – natürlich etwas vereinfachten – Aussprachehilfe (in Blau) orientiert, sollte zumindest verstanden werden. Betonte Silben erscheinen dort kursiv.

Die Akademie für Dominikanische Sprache hat ihr erstes speziell am Dominikanischen orientiertes Wörterbuch 2013 herausgebracht.

NOCH MEHR SPANISCH?

Wer sich intensiver mit der Sprache beschäftigen möchte, legt sich am besten den praktischen *Reisesprachführer Spanisch* von Lonely Planet zu. Das *Latin American Spanish Phrasebook*, ebenfalls von Lonely Planet, ist bisher nur auf Englisch erschienen und unter **www.shop.lonelyplanet.com** oder im Apple Store als App fürs iPhone erhältlich.

GRUNDLEGENDES

Hallo/Guten Tag.	*Hola.*	o·la
Auf Wiedersehen.	*Adiós.*	a·*dios*
Wie geht es?	*¿Qué tal?*	ke tal
Gut, danke.	*Bien, gracias.*	bjen *gra*·sias
Entschuldigung.	*Perdón.*	per·*don*
Tut mir leid.	*Lo siento.*	lo *sjen*·to
Bitte.	*Por favor.*	por fa·*vor*
Danke.	*Gracias.*	*gra*·sias
Keine Ursache	*De nada.*	de *na*·da
Ja./Nein.	*Sí./No.*	si/no

Wie heißen Sie?
¿Cómo se llama Usted? ko·mo se *ja*·ma *u*·ste (höfl.)
¿Cómo te llamas? ko·mo te *ja*·mas (inf.)

Ich heiße ...
Me llamo ... me *ja*·mo ...

Sprechen Sie Deutsch/Englisch?
¿Habla alemán/inglés? a·bla ale·*man*/in·*gles* (höfl.)
¿Hablas alemán/inglés? a·blas ale·*man*/in·*gles* (inf.)

Ich verstehe nicht.
Yo no entiendo. jo no en·*tjen*·do

ESSEN & TRINKEN

Was würden Sie empfehlen?
¿Qué recomienda? ke re·ko·*myen*·da

Was ist in diesem Gericht enthalten?
¿Que lleva ese plato? ke *je*·va e·se *pla*·to

Ich esse kein(e) ...
No como ... no *ko*·mo ...

Das war köstlich!
¡Estaba buenísimo! es·*ta*·ba bue·*ni*·si·mo

Bringen Sie doch bitte die Rechnung.
Por favor nos trae la cuenta. por fa·*vor* nos *tra*·e la *kuen*·ta

Prost!
¡Salud! sa·*lu*

Ich würde gern einen Tisch für … reservieren	*Quisiera reservar una mesa para …*	ki·*sje*·ra re·ser·*var u*·na *me*·sa *pa*·ra …
(acht) Uhr	*las (ocho)*	las (*o*·tscho)
(zwei) Personen	*(dos) personas*	(dos) per·*so*·nas

Wichtige Wörter

Abendessen	*cena*	*se*·na
Aperitifs	*aperitivos*	a·pe·ri·*ti*·vos
Bar	*bar*	bar
Flasche	*botella*	bo·*te*·ja
Frühstück	*desayuno*	de·sa·*ju*·no
Gabel	*tenedor*	te·ne·*dor*
Gericht	*comida*	ko·*mi*·da
Glas	*vaso*	*va*·so
Hauptgang	*segundo plato*	se·*gun*·do *pla*·to
heiß	*caliente*	kal·*jen*·te
Hochstuhl	*trona*	*tro*·na
Kaffee	*café*	ka·*fe*
(zu) kalt	*(muy) frío*	(muj) *fri*·o
Kinderteller	*menú infantil*	me·*nu* in·fan·*til*
Löffel	*cuchara*	ku·*tscha*·ra
Markt	*mercado*	mer·*ka*·do
Messer	*cuchillo*	ku·*tschi*·jo
mit	*con*	kon
Mittagessen	*comida*	ko·*mi*·da
ohne	*sin*	sin
Restaurant	*restaurante*	res·tau·*ran*·te
Schüssel	*bol*	bol
Speisekarte (auf Englisch)	*menú (en inglés)*	me·*nu* (en in·*gles*)
Supermarkt	*supermercado*	su·per·mer·*ka*·do
Teller	*plato*	*pla*·to
vegetarisches Essen	*comida vegetariana*	ko·*mi*·da ve·che·ta·*ria*·na

Fleisch & Fisch

Ente	*pato*	*pa*·to
Fisch	*pescado*	pes·*ka*·do
Hähnchen	*pollo*	*po*·jo
Kalbfleisch	*ternera*	ter·*ne*·ra
Lamm	*cordero*	kor·*de*·ro
Rindfleisch	*carne de vaca*	*kar*·ne de *va*·ka
Schweinefleisch	*cerdo*	*ser*·do
Truthahn	*pavo*	*pa*·vo

VERSTÄNDIGUNG

Um halbwegs zurechtzukommen, einfach diese Formulierungen mit den gewünschten Wörtern kombinieren:

Wann ist (der nächste Flug)?
¿Cuándo sale (el próximo vuelo)? — *kuan*·do *sa*·le (el *prok*·si·mo *wue*·lo)

Wo ist (der Bahnhof)?
¿Dónde está (la estación)? — *don*·de es·*ta* (la es·ta·*sion*)

Wo kann ich (ein Ticket kaufen)?
¿Dónde puedo (comprar un billete)? — *don*·de *pue*·do (kom·*prar* un bi·*je*·te)

Haben Sie (eine Karte)?
¿Tiene (una mapa)? — *tje*·ne (una *ma*·pa)

Gibt es hier (eine Toilette)?
¿Hay (servicios)? — ai (ser·*vi*·sios)

Ich hätte gern (einen Kaffee).
Quisiera (un café). — ki·*sje*·ra (un ka·*fe*)

Ich möchte gern (ein Auto mieten).
Quisiera (alquilar un coche). — ki·*sje*·ra (al·ki·*lar* un *ko*·tsche)

Darf ich (eintreten)?
¿Se puede (entrar)? — se *pue*·de (en·*trar*)

Könnten Sie mir bitte (helfen)?
¿Puede (ayudarme), por favor? — *pue*·de (a·ju·*dar*·me) por fa·*vor*

Obst & Gemüse

Ananas	*piña*	*pi*·nja
Apfel	*manzana*	man·*sa*·na
Aprikose	*albaricoque*	al·ba·ri·*ko*·ke
Artischocke	*alcachofa*	al·ka·*tscho*·fa
Banane	*plátano*	*pla*·ta·no
Bohnen	*judías*	chu·*di*·as
Erbsen	*guisantes*	gi·*san*·tes
Erdbeere	*fresa*	*fre*·sa
Gemüse	*verdura*	ver·*du*·ra
Gurke	*pepino*	pe·*pi*·no
Karotte	*zanahoria*	sa·na·*o*·ria
Kartoffel	*patata*	pa·*ta*·ta
Kirsche	*cereza*	se·*re*·sa
Kohl	*col*	kol
Kürbis	*calabaza*	ka·la·*ba*·sa
Linsen	*lentejas*	len·*te*·chas
Mais	*maíz*	ma·*is*
Nüsse	*nueces*	*nue*·ses
Obst	*fruta*	*fru*·ta
Orange	*naranja*	na·*ran*·cha

(roter/grüner) Paprika	*pimiento (rojo/verde)*	pi·*mjen*·to (*ro*·cho/*ver*·de)
Pfirsich	*melocotón*	me·lo·ko·*ton*
Pflaume	*ciruela*	sir·*ue*·la
Pilz	*champiñón*	tscham·pi·*njon*
Rote Beete	*remolacha*	re·mo·*la*·tscha
Salat	*lechuga*	le·tschu·ga
Sellerie	*apio*	*a*·pio
Spargel	*espárragos*	es·*pa*·ra·gos
Spinat	*espinacas*	es·pi·*na*·kas
Tomate	*tomate*	to·*ma*·te
Trauben	*uvas*	*u*·vas
Wassermelone	*sandía*	san·*di*·a
Zitrone	*limón*	li·*mon*
Zwiebel	*cebolla*	se·bo·ja

Andere Nahrungsmittel

Brot	*pan*	pan
Butter	*mantequilla*	man·te·*ki*·ja
Ei	*huevo*	*ue*·wo
Essig	*vinagre*	vi·*na*·gre
Honig	*miel*	mjel
Käse	*queso*	*ke*·so
Marmelade	*mermelada*	mer·me·*la*·da
Öl	*aceite*	a·*sej*·te
Pfeffer	*pimienta*	pi·*mjen*·ta
Reis	*arroz*	a·*ros*
Salz	*sal*	sal
Zucker	*azúcar*	a·*su*·kar

Getränke

Bier	*cerveza*	ser·*ve*·sa
Kaffee	*café*	ka·*fe*
Milch	*leche*	*le*·tsche
(Orangen-) Saft	*zumo (de naranja)*	*su*·mo (de na·*ran*·cha)
Tee	*té*	te
(Mineral-) Wasser	*agua (mineral)*	*a*·gua (mi·ne·*ral*)
(Rot-/Weiß-) Wein	*vino (tinto/ blanco)*	*wi*·no (*tin*·to/ *blan*·ko)

NOTFÄLLE

Hilfe!	*¡Socorro!*	so·*ko*·ro
Hau ab! Verschwinden Sie!	*¡Vete!*	*ve*·te

Rufen Sie einen Arzt!
¡Llame a un médico! — *ja*·me a un *me*·di·ko

Rufen Sie die Polizei!
¡Llame a la policía! — *ja*·me a la po·li·*si*·a

Ich habe mich verlaufen.
Estoy perdido/a. — es·*toi* per·*di*·do/a (m/w)

Ich bin krank.
Estoy enfermo/a. — es·*toi* en·*fer*·mo/a (m/w)

Hier tut es weh.
Me duele aquí. — me *die*·le a·*ki*

Ich bin allergisch gegen (Antibiotika).
Soy alérgico/a a (los antibióticos). — soi a·*ler*·chi·ko/a a (los an·ti·*bio*·ti·kos) (m/w)

SHOPPEN & SERVICE

Ich möchte gern ... kaufen
Quisiera comprar ... — ki·*sje*·ra kom·*prar* ...

Ich sehe mich nur um.
Sólo estoy mirando. — *so*·lo es·*toi* mi·*ran*·do

REDEN WIE DIE EINHEIMISCHEN

Hier einige regionaltypische Ausdrücke, denen man in der Dominikanischen Republik begegnen könnte:

apagón	Stromausfall
apodo	Spitzname
bandera dominicana	Reis mit Bohnen (wörtl.: die Landesflagge)
bohío	strohgedeckte Hütte
bulto	Gepäck
carros de concho	Gemeinschaftstaxi
chichi	Baby
colmado	kleiner Lebensmittelladen
fucú	Unglücksbringer
guapo	schlecht gelaunt
guarapo	Zuckerrohrsaft
gumo	(ein) Betrunkener
hablador	Schwätzer
papaúpa	wichtige Person
pariguayo	albern
pín-pún	genau gleich
una rumba	eine Menge
Siempre a su orden.	Bitte./Keine Ursache.
tiguere	Schurke
timacle	tapfer

Darf ich es ansehen?
¿Puedo verlo? pue·do ver·lo

Es gefällt mir nicht.
No me gusta. no me gus·ta

Was kostet das?
¿Cuánto cuesta? kuan·to kues·ta

Das ist zu teuer.
Es muy caro. es mui ka·ro

Können Sie den Preis heruntersetzen?
¿Podría bajar un poco el precio? po·dri·a ba·char un po·ko el pre·sio

Da ist ein Fehler in der Rechnung.
Hay un error en la cuenta. ai un e·ror en la kuen·ta

Geldautomat	*cajero automático*	ka·che·ro au·to·ma·ti·ko
Internetcafé	*cibercafé*	si·ber·ka·fe
Post	*correos*	ko·re·os
Touristeninformation	*oficina de turismo*	o·fi·si·na de tu·ris·mo

UHRZEIT & DATUM

Wie spät ist es?	*¿Qué hora es?*	ke o·ra es
Es ist (10) Uhr.	*Son (las diez).*	son (las djes)
Es ist halb (eins).	*Es (la una) y media.*	es (la u·na) i me·dia

Vormittag	*mañana*	ma·nja·na
Nachmittag	*tarde*	tar·de
Abend	*noche*	no·tsche
gestern	*ayer*	a·jer
heute	*hoy*	oi
morgen	*mañana*	ma·nja·na

Montag	*lunes*	lu·nes
Dienstag	*martes*	mar·tes
Mittwoch	*miércoles*	mjer·ko·les
Donnerstag	*jueves*	chue·wes
Freitag	*viernes*	wjer·nes
Samstag	*sábado*	sa·ba·do
Sonntag	*domingo*	do·min·go

Januar	*enero*	e·ne·ro
Februar	*febrero*	fe·bre·ro
März	*marzo*	mar·so
April	*abril*	a·bril
Mai	*mayo*	ma·io
Juni	*junio*	chun·io
Juli	*julio*	chul·io
August	*agosto*	a·gos·to
September	*septiembre*	sep·tjem·bre
Oktober	*octubre*	ok·tu·bre
November	*noviembre*	no·wjem·bre
Dezember	*diciembre*	di·sjem·bre

Fragewörter

Wer?	*¿Quién?*	kjen
Wie?	*¿Cómo?*	ko·mo
Wo?	*¿Dónde?*	don·de
Was?	*¿Qué?*	ke
Wann?	*¿Cuándo?*	kuan·do
Warum?	*¿Por qué?*	por ke

Schilder

Abierto	Offen
Cerrado	Geschlossen
Entrada	Eingang
Hombres/Varones	Herren
Mujeres/Damas	Damen
Prohibido	Verboten
Salida	Ausgang
Servicios/Baños	Toiletten

UNTERKUNFT

Ich hätte gern ein ... Zimmer.	*Quisiera una habitación ...*	ki·sje·ra u·na a·bi·ta·sjon ...
Einzel...	*individual*	in·di·vi·dual
Doppel...	*doble*	do·ble

Wie viel kostet das pro Nacht/Person?
¿Cuánto cuesta por noche/persona? kuan·to kues·ta por no·tsche/per·so·na

Ist das Frühstück inbegriffen?
¿Incluye el desayuno? in·klu·je el de·sa·ju·no

Bad	*baño*	ba·njo
Bett	*cama*	ka·ma
Hotel	*hotel*	o·tel
Jugendherberge	*albergue juvenil*	al·ber·ge chu·we·nil
Klimaanlage	*aire acondicionado*	ai·re a·kon·di·sio·na·do
Pension	*pensión*	pen·sion
Zeltplatz	*terreno de cámping*	te·re·no de kam·ping

VERKEHRSMITTEL & -WEGE

Öffentliche Verkehrsmittel

Boot/Schiff	*barco*	*bar*·ko
Bus	*autobús*	au·to·*bus*
Flugzeug	*avión*	a·*wion*
Zug	*tren*	tren

erster	*primero*	pri·*me*·ro
letzter	*último*	*ul*·ti·mo
nächster	*próximo*	*prok*·si·mo

Ich möchte gerne nach ...
Quisiera ir a ... ki·*sje*·ra ir a ...

Wann kommt er an/fährt er ab?
¿A qué hora llega/sale? a ke o·ra *je*·ga/*sa*·le

Bitte sagen Sie mir Bescheid, wenn wir nach ... kommen
¿Puede avisarme cuando lleguemos a ...? *pue*·de a·vi·*sar*·me *kuan*·do je·*ge*·mos a ...

Ich möchte hier aussteigen.
Quiero bajarme aquí. *kje*·ro ba·*char*·me a·*ki*

eine ... Fahrkarte	*un billete de ...*	in bi·*je*·te de ...
Erster Klasse	*primera clase*	pri·*me*·ra *kla*·se
Zweiter Klasse	*segunda clase*	se·*gun*·da *kla*·se
einfache Fahrt	*ida*	*i*·da
hin & zurück	*ida y vuelta*	*i*·da i *wuel*·ta

Bahnhof	*estación de trenes*	es·ta·*sion* de *tre*·nes
Bahnsteig	*plataforma*	pla·ta·*for*·ma
Bushaltestelle	*parada de autobuses*	pa·*ra*·da de au·to·*bu*·ses
Fahrkarten-schalter	*taquilla*	ta·*ki*·ja
Fahrplan	*horario*	o·*ra*·rio
Flughafen	*aeropuerto*	a·e·ro·*puer*·to

Auto & Fahrrad

Ich möchte ein ... mieten	*Quisiera alquilar ...*	ki·*sje*·ra al·ki·*lar* ...
Auto	*un coche*	un *ko*·tsche
Fahrrad	*una bicicleta*	*u*·na bi·si·*kle*·ta
Gelände-wagen	*un todo-terreno*	un to·do·te·*re*·no
Motorrad	*una moto*	*u*·na *mo*·to

Zahlen

1	*uno*	*u*·no
2	*dos*	dos
3	*tres*	tres
4	*cuatro*	*kua*·tro
5	*cinco*	*sin*·ko
6	*seis*	sejs
7	*siete*	*sje*·te
8	*ocho*	o·tscho
9	*nueve*	*nue*·we
10	*diez*	djes
20	*veinte*	*vejn*·te
30	*treinta*	*trejn*·ta
40	*cuarenta*	kua·*ren*·ta
50	*cincuenta*	sin·*kuen*·ta
60	*sesenta*	se·*sen*·ta
70	*setenta*	se·*ten*·ta
80	*ochenta*	o·*tschen*·ta
90	*noventa*	no·*wen*·ta
100	*cien*	sjen
1000	*mil*	mil

Anhalter sein	*hacer botella*	a·*ser* bo·*te*·ja
Benzin	*gasolina*	ga·so·*li*·na
Diesel	*petróleo*	pet·*ro*·le·o
Helm	*casco*	*kas*·ko
Kindersitz	*asiento de seguridad para niños*	a·*sjen*·to de se·gu·ri·*da* *pa*·ra *ni*·nios
Lkw	*camión*	ka·*mion*
Mechaniker	*mecánico*	me·*ka*·ni·ko
Tankstelle	*gasolinera*	ga·so·li·*ne*·ra

Ist dies die Straße nach ...?
¿Se va a ... por esta carretera? se va a ... por *es*·ta ka·re·*te*·ra

(Wie lange) Kann ich hier parken?
¿(Por cuánto tiempo) Puedo aparcar aquí? (por *kuan*·to *tjem*·po) *pue*·do a·par·*kar* a·*ki*

Der Wagen ist liegen geblieben (in ...).
El coche se ha averiado (en ...). el *ko*·tsche se a a·ve·*rja*·do (en ...)

Ich habe eine Reifenpanne.
Tengo un pinchazo. *ten*·go un pin·*cha*·so

Mein Tank ist leer.
Me he quedado sin gasolina. — me e ke·*da*·do sin ga·so·*li*·na

Ich brauche einen Automechaniker.
Necesito un/una mecánico/a. — ne·se·*si*·to un/*u*·na me·*ka*·ni·ko/a (m/w)

WEGWEISER

Wo ist der ...?
¿Dónde está ...? — *don*·de es·*ta* ...

Wie lautet die Adresse?
¿Cuál es la dirección? — *kual* es la di·rek·*sion*

Könnten Sie das bitte aufschreiben?
¿Puede escribirlo, por favor? — *pue*·de es·kri·*bir*·lo por *fa*·vor

Können Sie es mir zeigen (auf der Karte)?
¿Me lo puede indicar (en el mapa)? — me lo *pue*·de in·di·*kar* (en el *ma*·pa)

an der Ecke	*en la esquina*	en la es·*ki*·na
bei der Ampel	*en el semáforo*	en el se·*ma*·fo·ro
gegenüber von	*frente a ...*	*fren*·te a ...
geradeaus	*todo recto*	*to*·do *rek*·to
hinter ...	*detrás de ...*	de·*tras* de ...
links	*izquierda*	is·*kjer*·da
neben ...	*al lado de ...*	al *la*·do de ...
rechts	*derecha*	de·*re*·tscha
vor ...	*enfrente de ...*	en·*fren*·te de ...

Hinter den Kulissen

WIR FREUEN UNS ÜBER EIN FEEDBACK

Post von Travellern zu bekommen ist für uns ungemein hilfreich – Kritik und Anregungen halten uns auf dem Laufenden und helfen, unsere Bücher zu verbessern. Unser reiseerfahrenes Team liest alle Zuschriften genau durch, um zu erfahren, was an unseren Reiseführern gut und was schlecht ist. Wir können solche Post zwar nicht individuell beantworten, aber jedes Feedback wird garantiert schnurstracks an die jeweiligen Autoren weitergeleitet, rechtzeitig vor der nächsten Nachauflage.

Wer uns schreiben will, erreicht uns über www.lonelyplanet.de/kontakt

Hinweis: Da wir Beiträge möglicherweise in Lonely Planet Produkten (Reiseführer, Websites, digitale Medien) veröffentlichen, ggf. auch in gekürzter Form, bitten wir um Mitteilung, falls ein Kommentar nicht veröffentlicht oder ein Name nicht genannt werden soll. Wer Näheres über unsere Datenschutzpolitik wissen will, erfährt das unter www.lonelyplanet.com/privacy

DANK DER AUTOREN

Michael Grosberg

Ich danke Carly Neidorf für ihre Geduld während meiner langen Abwesenheit – und natürlich meinem Mitautor Kevin Raub. Außerdem danke ich den folgenden Leuten, denen ich unterwegs begegnet bin, für Ihre Zeit, ihre Ratschläge und ihre Freundlichkeit: Patricia Suriel, Omar Rodriguez, Michael Scates, Mark Rodriguez, Tim Hall, Clare und Jeroen Mutsarrs und Lorenzo Sanssani.

Kevin Raub

Ich danke meiner Frau Adriana Schmidt Raub, der ich zugegebenermaßen viele Reisen zumute. Außerdem danke ich meiner ehemaligen Redakteurin bei Lonely Planet, Catherine Craddock-Carrillo; meinem Kollegen Michael Grosberg, der irgendwie mit meinem frühzeitigen Aufbruch klarkommen musste; und allen anderen Mitstreitern, die wir 2013 verloren haben. Unterwegs geholfen haben mir Kim Beddall, Nicolas Warembourg, David Cruz, Gordana Stojanovic, Kris und Jill Thomas, Alan Nuñez, Melany Torres, Carla Mathe, Johan Guyot, Kate Wallace, Nathalie Agramonte, Damian Irizarry und Mara Sandri.

QUELLENNACHWEIS

Die Daten in den Klimatabellen stammen von Peel MC, Finlayson BL & McMahon TA (2007), Aktualisierte Weltkarte der Köppen-Geiger-Klimaklassifikation, *Hydrology and Earth System Sciences*, 11, 163344.

Abbildung auf dem Umschlag: Cascada El Limón, Halbinsel Samaná; Bertrand Gardel/Alamy.

ÜBER DIESES BUCH

Dies ist die 1. Auflage von *Dominikanische Republik*, basierend auf der mittlerweile 6. englischen Auflage. Konzipiert und verfasst wurde der Band von Michael Grosberg und Kevin Raub. Für die vorhergehende englische Auflage waren Paul Clammer, Michael Grosberg und Kevin Raub verantwortlich, die 4. englische Auflage stammte von Paul Clammer, Michael Grosberg und Jens Porup. Der Band wurde vom Lonely Planet Büro in Oakland in Auftrag gegeben und betreut von:

Verantwortlich für die Zielregion Helen Elfer

Verantwortliche Redakteurinnen Catherine Craddock-Carrillo, Kathleen Munnelly

Redaktion Carolyn Boicos

Leitung der Kartografie Mark Griffiths

Layout Wibowo Rusli

Redaktionsassistenz Justin Flynn, Carly Hall, Kate Kiely, Clifton Wilkinson, Simon Williamson

Assistenz der Kartografie James Leversha

Bildredaktion für den Umschlag Naomi Parker

Dank an Anita Banh, Sasha Baskett, Fredrik Divall, Ryan Evans, Larissa Frost, Genesys India, Jouve India, Elizabeth Jones, Nadine Lopez, Kate Mathews, Claire Naylor, Martine Power, James Smart, Richard Weil

Register

A

Aguas Blancas 203
Aktivitäten 22, 25, 26, 37, 186; *siehe auch einzelne Aktivitäten*
  Infos im Internet 40
Altar de la Patria 58
Altos de Chavón 89
Álvarez, Julia 254
Angeln 40, 105
  Cabarete 164
  Puerto Plata 144
An- & Weiterreise 191, 272
Architektur 253, 24, 256
Ausgehen 190
Ausgehen & Nachtleben
  Santo Domingo 11
Ausrüstung 202
Ausweise 271
Auto fahren 275
Ázua de Compostela 210

B

Bachata 247
Bahía de Las Águilas **10**, 220
Bahoruco 219
Balaguer, Joaquín 241, 255
Baní 209
Barahona 216
Baseball **17**, 73, 89, 74, 185, 250
Bávaro 102, **104**
Bayahibe **17**, 93, **93**
Behinderung, Reisen mit 267
Benzin 275
Berge 257
Bergsteigen
  Pico Duarte 201
Bernsteinminen 193
Bevölkerung 230, 231

Karten **000**
Abbildungen **000**

Biokaffee 226
Birdwatching *siehe* Vogelbeobachtung
Boca Chica 88
Boca del Diablo 125
Boca de Yuma 98
Bootsausflüge
  Laguna Oviedo 223
  Los Cayos de los Siete Hermanos 179
  Puerto Plata 144
Botanische Gärten
  Jardín Botánico Nacional 62
Bücher 230
  Baseball 251
  Geschichte 236, 241, 244, 245
  Korallenriffe 260
  Musik 247
  Tierwelt 260
  Vogelbeobachtung 257
Buckelwale 38, 144, 258
Bus 277
Busreisen 276

C

Cabarete 13, 159, **160**
Cabo Cabrón 125
Cabral 222
Cabrera 175
Cachóte 218
Camping 271
Canyoning 40
  Jarabacoa 195
Carnaval 25; *siehe auch* Karneval
Casabe 35
Casa de Francia 58
Casa del Cordón 58
Casa Museo General Gregorio Luperón 142
Casa Ponce de León 101
Cascada El Limón 132
Cascading 40
Castillo del Cerro 211
Cayo Arena 177
Cayo Levantado 119
Charcos los Militares 193
Cocolos 248
Cofresí 151
Comendador del Rey (Elías Piña) 215
Constanza **16**, 203
Cordillera Central 44, **184**
  An- & Weiterreise 183
  Essen 183
  Highlights 184
  Klima & Reisezeit 183
  Unterkunft 183
  Unterwegs vor Ort 183
Cordillera Septentrional 193
Costa Dorada 149
Costambar 150
Cueva de las Maravillas 92

D

Dajabón 180
Damajagua **15**, 148
Delfine 258
Denguefieber 266
Día de la Indepencia 25
Día de la Restauracíon 27
Díaz, Junot 254
Diebstahl 268
Dominicus Americanus 93, **94**
Drogen, illegale 268

E

Eidechsen 260
Einreise 272
  Aus Haiti 274
Einwanderung 230
El Corral de los Indios 213
Elías Piña 215
El Lechoso 222
El Limón 132
El Mogote 197
El Morro 178
El Punto 125
Enriquillo 217
Entwaldung 261
Erdbeben von Port-au-Prince 245
Ersatzteile 275
Essen 34, 21, 36, 189
  Santo Domingo 67
  Sprache 279–281
Estadio Quisqueya 74
Estero Hondo 177
Etikette 21

F

Fahrrad fahren 277
Faro a Colón 61
Fernsehen 267
Feste 36
Feste & Events 25, 226, 246
  Santo Domingo 63
Festival del Merengue, Santo Domingo 27
Festival Presidente de Música Latina 27
Fiesta de los Toros 27
Filme 230, 250
Fische 260
Fledermäuse 258
Flugreisen 272, 277
Flugzeug 272
Fortaleza Ozama 56
Fortaleza de San Felipe 143
Forts
  Fortaleza de San Felipe 143
  Fortaleza Ozama 56
  Fuerte de Santa Bárbara 59
Frauen unterwegs 264
Freiwilligenarbeit 264
Freizeitparks
  Los Delfines Water & Entertainment Park 83
Frösche 260
Führungen
  Cabarete 164

Kaffeeplantagen 164
Kakaoplantagen 164

G

Galerien
Casa del Arte 186
De Soto Galería 75
Galeria de Arte Candido Bido 75
Galería de Arte El Greco 75
Galería de Arte El Pincel 75
Galería de Arte María del Carmen 75
Haitian Caraibes Art Gallery 135
Gazcue 59, **60**, 66, 69, 73
Geckos 260
Gefahren 268; *siehe auch* Sicherheit
Santo Domingo 77
Trampen 278
Geführte Touren 126, 131, 187
Bayahibe & Dominicus Americanus 96
Bávaro & Punta Cana 105
Jarabacoa 197
Las Galeras 126
Las Terrenas 131
Nordküste 155, 164
Pico Duarte 202
Samaná 121
Santo Domingo 63
Sosúa 155
Geländewagen 115
Geld 18, 21, 265
Geldautomaten 21, 265
Geldwechsler 265
Geografie & Geologie 257
Geschichte 185, 232
Balaguer, Joaquín 241
Bücher 241, 244, 245
Haitianerverfolgung 241
Haitianische Herrschaft 237
Kolonialisierung 234
Politik 239
Regierung 237, 238, 240
Taínozeit 232
Trujillo-Regime 241
Unabhängigkeit 236
US-Interventionen 238, 239, 242
Zuckerplantagen 238
Gesundheit 265
Getränke 35, 281
Gewichte 267
Gleitschirmfliegen 42
Golf 41
La Romana 90
Playa Dorada 149
Río San Juan 172
Grenzübergänge nach Haiti 274
Jimaní 227
Pedernales 224
guaguas 277
Guerra, Juan Luís 246, 247
güiras 247

H

Haiti 79, 230, 274
Haitianische Märkte 215
Haiti, Beziehungen zu 245
Halbinsel Pedernales 44, 207, 216
Reisezeit 207
Halbinsel Samaná 43, 116, **117**
An- & Weiterreise 118
Essen 116
Geschichte 117
Reisezeit 116
Unterkunft 116
Unterwegs vor Ort 118
Handys 18, 269
Hepatitis 265
Higüey 100
Höhlen 106
Cueva de Berna 98
Cueva de las Maravillas 92
Cueva del Puente 95
Cueva Fun Fun 106
Cueva Penon Gordo 95
La Cueva del Templo 113
La Cueva de San Gabriel 113
Las Cuevas de la Arena 113
Los Tres Ojos 62
Parque Nacional El Choco 161
Piedras Letradas 204
Reserva Antropológica Cuevas del Pomier 212
Hostal Nicolás de Ovando 59
Hoyo de Pelempito 225
Hurricane Alley 258
Hurrikan 258

I

Impfungen 265
Indigenous Eyes Ecological Park & Reserve 103
Infos im Internet
Aktivitäten 40
Gesundheit 266
Inlandsflüge 277
Internetzugang 266
Isla Alto Velo 223
Isla Beata 223
Isla Cabritos 225
Isla Catalina 89
Isla Catalinita 95
Isla Saona 95

J

Jarabacoa 194, **196**
Jardín Botánico Nacional 62
Jimaní 227
Juan Dolio 83, 86, **86**

K

Kaffee 36
Kaffeefestivals 226
Kaffeeplantagen 193, 197
Ramirez Coffee Factory 197
Kajak fahren 40
Kakaoplantagen 205, 206
Karneval **17**, 63, 189, 63
Karten 275
Kasinos 74
Kidd, William 234
Kinder, Reisen mit 266
Kinos 74
Kirchen & Kathedralen
Basilica de Nuestra Señora de la Altagracia 101
Capilla de la Tercera Orden Dominica 55
Capilla de Nuestra Señora de los Remedios 53
Catedral de la Concepción 194
Catedral de Santiago Apóstol 186
Catedral Primada de América 51, 53
Convento de la Orden de los Predicadores 53
Iglesia Corazón de Jesus 206
Iglesia de la Regina Angelorum 53
Iglesia de Nuestra Señora de las Mercedes 53
Iglesia de Nuestra Señora del Carmen 55
Iglesia de San Lázaro 55
Iglesia de San Miguel 55
Iglesia de Santa Bárbara 53
Iglesia de Santa Clara 53
Iglesia San Felipe 144
Santo Cerro 192
Kitesurfen **13**, 37
Cabarete 161
Las Terrenas 131
Puerto Plata 145
Kleidung 20
Klima 25, 18, 26, 27
Klimawandel 273
Klöster
Convento de la Orden de los Predicadores 53
Monasterio de San Francisco 56
Kolonialmächte 234
Kolumbus, Christoph 233
Korallenriffe 260
Kosten 265
Essen 36
Unterkunft 269
Kreditkarten 265
Krokodile 260
Kunst 253
Kunstgalerien
Santo Domingo 75
Kunst & Kultur 253
Kurse
Sprache 62, 155, 163

L

La Ciénaga 202, 219
La Cueva 222
La Cumbre 193
Lago Enriquillo 225, 261
Lago Enriquillo & Isla Cabritos 225
Laguna Dudu 175
Laguna Gri-Gri 172
Laguna Redonda 111
La Jagua 197
Landschaften 257
Larimar 214
Larimar-Minen 222
Larimar-Schmuck 214
La Romana 89, **90**
Las Caritas 226
Las Cuevas 220

Karten **000**
Abbildungen **000**

Las Damas 56
Las Galeras **10**, 124
Las Lagunas 203
Las Pirámides 204
Las Terrenas **12**, 13, 129, **130**
  Unterkunft 131
La Vega 192, 17
La Vega Vieja 193
Lesben 268
Literatur 253
Los Patos 219
Los Tablones 197
Luperón 175

M
Malecón (Santo Domingo) 67, 69, 73
Malerei 255
Märkte
  Haitianisch 180, 215
Maße 267
Mata Grande 203
Mausoleen
  Panteón Nacional 56
Medizinische Versorgung 266
Meeres-Themenparks
  Ocean World 151
Merengue 246
Merengue-Festival (Puerto Plata) 27
Merengue Festival (Santo Domingo) 63
Miches 112
Mietwagen 210, 275
Mirabal, Minerva, Paria und María Teresa 244
Mobiltelefone 18, 269
Moca 206
Monte Cristi 178
Monumento a los Héroes de la Restauración de la República 185
Motoconcho 278
Motorrad 275
Mountainbike fahren **14**, 41
  Bávaro & Punta Cana 106
  Cabarete 163
Museen 254
  Casa Museo General Gregorio Luperón 142
  Casa Ponce de León 101
  Centro León 185
  Fortaleza San Luis 186
  Galería de Ambar 143
  Larimar-Museum 49
  Museo Alcázar de Colón 49
  Museo Bellapart 62
  Museo de Arte Moderno 59
  Museo de Hermanas Mirabel 206
  Museo de la Altagracia 102
  Museo de la Comunidad Judía de Sosúa 153
  Museo de la Familia Dominicana 49
  Museo del Ambar Dominicano 143
  Museo de las Casas Reales 48, 49
  Museo del Duarte 51
  Museo del Hombre Dominicano 59
  Museo del Ron y la Caña 51
  Museo Jamás El Olvido Será tu Recuerdo 211
  Museo Mundo del Ambar 49
  Museo Nacional de Historia y Geografia 59
  Palacio Consistorial 186
  Quinta Dominica 51
  Taíno Park 119
  Ökologisches Museum 62
Musik 246
Musikfestivals 246

N
Nachtleben 23
Nagua 174
Nahverkehr 277
Nashornleguan **16**
Nationalparks & Schutzgebiete 259
  Indigenous Eyes Ecological Park & Reserve 103
  Isla Catalina 89
  Isla Catalinita 95
  Isla Saona 95
  Monumento Natural Dunas de las Calderas 209
  Parques Nacional Bermúdez 200, **201**
  Parque Nacional del Este 94, 98
  Parque Nacional El Choco 161
  Parque Nacional Jaragua 223
  Parque Nacional Lago Enriquillo & Isla Cabritos 225
  Parque Nacional La Isabela 176
  Parque Nacional Los Haitises 113, 129
  Parque Nacional Monte Cristi 178
  Parque Nacional Ramírez 200
  Parque Nacional Sierra de Bahoruco 224
  Parque Naciona Ramírez 200, **201**
  Reserva Antropológica Cuevas del Pomier 212
  Reserva Científica de Valle Nuevo 204, 257
  Reservo Científica Ebano Verde 204
  Reserva Científica Loma Quita Espuela 206
Natur 23
Nordküste 44, **140**
  Essen 139
  Geführte Touren 155
  Highlights 140
  Klima 139
  Reisezeit 139
  Unterkunft 139

O
Obelisco 89
Öffentliche Verkehrsmittel 80
Öffnungszeiten 19

P
Palacio de Bellas Artes 61
Palacio Nacional 59, 61
Panteón Nacional 56
Paragliding 197
  Jarabacoa 197
Paraíso 219
Parks & Gärten 94; *siehe auch* Nationalparks & Schutzgebiete
  Parque Central 178
  Parque Colón 55
  Parque Mirador del Sur 62
Parque Nacional Jaragua 223
Parque Nacional Los Haitises 113, 129
Parque Nacional Ramírez 200, **201**
Parques Nacional Bermúdez 200, **201**
Pässe 271
Pauschalreisende 270
Pedernales (Ort) 224
Pedro Garcia 193
Pelempito 225
Península de Pedernales *siehe* Halbinsel Pedernales
Península de Samaná *siehe* Halbinsel Samaná
Pérez, Maritza 254
Petersilienmassaker 241
Pflanzen 260
Pico Duarte **14**, 41, 201
Pico Isabel de Torres 141
Playa Bonita 136
Playa Cofresí 151
Playa Dorada 149
Playa Grande 173
Playa Limón 111
Playa Preciosa 173
Playa Rincón **9**, 124
Playa Sosúa **31**
Plaza España 55
Politik 230
Polo 222, 226
Polo Magnético 222
Ponce de León, Juan 101
Post 267
públicos 278
Puerta de la Misericordia 58
Puerta del Conde 58
Puerta de San Diego 58
Puerto Plata 141, **142**
Punta Cana **12**, 13, 43, 82, **104**
  Reisezeit 82
Punta Rusia 177

Q
Quedagh Merchant 234

R
Radfahren 41; *siehe auch* Mountainbike fahren
Radio 267
Raften **15**, 39
  Jarabacoa 195
Rap 249
Rechtsfragen 267
Regenwald 218
Reggaeton 249
Reiseplanung 43
  Essen & Trinken 34
  Reiserouten 28
  Reisezeit 26, 27

Veranstaltungskalender 25
Reiserouten 28
Reisezeit 18
Reiten 42
Cabarete 163
Las Galeras 126
Religion 230
Reloj del Sol 56
Reptilien 260
Reserva Científica de Valle Nuevo 257
Reserva Científica Loma Quita Espuela 206
Resorts 22, 270
Río San Juan 172
Río Yaque del Norte 195
Ruhr 265
Ruinas del Hospital San Nicolás de Barí 58
Ruinen 24
Rum 35
Ruta 21 171
Ruta Panoramica 193

S

Sabana de la Mar 113
Salsa 248
Salto de Baiguate 196
Salto de Jimenoa Dos 195
Salto de Jimenoa Uno 195
Samaná 116, 118, **120**
Unterkunft 121
San Cristóbal 211
Sandino, Augusto César 251
San Francisco de Macorís 205
San José de las Matas 192
San Juan de la Maguana 213
San Pedro de Macorís 89
San Rafael del Yuma 101
Santiago 184
Santo Domingo **9**, **11**, **47**, **50**, **54**, **60**
An- & Weiterreise 78, 79, 81
Ausgehen & Nachtleben 71
Essen 46, 67
Feste & Events 63
Gazcue 59, **60**, 66, 69, 73
Geführte Touren 63
Geschichte 48
Internetzugang 77
Kurse 62
Malecón **60**, 69, 73
Medizinische Versorgung 77
Notfälle 77
Reisezeit 46
Sehenswertes 48
Shoppen 75
Touristeninformationen 78
Unterhaltung 74
Unterkunft 46, 63
Unterwegs vor Ort 80
Zona Colonial 67, 72
Schiffsreisen 273, 277; *siehe auch* Bootsausflüge
Schildkröten 223, 260
Schlangen 260
Schlepper 133
Schlitzrüssler 258
Schnorcheln 38, 24
Bávaro & Punta Cana 104
Bayahibe 96
Las Terrenas 130
Monte Cristi 179
Playa El Breton 175
Punta Rusia 177
Río San Juan 172
Silver Bank 144
Sosúa 154
Schwule 268
Seekühe 260
Segeln
Cabarete 163
Sehenswertes 185
Seilrutschen
Sosúa 154
Sención, Viriato 254
Shoppen 190
Santo Domingo 74
Sicherheit 125, 264, 268; *siehe auch* Gefahren
Santo Domingo 77
Straße 275
Silver Bank 144
Sklaverei 236
Sonido del Yaque 198
Sosúa 152, **152**
Spanisch 279
Spas
Cabarete 161
Spaziergang
Santo Domingo 57
Sprache 279, 21
Essen 36
Sprachkurse 62
Cabarete 163
Sosúa 154
Stehpaddeln
Cabarete 163
Strände 22, 103
Bahía de Las Águilas **10**, 220
Bozo Beach 158
Cayo Levantado 119
Costa Dorada 149
Kite Beach 158
Las Salinas 210
Playa Alicia 154
Playa Arena Gorda 103
Playa Bayahibe 96
Playa Blanca 98, 223
Playa Bonita 136
Playa Cabarete 158
Playa Cabo Engaño 103
Playa Caletón 172
Playa Cofresí 151
Playa Cosón 136
Playa del Macao 103
Playa Detras del Morro 178
Playa Diamante 175
Playa Dominicus 96
Playa Dorada 149
Playa El Breton 175
Playa El Cortecito 103
Playa Encuentro 158
Playa Ensenada 177
Playa Entrada 175
Playa Frontón 124
Playa Grande 173, 175
Playa Guibia 48
Playa Isabela 177
Playa las Flechas 119
Playa Limón 111
Playa Los Patos 219
Playa Madama 124
Playa Preciosa 173
Playa Rincón **9**, 124
Playa Sosúa 153
Playita 125
Strom 268
Südosten 82, **84**
Reisezeit 82
Südwesten 207, **208**
Reisezeit 207
Surfen 38
Cabarete 162
Playa Bonita 136

T

Taínos 232
Tanz 246
Tauchen **17**, 38, 24, 39, 38
Bayahibe 96
Boca Chica 88
Bávaro & Punta Cana 104
Cabarete 163
Cabo Cabrón 125
Laguna Dudu 175
Las Galeras 125
Las Terrenas 130
Monte Cristi 179
Nordküste 154
Puerto Plata 144
Río San Juan 172
Sosúa 154
Taxi 278
teleférico (Puerto Plata) 142
Telefondienste 268
Telefonkarten 269
Telefonnummern 19
Theater 74
Tierwelt 23, 257
Touren *siehe* Geführte Touren
Touristeninformation 269
Touristenkarte 271
Trampen 278
Trinkgeld 21
Trudille 223
Trujillo, Rafael Leónidas 211, 240, 241, 254
Tubagua Plantation Eco-Village 193
TV 267

U

Umweltprobleme 261
Unterhaltung *siehe auch einzelne Orte*
Santo Domingo 73
Unterkunft 187, 269; *siehe auch einzelne Orte*
Santo Domingo 63
Unterwegs vor Ort 191

V

Valle del Tétero 203
Vegetarier 34
Versicherung 276
Visum 271
Vogelbeobachtung 42, 258
Cachóte 218
Parque Nacional Los Haitises 113
Parque Nacional Sierra de Bahoruco 225

Karten **000**
Abbildungen **000**

Península de Pedernales 216
Vorwahlnummern 268

W

Währung 265
Wakeboarding
Cabarete 163
Walbeobachtung **11**, 25, 38, 258
Parque Nacional Los Haitises 113
Samaná 121
Wale, schnorcheln mit 144
Wandern **14**, 41
Cachóte 218
Cordillera Central 193
Jarabacoa 197
Las Galeras 126
Pico Duarte 201
Reserva Científica Loma Quita Espuela 206
San José de las Matas 192
Wasserfälle 148, 261
Aguas Blancas 203
Cascada El Limón **31**, 132
Damajagua 14, **15**, 148
Salto de Baiguate 197
Salto de Jimenoa Dos 195
Salto de Jimenoa Uno 195
Wassersport 37, 104
Wechselkurse 19
Wetter 25, 26, 27
Whale Watching *siehe* Walbeobachtung
Whiskey 35
Wildwasser-Rafting 39
Jarabacoa 195
Windsurfen 40
Cabarete 162
Las Terrenas 131
Winter-Baseball 27
Wirtschaft 231, 244

Z

Zagutis (Beutelratten) 258
Zeit 271
Zeitungen 267
Zigarren 188, 206, 271
Zoll 271
Zona Colonial 9, 48, **50**, 64, 67, 72
Zucker 238
Zuckeranbau 236
Zuckerplantagen 242

Kartenlegende

Sehenswertes

- Strand
- Vogelschutzgebiet
- Buddhistisch
- Burg/Schloss/Palast
- Christlich
- Konfuzianisch
- Hinduistisch
- Islamisch
- Jainistisch
- Jüdisch
- Denkmal
- Museum/Galerie/Hist. Gebäude
- Ruine
- Sento-Bad/Onsen
- Shintoistisch
- Sikh-Religion
- Taoistisch
- Weingut/Weinberg
- Zoo/Naturschutzgebiet
- andere Sehenswürdigkeit

Aktivitäten, Kurse & Touren

- Bodysurfing
- Tauchen/Schnorcheln
- Kanu/Kajak
- Kurse/Touren
- Ski fahren
- Schnorcheln
- Surfen
- Schwimmbad/Pool
- Wandern
- Windsurfen
- andere Aktivität

Schlafen

- Schlafen
- Camping

Essen

- Essen

Ausgehen & Nachtleben

- Ausgehen & Nachtleben
- Café

Unterhaltung

- Unterhaltung

Shoppen

- Shoppen

Praktische Information

- Bank
- Botschaft/Konsulat
- Krankenhaus/Arzt
- Internet
- Polizei
- Post
- Telefon
- Toilette
- Touristeninformation
- andere Information

Landschaft

- Strand
- Hütte
- Leuchtturm
- Aussichtsturm
- Berg/Vulkan
- Oase
- Park
- Pass
- Picknickmöglichkeit
- Wasserfall

Bevölkerung

- Hauptstadt (National)
- Hauptstadt (Staat/Provinz)
- Stadt/Großstadt
- Ort/Dorf

Verkehrsmittel

- Flughafen
- Grenzübergang
- Bus
- Seilbahn
- Radfahren
- Fähre
- Metrohaltestelle
- Monorail
- Parkplatz
- Tankstelle
- S-Bahn-Haltestelle
- Taxi
- Bahnhof/Zugstrecke
- Tram
- U-Bahn-Station
- anderes Verkehrsmittel

Hinweis: Nicht alle hier aufgeführten Symbole sind in den Karten zu finden

Verkehrswege

- Mautstraße
- Autobahn
- Hauptstraße
- Landstraße
- Verbindungsstraße
- Piste
- unbefestigte Straße
- Straße in Bau
- Platz/Fußgängerzone
- Treppen
- Tunnel
- Fußgängerbrücke
- Wanderung
- Wanderung mit Abstecher
- Wanderpfad

Grenzen

- internationale Grenze
- Bundesstaat/Provinz
- umstrittene Grenze
- Regional/Vorort
- Gewässergrenze
- Klippen
- Mauer

Gewässer

- Fluss, Bach
- periodischer Fluss
- Kanal
- Wasser
- Trocken-/Salz-/periodischer See
- Riff

Fläche

- Flughafen/Landebahn
- Strand/Wüste
- Friedhof (christlich)
- Friedhof (anderer)
- Gletscher
- Watt
- Park/Wald
- Sehenswertes (Gebäude)
- Sportanlage
- Sumpf/Mangroven

DIE LONELY PLANET STORY

Ein uraltes Auto, ein paar Dollar in den Hosentaschen und Abenteuerlust, mehr brauchten Tony und Maureen Wheeler nicht, als sie 1972 zu der Reise ihres Lebens aufbrachen. Diese führte sie quer durch Europa und Asien bis nach Australien. Nach mehreren Monaten kehrten sie zurück – pleite, aber glücklich –, setzten sich an ihren Küchentisch und verfassten ihren ersten Reiseführer *Across Asia on the Cheap*. Binnen einer Woche verkauften sie 1500 Bücher und Lonely Planet war geboren. Heute unterhält der Verlag Büros in Melbourne (Australien), London und Oakland (USA) mit über 600 Mitarbeitern und Autoren. Sie alle teilen Tonys Überzeugung, dass ein guter Reiseführer drei Dinge tun sollte: informieren, bilden und unterhalten.

DIE AUTOREN

Michael Grosberg

Hauptautor; Reiseplanung, Santo Domingo, Die Nordküste, Die Cordillera Central, Die Dominikanische Republik verstehen, Praktische Informationen Dies ist bereits die 3. Auflage des Lonely Planet *Dominikanische Republik*, an der Michael beteiligt war. Neben seinen Reisen für Lonely Planet besucht er das Land auch bei anderen Gelegenheiten; sein Interesse geht bis auf die Schulzeit zurück, als er sich für die Literatur und Kultur Lateinamerikas begeisterte. Michael lebt in Brooklyn, New York, und schreibt gern vor Ort in den dominikanischen Restaurants, wo er auch zu Mittag isst. Der Akademiker und gelernte Journalist hat bereits an mehr als 30 Lonely Planets mitgearbeitet.

Mehr über Michael:
lonelyplanet.com/members/michaelgrosberg

Kevin Raub

Punta Cana & der Südosten, Halbinsel Samaná, Der Südwesten & die Halbinsel Pedernales Kevin Raub wuchs in Atlanta (USA) auf und begann in New York eine Karriere als Musikjournalist; unter anderem schrieb er dort für die Zeitschriften *Men's Journal* und *Rolling Stone*. Schließlich wandte er sich dem Reisejournalismus zu und zog nach Brasilien. Auf seiner zweiten Reise durch die Dominikanische Republik faszinierte ihn besonders Bahía de Las Águilas. Für Kevin war dies bereits der 28. Lonely Planet. Man kann ihm auch auf Twitter folgen: @RaubOnTheRoad.

Mehr über Kevin:
lonelyplanet.com/members/kraub

Lonely Planet Publications,
Locked Bag 1, Footscray,
Melbourne, Victoria 3011,
Australia

Verlag der deutschen Ausgabe:
MAIRDUMONT, Marco-Polo-Str. 1, 73760 Ostfildern,
www.lonelyplanet.de, www.mairdumont.com
info@lonelyplanet.de
Chefredakteurin deutsche Ausgabe: Birgit Borowski
Übersetzung: Christiane Gsänger, Dr. Annegret Pago, Dr. Thomas Pago, Jutta Ressel M.A., Manuela Schomann, Cristoforo Schweeger, Renate Weinberger
Redaktion und technischer Support: CLP Carlo Lauer & Partner, Riemerling

Dominikanische Republik
1. deutsche Auflage April 2015, übersetzt von *Dominican Republic 6th edition*, Oktober 2014 Lonely Planet Publications Pty

Printed in China